Stata
统计分析
从入门到精通

杨维忠 张 甜 编著

清华大学出版社
北京

内 容 简 介

Stata 是一种功能全面的统计分析软件包，具有易操作、运行速度快、功能强大的特点，主要针对经济、管理、医学、农学、教育、市场研究、社会调查等行业和领域，是大数据时代最为流行的计量软件之一。

全书内容共分 17 章。第 1、2 章介绍 Stata 操作入门及数据处理基础知识、描述性统计与图形绘制基础。第 3~5 章介绍假设检验、方差分析、相关分析等基础分析方法。第 6~10 章通过相关案例介绍经典及放松各种假定条件的回归分析，包括基本线性回归分析、线性回归分析诊断与处理、非线性回归分析、因变量离散回归分析、因变量受限回归分析等应用。第 11~16 章以典型案例讲解主成分分析与因子分析、聚类分析、时间序列数据分析、面板数据分析、生存分析、多方程模型等高级分析方法。第 17 章介绍如何使用 Stata 进行高质量的综合性研究，讲解研究方案设计、调查问卷的制作、Stata 数据挖掘、建模注意事项。

本书可作为经济学、管理学、统计学、金融学、社会学、医学、电子商务等相关专业的学生学习和应用 Stata 的参考书，也可以作为职场人士掌握 Stata 操作、提升数据分析能力，进而提高工作效率和改善绩效水平的工具书。

图书在版编目（CIP）数据

Stata 统计分析从入门到精通/杨维忠，张甜编著. —北京：清华大学出版社，2022.4
ISBN 978-7-302-60461-7

Ⅰ. ①S… Ⅱ. ①杨… ②张… Ⅲ. ①统计分析—应用软件 Ⅳ. ①C819

中国版本图书馆 CIP 数据核字（2022）第 051339 号

责任编辑： 夏毓彦
封面设计： 王　翔
责任校对： 闫秀华
责任印制： 宋　林

出版发行： 清华大学出版社
网　　　址：http://www.tup.com.cn，http://www.wqbook.com
地　　　址：北京清华大学学研大厦 A 座　　　　　邮　　编：100084
社 总 机：010-83470000　　　　　　　　　　　邮　　购：010-62786544
投稿与读者服务：010-62776969，c-service@tup.tsinghua.edu.cn
质 量 反 馈：010-62772015，zhiliang@tup.tsinghua.edu.cn

印 装 者： 三河市铭诚印务有限公司
经　　销： 全国新华书店
开　　本： 190mm×260mm　　　　印　张：31.5　　　　字　　数：849 千字
版　　次： 2022 年 5 月第 1 版　　　　　　　　　印　　次：2022 年 5 月第 1 次印刷
定　　价： 118.00 元

产品编号：095452-01

推荐序一

2008 年，我刚从美国留学归来，加盟山东大学经济学院，即开始教研究生的计量经济学。本书作者杨维忠与张甜就是当时的第一批学生，其中张甜还是我亲自指导的硕士生。当时是我第一次教硕士生的计量经济学，课件还是手写的。上课时，山东大学中心校区公教楼阶梯教室的 4 块活动大黑板被推得呼呼作响。我奋笔疾书，一个个矩阵写了又擦，擦了又写，但永远赶不上矩阵变换的速度。一学期下来，吃够了粉笔灰，我决定将所有课件电子化。而这些电子版的课件，终于在 2010 年出版了研究生教材《高级计量经济学及 Stata 应用》（第一版），之后 2014 年推出了第二版，2015 年出版了本科教材《计量经济学及 Stata 应用》。

回想十多年前的青葱岁月，当时学生们年轻而活跃的身影仿佛历历在目。杨维忠与张甜无疑是当年的佼佼者。他们勤学好问，对于数据、计量经济学与 Stata 都十分着迷，可谓如鱼得水，对这些工具爱不释手。在完成硕士论文的过程中，张甜的认真精神给我留下了深刻的印象。三年的硕士生活转瞬即逝，毕业后杨维忠与张甜都投身金融界，亲身体验与探寻真实世界的经济规律。令人欣慰的是，他们在商业银行工作历练之余，也没有放下对于 Stata 的热爱，并将工具包扩展到其他统计软件。期间，他们笔耕不辍，或独著或合作，出版了基于 Stata、SPSS、EViews 与 Excel 的系列书籍，受到了读者的广泛好评与欢迎。2018 年，因为放不下对于学术的兴趣，张甜又考回山东大学经济学院，攻读金融学博士。

众所周知，Stata 是使用计量经济学进行实证分析的首选软件。然而，通常的计量经济学教材并不介绍相应的软件操作，或只是附带地介绍。另一方面，专门的 Stata 书籍一般着重于软件本身，而对于其在计量经济学的应用则语焉不详。杨维忠与张甜此次推出的《Stata 统计分析从入门到精通》正好弥补了市场的这个空档，对于 Stata 在统计学与计量经济学的应用进行了深入浅出的介绍。此书内容全面，既涵盖了统计学的经典内容（比如主成分分析、因子分析与聚类分析等），也包括不少计量经济学的进阶方法（比如离散因变量、受限因变量、生存分析与多方程模型等）。在数据类型方面，本书对于横截面、时间序列与面板数据所适用的计量方法均有较多介绍。

总之，本书适合经管社科等专业的学子们从入门上手 Stata，到精通 Stata 在计量经济学的深入应用。读者既可以跟着本书逐章操作，边干边学，也可将其作为工具性的参考书，在需要时快速查找解决方案。希望更多的学子能从本书受益，成为数据分析的高手，从数据中获得信息与价值。

山东大学经济学院教授

2022 年 3 月 25 日

推荐序二

统计学在各学科领域，特别是在高科技领域有着广泛的应用，也是很多高水平大学的选修课程，如程序设计语言、数据结构、操作系统、编译技术、人工智能、数据库、算法设计与分析、理论计算机科学基础等必不可少的先行课程。通过统计学及 Stata 等相关数据分析工具的学习，不但可以掌握结构的描述工具和方法，为后续课程的学习和工作创造条件，而且可以提高抽象思维和严格的逻辑推理能力，为将来参与创新性的研究和开发工作打下坚实的基础。

经首创证券深圳分公司朋友介绍，我认识了杨维忠、张甜两位青年才俊，他们都是非常勤奋努力的数据科学领域的作家和量化研究的践行者，阅读过他们编写的《Stata 统计分析商用建模与综合案例精解》，感觉很受益，也很实用。提前看到他们即将出版的《Stata 统计分析从入门到精通》新书稿很高兴。两位早已成名的作家在繁忙的工作与学术研究任务之余，笔耕不辍地为数字化人才的培养倾情出力，为之感动。这本致力于使国内读者学习 Stata 更简单、更高效、更实用的教材，一定会受到读者的好评与欢迎。该书不仅适合在校学生或在职研究生学习，掌握统计分析工具以完成学术论文，更适合职场人士在数字化浪潮中，学习一门量化分析技术提升职场竞争力。

疫情加速了行业变革，数字化能力成为企业反脆弱能力的重要体现，未来数字化和智能化进程会加快。在不确定的世界中，我们需要做确定的自己，时刻提高自身的反脆弱能力，保持"优化算法，终身学习"的热情，积极利用碎片化的时间开展有深度、系统化的数字化内容学习，从学习中持续受益和成长！

高合资本董事长，温氏投资联合创始人，HighrunGlobal 合伙人，中融信托前海合资公司董事，改革开放四十周年杰出领军人物，科技部首届创新中国创新投资家，教育部重大社科课题研究员，长江金融 MBA 项目导师

王泽翼

2022 年 3 月 25 日

推荐序三

　　很高兴为山东大学的学弟杨维忠、学妹张甜的新作作序。

　　我目前任职于暨南大学数学系，主讲的课程包括《概率论与数理统计》，其中统计部分会涉及一些统计问题，比如样本与统计量、参数估计、假设检验、回归分析与方差分析等，主要是以理论教学为主。很多同学学习到后面，往往期待结合统计分析工具去实践相关学习内容，或开展课题研究，或撰写学术论文，等等。此外，我作为数学建模的指导教练，全程参与全国大学生数学建模和美国大学生数学建模的培训和比赛指导，统计类题目是绕不开的一类题目，而我们的学生来自全校各个专业，其中不乏统计基础较为薄弱者，这时候就面临掌握常用统计分析方法、应用统计分析软件完成题目的双重压力。

　　杨维忠、张甜的新作《Stata 统计分析从入门到精通》能够很好地满足前述需求。Stata 作为一种功能全面的统计软件包，在国内高校中应用广泛，支持"输入命令、窗口菜单、编写程序"等多种操作风格，运行速度快，具有强大的数据分析、图形制作、矩阵运算功能。本书名副其实，既深入浅出地介绍了常用统计分析方法和原理，也完整地介绍了相应的 Stata 操作，并精选案例进行了应用讲解，对结果的解读细致透彻，学生通过学习本书，可以实现从入门掌握常用统计方法，到熟知相应 Stata 命令操作，再到应用 Stata 开展学术或实践研究的一站式进阶，非常适合初学者或虽具备一定基础但缺乏应用经验的学生学习。

暨南大学数学系张培爱副教授于暨南园

2022 年 3 月 25 日

推荐序四

数字化转型时代，数据、信息与知识的可获得性大大提升，从而对企业精细化经营管理和创新能力提出了更高的要求，"跟随趋势、提升能力，要么出众、要么出局"的头部逻辑也愈发突出。在这种大趋势下，学习、掌握一门量化统计分析及建模技术，提升应用研究能力，对于职场人士积极拥抱数字化转型时代变革、增强自身核心竞争力至为重要，也是形成量化分析思维模式，脱颖而出踏入更高层级的关键抓手。

Stata 作为一种功能全面的统计分析软件包，具有功能强大、操作便捷、容易上手的特点，是大数据时代最为流行的计量软件之一，非常适合职场人士以及即将踏入职场的在校学生学习。本书作者杨维忠、张甜是我山东大学的校友，也是 10 余本数据科学领域的畅销书作者，写作经验丰富，已上市图书深受读者欢迎，在 51CTO 举办的"2021 年度最受读者喜爱的 IT 图书作者评选"中双双荣获"最受读者喜爱的作者 TOP10"，其著作《Stata 统计分析商用建模与综合案例精解》荣获"数据科学领域最受读者喜爱的图书 TOP5"。两位校友本次合著的《Stata 统计分析从入门到精通》致力于让读者学习 Stata 更简单、更实用、更高效，通过"深入剖析统计方法，完整释义 Stata 命令选项，精选案例演示 Stata 操作，准确解读 Stata 运行结果，习题实操加深巩固"形成完整教学闭环，实现从入门上手、学懂弄通到学以致用、活学活用，达到"数据分析能力+学术或应用研究能力"的双提升。本书可作为相关专业学生学习、应用 Stata 的参考书，也可作为职场人士掌握 Stata 操作、提升数据分析能力，进而提高工作效率和改善绩效水平的工具书。

星光不问赶路人，机遇垂青有预者。作为点猫科技的 CEO，本人引领和见证了公司从创始到成长为独角兽企业的全过程。点猫科技作为科技属性极强的创新公司，对于趋势和创新的力量体会得尤为深刻。一路走来，最感荣耀和珍惜的是一起创业、奋斗的伙伴们，尤其是那些朝气蓬勃、斗志昂扬的年轻人，他们在快速成长中有着一个共同的特质，就是能够做到结合趋势持续学习、深度学习，并且能够学以致用，将自身学习成果转化为提升团队整体工作效率。在此希望有更多的读者能看到本书，并在本书的深入学习中有所收获，真正掌握应用 Stata 进行数据统计、量化分析、数据挖掘与建模，掌握大数据时代的科学量化思维模式，在这个充满机遇和挑战的时代持续做更好的自己，为实现更加卓越的职场表现创造更多可能！

深圳点猫科技有限公司（编程猫）创始人兼 CEO　李天驰

2022 年 3 月 25 日

前　言

　　Stata 是公认的应用最广泛的专业数据分析软件之一。它以功能丰富、效率高、操作简便而著称，主要面向经济、管理、医学、农学、教育、市场研究、社会调查等行业和领域，是一款非常容易上手使用的数据统计分析软件。但实事求是地讲，"Stata 易学也不易学"。易学是因为门槛较低、界面友好、基本操作相对简单，入门较快；不易学是因为 Stata 虽然操作较为简单，但是每种分析方法涉及的选项都很多，而且每种统计分析方法都有较为严格的适用条件，需要使用者结合实际研究来选取恰当的分析方法，并且根据具体情形为基本命令正确设置相应的选项，使用者还需要对分析结果进行正确、完整的解读，因而学习起来是颇为不易的。基于这种原因，本书作者致力于编写一本从 Stata 操作入门到应用精通的教学和参考用书，通过书中大量的示例和应用案例"详解统计分析原理、详解 Stata 命令选项设置、详解 Stata 输出结果"以及每章后的"重点内容回顾与习题练习"，以期帮助读者应用常用统计分析软件 Stata 的方法来解决实际工作的问题，提高工作质量和效率。

本书内容

　　本书内容共 17 章。第 1 章为 Stata 基本操作及数据处理介绍，内容包括 Stata 概述、Stata 16.0 窗口说明及基本设置、Stata 帮助系统、Stata 16.0 基本命令语句结构、Stata 16.0 运算符与函数、分类变量和定序变量的基本操作、常用的几种处理数据的操作。第 2 章为描述性统计与图形绘制，内容包括常用的描述性统计指标的基本概念、定距变量的描述性统计、正态性检验和数据转换、分类变量描述统计、制图基本操作、常用的几种图形的绘制。第 3 章为假设检验，内容包括假设检验的基本概念、单一样本 T 检验、独立样本 T 检验、配对样本 T 检验、单一样本标准差和双样本方差（标准差）等参数检验方法，以及单样本正态分布检验、两独立样本检验、两相关样本检验、多独立样本检验、游程检验等非参数检验方法。第 4 章为方差分析，内容包括单因素方差分析、多因素方差分析、协方差分析、重复测量方差分析 4 种方差分析方法。第 5 章为相关分析，内容包括简单相关分析、偏相关分析两种相关分析方法。第 6 章为基本线性回归分析，内容包括最小二乘线性回归分析、约束条件回归分析两种回归分析方法。第 7 章为线性回归分析诊断与处理，内容包括异方差诊断与处理、自相关诊断与处理、多重共线性诊断与处理、内生性诊断与处理等方法。第 8 章为非线性回归分析，内容包括转换变量回归分析、非线性回归分析、非参数回归分析、分位数回归分析四种分析方法。第 9 章为因变量离散回归分析，内容包括二值选择模型、多值选择模型、有序选择模型 3 种分析方法。第 10 章为因变量受限回归分析，内容包括断尾回归分析、截取回归分析、样本选择模型 3 种分析方法。第 11 章为主成分分析与因子分析，内容包括主成分分析、因子分析两种分析方法。第 12 章为聚类分析，内容包括划分聚类分析、层次聚类分析两种聚类分析方法。第 13 章为时间序列数据分析，内容包括时间序列数据的预处理、移动平均滤波与指数平滑法、ARIMA 模型、SARIMA 模型、ARIMAX 模型、单位根检验、向量自回归模型、协整检验与向量误差修正模型、ARCH 系列模型等方法。第 14 章为面板数据分析，内容包括面板数据的预处理、短面板数据分析、长面板数据分析等方法。第 15 章为生存分析，内容包括设定生存分析数据、生存分析非参数模型估计、生存分析参数模型估计、Cox 半参数模型估计、比例风险假定检验等方法。第 16 章为多方程模型，内容包括多方程模型概述、多方程模型的估计。第 17 章为如何使用 Stata 进行高质量的综合性研究，讲解研究方案设计、调查问卷的制作、Stata 数据挖掘、建模注意事项。

本书特色

本书的特色在于，一是详解了常用统计分析方法的 Stata 操作，不仅对涉及的基本命令进行循序渐进的阐述，明确说明了命令中各个选项的适用情形，并对分析结果进行了深入浅出、全面准确的解读，使得读者能够掌握每种分析方法的 Stata 操作，并能够根据实际应用与研究的需要灵活地选取恰当的分析方法或者设置相应的命令选项；二是所有的案例都非常真实和实用，不仅是为了教会读者使用 Stata 操作，更重要的是指导读者如何将 Stata 用于自己的日常工作。。

本书在编写过程中也吸收了前人的研究成果，在部分 Stata 操作和个别概念的介绍上，学习参考了 Stata 官方网站公开的帮助文档。在此一并表示感谢！

本书配套视频与资源

本书 PPT、源数据与视频教学可以扫描下面的二维码下载。如果下载有问题，请发送电子邮件至 booksaga@126.com，邮件主题为"Stata 统计分析从入门到精通"。

PPT　　　　思维导图　　　　源数据　　　　视频第 1、2 章

视频第 3~8 章　　　　视频第 9~12 章　　　　视频第 13~17 章

由于编者水平有限，书中难免存在疏漏之处，诚恳地欢迎各位同行专家和广大读者批评指正，并提出宝贵的意见。

编　者
2022 年 3 月

目　　录

第 1 章

Stata 基本操作及数据处理介绍

Stata 是一款用于数据分析、数据管理以及绘制专业图表的完整及整合性统计软件，也是目前最流行的计量软件之一。它具有易于操作、运行速度快、功能强大的特点。Stata 不仅包括一整套预先编排好的分析与数据功能，同时还允许软件用户根据自己的需要来创建程序，从而添加更多的功能。该软件自从被引入我国后，迅速得到了广大用户的认可与喜爱，适用范围越来越广泛。Stata 16.0 是目前 Stata 的流行版本。本章将介绍 Stata 16.0 的操作入门知识，对常见的数据处理方法进行介绍。

1.1 Stata 概述

Stata 可以满足用户关于数据操作、可视化、统计和自动报告的系列需求。Stata 由 Stata 公司研制开发成功，并于 1985 年推向市场，迄今已有 30 多年历史，它在全球范围内被广泛应用于企业和学术机构中，特别是在经济学、社会学、政治学及流行病学领域。目前的新版本为 Stata 17.0，不过最为流行的版本仍为 2019 年 6 月 26 日推出的 Stata 16.0。虽然 Stata 的历史相对悠久，且历经十余次改版升级，但 Stata 公司特别重视该软件版本的升级管理，如果用户在 1985 年运用最初的版本编写了一个程序来进行分析，那么这个程序在 Stata 新版本上仍然可以顺利运行，会得到同样的结果，用户在 1985 年创建的任何数据集，在今天还是能读取到。与其他软件相比，Stata 软件具有以下明显的优势。

1. Stata 支持多种操作风格，运行速度快

Stata 的操作可以通过多种方式来实现，既可以通过单击菜单选项来完成，也可以通过输入命令来完成。输入命令的优点在于简洁明快、逻辑清晰、灵活方便；菜单操作类似于 Windows 和 Office 操作界面，并且有多种语言可供选择，用户可以根据自己熟悉的语言进行设置，比如国内大多数用户可以将界面语言调整为"简体中文"，通过简体中文菜单完成 Stata 程序的运行，大大降低了入门难度。此外，作为一个统计分析软件，Stata 也具有很强的程序设计语言功能，Stata 的 ADO 文件（高级统计部分）都是用 Stata 自己的程序设计语言编写的，用户完全可以根据研究需要在 Stata 中进行

编程，并将相关程序固化，在以后运行时可以非常方便地调用。不同研究人员开发的程序也可以非常方便地交互和共享，大大提升了数据分析的效率。

Stata 在分析时将数据全部读入内存，在统计、分析或计算全部完成后才和磁盘交换数据，因此运行速度很快。根据百度百科上的介绍，通常情况下，SAS 的运算速度要比 SPSS 至少快一个数量级，而 Stata 的某些模块和执行同样功能的 SAS 模块比，其速度又比 SAS 快将近一个数量级。此外，个别模块包括生存数据分析、纵向数据（重复测量数据）分析等的功能也超过了 SAS。

2. Stata 是一个开放的、实时更新的软件系统

与其他统计软件相比，Stata 软件可以做到开放地、实时更新地吸纳研究者、用户的最新研究成果，许多高级统计模块均是编程人员用宏语言写成的程序文件（ADO 文件），这些文件可以自行修改、添加和下载。用户可以通过互联网到 Stata 网站寻找并下载新的升级文件，实时更新功能，也可以就相关问题向世界各地的用户求助，及时运用新成果解决使用 Stata 时遇到的问题。这一特点使得 Stata 始终处于统计分析方法研发的前沿，用户总是能很快找到采用新统计算法的 Stata 程序版本。实时更新的具体操作是：

- 用户可以到 Stata 官方网站（http://www.stata.com）下载相关模块更新，或直接在命令窗口中输入 "update"，在联网的情况下实现更新。
- 用户可以使用 findit 命令找到所需要的功能模块，并实现下载和安装。
- 用户可以下载由其他用户编写的 Stata 模块，通过菜单选项 Help→SJ and User-written Programs 进行下载和更新。当然，用户也可以自己编写程序，从而实现所需要的功能。

此外，一个非常重要的应用是，Stata 可以非常便利地与当前热门的 Python 程序设计语言进行交互，Stata 可以以交互的方式调用 Python 程序或将 Python 程序代码嵌入到 Stata 代码中，以及使用 Stata 中的任何 Python 包；在 Python 执行环境中也可以调用 Stata，例如从 IPython 环境调用 Stata 代码开展 Stata 分析；Stata 和 Python 之间还可以无缝传递数据和运行结果。

3. Stata 具有强大的数据分析功能

Stata 提供了从简单的统计描述到复杂的多因素统计分析方法，如数据的探索性分析、统计描述、交叉表分析、二维相关分析、秩相关分析、偏相关分析、方差分析、非参数检验分析、多元回归分析、生存分析分析、协方差分析、判别分析、因子分析、聚类分析、非线性回归分析、Logistic 分析回归等，也可以实现多种计量模型的应用，如单方程模型回归、联立方程模型回归、离散被解释变量模型、受限因变量模型、时间序列模型、面板数据模型、分位数回归模型等。除了传统的统计分析方法外，还收集了近 20 年发展起来的新方法，如 Cox 比例风险回归、指数与 Weibull 回归、负二项回归及广义负二项回归等。Stata 的功能非常强大，可为大型统计项目提供完善的解决方案。

4. Stata 具有强大的图形制作功能

用户可以根据研究需要通过菜单窗口操作或直接输入命令的方式创建自定义图形，包括直方图、散点图、曲线标绘图、连线标绘图、箱图、饼图、条形图、点图等，也可以编写程序生成数百或数千个图表。用户可以将图形导出到 EPS 或 TIFF 以供发布，也可以导出到 PNG 或 SVG 以供 Web 使用，或导出到 PDF 以供查看。除了专门的图形绘制模块外，在有些非绘图命令中，也提供了专门绘制某

种图形的功能，如在生存分析中提供了绘制生存曲线图，在回归分析中提供了残差图，等等。Stata 还提供了集成的图形编辑器，用户可以通过单击鼠标方式来更改图形的任何内容，包括添加标题、注释、线条、箭头和文本等。

5. Stata 可以进行矩阵运算

在多元统计分析中，很多情形下不再是单方程系数估计，而是需要进行矩阵运算。在 Stata 中，用户可以非常方便地进行矩阵的基本运算，包括矩阵的加、积、逆、Cholesky 分解、Kronecker 内积等，也可以开展矩阵的一些高级运算，包括特征根、特征向量、奇异值分解等。除了专门的矩阵计算模块外，在执行完某些统计分析命令后，Stata 还提供了一些系统矩阵，如估计系数向量、估计系数的协方差矩阵等，使用起来非常方便。

1.2　Stata 16.0 窗口说明及基本设置

下载资源:\video\第 1 章\⋯
下载资源:\sample\第 1 章\数据 1、数据 1G、数据 1H

1.2.1　Stata 16.0 窗口说明

在正确安装 Stata 16.0 以后，单击 Stata 主程序的图标文件，即可打开 Stata 的主界面，如图 1.1 所示。

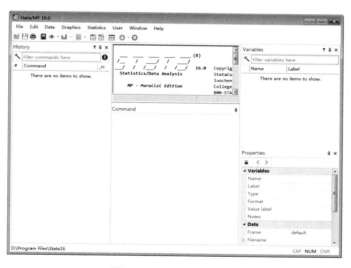

图 1.1　Stata 16.0 主界面

与大部分的程序窗口类似，Stata 16.0 也有自己的菜单栏、工具栏，其特色在于主界面中的 5 个区域：History（历史）、Variables（变量）、Command（命令）、Results（结果）、Properties（属性）。

- History 窗口中显示的是自本次启动 Stata 16.0 以来执行过的所有命令。命令产生的来源包括两类，一类是用户直接在 Command 窗口中输入的命令，而且无论命令是否正确（错误的、未被执行的命令会被加上红色）；另一类是用户通过窗口菜单操作，Stata 自动转换得出的命令。History 窗口中显示的命令可以非常方便地被用户调阅，用户只需双击相应的命令或单击相应的命令并按键盘上的 Enter 键即可再次执行该命令，当用户需要在一次分析中反复使用同一个命令时，这一操作非常方便。但需注意的是，History 窗口中显示的这些命令都是临时性的，关闭Stata 软件后这些命令将会消失，如果用户想保存这些命令以便下次使用，则需要使用 log 命令或通过右击进行保存。

● Variables 窗口中显示的是当前 Stata 数据文件中的所有变量。当用户单击某个变量名称时，该变量就会在 Command 窗口中出现。

● Command 窗口是最重要的窗口，在本窗口内可输入准备执行的命令。

● Results 窗口中显示的是每次执行 Stata 命令后的执行结果（无论执行成功还是失败），执行失败时 Stata 会以红色信息显示。

● Properties 窗口中显示的是当前数据文件中指定的变量以及数据的性质。

　　各个窗口的大小都可以调节，读者可以用鼠标进行窗口的伸缩操作。在每个窗口的右上角均有关闭按钮，如果不小心单击了关闭按钮而想要恢复原来窗口的状态，可参照如图 1.2 所示的方式进行操作，单击菜单栏中的"窗口"按钮，在菜单中选择想要恢复的窗口名称即可（也可以通过菜单中显示的快捷键操作，如命令窗口的快捷键为 Ctrl+1）。

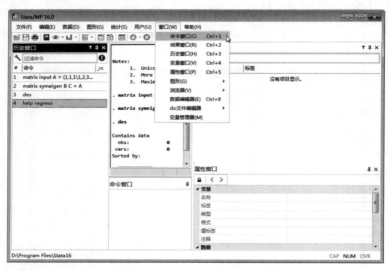

图 1.2　"窗口"菜单

注　意

上面的"窗口"菜单为中文界面，在初次安装 Stata 时会显示为英文界面。关于从英文界面切换为中文界面的设置，我们将在"1.1.2 设定偏好的界面语言"中详细讲解。此处之所以提前用中文界面介绍，是为了使读者更清晰地看到中英文窗口之间的对应关系，如 History（历史）窗口。

1.2.2　设定偏好的界面语言

Stata 16.0 的 MP 版本允许用户设定自己偏好的界面语言，操作方式如下：

如图 1.3 所示，单击菜单栏的"Edit|Preferences|User-interface language…"，即可弹出如图 1.4 所示的 Set Stata's user-interface language 对话框。

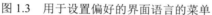

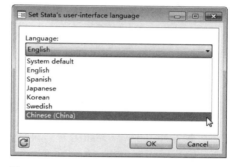

图 1.3　用于设置偏好的界面语言的菜单　　　　图 1.4　Set Stata's user-interface language 对话框

在该对话框中，我们可以从 Language 下拉菜单中找出自己偏好的界面语言，具体可供选择的语言包括英语、西班牙语、日语、韩语等。通常来说，对于偏好窗口菜单操作的国内用户，或者 Stata 新用户，可能倾向于选择"简体中文"，那么在下拉菜单中选择 Chinese（China）即可；而对于习惯使用命令操作、习惯 Stata 前期版本的老用户来说，可能倾向于选择"英语"，那么在下拉菜单中选择 English 即可。

需要说明和强调的是，用户设置偏好的界面语言之后，系统并不会立刻自动变成设置后的语言，而是需要先将目前的 Stata 窗口关闭，在重新启动 Stata 后，Stata 才会变成设置之后的语言。重启之后的界面如图 1.5 所示。

可以看到，在简体中文模式的 Stata 16.0 主界面中，Stata 的菜单栏和历史窗口、变量窗口、属性窗口等中的文字信息都以简体中文来显示了，菜单栏中具体模块的文字信息也都以简体中文来显示了。以统计菜单中"多元时间序列|VAR 模型诊断和检验"为例，我们只需从菜单栏中选择"统计|多元时间序列|VAR 模型诊断和检验"即可，如图 1.6 所示。

图 1.5　简体中文模式的 Stata 16.0 主界面　图 1.6　"统计|多元时间序列|VAR 模型诊断和检验"选择菜单

　　如果用户觉得并不适应简体中文界面，可以在如图 1.7 所示的偏好界面语言设置菜单中选择"编辑|首选项|用户界面语言"，即可弹出如图 1.8 所示的对话框。

图 1.7　用于设置偏好的界面语言的菜单　　　　图 1.8　"设置 Stata 的用户界面语言"对话框

　　在"设置 Stata 的用户界面语言"对话框中选择 English，即可改回英文操作界面。为便于国内用户学习，本书统一使用简体中文操作界面进行讲解。

1.2.3　新建或编辑样本观测值、变量的基本操作

01 打开 Stata 16.0 主程序，弹出如图 1.1 所示的主界面。

02 选择菜单"数据"|"数据编辑器"|"数据编辑器(编辑)"命令，或者直接在"命令窗口"中输入"edit"命令，弹出如图 1.9 所示的"数据编辑器(编辑)"对话框。

03 在"数据编辑器(编辑)"对话框左上角的单元格中可以输入数据，比如输入"10086"，系统会自动创建"var1"变量，如图 1.10 所示。

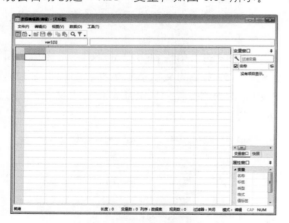
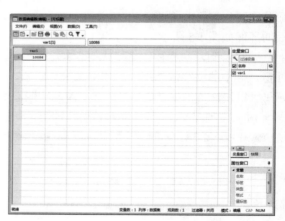

图 1.9　"数据编辑器(编辑)"对话框　　　　　图 1.10　创建"var1"变量

04 单击右下方"属性窗口"中"变量"的相关属性，"变量"的属性（包括名称、标签、类型、格式、值标签等）随即进入可编辑状态，如图 1.11 所示。

05 可以对变量名称进行修改，比如把变量的名称定义为号码，例如把"var1"修改为"haoma"，其他采取系统默认设置，修改完成后单击左侧数据输入区域的空白处，随即弹出如图 1.12 所示的对话框。然后关闭"数据编辑器(编辑)"对话框，在主界面的工具栏中单击 🔳 按钮，即可对编辑的变

量和数据进行保存。

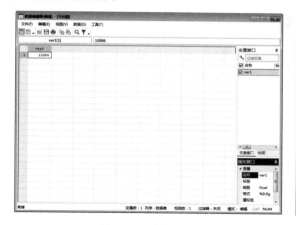

图 1.11　编辑变量特征

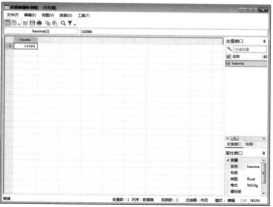

图 1.12　修改变量

提　示

1. 我们还可以只浏览而不编辑数据，选择菜单"数据"|"数据编辑器"|"数据编辑器(浏览)"命令，或者直接在"命令窗口"中输入"browse"命令即可。
2. 使用"rename"命令对变量名称进行修改（接上例），在命令窗口中输入"rename haoma dianhuahaoma"，即可将变量名称"haoma"改成"dianhuahaoma"。
3. Stata 是区分变量名的字母大小写的，不能混用大小写，否则就会提示错误。

1.2.4　通过在命令窗口中输入命令的方式来输入数据

输入数据的命令为 input，该命令的语法格式为：

```
input [varlist] [,automatic label]
```

其中 varlist 为需要输入的变量名称列表，automatic 选项可以使 Stata 自动为它遇到的非数字数据创建值标签，它还可以自动扩大显示格式，以适应最长的标签。label 选项用于让用户输入标签（即字符串），而不是为与值标签相关联的变量输入数值。

注　意

input 命令允许用户直接将数据输入到内存中的数据集中。不过，对于大多数用户来说，使用菜单"数据"|"数据编辑器"|"数据编辑器(编辑)"命令是向数据集中添加样本观测值的更好方法，因为它会根据实际需要自动调整变量的存储类型，以适应新值。

1.2.5　读取以前创建的 Stata 格式的数据文件

通常情况下，正确安装 Stata 软件后，Stata 软件能够自动识别与 Stata 关联的文件，如果不能自动识别，用户就需要将相关文件的默认打开类型设置为 Stata。Stata 文件类型及后缀如图 1.13 所示。

Stata数据文件 (*.dta)
Stata图形 (*.gph)
SEM路径图 (*.stsem)
do文件 (*.do;*.ado)
字典文件 (*.dct)
Stata帮助文件 (*.sthlp;*.hlp)
格式化日志 (*.smcl)
Mata文件 (*.mata)
Stata项目文件 (*.stpr)

图 1.13　Stata 文件类型

打开已存在的 Stata 文件有 3 种方式：

1）直接双击该数据文件，前提是文件默认打开程序已设置为 Stata。

2）在 Stata 主界面菜单栏选择"文件"|"打开"命令，找到文件后打开即可。

3）在主界面的命令窗口中使用 use 命令。

use 命令的完整语法格式为：

```
use [varlist] [if] [in] using filename [,clear nolabel]
```

其中 use 为命令，varlist 为变量名称，if 是条件表达式，in 用于设定样本范围，using filename 是数据文件名称，命令中的[varlist] [if] [in] [,clear nolabel]都是可以省略或者根据需要使用的选项。

提 示

针对 use 命令的示例如下，比如我们要打开桌面上的数据文件"数据 1.dta"：

use "C:\Users\Administrator\Desktop\数据 1.dta"（本命令的含义是打开数据文件"数据 1.dta"，注意需要输入文件的完整路径，即"C:\Users\Administrator\Desktop\数据 1.dta"）。

use 数据 1.dta（如果数据文件"数据 1.dta"已经放在了 Stata 默认的文件夹中，就可以不再输入文件的完整路径，也能起到相同的效果）。

sysuse 数据 1.dta（如果不清楚数据文件"数据 1.dta"的文件路径，也不知道是否放在了 Stata 默认的文件夹中，可以使用 **sysuse** 命令来打开计算机上命名为"数据 1.dta"的数据文件）。

use Y1 X1 X2 using "C:\Users\Administrator\Desktop\数据 1.dta"（如果我们只需要使用数据文件"数据 1.dta"中的 Y1、X1、X2 这 3 个变量，则可以设定变量名称，注意在这种情形下，命令中需要加上"using"，否则就会提示错误）。

use "C:\Users\Administrator\Desktop\数据 1.dta" if xingbie==1（如果我们只需要针对变量"xingbie"为"1"的样本观测值进行分析，则可以添加"if"选项，注意在这种情形下，命令中不需要使用"using"）。

use "C:\Users\Administrator\Desktop\数据 1.dta" in 3/50（如果我们只需要使用数据文件"数据 1.dta"中的第 3~5 个样本观测值，则可以添加"in"选项设定样本观测值的范围，这种情形下命令中也不需要使用"using"）。

1.2.6　导入其他格式的数据文件

在 Stata 主界面选择"文件|导入"命令（如图 1.14 所示），即可看到 Stata 支持的其他格式的数

据文件类型，包括 Excel 电子表格、文本数据、SPSS 数据、SAS 数据、固定格式文本数据、字典定义的固定格式文本数据、自由格式文本数据、SAS XPORT V8、SAS XPORT V5、美联储经济数据、Haver Analytics 数据库、ODBC 数据源、dBase 等。

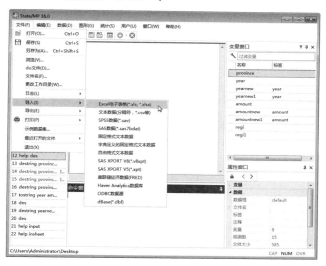

图 1.14　Stata 支持的文件类型

1. 读取 Excel 电子表格数据

我们以"数据 1G"数据文件为例进行说明。

在图 1.14 所示的"Stata 支持的文件类型"中选择"Excel 电子表格"，即可弹出"import excel-导入 Excel 文件"对话框，如图 1.15 所示。

- 单击"Excel 文件"列表框右侧的"浏览"按钮，在弹出的"打开"对话框中找到"数据 1G"数据文件（如图 1.16 所示），设置好文件路径。
- "import excel-导入 Excel 文件"对话框中就会出现数据文件的预览，我们可以根据实际情况灵活设置。首先可以通过"工作表"下拉列表框设置需要导入 Excel 文件的具体 Sheet 表，这一点在 Excel 文件存在多个 Sheet 表时非常适用。然后通过"单元格范围"按钮设置需要导入的具体单元格范围。本例中采取系统默认的范围即可。
- "将第一行作为变量名"复选框用于设定是否将第一行作为变量名称。本例中由于第一行的确是变量名称，因此需要勾选"将第一行作为变量名"选项。
- "将所有数据导入为字符串类型"复选框用于设定是否将所有数据导入为字符串类型，本例中的数据为日期和数据，所以不勾选。
- "变量名大小写"下拉列表用于设置是否保留原 Excel 数据文件中变量名称的大小写，或者全部统一为大写，或者全部统一为小写，用户根据自己的研究需要灵活设置即可，本例中采用系统默认设置的"保留"选项。

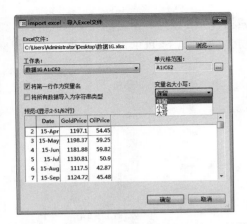

图 1.15 "import excel-导入 Excel 文件"对话框   图 1.16 "打开"对话框

最后单击"import excel-导入 Excel 文件"对话框下方的"确认"按钮，即可得到如图 1.17 所示的数据导入结果。

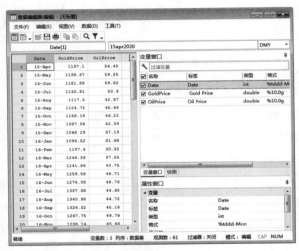

图 1.17 Excel 格式数据导入结果

2. 读取文本数据

我们以"数据 1H"数据文件为例进行说明。在图 1.14 所示的"Stata 支持的文件类型"中选择"文本数据"，即可弹出"import delimited-导入带分隔符的文本数据"对话框，如图 1.18 所示。

单击"导入文件"列表框右侧的 ▦ 按钮，在弹出的"打开"对话框中找到"数据 1H"数据文件（如图 1.19 所示），设置好文件路径。"import delimited-导入带分隔符的文本数据"对话框中就会出现数据文件的预览，我们可以根据实际情况灵活设置。

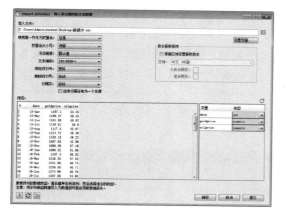 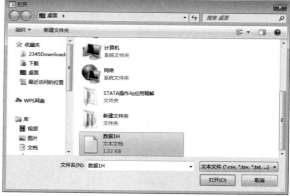

图 1.18 "import delimited-导入带分隔符的   图 1.19 "打开"对话框
文本数据"对话框

- "使用第一行作为变量名"下拉列表框用于设定是否将第一行作为变量名称,包括"自动""总是""从不""自定义"4 个下拉选项。本例中由于第一行的确是变量名称,因此选择"总是"下拉选项。

- "变量名大小写"下拉列表用于设置是否保留原 Excel 数据文件中变量名称的大小写,或者全部统一为大写,或者全部统一为小写,用户根据自己的研究需要灵活设置即可,本例中采用系统默认设置的"保留"选项。

- "浮点精度"下拉列表框包括"默认值""导入为单精度""导入为双精度"3 个选项,本例中采用"默认值"选项。

- "文本编码"下拉列表框用于选择文本编码类型,通常情况下采用默认设置即可。

- "绑定双引号"下拉列表框包括"宽松""严格""忽略"3 个选项。"删除双引号"下拉列表框包括"自动""总是""从不"3 个选项,本例中采用默认设置即可。

- "分隔符"下拉列表框包括"自动""逗号""制表符""空格""空白字符""自定义"6 个选项,用户根据实际情况灵活设置,本例中选取"自动"即可,下方的"连续分隔符视为一个处理"复选框如果被选中,则数据中出现多个连续的分隔符时将被视作一个,而不是多个。

小 技 巧

用户如果觉得设置比较麻烦或不会设置,可观察"import delimited-导入带分隔符的文本数据"对话框下方的"预览"界面,如果预览的数据是自己想要的,就说明设置是正确的,如果不是自己想要的,就需要采用其他选项设置或者修改数据源使其格式更加规范。

在"import delimited-导入带分隔符的文本数据"对话框下方的"预览"界面,用户可以看到数据预处理的情况,右侧可以设置每个变量的类型,包括 str(字符串)、numeric(数值型)、use default(使用默认值)"。本例中均采用系统默认设置。

注　意

除了在右侧设置外，用户如果要更改列（变量）的数据类型，还可以右击该列，然后选择适当的类型。另外，要慎重将系统默认的字符串数据导入为数值型，因为可能会导致数据丢失。

设置完成后，最后单击"import delimited-导入带分隔符的文本数据"对话框下方的"确定"按钮，即可得到如图 1.20 所示的数据导入结果。

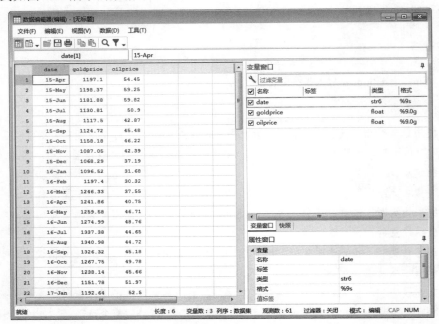

图 1.20　文本数据导入结果

1.2.7　Stata 帮助系统介绍

Stata 为用户提供了强大的帮助系统，用户可以通过帮助系统更好地利用 Stata 完成自己所需要的功能和操作。在 Stata 的帮助系统中，常用的方式主要包括调用 Stata 自带帮助、阅读 PDF 格式帮助文档、使用 Stata 网络帮助。

1. 调用 Stata 自带帮助

调用 Stata 自带帮助系统是最方便，也是最常用的方法。调用帮助系统需使用 help 命令，该命令的语法格式为：

```
help [所要查询命令]
```

比如我们要查询基本线性回归分析命令 regress 的使用方法，就可以在命令窗口中输入 help regress 这一命令，然后按键盘上的回车键即可得到如图 1.21 所示的结果。

图 1.21　help regress 结果

命令执行结果主要包括：

- Syntax：命令的语法格式。
- Menu：菜单实现。
- Description：命令描述。
- Links to PDF documentation：PDF 格式帮助链接。
- Options：选项。
- Examples：示例。
- Video example：视频形式示例。
- References：参考文献等主要内容。

上述内容均为英文格式，即使在菜单中已设置为简体中文也是如此，需要一定的英文基础才能理解和掌握。

调用 Stata 自带的帮助系统也可以通过菜单来实现，如图 1.22 所示，在菜单栏中选择"帮助|Stata 命令"选项，即可弹出如图 1.23 所示的"Stata 命令"对话框。在其中输入"regress"即可出现如图 1.24 所示的基本线性回归分析命令 regress 的使用方法。

图 1.22　"帮助|Stata 命令"选项

此外，在菜单栏中选择"帮助|内容"选项，会弹出"Viewer-help contents"对话框，如图 1.24 所示，里面是模块化的内容介绍，用户可以从中选阅需要的内容。

图 1.23　"Stata 命令"对话框　　　　图 1.24　"Viewer-help contents"对话框

2．阅读 PDF 格式帮助文档

在如图 1.22 所示的"帮助"菜单下，如果选择"PDF 文档"菜单选项，则会出现 PDF 格式的帮助文档，找到相应的内容阅读即可。需要注意的是，其中的内容同样全部是用英文的。

3．使用 Stata 网络帮助

"调用 Stata 自带帮助"或"阅读 PDF 格式帮助文档"基本上能满足绝大部分用户的需求，这些帮助内容已经覆盖几乎所有主流的数据管理、数据分析和图表绘制方法。当用户遇到还没有内置化的命令时（即 Stata 尚未将其模块化，需要用户自己编程实现），用户可以通过"Stata 网络帮助"的方式获得支持。如果用户知道所查找命令的名称，在命令窗口中输入如下命令即可：

```
findit [所查找命令], net
search [所查找命令], net
```

之后就可以按照提示进行操作，完成下载和安装。如果用户不知道所查找命令的名称，只是想使用 Stata 解决一定问题，则可以在一些主流的论坛（如 Stata 中文讨论专区）公开发布信息寻求帮助。此外，用户还可以利用一些网站资源，从而更好地使用 Stata：

● Stata 公司官方网站：http://www.stata.com，用户可以看到各种资源链接、新技术公告等各种各样有用的信息。

● Stata 出版社网站：http://www.stata-press.com，提供有关 Stata 出版物的信息。

● Stata 电子杂志的官方网站：http://www.stata-journal.com，提供有关 Stata 电子杂志的信息。

1.3　Stata 16.0 命令的语法格式

	下载资源:\video\第 1 章\…
	下载资源:\sample\第 1 章\数据 1

Stata 命令的语法格式为:

```
[by varlist:] command [varlist] [=exp] [if exp] [in range] [weight] [using
filename] [,options]
```

其中 [ ] 表示可以省略或者根据需要使用的选项。可以看出，只有 command 是必不可少的，对于其他各个组成部分，用户可以根据自身研究需要合理选用。

注　意

Stata 的命令是区分字母大小写的，大小写不能混用，否则就会提示错误。

1.3.1　command（命令名称）

command 为命令中的命令名称，示例如下:

```
use "C:\Users\Administrator\Desktop\数据 1.dta",clear
```

本命令的含义是打开桌面上的"数据 1.dta"数据文件，后面的 clear 表示先清除内存中已有的数据集。

```
regress Y1 X1 X2 X3 X4 X5 X6 X7
```

本命令的含义是以 Y1 作为因变量，以 X1-X7 作为自变量，进行普通的最小二乘回归分析。

```
reg Y1 X1 X2 X3 X4 X5 X6 X7
```

本命令的含义同样为以 Y1 作为因变量，以 X1-X7 作为自变量，进行普通的最小二乘回归分析，只是将 regress 简写为 reg，运行出同样的结果。

```
r Y1 X1 X2 X3 X4 X5 X6 X7
```

如果我们把 regress 简写为"r"，则系统将提示错误"command r is unrecognized"。

注　意

在很多情况下，我们可以使用命令的简写形式，比如前面示例的 regress 可以简写为 reg，但是不可以简写为"r"。究竟能够简写到什么程度呢？一种方法是靠大家在实践中进行摸索，不断找出可以简化的极限；另一种简便的方法是可以看相关命令在 Stata 中帮助系统中的介绍。比如我们在命令窗口中输入 **help encode**（该命令的含义是基于字符串变量 varname 创建一个名为 newvar 的新变量），那么将会出现 encode varname [if] [in],generate(newvar) [label(name)noextend]，命令中的下划线就表示命令可以省略到什么程度，上面的显示说明 encode 命令可以简写为 en，又比如我们在命令窗口中输入 **help decode** （该命令的含义是基于"编码的"数值变量 varname 以及它的值标签创建一个名为 newvar 的字符串变量），那么将会出现 <u>decode</u> <u>varname</u> [<u>if</u>] [<u>in</u>],generate(<u>newvar</u>) [<u>maxlength(#)</u>]，说明 decode 命令可以简写为 dec。

1.3.2　varlist（变量名称）

varlist 为 Stata 命令中的变量名称，可以设置一个或者多个变量，多个变量之间需要用空格隔开，否则 Stata 是无法识别的。

<table>
<tr><td align="center">注　意</td></tr>
</table>

变量名称可以由字母、数字、下画线组合而构成，但不能以数字开头，也不能以单独的数字组合来命名，且长度不能超过 32 位。在调用已有的变量时，用户在输入时可以简化，比如前面的命令：

```
reg Y1 X1 X2 X3 X4 X5 X6 X7
```

我们可以写成：

```
reg Y1 X1-X7
```

即使用 "-" 代表两个变量间的所有变量，结果是一样的，如图 1.25 所示。

```
. regress Y1 X1-X7

      Source |       SS           df       MS       Number of obs   =       479
─────────────┼──────────────────────────────       F(7, 471)       =    150.05
       Model |  347.183628         7  49.5976612    Prob > F        =    0.0000
    Residual |  155.689023       471  .330549942    R-squared       =    0.6904
─────────────┼──────────────────────────────       Adj R-squared   =    0.6858
       Total |  502.872651       478  1.05203484    Root MSE        =    .57493

──────────────────────────────────────────────────────────────────────────────
          Y1 |      Coef.   Std. Err.      t    P>|t|     [95% Conf. Interval]
─────────────┼──────────────────────────────────────────────────────────────────
          X1 |   .1959547    .01949      10.05   0.000     .1576565    .2342529
          X2 |   .1069597   .0257306      4.16   0.000     .0563987    .1575206
          X3 |   .019233    .0137383      1.40   0.162    -.0077629    .0462289
          X4 |   .0044292   .0185114      0.24   0.811    -.031946     .0408044
          X5 |   .0182519   .0321132      0.57   0.570    -.044851     .0813547
          X6 |   .13992     .0174419      8.02   0.000     .1056464    .1741936
          X7 |   .0647574   .0165232      3.92   0.000     .0322891    .0972257
       _cons |  -.6368297   .1678846     -3.79   0.000    -.9667252   -.3069342
──────────────────────────────────────────────────────────────────────────────
```

图 1.25　reg Y1 X1-X7 命令的执行结果

此外，我们还可以使用 "?" 代表单个字符，使用 "*" 代表任意字符。

将前述命令改写为 regress Y1 X?或 regress Y1 X*，结果如图 1.26 所示。

```
. regress Y1 X?

      Source |       SS           df       MS            Number of obs   =       479
-------------+----------------------------------         F(7, 471)       =    150.05
       Model |  347.183628          7   49.5976612        Prob > F        =    0.0000
    Residual |  155.689023        471   .330549942        R-squared       =    0.6904
-------------+----------------------------------         Adj R-squared   =    0.6858
       Total |  502.872651        478   1.05203484        Root MSE        =    .57493

          Y1 |      Coef.   Std. Err.      t    P>|t|     [95% Conf. Interval]
-------------+----------------------------------------------------------------
          X1 |   .1959547     .01949    10.05   0.000     .1576565    .2342529
          X2 |   .1069597   .0257306     4.16   0.000     .0563987    .1575206
          X3 |    .019233   .0137383     1.40   0.162    -.0077629    .0462289
          X4 |   .0044292   .0185114     0.24   0.811     -.031946    .0408044
          X5 |   .0182519   .0321132     0.57   0.570     -.044851    .0813547
          X6 |     .13992   .0174419     8.02   0.000     .1056464    .1741936
          X7 |   .0647574   .0165232     3.92   0.000     .0322891    .0972257
       _cons |  -.6368297   .1678846    -3.79   0.000    -.9667252    -.3069342
```

```
. regress Y1 X*

      Source |       SS           df       MS            Number of obs   =       479
-------------+----------------------------------         F(7, 471)       =    150.05
       Model |  347.183628          7   49.5976612        Prob > F        =    0.0000
    Residual |  155.689023        471   .330549942        R-squared       =    0.6904
-------------+----------------------------------         Adj R-squared   =    0.6858
       Total |  502.872651        478   1.05203484        Root MSE        =    .57493

          Y1 |      Coef.   Std. Err.      t    P>|t|     [95% Conf. Interval]
-------------+----------------------------------------------------------------
          X1 |   .1959547     .01949    10.05   0.000     .1576565    .2342529
          X2 |   .1069597   .0257306     4.16   0.000     .0563987    .1575206
          X3 |    .019233   .0137383     1.40   0.162    -.0077629    .0462289
          X4 |   .0044292   .0185114     0.24   0.811     -.031946    .0408044
          X5 |   .0182519   .0321132     0.57   0.570     -.044851    .0813547
          X6 |     .13992   .0174419     8.02   0.000     .1056464    .1741936
          X7 |   .0647574   .0165232     3.92   0.000     .0322891    .0972257
       _cons |  -.6368297   .1678846    -3.79   0.000    -.9667252    -.3069342
```

图 1.26 regress Y1 X?或 regress Y1 X*命令的执行结果

需要注意的是，上述简便操作只针对数据文件中原本已有的变量，对于新生成的变量来说，变量的名称不能进行简化。

1.3.3 by varlist（按变量分类）

by varlist 是按变量值进行分类操作的命令，表示针对变量分类的子集分别执行相应的命令。

提 示

比如我们接上例，在命令窗口中输入 summarize Y1（该命令的含义是输出 Y1 变量的样本个数、均值、标准差、最小值、最大值等描述性统计量），那么将会出现如图 1.27 所示结果。

```
. summarize Y1

    Variable |        Obs        Mean    Std. Dev.       Min        Max
-------------+--------------------------------------------------------
          Y1 |        479    2.542797    1.025687          1          4
```

图 1.27 summarize Y1 命令的执行结果

然后我们在命令窗口中输入 sort xingbie（该命令的含义是按照 xingbie 变量对样本观测值进行排序），再输入 by xingbie:summarize Y1（该命令的含义是按照性别分类分别输出 Y1 变量的样本个数、均值、标准差、最小值、最大值等描述性统计量），执行结果如图 1.28 所示。

```
-> xingbie = 1

    Variable |        Obs        Mean    Std. Dev.       Min        Max
-------------+--------------------------------------------------------
          Y1 |        213    2.521127    1.021364          1          4

-> xingbie = 2

    Variable |        Obs        Mean    Std. Dev.       Min        Max
-------------+--------------------------------------------------------
          Y1 |        266     2.56015    1.030731          1          4
```

图 1.28 按性别分类的执行结果

注　意

by varlist 命令在执行时要求内存中的数据按照 by 后面的变量进行排序，否则就会提示错误 "not sorted"，所以本例中需要先输入 "sort xingbie" 命令，而后才能执行 "by xingbie:summarize Y1" 命令。

1.3.4　=exp（赋值）

　　=exp 用来统一改变原有变量的值或生成新的变量替换原来的变量，主要包括 generate 和 replace 两个命令。其中 generate 命令是利用现有变量生成一个新的变量，并保留原来的变量不变；而 replace 命令则是利用现有变量生成一个新的变量来替换原来的变量。

提　示

接上一节的例子，在命令窗口中输入 generate LY1=ln(Y1)（该命令的含义是在不改变原有变量 Y1 的前提下生成新的变量 LY1），再输入 list Y1 LY1 X6 in 1/5（该命令的含义是列出前 5 个样本观测值 Y1、LY1、X6 的值），结果如图 1.29 所示。

	Y1	LY1	X6
1.	2	.6931472	6
2.	2	.6931472	3
3.	2	.6931472	4
4.	1	0	2
5.	2	.6931472	7

图 1.29　前 5 个样本观测值 Y1、LY1、X6 的值

如果在命令窗口中输入 replace X6=ln(X6)（本命令的含义是针对 X6 变量取对数值，新的 X6 变量是取对数值之后的值，原有的 X6 变量不再保留），再输入 list X6 in 1/5（该命令的含义是列出前 5 个样本观测值 X6 的值），结果如图 1.30 所示。

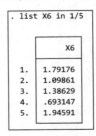

```
. list X6 in 1/5
```

	X6
1.	1.79176
2.	1.09861
3.	1.38629
4.	.693147
5.	1.94591

图 1.30　前 5 个样本观测值 X6 的值

可以发现 X6 值已经变成取对数值之后的值，不再是前面 "list Y1 LY1 X6 in 1/5" 命令的执行结果中的 X6 值。

1.3.5　if exp（条件表达式）

条件表达式的作用在于对样本集进行筛选，只对符合相关条件的样本子集执行相应的操作。

提　示

接续前一节的例子，在命令窗口中输入 reg Y1 X1 X2 X3 X4 X5 X6 X7 if xingbie==1（本命令的含义是对 xingbie 变量值取 1 的样本观测值，以 Y1 作为因变量，以 X1-X7 作为自变量，进行普通的最小二乘回归分析），结果如图 1.31 所示。

```
      Source |       SS           df       MS          Number of obs   =       213
-------------+----------------------------------      F(7, 205)       =     83.82
       Model | 163.893091          7   23.4132987      Prob > F        =    0.0000
    Residual | 57.2618385        205   .279326041      R-squared       =    0.7411
-------------+----------------------------------      Adj R-squared   =    0.7322
       Total | 221.15493         212   1.04318363      Root MSE        =    .52851

------------------------------------------------------------------------------
          Y1 |      Coef.   Std. Err.      t    P>|t|     [95% Conf. Interval]
-------------+----------------------------------------------------------------
          X1 |   .2019211   .0275397     7.33   0.000     .1476236    .2562185
          X2 |    .053031   .0351225     1.51   0.133    -.0162167    .1222786
          X3 |   .0012431   .0189418     0.07   0.948    -.0361026    .0385888
          X4 |   .0066879   .0245752     0.27   0.786    -.0417647    .0551405
          X5 |   .0389191   .0434451     0.90   0.371    -.0467374    .1245757
          X6 |   .1767825   .0233176     7.58   0.000     .1308095    .2227555
          X7 |    .050111   .0245146     2.04   0.042     .0017779     .098444
       _cons |  -.5259329   .2450421    -2.15   0.033    -1.009059    -.042807
------------------------------------------------------------------------------
```

图 1.31　最小二乘回归分析结果

1.3.6　in range（范围筛选）

in range 同样用于对样本集进行筛选，与条件表达式的区别在于不依赖变量是否符合某一条件，而是直接使用范围内的样本观测值，对筛序出的样本执行相应的操作，一般使用"in"，比如我们在前面介绍时使用的"list X6 in 1/5"，其含义为使用第 1~5 个样本观测值。

提　示

in #	第#个样本观测值	in 5（第 5 个样本观测值）
in #/#	从第#个样本观测值到第#个样本观测值	in 2/5（第 2~5 个样本观测值）
in f/#	从第 1 个样本观测值到第#个样本观测值	in f/5（第 1~5 个样本观测值）
in #/l	从第#个样本观测值到最后一个样本观测值	in 5/l（第 5 至最后一个样本观测值）

1.3.7　weight（加权）

weight 的作用在于对样本观测值进行加权，通常用于加权最小二乘回归分析。

1.3.8 options（其他可选项）

options 可以在很多命令中使用，但是不同命令的可选项差异比较大。

提 示

接续前面的例子，在命令窗口中输入 summarize Y1,detail（该命令的含义是输出 Y1 变量的常见描述性统计量，比不加 ",detail" 时显示的内容更多），结果如图 1.32 所示。

```
                        客户满意度
           Percentiles    Smallest
 1%              1            1
 5%              1            1
10%              1            1        Obs                479
25%              2            1        Sum of Wgt.        479

50%              2                     Mean          2.542797
                          Largest      Std. Dev.     1.025687
75%              3            4
90%              4            4        Variance      1.052035
95%              4            4        Skewness      .0126586
99%              4            4        Kurtosis      1.862526
```

图 1.32　summarize Y1,detail 命令的执行结果

可以发现该命令的输出结果比 "summarize Y1" 命令的输出结果有更多的描述性统计量。

1.4　Stata 16.0 运算符与函数

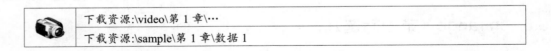

下载资源:\video\第 1 章\⋯
下载资源:\sample\第 1 章\数据 1

1.4.1　Stata 16.0 运算符

在 Stata 16.0 中，我们可以使用的算术运算符、关系运算符和逻辑运算符分别如表 1.1~表 1.3 所示。

表 1.1　算术运算符

算术运算符	含义	算术运算符	含义	算术运算符	含义	算术运算符	含义	算术运算符	含义
＋	加	－	减	*	乘	^	指数	sqrt ()	开平方

表 1.2　关系运算符

关系运算符	含 义	关系运算符	含 义	关系运算符	含 义
==	等于	! =（或~=）	不等于	>	大于
<	小于	>=	大于等于	<=	小于等于

表1.3 逻辑运算符

逻辑运算符	含 义	逻辑运算符	含 义	逻辑运算符	含 义
&	与			或	!(或~)	非

注 意

各类运算符的优先顺序是: !(或~), ^, -(负号), /, *, -(减号), +, !=(或~=),>,<,<=,>=,==,&,|。
如果用户难以记住运算符的优先顺序, 可以采用嵌套括号的形式获取运算优先级, 最里层括号
内的表达式将会最先被计算。

下面使用"数据 1"数据文件作为进行相应运算的示例。

1. 算术运算

在命令窗口中依次输入:

```
gen newX7=X7+1          (本命令的含义是生成 newX7 变量, 其值为 X7 加 1)
list X7 newX7 in 1/5    (本命令的含义是列出第 1~5 个样本观测值 X7 和 newX7 的值, 可以发
```
现 newX7 的值都是对应 X7 的值加 1)

上述命令的执行结果如图 1.33 所示。

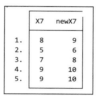

图 1.33 第 1~5 个样本观测值 X7 和 newX7 的值

然后输入:

```
drop newX7 (本命令的含义是删除已生成的 newX7 变量)
```

drop 命令是用来删除某些变量和观测值的, 基本命令如下:

- 删除变量: drop varlist。
- 删除样本观测值: drop if exp。
- 删除一定范围内的样本观测值: drop in range [if exp]。

与 drop 命令相对应的是 keep 命令, 用来保留某些变量和观测值, 基本命令如下:

- 保留变量: keep varlist。
- 保留样本观测值: keep if exp。
- 保留一定范围内的样本观测值: keep in range [if exp]。

特别提示

使用 drop 命令删除变量和观测值、keep 命令保留变量和观测值都是不可逆的。一旦用户排除了

变量和观测值，就不能再把它们读取回来。用户需要返回原始数据集并重新读取。所以，用户应该尽量考虑使用 if 或 in 临时选择子集，而不是应用 drop 或 keep 进行子集分析。这通常是最好的策略。

2. 数值运算

数值计算的命令为"**di**"，在命令窗口中依次输入：

```
di 5+3
di 5-3
di 7^2
di 7/2
di (6+7^(5-3))/sqrt(5*5)
```

即可出现如图 1.34 所示的结果。

```
. di 5+3
8

. di 5-3
2

. di 7^2
49

. di 7/2
3.5

. di (6+7^(5-3))/sqrt(5*5)
11
```

图 1.34　数值计算结果

3. 字符运算

字符运算的命令为"scalar"，在命令窗口中依次输入：

scalar X="中华"+"人民共和国"（本命令的含义是生成字符 X，将"中华"和"人民共和国"连在一起，注意引号必须是半角和英文模式）
scalar list X（本命令的含义是列出生成的字符 X，注意列出字符的命令是 scalar list）

上述命令的执行结果为：X=中华人民共和国。

然后我们输入：

scalar Y=X+"万岁"（本命令的含义是生成字符 Y，将前面生成的 X 和"万岁"连在一起，需要注意的是 X 不再加引号）
scalar list Y（本命令的含义是列出生成的字符 Y）

上述命令的执行结果为：Y = 中华人民共和国万岁。

4. 关系运算

示例关系运算。在命令窗口中依次输入如下的关系运算命令：

```
di 9==8
di 4>=2
```

即可出现如图 1.35 所示的结果。

我们可以灵活运用关系运算针对分类变量创建虚拟变量。接续上例，如果在命令窗口中依次输入：

```
. di 9==8
0

. di 4>=2
1
```

图 1.35　关系运算示例的执行结果

```
gen xingbienew1=(xingbie==1)
gen xingbienew2=(xingbie==2)
gen xingbienew3=(xingbie!=2)
gen xingbienew4=(xingbie~=2)
list xingbie xingbienew1 xingbienew2
xingbienew3 xingbienew4 in 1/5
```

即可出现如图 1.36 所示的执行结果。

	xingbie	xingbi~1	xingbi~2	xingbi~3	xingbi~4
1.	2	0	1	0	0
2.	1	1	0	1	1
3.	1	1	0	1	1
4.	2	0	1	0	0
5.	2	0	1	0	0

图 1.36　针对分类变量创建虚拟变量

可以发现，xingbienew1、xingbienew3 为 xingbie==1 时的虚拟变量，xingbienew2、xingbienew4 为 xingbie==2 时的虚拟变量。

5. 逻辑运算

示例逻辑运算。在命令窗口中输入：

`list Y1 Y2 X1 X2 if Y1>=4&X1<4|Y2>=3&X2<=5`（本命令的含义是列出符合条件的样本 Y1、Y2、X1、X2 的值，条件一是 Y1 大于等于 4 且 X1 小于等于 4，条件二是 Y2 大于等于 3 且 X2 小于等于 5，两个条件符合其一即可）。

即可出现如图 1.37 所示的执行结果。

	Y1	Y2	X1	X2
458.	3	3	5	5
459.	3	3	5	4
461.	3	3	4	5
463.	3	3	5	5
466.	3	3	5	5
468.	3	3	7	5
471.	3	3	5	5

图 1.37　逻辑运算示例的执行结果

1.4.2　Stata 16.0 函数

函数用于表达式中，表达式在 Stata 命令中缩写为 exp，可以在任何表达式中调用函数。函数的参数可以是包括其他函数在内的任何表达式。函数的参数用圆括号括起来，如果有多个参数，则参数之间用逗号分隔开。Stata 16.0 共有 9 大类函数，分别是日期和时间函数、数学函数、矩阵函数、编程函数、随机数函数、时间序列函数、统计函数、字符串函数、三角函数。具体的函数类型以及相关的介绍，用户可以通过在命令窗口中输入"help function"进行查询，常见的函数如表 1.4 所示。

表1.4　常见的函数

函数命令	含义	函数命令	含义	函数命令	含义
abs(x)	x 的绝对值	sqrt	平方根函数	exp(x)	指数函数
sin	正弦函数	cos(x)	余弦函数	tan(x)	正切函数
asin(x)	反正弦函数	acos(x)	反余弦函数	atan(x)	反正切函数
trunk(x)	x 的整数部分	logit(x)	x 的对数比率	total(x)	x 的移动合计
mod(x,y)	x/y 的余数	sign(x)	符号函数	round(x)	x 的四舍五入整数
atanh(x)	双曲反正切函数	floor(x)	小于等于 x 的最大整数	ceil(x)	小于等于 x 的最小整数
comb(n,k)	从 n 中取 k 个组合	fill()	自动填充数据	int(x)	取整函数
ln(x)	对数函数	log10(x)	以 10 为底的对数	mod(x,y)	x − y*int(x/y)
sum(x)	求和函数	uniform()	均匀分布随机数	invnormal(uniform())	标准正态分布随机数
real(s)	字符型转化为数值型	string(n)	数值型转化为字符型	substr(X,n1,n2)	从 X 的第 n1 个字符开始，截取 n2 个字符

下面继续使用"数据 1"数据文件作为计算示例，在命令窗口中依次输入：

```
di sqrt(49)        （求 49 的平方根，结果为 10）
di abs(-10)        （求-10 的绝对值，结果为 10）
di ln(exp(9))      （先求 e 的 9 次方，再取对数，结果为 9）
di int(9.22)       （对 9.22 取整数，结果为 9）
di int(-9.22)      （对-9.22 取整数，结果为-9）
di round(-9.22)    （对-9.22 四舍五入，结果为-9）
di round(-9.22,.1) （对-9.22 四舍五入至小数点后一位，结果为-9.2）
```

下面结合函数来看两个重要命令 gen 和 egen 的区别，打开"数据 1"文件，在命令窗口中依次输入：

```
gen Y2new1=sum(Y2)          （生成变量 Y2new1，将变量 Y2 样本观测值汇总求和）
egen Y2new2=sum(Y2)         （生成变量 Y2new2，将变量 Y2 所有样本观测值汇总求和）
list Y2 Y2new1 Y2new2 in 1/10   （列出 Y2、Y2new1、Y2new2 前 10 个样本观测值）
```

得到如图 1.38 所示的执行结果。

	Y2	Y2new1	Y2new2
1.	3	3	1225
2.	2	5	1225
3.	3	8	1225
4.	4	12	1225
5.	4	16	1225
6.	1	17	1225
7.	1	18	1225
8.	4	22	1225
9.	3	25	1225
10.	4	29	1225

图 1.38　Y2、Y2new1、Y2new2 前 10 个样本观测值

从上面的执行结果可知，gen 命令生成的变量值是一个变动的值，egen 命令生成的新变量值往往是一个常数。

1.5　分类变量和定序变量的基本操作

下载资源:\video\第 1 章\…
下载资源:\sample\第 1 章\数据 1A

在很多情况下，我们会用到分类变量（虚拟变量）的概念，分类变量的用途是通过定义值的方式对观测样本进行分类。例如，根据数据某一变量特征的不同把观测样本分为 4 类，就需要建立 4 个分类变量 A、B、C、D，如果观测样本属于 A 类，其对应的分类变量 A 的值就为 1，对应的分类变量 B、C 和 D 的值就为 0。定序变量的用途是根据数据的数值大小将数据分到几个确定的区间，其在广义上也是一种分类。下面我们就用示例来讲解一下分类变量和定序变量的基本操作。

"数据 1A"数据文件中有 3 个变量，分别是 place、amount、grade。在命令窗口中输入命令：

```
tabulate grade,generate(grade)  （本命令的含义是生成新的分类变量）
```

随后可以看到如图 1.39 所示的生成的新分类变量，在数据编辑器界面可以看到如图 1.40 所示的生成的分类数据 grade1 和 grade2。

```
. tabulate grade,generate(grade)

     grade |      Freq.     Percent        Cum.

  Province |          6       60.00       60.00
    Nation |          4       40.00      100.00

     Total |         10      100.00
```

图 1.39　生成的新分类变量

	place	amount	grade	grade1	grade2
1	挪威	3	Nation	0	1
2	福建	3	Province	1	0
3	安徽	5	Province	1	0
4	江西	6	Province	1	0
5	德国	9	Nation	0	1
6	广西	15	Province	1	0
7	山东	19	Province	1	0
8	韩国	19	Nation	0	1
9	广东	21	Province	1	0
10	英国	32	Nation	0	1

图 1.40　生成的分类数据 grade1 和 grade2

然后输入命令：

generate amount1=autocode(amount,3,1,25)（本命令的含义是生成新的定序变量进行定序，分到 3 个标志区间）
sort amount1（本命令的含义是对 amount 进行排序）

在数据编辑器界面可以看到如图 1.41 所示的生成的变量 amount1 数据。该变量将 amount 的取值区间划分成等宽的 3 组。

	place	amount	grade	grade1	grade2	amount1
1	挪威	3	Nation	0	1	9
2	福建	3	Province	1	0	9
3	安徽	5	Province	1	0	9
4	江西	6	Province	1	0	9
5	德国	9	Nation	0	1	9
6	广西	15	Province	1	0	17
7	山东	19	Province	1	0	25
8	韩国	19	Nation	0	1	25
9	广东	21	Province	1	0	25
10	英国	32	Nation	0	1	25

图 1.41　进行排序

最后输入命令：

generate amount2=group(4)（本命令的含义是生成新的分类变量按数值大小进行 4 类定序）

输出结果如图 1.42 所示，系统生成了变量 amount2，该变量将 amount 的取值按大小分成了 4 个序列。

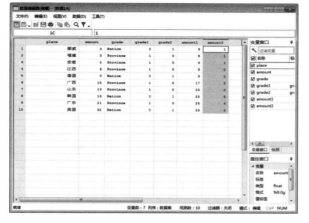

图 1.42　进行 4 类定序

1.6 常用的几种处理数据的操作

下载资源:\video\第 1 章\···
下载资源:\sample\第 1 章\数据 1B、数据 1C、数据 1D、数据 1E、数据 1F

1.6.1 Stata 16.0 的数据类型

在 Stata 16.0 中，数据类型主要包括 3 种，分别是数值型数据、字符型数据和日期型数据。

数值型数据由数字、正负号和小数点所组成，包括 5 个子类，默认类型为 float，如表 1.5 所示。

表1.5 数值型数据

变量类型	字 节	存储类型	最 小 值	最 大 值
byte	1	integer	−127	100
int	2	integer	−32767	32740
long	4	integer	−2147483647	2147483620
float	4	real	$-1.70141173319 \times 10^{38}$	$1.70141173319 \times 10^{36}$
double	8	real	$-8.9884656743 \times 10^{307}$	$8.9884656743 \times 10^{308}$

字符型数据由字母、特殊符号和数字所组成，一般会被保存为 str#格式，str 后面的数字代表最大字符长度，如 str8 表示可容纳最大长度为 8 个字符的字符型变量。字符型数据一般用英文状态下的引号""进行标注，且引号一般不被视为字符型变量的一部分。

日期型数据有多种表达方式，例如 2019 年 6 月 25 日，可以写为 20190625，也可以写为 25062019 等。

提 示

对于日期型数据，Stata 将 1960 年 1 月 1 日视为第 0 天，该日期之前的天数为负值，比如 1959 年 12 月 29 日为第-3 天。

1.6.2 对数据进行长短变换

在对数据进行分析时，可能会遇到需要针对现有的数据进行预处理的情况。在本小节中，我们将通过示例来讲解常用的几种处理数据的操作，包括对数据进行长短变换、类型变换、生成随机数、数据压缩、按变量合并或拆分数据文件、按样本观测值合并或拆分数据文件、添加标签、对数据进行排序等。我们首先讲解对数据进行长短变换，以"数据 1B"数据文件为例说明。

在"数据 1B"数据文件中，我们设置了 4 个变量，分别是 province、amount2018、amount2019、amount2020。在命令窗口中依次输入以下命令：

```
reshape long amount,i( province) j(year)   （本命令的含义是将数据进行长短变换）
```

图 1.43 是将数据进行长短变换的结果。在数据编辑器界面可以看到如图 1.44 所示的变换后的数据。

```
. reshape long amount,i( province) j(year)
(note: j = 2018 2019 2020)

Data                                wide    ->    long

Number of obs.                          5    ->       15
Number of variables                     4    ->        3
j variable (3 values)                        ->    year
xij variables:
        amount2018 amount2019 amount2020    ->    amount
```

图 1.43　将数据进行长短变换的结果

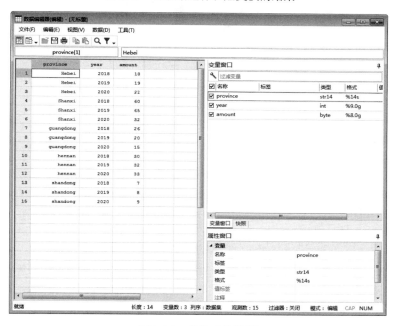

图 1.44　变换后的数据

reshape wide amount,i(province) j(year)　（本命令的含义是将数据变换回来）

图 1.45 是将数据变换回来，并把表示地区的字符串变量转换成数值数据的结果。在数据编辑器界面可以看到如图 1.46 所示的变换后的数据。

```
. reshape wide amount,i( province) j(year)
(note: j = 2018 2019 2020)

Data                                long    ->    wide

Number of obs.                         15    ->        5
Number of variables                     3    ->        4
j variable (3 values)                year    ->    (dropped)
xij variables:
                                   amount    ->    amount2018 amount2019 amount2020
```

图 1.45　转换成数值数据的结果

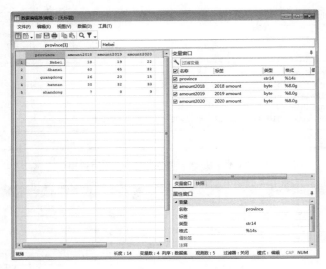

图 1.46 变换后的数据

1.6.3 对数据进行类型变换

在很多情况下，用户需要对数据进行类型变换，比如字符型变量不能进行数值计算，如果让字符型变量参与数值计算，Stata 就会提示错误，此时就有必要将字符型变量转化成数值型变量。用于对数据进行类型变换的常用命令有 4 个，下面一一说明。

1）encode：从字符串变量转换到数值变量，该命令的语法格式为：

encode varname [if] [in],generate(newvar)[label(name)noextend]

其中 generate(newvar) 选项是必须设定的，它作为转换后的新数值型变量的变量名。label(name) 用于指定转换后的数值型变量的值标签名，如果未指定 label(name)选项，则转换后的数值型变量的值标签名与其变量名相同。只有当 label(name)选项指定了新生成变量的值标签，才可以指定 noextend 选项，如果 label(name)选项所指定的值标签中没有 varname 包含的值，则不会对 varname 进行编码。默认情况下，label(name)选项的值标签中不存在的值都将添加到该标签中。

2）decode：从数值变量转换到字符串变量，该命令的语法格式为：

decode varname [if] [in],generate(newvar) [maxlength(#)]

其中 generate(newvar)选项是必须设定的，它作为转换后的新数值型变量的变量名。maxlength(#) 选项用于设定转换后的字符型变量的长度，#的设置值必须在 1~32000（字节）。在默认情况下，字符型变量的长度为 32000 字节。

3）destring：将字符串变量转换为数值变量，该命令的语法格式为：

destring [varlist],{generate (newvarlist)|replace} [destring options]

destring 命令将 varlist 中的变量从字符串转换为数值。varlist 是进行数据转化的变量列表，generate (newvarlist) | replace 表示生成新的变量或者替换掉原来的变量。options 是一些可选项，如果未指定 varlist，则 destring 将尝试将数据集中的所有变量从字符串转换为数值。

4）tostring：将数值变量转换为字符串变量，该命令的语法格式为：

```
tostring varlist,{generate (newvarlist)|replace} [tostring options]
```

tostring 将 varlist 中的变量从数值转换为字符串，是使用最紧凑的字符串格式。varlist 中已经是字符串的变量将不会被转换。

注　意

读者可以看到 encode 与 destring 类似，decode 和 tostring 类似，不过它们的差别在于：

1）encode、decode 命令是针对 varname、newvar 的，是变量的概念；而 destring、tostring 命令是针对 varlist、newvarlist 的，是变量列表的概念。varlist 是一个变量列表。变量列表中的变量要么引用新的（尚未创建的）变量，要么引用现有的变量。一个 newvarlist 总是专有地引用新的（尚未创建的）变量。类似地，varname 指向一个变量，可以是现有的变量，也可以是尚未创建的变量。newvar 总是指向一个新变量。

2）encode 命令用于给字符型变量重新编码，它只是返回转换后的数值型变量的标签，而不是将原来的以字符型存储的数值变量转换为真正意义上的数值变量。所以，从应用的角度，如果用户只是想为字符型变量贴上 1,2,3 等表示序号的编码值，将原来的字符型数据设置为转换后的数值型变量的标签，则使用 encode 命令即可；而如果是想在真正意义上将字符型变量转换为数值型变量，则要使用 destring 命令。decode 和 tostring 命令也具有类似的差别。

下面的示例还是基于"数据 1B"数据文件，不过在对数据进行长短变换后，在命令窗口中输入以下命令：

```
encode province,gen(regi)      （本命令的含义是把表示地区的字符串变量转换成数值数据的变量）
decode regi,gen(regi1)         （本命令的含义是把数值数据的变量转换成表示地区的字符串变量）
```

结果如图 1.47 所示。

图 1.47　查看数据

然后在命令窗口中输入以下命令:

des （describe 命令的简写,该命令旨在生成数据集的摘要）

结果如图 1.48 所示,可以发现 year、amount 为数值型。

```
Contains data
  obs:            15
  vars:            5

                storage   display    value
variable name    type     format     label      variable label

province         str14    %14s
year             int      %9.0g
amount           byte     %8.0g
regi             long     %9.0g       regi
regi1            str9     %9s

Sorted by: province  year
     Note: Dataset has changed since last saved.
```

图 1.48　数据摘要

然后在命令窗口中输入以下命令:

tostring year amount, generate(yearnew amountnew) （以生成新的变量 yearnew amountnew 的方式,将 year amount 从数值型变量转换为字符型变量）
des （describe 命令的简写,该命令旨在生成数据集的摘要）

上述命令的执行结果如图 1.49 所示,可以发现新生成的变量 yearnew amountnew 已经变成了字符型。其中 yearnew 为 str4,amountnew 为 str2,这是因为数据文件中变量 year 的各样本观测值最长是 4 位,变量 amountnew 的各样本观测值最长是 2 位,然后在命令窗口中输入以下命令:

```
. tostring year amount, generate(yearnew amountnew)
yearnew generated as str4
amountnew generated as str2

Contains data
  obs:            15
  vars:            7

                storage   display    value
variable name    type     format     label      variable label

province         str14    %14s
year             int      %9.0g
yearnew          str4     %9s                    year
amount           byte     %8.0g
amountnew        str2     %9s                    amount
regi             long     %9.0g       regi
regi1            str9     %9s

Sorted by: province  year
     Note: Dataset has changed since last saved.
```

图 1.49　数据摘要

destring yearnew amountnew, generate(yearnew1 amountnew1)（以生成新的变量 yearnew1 amountnew1 的方式,将 yearnew amountnew 从字符型变量转换为数值型变量）
des （describe 命令的简写,该命令旨在生成数据集的摘要）

上述命令的执行结果如图 1.50 所示,可以发现新生成的变量 yearnew1 amountnew1 已经变成了数值型,其中 yearnew1 为 int 子类型,amountnew1 为 byte 子类型。

```
. destring yearnew amountnew, generate(yearnew1 amountnew1)
yearnew: all characters numeric; yearnew1 generated as int
amountnew: all characters numeric; amountnew1 generated as byt
> e

Contains data
  obs:           15
  vars:           9

              storage   display    value
variable name   type    format     label      variable label

province      str14    %14s
year          int      %9.0g
yearnew       str4     %9s                     year
yearnew1      int      %10.0g                  year
amount        byte     %8.0g
amountnew     str2     %9s                     amount
amountnew1    byte     %10.0g                  amount
regi          long     %9.0g       regi
regi1         str9     %9s

Sorted by: province  year
      Note: Dataset has changed since last saved.
```

图 1.50　数据摘要

注　意

在使用 destring 命令时，需要确保各样本观测值的所有字符均为数字字符。

1.6.4　生成随机数

在命令窗口中依次输入以下命令：

clear　（本命令的含义是清除原有数据）
set obs 15　（本命令的含义是设置一个包含 15 个样本的数据集）
generate suiji=uniform()（本命令的含义是生成一个随机变量，里面包含 0~1 的 15 个随机数据）

上述命令的执行结果如图 1.51 所示。

图 1.51　随机数据

然后在命令窗口中输入：

clear　　　　　（本命令的含义是清除原有数据）

set obs 15　（本命令的含义是设置一个包含 15 个样本的数据集）
generate suiji=9+9*uniform()　（本命令的含义是生成一个随机变量，里面包含[9,18]区间 15
个随机数据）

上述命令的执行结果如图 1.52 所示。然后在命令窗口中输入：

clear　（本命令的含义是清除原有数据）
set obs 15　（本命令的含义是设置一个包含 15 个样本的数据集）
generate suiji=9+trunc(9*uniform())　（本命令的含义是生成一个随机变量，里面包含[9,18]
区间的 15 个随机数据，且数据为整数）

上述命令的执行结果如图 1.53 所示。

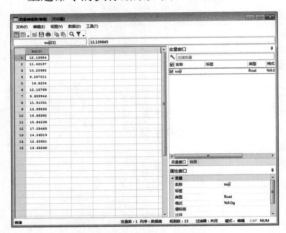
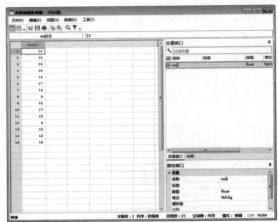

图 1.52　随机取出 15 个数据　　　　图 1.53　随机取出 15 个数据且取整

1.6.5　数据压缩

在很多情况下，需要对数据进行压缩，在不改变数据内容和精度的前提下，减少存储空间的占
用。数据压缩命令的语法格式为：

```
compress [varlist]
```

其中 compress 为 Stata 命令，varlist 是需要被压缩的变量，如果用户没有指定 varlist，那么 Stata
将对整个数据文件进行压缩。在命令窗口中输入：

clear　　　（本命令的含义是清除原有数据）
set obs 15　（本命令的含义是设置一个包含 15 个样本的数据集）
gen t=15　　（本命令的含义是生成一个名为 t 的变量，它的值为 15）
describe　　（本命令的含义是描述变量的基本情况）

上述命令的执行结果如图 1.54 所示。可以发现变量 t 的类型为默认的 float。
然后在命令窗口中输入：

compress t　（本命令的含义是对变量 t 进行压缩）
describe　　（本命令的含义是描述变量的基本情况）

上述命令的执行结果如图 1.55 所示。可以发现变量 t 的类型已经被压缩成了占用存储空间较小的 byte 类型。

```
Contains data
    obs:            15
    vars:            1

                storage   display   value
variable name   type      format    label       variable label

t                         float     %9.0g

Sorted by:
    Note: Dataset has changed since last saved.
```

图 1.54　生成变量 t

```
Contains data
    obs:            15
    vars:            1

                storage   display   value
variable name   type      format    label       variable label

t                         byte      %9.0g

Sorted by:
    Note: Dataset has changed since last saved.
```

图 1.55　对变量 t 进行压缩

1.6.6　按变量合并、拆分数据文件

在进行很多数据的处理时，往往需要将两个结构相同或某些部分结构相同的数据文件合并成一个文件，比如两家公司进行了兼并，需要将这两家公司的员工信息表合并为一个信息表，这时就需要对数据文件进行样本观测值的合并；又比如某公司领导想将员工的绩效考核数据和工资薪酬数据放在一起进行数据分析，就需要将员工绩效考核信息表和员工工资薪酬信息表进行合并，这时还需要对数据进行变量的合并。

所以 Stata 中的数据合并也分为两种：一种是观测值的合并，因为观测值在 Stata 的数据编辑器视图中是以行来呈现的，因而又被称为纵向合并，也就是将两个有相同变量但具有不同观测值的数据进行合并；另一种是变量的合并，因为变量在 Stata 的数据编辑器视图中是以列来呈现的，所以又被称为横向合并，也就是将描述同一组观测样本的不同变量合并为一个数据文件，新的数据文件包含所有合并前的各个数据的变量。

本节先介绍按变量合并数据文件，是指将一个外部文件中的若干变量添加到当前工作文件中，即横向合并。按变量合并数据文件，除了"通过观察进行一对一的合并"方式外，增加变量这种合并要求两个数据文件必须具有一个或者多个共同的关键变量，而且这两个文件中的关键变量具有一定数量的相等的观测量数值。所谓关键变量，指的是两个数据文件中变量名、变量类型、变量值排序完全相同的变量。按变量合并数据文件的命令为 merge，依据合并方法的不同，有 5 种命令的语法格式，分别说明如表 1.6 所示。

表1.6　5种合并方式说明

合并方式	英文释义	命令的语法格式
对指定的关键变量进行一对一合并	one-to-one merge on specified key variables	merge 1:1 varlist using filename [,options]
对指定的关键变量进行多对一合并	many-to-one merge on specified key variables	merge m:1 varlist using filename [,options]
对指定的关键变量进行一对多合并	one-to-many merge on specified key variables	merge 1:m varlist using filename [,options]
对指定的关键变量进行多对多合并	many-to-many merge on specified key variables	merge m:m varlist using filename [,options]
通过观察进行一对一合并	one-to-one merge by observation	merge 1:1 _n using filename [,options]

varlist 为进行合并的关键变量。using filename 指的是要与源文件合并的文件名及文件路径。默

认情况下，merge 命令执行后会创建一个新变量_merge，其中包含与合并数据集中的每个观察的源和内容有关的数字代码。[,options]包括很多选项，常用的几个选项说明如下：

1）keepusing(varlist)：用来保留合并时 using dataset 中的部分变量，默认保留全部。

2）generate(newvar)：产生一个新的用来标记合并结果的变量，默认是_merge。

3）nogenerate：不创建_merge 变量。

4）noreport：不显示匹配结果的汇总表。

5）update：使用被合并数据集中变量的值更新主数据集中同名变量的缺失值，主数据集中的非缺失值不变。

6）replace：使用被合并数据集中变量的非缺失值代替主数据集中同名变量的值，被合并数据集中的缺失值对应的主数据集中的同名变量值不变。此选项要和 update 一起使用。

7）force：强制字符串/数字变量类型匹配而不会出错。

此处以本书附带的"数据 1C"和"数据 1D"数据文件为例进行说明，在命令窗口中输入：

use "C:\Users\Administrator\Desktop\数据 1C.dta"（本命令的含义是打开"数据 1C"数据文件）

merge m:m y1 using "C:\Users\Administrator\Desktop\数据 1D.dta"（本命令的含义是将 y1 作为关键变量，将"数据 1D"数据文件中的变量横向合并进"数据 1C"数据文件中）

主界面显示的合并结果和数据编辑器界面显示的合并结果分别如图 1.56 和图 1.57 所示。操作完成后，可以发现"数据 1D"数据文件中的 y2、y3 被合并进了"数据 1C"数据文件中。此外还多了一个名为_merge 的变量，这个变量将显示合并的情况，如果数值为 3，则合并成功，如果数值为 1 或 2，则合并失败。

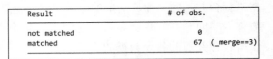

Result	# of obs.
not matched	0
matched	67 (_merge==3)

图 1.56　主界面显示的合并结果

图 1.57　数据编辑器界面显示的合并结果

合并之后如何再回到原来的状态，或者如何对数据文件按照变量进行横向拆分呢？前面在 1.3 节介绍的 drop 命令和 keep 命令就可以达到按变量拆分数据文件的目的。

我们可以先将新生成的横向合并后的数据文件复制一份，然后在命令窗口中输入：

```
drop y2 y3 _merge  （本命令的含义是从当前数据文件中删除 y2 y3 _merge 三个变量）
```

然后选择菜单"文件|保存"，即可恢复到原来"数据 1C"数据文件的状态。

在复制数据文件的命令窗口中输入：

```
drop y4 y5 y6 _merge（本命令的含义是从当前数据文件中删除 y4、y5、y6、_merge 四个变量）
```

然后选择菜单"文件|保存"，即可恢复到原来"数据 1D"数据文件的状态。

1.6.7　按样本观测值合并、拆分数据文件

接下来介绍按样本观测值合并数据文件（即纵向合并），将会增加观测量，把一个外部文件中与源文件具有相同变量的观测量增加到当前工作文件中。这种合并要求两个数据文件至少应具有一个属性相同的变量，即使它们的变量名不同。按变量合并数据文件的命令为 append，该命令的语法格式如下：

```
append using filename [filename…] [,options]
```

using filename 指的是要与源文件合并的文件名及文件路径。用户可以用双引号引住文件名，如果文件名中包含空格或其他特殊字符，用户则必须这样做。

此处以本书附带的"数据 1E"和"数据 1F"数据文件为例进行说明，在命令窗口中输入：

```
use "C:\Users\Administrator\Desktop\数据 1E.dta"  （本命令的含义是打开"数据 1C"数据
文件）
des（describe 命令的简写，该命令旨在生成数据集的摘要）
```

上述命令的执行结果如图 1.58 所示，可以发现共有样本观测值（obs）30 个、变量（vars）6 个。

```
Contains data from C:\Users\Administrator\Desktop\数据1E.dta
  obs:           30
  vars:           6                          10 NOV 2021 12:12

              storage   display   value
variable name   type    format    label      variable label

y1            double   %12.0g                编号
y2            double   %12.0g     y2         性别
y3            double   %12.0g                月龄
y4            double   %12.0g                体重,kg
y5            double   %12.0g                身高,cm
y6            double   %12.0g                坐高,cm

Sorted by:
```

图 1.58　纵向合并前的数据集摘要

```
append using "C:\Users\Administrator\Desktop\数据 1F.dta"  （本命令的含义是将"数据
1F"数据文件纵向合并进当前的"数据 1E"数据文件中）
des（describe 命令的简写，该命令旨在生成数据集的摘要）
```

上述命令的执行结果如图 1.59 所示，可以发现共有样本观测值（obs）67 个、变量（vars）6 个。"数据 1F"数据文件被纵向合并进了当前的"数据 1E"数据文件中。

```
Contains data from C:\Users\Administrator\Desktop\数据1E.dta
  obs:           67
  vars:           6                               10 NOV 2021 12:12

                storage   display    value
variable name   type      format     label       variable label

y1              double    %12.0g                  编号
y2              double    %12.0g     y2           性别
y3              double    %12.0g                  月龄
y4              double    %12.0g                  体重,kg
y5              double    %12.0g                  身高,cm
y6              double    %12.0g                  坐高,cm

Sorted by:
     Note: Dataset has changed since last saved.
```

图 1.59　纵向合并后的数据集摘要

合并之后如何再回到原来的状态，或者如何对数据文件按照变量进行纵向拆分呢？前面我们在 1.3 节介绍的 drop 命令和 keep 命令就可以达到按变量拆分数据文件的目的。

我们可以先将新生成的纵向合并后的数据文件复制一份，然后在命令窗口中输入：

`drop in 31/67`（本命令的含义是从当前数据文件中删除第 31~67 个样本观测值）

然后选择菜单"文件|保存"，即可恢复到原来"数据 1E"数据文件的状态。

在复制数据文件的命令窗口中输入：

`drop in 1/30`（本命令的含义是从当前数据文件中删除第 1~30 个样本观测值）

然后选择菜单"文件|保存"，即可恢复到原来"数据 1F"数据文件的状态。

1.6.8　添加标签

Stata 可以为数据库、变量、样本观测值添加标签，添加标签的目的是为了使用户更加清晰地知晓相关数据库、变量、样本观测值的具体含义。

1）为数据库添加标签的命令及其语法格式为：

`label data ["label"]`

["label"]代表所要添加的标签内容。用户通过该命令在内存中向数据集附加一个标签（最多 80 个字符）。后续在使用数据集和描述数据集时将显示数据集标签。如果没有指定标签（即未设置 ["label"]，仅输入命令 label data），将删除任何现有的标签。

2）为变量添加标签的命令及其语法格式为：

`label variable varname ["label"]`

varname 代表所要添加标签的变量，["label"]代表所要添加的标签内容。用户通过该命令将标签（最多 80 个字符）附加到指定的变量上。如果没有指定标签（即未设置["label"]，仅输入命令 label variable varname），则删除任何现有的变量标签。

3）定义值标签的命令及其语法格式为：

```
label define lblname # "label" [# "label" ...] [,add modify replace nofix]
```

lblname 代表所要定义的数值标签，#代表所要定义的数值，"label"代表所要添加的标签内容。需要用户注意的是后方 options 的内容，其中 add 的作用是添加标签内容，modify 的作用是对已有的标签内容进行修改，nofix 的作用是要求 Stata 不改变标签的内容而改变原变量的存储容量。lblname 最多可以包含 65536 个独立标签，单个标签最长可达 32000 个字符。

4）给变量赋值标签的命令及其语法格式为：

```
label values varlist lblname [,nofix]
```

varname 代表将要添加标签的变量，[lblname]代表刚刚定义的数据标签。

5）列出值标签名及其内容的命令及其语法格式为：

```
label list [lblname [lblname ...]]
```

用户通过该命令列出存储在内存中的值标签名及其内容。

6）复制值标签的命令的语法格式为：

```
label copy lblname [,replace]
```

用户通过该命令复制一个已存在的值标签。

7）删除值标签的命令的语法格式为：

```
label drop {lblname [lblname ...] | _all}
```

用户通过该命令删除一个已存在的值标签。

8）在 do-file 中保存值标签的命令及其语法格式为：

```
label save [lblname [lblname...]] using filename [,replace]
```

用户通过该命令将值标签定义保存在 do-file 中。这对于没有附加到变量的值标签特别有用，因为这些标签没有随变量保存。

此处以本书附带的"数据 1E"数据文件为例进行说明，在命令窗口中输入：

use "C:\Users\Administrator\Desktop\数据 1E.dta" （本命令的含义是打开"数据 1E"数据文件）

label data "婴幼儿数据" （本命令的含义是为整个数据库添加标签"婴幼儿数据"）

可以看到数据文件已经被加上了标签"婴幼儿数据"，如图 1.60 所示。

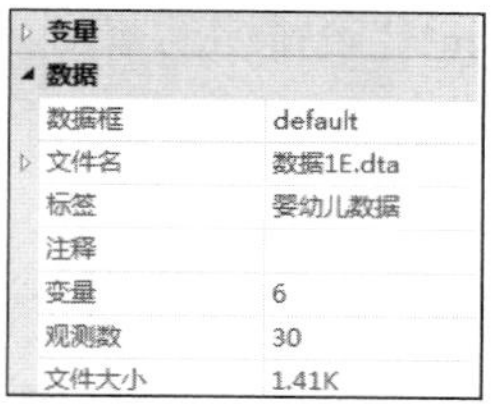

图 1.60 数据文件标签

然后在命令窗口中接着输入命令：

`label variable label variable y1 "序号"`（本命令的含义是为变量 y1 添加标签"序号"，注意原来该变量就有标签，为"编号"，通过执行该命令，标签变成了"序号"）

可以看到 y1 变量已经被加上了标签"序号"，如图 1.61 所示。

```
label define y2label 1 "male" 2 "female"
label values y2 y2label
```

其中，y2label 表示标签的名称，1 "male" 2 "female"表示定义的规则，数字 0 的标签是 male，数字 2 的标签是 female。

在数据编辑器界面可以看到 y2 变量的值已经被加上了标签，1 为"male"，2 为"female"，如图 1.62 所示。

	y1	y2	y3	y4	y5	y6
1	1	male	60	16.5	103	58.6
2	2	male	74	16.4	101.4	56.5
3	3	famale	64	21.2	111.5	64.3
4	4	male	69	20.8	109.5	64.2
5	5	famale	57	16.5	106.9	59.9
6	6	male	50	16.4	101.3	59.5
7	7	famale	53	16	103.3	58
8	8	male	59	17.9	104.7	58.8
9	9	male	50	17.9	107	61.5
10	10	famale	59	17.5	100.6	59.2
11	11	famale	57	15.2	101.8	57
12	12	famale	59	16	101	58.1
13	13	male	57	14.3	107	63.1
14	14	famale	65	16.3	101.9	58.1
15	15	male	65	20.8	110.6	63.9
16	16	famale	74	21.3	116.3	65.1
17	17	famale	74	20.6	113.4	64.9
18	18	male	74	25.9	119.9	66.4
19	19	male	74	23.1	121.8	68.3
20	20	famale	73	21	119.8	65.3
21	21	famale	73	20.1	114.9	67.2
22	22	male	72	20.6	117.5	65.9

图 1.61　变量标签　　　　　　　　　　图 1.62　值标签

标签添加完以后，可以通过 label dir 命令查看已经建立标签的相关内容。

1.6.9　对数据进行排序

在很多应用场景，用户需要对数据进行排序处理。Stata 排序命令主要为 sort 命令和 gsort 命令。

sort 命令的语法格式为：

```
sort varlist [in] [,stable]
```

varlist 代表将要进行排序的变量，[in]代表排序的范围，[,stable]的含义是如果两个观测值相同，其顺序保持与原数据相同。

gsort 命令的语法格式为：

```
gsort [+|-] varname [[+|-] varname ...] [,generate(newvar) mfirst]
```

其中[+]表示按升序排列，[-]表示按降序排列，Stata 默认升序排列。generate(newvar)表示排序之后生成新的变量，mfirst 表示将缺失值排在最前面。

此处以本书附带的"数据 1E"数据文件为例进行说明，在命令窗口中输入：

　　use "C:\Users\Administrator\Desktop\数据 1E.dta"（本命令的含义是打开"数据 1E"数据文件）

　　sort y5（本命令的含义是将"数据 1E"数据文件中的样本观测值按变量 y5 从小到大排列)

上述命令的执行结果如图 1.63 和图 1.64 所示，其中图 1.63 为排序前的数据，图 1.64 为排序后的数据。

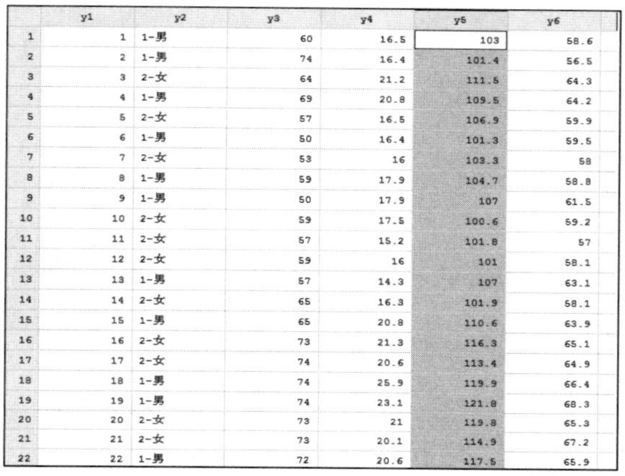

图 1.63　排序前的 y5 数据　　　　　　　　　　图 1.64　排序后的 y5 数据

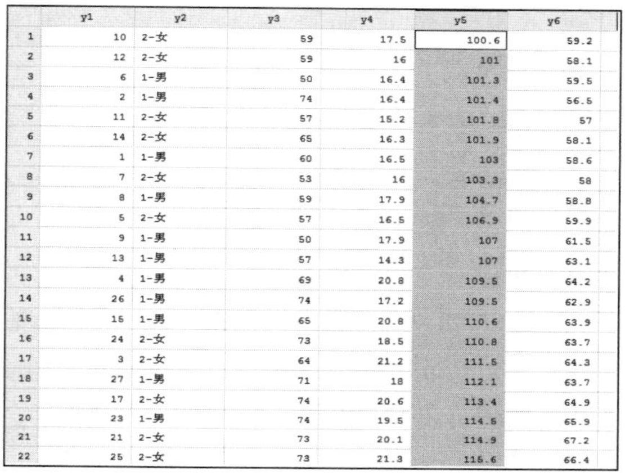

该操作也可以使用 gsort 命令完成，命令为：

　　gsort + y5

读者可以自行执行一遍，查看执行结果是否与上述结果相同。

1.7　本章回顾与习题

1.7.1　本章回顾

本章主要介绍了 Stata 概述、Stata 基本操作及数据处理，包括 Stata 16.0 窗口说明及基本设置、Stata 16.0 命令的语法格式、Stata 16.0 运算符与函数、分类变量和定序变量的基本操作、常用的几种处理数据的操作等。

1. Stata 16.0 窗口说明及基本设置

1）Stata 16.0 有菜单栏、工具栏，主界面包括 5 个区域：History、Variables、Command、Results、Properties。

2）Stata 16.0 的 MP 版本可以允许用户设定自己偏好的界面语言。

3）选择菜单"数据" | "数据编辑器" | "数据编辑器(编辑)"命令，或者直接在"命令窗口"中输入"edit"命令，即可新建或编辑样本观测值、变量。也可以通过在命令窗口中输入命令"input"的方式来输入数据。

4）打开现有的 Stata 文件有 3 种方式：

● 一是直接双击该数据文件即可打开，前提是文件默认打开程序已设置为 Stata。
● 二是在 Stata 主界面菜单栏选择"文件"｜"打开"命令，找到文件后打开即可。
● 三是在主界面的命令窗口中使用 use 命令。

5）在 Stata 主界面选择"文件|导入"命令，可导入 Excel 电子表格、文本数据、SPSS 数据等其他格式的数据。

2. Stata 16.0 命令的语法格式

Stata 命令的语法格式为：

```
[by varlist:] command [varlist] [=exp] [if exp] [in range] [weight] [using
filename] [,options]
```

● []表示可以省略或者根据需要使用的选项，只有 command 是必不可少的，对于其他各个组成部分，用户都可以根据自身研究的需要合理选用。
● command 为命令中的命令名称。
● varlist 为命令中的变量列表，可以设置一个或者多个变量，多个变量之间要用空格分隔开。
● by varlist 是按照变量值分类操作的命令，表示对变量分类的子集分别执行相应的操作。
● =exp 用来统一改变原有变量的值或生成新变量替换原变量，主要包括 generate 和 replace 两个命令。
● if exp（条件表达式）用于对样本集进行筛选，只对符合相关条件的样本子集执行相应的操作。
● in range 同样用于对样本集进行筛选，与条件表达式的区别在于不依赖变量是否符合某一条件，而是直接使用范围内的样本观测值，对筛选出的样本执行相应的操作。
● weight 的作用在于对样本观测值进行加权，通常用于加权最小二乘回归分析。
● options 可以在很多命令中使用，不同命令之间的差异比较大。

3. Stata 16.0 运算符与函数

在 Stata 16.0 中，我们可以使用算术运算符、关系运算符和逻辑运算符。

函数用于表达式中，表达式在命令中缩写为 exp，可以在任何表达式中调用函数。函数的参数可以是包括其他函数在内的任何表达式。函数的参数用圆括号括起来，如果有多个参数，则参数之间用逗号分隔开。Stata 16.0 共有 9 大类函数，分别是日期和时间函数、数学函数、矩阵函数、编程函数、随机数函数、时间序列函数、统计函数、字符串函数、三角函数。

4. 分类变量和定序变量的基本操作

常用命令包括 tabulate、generate、sort。

5. 常用的几种处理数据的操作

在 Stata 16.0 中，数据类型主要包括 3 种，分别是数值型数据、字符型数据和日期型数据。数值型数据由数字、正负号和小数点所组成，包括 5 个子类，默认类型为 float 型。字符型数据可由字母、特殊符号和数字所组成，一般会被保存为 str#格式，str 后面的数字代表最大字符长度，如 str8 表示可容纳最大长度为 8 个字符的字符型变量。字符型数据一般用英文状态下的引号""进行标注，且引号一般不被视为字符型变量的一部分。日期型数据有多种表达方式，例如 2019 年 6 月 25 日，可以写为 20190625，也可以写为 25062019 等。

- 对数据进行长短变换的命令：reshape。
- 对数据进行类型变换的命令：encode、decode、destring、tostring。
- 生成随机数的命令：set obs、generate。
- 数据压缩的命令：compress。
- 按变量合并或拆分数据文件的命令：merge、drop。
- 按样本观测值合并或拆分数据文件的命令：append、drop。
- 添加标签的命令：label。
- 对数据进行排序的命令：sort gsort。

1.7.2　本章习题

1. 打开 Stata 程序，依次进行以下操作：

1）将 Excel 电子表格格式的数据文件"习题 1"导入 Stata 并保存。

2）为变量"year""profit""invest""labor""rd"分别添加相应的变量标签"年份""营业利润水平""固定资产投资""平均职工人数""研究开发支出"。

3）将数据文件中的样本观测值按变量"profit"从小到大排列。

4）将数据文件中的样本观测值按变量"year"从大到小排列。

5）将变量"profit"从数值变量转换成字符串变量。

6）基于上一步操作，再将变量"profit"从字符串变量转换成数值变量。

2. 将 TXT 文本数据文件"习题 1A"导入 Stata 并保存。

3. 打开 Stata 程序，依次进行以下操作：

1）在 Stata 中设置一个包含 25 个样本的数据集，里面包含[13,18]区间的 25 个随机数据。

2）在 Stata 中设置一个包含 25 个样本的数据集，里面包含[1,18]区间的 25 个随机数据，且取值为整数。

3）对生成的数据文件进行压缩。

第2章

描述性统计与图形绘制

2.1 定距变量的描述性统计、正态性检验和数据转换

在进行数据分析时，当研究者得到的数据量很小时，可以通过直接观察原始数据来获得所有的信息。但是，当得到的数据量很大时，就必须借助各种描述性指标来完成对数据的描述工作。用少量的描述性指标来概括大量的原始数据，对数据展开描述的统计分析方法被称为描述性统计分析。变量的性质不同，Stata 描述性分析处理的方式也不一样。本节将要介绍的描述统计分析方法包括定距变量的描述性统计、正态性检验和数据转换等。下面一一介绍这几种方法的应用。

2.1.1 常用的描述性统计指标的基本概念

1. 均值、中位数、众数、百分位数

（1）均值

Stata 中的均值指的是简单算术平均数，计算公式为：

$$\overline{X} = \frac{X_1 + X_2 + \cdots + X_n}{n} = \frac{\sum X}{n}$$

（2）中位数

中位数是将整个统计变量的各个变量值按大小顺序排列，处在数列中间位置的那个变量值就是中位数。在数据未分组的情况下，将各变量值按大小顺序排列后，首先确定中位数的位置，可用公式 $\frac{n+1}{2}$ 确定，n 代表总体统计变量的项数；然后根据中点位置确定中位数。有两种情况：当 n 为奇数项时，中位数就是位于中间位置的那个变量值；当 n 为偶数项时，中位就是位于中间位置的两个变量值的简单算术平均数。

（3）众数

众数是某一变量出现次数最多的样本观测值。

（4）百分位数

如果将一组数据从小到大排序，并计算相应的累计百分位，则某一百分位所对应数据的值就称为这一百分位的百分位数。例如处于 10%位置的值称为第 10 百分位数。最为常用的是四分位数，指的是将数据分为 4 等份，分别位于 25%、50%和 75%处的百分位数。百分位数适用于定序数据及更高级的数据，不能用于定类数据。百分位数的优点是不受极端值的影响。

2. 方差、标准差、均值标准误差

（1）方差、标准差

方差是总体统计变量中各个单位变量值与其算术平均数的离差平方的算术平均数，用 σ^2 表示，方差的平方根就是标准差 σ。与方差不同的是，标准差是具有量纲的，它与变量值的计量单位相同，其实际意义要比方差清楚。因此，在对社会经济现象进行分析时，往往更多地使用标准差。

方差和标准差的计算公式为：

$$\sigma^2 = \frac{\sum (X - \overline{X})^2}{n}$$

$$\sigma = \sqrt{\frac{\sum (X - \overline{X})^2}{n}}$$

在正态分布中，68%的个案在均值的一倍标准差范围内，95%的个案在均值的两倍标准差范围内。例如，如果一组数据服从正态分布，且均值为 100，标准差为 10，则 68%的个案将处于 90~110，95%的个案将处于 80~120。

（2）均值标准误差

一个容易与标准差混淆的统计量是均值标准误差，均值标准误差是样本均值的标准差，是描述样本均值和总体均值平均偏差程度的统计量，也是表示抽样误差大小的指标。

3. 最大值、最小值、极差、变异系数

（1）最大值、最小值、极差

最大值即样本数据中取值最大的数据，最小值即样本数据中取值最小的数据。最大值与最小值的差即为极差，又称范围、全距，以 R 表示：

$$R = X_{\max} - X_{\min}$$

（2）变异系数

变异系数是将标准差或平均差与其平均数对比所得的比值，又称离散系数。计算公式为：

$$V_\sigma = \frac{\sigma}{\overline{X}}$$

$$V_D = \frac{A.D}{\overline{X}}$$

V_σ 和 V_D 分别表示标准差系数和平均差系数。变异系数可用于比较不同数列的变异程度。其中

常用的变异系数是标准差系数。

4. 偏度、峰度

偏度是对分布偏斜方向及程度的测度，用来度量分布的不对称性。正态分布是对称的，偏度值为 0。具有显著正偏度值的分布有很长的右尾，具有显著的负偏度的分布有很长的左尾。一般情况下，如果计算的偏度值超过其标准误的两倍，则认为该组数据不具有对称性。

偏度的计算公式为：

$$S = \frac{1}{n} \sum_{i=1}^{n} \left(\frac{x_i - \bar{x}}{\hat{\sigma}} \right)^3$$

峰度是频数分布曲线与正态分布相比较，其顶端的尖峭程度。在 Stata 中，正态分布的峰度统计量的值为 2，大于 2 的峰度值表示相对于正态分布，观测值更为集中在均值附近，体现为分布峰度更尖，尾部更薄。小于 2 的峰度值表示相对于正态分布，观察值更为分散，分布峰度较低，尾部较厚。

峰度的计算公式为：

$$K = \frac{1}{n} \sum_{i=1}^{n} \left(\frac{x_i - \bar{x}}{\hat{\sigma}} \right)^4$$

5. Z 标准化得分

Z 标准化得分是某一数据与均值的距离以标准差为单位的测量值。计算公式为：

$$Z_i = \frac{X_i - \bar{X}}{\sigma}$$

Z_i 即为 X_i 的 Z 标准化得分。标准化值不仅能表明各原始数据在一组数据分布中的相对位置，而且能在不同分布的各组原始数据之间进行比较，所以常用于统一量纲差距，在回归分析、聚类分析中应用较多。

2.1.2　定距变量的描述性统计

下载资源:\video\第 2 章\…	
下载资源:\sample\第 2 章\数据 2A	

数据分析中的大部分变量都是定距变量，通过进行定距变量的基本描述性统计，我们可以得到数据的概要统计指标，包括均值、最大值、最小值、标准差、百分位数、中位数、偏度系数和峰度系数等。数据分析者通过获得这些指标，可以从整体上对拟分析的数据进行宏观把握，从而为后续进行更深入的数据分析做好必要的准备。

关于定距变量的描述性统计，常用到 summarize、tabstat、ci 等操作命令。

summarize 命令的语法格式为：

```
summarize [varlist] [if] [in] [weight] [,options]
```

summarize 的功能是计算并显示各种单变量摘要统计信息。[varlist]为变量列表，如果没有指定 varlist，则计算数据集中所有变量的汇总统计信息。[if]为条件表达式，[in]用于设置样本范围，[weight]用于设置权重，[,options]用于设置可选项。summarize 命令的[,options]可选项及其含义如表 2.1 所示。

表2.1　summarize命令的[,options]可选项及其含义

[,options]可选项	含　义
detail	生成额外的统计数据，包括偏度、峰度、4 个最小值和 4 个最大值以及各种百分比
meanonly	只有在没有指定 detail 时才允许设置该选项，它抑制了结果的显示和方差的计算，在 ado 文件编写时将会非常有用
format	请求使用与变量关联的显示格式来显示汇总统计信息，而不是默认的显示格式;
separator(#)	指定在输出中插入分隔行的频率。默认值是 separator(5)，这意味着每 5 个变量之后绘制一条分隔线。按照同样的逻辑，separator(10)将在每 10 个变量后画一条分隔线。separator(0)将不绘制分隔线
display_options	用来控制间距、行宽、基本单元格和空单元格

tabstat 命令的语法格式为：

```
tabstat varlist [if] [in] [weight] [,options]
```

tabstat 的功能是在一个表中显示一系列数字变量的汇总统计信息，允许用户指定要显示的统计信息列表，而且统计数据可以根据另一个变量来计算，所以在统计数据和表格格式方面都具有很大的灵活性。[varlist]为变量列表，如果没有指定 varlist，则计算数据集中所有变量的汇总统计信息。[if] 为条件表达式，[in]用于设置样本范围，[weight]用于设置权重，[,options]用于设置可选项。tabstat 命令的[,options]选项及其含义如表 2.2 所示。

表2.2　tabstat命令的[,options]可选项及其含义

[,options]可选项	含　义
by(varname)	按照(varname)分组输出统计量
statistics(statname [...])	输出指定的统计量
labelwidth(#)	设置 by()变量标签的宽度，默认是 labelwidth (16)
varwidth(#)	设置变量宽度，默认是 varwidth (12)
columns(variables)	在表列中显示的是变量，是默认选项
columns(statistics)	在表列中显示的是统计量信息
format[(%fmt)]	设置统计量显示格式，默认格式为%9.0g
casewise	按大小写删除样本观测值
nototal	不报告全部的统计量，与 by()选项配合使用
missing	报告 by()变量缺失值的统计信息
noseparator	结果输出时，在 by()的各类别之间不使用分隔线
longstub	使左表存根更宽
save	在 r()中存储汇总统计信息

ci 的功能是计算总体均值、比例、方差和标准差的置信区间。命令包括 5 种，分别为：
均值的置信区间，正态分布：

```
ci means [varlist] [if] [in] [weight] [,options]
```

均值的置信区间，泊松分布：

```
ci means [varlist] [if] [in] [weight], poisson [exposure(varname) options]
```

比例的置信区间：

```
ci proportions [varlist] [if] [in] [weight] [,prop_options options]
```

方差的置信区间：

```
ci variances [varlist] [if] [in] [weight] [,bonett options]
```

标准差的置信区间：

```
ci variances [varlist] [if] [in] [weight], sd [bonett options]
```

下面以"数据 2A"数据文件为例进行说明，在"数据 2A"中设置了两个变量，分别是 province 和 amount，数据如图 2.1 所示。

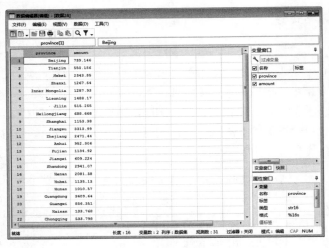

图 2.1　"数据 2A"数据文件的内容

打开上述数据文件之后，在主界面的命令窗口中依次输入以下命令：

```
summarize amount
```

本命令的含义是获取 amount 变量的主要描述性统计量。在 Stata 16.0 主界面的结果窗口中可以看到如图 2.2 所示的分析结果。通过观察分析结果，我们可以对 amount 变量的整体情况有一个初步的了解。从分析结果可以看出，有效观测样本共有 31 个，样本的均值为 1180.489，样本的标准差是 903.5561，样本的最小值是 17.6987，样本的最大值是 3609.642。

```
. summarize amount

    Variable │        Obs        Mean    Std. Dev.        Min        Max
─────────────┼─────────────────────────────────────────────────────────
      amount │         31    1180.489    903.5561    17.6987    3609.642
```

图 2.2　描述性统计分析结果图 1

```
summarize amount,detail
```

本命令的含义是获取 amount 变量的详细统计量，分析结果如图 2.3 所示。

```
. summarize  amount,detail

                              amount

              Percentiles      Smallest
 1%          17.6987         17.6987
 5%         133.7675        133.7675
10%         462.9585        337.2368      Obs                  31
25%         550.1556        462.9585      Sum of Wgt.          31

50%         891.1902                      Mean            1180.489
                            Largest       Std. Dev.       903.5561
75%          1324.61        2471.438
90%         2471.438        2941.067      Variance        816413.7
95%         3313.986        3313.986      Skewness        1.309032
99%         3609.642        3609.642      Kurtosis        3.889152
```

图 2.3　描述性统计分析结果图 2

（1）百分位数（Percentiles）

可以看出数据的第 1 个四分位数（25%）是 550.1556，数据的第 2 个四分位数（50%）是 891.1902，数据的第 3 个四分位数（75%）是 1324.61。数据的百分位数的含义是低于该数据值的样本在全体样本中的百分比。例如，本例中 25%分位数的含义是全体样本中有 25%的数据值低于 550.1556。

（2）4 个最小值（Smallest）

本例中，最小的 4 个数据值分别是 17.6987、133.7675、337.2368、462.9585。

（3）4 个最大值（Largest）

本例中，最大的 4 个数据值分别是 3609.642、3313.986、2941.067、2471.438。

（4）均值（Mean）和标准差（Std. Dev）

与前面的分析结果一样，样本数据的均值为 1180.489，样本数据的标准差是 903.5561。

（5）偏度（Skewness）和峰度（Kurtosis）

偏度的概念是表示不对称的方向和程度。如果偏度值大于 0，那么数据就具有正偏度（右边有尾巴）；如果偏度值小于 0，那么数据就具有负偏度（左边有尾巴）；如果偏度值等于 0，那么数据将呈对称分布。本例中，数据偏度为 1.309032，为正偏度但不大。

峰度的概念用来表示尾重，是与正态分布结合在一起进行考虑的。正态分布是一种对称分布，它的峰度值正好等于 3，如果某数据的峰度值大于 3，那么该分布将会有一个比正态分布更长的尾巴；如果某数据的峰度值小于 3，那么该分布将会有一个比正态分布更短的尾巴。本例中，数据峰度为 3.889152，有一个比正态分布更长的尾巴。

提　示

本书以介绍 Stata 的命令为主，但此处我们借助本案例讲解一下 Stata 操作的菜单实现和程序实现，供读者参考。

1）上述命令可以通过菜单来实现，具体操作是打开数据文件后，在主界面菜单栏选择"数据|描述数据|摘要统计"，即可弹出如图 2.4 所示的对话框。

我们在对话框的"变量"中选择"amount"，选项中选择"输出其他统计量"，其他的设置采用系统默认设置，然后单击"确定"按钮，即可弹出与"图2.3 描述性统计分析结果图2"一样的结果。

2）上述命令也可以通过程序实现，在通过命令方式或者菜单方式运行结束后，在主界面"历史窗口"中右击，在弹出的右键菜单中选择"全部保存"，如图 2.5 左图所示，然后保存类型为 do 文件，并输入 do 文件名称，下次启动时，直接在主界面的菜单中选择"文件|do 文件"，如果 2.5 右图所示，找到文件路径和文件名，运行即可。这一方式在批量保存并运行多条命令时尤为有用，不用再逐条输入，大大节省了时间和工作量。

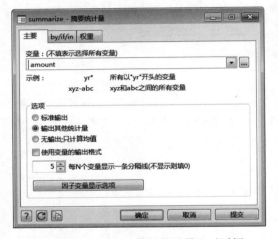

图 2.4 "summarize -摘要统计量"对话框

图 2.5 Stata 操作的程序实现方式

```
tabstat  amount,stats(mean range sum var)
```

本命令的含义是获取 amount 变量的平均数、总和、极差、方差等统计指标，分析结果如图 2.6 所示。该样本数据的均值是 1180.489，极差是 3591.944，总和是 36595.15，方差是 816413.7。

```
. tabstat  amount,stats(mean range sum var)

    variable |      mean     range       sum  variance
-------------+----------------------------------------
      amount |  1180.489  3591.944  36595.15  816413.7
```

图 2.6 描述性统计分析结果图3

统计量与其对应的命令代码如表 2.3 所示。

表2.3 统计量与其对应的命令代码

统 计 量	命令代码	统 计 量	命令代码	统 计 量	命令代码
均值	mean	非缺失值总数	count	计数	n
总和	sum	最大值	max	最小值	min
极差	range	标准差	sd	方差	var
变异系数	cv	标准误	semean	偏度	skewness
峰度	kurtosis	中位数	median	第1个百分位数	p1
四分位距	iqr	四分位数	q		

```
tabstat  amount,stats(mean range sum var) by(province)
```

本命令的含义是按 province 分类列出 amount 变量的概要统计指标，分析结果如图 2.7 所示。

```
. tabstat  amount,stats(mean range sum var) by(province)

Summary for variables: amount
     by categories of: province

     province          mean        range          sum   variance

        Anhui      952.3056            0     952.3056          .
      Beijing      739.1465            0     739.1465          .
    Chongqing      533.7976            0     533.7976          .
       Fujian      1134.918            0     1134.918          .
        Gansu      705.5127            0     705.5127          .
    Guangdong      3609.642            0     3609.642          .
      Guangxi      856.3511            0     856.3511          .
      Guizhou      750.3007            0     750.3007          .
       Hainan      133.7675            0     133.7675          .
        Hebei      2343.847            0     2343.847          .
 Heilongjiang       688.668            0      688.668          .
        Henan      2081.375            0     2081.375          .
        Hubei      1135.127            0     1135.127          .
        Hunan       1010.57            0      1010.57          .
Inner Mongolia     1287.926            0     1287.926          .
      Jiangsu      3313.986            0     3313.986          .
      Jiangxi      609.2236            0     609.2236          .
        Jilin      515.2545            0     515.2545          .
     Liaoning      1488.172            0     1488.172          .
      Ningxia      462.9585            0     462.9585          .
      Qinghai      337.2368            0     337.2368          .
      Shaanxi      740.1138            0     740.1138          .
     Shandong      2941.067            0     2941.067          .
     Shanghai      1153.379            0     1153.379          .
       Shanxi      1267.538            0     1267.538          .
      Sichuan       1324.61            0      1324.61          .
      Tianjin      550.1556            0     550.1556          .
        Tibet       17.6987            0      17.6987          .
     Xinjiang      547.8766            0     547.8766          .
       Yunnan      891.1902            0     891.1902          .
     Zhejiang      2471.438            0     2471.438          .

        Total      1180.489     3591.944     36595.15   816413.7
```

图 2.7　描述性统计分析结果图 4

```
ci means amount,level(98)
```

本命令的含义是创建 amount 变量总体均值 98%置信水平的置信区间，分析结果如图 2.8 所示。

```
. ci means amount,level(98)

    Variable        Obs        Mean    Std. Err.     [98% Conf. Interval]

      amount         31    1180.489     162.2835     781.7159     1579.262
```

图 2.8　描述性统计分析结果图 5

基于本例中的观测样本，我们可以推断出总体的 98%水平的置信区间。也就是说，我们有 98%的信心可以认为数据总体的均值会落在[781.7159,1579.262]中，或者说，数据总体的均值落在区间[781.7159,1579.262]的概率是 98%。读者可以根据具体需要通过改变命令中括号里面的数字来调整置信水平的大小。

2.1.3 正态性检验和数据转换

下载资源:\video\第 2 章\…	
下载资源:\sample\第 2 章\数据 2B	

随着科技的不断发展和计算方法的不断改进，学者们探索出了很多统计分析方法和分析程序。但是有相当多的统计程序对数据要求比较严格，它们只有在变量服从或者近似服从正态分布的时候才是有效的，所以在对整理收集的数据进行预处理的时候需要对它们进行正态检验，如果数据不满足正态分布假设，就要对数据进行必要的转换。数据转换分为线性转换与非线性转换两种。

关于正态性检验和数据转换，常用到 sktest、ladder、gladder、qladder 等操作命令。

sktest 命令的语法格式为：

```
sktest varlist [if] [in] [weight] [,noadjust]
```

对于 varlist 中的每个变量，sktest 给出了一个基于偏度的正态性检验和另一个基于峰度的正态性检验，然后将这两个检验合并成一个整体检验统计量。需要提示的是，sktest 至少需要 8 个样本观测值才能进行计算。varlist 为需要进行正态性检验的变量列表，[if]为条件表达式，[in]用于设置样本范围，[weight]用于设置权重，[,noadjust]用于抑制 Royston(1991)对总体卡方及其显著性水平所做的经验调整，呈现 D'Agostino 所描述的未改变检验。

ladder 命令的语法格式为：

```
ladder varname [if] [in] [,generate(newvar) noadjust]
```

ladder 的功能在于搜索幂级数的子集（Tukey 1977），尝试幂阶梯上的每一种幂并逐个反馈结果是否显著地为正态或者非正态，使用户可以非常方便地找到将变量（varname）转换为正态分布变量的有效转换方式。varname 为需要进行正态转换的变量,[if]为条件表达式，[in]用于设置样本范围，[weight]用于设置权重，[,generate(newvar)]保存与表中最小卡方值对应的转换值，但不推荐使用generate()，因为这仅仅是字面意义上的解释最小值，从而会忽略几乎相等但可能更可解释的变换。[,noadjust]用于抑制 Royston（1991）对总体卡方及其显著性水平所做的经验调整，呈现 D'Agostino 所描述的未改变检验。

gladder 的功能在于根据 ladder 变换的结果展示出 9 个变换的直方图，从而可以更直观地看出幂阶梯和正态分布检验有效结合的结果。gladder 命令的语法格式为：

```
gladder varname [if] [in] [,histogram_options combine_options]
```

qladder 与 gladder 类似，区别是 qladder 显示 varname 变换的分位数，根据幂级数与正态分布的分位数进行比较。qladder 命令的语法格式为：

```
qladder varname [if] [in] [,qnorm_options combine_options]
```

varname 为需要进行正态转换的变量，[if]为条件表达式，[in]用于设置样本范围，[,histogram_options combine_options]为可选项。

下面以"数据 2B"数据文件为例进行说明，"数据 2B"中设置了两个变量，分别是 province 和 amount，其中的数据如图 2.9 所示。

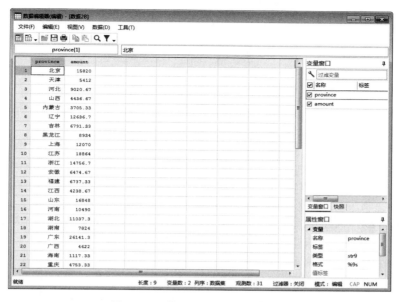

图 2.9　"数据 2B"中的数据内容

打开上述数据文件之后，在主界面的命令窗口中依次输入以下命令：

```
sktest  amount
```

本命令的含义是对该数据进行正态分布检验，检验结果如图 2.10 所示。sktest 命令拒绝了数据呈正态分布的原始假设。从偏度上看，Pr(Skewness)为 0.0065，小于 0.05，拒绝正态分布的原假设；从峰度上看，Pr(Kurtosis)为 0.0804，大于 0.05，接受正态分布的原假设；但是把两者结合在一起考虑，从整体上看，Prob>chi2 为 0.0123，小于 0.05，因而拒绝正态分布的原假设。

```
. sktest  amount

          Skewness/Kurtosis tests for Normality
                                               ——— joint ———
 Variable     Obs  Pr(Skewness)  Pr(Kurtosis)  adj chi2(2)   Prob>chi2

   amount      31      0.0065        0.0804         8.80        0.0123
```

图 2.10　对 amount 变量进行正态分布检验

```
generate sramount=sqrt(amount)
```

本命令的含义是对数据进行平方根变换，以获取新的数据。

```
sktest sramount
```

本命令的含义是获取新的数据 sramount 进行正态分布检验，检验结果如图 2.11 所示。sktest 命令接受了数据呈正态分布的原始假设。从偏度上看，Pr(Skewness)为 0.4418，大于 0.05，接受正态分布的原假设；从峰度上看，Pr(Kurtosis)为 0.9062，大于 0.05，接受正态分布的原假设；把两者结合在一起考虑，从整体上看，Prob>chi2 为 0.7293，大于 0.05，接受正态分布的原假设。

```
. generate sramount=sqrt(amount)

. sktest sramount

                    Skewness/Kurtosis tests for Normality
                                                         ─── joint ───
    Variable      Obs   Pr(Skewness)   Pr(Kurtosis) adj chi2(2)   Prob>chi2

    sramount       31       0.4418         0.9062       0.63        0.7293
```

图 2.11　sramount 变量进行平方根变换后再进行检验

```
generate lamount=ln(amount)
```

本命令的含义是对数据进行自然对数变换，以获取新数据。

```
sktest lamount
```

本命令的含义是对获取的新数据 lamount 进行正态分布检验，检验结果如图 2.12 所示。

```
. generate lamount=ln(amount)

. sktest lamount

                    Skewness/Kurtosis tests for Normality
                                                         ─── joint ───
    Variable      Obs   Pr(Skewness)   Pr(Kurtosis) adj chi2(2)   Prob>chi2

    lamount        31       0.0462         0.2609       5.12        0.0774
```

图 2.12　lamount 变量进行自然对数变换后再进行检验

通过观察分析图，我们可以比较轻松地得出分析结论。本例中，sktest 命令接受了数据呈正态分布的原始假设。从偏度上看，Pr(Skewness)为 0.0462，小于 0.05，拒绝正态分布的原假设；从峰度上看，Pr(Kurtosis)为 0.2609，大于 0.05，接受正态分布的原假设；把两者结合在一起考虑，从整体上看，Prob>chi2 为 0.0774，大于 0.05，接受正态分布的原假设。

我们在进行数据分析时，在对初始数据进行正态性检验后，可以利用前面 2.1.2 节讲述的相关知识得到关于数据偏度和峰度的信息，我们完全可以根据数据信息的偏态特征进行有针对性的数据变换。数据变换与其对应的 Stata 命令以及达到的效果如表 2.4 所示。

表2.4　数据变换与其对应的Stata命令以及达到的效果

Stata 命令	数据转换	效　果
generate y=x^3	立方	减少严重负偏态
generate y=x^2	平方	减少轻度负偏态
generate y=sqrt(x)	平方根	减少轻度正偏态
generate y=ln(x)	自然对数	减少轻度正偏态
generate y=log10(old)	以 10 为底的对数	减少正偏态
generate y=-(sqrt(x))	平方根负对数	减少严重正偏态
generate y=-(x^-1)	负倒数	减少非严重正偏态
generate y=-(x^-2)	平方负倒数	减少非严重正偏态
generate y=-(x^-3)	立方负倒数	减少非严重正偏态

```
ladder  amount
```

本命令的含义是对 amount 变量运行 ladder 命令，ladder 命令把幂阶梯和正态分布检验有效地结合到了一起，它尝试幂阶梯上的每一种幂并逐个反馈结果是否显著地为正态或者非正态分布。ladder

命令的运行结果如图 2.13 所示。

```
. ladder  amount

Transformation            formula              chi2(2)      P(chi2)

cubic                     amount^3             37.26        0.000
square                    amount^2             26.32        0.000
identity                  amount               8.80         0.012
square root               sqrt(amount)         0.63         0.729
log                       log(amount)          5.12         0.077
1/(square root)           1/sqrt(amount)       20.13        0.000
inverse                   1/amount             33.29        0.000
1/square                  1/(amount^2)         45.24        0.000
1/cubic                   1/(amount^3)         47.92        0.000
```

图 2.13　ladder 命令的运行结果

在该结果中，我们可以看出，在 95% 的置信水平上，仅有平方根变换 square root（P(chi2)= 0.729）以及自然对数变换 log（P(chi2)= 0.077）是符合正态分布的，其他幂次的数据变换都不能使数据显著地呈现正态分布。

```
gladder  amount
```

本命令的含义是对 amount 变量运行 gladder 命令，gladder 命令可以更直观地看出幂阶梯和正态分布检验有效结合的结果。gladder 命令的运行结果如图 2.14 所示。

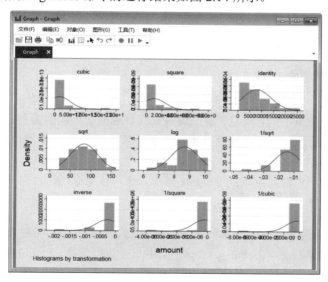

图 2.14　gladder 命令的运行结果

从运行结果中可以看出，每种转换的直方图与正态分布曲线，都与 ladder 命令运行结果得出的结论是一致的。

```
qladder  amount
```

本命令的含义是对 amount 变量运行 qladder 命令，qladder 显示 varname 变换的分位数，根据幂级数与正态分布的分位数进行比较。

qladder 命令的运行结果如图 2.15 所示。

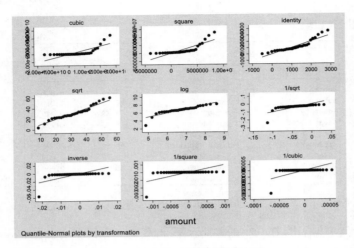

图 2.15 qladder 命令的运行结果

qladder 显示的是 varname 变换的分位数，根据幂级数与正态分布的分位数进行比较。

2.2 分类变量描述统计

2.2.1 单个分类变量的汇总

| 下载资源:\video\第 2 章\… |
| 下载资源:\sample\第 2 章\数据 2C |

与前面提到的定距变量不同，分类变量的数值只代表观测值所属的类别，不代表其他任何含义。因此，对分类变量的描述统计方法是观察其不同类别的频数或者百分数。本节将介绍单个分类变量的汇总在示例中的应用。

关于单个分类变量的汇总，常用到 tabulate 操作命令，该命令的语法格式为：

```
tabulate varname [if] [in] [weight] [,tabulate1_options]
```

tabulate 命令生成变量频率计数的单向表，varname 为变量，[if]为条件表达式，[in]用于设置样本范围，[weight]用于设置权重，[,tabulate1_options]用于设置可选项。[,tabulate1_options]可选项及其含义如表 2.5 所示。

表2.5 [,tabulate1_options]可选项及其含义

[,tabulate1_options]可选项	含 义
subpop(varname)	排除 varname 取值为 0 的样本观测值
missing	不要忽视变量的缺失值，像对待非缺失值一样对待缺失值
nofreq	不显示频数
nolabel	显示数字代码而不是值标签
plot	制作一个相对频数的星点图
sort	按频数降序显示表

本例中我们使用的数据集来自"数据 2C"数据文件，其中有两个变量，分别为 gender 和 pass，如图 2.16 所示。

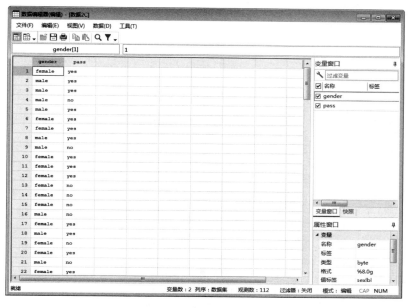

图 2.16　"数据 2C"中的数据内容

打开上述数据文件之后，在主界面的命令窗口中依次输入以下命令：

```
tabulate pass
```

本命令的含义是对 pass 变量进行单个分类变量的汇总，结果如图 2.17 所示。可以看出，共有 112 个样本参与了分析，其中处于 no 状态的有 44 个，占比 39.29%，处于 yes 状态的有 68 个，占比 60.71%。此外，结果分析表中"Cum."一栏表示的是累计百分比。

```
. tabulate pass

       pass |      Freq.     Percent        Cum.
------------+-----------------------------------
         no |         44       39.29       39.29
        yes |         68       60.71      100.00
------------+-----------------------------------
      Total |        112      100.00
```

图 2.17　对 pass 变量进行单个分类变量的汇总

```
tabulate pass,plot
```

本命令的含义是对 pass 变量进行单个分类变量的汇总，并附有星点图，结果如图 2.18 所示，可以看出对 pass 这一变量进行单个变量汇总的结果以及星点图情况。

```
. tabulate pass,plot

       pass |      Freq.
------------+-------------------------------------------------------
         no |         44  ***********************************
        yes |         68  *****************************************************
------------+-------------------------------------------------------
      Total |        112
```

图 2.18　对 pass 变量进行单个分类变量的汇总以及星点图

2.2.2 两个分类变量的列联表分析

下载资源:\video\第 2 章\…	
下载资源:\sample\第 2 章\数据 2D	

两个分类变量的列联表分析，常用到 tab2 命令，该命令的语法格式为：

```
tab2 varlist [if] [in] [weight] [,options]
```

tab2 命令的功能是生成 varlist 中指定变量所有可能的双向列表。varlist 为变量列表，[if]为条件表达式，[in]用于设置样本范围，[weight]用于设置权重，[,options]用于设置可选项。常用的可选项如表 2.6 所示。

表2.6　tab2命令的常用可选项

[,options]	含　义
chi2	报告皮尔逊卡方统计量
exact[(#)]	报告费舍尔精确检验结果
gamma	报告古德曼和克鲁斯卡尔的伽玛值
lrchi2	报告卡方似然比统计量
taub	报告 Kendall's tau-b 统计量
V	报告 Cramér's V 统计量
cchi2	在每个单元格中都报告皮尔逊卡方统计量
column	显示每个单元格的列百分比
row	显示每个单元格的行百分比
clrchi2	在每个单元格中都报告卡方似然比统计量
cell	显示每个单元格在全部样本中的百分比
expected	报告每个单元格的期望频数
nofreq	不显示频数
rowsort	依据实测频数对行排序
colsort	依据实测频数对列排序
missing	不要忽视变量的缺失值，像对待非缺失值一样对待缺失值

下面以"数据 2D"数据文件为例进行介绍。"数据 2D"中有 3 个变量，分别为 gender 和 pass1、pass2，如图 2.19 所示。

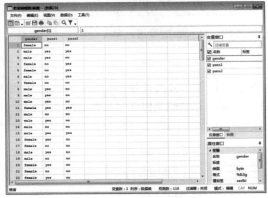

图 2.19　"数据 2D"中的数据内容

打开上述数据文件之后，在主界面的命令窗口中依次输入以下命令：

```
tab2  pass1 pass2
```

本命令的含义是对 pass1、pass2 两个变量进行两个分类变量的列联表分析，分析结果如图 2.20 所示。从分析结果中可以看出共有 119 个样本参与了分析，其中有 42 人 pass1 为 no、pass2 为 no，有 10 人 pass1 为 no、pass2 为 yes，有 39 人 pass1 为 yes、pass2 为 no，有 28 人 pass1 为 yes、pass2 为 yes。

```
tab2  pass1 pass2,column row
```

本命令的含义是对 pass1、pass2 两个变量进行两个分类变量的列联表分析，还要显示每个单元格的列百分比与行百分比，分析结果如图 2.21 所示。分析结果表中的单元格包括 3 部分信息，其中第 1 行表示的是频数，第 2 行表示的是行百分比，第 3 行表示的是列百分比。例如，最左上角的单元格的意义是：pass1 为 no、pass2 为 no 的样本个数有 42 个，这部分样本在所有 pass1 为 no 的样本中占比为 80.77%，在所有 pass2 为 no 的样本中占比为 51.85%。

```
-> tabulation of pass1 by pass2

          pass2
pass1      no        yes      Total

   no      42        10        52
   yes     39        28        67

Total      81        38       119
```

图 2.20　列联表分析结果图 1

```
. tab2  pass1 pass2,column row

-> tabulation of pass1 by pass2

 Key

     frequency
  row percentage
 column percentage

                  pass2
pass1       no        yes      Total

   no       42        10        52
          80.77     19.23    100.00
          51.85     26.32     43.70

  yes       39        28        67
          58.21     41.79    100.00
          48.15     73.68     56.30

Total       81        38       119
          68.07     31.93    100.00
         100.00    100.00    100.00
```

图 2.21　列联表分析结果图 2

2.2.3　多表和多维列联表分析

| 下载资源:\video\第 2 章\⋯ |
| 下载资源:\sample\第 2 章\数据 2E |

对于一些大型数据集，我们经常需要许多不同变量的频数分布。那么如何快速简单地实现这一目的呢？这就需要用到 Stata 的多表和多维列联表分析功能。关于多表和多维列联表分析，常用到 table 命令，该命令的语法格式为：

```
table rowvar [colvar [supercolvar]] [if] [in] [weight] [,options]
```

table 命令的功能是计算和显示统计表。rowvar 为行变量，colvar 为列变量，[if]为条件表达式，[in]用于设置样本范围，[weight]用于设置权重，[,options]用于设置可选项。

本例中我们使用的数据集来自"数据 2E"数据文件，有 4 个变量，分别为 gender 和 pass1、pass2、pass3，如图 2.22 所示。

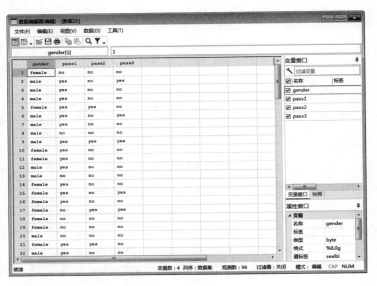

图 2.22　数据 2E

打开上述数据文件之后，在主界面的命令窗口中依次输入以下命令：

`tab1 pass1 pass2 pass3`

本命令的含义是对数据中的分类变量 pass1、pass2、pass3 进行单个变量汇总统计，分析结果如图 2.23 所示。可以看出，共有 94 个样本参与了分析，其中针对 pass1 变量，为 no 的样本个数一共有 38 个，占比为 40.43%，为 yes 的样本个数一共有 56 个，占比为 59.57%；针对 pass2 变量，为 no 的样本个数一共有 73 个，占比为 77.66%，为 yes 的样本个数一共有 21 个，占比为 22.34%；针对 pass3 变量，为 no 的样本个数一共有 70 个，占比为 74.47%，为 yes 的样本个数一共有 24 个，占比为 25.53%。此外，结果分析表中 "Cum." 一栏表示的是累计百分比。

`tab2 pass1 pass2 pass3`

本命令的含义是对数据中的分类变量 pass1、pass2、pass3 进行二维列联表分析，分析结果如图 2.24 所示。

```
. tab1 pass1 pass2 pass3

-> tabulation of pass1

   pass1 |      Freq.     Percent        Cum.
---------+-----------------------------------
      no |         38       40.43       40.43
     yes |         56       59.57      100.00
---------+-----------------------------------
   Total |         94      100.00

-> tabulation of pass2

   pass2 |      Freq.     Percent        Cum.
---------+-----------------------------------
      no |         73       77.66       77.66
     yes |         21       22.34      100.00
---------+-----------------------------------
   Total |         94      100.00

-> tabulation of pass3

   pass3 |      Freq.     Percent        Cum.
---------+-----------------------------------
      no |         70       74.47       74.47
     yes |         24       25.53      100.00
---------+-----------------------------------
   Total |         94      100.00
```

图 2.23　分析结果图 1

```
. tab2 pass1 pass2 pass3

-> tabulation of pass1 by pass2

         |      pass2
   pass1 |        no        yes |     Total
---------+----------------------+----------
      no |        31          7 |        38
     yes |        42         14 |        56
---------+----------------------+----------
   Total |        73         21 |        94

-> tabulation of pass1 by pass3

         |      pass3
   pass1 |        no        yes |     Total
---------+----------------------+----------
      no |        30          8 |        38
     yes |        40         16 |        56
---------+----------------------+----------
   Total |        70         24 |        94

-> tabulation of pass2 by pass3

         |      pass3
   pass2 |        no        yes |     Total
---------+----------------------+----------
      no |        59         14 |        73
     yes |        11         10 |        21
---------+----------------------+----------
   Total |        70         24 |        94
```

图 2.24　分析结果图 2

从分析结果中可以看出本次调查所获得的信息：分析结果中包括 3 张二维列联表，第 1 张是变量 pass2 与变量 pass1 的二维列联表分析，第 2 张是变量 pass3 与变量 pass1 的二维列联表分析，第 3 张是变量 pass2 与变量 pass3 的二维列联表分析。关于二维列联表的解读，我们在上一节的示例中已经讲述过，不再赘述。

```
by pass1,sort:tabulate  pass2 pass3
```

本命令的含义是以 pass1 为主分类变量，制作 pass1、pass2、pass3 三个分类变量的三维列联表，分析结果如图 2.25 所示，是一张三维列联表，包括两部分：上半部分描述的是当 pass1 变量取值为 no 的时候，变量 pass2 与变量 pass3 的二维列联表分析；下半部分描述的是当 pass1 变量取值为 yes 的时候，变量 pass2 与变量 pass3 的二维列联表分析。

```
table pass1 pass2 pass3,contents(freq)
```

本命令的含义是对数据中的分类变量 pass1、pass2、pass3 实现带有数据频数特征的列联表分析，分析结果如图 2.26 所示。本结果分析图的解读方式与前面类似，这里不再赘述。

其中 contents 括号里的内容表示的是频数，该括号内支持的内容与命令符号的对应关系如表 2.7 所示。

图 2.25　分析结果图

图 2.26　分析结果图

表2.7　contents括号内支持的内容与命令符号的对应关系

命令符号	括号内支持的内容	命令符号	括号内支持的内容
freq	频数	min x	x 的最小值
sd x	x 的标准差	median x	x 的中位数
count x	x 非缺失观测值的计数	mean x	x 的平均数
n x	x 非缺失观测值的计数	rawsum x	忽略任意规定权数的总和
max x	x 的最大值	iqr x	x 的四分位距
sum x	x 的总和	p1 x	x 的第 1 个百分位数

2.3　Stata 制图简介

众所周知，图形是对数据分析结果以及其他综合分析的一种很好的展示方式。制图功能一直是 Stata 的强项，也是许多软件用户选择该软件进行数据分析的重要理由之一。经过 Stata 公司编程人员长期不懈的努力，制图功能在 Stata 16.0 版本中已经非常完善，比较以前的版本，不仅形成图形的能力得到增强，图形输出的外观和选择也得到了极大的改进。本节讲解 Stata 制图基本操作以及常用的几种图形的绘制，包括直方图、散点图、曲线标绘图、连线标绘图、箱图、饼图、条形图、点图等。

2.3.1 Stata 制图基本操作

1. 命令的语法格式

（1）整体命令的语法格式

```
graph-command (plot-command,plot-options) (plot-command,plot-options),…
graph-options
```

其中的 graph-command 是用来定义图的类型的命令，plot-command 是用来定义曲线类型的命令，不同的曲线之间用括号分隔开，曲线有自身的 options 选项，整个图形也有统一的 options 选项。

（2）标题与副标题的设置

设置标题的命令为：title()。用户在括号内输入标题名即可。

副标题的设置命令为：subtitle()。用户在括号内输入副标题名即可。

假如我们要把一幅图的标题设置为"案例结果"，副标题设置为"案例 2.1 结果"，则命令为：

```
title（案例结果） subtitle（案例 2.1 结果）
```

（3）为坐标轴命名

为横坐标轴命名的命令为：xtitle()。用户在括号内输入标题名即可。

为纵坐标轴命名的命令为：ytitle()。用户在括号内输入标题名即可。

（4）坐标轴刻度值的设置

设置横坐标轴刻度值的命令语法为：xtick(#1 (#2) #3)。

设置纵坐标轴刻度值的命令语法为：ytick(#1 (#2) #3)。

其中 #1 代表起始刻度，#3 代表结束刻度，(#2)代表间隔刻度。比如 ytick(500(50)900)表示纵坐标轴起始刻度为 500，结束刻度为 900，间隔刻度为 50。

（5）坐标轴数值标签的设置

设置横坐标轴数值标签的命令语法为：xlabel(#1 (#2) #3)。

设置纵坐标轴数值标签的命令语法为：ylabel(#1 (#2) #3)。

其中 #1 代表起始刻度，#3 代表结束刻度，(#2)代表间隔刻度。比如 ylabel(500(100)900)表示为 Y 轴添加数值标签，取值为 500~900，间距为 100。

（6）坐标轴样式的设置

设置横坐标轴样式的命令为：xscale()。其中 xscale(off)表示不使用横坐标轴。

设置纵坐标轴样式的命令为：yscale()。其中 yscale(off)表示不使用纵坐标轴。

（7）图例的设置

设置图例的命令语法为：legend(label(# "text")…)。用户将图例的代号填入"#"处，将内容写在"text"中即可。比如 legend(label(1 "上海") label(2 "深圳"))表示将图例代号为 1 的显示为上海，将图例代号为 2 的显示为深圳。

　　用户还可以设置图例所在的位置，命令为 legend(position())，用户只需将位置所对应时刻的数字填入括号中即可，共有 12 个位置可供选择（对应钟表的 12 个时刻），比如我们想要把图例放置在钟表 3 点对应的位置，对应的命令为 legend(position(3))。

　　（8）脚注的设置

　　设置脚注的命令语句为：note()。用户将脚注内容写在括号中即可。比如我们需要注明数据来源为公司内部数据，对应的命令为：note(数据来源：公司内部数据)。

　　（9）图形的保存与打开

　　保存图形的命令语法是：graph save [graphname] filename [,asis replace]。

　　graph save 为基本命令，[graphname]为图形保存的名称，filename 为保存的路径，[,asis replace]选项用来冻结图形，使其不能再被修改。

　　打开图形的命令的语法格式是：graph use filename。其中 filename 是文件保存的路径名称。

　　显示图形的命令的语法格式是：graph display [name] [,options]。其中 name 为图形的名称。

　　（10）图形的合并

　　合并图形的命令语法是：graph combine name [name...] [,options]。

2. 菜单实现

　　Stata 制图也可以通过菜单来实现，在菜单栏单击"图形"，即可显示出如图 2.27 所示的可选项。通过该菜单 Stata 可以实现二维图（散点图、折线图等）、条形图、点图、饼图、直方图、箱线图、等高线图、散点图矩阵、分布图、平滑和密度、回归诊断图、时间序列图、面板数据折线图、生存分析图、ROC 分析图、多元分析、质量控制等各种图形的绘制。比如我们单击"二维图（散点图、折线图等）"，即可出现如图 2.28 所示的对话框。

图 2.27　菜单栏"图形"选项

图 2.28　"twoway-二维图"对话框

　　在"twoway-二维图"对话框中有 8 个选项卡。

- "绘图"选项卡供用户选择绘图类别和类型、Y 变量、X 变量，从而生成初步的图形。用户需要先单击"创建"按钮，然后在弹出的子对话框"图形 1"中进行相应的设置。
- "if/in"选项卡供用户设置 if 选项和 in 选项，其中 if 选项用来设置条件表达式，in 选项用来设置样本范围。
- "Y 轴""X 轴"选项卡的功能是设置 Y 轴、X 轴的相关内容，包括标题、主要刻度/标签属性、次要刻度/标签属性、轴线属性、轴刻度尺属性、参考线、是否隐藏轴、是否将轴放在图形的对面位置等。
- "标题"选项卡用于设置与标题相关的内容，主要包括标题的设置、副标题的设置、标注的设置、注释文字的设置等。
- "图例"选项卡用于设置与图例相关的内容，主要包括显示或隐藏图例、图例的组织/外观、图例的位置等内容。
- "整体"选项卡用于设置与总体图形相关的内容，包括整个图形的名称、大小设置、区域属性等内容。
- "By"选项卡用于设置分类输出图形，用户在该选项卡中指定是否给变量的每个唯一值绘制子图，并设置子图的组织、标题、区域、轴线等。

2.3.2 直方图

| 下载资源:\video\第 2 章\… |
| 下载资源:\sample\第 2 章\数据 2F |

直方图（Histogram）又称柱状图，是一种统计报告图，由一系列高度不等的纵向条纹或线段表示数据分布的情况。一般用横轴表示数据类型，纵轴表示分布情况。通过绘制直方图可以较为直观地传递有关数据的变化信息，使数据使用者能够较好地观察数据波动的状态，使数据决策者能够依据分析结果确定在什么地方需要集中力量改进工作。

直方图用到 histogram 命令，该命令的语法格式为：

```
histogram varname [if] [in] [weight] [,[continuous_opts | discrete_opts] options]
```

varname 为变量，[if]为条件表达式，[in]用于设置样本范围，[weight]用于设置权重。continuous_opts 为连续变量可用选项，discrete_opts 为分类变量可用选项，options 为连续、分类变量共用选项，如表 2.8 所示。

表2.8 continuous_opts、discrete_opts、options说明

类 别	可选项内容	含 义
continuous_opts	bin(#)	设置直方图中条柱的数目为#
	width(#)	设置直方图中条柱的宽度为#
	start(#)	设置直方图中第一个条柱最低起始数值为#
discrete_opts	discrete	设置分类变量
	width(#)	设置直方图中条柱的宽度为#
	start(#)	设置直方图中第一个条柱最低起始数值为#

（续表）

类　别	可选项内容	含　义
options	density	按密度绘制直方图
	fraction	按比例绘制直方图
	frequency	按频数绘制直方图
	percent	按百分比绘制直方图
	bar_options	设置直方图中条柱细节的选项
	addlabels	为直方图中的条柱添加高度标签
	addlabopts	设置直方图中高度标签显示细节的选项

下面以"数据 2F"数据文件为例进行介绍，在"数据 2F"中设置了两个变量，分别是 province 和 amount，如图 2.29 所示。

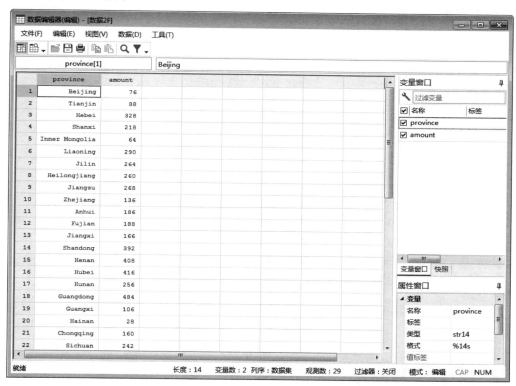

图 2.29　"数据 2F"中的数据内容

打开上述数据文件之后，在主界面的命令窗口中依次输入以下命令：

```
histogram amount,frequency
```

本命令的含义是绘制 amount 变量的直方图，绘制结果如图 2.30 所示。

```
histogram amount,frequency title("案例结果")
```

本命令的含义是绘制 amount 变量的直方图，并给图形增加标题名"案例结果"，绘制结果如图 2.31 所示。

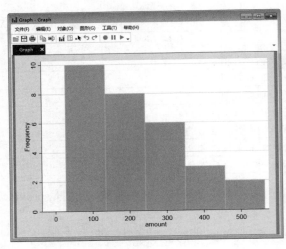

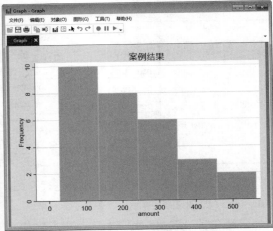

图 2.30 直方图 1　　　　　　　　　　　　图 2.31 直方图 2

```
histogram amount,frequency title("案例结果")xlabel(0(50)600) ylabel(0(1)10)
```

本命令的含义是绘制 amount 变量的直方图，并给图形增加标题名"案例结果"，还要为 X 轴添加数值标签，取值为 0~600，间距为 50，为 Y 轴添加数值标签，取值为 0~10，间距为 1，绘制结果如图 2.32 所示。

```
histogram amount,frequency title("案例结果")xlabel(0(50)600) ylabel(0(1)10)
ytick(0(0.5)10)
```

本命令的含义是绘制 amount 变量的直方图，并给图形增加标题名"案例结果"，还要为 X 轴添加数值标签，取值为 0~600，间距为 50，为 Y 轴添加数值标签，取值为 0~10，间距为 1，还要为 Y 轴添加刻度，取值为 0~10，间距为 0.5，绘制结果如图 2.33 所示。

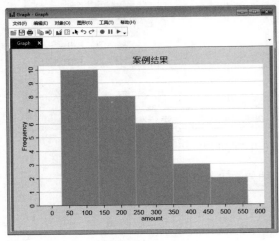

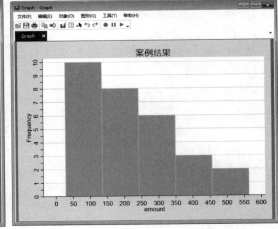

图 2.32 直方图 3　　　　　　　　　　　　图 2.33 直方图 4

```
histogram amount,frequency title("案例结果")xlabel(0(50)600) ylabel(0(1)10)
ytick(0(0.5)10)  start(10) width(25)
```

本命令的含义是绘制 amount 变量的直方图，并给图形增加标题名"案例结果"，还要对 X 轴添加数值标签，取值为 0~600，间距为 50，为 Y 轴添加数值标签，取值为 0~10，间距为 1，还要为 Y 轴添加刻度，取值为 0~10，间距为 0.5，然后使直方图的第 1 个直方条从 10 开始，每一个直方条的宽度为 25，绘制结果如图 2.34 所示。

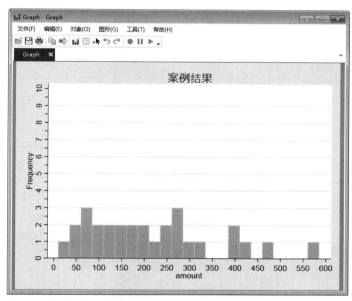

图 2.34　直方图 5

2.3.3　散点图

下载资源:\video\第 2 章\…	
下载资源:\sample\第 2 章\数据 2G	

作为对数据进行预处理的重要工具之一，散点图（Scatter Diagram）深受专家、学者们的喜爱。散点图的简要定义就是点在直角坐标系平面上的分布图。研究者对数据制作散点图的主要出发点是通过绘制该图来观察某变量随另一变量变化的大致趋势，据此可以探索数据之间的关联关系，甚至选择合适的函数对数据点进行拟合。

绘制散点图的命令为 scatter，该命令的语法格式为：

```
[twoway] scatter varlist [if] [in] [weight] [,options]
```

[twoway] scatter 表示绘制散点图，varlist 是将要绘制散点图的变量列表，此处需要注意 x 轴变量要放置在 y 轴变量之后，[if]为条件表达式，[in]用于设置样本范围，[weight]用于设置权重。[,options]为可选项，有很多，常见的包括数据标记形状的设置、颜色的设置、大小的设置、散点标签的设置、分类输出散点图的设置，具体说明如下：

1. 数据标记形状的设置

数据标记形状的设置通过 msymbol()命令选项来实现，用户在括号中输入所需要的命令选项或代号缩写即可，常用的 msymbol()命令选项如表 2.9 所示。

表 2.9　常用的 msymbol()命令选项

msymbol()命令选项	代号缩写	含　义
circle	O	实心大圆圈
diamond	D	实心大菱形
triangle	T	实心大三角
square	S	实心大方形
x	X	大写字母 X
smcircle	o	实心小圆圈
smdiamond	d	实心小菱形
smsquare	s	实心小方形
smtriangle	t	实心小三角
smx	x	小写字母 x
circle_hollow	Oh	空心大圆圈
diamond_hollow	Dh	空心大菱形
smdiamond_hollow	dh	空心小菱形
triangle_hollow	Th	空心大三角
smtriangle_hollow	th	空心小三角
square_hollow	Sh	空心大方形
smsquare_hollow	sh	空心小方形
point	p	很小的点
none	i	无形状

2. 数据标记颜色的设置

数据标记颜色的设置通过 mcolor()命令选项来实现，用户在括号中输入所需要的命令选项或代号缩写即可，常用的 mcolor()命令选项如表 2.10 所示。

表2.10　常用的mcolor()命令选项

mcolor()命令选项	含　义
black	黑色
blue	蓝色
gold	金色
gray	灰色
green	绿色
red	红色
orange	橙色
yellow	黄色
purple	紫色
none	没有颜色

3. 数据标记大小的设置

数据标记大小的设置通过 msize()命令选项来实现，用户将适当大小的数字输入括号中即可。比如要设置数据标记的大小为 6 号，则命令为：

```
msize (6)
```

4. 散点标签的设置

散点标签的设置通过 mlabel()和 mlabposition()命令选项来实现，用户将标签的内容输入 mlabel 后的括号，将代表标签位置的数字输入 mlabposition 后面的括号即可。比如用户想要设置散点标签的内容为变量 amount，标签位置在 9 点钟处，可使用如下命令：

```
mlabel (amount) mlabposition(9)
```

5. 分类输出散点图的设置

如果在数据中存在分类变量，可以将数据分类以后再绘制散点图，所使用的命令为 by()，用户在括号中填入分类变量即可。比如按照 xueli 变量分类绘图，可在绘图命令之后添加选项：

```
by(xueli)
```

下面以"数据 2G"数据文件为例进行介绍，"数据 2G"中设置了两个变量，分别是 ab 和 mn，如图 2.35 所示。

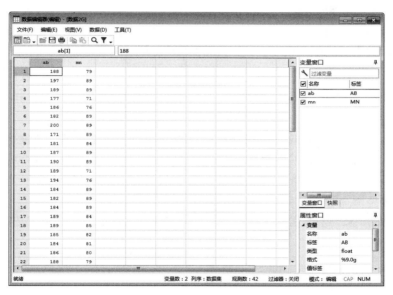

图 2.35　"数据 2G"中的数据内容

打开上述数据文件之后，在主界面的命令窗口中依次输入以下命令：

```
graph twoway scatter  ab mn
```

本命令的含义是绘制 ab 和 mn 两个变量的散点图，绘制结果如图 2.36 所示。

```
graph twoway scatter  ab mn,title("案例结果") xlabel(68(2)92) ylabel(150(10)200)
ytick(150(5)200)
```

本命令的含义是绘制 ab 和 mn 两个变量的散点图，并给图形增加标题名"案例结果"，为 X 轴添加数值标签，取值为 68~92，间距为 2，为 Y 轴添加数值标签，取值为 150~200，间距为 10，为 Y 轴添加刻度，间距为 5，绘制结果如图 2.37 所示。

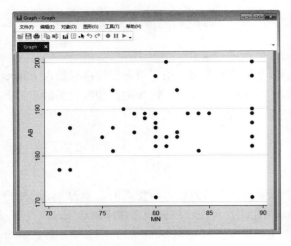

图 2.36 散点图 1

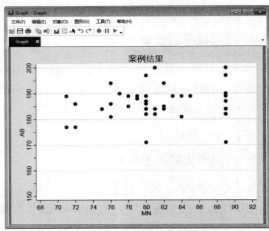

图 2.37 散点图 2

```
graph twoway scatter  ab mn,title("案例结果") xlabel(68(2)92) ylabel(150(10)200)
ytick(150(5)200) msymbol(D)
```

本命令的含义是绘制 ab 和 mn 两个变量的散点图，并给图形增加标题名"案例结果"，为 X 轴添加数值标签，取值为 68~92，间距为 2，为 Y 轴添加数值标签，取值为 150~200，间距为 10，为 Y 轴添加刻度，间距为 5，并且使散点图中散点标志的形状变为实心菱形，绘制结果如图 2.38 所示。

```
graph twoway scatter  ab mn,title("案例结果") xlabel(68(2)92) ylabel(150(10)200)
ytick(150(5)200) msymbol(D) mcolor(yellow)
```

本命令的含义是绘制 ab 和 mn 两个变量的散点图，并给图形增加标题名"案例结果"，为 X 轴添加数值标签，取值为 68~92，间距为 2，为 Y 轴添加数值标签，取值为 150~200，间距为 10，为 Y 轴添加刻度，间距为 5，并使散点图中散点标志的形状变为实心菱形，然后使散点标志的颜色变为黄色，绘制结果如图 2.39 所示。

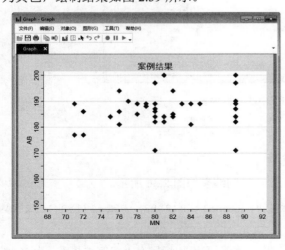

图 2.38 散点图 3

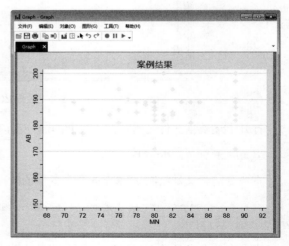

图 2.39 散点图 4

2.3.4 曲线标绘图

下载资源:\video\第 2 章\···
下载资源:\sample\第 2 章\数据 2H

从形式上看,曲线标绘图与散点图的区别就是用一条线来替代散点标志,这样做可以更加清晰直观地看出数据走势,但却无法观察到每个散点的准确定位。从用途上看,曲线标绘图常用于时间序列分析的数据预处理,用来观察变量随时间的变化趋势。此外,曲线标绘图可以同时反映多个变量随时间的变化情况,所以曲线标绘图的应用范围非常广泛。

绘制曲线标绘图的命令的语法格式为:

```
[twoway] line varlist [if] [in] [,options]
```

varlist 是将要绘制曲线标绘图的变量列表,此处需要注意 x 轴变量要放置在 y 轴变量之后,[if] 为条件表达式,[in]用于设置样本范围。[,options]为可选项,散点图中的[,options]可选项,在曲线标绘图也大多适用,除此之外,曲线标绘图还可以对有关曲线样式进行设置,常用选项包括 connect_options(连接样式的设置)、linepatternstyle(线条样式的设置)等。

1. 连接样式的设置

用于设置连接样式的命令为 connect(),用户在括号中填入样式代码或缩写即可,具体如表 2.11 所示。

表2.11 connect()命令括号中可填入的样式代码及缩写

样式代码	缩　写	含　义
none	I	无连接
direct	L	直线连接,为默认设置
ascending	L	笔直线,仅适用于 x[j+1]>x[j]的情况
stairstep	J	水平,然后垂直
stepstair		垂直,然后水平

2. 线条样式的设置

用于设置线条样式的命令为 clpattern(),用户在括号中填入样式代码即可,具体如表 2.12 所示。

表2.12 clpattern()命令括号中可填入的样式代码

样式代码	含　义
solid	实线
dash	虚线
dot	点线
dash_dot	点划线
shortdash	短划线
shortdash_dot	短划点线
longdash	长划线
longdash_dot	长划点线
blank	空白线
"formula"	自定义线

下面以“数据 2H”数据文件为例介绍,数据中有 3 个变量,分别是 year、shanghai、shenzhen,如

图 2.40 所示。

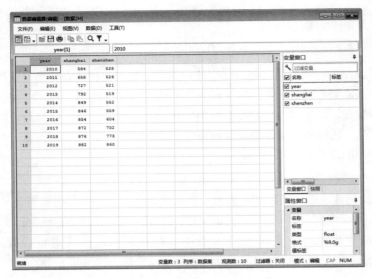

图 2.40 "数据 2H"中的数据内容

打开上述数据文件之后，在主界面的命令窗口中依次输入以下命令：

```
graph twoway line  shanghai shenzhen year
```

本命令的含义是绘制 shanghai 和 shenzhen 两个变量随年份变化的曲线标绘图，绘制结果如图 2.41 所示。

```
graph twoway line shanghai shenzhen year,title("案例结果") xlabel(2010(2)2020)
ylabel(500(50)900) xtick(2010(1)2020)
```

本命令的含义是绘制 shanghai 和 shenzhen 两个变量随年份变化的曲线标绘图，并给图形增加标题名"案例结果"，为 X 轴添加数值标签，取值为 2010~2020，间距为 1，为 Y 轴添加数值标签，取值为 500~900，间距为 10，为 X 轴添加刻度，间距为 1，绘制结果如图 2.42 所示。

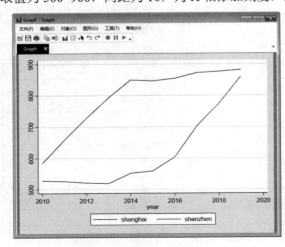

图 2.41 曲线标绘图 1

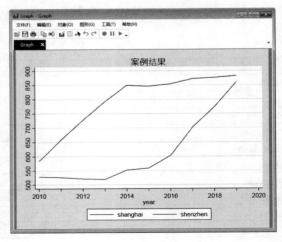

图 2.42 曲线标绘图 2

```
graph twoway line shanghai shenzhen year,title("案例结果") xlabel(2010(2)2020)
ylabel(500(50)900) xtick(2010(1)2020) legend(label(1 "上海") label(2 "深圳"))
```

本命令的含义是绘制 shanghai 和 shenzhen 两个变量随年份变化的曲线标绘图，并给图形增加标题名"案例结果"，为 X 轴添加数值标签，取值为 2010~2020，间距为 1，为 Y 轴添加数值标签，取值为 500~900，间距为 10，为 X 轴添加刻度，间距为 1，同时以中文显示 shanghai 和 shenzhen 这两个变量的标签，从而更加清晰直观，绘制结果如图 2.43 所示。

```
graph twoway line shanghai shenzhen year,title("案例结果") xlabel(2010(2)2020)
ylabel(500(50)900) xtick(2010(1)2020) legend(label(1 "上海") label(2 "深圳"))
clpattern(solid dash)
```

本命令的含义是绘制 shanghai 和 shenzhen 两个变量随年份变化的曲线标绘图，并给图形增加标题名"案例结果"，为 X 轴添加数值标签，取值为 2010~2020，间距为 1，为 Y 轴添加数值标签，取值为 500~900，间距为 10，为 X 轴添加刻度，间距为 1，同时以中文显示 shanghai 和 shenzhen 这两个变量的标签，从而更加清晰直观，然后使深圳的曲线变为虚线，绘制结果如图 2.44 所示。

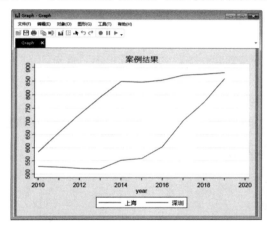 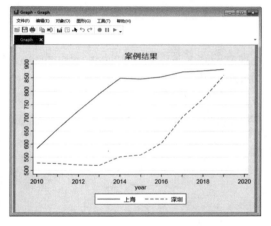

图 2.43　曲线标绘图 3　　　　　　　　图 2.44　曲线标绘图 4

在上述命令中，solid 代表实线，对应的是第 1 个因变量"上海"；dash 代表虚线，对应的是第 2 个因变量"深圳"。线条样式与其对应的命令缩写如表 2.13 所示。

表2.13　线条样式与其对应的命令缩写

线条样式	命令缩写	线条样式	命令缩写	线条样式	命令缩写
实线	solid	点划线	dash_dot	长划线	longdash
虚线	dash	短划线	shortdash	长划点线	longdash_dot
点线	line	短划点线	shortdash_dot	不可见的线	blank

2.3.5　连线标绘图

下载资源:\video\第 2 章\…
下载资源:\sample\第 2 章\数据 2H

在前面的章节中我们可以看到，曲线标绘图用一条线来代替散点标志，可以更加清晰直观地看

出数据走势，但却无法观察到每个散点的准确定位。那么，有没有一种作图方式既可以满足观测数据走势的需要，又能实现每个散点的准确定位？Stata 的连线标绘图制图方法就提供了解决这一问题的方法。

绘制连线标绘图的命令的语法格式为：

```
twoway connected varlist [if] [in] [weight] [,scatter_options]
```

varlist 是将要绘制曲线标绘图的变量列表，[if]为条件表达式，[in]用于设置样本范围，[weight]用于设置权重，[,scatter_options]为可选项。

我们继续使用"数据 2H"数据文件，打开该数据文件之后，在主界面的命令窗口中依次输入以下命令：

```
graph twoway connected  shanghai shenzhen year
```

本命令的含义是绘制 shanghai、shenzhen 两个变量随年份变化的连线标绘图，绘制结果如图 2.45 所示。

```
graph twoway connected  shanghai shenzhen year,title("案例结果")
xlabel(2010(1)2020) ylabel(500(100)900) ytick(500(50)900)
```

本命令的含义是绘制 shanghai、shenzhen 两个变量随年份变化的连线标绘图，并给图形增加标题名"案例结果"，为 X 轴添加数值标签，取值为 2010~2020，间距为 1，为 Y 轴添加数值标签，取值为 500~900，间距为 100，为 Y 轴添加刻度，间距为 50，绘制结果如图 2.46 所示。

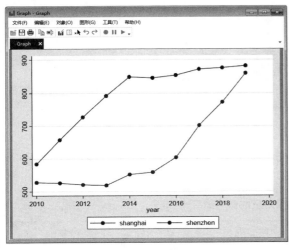

图 2.45　连线标绘图 1

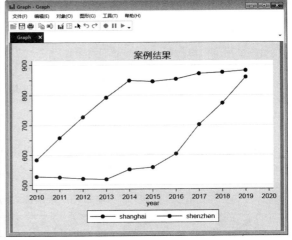

图 2.46　连线标绘图 2

```
graph twoway connected  shanghai shenzhen year,title("案例结果")
xlabel(2010(1)2020) ylabel(500(100)900) ytick(500(50)900) clpattern(dash)
```

本命令的含义是绘制 shanghai、shenzhen 两个变量随年份变化的连线标绘图，并给图形增加标题名"案例结果"，为 X 轴添加数值标签，取值为 2010~2020，间距为 1，为 Y 轴添加数值标签，取值为 500~900，间距为 100，为 Y 轴添加刻度，间距为 50，同时使"上海"的曲线变为虚线，绘制结果如图 2.47 所示。

```
graph twoway connected  shanghai shenzhen year,title("案例结果")
xlabel(2010(1)2020) ylabel(500(100)900) ytick(500(50)900) clpattern(dash)
msymbol(D)
```

本命令的含义是绘制 shanghai、shenzhen 两个变量随年份变化的连线标绘图，并给图形增加标题名"案例结果"，为 X 轴添加数值标签，取值为 2010~2020，间距为 1，为 Y 轴添加数值标签，取值为 500~900，间距为 100，为 Y 轴添加刻度，间距为 50，同时使"上海"的曲线变为虚线，使连线标绘图中散点标志的形状变为实心菱形，绘制结果如图 2.48 所示。

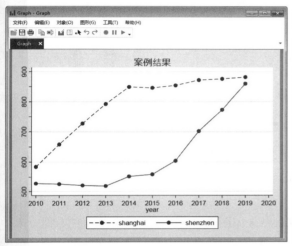

图 2.47　连线标绘图 3　　　　　　　图 2.48　连线标绘图 4

2.3.6　箱图

下载资源:\video\第 2 章\…
下载资源:\sample\第 2 章\数据 2I

箱图（Box-Plot）又称为盒须图、盒式图或箱线图，是一种用于显示一组数据分散情况的统计图。箱图很形象地分为中心、延伸以及分部状态的全部范围，提供了一种只用 5 个点总结数据集的方式，这 5 个点包括中点、Q1、Q3、分部状态的高位和低位。数据分析者通过绘制箱图不仅可以直观明了地识别数据中的异常值，还可以判断数据的偏态、尾重以及比较几批数据的形状。

绘制箱图的命令及其语法格式如下：

```
graph box yvars [if] [in] [weight] [,options]
graph hbox yvars [if] [in] [weight] [,options]
```

其中 graph box 用来绘制纵向箱图，graph hbox 用于绘制横向箱图，yvars 是将要绘制箱图的变量，[if]为条件表达式，[in]用于设置样本范围，[weight]用于设置权重。

下面使用"数据 2I"数据文件为例进行说明，"数据 2I"中有 3 个变量，分别是 place、amount、grade，如图 2.49 所示。

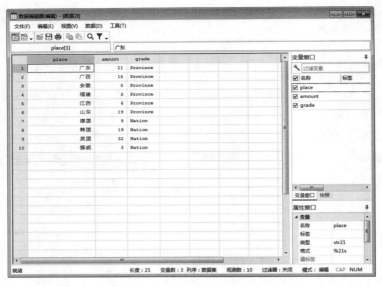

图 2.49   "数据 2I" 中的数据内容

打开上述数据文件之后，在主界面的命令窗口中依次输入以下命令：

```
graph box amount
```

本命令的含义是绘制 amount 变量的箱图，绘制结果如图 2.50 所示。箱图把所有的数据分成了 4 部分，第 1 部分是从顶线到箱子的上部，这部分数据值在全体数据中排名前 25%；第 2 部分是从箱子的上部到箱子中间的线，这部分数据值在全体数据中排名 25% 以下、50% 以上；第 3 部分是从箱子中间的线到箱子的下部，这部分数据值在全体数据中排名 50% 以下、75% 以上；第 4 部分是从箱子的底部到底线，这部分数据值在全体数据中排名后 25%。顶线与底线的间距在一定程度上表示了数据的离散程度，间距越大就越离散。

```
graph box amount,over( grade)
```

本命令的含义是绘制 amount 变量的箱图，但是按照 grade 变量分别列出，绘制结果如图 2.51 所示。

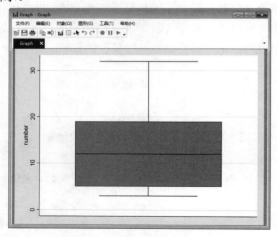

图 2.50   箱图 1

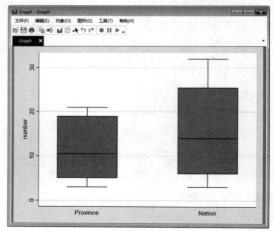

图 2.51   箱图 2

2.3.7　饼图

下载资源:\video\第 2 章\…
下载资源:\sample\第 2 章\数据 2J

饼图是数据分析中常见的一种经典图形，因其外形类似于圆饼而得名。在数据分析中，很多时候需要分析数据总体的各个组成部分的占比，我们可以通过各个部分与总额相除来计算，但这种数学比例的表示方法相对抽象。Stata 16.0 提供了饼形制图工具，能够直接以图形的方式显示各个组成部分所占的比例，更为重要的是，由于采用图形的方式，因此更加形象直观。

下面介绍绘制饼图的命令。

1）饼图中的切片作为每个变量的总数或百分比，该命令的语法格式如下：

```
graph pie varlist [if] [in] [weight] [,options]
```

2）饼图中的切片作为 over(varname)类别中的总数或百分比，该命令的语法格式如下：

```
graph pie varname [if] [in] [weight], over(varname) [options]
```

3）饼图中的切片作为 over(varname)类别中的频数，该命令的语法格式如下：

```
graph pie [if] [in] [weight], over(varname) [options]
```

这 3 个命令表达的基本含义是一致的，只是在饼图具体绘制时有所区别。varlist/varname 表示将要绘制图形的变量，[if]为条件表达式，[in]用于设置样本范围，[,options]为可选项，具体含义如表 2.14 所示。

表2.14　[,options]可选项及其含义

[,options]可选项	含　义
*over(varname)	饼图中每个切片所代表的变量的特殊数值
missing	不要忽视变量的缺失值，像对待非缺失值一样对待缺失值
allcategories	包含数据库中的所有类别
cw	对于缺失值按个案（casewise）处理
noclockwise	按逆时针排列的饼图
angle0(#)	饼图中第一块切片的角度，默认为 90°
sort	按面积大小排列切片的顺序
sort(varname)	按变量名排列切片的顺序
descending	与默认或先前设定的顺序相反排序
pie(...)	切片的外观，包括突出显示的设置
plabel(...)	设置显示在切片上的标签
ptext(...)	设置显示在切片上的文本
intensity([*]#)	设置切片的色彩强度
line(line_options)	设置切片的轮廓
legend(...)	设置切片的图例解释
std_options	设置标题和存储

以"数据 2J"数据文件为例进行讲解，在"数据 2J"中设置了 4 个变量，分别是 province、amount2018、amount2019、amount2020，如图 2.52 所示。

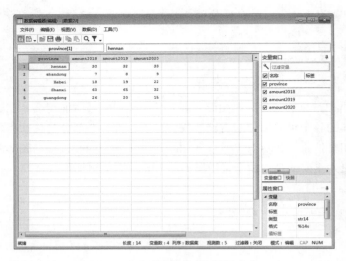

图 2.52 "数据 2J"的数据内容

打开上述数据文件之后，在主界面的命令窗口中依次输入以下命令：

```
graph pie amount2018 amount2019 amount2020
```

本命令的含义是绘制 amount2018、amount2019、amount2020 三个变量的饼图，绘制结果如图 2.53 所示。

```
graph pie amount2018 amount2019 amount2020,pie(1,explode) pie(2,color(yellow))
plabel(1 percent,gap(20)) plabel(2 percent,gap(20))
```

本命令的含义是绘制 amount2018、amount2019、amount2020 三个变量的饼图。要突出显示 amount2018 的占比，把 amount2019 的切片颜色改为黄色，给 amount2018 和 amount2019 的切片在距中心 20 个相对半径单位的位置处加上百分比标签，绘制结果如图 2.54 所示。

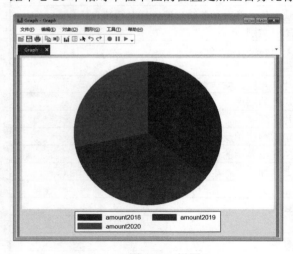

图 2.53 饼图 1

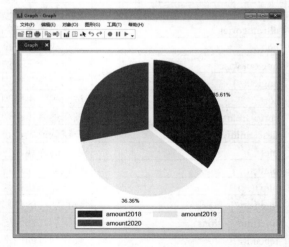

图 2.54 饼图 2

```
graph pie amount2018 amount2019 amount2020,pie(1,explode) pie(2,color(yellow))
plabel(1 percent,gap(20)) plabel(2 percent,gap(20)) by( province)
```

　　本命令的含义是绘制 amount2018、amount2019、amount2020 三个变量的饼图。要突出显示 amount2018 的占比,把 amount2019 的切片颜色改为黄色,给 amount2018 和 amount2019 的切片在距中心 20 个相对半径单位的位置处加上百分比标签,并按 province 变量分别列出,绘制结果如图 2.55 所示。

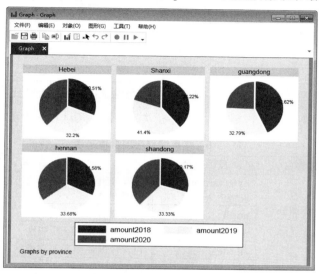

图 2.55　饼图 3

2.3.8　条形图

下载资源:\video\第 2 章\…
下载资源:\sample\第 2 章\数据 2K

　　相对于前面提到的箱图,条形图(Bar Chart)本身所包含的信息相对较少,但是它仍然为平均数、中位数、合计数或计数等多种概要统计提供了简单又多样化的展示,所以条形图也深受研究者的喜爱,经常出现在研究者的论文或者调查报告中。

　　下面介绍绘制条形图的基本命令。

　　1)绘制纵向条形图的命令及其语法格式:

```
graph bar yvars [if] [in] [weight] [,options]
```

　　2)绘制横向条形图的命令及其语法格式:

```
graph hbar yvars [if] [in] [weight] [,options]
```

　　在命令中,[if] 为条件表达式,[in]用于设置样本范围。

　　yvar 是将要绘制图形的变量,可以是变量列表的值:(asis) varlist,也可以是变量列表值的百分比(percent) [varlist],或变量列表值的计数(count) [varlist],还可以是变量名或变量列表的指定统计量:

```
[(stat)] varname           [[(stat)]…]
[(stat)] varlist           [[(stat)]…]
[(stat)] [name=]varname [ …]  [[(stat)]…]
```

　　默认显示均值(mean)统计量,绘制条形图常用的统计量如表 2.15 所示。

表2.15 绘制条形图常用的统计量

选 项	含 义
mean	均值
median	中位数
sum	算术和
count	不包括缺失值在内的样本观测值数
max	最大值
min	最小值
p1 p2 ... p99	分位数，比如 p1 表示第一个分位数，p2 表示第二个分位数，p50 等同于中位数 median，等等

[,options]包括 6 大类，每一个大类又有一些子类，常用的可选项如表 2.16 所示。

表 2.16 常用的可选项具体选项

选项类别	具体含义	具体选项	含 义
group_options	设置条形图分组选项	over(varname[,over_subopts])	设置分组变量，该选项可以重复，即可以设置多个分组变量
		nofill	忽略空的分组
		missing	将缺失值作为一个类别
		allcategories	包含数据集中的所有类别
yvar_options	设置条形图变量	ascategory	将 yvars 作为第一个 over()分组变量
		asyvars	将第一个 over()分组变量作为 yvars
		percentages	展示 yvars 各取值的百分比
		stack	将具有多个 y 变量的统计量上下堆积而形成堆积条形图。当 stack 选项与 percentage 选项联合使用时，纵轴的统计量默认是比例，总和通常为 100%，即绘制百分比堆积条形图
		cw	计算 yvar 统计信息，忽略任何 yvar 的缺失值
lookofbar_options	设置条形图外观	outergap([*]#)	设置边与第一横条之间、最后的横条与边之间的间隙
		bargap(#)	设置 yvar 条形之间的间隙，默认是 0
		bar(#, barlook_options)	设置第#个条的外观样式
legending_options	设置条形图标记	legend_options	设置 yvar 图例
		nolabel	在图例中使用 yvar 名称，不使用标签
axis_options	设置条形图 Y 轴	yalternate	将数值变量 y 轴放在右边（上边）
		xalternate	将分类变量 x 轴放在上面（右边）
		exclude0	不强制使 y 轴包含 0
		yreverse	反转 y 轴
		axis_scale_options	设置 y 轴缩放
		axis_label_options	设置 y 轴标签
		ytitle(...)	设置 y 轴标题
title_and_other_options	设置条形图标题及其他	text(...)	在图形上添加文本
		yline(...)	将 y 线添加到图形中
		aspect_option	限制图形区域的纵横比
		std_options	设置图形标题、图形大小、保存到磁盘选项等

下面以"数据 2K"数据文件为例进行说明，数据中有 3 个变量，分别是 group、amount、people，如图 2.56 所示。

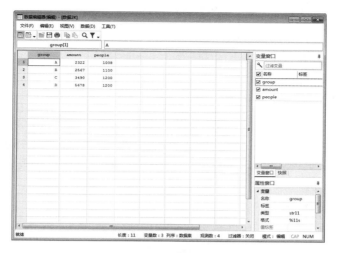

图 2.56 "数据 2K"中的数据内容

打开上述数据文件之后，在主界面的命令窗口中依次输入以下命令：

```
graph bar amount,over(group)
```

本命令的含义是绘制变量 amount 的条形图，以 group 变量作为分组变量，绘制结果如图 2.57 所示。

```
graph bar amount,over(group) title("案例结果") ylabel(1000(1000)7000)
ytick(1000(500)7000)
```

本命令的含义是绘制变量 amount 的条形图，以 group 变量作为分组变量，并给图形增加标题名 "案例结果"，为 Y 轴添加数值标签，取值为 1000~7000，间距为 1000，为 Y 轴添加刻度，间距为 500，绘制结果如图 2.58 所示。

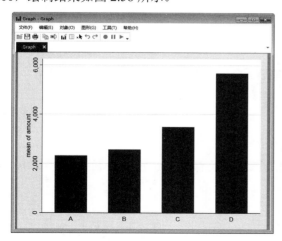

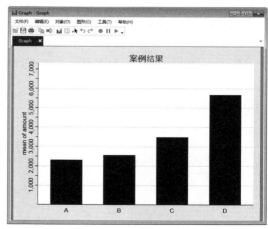

图 2.57　条形图 1　　　　　　　　　　　图 2.58　条形图 2

```
graph bar amount people,over(group) title("案例结果") ylabel(1000(1000)7000)
ytick(1000(500)7000)
```

本命令的含义是绘制变量 amount、people 的条形图，以 group 变量作为分组变量，并给图形增加标题名"案例结果"，为 Y 轴添加数值标签，取值为 1000~7000，间距为 1000，为 Y 轴添加刻度，间距为 500，绘制结果如图 2.59 所示。

```
graph bar (median) amount (median) people,over(group) title("案例结果")
ylabel(1000 (1000)7000) ytick(1000(500)7000)
```

本命令的含义是绘制变量 amount、people 的条形图，使用的统计量不再是变量 amount、people 的均值，而是它们的中位数，以 group 变量作为分组变量，并给图形增加标题名"案例结果"，为 Y 轴添加数值标签，取值为 1000~7000，间距为 1000，为 Y 轴添加刻度，间距为 500，绘制结果如图 2.60 所示。

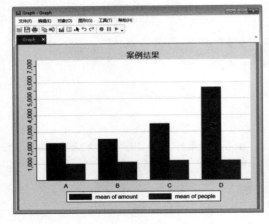
图 2.59 条形图 3

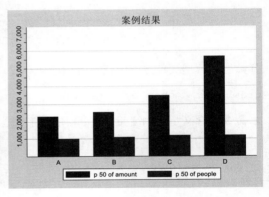
图 2.60 条形图 3

2.3.9 点图

| 下载资源:\video\第 2 章\… |
| 下载资源:\sample\第 2 章\数据 2K |

点图（Dot Plot）的功能与作用与前面提到的条形图类似，都是用来直观地比较一个或者多个变量的概要统计情况。

绘制点图的命令的语法格式为：

```
graph dot yvars [if] [in] [weight] [,options]
```

下面继续沿用"数据 2K"数据文件为例，打开该数据文件之后，在主界面的命令窗口中依次输入以下命令：

```
graph dot amount people,over(group)
```

本命令的含义是绘制 amount 和 people 两个变量的点图，并以 group 为分组变量，绘制结果如图 2.61 所示。

```
graph dot amount people,over(group) title("案例结果")
```

本命令的含义是绘制 amount 和 people 两个变量的点图，并以 group 为分组变量，给图形增加标题名"案例结果"，绘制结果如图 2.62 所示。

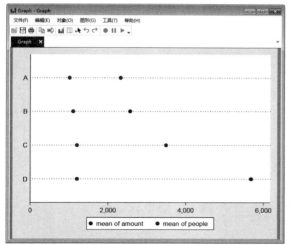

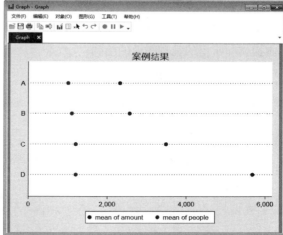

图 2.61 点图 1　　　　　　　　　　　　　　　图 2.62 点图 2

```
graph dot amount people,over(group) title("案例结果") marker(1,msymbol(D))
marker(2,msymbol(T))
```

本命令的含义是绘制 amount 和 people 两个变量的点图，并以 group 为分组变量，给图形增加标题"案例结果"，使图中 amount 变量散点标志的形状变为实心菱形，使图中 people 变量散点标志的形状变为实心三角，绘制结果如图 2.63 所示。

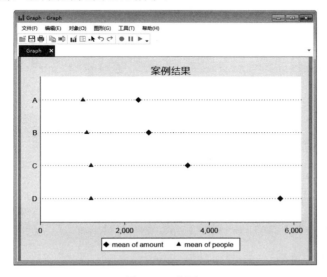

图 2.63 点图 3

2.4 本章回顾与习题

2.4.1 本章回顾

本章主要介绍了定距变量的描述性统计、正态性检验和数据转换、分类变量描述统计以及制图基本操作和常用的几种图形的绘制。

1. 定距变量的描述性统计

常用的有 summarize、tabstat、ci 等命令。

1）summarize 命令的语法格式为:

```
summarize [varlist] [if] [in] [weight] [,options]
```

2）tabstat 命令的语法格式为:

```
tabstat varlist [if] [in] [weight] [,options]
```

3）ci 几个命令的语法格式包括:

均值的置信区间正态分布:

```
ci means [varlist] [if] [in] [weight] [,options]
```

均值的置信区间泊松分布:

```
ci means [varlist] [if] [in] [weight], poisson [exposure(varname) options]
```

比例的置信区间:

```
ci proportions [varlist] [if] [in] [weight] [,prop_options options]
```

方差的置信区间:

```
ci variances [varlist] [if] [in] [weight] [,bonett options]
```

标准差的置信区间:

```
ci variances [varlist] [if] [in] [weight], sd [bonett options]
```

2. 正态性检验和数据转换

常用的有 sktest、ladder、gladder、qladder 等命令。

1）sktest 命令的语法格式为:

```
sktest varlist [if] [in] [weight] [,noadjust]
```

2）ladder 命令的语法格式为:

```
ladder varname [if] [in] [,generate(newvar) noadjust]
```

3）gladder 命令的语法格式为:

```
gladder varname [if] [in] [,histogram_options combine_options]
```

4）qladder 命令的语法格式为：

```
qladder varname [if] [in] [,qnorm_options combine_options]
```

3. 分类变量描述统计

1）单个分类变量的汇总，常用 tabulate 命令，该命令的语法格式为：

```
tabulate varname [if] [in] [weight] [,tabulate1_options]
```

2）两个分类变量的列联表分析，常用 tab2 命令，该命令的语法格式为：

```
tab2 varlist [if] [in] [weight] [,options]
```

3）多表和多维列联表分析，常用 table 命令，基本命令语句为：

```
table rowvar [colvar [supercolvar]] [if] [in] [weight] [,options]
```

4. Stata 制图基本操作

1）整体命令的语法格式：

```
graph-command (plot-command,plot-options) (plot-command,plot-options),…
graph-options
```

2）直方图用到 histogram 命令，该命令的语法格式为：

```
histogram varname [if] [in] [weight] [,[continuous_opts | discrete_opts]
options]
```

3）绘制散点图的命令是 scatter，该命令的语法格式为：

```
[twoway] scatter varlist [if] [in] [weight] [,options]
```

4）绘制曲线标绘图的命令是 line，该命令的语法格式为：

```
[twoway] line varlist [if] [in] [,options]
```

5）绘制连线标绘图的命令是 twoway connected，该命令的语法格式为：

```
twoway connected varlist [if] [in] [weight] [,scatter_options]
```

6）绘制箱线图的命令及其语法格式为：

```
graph box yvars [if] [in] [weight] [,options]
graph hbox yvars [if] [in] [weight] [,options]
```

7）绘制饼图的几个命令及其语法格式包括：
饼图中的切片为每个变量的总数或百分比：

```
graph pie varlist [if] [in] [weight] [,options]
```

饼图中的切片作为 over(varname)类别中的总数或百分比：

```
graph pie varname [if] [in] [weight], over(varname) [options]
```

饼图中的切片作为 over(varname)类别中的频数：

```
graph pie [if] [in] [weight], over(varname) [options]
```

8）绘制条形图的几个命令及其语法格式包括：

绘制纵向条形图：

```
graph bar yvars [if] [in] [weight] [,options]
```

绘制横向条形图：

```
graph hbar yvars [if] [in] [weight] [,options]
```

绘制点图：

```
graph dot yvars [if] [in] [weight] [,options]
```

2.4.2 本章习题

1. 打开"习题 2"数据文件，进行如下操作：

1）获取变量 Y1（客户满意度）的主要描述性统计量。

2）获取变量 Y2（客户再次购买行为）的详细描述性统计量。

3）获取变量 Y3（客户推荐购买行为）的平均数、总和、极差、方差。

2. 打开"习题 2A"数据文件，进行如下操作：

1）对变量 profit（营业利润水平）进行正态分布检验。

2）对变量 profit（营业利润水平）进行平方根变换，以获取新的数据，对新的数据进行正态分布检验。

3）对变量 profit（营业利润水平）进行自然对数变换，以获取新的数据，对新的数据进行正态分布检验。

4）对变量 invest（固定资产投资）运行 ladder 命令，尝试幂阶梯上的每一种幂并逐个反馈结果是否显著地为正态或者非正态发布。

5）对变量 labor（平均职工人数）运行 gladder 命令，更直观地看出幂阶梯和正态分布检验有效结合的结果。

6）对变量 rd（研究开发支出）运行 qladder 命令，显示 varname 变换的分位数，根据幂级数与正态分布的分位数进行比较。

3. 打开"习题 2"数据文件，进行如下操作：

1）对 xingbie 变量进行单个分类变量的汇总。

2）对 nianling 变量进行单个分类变量的汇总，并附带星点图。

3）对 xingbie、nianling 两个变量进行两个分类变量的列联表分析。

4）对 xueli、nianxian 两个变量进行两个分类变量的列联表分析，还要显示每个单元格的列百分比与行百分比。

5）对数据中的分类变量 xingbie、nianling、xueli 进行单个变量汇总统计。

6）对数据中的分类变量 xingbie、nianling、xueli 进行二维列联表分析。

7）以 xingbie 为主分类变量，制作 xingbie、nianling、xueli 三个分类变量的三维列联表。

8）对数据中的分类变量 xingbie、nianling、xueli 实现带有数据频数特征的列联表分析。

4. 打开"习题 2"数据文件，进行如下操作：

1）绘制变量 Y1（客户满意度）的直方图，并给图形增加标题名"习题结果-直方图"。

2）绘制变量 Y1（客户满意度）、Y2（客户再次购买行为）的条形图，使用的统计量是它们的中位数，以 xueli 变量作为分组变量，并给图形增加标题名"习题结果-条形图"。

3）绘制变量 Y1（客户满意度）、Y2（客户再次购买行为）的点图，使用的统计量是它们的中位数，以 xueli 变量作为分组变量，并给图形增加标题名"习题结果-点图。

5. 打开"习题 2A"数据文件，进行如下操作：

1）绘制 profit 和 year 两个变量的散点图，其中 profit 为纵轴，year 为横轴，并给图形增加标题名"习题结果-散点图"，并使散点图中散点标志的形状变为实心菱形，然后使散点标志的颜色变为黄色。

2）绘制 profit 和 invest 两个变量随 year 变化的曲线标绘图，并给图形增加标题名"习题结果-曲线标绘图"。

3）绘制 profit 和 labor 两个变量随 year 变化的连线标绘图，并给图形增加标题名"习题结果-连线标绘图"。

4）绘制 profit、invest、rd 和 labor 四个变量的箱图并进行解读。

6. 打开"习题 2B"数据文件，进行如下操作：

绘制北京、天津、河北、山西、内蒙古 5 个变量的饼图。

第 3 章

假设检验

假设检验是 Stata 中最为常见的基本概念，几乎贯穿所有的统计分析方法，需要好好掌握。从检验总体个数的角度来看，假设检验分为单个总体检验和两个总体检验。从是否假设总体分布特征已知的角度来看，检验方法分为参数检验和非参数检验两大类。下面我们将介绍假设检验的基本概念，以及常用参数检验和非参数检验方法在 Stata 中的具体操作与应用。

3.1 假设检验的基本概念

3.1.1 假设检验概述

假设检验是一种统计推断方法，用来判断样本与样本、样本与总体的差异是由抽样误差引起的还是本质差别造成的。常用的假设检验方法有 T 检验、Z 检验、F 检验、卡方检验等。Stata 中用到假设检验的地方很多，基本上都是对估计参数的显著性检验，不论是什么类型的假设检验，基本原理都是先对总体的特征做某种假设，然后构建检验统计量，并将检验统计量与临界值相比较，最后做出是否接受原假设的结论。

假设检验的基本思想是"小概率事件"原理，即小概率事件在一次试验中基本上不会发生，其统计推断方法是带有某种概率性质的反证法，也就是说先提出检验的原假设和备择假设，再用适当的统计方法，利用小概率原理确定原假设是否成立。简单来说，就是提出原假设后，首先假定原假设是可以接受的，然后依据样本观测值进行相应的检验，如果检验中发现"小概率事件"发生了，也就是说基本不可能发生的事件发生了，就说明原假设是不可接受的，应拒绝原假设，接受备择假设。如果检验中小概率事件没有发生，就接受原假设。

上面所提到的"小概率事件"是基于人们在实践中广泛采用的原则，但概率小到什么程度才能算作"小概率事件"？一个显而易见的事实就是"小概率事件"的概率越小，否定原假设就越有说服力，通常情况下将这个概率值记为 α（$0<\alpha<1$），称为检验的显著性水平；将基于样本观测值实际计算的容忍小概率事件发生的概率值记为 p（$0<p<1$），称为检验的显著性 p 值，如果 p 值大于 α 值，则说明实际可以容忍的小概率事件发生的概率要大于设定的 α 值，也就是要接受原假设。常用的显著性水平包括 0.1、0.05、0.01 等，其中 0.05 最为常用。

假设检验的步骤如下：

步骤 01 提出原假设（$H0$）和备择假设（$H1$）。原假设的含义一般是样本与总体或样本与样本间的差异是由抽样误差引起的，不存在本质差异；备择假设的含义一般是样本与总体或样本与样本间存在本质差异，而不是由抽样误差引起的。

步骤 02 设定显著性水平 α。

步骤 03 构建合适的统计量，然后基于样本观测值按相应的公式计算出统计量的大小，如 T 检验、Z 检验、F 检验、卡方检验等。

步骤 04 根据统计量的大小计算显著性 p 值，将 p 值与显著性水平 α 作比较，如果 p 值大于 α 值，则说明实际可以容忍的小概率事件发生的概率要大于设定的 α 值，也就是要接受原假设；如果 p 值小于 α 值，则拒绝原假设。

假设检验有以下注意事项：

在对变量开展假设检验之前，应该先判断样本观测值本身是否有可比性，并且注意每种检验方法的适用条件，根据资料类型和特点选用正确的假设检验方法，根据专业及经验确定是选用单侧检验还是双侧检验。在假设检验结束之后，对结果的运用也不要绝对化，一是假设检验反映的差别仅仅是具备统计学意义，而这样的差别在实际应用中可能没有意义；二是由于样本的随机性及选择显著性水平 α 的不同，基于某次抽样或者特定范围内的样本观测值得出的检验结果与真实情况有可能不吻合，所以无论接受或拒绝检验假设，都有判断错误的可能性。

假设检验可能犯的错误有两类：

一类是拒绝为真的错误。即使原假设正确，小概率事件也有可能发生，如果我们抽取的样本观测值恰好是符合小概率事件的样本观测值，就会因为小概率事件的发生而拒绝原假设，这类错误被称为"拒绝为真"错误，也被称为第一类错误，犯第一类错误的概率恰好就是"小概率事件"发生的概率 α。

另一类是接受伪值的错误。如果原假设是不正确的，暗示我们由于抽样的不合理，导致假设检验通过了原假设，这类错误被称为"接受伪值"错误，也被称为第二类错误，我们把犯第二类错误的概率记为 β。

对于研究人员来说，无论是哪种错误，都是不希望出现的，但是当样本容量固定时，第一类错误发生的概率 α 和第二类错误发生的概率 β 不可能同时变小，换言之，当我们倾向于使得 α 变小时，β 就会变大；同样的道理，倾向于使得 β 变小时，α 就会变大。只有当样本容量增大时，能够更好地满足大样本随机原则时，才有可能使得 α 和 β 同时变小。在大多数的实际操作中，我们一般都是控制住犯第一类错误的概率，即设定好显著性水平 α，然后通过增大样本容量来降低第二类错误发生的概率 β。

注　意

本节内容非常重要，不仅本章的参数检验和非参数检验会用到，显著性水平 α、显著性 p 值等基本概念在后面章节的方差分析、相关分析、各类回归分析、时间序列数据分析、面板数据分析中也将频繁使用，需要掌握。

3.1.2 单个总体检验和两个总体检验

从检验总体个数的角度来看，假设检验分为单个总体检验和两个总体检验。

1. 单个总体检验

单个总体的假设检验是利用某些检验统计量对样本的均值、方差以及分位数进行检验，其中经常使用的是均值检验和方差检验。单个总体检验又分为简单假设检验和分组齐性检验，其中分组齐性检验是对由分组变量划分得到的序列各子集进行检验。

在简单假设检验中，对单个总体进行均值检验的统计量有 Z 统计量和 t 统计量。若单个总体方差 σ^2 已知，则采用 Z 统计量检验，即：

$$Z = \frac{\sqrt{n}(\bar{x} - \mu_0)}{\sigma} \sim N \ (0,1)$$

若单个总体方差 σ^2 未知，则采用 t 统计量检验，即：

$$t = \frac{\sqrt{n}(\bar{x} - \mu_0)}{S} \sim t(n-1)$$

$S^2 = \dfrac{1}{n-1}\sum_{i=1}^{n}(x_i - \bar{x})^2$，表示样本方差。

在简单假设检验中，对单个总体进行方差检验的统计量为：

$$\chi^2 = \frac{(n-1)S^2}{\sigma_0^2} \sim \chi^2(n-1)$$

在分组齐性检验中，对数据各分组进行均值差异性检验的统计量为：

$$F = \frac{S_1^2 \big/ k}{S_2^2 \big/ (n-k-1)} \sim F(k, n-k-1)$$

S_1^2 和 S_2^2 分别表示组间样本方差和组内样本方差，k 为用分组变量对选定序列进行分组的组数，n 为序列观测值数。

2. 两个总体检验

对两个总体的方差进行检验的统计量为：

$$F = \frac{S_1^2 \big/ (n-1)}{S_2^2 \big/ (m-1)} \sim F(n-1, m-1)$$

当两个总体方差相同，即 $\sigma_1^2 = \sigma_2^2 = \sigma^2$，但 σ^2 未知时，进行两个总体均值检验的检验统计量为：

$$t = \frac{\overline{x}_1 - \overline{x}_2 - (\mu_1 - \mu_2)}{\sqrt{\frac{(n-1)S_1^2 + (m-1)S_2^2}{n+m-2}\left(\frac{1}{n} + \frac{1}{m}\right)}} \sim t(n+m-2)$$

S_1^2、S_2^2 分别为单个总体 1 和单个总体 2 的样本方差，n、m 分别为总体 1 和总体 2 的样本容量，μ_1、μ_2 分别为单个总体 1 和单个总体 2 的均值，$\overline{x}_1$、$\overline{x}_2$ 分别为样本均值。

3.1.3　参数检验和非参数检验

从是否假设总体分布特征已知的角度来看，检验方法分为参数检验和非参数检验两大类。

1. 参数检验

参数检验需要预先假设总体的分布，在这个严格假设的基础上才能推导各个统计量，从而对原假设（H_0）进行检验。

单一样本 T 检验（One-Sample T Test）相当于数理统计中的单个总体均值的假设检验，根据样本观测值，检验抽样总体的均值与指定的常数之间的差异程度，即检验零假设 $H_0 : \mu = \mu_0$。设 n 为样本容量，$\overline{X}$ 为样本均值，检验使用 T 统计量。在原假设成立的条件下，T 统计量表达式为：

$$t = \frac{\overline{X} - \mu_0}{S / \sqrt{n}} \sim t(n-1)$$

其中 $S = \sqrt{\frac{1}{n-1}\sum_1^n (X_t - \overline{X})^2}$ 为标准差。我们检验的目的是推断样本所代表的未知总体的均值与已知总体的均值有无差异。

独立样本的 T 检验用于检验两个独立样本是否来自具有相同均值的总体，相当于检验两个独立正态总体的均值是否相等，即检验 H_0：$\mu_1 = \mu_2$ 是否成立。

配对样本的 T 检验用于检验两个相关的样本是否来自具有相同均值的正态总体，如果我们假设来自两个正态总体的配对样本为：$(X_1, Y_1), (X_2, Y_2), \ldots, (X_n, Y_n)$，令 $D_i = X_i - Y_i$（$i = 1, 2, \ldots, n$），相当于检验样本 D_i（$i = 1, 2, \ldots, n$）是否来自均值为零的正态总体，即检验假设 $H_0 : \mu = \mu_1 - \mu_2 = 0$。

2. 非参数检验

非参数检验方法不需要预先假设总体的分布特征，直接从样本计算所需的统计量，进而对原假设进行检验。

（1）卡方检验（Chi-Square Test）

卡方检验的原假设为样本所属总体的分布与理论分布无显著差异。卡方检验的检验统计量为：

$$\chi^2 = \sum_{i=1}^{k} \frac{(N_{oi} - N_{ei})^2}{N_{ei}}$$

N_{oi} 表示观测频数，N_{ei} 表示理论频数。检验统计量值越小，表示观测频数与理论频数越接近，检验统计量在大样本条件下渐进服从自由度为 $k-1$ 的卡方分布。如果检验统计量小于由显著性水平和自由度确定的临界值，则认为样本所属的总体分布与理论分布无显著差异。

（2）二项检验（Binomial Test）

二项检验的原假设为样本所属的总体分布与所指定的某个二项分布无显著差异。二项检验的检验统计量为：

$$p_1 = \frac{n_1 - np}{\sqrt{np(1-p)}}$$

n_1 表示第一个类别的样本个数，p 表示指定二项分布中第一个类别个体在总体中所占的比重。检验统计量在大样本条件下渐进服从正态分布。如果检验统计量小于临界值，则认为样本所属的总体分布与所指定的某个二项分布无显著差异。

（3）游程检验（Runs Test）

游程检验是为了检验某一变量的取值是否随机，以判断相关调查研究的可信性。如果序列是随机序列，那么游程的总数应当不太多，也不太少，游程过多或过少均可以认为相应变量值的出现并不是随机的。

3.2 Stata 参数检验

下载资源:\video\第 3 章\…
下载资源:\sample\第 3 章\数据 3A、数据 3B

参数检验是指对参数的均值、方差、比率等特征进行的统计检验。参数检验一般假设统计总体的具体分布为已知，但是其中的一些参数或者取值范围不确定，分析的主要目的是估计这些未知参数的取值，或者对这些参数进行假设检验。参数检验不仅能够对总体的特征参数进行推断，还能够对两个或多个总体的参数进行比较。常用的参数检验包括单一样本 T 检验、独立样本 T 检验、配对样本 T 检验、单一样本标准差和双样本方差（标准差）的假设检验等。

3.2.1 单一样本 T 检验

单一样本 T 检验是假设检验中最基本、最常用的方法之一。与所有的假设检验一样，其依据的基本原理也是统计学中的"小概率反证法"原理。通过单一样本 T 检验，我们可以实现样本均值和总体均值的比较。检验的基本程序是首先提出原假设和备择假设，规定好检验的显著性水平，然后确定适当的检验统计量，并计算检验统计量的值，最后依据计算值和临界值的比较结果做出统计决策。

单一样本 T 检验的命令及其语法格式为：

```
ttest varname == # [if] [in] [,level(#)]
```

ttest 表示进行 T 检验，"varname == #"用于设置某一变量的单一样本 T 检验，[if]为条件表达式，[in]用于设置样本范围，level(#)用于设置置信水平。

下面使用"数据 3A"数据文件为例进行讲解，数据集中有一个变量 amount，如图 3.1 所示。

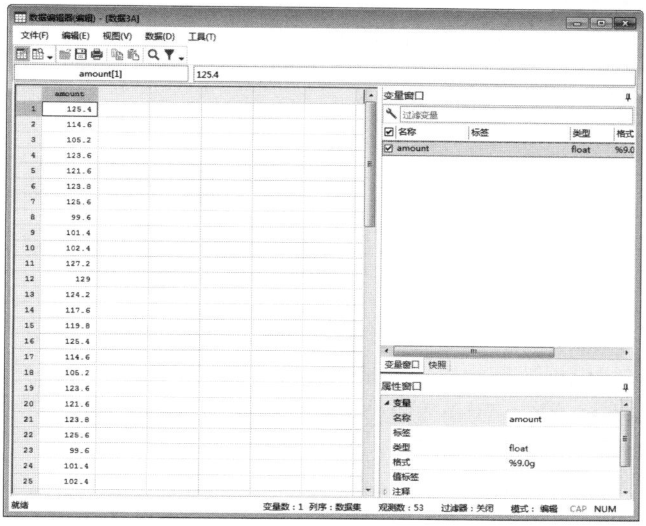

图 3.1　数据 3A

打开上述数据文件之后，在主界面的命令窗口中依次输入以下命令：

```
ttest  amount=135
```

本命令的含义是对 amount 变量样本数据执行单一样本 T 检验，检验其是否显著等于 135，结果如图 3.2 所示。可以看出，共有 53 个有效样本参与了假设检验，样本的均值是 117.2377，标准误是 1.418978，标准差是 10.33032，95%的置信区间是[114.3903，120.0851]，样本的 t 值为-12.5176，自由度为 52，$Pr(|T| > |t|) = 0.0000$，远小于 0.05，需要拒绝原假设，也就是说，对 amount 变量样本数据执行单一样本 T 检验的结果是显著不等于 135。

```
. ttest  amount=135

One-sample t test

Variable |    Obs       Mean    Std. Err.   Std. Dev.   [95% Conf. Interval]

  amount |     53   117.2377    1.418978    10.33032    114.3903   120.0851

    mean = mean(amount)                                      t = -12.5176
Ho: mean = 135                               degrees of freedom =       52

  Ha: mean < 135               Ha: mean != 135              Ha: mean > 135
Pr(T < t) = 0.0000        Pr(|T| > |t|) = 0.0000        Pr(T > t) = 1.0000
```

图 3.2　单一样本 T 检验分析结果 1

```
ttest  amount=135,level(99)
```

本命令的含义是对 amount 变量样本数据执行单一样本 T 检验，检验其是否显著等于 135，并且把显著性水平设定为 0.01（等价于置信水平 99%），结果如图 3.3 所示。可以看出与 95%的置信水平不同的地方在于置信区间得到了进一步的放大，这是正常的结果，因为这是要取得更高置信水平必须付出的代价。

```
. ttest amount=135,level(99)

One-sample t test

Variable      Obs        Mean    Std. Err.    Std. Dev.    [99% Conf. Interval]

  amount       53    117.2377    1.418978     10.33032     113.4438    121.0317

    mean = mean(amount)                                    t =  -12.5176
Ho: mean = 135                                 degrees of freedom =        52

   Ha: mean < 135              Ha: mean != 135              Ha: mean > 135
Pr(T < t) = 0.0000         Pr(|T| > |t|) = 0.0000         Pr(T > t) = 1.0000
```

图 3.3　单一样本 T 检验分析结果 2

3.2.2　独立样本 T 检验

独立样本 T 检验过程依据的基本原理也是统计学中的"小概率反证法"原理。通过独立样本 T 检验，我们可以实现两个独立样本的均值比较。独立样本 T 检验的命令及其语法格式为：

```
ttest varname1 == varname2 [if] [in], unpaired [unequal welch level(#)]
```

ttest 表示进行 T 检验，varname1、varname2 为用来进行独立样本 T 检验的两个变量，[if]为条件表达式，[in]用于设置样本范围，unpaired 表示是独立样本而不是配对样本，unequal 表示非配对数据具有不同方差，welch 表示使用 Welch 近似法，level(#)用来设置置信水平。

本例中我们使用"数据 3B"数据文件进行解释，其中的数据集中有两个变量，分别是 amounta 和 amountb，如图 3.4 所示。

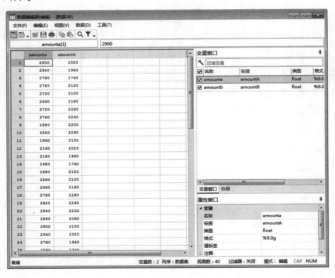

图 3.4　"数据 3B"中的数据内容

打开上述数据文件之后，在主界面的命令窗口中依次输入以下命令：

```
ttest amounta = amountb, unpaired
```

本命令的含义是使用独立样本 T 检验过程检验 amounta 与 amountb 之间是否存在明显的差别，结果如图 3.5 所示。可以看出，共有 80 个有效样本参与了假设检验，自由度为 78，其中变量 amounta

包括 40 个样本，均值为 2703.5，标准误为 37.00927，标准差为 234.0672，95% 的置信区间是 [2628.642,2778.358]；变量 amountb 包括 40 个样本，均值为 2099，标准误为 21.9434，标准差为 138.7822，95% 的置信区间是 [2054.615,2143.385]。Pr(|T| > |t|) = 0.0000 远小于 0.05，需要拒绝原假设，也就是说，amounta 与 amountb 之间存在明显的差别。

```
. ttest amounta = amountb, unpaired

Two-sample t test with equal variances

Variable |    Obs        Mean    Std. Err.   Std. Dev.   [95% Conf. Interval]
---------+------------------------------------------------------------------
 amounta |     40      2703.5    37.00927    234.0672    2628.642    2778.358
 amountb |     40        2099    21.9434     138.7822    2054.615    2143.385
---------+------------------------------------------------------------------
combined |     80     2401.25   40.16634    359.2586    2321.301    2481.199
---------+------------------------------------------------------------------
    diff |             604.5    43.02556                518.8427    690.1573
----------------------------------------------------------------------------
    diff = mean(amounta) - mean(amountb)                         t =  14.0498
Ho: diff = 0                                    degrees of freedom =       78

   Ha: diff < 0               Ha: diff != 0                  Ha: diff > 0
Pr(T < t) = 1.0000      Pr(|T| > |t|) = 0.0000        Pr(T > t) = 0.0000
```

图 3.5　独立样本 T 检验分析结果 1

```
ttest  amounta=amountb,unpaired level(99) unequal
```

本命令的含义是使用独立样本 T 检验过程检验 amounta 与 amountb 之间是否存在明显的差别，同时把显著性水平调到 1%，也就是说置信水平为 99%，并且在异方差假定条件下进行假设检验，结果如图 3.6 所示。可以看出，在本例中同方差假定和异方差假定之间的结果没有差别。

```
. ttest  amounta=amountb,unpaired level(99) unequal

Two-sample t test with unequal variances

Variable |    Obs        Mean    Std. Err.   Std. Dev.   [99% Conf. Interval]
---------+------------------------------------------------------------------
 amounta |     40      2703.5    37.00927    234.0672    2603.282    2803.718
 amountb |     40        2099    21.9434     138.7822    2039.579    2158.421
---------+------------------------------------------------------------------
combined |     80     2401.25   40.16634    359.2586    2295.231    2507.269
---------+------------------------------------------------------------------
    diff |             604.5    43.02556                490.2406    718.7594
----------------------------------------------------------------------------
    diff = mean(amounta) - mean(amountb)                         t =  14.0498
Ho: diff = 0                    Satterthwaite's degrees of freedom =  63.4048

   Ha: diff < 0               Ha: diff != 0                  Ha: diff > 0
Pr(T < t) = 1.0000      Pr(|T| > |t|) = 0.0000        Pr(T > t) = 0.0000
```

图 3.6　独立样本 T 检验分析结果 2

3.2.3　配对样本 T 检验

配对样本 T 检验过程依据的基本原理也是统计学中的"小概率反证法"原理。通过配对样本 T 检验，我们可以实现对成对数据的样本均值比较。其与独立样本 T 检验的区别是：两个样本来自同一总体，而且数据的顺序不能调换。

配对样本 T 检验的命令的语法格式为：

```
ttest varname1 == varname2 [if] [in] [,level(#)]
```

ttest 表示进行 T 检验，varname1、varname2 为用来进行配对样本 T 检验的两个变量，[if] 为条件表达式，[in]用于设置样本范围，level(#)用来设置置信水平。

此外，分组均值检验的命令的语法格式为：

```
ttest varname [if] [in] , by(groupvar) [options]
```

其中 groupvar 表示分组变量。

仅利用样本特征值进行均值检验的命令的语法格式为：

```
ttesti #obs1 #mean1 #sd1 #obs2 #mean2 #sd2 [,options]
```

#obs1、#obs2 代表变量 1、变量 2 的样本容量，#mean1 、#mean2 分别代表变量 1、变量 2 的样本均值，#sd1、#sd2 分别代表变量 1、变量 2 的样本标准差。

下面继续用"数据 3B"数据文件进行说明，打开该数据文件之后，在主界面的命令窗口中依次输入以下命令：

```
ttest amounta = amountb
```

本命令的含义是使用配对样本 T 检验过程来检验 amounta 与 amountb 之间是否存在明显的差别。

分析结果如图 3.7 所示，可以看出共有 40 对有效样本参与了假设检验，自由度为 39，其中变量 amounta 包括 40 个样本，均值为 2703.5，标准误为 37.00927，标准差为 234.0672，95%的置信区间是[2628.642,2778.358]；变量 amountb 包括 40 个样本，均值为 2099，标准误为 21.9434，标准差为 138.7822，95%的置信区间是[2054.615,2143.385]。Pr(|T| > |t|) = 0.0000，远小于 0.05，所以需要拒绝原假设，也就是说，使用配对样本 T 检验过程检验出 amounta 与 amountb 之间存在明显的差别。

```
. ttest amounta = amountb

Paired t test

------------------------------------------------------------------------------
Variable |     Obs        Mean    Std. Err.   Std. Dev.   [95% Conf. Interval]
---------+--------------------------------------------------------------------
 amounta |      40      2703.5    37.00927    234.0672    2628.642    2778.358
 amountb |      40        2099     21.9434    138.7822    2054.615    2143.385
---------+--------------------------------------------------------------------
    diff |      40       604.5    41.32726    261.3765    520.9077    688.0923
------------------------------------------------------------------------------
     mean(diff) = mean(amounta - amountb)                  t =  14.6271
 Ho: mean(diff) = 0                          degrees of freedom =       39

 Ha: mean(diff) < 0           Ha: mean(diff) != 0           Ha: mean(diff) > 0
 Pr(T < t) = 1.0000        Pr(|T| > |t|) = 0.0000          Pr(T > t) = 0.0000
```

图 3.7　配对样本 T 检验分析结果

3.2.4　单一样本标准差的假设检验

标准差的概念用来反映波动情况，常用于质量控制与市场波动等情形。单一总体标准差的假设检验的基本程序也是首先提出原假设和备择假设，规定好检验的显著性水平，然后确定适当的检验统计量，并计算检验统计量的值，最后依据计算值和临界值的比较结果做出统计决策。

单一样本标准差检验的命令及其语法格式为：

```
sdtest  varname == # [if] [in] [,level(#)]
```

sdtest 表示进行标准差检验，"varname == #"是将所要检验的变量的标准差数值填入，[if]为条件表达式，[in]用于设置样本范围，level(#)用来设置置信水平。

如果不知道样本均值，只有相关统计量，也可以进行单一样本标准差检验，使用的命令的语法格式如下：

```
sdtesti #obs {#mean | . } #sd #val [,level(#)]
```

#obs 代表样本容量；"#mean |."代表样本均值，若未知则以"."代替；#sd 代表样本标准差；#val 代表将要检验的标准差；level(#)代表置信度。

本例中我们继续使用"数据 3A"数据文件，打开该数据文件之后，在主界面的命令窗口中依次输入以下命令：

```
sdtest  amount=100
```

本命令的含义是对 amount 变量执行单一样本标准差的假设检验，检验其标准差是否等于 100。

分析结果如图 3.8 所示，可以看出共有 53 个有效样本参与了假设检验，自由度为 52，均值为 117.2377，标准误为 1.418978，标准差为 10.33032，95%的置信区间是[114.3903,120.0851]。$2*Pr(C < c) = 0.0000$，远小于 0.05，所以需要拒绝原假设，也就是说，amount 变量的标准差不显著等于 100。

```
. sdtest  amount=100

One-sample test of variance

Variable      Obs        Mean      Std. Err.     Std. Dev.    [95% Conf. Interval]

  amount       53      117.2377    1.418978      10.33032      114.3903     120.0851

     sd = sd(amount)                                  c = chi2 =     0.5549
Ho: sd = 100                                degrees of freedom =       52

   Ha: sd < 100              Ha: sd != 100                     Ha: sd > 100
 Pr(C < c) = 0.0000       2*Pr(C < c) = 0.0000             Pr(C > c) = 1.0000
```

图 3.8　单一样本标准差假设检验分析结果

3.2.5　双样本方差（标准差）的假设检验

双样本方差（标准差）的假设检验用来判断两个样本的波动情况是否相同。双样本方差（标准差）的假设检验的命令的语法格式为：

```
sdtest varname1 == varname2 [if] [in] [,level(#)]
```

sdtest 表示进行双样本方差（标准差）的假设检验，varname1、varname2 为用来进行双样本方差（标准差）假设检验的两个变量，[if]为条件表达式，[in]用于设置样本范围，level(#)用来设置置信水平。

两组样本方差（标准差）检验的命令及其语法格式为：

```
sdtest varname [if] [in] , by(groupvar) [level(#)]
```

仅利用样本特征值进行方差（标准差）检验的命令及其语法格式为：

```
sdtesti #obs1 {#mean1 | . } #sd1 #obs2 {#mean2 | . } #sd2 [,level(#)]
```

#obs1、#obs2 代表变量 1、变量 2 的样本容量；"#mean 1|." "#mean2 |."分别代表变量 1、

变量 2 的样本均值,若未知则以"."代替;#sd1、#sd2 分别代表变量 1、变量 2 的样本标准差;level(#) 代表置信度。

下面继续使用"数据 3B"数据文件为例,打开该数据文件之后,在主界面的命令窗口中依次输入以下命令:

```
sdtest  amounta= amountb
```

本命令的含义是通过双样本方差(标准差)的假设检验判断 amounta 和 amountb 两个变量样本的波动情况是否相同,分析结果如图 3.9 所示。可以看出共有 40 对有效样本参与了假设检验,自由度为 39,其中变量 amounta 包括 40 个样本,均值为 2703.5,标准误为 37.00927,标准差为 234.0672,95%的置信区间是[2628.642,2778.358];变量 amountb 包括 40 个样本,均值为 2099,标准误为 21.9434,标准差为 138.7822,95%的置信区间是[2054.615,2143.385]。2*Pr(F<f) = 0.0015,远大于 0.05,所以需要接受原假设,也就是说,amounta 和 amountb 两个变量样本的波动情况存在显著不同。

```
. sdtest  amounta= amountb

Variance ratio test

Variable |     Obs        Mean    Std. Err.   Std. Dev.   [95% Conf. Interval]

amounta  |      40      2703.5    37.00927    234.0672    2628.642    2778.358
amountb  |      40        2099     21.9434    138.7822    2054.615    2143.385

combined |      80     2401.25    40.16634    359.2586    2321.301    2481.199

    ratio = sd(amounta) / sd(amountb)                       f =   2.8445
Ho: ratio = 1                              degrees of freedom =   39, 39

  Ha: ratio < 1              Ha: ratio != 1              Ha: ratio > 1
Pr(F < f) = 0.9992        2*Pr(F > f) = 0.0015        Pr(F > f) = 0.0008
```

图 3.9 双样本方差(标准差)的假设检验分析结果

3.3 Stata 非参数检验

| 下载资源:\video\第 3 章\… |
| 下载资源:\sample\第 3 章\数据 3A、数据 3B、数据 3C、数据 3D |

一般情况下,参数检验方法假设统计总体的具体分布为已知,但是我们往往会遇到一些总体分布不能用有限个实参数来描述或者不考虑被研究的对象为何种分布,以及无法合理假设总体分布形式的情形,这时我们就需要放弃对总体分布参数的依赖,从而去寻求更多来自样本的信息,基于这种思路的统计检验方法被称为非参数检验(Nonparametric Tests)。常用的非参数检验包括单样本正态分布检验、两独立样本检验、两相关样本检验、多独立样本检验、游程检验等。

3.3.1 单样本正态分布检验

单样本正态分布检验本质上属于一种拟合优度检验,基本功能是通过检验样本特征来探索总体是否服从正态分布。Stata 的单样本正态分布检验有很多种,常用的包括偏度-峰度检验、Wilks-Shapiro 两种。

偏度-峰度检验的命令是 sktest,该命令的语法格式为:

```
sktest varlist [if] [in] [weight] [,noadjust]
```

Wilks-Shapiro 命令的语法格式为：

```
swilk varlist [if] [in] [,swilk_options]
```

其中 swilk 为命令名，varlist 为变量列表，[if]为条件表达式，[in]用于设置样本范围，　[weight] 用于设置权重，[,swilk_options]为可选项。

本例中我们继续使用"数据 3A"数据文件，打开该数据文件之后，在主界面的命令窗口中依次输入以下命令：

```
swilk amount
```

本命令的含义是对 amount 变量使用 Wilks-Shapiro 检验方式进行单样本正态分布检验，结果如图 3.10 所示。

```
. swilk amount

           Shapiro-Wilk W test for normal data

    Variable     Obs       W        V        z     Prob>z

      amount      53   0.85262   7.258    4.241   0.00001
```

图 3.10　单样本正态分布检验分析结果 1

```
sktest amount
```

本命令的含义是对 amount 变量使用偏度-峰度检验方式进行单样本正态分布检验，结果如图 3.11 所示。

```
. sktest amount

           Skewness/Kurtosis tests for Normality
                                                ———— joint ————
    Variable   Obs  Pr(Skewness)  Pr(Kurtosis)  adj chi2(2)   Prob>chi2

      amount    53     0.0368       0.0008        12.51        0.0019
```

图 3.11　单样本正态分布检验分析结果 2

通过观察分析结果，我们可以看出上述两种检验方法的检验结果是一致的，共有 53 个有效样本参与了假设检验，P 值均远小于 0.05，所以需要拒绝原假设，也就是说，amount 变量不服从正态分布。

```
swilk  amount if amount>105
```

本命令的含义是对 amount 变量使用 Wilks-Shapiro 检验方式进行单样本正态分布检验，但是只选择 amount>105 的样本，结果如图 3.12 所示。可以看出，共有 41 个有效样本参与了假设检验，P 值均远小于 0.05，所以需要拒绝原假设，也就是说，amount 变量不服从正态分布。

```
. swilk  amount if amount>105

           Shapiro-Wilk W test for normal data

    Variable     Obs       W        V        z     Prob>z

      amount      41   0.84727   6.153    3.829   0.00006
```

图 3.12　单样本正态分布检验分析结果 3

3.3.2 两独立样本检验

跟前面的检验方法一样，Stata 的两独立样本检验（Two-Independent Samples Test）也是非参数检验方法的一种，其基本功能是判断两个独立样本是否来自相同分布的总体。这种检验过程是通过分析两个独立样本的均数、中位数、离散趋势、偏度等描述性统计量之间的差异来实现的。

两独立样本检验命令的语法格式为：

```
ranksum varname [if] [in], by(groupvar) [exact porder]
```

其中 ranksum 为命令，varname 为变量，[if] 为条件表达式，[in]用于设置样本范围，[by(groupvar)]为分组变量选项，[,swilk_options]为可选项。exact 是指除了近似的 p 值之外，还要计算精确的 p 值。精确的 p 值基于测试统计量的实际分布，近似的 p 值基于测试统计量服从正态分布。在样本容量 $n=n\_1+n\_2<200$ 时，Stata 默认计算精确的 p 值，因为针对小样本直接假定统计量服从正态分布可能不精确。但是当样本容量超过 200 时，用户就需要通过设置 exact 选项专门指定计算精确的 p 值。尤其是当样本量接近 1000 时，Stata 计算精确的 p 值所需要的时间会显著变长。porder 输出一个估计概率，即随机抽取一个样本，来自第一个总体的概率大于来自第二个总体的概率。

下面使用"数据 3C"数据文件为例进行讲解，该数据文件中有 3 个变量 month、region、amount，如图 3.13 所示。

图 3.13 "数据 3C"中的数据内容

打开上述数据文件之后，在主界面的命令窗口中依次输入以下命令：

```
ranksum amount,by(region)
```

本命令的含义是用两独立样本检验方法判断两个 region 的 amount 值是否存在显著差异，结果如图 3.14 所示。可以看出，共有 24 个有效样本参与了假设检验，Prob>|z|=0.3777，远大于 0.05，所以需要接受原假设，也就是说，两个 region 的 amount 值不存在显著差异。

```
ranksum amount if month>6,by(region)
```

本命令的含义是用两独立样本检验方法，只对 month 变量大于 6 的观测样本进行检验，判断两

个 region 的 amount 值是否存在显著差异，结果如图 3.15 所示。可以看出，共有 12 个有效样本参与了假设检验，Prob>|z|=0.6991，远大于 0.05，所以需要接受原假设，也就是说，两个 region 的 amount 值不存在显著差异。

```
. ranksum amount ,by(region)

Two-sample Wilcoxon rank-sum (Mann-Whitney) test

    region |     obs    rank sum    expected
-----------+--------------------------------
         1 |      12         134         150
         2 |      12         166         150
-----------+--------------------------------
  combined |      24         300         300

unadjusted variance        300.00
adjustment for ties          0.00
                     ----------
adjusted variance          300.00

Ho: amount(region==1) = amount(region==2)
             z =  -0.924
    Prob > |z| =   0.3556
    Exact Prob =   0.3777
```

图 3.14　两独立样本检验结果 1

```
. ranksum amount if month>6,by(region)

Two-sample Wilcoxon rank-sum (Mann-Whitney) test

    region |     obs    rank sum    expected
-----------+--------------------------------
         1 |       6          36          39
         2 |       6          42          39
-----------+--------------------------------
  combined |      12          78          78

unadjusted variance         39.00
adjustment for ties          0.00
                     ----------
adjusted variance           39.00

Ho: amount(region==1) = amount(region==2)
             z =  -0.480
    Prob > |z| =   0.6310
    Exact Prob =   0.6991
```

图 3.15　两独立样本检验结果 2

3.3.3　两相关样本检验

两相关样本检验（2-Related Samples Test）的基本功能是判断两个相关的样本是否来自相同分布的总体。

两相关样本检验的命令的语法格式为：

```
signtest varname = exp [if] [in]
```

其中 signtest 为命令，varname 为变量，[if]为条件表达式，[in]用于设置样本范围。

本例中我们使用"数据 3B"数据文件，打开该数据文件之后，在主界面的命令窗口中依次输入以下命令：

```
signtest  amounta=amountb
```

本命令的含义是用两相关样本检验方法判断 amounta 和 amountb 是否来自相同分布的总体，结果如图 3.16 所示。可以看出本结论与通过检验均值得出的结论是一致的。本检验结果包括符号检验、单侧检验和双侧检验 3 部分。符号检验的原理是用配对的两组数据相减，原假设是两组数据不存在显著差别，所以两组数据相减得到的差应该是正数、负数大体相当。在本例中，期望值是有 20 个正数和 20 个负数，然而实际的观察值却是 38 个正数，所以两组数据存在显著差异。也就是说，amounta 和 amountb 不是来自相同分布的总体。

```
signtest  amounta=amountb if amounta>2500
```

本命令的含义是用两相关样本检验方法，只对 amounta 变量大于 2500 的观测样本进行检验，判断 amounta 和 amountb 是否来自相同分布的总体，结果如图 3.17 所示。可以看出期望值是有 17.5 个正数和 17.5 个负数，然而实际的观察值却是 35 个正数，所以两组数据存在显著差异，也就是说只对 amounta 变量大于 2500 的观测样本进行检验，amounta 和 amountb 不是来自相同分布的总体。

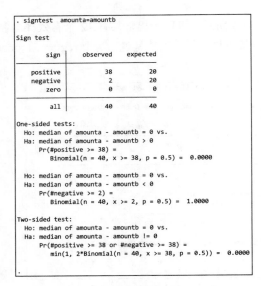

图 3.16　两相关样本检验分析结果 1　　图 3.17　两相关样本检验分析结果 2

3.3.4　多独立样本检验

多独立样本检验（K-Independent Samples Test）用于判断多个独立的样本是否来自相同分布的总体。多独立样本检验的命令的语法格式为：

```
kwallis varname [if] [in] , by(groupvar)
```

其中 kwallis 为命令，varname 为变量，[if]为条件表达式，[in]用于设置样本范围，by(groupvar) 用于设置分组变量。

本例中我们使用的数据集来自"数据 3D"数据文件，其中有两个变量 region、amount，如图 3.18 所示。

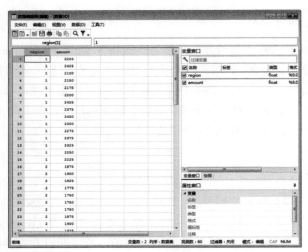

图 3.18　"数据 3D"中的数据内容

打开上述数据文件之后，在主界面的命令窗口中依次输入以下命令：

```
kwallis  amount,by( region)
```

本命令旨在用多独立样本检验方法分析不同 region 的 amount 变量值是否有显著的差异，结果如图 3.19 所示。

```
kwallis  amount if amount>500,by( region)
```

本命令旨在用多独立样本检验方法分析不同 region 的 amount 变量值是否有显著的差异，但是只对 amount 变量大于 500 的观测样本进行多独立样本检验，结果如图 3.20 所示。通过观察分析结果，我们可以看出参与分析的样本仍为 4 组，共有 58 个有效样本参与了假设检验，p 值远小于 0.05，所以需要拒绝原假设。

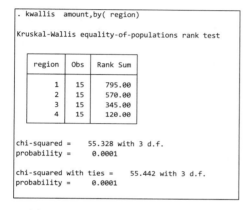

图 3.19　多独立样本检验分析结果 1　　　图 3.20　多独立样本检验分析结果 2

3.3.5　游程检验

Stata 的游程检验（Runs Test）也是非参数检验方法的一种，其基本功能是判断样本序列是否为随机序列。这种检验过程是通过分析游程的总个数来实现的。游程检验命令的语法格式为：

```
runtest varname [in] [,options]
```

其中 runtest 为命令，varname 为变量，[in]用于设置样本范围，[,options]为可选项。可选项及其含义如表 3.1 所示。

表3.1　runtest命令的[,options]可选项及其含义

[,options]可选项	含　义
continuity	连续性校正
drop	忽略与阈值相等的值
mean	使用均值作为阈值，默认值是中位数
threshold(#)	自定义阈值，默认值是中位数

本例中我们继续使用"数据 3A"数据文件，打开该数据文件之后，在主界面的命令窗口中依次输入以下命令：

```
runtest  amount
```

本命令的含义是判断 amount 变量是否为随机，使用默认的中位数作为参考值，结果如图 3.21 所示。Prob>|z| = 0.91，远大于 0.05，所以需要接受原假设，也就是说，数据的产生是随机的，不存在自相关现象。

```
runtest  amount,mean
```

本命令的含义是判断 amount 变量的值是否为随机数，但是使用设置的均值作为参考值，结果如图 3.22 所示。Prob>|z| = 0.00，远小于 0.05，所以需要拒绝原假设，也就是说，数据的产生不是随机的，存在自相关现象。

```
. runtest  amount
N(amount <= 121.5999984741211) = 28
N(amount >  121.5999984741211) = 25
            obs = 53
       N(runs) = 27
            z = -.12
       Prob>|z| = .91
```

图 3.21　游程检验分析结果 1

```
. runtest  amount,mean
N(amount <= 117.2377353884139) = 18
N(amount >  117.2377353884139) = 35
            obs = 53
       N(runs) = 15
            z = -3.03
       Prob>|z| = 0
```

图 3.22　游程检验分析结果 2

3.4　本章回顾与习题

3.4.1　本章回顾

本章主要介绍了参数检验方法，包括单一样本 T 检验、独立样本 T 检验、配对样本 T 检验、单一样本标准差和双样本方差（标准差）的假设检验，以及非参数检验方法，包括单样本正态分布检验、两独立样本检验、两相关样本检验、多独立样本检验、游程检验在 Stata 中的具体操作与应用。

1）单一样本 T 检验的命令的语法格式为：

```
ttest varname == # [if] [in] [,level(#)]
```

ttest 表示进行 T 检验，"varname == #"用来设置某一变量的单一样本 T 检验，[if]为条件表达式，[in]用于设置样本范围，level(#)用来设置置信水平。

2）独立样本 T 检验的命令的语法格式为：

```
ttest varname1 == varname2 [if] [in], unpaired [unequal welch level(#)]
```

ttest 表示进行 T 检验，varname1、varname2 为用来进行独立样本 T 检验的两个变量，[if]为条件表达式，[in]用于设置样本范围，unpaired 表示是独立样本而不是配对样本，unequal 表示非配对数据具有不同方差，welch 表示使用 Welch 近似法，level(#)用来设置置信水平。

3）配对样本 T 检验的命令的语法格式为：

```
ttest varname1 == varname2 [if] [in] [,level(#)]
```

　　ttest 表示进行 T 检验，varname1、varname2 为用来进行配对样本 T 检验的两个变量，[if]为条件表达式，[in]用于设置样本范围，level(#)用来设置置信水平。

　　此外，分组均值检验的命令的语法格式为：

```
ttest varname [if] [in] , by(groupvar) [options]
```

　　其中 groupvar 表示分组变量。

　　仅利用样本特征值进行均值检验的命令的语法格式为：

```
ttesti #obs1 #mean1 #sd1 #obs2 #mean2 #sd2 [,options]
```

　　#obs1、#obs2 代表变量 1、变量 2 的样本容量，#mean1、#mean2 分别代表变量 1、变量 2 的样本均值，#sd1、#sd2 分别代表变量 1、变量 2 的样本标准差。

　　4）单一样本标准差检验的命令的语法格式为：

```
sdtest  varname == # [if] [in] [,level(#)]
```

　　sdtest 表示进行标准差检验，"varname == #"是将所要检验的变量的标准差数值填入，[if]为条件表达式，[in]用于设置样本范围，level(#)用来设置置信水平。

　　如果不知道样本均值，只有相关统计量，也可以进行单一样本标准差检验，所使用的命令的语法格式如下：

```
sdtesti #obs {#mean | . } #sd #val [,level(#)]
```

　　#obs 代表样本容量；"#mean|."代表样本均值，若未知则以"."代替；#sd 代表样本标准差，#val 代表将要检验的标准差；level(#)代表置信度。

　　5）双样本方差（标准差）假设检验的命令的语法格式为：

```
sdtest varname1 == varname2 [if] [in] [,level(#)]
```

　　sdtest 表示进行双样本方差（标准差）假设检验，varname1、varname2 为用来进行双样本方差（标准差）假设检验的两个变量，[if]为条件表达式，[in]用于设置样本范围，level(#)用来设置置信水平。

　　两组样本方差（标准差）检验的命令的语法格式为：

```
sdtest varname [if] [in] , by(groupvar) [level(#)]
```

　　仅利用样本特征值进行方差（标准差）检验的命令的语法格式为：

```
sdtesti #obs1 {#mean1 | . } #sd1 #obs2 {#mean2 | . } #sd2 [,level(#)]
```

　　#obs1、#obs2 代表变量 1、变量 2 的样本容量；"#mean 1|.""#mean2|."分别代表变量 1、变量 2 的样本均值，若未知则以"."代替；#sd1、#sd2 分别代表变量 1、变量 2 的样本标准差，level(#)代表置信度。

　　6）单样本正态分布检验命令的语法格式为：

　　偏度-峰度检验的命令的语法格式为：

```
sktest varlist [if] [in] [weight] [,noadjust]
```

Wilks-Shapiro 命令的语法格式为：

```
swilk varlist [if] [in] [,swilk_options]
```

其中 swilk 为基本命令，varlist 为变量列表，[if]为条件表达式，[in]用于设置样本范围， [weight]用于设置权重，[,swilk_options]为可选项。

7）两独立样本检验的命令的语法格式为：

```
ranksum varname [if] [in], by(groupvar) [exact porder]
```

其中 ranksum 为命令，varname 为变量，[if] 为条件表达式，[in]用于设置样本范围，[by(groupvar)为分组变量选项，[,swilk_options]为可选项。exact 是指除了近似的 p 值之外，还要计算精确的 p 值。

8）两相关样本检验的命令的语法格式为：

```
signtest varname = exp [if] [in]
```

其中 signtest 为命令，varname 为变量，[if]为条件表达式，[in]用于设置样本范围。

9）多独立样本检验的命令的语法格式为：

```
kwallis varname [if] [in] , by(groupvar)
```

其中 kwallis 为命令，varname 为变量，[if]为条件表达式，[in]用于设置样本范围，by(groupvar)用于设置分组变量。

10）游程检验的命令的语法格式为：

```
runtest varname [in] [,options]
```

其中 runtest 为命令，varname 为变量，[in]用于设置样本范围，[,options]为可选项。

3.4.2 本章习题

1）使用"数据 3D"数据文件为例，对 amount 变量样本数据执行单一样本 T 检验，检验其是否显著等于 1500。

2）使用"数据 3E"数据文件为例，使用独立样本 T 检验过程检验 amountc 与 amountd 之间是否存在明显的差别。

3）使用"数据 3E"数据文件为例，使用配对样本 T 检验过程检验 amountc 与 amountd 之间是否存在明显的差别。

4）使用"数据 3E"数据文件为例，对 amountc 变量执行单一样本标准差的假设检验，检验其标准差是否等于 100。

5）使用"数据 3E"数据文件为例，通过双样本方差（标准差）假设检验判断 amountc 和 amountd 两个变量样本的波动情况是否相同。

6）使用"数据 3E"数据文件为例，对 amountc 变量使用 Wilks-Shapiro 检验方式进行单样本正态分布检验。

7）使用"数据 3E"数据文件为例，对 amountc 变量使用偏度-峰度检验方式进行单样本正态分布检验。

8）使用"数据 3F"数据文件为例，用两独立样本检验方法判断两个 region 的 amountture 值是否存在显著差异。

9）使用"数据 3F"数据文件为例，用两独立样本检验方法判断两个 region 的 amountture 值是否存在显著差异，但只对 month 变量大于 6 的观测样本进行检验。

10）使用"数据 3E"数据文件为例，用两相关样本检验方法判断 amountc 和 amountd 是否来自相同分布的总体。

11）使用"数据 3G"数据文件为例，用多独立样本检验方法分析不同 region 的 amounte 变量值是否有显著的差异。

12）使用"数据 3E"数据文件为例，用游程检验方法判断 amountc 变量是否为随机，用默认的中位数作为参考值。

13）使用"数据 3E"数据文件为例，用游程检验方法判断 amountd 变量是否为随机，但用设置的均值作为参考值。

第 4 章

方差分析

当遇到多个平均数间差异的显著性检验时，我们可以采用方差分析法。方差分析法就是将所要处理的观测值作为一个整体，按照变异的不同来源把观测值总变异的平方和以及自由度分解为两个或多个部分，从而获得不同变异来源的均方与误差均方，通过比较不同变异来源的均方与误差均方判断各样本所属总体方差是否相等。方差分析主要包括单因素方差分析、多因素方差分析、协方差分析、重复测量方差分析等。下面我们将分别介绍这些方法在 Stata 中的操作及应用。

4.1 单因素方差分析

下载资源:\video\第 4 章\…
下载资源:\sample\第 4 章\数据 4

4.1.1 单因素方差分析的功能与意义

单因素方差分析是指对单因素试验结果进行分析，检验因素对试验结果有无显著性影响的方法。这一分析本质上是对两个样本平均数比较的拓展，检验多个样本平均数之间的差异，从而确定因素对试验结果有无显著性影响。所谓因素，指的是研究对象的某一指标或者变量，水平指的是因素的不同状态或者不同等级、不同组别。如果在一项试验中只有一个因素在改变，或者说只考虑有一个影响因素，则称为单因素试验；如果有多于一个因素在改变，或者说需要考虑多个影响因素，则称为多因素试验。

单因素方差分析的步骤如下：

首先提出原假设和备择假设，原假设是"因素水平对试验结果没有影响"，备择假设是"因素水平对试验结果有影响"。在此基础上，计算 F 统计量：

$$F = \frac{\text{MSA}}{\text{MSE}} = \frac{\text{SSA}/(r-1)}{\text{SSE}/(n-r)} \sim F(r-1, n-r)$$

其中 MSA 称为组间均方，测量的是不同组别之间的系统性差异和随机性差异，SSA 是水平项离差平方和，其计算公式为：

$$\text{SSA} = \sum \sum (\bar{x}_j - \bar{\bar{x}})^2 = \sum n_j (\bar{x}_j - \bar{\bar{x}})^2$$

MSE 称为组内均方，仅测量了随机性差异，SSE 是误差项离差平方和，其计算公式为：

$$\text{SSE} = \sum_j \sum_i (x_{ij} - \bar{\bar{x}})^2$$

如果基于上述公式计算得到的 $F > F_\alpha$，则拒绝原假设，认为存在不同组别之间的系统性差异，或者说因素的不同水平对试验结果构成显著影响，否则接受原假设，即因素的不同水平对试验结果不构成显著影响。

4.1.2　单因素方差分析的 Stata 操作

单因素方差分析的命令的语法格式如下：

```
oneway response_var factor_var [if] [in] [weight] [,options]
```

oneway 为单因素方差分析的命令，response_var 为将要进行单因素方差分析的响应变量，也可以理解为被解释变量、因变量，factor_varr 为将要进行单因素方差分析的因子变量，也可以理解为解释变量、自变量，[if]为条件表达式，[in]用于设置样本范围，[weight]用于设置权重。[,options]用于设置可选项，主要如表 4.1 所示。

表4.1　oneway命令的[,options]可选项及其含义

[,options]可选项	含　义
bonferroni	Bonferroni 多重比较检验
scheffe	Scheffe 多重比较检验
sidak	Sidak 多重比较检验
tabulate	产生汇总表
[no]means	显示或不显示均值，默认显示均值
[no]standard	显示或不显示标准差，默认显示标准差
[no]freq	显示或不显示频数，默认显示频数
[no]obs	显示或不显示样本观测值数，默认显示样本观测值数
noanova	不显示方差分析表
nolabel	以数值形式而非标签形式显示
wrap	不要将宽表分开
missing	将缺失值作为一个种类

4.1.3　单因素方差分析示例

本节我们使用"数据 4"数据文件。"数据 4"中的数据是某研究通过调查问卷获取的 C2C 电子商务顾客信任影响因素数据。该数据文件中有 19 个变量，即 xingbie、nianling、pinci、xueli、pinpai1、pinpai2、fuwu1、fuwu2、fuwu3、xinxi1、xinxi2、xinxi3、baozhang1、baozhang2、baozhang3、fankui1、fankui2、xinren、jieshou，分别用来表示性别、年龄、网购频次、学历、品牌知名度影响、品牌美誉度影响、卖家响应的速度影响、卖家服务的态度影响、卖家解决问题的效果影响、卖家商品展示的真实性影响、卖家商品展示的完整性影响、卖家商品展示的吸引力影响、卖方信用处罚制度影响、

卖家准入与退出制度影响、资金监管账户制度影响、历史交易满意度影响、历史评价真实度影响、整体信任度评价、整体接受度评价，如图 4.1 所示。

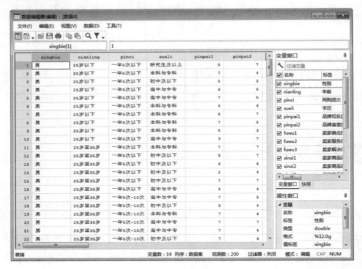

图 4.1 "数据 4"中的数据内容

打开上述数据文件之后，在主界面的命令窗口中依次输入以下命令：

```
oneway jieshou pinci, tabulate
```

本命令的含义是使用单因素方差分析研究消费者网购频次（pinci）是否会对整体接受度评价（jieshou）造成显著影响。其中整体接受度评价（jieshou）是进行单因素方差分析的响应变量，消费者网购频次（pinci）是因子变量，tabulate 选项的作用是产生汇总表。分析结果如图 4.2 所示。

```
. oneway jieshou pinci, tabulate

   网购频      Summary of 整体接受度评价
     次         Mean    Std. Dev.      Freq.

  一年5次以    4.5555556   2.563339        45
  一年5次-1    5.7142857          2        49
  一年10次-    5.7173913   2.0727121       46
  一年20次     5.4333333   1.7110475       60

     Total        5.37   2.1131557       200

                   Analysis of Variance
  Source          SS        df       MS           F      Prob > F

Between groups  41.4494686    3   13.8164895     3.20     0.0246
Within groups   847.170531   196   4.32229863

     Total        888.62    199   4.46542714

Bartlett's test for equal variances:  chi2(3) =   8.4760   Prob>chi2 = 0.037
```

图 4.2 单因素方差分析结果图 1

结果的上半部分是汇总表，反映了数据的整体情况，列出了按网购频次分类的整体接受度评价的基本统计量指标（包括均值、标准差、频数），也列出了整体接受度评价全体样本的基本统计量指标。例如网购频次"1 年 5 次以下"的消费者，其整体接受度评价的均值为 4.5555556，标准差为 2.563339，频数为 45；全部消费者整体接受度评价的均值为 5.37，标准差为 2.1131557，频数为 200。

　　结果的下半部分是方差分析结果，Between groups 表示组间，Within groups 表示组内。可以发现 SSA 水平项离差平方和为 41.4494686，自由度为 3，组间均方 MSA=13.8164895；误差项离差平方和 SSE=847.170531，自由度为 196，组内均方 4.32229863；统计量 F=3.20，P 值为 0.0246，小于 0.05，这意味着"小概率事件"发生了，需要拒绝原假设，网购频次不同会显著影响整体接受度评价结果。

　　此外，在分析结果的最下方给出了 Bartlett 同方差检验（Bartlett's test for equal variances）结果，可以发现"Prob>chi2 = 0.037"，小于 0.05，所以 Bartlett 检验拒绝了同方差的原假设，也就是说方差分析的结果是不可信的。因为方差分析需要满足的主要条件包括随机变量相互独立、正态分布和同方差，显然本例并未满足这一假设条件。

　　针对单因素方差分析，除了 oneway 命令之外，anova 命令也可以完成这一过程，本例的命令为：

```
anova jieshou pinci
```

　　整体接受度评价（jieshou）是进行单因素方差分析的响应变量，消费者网购频次（pinci）是因子变量。该命令的执行结果如图 4.3 所示。

```
Bartlett's test for equal variances:  chi2(3) =    8.4760  Prob>chi2 = 0.037

. help anova

. anova jieshou pinci

                         Number of obs =      200   R-squared     =  0.0466
                         Root MSE      =  2.07901   Adj R-squared =  0.0321

        Source   Partial SS        df         MS          F     Prob>F

         Model    41.449469         3    13.81649       3.20   0.0246

         pinci    41.449469         3    13.81649       3.20   0.0246

      Residual    847.17053       196   4.3222986

         Total       888.62       199   4.4654271
```

图 4.3　单因素方差分析结果图 2

　　可以发现，相对于 oneway 命令，anova 命令没有 tabulate 选项的执行结果，也没有在后续结果中自动进行同方差的检验，但是方差分析的结果是一致的。pinci 的方差分析 F 值为 3.20，显著性 P 值为 0.0246，小于 0.05，意味着"小概率事件"发生了，需要显著拒绝原假设，网购频次不同会显著影响整体接受度评价结果。

　　在使用 anova 命令进行方差分析之后，还可以使用 predict 命令计算出预测值、残差、标准误以及各种统计量，还可以通过绘制误差条形图的方式来更加形象地观察模型的预测情况。在本例中，依次输入以下命令：

```
predict jieshoumean
```

　　该命令的含义是预测 jieshou 的均值。

```
label variable jieshoumean "整体接受度评价平均得分"
```

　　该命令的含义是将预测得到的 jieshou 的均值加上标签"整体接受度评价平均得分"。

```
predict SEjieshou,stdp
```

加上 stdp 选项是为了计算预测 jieshou 均值的标准误。

```
serrbar jieshoumean SEjieshou pinci,scale(3) plot(line jieshoumean
pinci,clpattern(solid)) legend(off)
```

serrbar 命令是告诉 Stata 绘制误差条形图，误差条形图的基本操作要领是，在 serrbar 之后第一个变量（本例中为 jieshoumean）为均值变量，第二个变量（本例中为 SEjieshou）为标准误变量（也可为标准差），第三个变量（本例中为 pinci）为 X 轴。然后 scale(3)是告诉 Stata 要绘制正负 3 倍标准差的条形图，或者说是从【jieshoumean-3* SEjieshou，jieshoumean+3* SEjieshou】。plot 选项可以指定另一个图，将其重叠显示到标准误差条形图上。输入上述命令以后，得到的结果如图 4.4 所示。

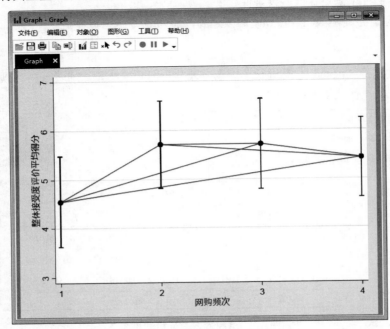

图 4.4　单因素方差分析标准误差条形图

此处需要说明的是，上面绘制的单因素方差分析标准误差条形图是基于预测数据的。从中可以非常明确地看出，消费者不同网购频次对于整体接受度评价得分的影响差异是非常显著的，而且非常直观地显示了这种差异。从图中可以非常直观地看出，第 2 种网购频次消费者的整体接受度评价得分最高，然后是第 3 种网购频次消费者，接着是第 4 种网购频次消费者，最后是第 1 种网购频次消费者。

在上面的分析中，Bartlett 同方差检验没有通过，方差分析结果不可信。下面我们聚焦一下样本，仅针对整体接受度评价得分在 5 分以上的样本观测值进行单因素方差分析，那么命令为：

```
oneway jieshou pinci, if jieshou>5, tabulate
```

在命令窗口中输入命令并按回车键进行确认，分析结果如图 4.5 所示。

```
. oneway jieshou pinci if jieshou>5,tabulate

  网购频            Summary of 整体接受度评价
    次              Mean   Std. Dev.        Freq.

一年5次以           6.952381  .97345727          21
一年5次-1           6.9354839 1.0625593          31
一年10次-           7.2222222 1.0127394          27
一年20次            7.037037  1.0183502          27

   Total           7.0377358 1.0134761         106

                        Analysis of Variance
   Source               SS       df      MS          F      Prob > F

Between groups      1.39607828     3   .465359427    0.45     0.7207
Within groups       106.452978   102   1.04365665

   Total            107.849057   105   1.02713387

Bartlett's test for equal variances:  chi2(3) =   0.1868  Prob>chi2 = 0.980
```

图 4.5 分析结果图

对该结果的详细说明在前面已有提及，此处限于篇幅不再赘述。可以看出，chi2(3) = 0.1868，Prob>chi2 = 0.980，说明接受了同方差的原假设，方差分析结果是可信的。但是方差分析的结论发生了反转，可以发现 F 值为 0.45，Prob > F 为 0.7207，接受了网购频次对整体接受度评价得分没有显著影响的原假设。

4.2 多因素方差分析

下载资源:\video\第 4 章\···
下载资源:\sample\第 4 章\数据 4

4.2.1 多因素方差分析的功能与意义

多因素方差分析的基本思想基本等同于单因素方差分析，不同之处在于其研究的是两个或者两个以上因素对于试验结果的作用和影响，以及这些因素共同作用的影响。多因素方差分析研究的是多个因素的变化是否会导致试验结果的变化。

多因素方差分析的步骤如下：

首先提出原假设和备择假设，原假设是"因素 A 或 B 对结果没有影响"，备择假设是"因素 A 或 B 对结果有影响"。在此基础上，计算 F 统计量：

$$F_A = \frac{\text{MSA}}{\text{MSE}} = \frac{\text{SSA}/(r-1)}{\text{SSE}/(n-r-k+1)} \sim F(r-1, n-r-k+1)$$

$$F_B = \frac{\text{MSB}}{\text{MSE}} = \frac{\text{SSB}/(k-1)}{\text{SSE}/(n-r-k+1)} \sim F(k-1, n-r-k+1)$$

MSA 反映了 A 因素的组间差异，MSB 反映了 B 因素的组间差异，MSE 反映了随机误差。这两

个 F 统计量的功能用来衡量 A 或 B 因素对结果是否有影响，如果没有影响，则组间差异只由随机因素构成，MSA 或 MSB 应与 MSE 的值接近，F 统计量应该小于临界值。其中，各部分的计算公式如下：

$$SST = \sum\sum (x_{ij} - \bar{\bar{x}})^2$$

$$SSA = \sum\sum (\overline{x_{.j}} - \bar{\bar{x}})^2 = \sum k\,(\overline{x_{.j}} - \bar{\bar{x}})^2$$

$$SSB = \sum\sum (\overline{x_{i.}} - \bar{\bar{x}})^2 = \sum r\,(\overline{x_{i.}} - \bar{\bar{x}})^2$$

$$SSE = SST - SSA - SSB$$

如果基于上述公式计算得到的 $F_{A或B} > F_\alpha$，则拒绝原假设，认为因素 A 或 B 的不同水平对试验结果构成显著影响，否则接受原假设，即因素 A 或 B 的不同水平对试验结果不构成显著影响。

4.2.2 多因素方差分析的 Stata 操作

多因素方差分析的命令的语法格式如下：

```
anova varname [termlist] [if] [in] [weight] [,options]
```

在这个命令中，anova 是进行多因素方差分析的命令，varname 是将要进行分析的变量，[termlist] 是因子变量列表，[if] 为条件表达式，[in] 用于设置样本范围，[weight] 用于设置权重，[,options] 用于设置可选项。

提 示

[termlist] 因子变量列表是一个新概念，因子变量列表是现有变量列表中已有变量的扩展，具备以下特点：

1）列表中变量被假定为分类变量，如果是连续变量，则需要使用 "c." 运算符特别指示，如 c.age。
2）|符号（表示嵌套）可以用来代替#符号（表示交互）。
因子变量列表可为分类变量、分类变量之间的交互作用、分类变量与连续变量之间的交互作用以及连续变量的交互作用（多项式）等。
当命令中允许 [termlist] 因子变量列表时，用户除了输入数据文件中已经存在的变量外，还可以按照如下格式输入因子变量：

```
i.varname
i.varname#i.varname
i.varname#i.varname#i.varname
i.varname##i.varname
i.varname##i.varname##i.varname
```

里面的 i 为运算符，除了 i 之外，还有 c.、o.、#、##。具体含义分别如表 4.2 所示。

表4.2 运算符及其含义

运 算 符	含 义
i.	分类变量，也是默认选项，可以不输入
c.	连续变量
o.	忽略掉某个连续变量或者分类变量的某个水平
#	变量之间的交互项
##	变量之间的全因子模型，含各个变量本身，以及相互之间的交互项

Stata 帮助文件中自带了一些示例，如表 4.3 所示。

表4.3 Stata帮助文件中自带的一些示例

Stata 帮助文件示例	含 义
i.group	group 的不同水平
io2.cat	cat 的不同水平，但不包括 cat=2 的情形
o2.cat	同 io2.cat
io(2 3 4).cat	cat 的不同水平，但不包括 cat=2、3、4 的情形
o(2 3 4).cat	同 io(2 3 4).cat
o(2/4).cat	同 io(2 3 4).cat
i.group#i.sex	group 和 sex 的二维交互项，包含 group 和 sex 两个因子各种不同水平的组合
o2.cat#o1.sex	cat 和 sex 的二维交互项，包含 cat 和 sex 两个因子各种不同水平的组合（除 cat=2 and sex=1 外）
group#sex	同 i.group#i.sex
group#sex#arm	group、sex、arm 的三维交互项，包含 group、sex 和 arm 三个因子各种不同水平的组合
group##sex	同 i.group i.sex group#sex
group##sex##arm	同 i.group i.sex i.arm group#sex group#arm sex#arm group#sex#arm
sex#c.age	产生两个虚拟变量，即连续变量 age 与男性的交互项、连续变量与女性的交互项，如果年龄也在模型中，那么两个虚拟变量中的一个将作为基础组
sex##c.age	同 i.sex age sex#c.age
c.age	同 age
c.age#c.age	age 的平方
c.age#c.age#c.age age	age 的立方

因子-变量运算符可以配合括号使用，起到同时作用于一组变量的效果中。比如表 4.4 中，变量 group、sex、arm、cat 是分类变量，变量 age、wt、bp 是连续变量。

表4.4 因子变量运算符使用示例

示 例	等 价 于
i.(group sex arm)	i.group i.sex i.arm
group#(sex arm cat)	group#sex group#arm group#cat
group##(sex arm cat)	i.group i.sex i.arm i.cat group#sex group#arm group#cat
group#(c.age c.wt c.bp)	i.group group#c.age group#c.wt group#c.bp
group#c.(age wt bp)	same as group#(c.age c.wt c.bp)

从表 4.4 可以看出，多因素方差分析的模型构建是非常灵活的，如果存在两个或者两个以上因素，我们要纳入任何一项变量间的交互效应，则只需指定有关变量，并且之间用"#"连接（注意，之前的很多 Stata 版本用的是"*"）即可。

4.2.3 多因素方差分析示例

我们继续使用"数据 4"数据文件为例来进行说明，打开该数据文件之后，在主界面的命令窗口中输入命令：

```
anova jieshou xingbie nianling pinci xingbie#nianling nianling#pinci xingbie
#pinci xingbie#nianling#pinci
```

本命令的含义是使用多因素方差分析，研究消费者性别（xingbie）、年龄（nianling）、网购频次（pinci）是否会对整体接受度评价（jieshou）造成显著影响。其中整体接受度评价（jieshou）是进行多因素方差分析的响应变量，消费者性别（xingbie）、年龄（nianling）、网购频次（pinci）是因子变量。

思考与技巧

根据我们前面的讲解，该操作命令实质上是性别（xingbie）、年龄（nianling）、网购频次（pinci）的全因子模型。所以上述命令等价于：

```
anova jieshou xingbie##nianling##pinci
```

分析结果如图 4.6 所示。

```
. anova jieshou xingbie nianling pinci xingbie#nianling nianling#pinci xingbie
> #pinci xingbie#nianling#pinci

                     Number of obs =        200    R-squared     =  0.7786
                     Root MSE      =    1.08204    Adj R-squared =  0.7378

             Source |  Partial SS      df          MS          F      Prob>F

              Model |   691.92346      31   22.320112      19.06     0.0000

            xingbie |   277.81203       1   277.81203     237.28     0.0000
           nianling |   11.558141       3   3.8527135       3.29     0.0221
              pinci |   5.3671629       3   1.7890543       1.53     0.2091
    xingbie#nianling |  3.3787991       3   1.1262664       0.96     0.4121
      nianling#pinci |   33.23276       9   3.6925289       3.15     0.0015
        xingbie#pinci |  2.3769115      3   .79230382       0.68     0.5674
xingbie#nianling#pinci |34.781649      9   3.8646277       3.30     0.0010

           Residual |   196.69654     168   1.1708127

              Total |      888.62     199   4.4654271
```

图 4.6　分析结果图

通过观察分析结果，我们可以看出共有 200 个有效样本参与了方差分析。可决系数（R-squared）为 0.7786，修正的可决系数（Adj R-squared）为 0.7378，都在 0.7 以上，这说明模型的拟合程度比较高，也就是说模型的解释能力比较强。

- Prob > F Model=0.0000，小于 0.05，说明模型的整体是很显著的。
- Prob > F xingbie =0.0000，小于 0.05，说明变量 xingbie 的主效应是非常显著的。
- Prob > F nianling =0.0221，小于 0.05，说明变量 nianling 的主效应是非常显著的。
- Prob > F pinci =0.2091，大于 0.05，说明变量 pinci 的主效应不显著。
- Prob > F xingbie#nianling= 0.4121，大于 0.05，说明变量 xingbie 与变量 nianling 的交互效应是不显著的。
- Prob > F nianling#pinci= 0.0015，小于 0.05，说明变量 nianling 与变量 pinci 的交互效应是不显著的。
- Prob > F xingbie#pinci = 0.5674，大于 0.05，说明变量 xingbie 与变量 pinci 的交互效应是不显著的。
- Prob > F xingbie#nianling# pinci= 0.0010，小于 0.05，说明变量 xingbie、nianling 与 pinci 的三维交互效应是显著的。

这一点也可以从 test 命令得到验证，在主界面的命令窗口中分别输入以下命令并按键盘上的回车键：

```
test xingbie
test nianling
test pinci
test xingbie#nianling
test nianling#pinci
test xingbie#pinci
test xingbie#nianling#pinci
```

可以得到如图 4.7 所示的结果。

在上面的例子中，因为很多变量自身或交互效应是不显著的，所以我们可以仅针对显著的项构建更加简单的方差分析模型。在主界面的命令窗口中输入以下命令并按键盘上的回车键：

```
anova jieshou xingbie nianling nianling#pinci xingbie#nianling#pinci
```

图 4.7　分析结果图

可以得到如图 4.8 所示的结果。

```
. anova jieshou xingbie nianling nianling#pinci xingbie#nianling#pinci

                    Number of obs =      200    R-squared     =  0.7786
                    Root MSE      =  1.08204    Adj R-squared =  0.7378

              Source |  Partial SS         df         MS          F     Prob>F

               Model |  691.92346          31   22.320112      19.06    0.0000

             xingbie |  277.81203           1   277.81203     237.28    0.0000
            nianling |  11.558141           3   3.8527135       3.29    0.0221
       nianling#pinci |  37.152987          12   3.0960823       2.64    0.0029
xingbie#nianling#pinci |  39.919103         15   2.6612735       2.27    0.0060

            Residual |  196.69654         168   1.1708127

               Total |  888.62            199   4.4654271
```

图 4.8　分析结果图

同样，我们可以仅对整体接受度评价得分在 5 分以上的样本观测值进行多因素方差分析，那么命令为：

```
anova jieshou xingbie nianling nianling#pinci xingbie#nianling#pinci if
jieshou>5
```

分析结果如图 4.9 所示，可以发现模型整体效果不好，不仅解释能力较差，模型整体及各个变量的影响也不够显著。

```
. anova jieshou xingbie nianling nianling#pinci xingbie#nianling#pinci if jiesho
> u>5

                    Number of obs =      106    R-squared     =  0.1915
                    Root MSE      =  1.03754    Adj R-squared = -0.0481

              Source |  Partial SS         df         MS          F     Prob>F

               Model |  20.65353           24   .86056375       0.80    0.7270

             xingbie |  7.6539278           1   7.6539278       7.11    0.0093
            nianling |  .65236823          3   .21745608       0.20    0.8947
       nianling#pinci |  2.9809192         12   .24840993       0.23    0.9963
xingbie#nianling#pinci |  .86487434         8   .10810929       0.10    0.9991

            Residual |  87.195527         81   1.076488

               Total |  107.84906        105   1.0271339
```

图 4.9　分析结果图

4.3　协方差分析

| 下载资源:\video\第 4 章\… |
| 下载资源:\sample\第 4 章\数据 4 |

4.3.1　协方差分析的功能与意义

当研究者知道有些协变量会影响因变量，却不能够控制和不感兴趣时（研究工作时间对员工绩效的影响，员工原来的工作经验、能力、职业素养就是协变量），可以在实验处理前予以观测，然后在统计时运用协方差分析来处理。协方差分析是将回归分析同方差分析结合起来，将协变量对因变量的影响从自变量中分离出去，可以进一步提高实验精确度和统计检验灵敏度，以消除混杂因素的影响，是对试验数据进行分析的一种分析方法。协方差分析不仅可以使用分类变量，也可以使用连续变量。通常情况下，协方差分析将那些难以控制的因素作为协变量，从而在排除协变量影响的情况下，分析因子变量对响应变量的影响。根据协变量个数的不同，当模型中只存在一个协变量时，被称为一元协方差分析，当有两个及两个以上的协变量时，被称为多元协方差分析。

4.3.2 协方差分析的 Stata 操作

在 Stata 16.0 版本中，协方差分析的命令的语法格式与多因素方差分析的命令的语法格式是一致的，如下所示：

```
anova varname [termlist] [if] [in] [weight] [,options]
```

在这个命令中，anova 是进行多因素方差分析的命令，varname 是将要进行分析的变量，[termlist]是因子变量列表，[if]为条件表达式，[in]用于设置样本范围，[weight]用于设置权重，[,options]用于设置可选项。

区别只是在于[termlist]中的协方差会用到连续变量，即以"c."开头的变量，如 c.age。

4.3.3 协方差分析示例

我们继续使用"数据 4"数据文件为例进行说明，打开该数据文件之后，在主界面的命令窗口中输入命令：

```
anova jieshou xingbie##nianling##pinci c.xinren
```

本命令的含义是使用协方差分析，设置消费者整体信任度（xinren）为协变量，研究消费者性别（xingbie）、年龄（nianling）、网购频次（pinci）是否会对整体接受度评价（jieshou）造成显著影响。其中整体接受度评价（jieshou）是进行多因素方差分析的响应变量，消费者性别（xingbie）、年龄（nianling）、网购频次（pinci）是因子变量。

提 示

c.xinren 的意义是说明 xinren 是一个连续变量，在一些 Stata 旧版本中，本例的命令：anova jieshou xingbie##nianling##pinci,continuous(xinren)。

分析结果如图 4.10 所示。

```
. anova jieshou xingbie##nianling##pinci c.xinren
```

		Number of obs =	200	R-squared	=	0.9737
		Root MSE =	.374151	Adj R-squared =		0.9687

Source	Partial SS	df	MS	F	Prob>F
Model	865.24179	32	27.038806	193.15	0.0000
xingbie	.29017767	1	.29017767	2.07	0.1518
nianling	.39326943	3	.13108981	0.94	0.4245
xingbie#nianling	.66762376	3	.22254125	1.59	0.1938
pinci	.61981812	3	.20660604	1.48	0.2230
xingbie#pinci	.04285772	3	.01428591	0.10	0.9587
nianling#pinci	3.408594	9	.37873267	2.71	0.0058
xingbie#nianling#pinci	2.0025408	9	.22250453	1.59	0.1220
xinren	173.31832	1	173.31832	1238.08	0.0000
Residual	23.378212	167	.13998929		
Total	888.62	199	4.4654271		

图 4.10　分析结果图

通过观察分析结果，我们可以看出共有 200 个有效样本参与了方差分析。加入协变量整体信任度（xinren）后，可决系数（R-squared）以及修正的可决系数（Adj R-squared）都超过了 95%，这说明模型的拟合程度很高，模型的解释能力得到了进一步的增强。

- Prob > F Model=0.0000，小于 0.05，说明模型的整体是很显著的。
- 除此之外，观察"Prob>F"列，可以发现协变量 xinren 非常显著，其"Prob>F=0.0000"，而消费者性别（xingbie）、年龄（nianling）、网购频次（pinci）3 个因子及其交互项中，只有 nianling#pinci 是显著的，其"Prob>F=0.0058"。

这说明消费者整体接受度评价（jieshou）更多地是受协变量消费者整体信任度（xinren）的影响，消费者性别（xingbie）、年龄（nianling）、网购频次（pinci）等因子对于消费者整体接受度评价（jieshou）的影响实际上并不显著。

此外，我们可以对这一结果进行回归分析，在主界面命令窗口中输入：

```
regress
```

回归分析是一种非常重要的分析方法，也是一种基础的分析方法。关于回归分析，我们在后面的章节中将进行详细讲解。

regress 命令可以得到如图 4.11 所示的结果。

在这个结果中，我们可以发现前面的实例相当于把消费者整体接受度评价（jieshou）这一变量作为因变量，把消费者性别（xingbie）、年龄（nianling）、网购频次（pinci）3 个因子及其交互项、协变量消费者整体接受度评价（jieshou）作为自变量进行了一次回归分析。系统针对每个分类自变量（包括消费者性别（xingbie）、年龄（nianling）、网购频次（pinci）3 个因子及其交互项）创建了相应的虚拟变量，这里要把单个虚拟变量的回归系数理解为它对因变量的预测值或者条件平均数的效应。例如，xingbie 女表示那些具有同样年龄（nianling）、网购频次（pinci）、整体接受度评价（jieshou）的女性消费者的整体接受度评价，要比男性消费者低-0.099013。此外，我们还得到了每个系数的置信区间和单项 T 检验的结果，相比于单纯的方差分析，我们从这一结果中得到的信息要丰富得多。

```
. regress
```

Source	SS	df	MS			
Model	865.241788	32	27.0388059	Number of obs	=	200
Residual	23.3782122	167	.139989294	F(32, 167)	=	193.15
				Prob > F	=	0.0000
				R-squared	=	0.9737
Total	888.62	199	4.46542714	Adj R-squared	=	0.9687
				Root MSE	=	.37415

jieshou	Coef.	Std. Err.	t	P>|t|	[95% Conf. Interval]	
xingbie						
女	-.099013	.2879259	-0.34	0.731	-.6674568	.4694307
nianling						
25岁至35岁	.125901	.1667293	0.76	0.451	-.2032678	.4550698
35岁-45岁	.407223	.2228443	1.83	0.069	-.0327321	.847178
45岁以上	.3439659	.3002266	1.15	0.254	-.2487628	.9366946
xingbie#nianling						
女#25岁至35岁	.2917751	.4683176	0.62	0.534	-.6328108	1.216361
女#35岁-45岁	-.1681322	.3362525	-0.50	0.618	-.8319857	.4957214
女#45岁以上	-.1870166	.4093369	-0.46	0.648	-.9951586	.6211254
pinci						
一年5次-10次	.3524002	.2567352	1.37	0.172	-.1544647	.859265
一年10次-20次	.3439659	.3002266	1.15	0.254	-.2487628	.9366946
一年20次以上	.3692687	.29599	1.25	0.214	-.2150957	.9536331
xingbie#pinci						
女#一年5次-10次	.0146703	.4038594	0.04	0.971	-.7826576	.8119981
女#一年10次-20次	-.1000081	.3869016	-0.26	0.796	-.8638567	.6638404
女#一年20次以上	-.2469119	.3884522	-0.64	0.526	-1.013822	.5199981
nianling#pinci						
25岁至35岁#一年5次-10次	-.6947904	.3011446	-2.31	0.022	-1.289332	-.1002493
25岁至35岁#一年10次-20次	-.4297502	.3629581	-1.18	0.238	-1.146328	.2868274
25岁至35岁#一年20次以上	-.1343353	.3477215	-0.39	0.700	-.8208317	.5521612
35岁-45岁#一年5次-10次	-.3903544	.3476247	-1.12	0.263	-1.07666	.2959509
35岁-45岁#一年10次-20次	-.2958905	.3809983	-0.78	0.438	-1.048084	.4563033
35岁-45岁#一年20次以上	-1.237943	.3750943	-3.30	0.001	-1.978481	-.4974052
45岁以上#一年5次-10次	-.3017945	.4207101	-0.72	0.474	-1.13239	.5288012
45岁以上#一年10次-20次	-.3186631	.445084	-0.72	0.475	-1.197379	.5600533
45岁以上#一年20次以上	-.3601615	.4155998	-0.87	0.387	-1.180668	.460345
xingbie#nianling#pinci						
女#25岁至35岁#一年5次-10次	-.0302881	.596579	-0.05	0.960	-1.208097	1.14752
女#25岁至35岁#一年10次-20次	.1351868	.6003045	0.23	0.822	-1.049977	1.320351
女#25岁至35岁#一年20次以上	-.2137281	.591397	-0.36	0.718	-1.381306	.9538499
女#35岁-45岁#一年5次-10次	-.2689786	.5109147	-0.53	0.599	-1.277663	.7397054
女#35岁-45岁#一年10次-20次	-.050451	.5003155	-0.10	0.920	-1.038209	.9373074
女#35岁-45岁#一年20次以上	.8435659	.4959233	1.70	0.091	-.135521	1.822653
女#45岁以上#一年5次-10次	-.0804576	.5656004	-0.14	0.887	-1.197106	1.036191
女#45岁以上#一年10次-20次	.2848264	.5754055	0.50	0.621	-.85118	1.420833
女#45岁以上#一年20次以上	.0808554	.5398479	0.15	0.881	-.9849507	1.146661
xinren	1.050606	.0298583	35.19	0.000	.9916573	1.109554
_cons	-.622297	.1298941	-4.79	0.000	-.8787432	-.3658508

图 4.11　分析结果图

4.4　重复测量方差分析

下载资源:\video\第 4 章\…
下载资源:\sample\第 4 章\数据 4A

4.4.1　重复测量方差分析的功能与意义

在研究中，我们经常需要对同一个观察对象重复进行多次观测，这样得到的数据称为重复测量数据，而对于重复测量数据进行方差分析需要采用重复测量方差分析方法。重复测量方差分析与前述的方差分析的最大差别在于：它可以考察测量指标是否会随着测量次数的增加而变化，以及是否会受时间的影响。

4.4.2 重复测量方差分析的 Stata 操作

在 Stata 16.0 的新版本中，重复测量方差分析的命令的语法格式与多因素方差分析的命令的语法格式是一致的，如下所示：

```
anova varname [termlist] [if] [in] [weight] [,options]
```

在这个命令中，anova 是进行重复测量方差分析的命令，varname 是将要进行分析的变量，[termlist]是因子变量列表，[if]为条件表达式，[in]用于设置样本范围，[weight]用于设置权重，[,options]用于设置可选项。

区别只是在于[,options]中协方差会用到 repeated(varlist)，即设置重复测量变量。

4.4.3 重复测量方差分析示例

我们以"数据 4A"数据文件为例进行说明，"数据 4A"中的数据是某类 18 本图书实施特定促销策略前后的销售数据。某图书公司为计划改进一类图书的销售额，提出了一种促销方案，并随机选择了 18 本图书来实施，想通过分析说明这种方案是否有效。数据文件中的 3 个变量，即 number、plan、sale，分别用来表示图书编号、促销方案前后（1 为促销前，2 为促销后）、销售额，如图 4.12 所示。

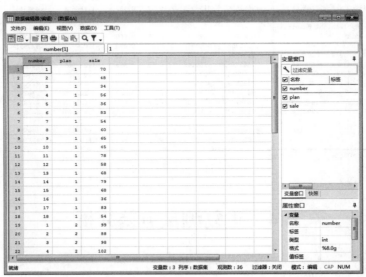

图 4.12 "数据 4A"中的数据内容

打开上述数据文件之后，在主界面的命令窗口中输入命令：

```
anova sale number plan,repeated(plan)
```

本命令的含义是进行重复测量方差分析，sale 是进行重复测量方差分析的响应变量，number、plan 是因子变量，并设置 plan 作为重复测量变量。

分析结果如图 4.13 所示。

```
. anova sale number plan,repeated(plan)

                         Number of obs =        36   R-squared     =  0.7962
                         Root MSE      =   12.9907   Adj R-squared =  0.5805

             Source │ Partial SS       df         MS         F       Prob>F

              Model │ 11211.333        18    622.85185       3.69    0.0049

             number │ 3051.2222        17    179.48366       1.06    0.4502
               plan │ 8160.1111         1    8160.1111      48.35    0.0000

           Residual │ 2868.8889        17    168.75817

              Total │ 14080.222        35    402.29206

Between-subjects error term:  number
                     Levels:  18         (17 df)
       Lowest b.s.e. variable:  number

Repeated variable: plan

                                     Huynh-Feldt epsilon         =  1.0000
                                     Greenhouse-Geisser epsilon  =  1.0000
                                     Box's conservative epsilon  =  1.0000

                                     ──────────  Prob > F  ──────────
             Source │   df     F     Regular     H-F      G-G      Box

               plan │    1   48.35   0.0000    0.0000   0.0000   0.0000
           Residual │   17
```

图 4.13 分析结果图

通过观察分析结果，我们可以看出共有 36 个有效样本参与了方差分析。可决系数（R-squared=0.7962）以及修正的可决系数（Adj R-squared=0.5805）都在 50%以上，说明模型的拟合程度、解释能力还可以。

- Prob > F Model=0.0049，说明模型的整体是很显著的。
- Prob > F number =0.4502，说明变量 number 的主效应是非常不显著的。
- Prob > F plan =0.0000，说明变量 plan 的主效应是非常显著的。

也就是说，销售量的改变与图书本身是没有太大关系，而促销方案的实施却对销售量的改变有显著影响。

4.5 本章回顾与习题

4.5.1 本章回顾

本章主要介绍了单因素方差分析、多因素方差分析、协方差分析、重复测量方差分析 4 种方差分析方法的基本原理、命令的语法格式以及具体实例的应用。

1）单因素方差分析命令的语法格式：

```
oneway response_var factor_var [if] [in] [weight] [,options]
```

oneway 为单因素方差分析的命令，response_var 为将要进行单因素方差分析的响应变量，也可以理解为被解释变量、因变量，factor_varr 为将要进行单因素方差分析的因子变量，也可以理解为解释变量、自变量，[if]为条件表达式，[in]用于设置样本范围，[weight]用于设置权重，[,options]用于设置可选项。

2）多因素方差分析命令的语法格式：

```
anova varname [termlist] [if] [in] [weight] [,options]
```

[termlist]因子变量列表是一个新概念，因子变量列表是现有变量列表中已有变量的扩展，特点为：① 列表中变量被假定为分类变量，如果是连续变量，则需要使用"c."运算符特别指示，如 c.age。② |符号（表示嵌套）可以用来代替#符号（表示交互）。因子变量列表内的变量可为分类变量、分类变量之间的交互作用、分类变量与连续变量之间的交互作用以及连续变量的交互作用（多项式）等。

3）协方差分析命令的语法格式：

```
anova varname [termlist] [if] [in] [weight] [,options]
```

与多因素方差分析的区别只是在于[termlist]中的协方差会用到连续变量，即以"c."开头的变量，如 c.age。

4）重复测量方差分析的命令及其语法格式：

```
anova varname [termlist] [if] [in] [weight] [,options]
```

与多因素方差分析的区别只是在于[,options]中协方差会用到 repeated(varlist) ，即设置重复测量变量。

4.5.2　本章习题

1）使用"数据 4"数据文件为例进行单因素方差分析，研究消费者学历（xueli）是否会对整体接受度评价（jieshou）造成显著影响。其中整体接受度评价（jieshou）是进行单因素方差分析的响应变量，消费者学历（xueli）是因子变量。

2）使用"数据 4"数据文件为例进行单因素方差分析，研究消费者年龄（nianling）是否会对整体接受度评价（ jieshou）造成显著影响。其中整体接受度评价（jieshou）是进行单因素方差分析的响应变量，年龄（nianling）是因子变量。

3）使用"数据 4"数据文件为例进行多因素方差分析，研究消费者性别（xingbie）、年龄（nianling）、网购频次（pinci）是否会对整体信任度评价（xinren）造成显著影响。其中整体信任度评价（xinren）是进行多因素方差分析的响应变量，消费者性别（xingbie）、年龄（nianling）、网购频次（pinci）是因子变量。

4）使用"数据 4"数据文件为例进行协方差分析，设置消费者整体接受度（jieshou）为协变量，研究消费者性别（xingbie）、年龄（nianling）、网购频次（pinci）是否会对整体信任度评价（xinren）

造成显著影响。其中整体信任度评价（xinren）是进行协方差分析的响应变量，消费者性别（xingbie）、年龄（nianling）、网购频次（pinci）是因子变量。

　　5）"数据 4B"数据文件中的数据为某银行广东分行对辖内网点实施财务费用改革前后的运营成本数据，数据文件中包括 3 个变量，即 number、plan、cost，分别用来表示网点编号、财务费用改革前后（1 为改革前，2 为改革后）、运营成本。请进行重复测量方差分析，cost 是进行重复测量方差分析的响应变量，number、plan 是因子变量，并设置 plan 作为重复测量变量。

第 5 章

相关分析

在得到相关数据后，我们要对这些数据进行分析，研究各个变量之间的关系。相关分析是应用非常广泛的一种方法。它是不考虑变量之间的因果关系而只研究分析变量之间的相关关系的一种统计分析方法，常用的相关分析包括简单相关分析、偏相关分析等。下面我们将分别介绍这些方法在 Stata 中的操作与应用。

5.1　简单相关分析

| 下载资源:\video\第 5 章\··· |
| 下载资源:\sample\第 5 章\数据 5 |

5.1.1　简单相关分析的功能与意义

Stata 的简单相关分析又称双变量相关分析，通过计算皮尔逊简单相关系数、斯皮尔曼等级相关系数、肯德尔等级相关系数及其显著性水平展开。其中皮尔逊简单相关系数是一种线性关联度量，适用于变量为定量连续变量且服从正态分布、相关关系为线性时的情形。如果变量不是正态分布的，或具有已排序的类别，相互之间的相关关系不是线性的，则更适合采用斯皮尔曼等级相关系数和肯德尔等级相关系数。

其中常用的皮尔逊相关系数公式为：

$$r = \frac{\sum_{i=1}^{n}(x_i - \bar{x})(y_i - \bar{y})}{\sqrt{\sum_{i=1}^{n}(x_i - \bar{x})^2}\sqrt{\sum_{i=1}^{n}(y_i - \bar{y})^2}}$$

相关系数 r 有如下性质：

1）$-1 \leqslant r \leqslant 1$，$r$ 的绝对值越大，表明两个变量之间的相关程度越强。

2）$0 < r \leqslant 1$，表明两个变量之间存在正相关。若 $r = 1$，则表明变量间存在着完全正相关的关系。

3）$-1 \leqslant r < 0$，表明两个变量之间存在负相关。$r = -1$ 表明变量间存在着完全负相关的关系。

4）$r = 0$，表明两个变量之间无线性相关。

在 Stata 中，我们可以检验皮尔逊简单相关系数是否显著。系数对应的统计量公式为：

$$T = \frac{r\sqrt{n-2}}{1-r^2} \sim t(n-2)$$

r 表示皮尔逊简单相关系数值，n 表示样本观测个数。

皮尔逊简单相关系数所反映的并不是任何一种确定关系，而仅仅是线性关系，而且也不是因果关系，换言之，随机变量 X、Y 的地位是相互的、相同的。

此外，协方差也可以用来判断变量间的简单线性相关关系，协方差计算公式为：

$$\mathrm{Cov}(x,y) = \frac{\sum\limits_{i=1}^{n}(x-\bar{x})(y-\bar{y})}{n}$$

2. 斯皮尔曼等级相关系数

斯皮尔曼等级相关系数用来考察两个变量中至少有一个为定序变量时的相关系数，比如性别与月消费金额之间的关系。计算公式为：

$$r = 1 - \frac{6\sum\limits_{i=1}^{n}d_i^2}{n(n^2-1)}$$

d_i 表示 y_i 的等级和 x_i 的等级之差，n 为样本容量。

斯皮尔曼等级相关系数的显著性也可以被检验，小样本情况下对应的统计量公式为：

$$T = \frac{r\sqrt{n-2}}{1-r^2} \sim t(n-2)$$

大样本情况下对应的统计量公式为：

$$Z = r\sqrt{n-2} \sim N(0,1)$$

r 表示斯皮尔曼等级相关系数值，n 表示样本观测个数。

3. 肯德尔等级相关系数

肯德尔等级相关系数的原理是利用变量等级计算一致对数目 U 和非一致对数目 V，采用非参数检验的方法度量定序变量之间的线性相关关系。计算公式为：

$$\tau = (U - V)\frac{2}{n(n-1)}$$

小样本情况下，肯德尔等级相关系数服从肯德尔分布。大样本情况下对应的检验统计量为：

$$Z = \tau\sqrt{\frac{9n(n-1)}{2(2n+5)}} \sim N(0,1)$$

τ 表示肯德尔等级相关系数值，n 表示样本观测个数。

5.1.2 简单相关分析的 Stata 操作

简单相关分析的命令有 4 个，包括两个皮尔逊简单相关系数和两个等级相关系数。

1. 皮尔逊简单相关系数

（1）显示相关系数矩阵或协方差矩阵

```
correlate [varlist] [if] [in] [weight] [,correlate_options]
```

correlate 为命令，[varlist]为参与相关分析的变量列表（可以包含时间序列数据指示符，如 l.（滞后一期）、f.（向前一期）、d.（一阶差分）等），[if]为条件表达式，[in]用于设置样本范围，[weight]用于设置权重。[,correlate_options]用于设置可选项，如表 5.1 所示。

表5.1 correlate为命的[,correlate_options]可选项及其含义

[,correlate_options]可选项	含 义
means	除了进行简单相关分析外，还用矩阵的方式显示参与相关分析的变量的均值、标准差、最小值和最大值
covariance	显示参与相关分析的变量的方差-协方差矩阵

常见的时间序列数据指示符如表 5.2 所示。

表5.2 常见的时间序列数据指示符

指示符（大写或小写均可）	含 义
l.	一阶滞后x_{t-1}
l2.	二阶滞后x_{t-2}
…	…
f.	一阶领先x_{t+1}
f2.	二阶领先x_{t+2}
…	…
d.	一阶差分$x_t - x_{t-1}$
d2.	二阶差分$(x_t - x_{t-1}) - (x_{t-1} - x_{t-2}) = x_t - 2x_{t-1} + x_{t-2}$
…	…
s.	季节差分$x_t - x_{t-1}$
s2.	二阶季节差分$x_t - x_{t-2}$
…	…

后续在"第 13 章时间序列数据分析"部分将会详细讲解。

（2）显示所有成对相关系数

```
pwcorr [varlist] [if] [in] [weight] [,pwcorr_options]
```

pwcorr 为命令，[varlist]为参与相关分析的变量列表（可以包含时间序列数据指示符，如 l.（滞后一期）、f.（向前一期）、d.（一阶差分）等），[if]为条件表达式，[in]用于设置样本范围，[weight]用于设置权重。[,pwcorr_options]用于设置可选项，如表 5.3 所示。

表5.3　pwcorr命令的[,pwcorr_options]可选项及其含义

[,pwcorr_options]可选项	含　义
obs	在每个单元格中都显示样本观测值数
sidak	使用 sidak 调整的显著性水平
sig	在每个单元格中都显示相关性分析的显著性水平
star(#)	用星号标记显著性水平
bonferroni	使用 Bonferroni 调整的显著性水平

皮尔逊简单相关系数的两个命令语句都可以设置分组变量，即可以增加 by 选项。

2. 等级相关系数

斯皮尔曼等级相关系数的命令是 spearman，该命令的语法格式为：

```
spearman [varlist] [if] [in] [,spearman_options]
```

spearman 为命令，[varlist]为参与相关分析的变量列表，[if]为条件表达式，[in]用于设置样本范围。[,spearman_options]用于设置可选项，如表 5.4 所示。

表5.4　spearman命令的[,spearman_options]可选项及其含义

[,spearman_options]可选项	含　义
sidak	使用 sidak 调整的显著性水平
star(#)	用星号标记的显著性水平
bonferroni	使用 Bonferroni 调整的显著性水平
pw	利用所有可用的数据计算所有的成对相关系数
matrix	以矩阵形式输出分析结果
print(#)	显示系数的显著性水平

肯德尔等级相关系数的命令是 ktau，该命令的语法格式为：

```
ktau [varlist] [if] [in] [,ktau_options]
```

ktau 为命令，[varlist]为参与相关分析的变量列表，[if]为条件表达式，[in]用于设置样本范围。[,ktau _options]用于设置可选项，如表 5.5 所示。

表5.5　ktau命令的[,ktau _options]可选项及其含义

[,ktau _options]可选项	含　义
sidak	使用sidak调整的显著性水平
star(#)	用星号标记的显著性水平
bonferroni	使用 Bonferroni 调整的显著性水平
pw	利用所有可用的数据计算所有的成对相关系数
matrix	以矩阵形式输出分析结果
print(#)	显示系数的显著性水平

5.1.3 简单相关分析示例

本节我们使用"数据 5"数据文件为例。"数据 5"是《中国 2020 年 1-12 月货币供应量统计》，数据摘编自《中国经济统计快报 202101》。该数据文件包括 4 个变量，分别是月份、流通中现金、狭义货币、广义货币，如图 5.1 所示。

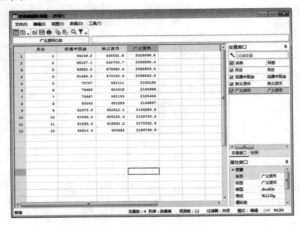

图 5.1　"数据 5"中的数据内容

打开该数据文件之后，在主界面的命令窗口中依次输入命令：

correlate 流通中现金 狭义货币

本命令的含义是使用简单相关分析输出流通中现金、狭义货币两个变量之间的相关系数。分析结果如图 5.2 所示。

图 5.2　简单相关分析结果 1

从上述分析结果中可以看到共有 12 个样本参与了分析（obs=12），流通中现金、狭义货币之间的相关系数为-0.6321，说明两者之间存在负相关关系。

correlate 流通中现金 狭义货币,covariance

本命令的含义是使用简单相关分析，输出流通中现金、狭义货币两个变量之间的方差-协方差矩阵。分析结果如图 5.3 所示。

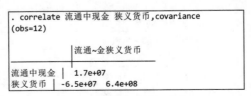

图 5.3　简单相关分析结果 2

```
correlate 流通中现金 狭义货币,means
```

本命令的含义是对流通中现金、狭义货币两个变量进行简单相关分析，并用矩阵的方式显示两个变量的均值、标准差、最小值和最大值。分析结果如图 5.4 所示。

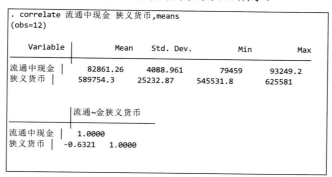

```
. correlate 流通中现金 狭义货币,means
(obs=12)

    Variable |        Mean    Std. Dev.          Min          Max

  流通中现金 |    82861.26     4088.961        79459      93249.2
  狭义货币   |    589754.3    25232.87     545531.8       625581


             | 流通~金狭义货币

  流通中现金 |      1.0000
  狭义货币   |     -0.6321      1.0000
```

图 5.4　简单相关分析结果 3

```
pwcorr 流通中现金 狭义货币,obs
```

本命令的含义是对流通中现金、狭义货币两个变量进行简单相关分析，在每个单元格中都显示样本观测值数。分析结果如图 5.5 所示。

```
. pwcorr 流通中现金 狭义货币,obs

             | 流通~金  狭义货币

  流通中现金 |  1.0000
             |      12

  狭义货币   | -0.6321   1.0000
             |     12        12
```

图 5.5　简单相关分析结果 4

```
pwcorr 流通中现金 狭义货币,sidak sig
```

本命令的含义是对流通中现金、狭义货币两个变量进行简单相关分析，使用 sidak 调整的显著性水平，在每个单元格中都显示相关性分析的显著性水平。分析结果如图 5.6 所示，两个变量相关性分析的显著性水平为 0.0274，小于 0.05，说明两个变量之间的负相关关系比较明显。

```
. pwcorr 流通中现金 狭义货币,sidak sig

             | 流通~金  狭义货币

  流通中现金 |  1.0000


  狭义货币   | -0.6321   1.0000
             |  0.0274
```

图 5.6　简单相关分析结果 5

很多时候我们希望能够一目了然地看出变量相关在不同的置信水平上是否显著，例如置信水平为 95% 时，对应的 Stata 命令是：

```
pwcorr 流通中现金 狭义货币,sidak sig star(0.05)
```

分析结果如图 5.7 所示，因为实际的显著性水平 0.0274 小于 0.05，可以看出两个变量间的相关关系被标记上了"*"。

```
. pwcorr 流通中现金 狭义货币,sidak sig star(0.05)

              流通~金  狭义货币

流通中现金     1.0000


狭义货币       -0.6321*  1.0000
              0.0274
```

图 5.7 简单相关分析结果 6

如果把置信水平换成 99%，那么对应的 Stata 命令是：

pwcorr 流通中现金 狭义货币,sidak sig star(0.01)

分析结果如图 5.8 所示，因为实际的显著性水平 0.0274 大于 0.01，所以两个变量间的相关关系未被标记"*"。

```
. pwcorr 流通中现金 狭义货币,sidak sig star(0.01)

              流通~金  狭义货币

流通中现金     1.0000


狭义货币       -0.6321   1.0000
              0.0274
```

图 5.8 简单相关分析结果 7

我们再通过计算斯皮尔曼等级相关系数的方式判断一下流通中现金和狭义货币之间的相关性，那么对应的 Stata 命令是：

spearman 流通中现金 狭义货币,sidak star(0.01)

分析结果如图 5.9 所示，因为实际的显著性水平 0.3423 大于 0.01，所以两个变量间的相关关系未被标记"*"。斯皮尔曼等级相关系数为-0.3007，相关关系很不显著，接受了相互独立的原假设。

```
. spearman 流通中现金 狭义货币,sidak star(0.01)

 Number of obs =        12
Spearman's rho =     -0.3007

Test of Ho: 流通中现金 and 狭义货币 are independent
    Prob > |t| =      0.3423
```

图 5.9 简单相关分析结果 8

我们再通过计算肯德尔等级相关系数的方式判断一下流通中现金和狭义货币之间的相关性，那么对应的 Stata 命令是：

ktau 流通中现金 狭义货币,sidak star(0.01)

分析结果如图 5.10 所示，因为实际的显著性水平 0.4507 大于 0.01，所以两个变量间的相关关系未被标记"*"。肯德尔等级相关系数为-0.1818，相关关系很不显著，接受了相互独立的原假设。

```
. ktau 流通中现金 狭义货币,sidak star(0.01)

  Number of obs =        12
Kendall's tau-a =    -0.1818
Kendall's tau-b =    -0.1818
Kendall's score =       -12
    SE of score =    14.583

Test of Ho: 流通中现金 and 狭义货币 are independent
     Prob > |z| =     0.4507   (continuity corrected)
```

图 5.10　简单相关分析结果 9

5.2　偏相关分析

下载资源:\video\第 5 章\…
下载资源:\sample\第 5 章\数据 5A

5.2.1　偏相关分析的功能与意义

在很多时候，进行相关分析变量的取值会同时受到其他变量的影响，这时候就需要把其他变量控制住，然后输出控制其他变量影响后的相关系数。比如在分析学生各科学习成绩之间的相关性时，各科学习成绩同受 IQ 值的影响等。Stata 的偏相关分析将计算偏相关系数，该系数在控制一个或多个其他量效应的同时，分析两个变量之间的线性相关关系。

偏相关分析也称净相关分析，它是在控制其他变量的线性影响下分析两个变量间的线性相关，所采用的工具是偏相关系数。假如有 g 个控制变量，则称为 g 阶偏相关。一般情况下，假设有 $n(n>2)$ 个变量 $X_1,X_2,\cdots,X_n$，则任意两个变量 X_i 和 X_j 的 g 阶样本偏相关系数公式为：

$$r_{ij-l_1l_2\cdots l_g}=\frac{r_{ij-l_1l_2\cdots l_{g-1}}-r_{il_g-l_1l_2\cdots l_{g-1}}r_{jl_g-l_1l_2\cdots l_{g-1}}}{\sqrt{(1-r^2_{il_g-l_1l_2\cdots l_{g-1}})(1-r^2_{jl_g-l_1l_2\cdots l_{g-1}})}}$$

式中右边均为 $g-1$ 阶的偏相关系数，其中 $l_1,l_2,\cdots,l_g$ 为自然数从 1 到 n 除去 i 和 j 的不同组合。

针对一阶偏相关，如分析变量 X_1 和 X_2 之间的净相关时，控制 X_3 的线性关系，X_1 和 X_2 之间的一阶偏相关系数为：

$$r_{123}=\frac{r_{12}-r_{13}r_{23}}{\sqrt{(1-r^2_{13})(1-r^2_{23})}}$$

偏相关系数显著性检验用到的统计量为 t 统计量，公式为：

$$t=r\sqrt{\frac{n-g-2}{1-r^2}}\sim t(n-g-2)$$

r 为偏相关系数，n 为样本数，g 为阶数。

5.2.2 偏相关分析的 Stata 操作

偏相关分析的命令是 pcorr，该命令的语法格式为：

```
pcorr varname varlist [if] [in] [weight]
```

pcorr 为命令，varname 为指定变量，varlist 为变量列表，假设 varlist 变量列表中有 n 个变量，偏相关分析将输出指定变量 varname 与 varlist 变量列表中所有变量的偏相关系数，共 n 个（输出指定变量 varname 与 varlist 变量列表中某一变量的偏相关系数时，将会把其他 *n*-1 个变量同时作为控制变量）。[if] 为条件表达式，[in]用于设置样本范围，[weight]用于设置权重。

5.2.3 偏相关分析示例

本节我们使用“数据 5A”数据文件为例。“数据 5A”中的数据是某商业银行分支机构 2003 年至 2019 年历年公司存款增长、零售存款增长、公司贷款增长、零售贷款增长和市场营销费用的数据。该数据文件中包括 6 个变量，即 V1~V6，分别代表年份、公司存款增长、零售存款增长、公司贷款增长、零售贷款增长和市场营销费用，如图 5.11 所示。

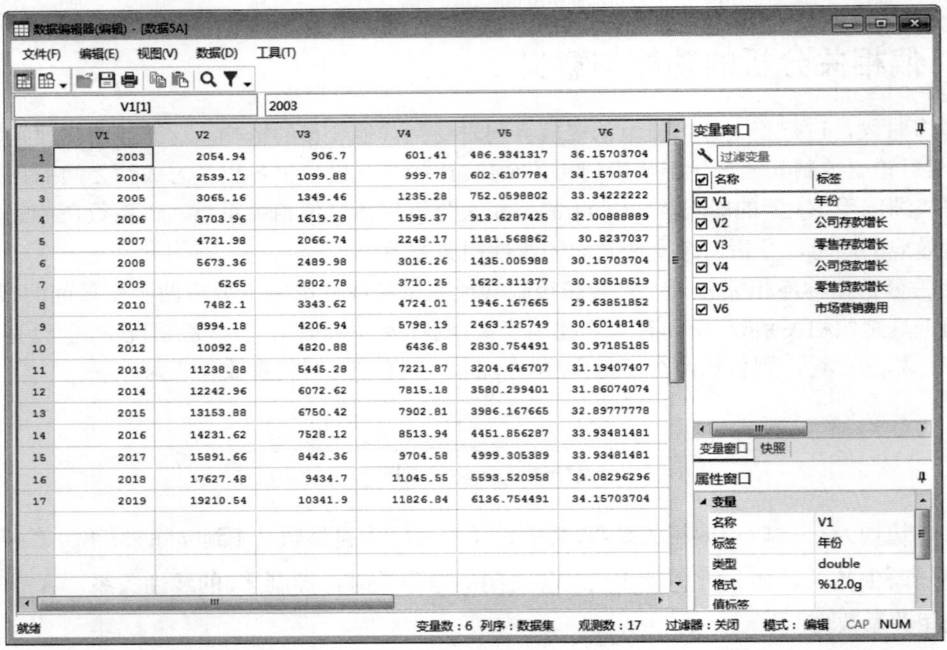

	V1	V2	V3	V4	V5	V6
1	2003	2054.94	906.7	601.41	486.9341317	36.15703704
2	2004	2539.12	1099.88	999.78	602.6107784	34.15703704
3	2005	3065.16	1349.46	1235.28	752.0598802	33.34222222
4	2006	3703.96	1619.28	1595.37	913.6287425	32.00888889
5	2007	4721.98	2066.74	2248.17	1181.568862	30.8237037
6	2008	5673.36	2489.98	3016.26	1435.005988	30.15703704
7	2009	6265	2802.78	3710.25	1622.311377	30.30518519
8	2010	7482.1	3343.62	4724.01	1946.167665	29.63851852
9	2011	8994.18	4206.94	5798.19	2463.125749	30.60148148
10	2012	10092.8	4820.88	6436.8	2830.754491	30.97185185
11	2013	11238.88	5445.28	7221.87	3204.646707	31.19407407
12	2014	12242.96	6072.62	7815.18	3580.299401	31.86074074
13	2015	13153.88	6750.42	7902.81	3986.167665	32.89777778
14	2016	14231.62	7528.12	8513.94	4451.856287	33.93481481
15	2017	15891.66	8442.36	9704.58	4999.305389	33.93481481
16	2018	17627.48	9434.7	11045.55	5593.520958	34.08296296
17	2019	19210.54	10341.9	11826.84	6136.754491	34.15703704

图 5.11 “数据 5A”中的数据内容

下面对该分支机构 2003 年至 2019 年历年公司存款增长、零售存款增长的相关关系进行分析，但是存款的增长会受到市场营销费用配置的影响，所以将市场营销费用作为控制变量进行偏相关分析。打开该数据文件，在主界面的命令窗口中依次输入命令：

```
pcorr V2 V3 V6
```

分析结果如图 5.12 所示。

```
. pcorr V2 V3 V6
(obs=17)

Partial and semipartial correlations of V2 with

             Partial      Semipartial      Partial      Semipartial      Significance
Variable     Corr.        Corr.            Corr.^2      Corr.^2          Value

      V3     0.9996       0.9820           0.9992       0.9643           0.0000
      V6    -0.9076      -0.0602           0.8237       0.0036           0.0000
```

图 5.12　分析结果图

通过观察分析结果，我们可以看出共有 17 个有效样本参与了方差分析，在控制住 V6（市场营销费用）的情况下，公司存款增长（V2）、零售存款增长（V3）的偏相关系数（Partial Corr.）是 0.9996，显著性水平（Significance Value）是 0.0000。此外，该结果还给出了控制住零售存款增长（V3）的情况下，公司存款增长（V2）和市场营销费用（V6）之间的偏相关关系，它们的偏相关系数（Partial Corr.）是-0.9076，显著性水平（Significance Value）是 0.0000。

如果我们只对 2010 年以来的情况进行分析，那么就可以设置 if 条件表达式选项，命令为：

```
pcorr V2 V3 V6 if V1>=2010
```

运行结果如图 5.13 所示。

```
. pcorr V2 V3 V6 if V1>=2010
(obs=10)

Partial and semipartial correlations of V2 with

             Partial      Semipartial      Partial      Semipartial      Significance
Variable     Corr.        Corr.            Corr.^2      Corr.^2          Value

      V3     0.9967       0.3169           0.9935       0.1004           0.0000
      V6    -0.6860      -0.0242           0.4705       0.0006           0.0413
```

图 5.13　分析结果图

通过观察分析结果，可以看出共有 10 个有效样本参与了方差分析，在控制住 V6（市场营销费用）的情况下，公司存款增长（V2）、零售存款增长（V3）的偏相关系数（Partial Corr.）是 0.9967，显著性水平（Significance Value）是 0.0000。此外，该结果还给出了控制住零售存款增长（V3）的情况下，公司存款增长（V2）和市场营销费用（V6）之间的偏相关关系，它们的偏相关系数（Partial Corr.）是-0.6860，显著性水平（Significance Value）是 0.0413。

5.3　本章回顾与习题

5.3.1　本章回顾

本章主要介绍了简单相关分析、偏相关分析两种相关分析方法的基本原理、命令以及具体实例的应用。

1）皮尔逊简单相关系数的命令是 correlate，该命令的语法格式为：

```
correlate [varlist] [if] [in] [weight] [,correlate_options]
```

correlate 为命令，[varlist]为参与相关分析的变量列表（可以包含时间序列数据指示符，如 l.（滞后一期）、f.（向前一期）、d.（一阶差分）等），[if]为条件表达式，[in]用于设置样本范围，[weight]用于设置权重，[,correlate_options]用于设置可选项。

```
pwcorr [varlist] [if] [in] [weight] [,pwcorr_options]
```

pwcorr 为命令，[varlist]为参与相关分析的变量列表（可以包含时间序列数据指示符，如 l.（滞后一期）、f.（向前一期）、d.（一阶差分）等），[if]为条件表达式，[in]用于设置样本范围，[weight]用于设置权重，[,pwcorr_options]用于设置可选项。

2）斯皮尔曼等级相关系数的命令是 spearman，该命令的语法格式为：

```
spearman [varlist] [if] [in] [,spearman_options]
```

spearman 为命令，[varlist]为参与相关分析的变量列表，[if]为条件表达式，[in]用于设置样本范围，[spearman_options]用于设置可选项。

3）肯德尔等级相关系数的命令 ktau，该命令的语法格式为：

```
ktau [varlist] [if] [in] [,ktau_options]
```

ktau 为命令，[varlist]为参与相关分析的变量列表，[if]为条件表达式，[in]用于设置样本范围，[,ktau _options]用于设置可选项。

4）偏相关分析的命令是 pcorr，该命令的语法格式为：

```
pcorr varname varlist [if] [in] [weight]
```

pcorr 为命令，varname 为指定变量，varlist 为变量列表，假设 varlist 变量列表中有 n 个变量，偏相关分析将输出指定变量 varname 与 varlist 变量列表中所有变量的偏相关系数，共 n 个（输出指定变量 varname 与 varlist 变量列表中某一变量偏相关系数时，将会把其他 n-1 个变量同时作为控制变量）。[if]为条件表达式，[in]用于设置样本范围，[weight]用于设置权重。

5.3.2 本章习题

1）继续使用"数据 5"数据文件，对中国 2020 年 1-12 月广义货币和狭义货币开展双变量相关分析，包括计算皮尔逊简单相关系数、斯皮尔曼等级相关系数、肯德尔等级相关系数及其显著性水平。

2）继续使用"数据 5A"数据文件，以市场营销费用作为控制变量，运用偏相关分析方法，对该分支机构 2003 年至 2019 年历年公司贷款增长、零售贷款增长的相关关系进行分析。

第6章

基本线性回归分析

回归分析是经典的数据分析方法之一，应用范围非常广泛，深受学者们的喜爱。它是研究分析某一变量受到其他变量影响的分析方法，基本思想是以被影响变量为因变量，以影响变量为自变量，研究因变量与自变量之间的因果关系。回归分析通过建立回归方程，使用各自变量来拟合因变量，并可使用回归方程进行预测。在此特别提示，本书中提及的被解释变量和因变量是相同的概念，解释变量和自变量也是相同的概念。本章主要介绍简单、常用的最小二乘线性回归分析、约束条件回归分析在 Stata 中的操作和应用。

6.1　最小二乘线性回归分析

6.1.1　最小二乘线性回归分析的功能与意义

最小二乘线性回归分析是基础、常用的回归分析方法，基于自变量和因变量之间存在线性关系，线性回归的数学模型为：

$$y = \alpha + \beta x + \beta x + \cdots + \beta x + \varepsilon$$

矩阵形式为：

$$y = \alpha + X\beta + \varepsilon$$

其中，$y = \begin{pmatrix} y_1 \\ y_2 \\ \vdots \\ y_n \end{pmatrix}$ 为因变量，$\alpha = \begin{pmatrix} \alpha_1 \\ \alpha_2 \\ \vdots \\ \alpha_n \end{pmatrix}$ 为截距项，$\beta = \begin{pmatrix} \beta_1 \\ \beta_2 \\ \vdots \\ \beta_n \end{pmatrix}$ 为待估计系数，$X = \begin{pmatrix} x_{11} & x_{12} & \cdots & x_{1k} \\ x_{21} & x_{22} & \cdots & x_{2k} \\ \vdots & \vdots & \ddots & \vdots \\ x_{n1} & x_{n2} & \cdots & x_{nk} \end{pmatrix}$

为自变量，$\varepsilon = \begin{pmatrix} \varepsilon_1 \\ \varepsilon_2 \\ \vdots \\ \varepsilon_n \end{pmatrix}$ 为误差项。

并且假定自变量之间无多重共线性，误差项 ε_i（$i = 1, 2, \cdots, n$）之间相互独立，且均服从同一正态分布

$N(0,\sigma^2)$，σ^2 是未知参数，误差项满足与自变量之间的严格外生性假定，以及自身的同方差、无自相关假定。

因变量的变化可以由 $\alpha+X\beta$ 组成的线性部分和随机误差项 ε_i 部分这两个部分来解释。对于线性模型，一般采用最小二乘估计法来估计相关的参数，基本原理是使残差平方和最小，即 $\min\sum_{i=1}^{n}e_i^2=\sum_{i=1}^{n}(y-\hat{\alpha}-\hat{\beta})$，残差就是因变量的实际值与拟合值之间的差值。

6.1.2　最小二乘线性回归分析的 Stata 操作

1. 命令的语法格式

最小二乘线性回归分析的命令是 regress，它的语法格式为：

```
regress depvar [indepvars] [if] [in] [weight] [,options]
```

其中，depvar 代表被解释变量（或称因变量），indepvar 代表解释变量（或称自变量），depvar 只有一个，indepvar 可以为一个或者多个，如果只有一个 indepvar，也被称为一元最小二乘回归分析，如果有多个 indepvar，则被称为多重最小二乘回归分析，[if]为条件表达式，[in]用于设置样本范围，[weight]用于设置权重。[,options]为可选项，如表 6.1 所示。

表6.1　regress命令的[,options]可选项及其含义

[,options]可选项	含 义
noconstant	模型不包含常数项
hascons	用户自定义常数项
level(#)	设置置信区间，默认值为 95%
beta	标准化系数
vce(type)	设置估计量的标准差，常用的主要有 ols、robust、cluster、bootstrap、hc2、hc3 等

2. 获得回归模型回归系数的相关性矩阵

在执行完回归分析之后，我们可能需要获得回归模型回归系数的相关性矩阵，相应的命令为 vce。具体操作为，在执行完回归分析之后，直接在命令窗口中输入：

```
vce
```

即可得到回归模型回归系数的相关性矩阵。

3. 对模型系数进行假设检验

在很多情况下，在执行完回归分析之后，我们有必要对模型进行假设检验。事实上，在回归分析结果中已经有了针对模型整体的 F 检验，以及针对各自变量和常数项回归系数的 T 检验。在此基础上，我们还可以使用 test 命令对最近拟合模型参数的简单线性假设和复合线性假设进行 Wald 检验。

test 命令包括 5 种形式，分别说明如下：

（1）test coeflist
该命令的作用是检验所设定的系数都为 0。

（2）test exp=exp[=···]

该命令的作用是检验所设定的系数表达式都为 0。

（3）test [eqno] [: coeflist]

该命令的作用是检验所设定的系数都为 0。

（4）test [eqno = eqno [= ...]] [: coeflist]

该命令的作用是检验方程 eqno 中的变量列表 varlist 的系数都为 0。

（5）testparm varlist [,testparm_options]

该命令的作用是检验方程 eqno 中的变量列表 varlist 系数相同。

此外，如果检验为非线性检验，则需要用到 testnl 命令，该命令的语法格式为：

```
testnl exp=exp[=exp...] [,options]
```

其中，exp=exp[=exp...]表示系数之间的非线性关系式。

4. 使用回归模型进行预测

在很多时候，我们建立回归模型不仅是为了基于历史数据解释已发生的现象，更重要的是能够依据模型来预测未来。使用回归模型进行预测的命令及其语法格式如下：

（1）在创建单个方程模型之后的预测

```
predict [type] newvar [if] [in] [,single_options]
```

其中 newvar 代表将要进行预测的变量，[if]为条件表达式，[in]用于设置样本范围，[weight]用于设置权重，[,single_options]为可选项，如表 6.2 所示。

表6.2 predict命令的[,single_options]可选项及其含义

[,single_options]可选项	含 义
xb	线性预测拟合值
residual 或者 score	残差
rstandard	标准化的残差
rstudent	学生化的残差
stdp	样本内预测标准差
stdf	样本外预测标准差
stdr	残差的标准差
cooksd	Cook 的 D 影响统计量
covratio	COVRATIO 影响统计量
dfits	DFITS 影响统计量
welsch	Welsch 距离
dfbeta(varname)	变量 varname 的 DFBETA

（2）在创建多个方程模型之后的预测

```
predict [type] newvar [if] [in] [,multiple_options]
```

相关字段含义及可选项与单个方程模型基本一致。

5. 绘制回归后估计诊断图

除了我们在前面章节中讲到的 Stata 制图工具外，在回归分析中还可以绘制回归后估计诊断图，命令如表 6.3 所示。

表6.3　命令及含义

选项	图形含义
rvfplot	画残差与拟合值的散点图
rvpplot varname	画残差与自变量 x 的散点图
cprplot	分量与残差图
acprplot	增强分量与残差图
lvr2plot	杠杆对残差平方图

6. 在回归方程中自动剔除不显著变量（逐步回归法）

stepwise 命令的语法格式为：

```
stepwise [,options ] :regress depvar [indepvars]
```
或
```
sw regress depvar [indepvars],[,options ]
```

其中，sw regress depvar [indepvars]为进行回归分析的命令，[,options]为可选项，如表 6.4 所示。

表6.4　stepwise命令的[,options]可选项及其含义

[,options]可选项	含　义
* pr(#)	删除解释变量的显著性水平
* pe(#)	增加解释变量的显著性水平
forward	前向搜寻法
hierarchical	分层搜寻法
lockterm1	保留第 1 项
lr	使用似然比统计量代替 Wald 统计量

在使用 stepwise 命令时，搜寻的方法和顺序也比较重要，Stata 中提供了 6 种常用的搜寻方法，用户可以根据自己的实际研究需要选择最为恰当合理的方法，如表 6.5 所示。

表6.5　6种常用的搜寻方法

顺序选项	名　称	功能和计算逻辑
pe(#)	前向搜寻法	一开始建立只包括常数项的原始模型，然后按显著性水平由高到低加入解释变量，只有当解释变量通过设置的显著性水平检验时，该变量才能被保留
pe(#) hierarchical	前向分层搜寻法	一开始建立只包括常数项的原始模型，然后按排列顺序逐个加入解释变量，当下一个解释变量无法通过设置的显著性水平检验时，该过程停止，并形成最终的模型
pr(#) pe(#) forward	前向分步搜寻法	该方法的第一步和前向搜寻法完全一致，但执行结束之后，需要再将模型中显著性水平最低的未通过检验的解释变量排除后继续进行估计，同时还要将已经排除的显著性水平最高的且可以通过检验的解释变量加入后重新估计，不断重复这一过程，直到这两种计算不能再进行

（续表）

顺序选项	名　称	功能和计算逻辑
pr(#)	后向搜寻法	一开始建立包括所有解释变量在内的模型，当显著性水平最低的变量无法通过设置的显著性水平检验时，去除该变量并重新估计。这一过程不断重复，直到显著性水平最低的变量能够通过检验
pr(#) hierarchical	后向分层搜寻法	一开始建立包括所有解释变量在内的模型，然后总是检验所有解释变量中的最后一个，当最后一个变量不显著时，去除该变量并重新估计。这一过程不断重复，直到模型中保留下来的解释变量中最后一个能够通过检验
pr(#) pe(#)	后向分步搜寻法	该方法的第一步和后向搜寻法完全一致，但执行结束之后，需要再将已经排除的显著性水平最高的解释变量重新加入进行估计，同时还要将没有排除的显著性水平最低的解释变量排除后重新估计，不断重复这一过程，直到这两种计算不能再进行

6.1.3　最小二乘线性回归分析示例

本节我们使用"数据 6"数据文件为例。"数据 6"中记录的是 XX 生产制造企业 1997—2021 年营业利润水平（profit）、固定资产投资（invest）、平均职工人数（labor）、研究开发支出（rd）等数据，如图 6.1 所示。

图 6.1　"数据 6"中的数据内容

下面我们以营业利润水平作为因变量，以固定资产投资、平均职工人数、研究开发支出作为自变量，开展线性回归分析。

1. 线性回归分析

打开上述数据文件之后，在主界面的命令窗口中依次输入命令：

```
regress profit invest labor rd
```

本命令的含义是以营业利润水平作为因变量，以固定资产投资、平均职工人数、研究开发支出作为自变量，开展线性回归分析（regress 命令后面紧邻的第一个变量是因变量，其他所有的变量都是自变量）。分析结果如图 6.2 所示。

```
. regress profit invest labor rd

      Source |       SS          df       MS            Number of obs =       25
                                                         F(3, 21)      =  1650.89
       Model |  2.9528e+09        3    984255304        Prob > F       =   0.0000
    Residual |  12520143.7       21    596197.317       R-squared      =   0.9958
                                                         Adj R-squared  =   0.9952
       Total |  2.9653e+09       24    123553586        Root MSE       =   772.14


      profit |      Coef.   Std. Err.       t     P>|t|     [95% Conf. Interval]
      invest |   2.859037   .9396771      3.04   0.006     .904872    4.813203
       labor |     2.6269    .413203      6.36   0.000    1.767598    3.486203
          rd |   3.127479   1.151358      2.72   0.013    .7330987     5.52186
       _cons |  -315.6367   474.8465     -0.66   0.513    -1303.134    671.8607
```

图 6.2　线性回归分析结果

从上述分析结果中可以得到很多信息，可以看出共有 25 个样本参与了分析（ Number of obs = 25），模型的 F 值(3, 21) =1650.89，P 值（Prob > F） = 0.0000，说明模型整体上是非常显著的。模型的可决系数（R-squared）为 0.9958，模型修正的可决系数（Adj R-squared）= 0.9952，说明模型的解释能力是非常高的。

模型的回归方程是：

```
profit=2.859037*invest+2.6269*labor+3.127479*rd-315.6367
```

变量 invest 的系数标准误是 0.9396771，t 值为 3.04，P 值为 0.006，系数是非常显著的，95%的置信区间为[0.904872,4.813203]。变量 labor 的系数标准误是 0.413203，t 值为 6.36，P 值为 0.000，系数是非常显著的，95%的置信区间为[1.767598,3.486203]。变量 rd 的系数标准误是 1.151358，t 值为 2.72，P 值为 0.013，系数是非常显著的，95%的置信区间为[0.7330987,5.52186]。常数项的系数标准误是 474.8465，t 值为-0.66，P 值为 0.513，系数也是非常显著的，95%的置信区间为[-1303.134,671.8607]。

从上面的分析可以看出固定资产投资、平均职工人数、研究开发支出 3 个自变量对于因变量的营业利润水平都是正向显著影响，自变量每一单位的增长都会显著引起因变量的增长。

2. 回归模型回归系数的相关性矩阵

在命令窗口中输入：

```
vce
```

即可得到回归模型回归系数的相关性矩阵，如图 6.3 所示。在图中展示了固定资产投资、平均职工人数、研究开发支出 3 个自变量以及常数项的回归系数的相关性矩阵。

3. 对变量系数进行假设检验

本例中，如果要检验固定资产投资、平均职工人数、研究开发支出 3 个自变量的回归系数是否同时显著不为 0，则需要在命令窗口中输入：

```
test invest labor rd
```

结果如图 6.4 所示。

```
. vce

Covariance matrix of coefficients of regress model

      e(V)       invest        labor           rd        _cons

    invest    .88299302
     labor   -.13002621     .17073676
        rd    -1.029368      .0231166     1.325626
     _cons    70.817727    -169.93772     30.91914    225479.22
```

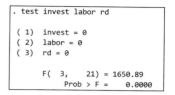

```
. test invest labor rd

 ( 1)   invest = 0
 ( 2)   labor = 0
 ( 3)   rd = 0

       F(  3,    21) = 1650.89
            Prob > F =    0.0000
```

图 6.3　回归模型回归系数的相关性矩阵　　　　图 6.4　对变量系数进行假设检验的结果

实验原假设为 invest、labor、rd 三个自变量的回归系数同时显著为 0，Prob > F = 0.0000，拒绝了原假设。

思　考

根据前面的介绍，该命令等价于 test (invest=0) (labor=0)(rd=0)，读者可自行尝试输入，并将分析结果进行对比。

4. 对回归模型的预测

本例中，我们对因变量的拟合值、回归模型的残差进行预测，在命令窗口中依次输入：

`predict yhat, xb`

本例的含义是预测回归模型因变量的拟合值，生成的因变量为 yhat。

`predict e, residual`

本例的含义是预测回归模型的残差，生成的残差序列为 e。

结果如图 6.5 所示。

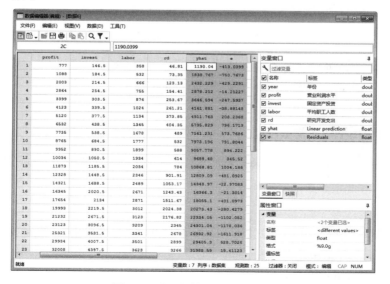

图 6.5　对回归模型的预测结果

yhat 为预测拟合值，是根据自变量的值和得到的回归方程计算出来的，主要用于预测未来。在图 6.5 中，可以看到 yhat 的值与 profit 的值是比较相近的，所以拟合的回归模型还是不错的。e 为残差序列，可以用来检验变量是否存在异方差，也可以用来检验变量间是否存在协整关系等。

5. 绘制回归后估计诊断图

本例中，我们生成残差 e 和因变量拟合值的散点图，并标识出纵轴值为零的直线，在命令窗口中输入：

```
rvfplot, yline(0)
```

绘制结果如图 6.6 所示。

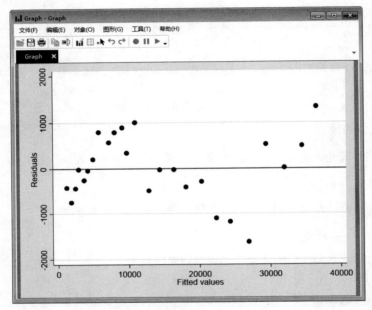

图 6.6　残差对预测值的标绘图

图 6.6 显示出了模型的预测值和实际值的分布模式，一开始残差为负值，说明预测值小于实际值；接下来残差变成正值，说明预测值大于实际值；最后残差又变成负值、正值，说明预测值再次小于、大于实际值。

6. 在回归方程中不包含常数项

在前面的分析中，我们发现回归模型中的常数项并不显著，那么回归分析操作命令可以相应地修改为：

```
regress profit invest labor rd,nocon
```

分析结果如图 6.7 所示。模型的 F 值(3, 22)为 4657.93，P 值（Prob > F）为 0.0000，说明模型整体上是非常显著的。模型的可决系数（R-squared）为 0.9984，模型修正的可决系数（Adj R-squared）为 0.9982，说明模型的解释能力是非常高的。

```
. regress profit invest labor rd,nocon

      Source |      SS           df       MS      Number of obs   =        25
-------------+----------------------------------   F(3, 22)        =   4657.93
       Model |  8.1198e+09         3   2.7066e+09   Prob > F        =    0.0000
    Residual |  12783569.6        22   581071.346   R-squared       =    0.9984
-------------+----------------------------------   Adj R-squared   =    0.9982
       Total |  8.1326e+09        25   325302095   Root MSE        =    762.28

------------------------------------------------------------------------------
      profit |      Coef.   Std. Err.      t    P>|t|     [95% Conf. Interval]
-------------+----------------------------------------------------------------
      invest |   2.958172   .9159219     3.23   0.004     1.058666    4.857677
       labor |   2.389013   .2039041    11.72   0.000     1.966142    2.811885
          rd |   3.170762    1.13484     2.79   0.011     .8172476    5.524275
------------------------------------------------------------------------------
```

图 6.7　在回归方程中不包含常数项分析结果图

模型的回归方程是：

```
profit=2.958172*invest+2.389013*labor+3.170762*rd
```

变量 invest 的系数标准误是 0.9159219，t 值为 3.23，P 值为 0.004，系数是非常显著的，95%的置信区间为[1.058666,4.857677]。变量 labor 的系数标准误是 0.2039041，t 值为 11.72，P 值为 0.000，系数是非常显著的，95%的置信区间为[1.966142,2.811885]。变量 rd 的系数标准误是 1.13484，t 值为 2.79，P 值为 0.011，系数是非常显著的，95%的置信区间为[0.8172476,5.524275]。

7. 在回归方程中自动剔除不显著变量

当回归方程中包含很多不显著的变量时，整个回归方程就会变得冗余，或者说包含很多无效的信息。我们可以通过观察分析结果采取逐步手动剔除不显著变量的方式得到最终的回归模型，但是如果变量很多且存在很多不显著的变量，这个过程就显得非常复杂。那么有没有一种自动剔除不显著变量，直接得到最终模型方程的 Stata 操作方法呢？答案是肯定的。Stata 16.0 提供了 sw regress 命令来满足这一需要。这一命令的操作原理是不断迭代，最终使得所有变量系数的显著性达到设定的显著性水平。在首次迭代时，所有的变量都进入模型参与分析，然后每一步迭代都去掉 P 值最高或者说显著性最弱的变量。最终使得所有保留下来的变量的概率值都处于保留概率之下。例如，设定显著性水平为 0.05，那么操作命令应该是：

```
sw reg profit invest labor rd,pr(0.05)
```

分析结果如图 6.8 所示，因为 sw reg 命令作用于自变量而无法作用于常数项，可以发现除常数项外，保留在模型中的自变量，基于 0.05 的显著性水平都是非常显著的。

```
. sw reg profit invest labor rd,pr(0.05)
                                 begin with full model
p < 0.0500                       for all terms in model

      Source |       SS           df       MS      Number of obs   =        25
-------------+----------------------------------   F(3, 21)        =   1650.89
       Model |  2.9528e+09          3   984255304   Prob > F        =    0.0000
    Residual |  12520143.7         21   596197.317   R-squared       =    0.9958
-------------+----------------------------------   Adj R-squared   =    0.9952
       Total |  2.9653e+09         24   123553586   Root MSE        =    772.14

------------------------------------------------------------------------------
      profit |      Coef.   Std. Err.      t    P>|t|     [95% Conf. Interval]
-------------+----------------------------------------------------------------
      invest |   2.859037   .9396771     3.04   0.006     .904872    4.813203
       labor |     2.6269    .413203     6.36   0.000    1.767598    3.486203
          rd |   3.127479   1.151358     2.72   0.013    .7330987     5.52186
       _cons |  -315.6367   474.8465    -0.66   0.513   -1303.134    671.8607
------------------------------------------------------------------------------
```

图 6.8   在回归方程中自动剔除不显著变量分析结果图

8. 限定参与回归的样本范围

此外，我们还可以仅对 2010 年以来的样本观测值进行分析，如果只对 2010 年以后的样本进行回归分析，那么回归分析操作命令可以相应地修改为：

```
regress profit invest labor rd if year>=2010
```

分析结果如图 6.9 所示。关于结果的分析与前面类似，限于篇幅，这里不再赘述。

```
. regress profit invest labor rd if year>=2010

      Source |       SS           df       MS      Number of obs   =        12
-------------+----------------------------------   F(3, 8)         =    452.17
       Model |  763225315           3   254408438   Prob > F        =    0.0000
    Residual |  4501081.8           8   562635.225   R-squared       =    0.9941
-------------+----------------------------------   Adj R-squared   =    0.9919
       Total |  767726397          11   69793308.8   Root MSE        =    750.09

------------------------------------------------------------------------------
      profit |      Coef.   Std. Err.      t    P>|t|     [95% Conf. Interval]
-------------+----------------------------------------------------------------
      invest |   3.903882   1.043498     3.74   0.006    1.497572    6.310192
       labor |  -1.551355   3.009361    -0.52   0.620   -8.490953    5.388244
          rd |     4.1744   1.848894     2.26   0.054   -.0891561    8.437956
       _cons |   6955.837   6199.599     1.12   0.294   -7340.464    21252.14
------------------------------------------------------------------------------
```

图 6.9   限定参与回归的样本范围分析结果图

9. 预测未来的因变量值

我们要预测未来 5 年的营业利润水平,经测算得到了未来 5 年的固定资产投资、平均职工人数、研究开发支出分别如表 6.6 所示。

表6.6   未来5年的固定资产投资、平均职工人数、研究开发支出

year	invest	labor	rd
2022	5173.69	3961.36	4198.95
2023	5328.9007	4119.8144	4408.8975
2024	5488.767721	4284.606976	4629.342375
2025	5653.430753	4455.991255	4860.809494
2026	5823.033675	4634.230905	5103.849968

我们把样本数据输入数据文件中，然后进行预测，命令如下：

```
predict yyhat, xb
```

分析结果如图 6.10 所示。

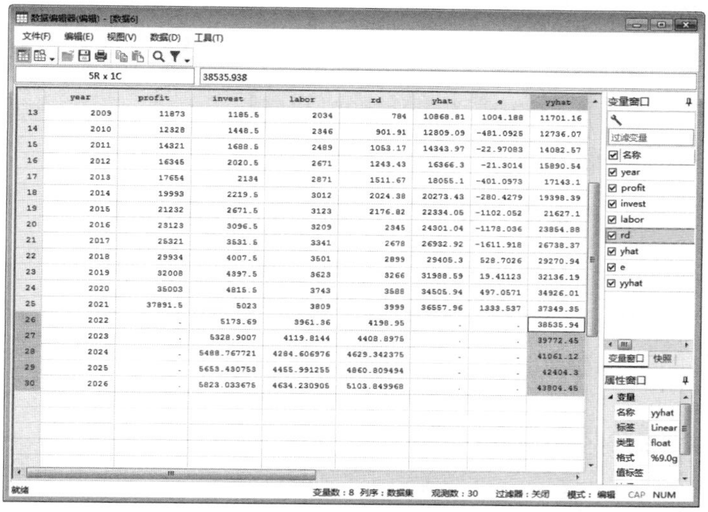

图 6.10　预测未来的因变量值分析结果

可以看到在图 6.10 中出现了预测的因变量数据，比如预测的 2022 年的营业利润水平将会是 38535.94。

6.2　约束条件回归分析

6.2.1　约束条件回归分析的功能与意义

我们在做回归分析时，有时会希望某些变量的系数相同或满足某种关系。约束回归通常可以通过对变量进行变换来实现。例如，对于回归模型：

$$y = \beta_0 + \beta_1 x_1 + \beta_2 x_2$$

我们要约束 x_1 和 x_2 的系数相等,其实质就相当于合并同类项,即设置一个新的变量 $x_3 = x_1 + x_2$,然后对模型 $y = \beta_0 + \beta_1 x_3$ 进行回归。

如果希望系数 $\beta_0 = 0.5\beta_2$,则相当于进行变换,把 β_0 写成 $0.5\beta_2$,然后提出 β_2,等式变成 $y = \beta_2(0.5 + x_2) + \beta_1 x_1$。

这时，我们可以生成一个新变量 $x_3 = 0.5 + x_2$，然后 y 对新变量 x_3 和 x_1 回归，并设置 noconstant 即可。

对于有约束条件的回归，我们通常可以很方便地写出命令。但当约束比较多时，写命令会比较麻烦，而 Stata 提供了一种更便捷的方法，即约束回归。但也只是更便捷而已，其原理与手动合并同类项的方法一致。

6.2.2 约束条件回归分析的 Stata 操作

约束回归分析的命令及其语法格式为:

1. 约束条件的设置、显示和删除

在开展约束回归分析之前,用户首先需要设置约束条件。设置约束条件的命令及其语法格式为:

```
constraint [define] # [exp = exp | coeflist]
```

比如我们想拟合以下模型:

$$Y = \beta_0 + \beta_1 X1 + \beta_2 X2 + \beta_3 X3 + X4 + X5 + \beta_6 X6 + u$$

且该模型有这样的约束: $\beta_1 = \beta_2 = \beta_3$, $\beta_4 = \beta_5$,那么可以定义约束如下:

```
constraint 1 X1=X2
constraint 2 X2=X3
constraint 3 X4=X5
```

显示已设置约束的命令及其语法格式为:

```
constraint dir [numlist|_all] 或者
constraint list [numlist|_all]
```

constraint dir 或 constraint list 表示显示约束,numlist 指明要显示的约束, _all 表示显示所有约束。当我们不指定要显示的约束为哪几个时,默认显示所有的约束条件。

删除已设置约束的命令及其语法格式为:

```
constraint drop [numlist|_all]
```

constraint drop 表示删除约束,numlist 指明要删除的约束, _all 表示删除所有约束。当我们不指定要删除的约束为哪几个时,默认删除所有的约束条件。

2. 使用约束条件进行约束回归

设置好约束条件之后,我们就可以进行约束回归了。约束回归使用 cnsreg 命令,该命令的语法格式如下:

```
 cnsreg depvar indepvars [if] [in] [weight] , constraints(constraints) [options]
```

其中,constraints 可简写为 c。depvar 代表被解释变量,indepvars 代表解释变量,[if]为条件表达式,[in]用于设置样本范围,[weight]用于设置权重,options 代表其他可选项。

比如我们针对 $Y = \beta_0 + \beta_1 X1 + \beta_2 X2 + \beta_3 X3 + X4 + X5 + \beta_6 X6 + u$,结合前面设置的约束条件进行约束回归,则命令为:

```
cnsreg Y X1 X2 X3 X4 X5 X6,c(1/3)
```

Y 是被解释变量, $X1$、 $X2$、 $X3$、 $X4$、 $X5$、 $X6$ 为各个解释变量,c(1/3)表示在 1~3 个约束之下进行回归。

此外,constraints()或 c()中所指定的约束条件选项可以有多种表达形式。例如, c(1-2,4)表明使用第 1~2 个约束以及第 4 个约束,与直接输入 c(1,2,4)的效果是一样的。

6.2.3　约束条件回归分析示例

本节继续使用"数据 6"数据文件为例。我们以营业利润水平为因变量，以固定资产投资、平均职工人数、研究开发支出为自变量，开展线性回归分析。同时设置两个约束条件，研究开发支出的系数为固定资产投资系数的 3 倍，研究开发支出的系数为平均职工人数系数的 2 倍。

打开数据文件之后，在主界面的命令窗口中依次输入命令：

```
constraint 1 rd=3*invest
```

本命令的含义是设置约束条件 1，研究开发支出的系数为固定资产投资系数的 3 倍。

```
constraint 2 rd=2*labor
```

本命令的含义是设置约束条件 2，研究开发支出的系数为平均职工人数系数的 2 倍。

```
cnsreg profit invest labor rd,c(1/2)
```

本命令的含义是基于我们设置的约束条件 1、约束条件 2，以营业利润水平为因变量，以固定资产投资、平均职工人数、研究开发支出为自变量，开展约束条件线性回归分析。

约束回归分析结果如图 6.11 所示。

```
. cnsreg profit invest labor rd,c(1/2)

Constrained linear regression                    Number of obs   =         25
                                                 F(    1,    23) =    4822.86
                                                 Prob > F        =     0.0000
                                                 Root MSE        =   782.2544

 ( 1)  - 3*invest + rd = 0
 ( 2)  - 2*labor + rd = 0

      profit |      Coef.   Std. Err.      t    P>|t|     [95% Conf. Interval]

      invest |   1.628906   .0234554    69.45   0.000     1.580384    1.677427
       labor |   2.443358   .0351832    69.45   0.000     2.370576     2.51614
          rd |   4.886717   .0703663    69.45   0.000     4.741153    5.032281
       _cons |  -51.45281   260.0782    -0.20   0.845    -589.4656    486.5599
```

图 6.11　约束回归分析结果

我们可以看出开发支出的系数为固定资产投资系数的 3 倍，研究开发支出的系数为平均职工人数系数的 2 倍。也可以使用之前讲过的 di 命令予以验证，在命令窗口中输入：

```
di 4.886717/1.628906
di 4.886717/2.443358
```

结果如图 6.12 所示。

```
. di 4.886717/1.628906
2.9999994

. di 4.886717/2.443358
2.0000004
```

图 6.12　di 命令计算结果

6.3   本章回顾与习题

6.3.1   本章回顾

本章主要介绍了最小二乘线性回归分析、约束条件回归分析两种回归分析方法的基本原理、命令及其语法格式以及具体实例的应用。

1. 最小二乘线性回归分析的命令及其语法格式

```
regress depvar [indepvars] [if] [in] [weight] [,options]
```

其中，depvar 代表被解释变量（或称因变量），indepvar 代表解释变量（或称自变量），depvar 只有一个，indepvar 可以为一个或者多个，如果只有一个 indepvar，也被称为一元最小二乘回归分析，如果有多个 indepvar，则被称为多重最小二乘回归分析，[if]为条件表达式，[in]用于设置样本范围，[weight]用于设置权重，options 为可选项。

获得回归模型回归系数的相关性矩阵的命令及其语法格式：

```
vce
```

对模型系数进行假设检验的命令及其语法格式：

1）test coeflist
2）test exp=exp[=···]
3）test [eqno] [: coeflist]
4）test [eqno = eqno [= ...]] [: coeflist]
5）testparm varlist [,testparm_options]

使用回归模型进行预测的命令及其语法格式：

```
predict [type] newvar [if] [in] [,single_options]
 predict [type] newvar [if] [in] [,multiple_options]
```

绘制回归后估计诊断图：

```
rvfplot
rvpplot varname
cprplot
acprplot
lvr2plot
```

2. 约束条件回归分析的命令及其语法格式

设置约束条件的命令及其语法格式为：

```
constraint [define] # [exp = exp | coeflist]
```

显示已设置约束的命令及其语法格式为：

```
constraint dir [numlist|_all] 或者
constraint list [numlist|_all]
```

删除已设置约束的命令及其语法格式为：

constraint drop [numlist|_all]

使用约束条件进行约束回归的命令及其语法格式为：

cnsreg depvar indepvars [if] [in] [weight] , constraints(constraints) [options]

6.3.2　本章习题

1）继续使用"数据 6"数据文件为例，以研究开发支出为因变量，以营业利润水平、固定资产投资、平均职工人数作为自变量，开展线性回归分析。

2）继续使用"数据 6"数据文件为例，以研究开发支出作为因变量，以营业利润水平、固定资产投资、平均职工人数作为自变量，开展线性回归分析。同时设置两个约束条件，营业利润水平的系数为固定资产投资系数的 3 倍，营业利润水平的系数为平均职工人数系数的 2 倍。

第7章

线性回归分析诊断与处理

在前面我们详细介绍了最小二乘线性回归，这种方法可以满足大部分的研究需要。但是不容忽视的是，最小二乘线性回归分析方法的有效性建立在多种假设条件之上，包括变量无异方差、无自相关、无多重共线性等。现实生活中很多数据尤其是小样本数据往往是不满足这些条件的，那就需要用到在本章中介绍的回归诊断与处理方法。本章的内容包括 4 部分，分别是异方差诊断与处理、自相关诊断与处理、多重共线性诊断与处理、内生性诊断与处理在 Stata 中的具体操作及应用。

7.1 异方差诊断与处理

下载资源:\video\第 7 章\…
下载资源:\sample\第 7 章\数据 7

7.1.1 异方差诊断与处理的功能与意义

在标准的线性回归模型中，有一个基本假设：整个总体同方差（也就是因变量的变异）不随自身预测值以及其他自变量的值的变化而变化。然而，在实际问题中，这一假设条件往往不被满足，会出现异方差（Heteroskedasticity）的情况。

从公式的角度来说，如果对于回归模型

$$y_i = a + X\beta + \varepsilon_i$$

出现 $\text{Var}(\varepsilon_i) = \delta_i^2$ 的情况，即对于不同的样本点，随机误差项的方差不再是常数，而互不相同，则认为出现了异方差性。

如果继续采用标准的线性回归模型，就会使结果偏向于变异较大的数据，从而发生较大的偏差，所以在进行回归分析时往往需要检验变量的异方差，从而提出针对性的解决方案。

常用的用于判断数据是否存在异方差的检验方法有绘制残差序列图、怀特检验、BP 检验等。

具体来说，绘制残差序列图是一种直观观察法，先用第 6 章介绍的回归分析方法进行回归，然后画出残差与拟合值或者残差与自变量图，如果残差值随拟合值或自变量值进行变动，而不是紧密地在 0 附近，则说明可能存在异方差，但是这种方法只是一种直观的观察，不够精确，只能作为异方差判断的一种辅助性参考；怀特检验的基本思想比较满足经典假设的普通标准差与异方差情况下稳健标准差的大小，如果二者差距过大，则说明存在异方差；BP 检验的基本思想是将残差平方和作为被解释变量，原有的解释变量仍作为解释变量，进行回归，如果这个回归的系数都不显著，则说明残差平方和不能被参与回归分析的解释变量所解释，也就间接说明不存在异方差的情况。

解决异方差的方法有很多，第一种是使用稳健的标准差进行回归，第二种是使用加权最小二乘回归分析方法进行回归，第三种是使用 Heteroskedastic 线性回归。

7.1.2　异方差诊断与处理的 Stata 操作

1. 异方差诊断

（1）绘制残差序列图

先进行回归，然后画出残差与拟合值或者残差与自变量图，来观察异方差是否存在。命令为：

```
rvfplot
```

本命令的含义是画残差与拟合值的散点图，也是默认形式的残差图。

```
rvpplot varname
```

本命令的含义是画残差与自变量 x 的散点图，varname 可以为合理的解释变量。

绘制残差序列图观察法只是一种直观的观察，不够精确，只能作为异方差判断的一种辅助性参考，还需要结合几种检验方法综合判断。

（2）怀特检验法

怀特检验是异方差检验的常用方法，基本思路是将最小二乘估计残差的平方对模型的解释变量、解释变量平方以及解释变量交叉乘积进行回归，然后根据回归方程显著性判断是否存在异方差性。考虑如下只有两个自变量的线性回归方程：

$$y = \beta_0 + \beta_1 x_1 + \beta_2 x_2 + \varepsilon$$

进行怀特检验的步骤如下：

步骤 01　首先使用 OLS 方法估计线性回归方程，并得到残差序列 $\hat{u}_t$。

步骤 02　以 $\hat{u}_t^2$ 为因变量，原线性回归方程中的自变量和自变量的平方项作为新的自变量，也可以加上任意两个自变量的交互项，建立怀特检验的辅助回归方程：

$$\hat{u}_t^2 = \gamma_0 + \gamma_1 x_1 + \gamma_2 x_2 + \gamma_3 x_1^2 + \gamma_4 x_2^2 + \gamma_5 x_1 x_2 + \eta$$

步骤 03　计算辅助回归方程的拟合优度 R^2。怀特检验的原假设是原回归模型的残差不存在异方差。在原假设成立的条件下，怀特检验的统计量及其渐近分布为：

$$W = n \times R^2 \sim x^2(k)$$

在公式中，n 是样本容量，k 是辅助回归方程中除常数项以外解释变量的个数。如果 $x^2(k)$ 的值大于给定检验水平对应的临界值或 $x^2(k)$ 的值相应的显著性 P 值小于显著性水平，则拒绝原假设 H_0，也就是认为存在异方差。

怀特检验的命令为：

```
estat imtest, white
```

（3）BP 检验法

BP 检验是一种常用的检验异方差的方法，在对模型的基本回归结束后，需要在命令窗口中重新输入以下 3 个命令中的一个：

```
estat hettest,iid
```

使用回归模型得到的拟合值来检验数据是否存在异方差。

```
estat hettest,rhs
```

用回归模型右边的解释变量来检验数据是否存在异方差，不包括$\hat{y}$。

```
estat hettest [varlist]
```

使用指定的解释变量列表 varlist 检验数据是否存在异方差，但是不能加入被解释变量 y。

2. 异方差处理

（1）使用的稳健标准差进行最小二乘回归分析

该方法通常适用于大样本，命令是：

```
reg y x1 x2 …, robust
```

从命令的形式上看，与普通最小二乘法的区别是后面加上了 robust 选项，表示在模型估计中采用的是稳健标准差。

（2）使用加权最小二乘回归分析

命令为：

```
reg y x1 x2 …, [aweight=…]
```

aweight 为权重设置。

（3）Heteroskedastic（异方差）线性回归

在 Stata 16.0 中可以使用命令 hetregress 让用户处理异质性回归，允许用户对异方差建模，其中方差是协变量的指数函数。

如果正确地指定了方差模型，将方差建模为指数函数还可以产生更有效的参数估计。

hetregress 对方差进行了两种估计：最大似然（ML）估计和两步 GLS 估计。如果正确地指定了均值和方差函数，并且误差是呈正态分布的，则最大悠然估计比 GLS 估计更有效。如果方差函数不正确或误差不正常，两步 GLS 估计更可靠。

最大似然估计的命令及其语法格式为：

```
hetregress depvar [indepvars] [if] [in] [weight] [,ml_options]
```

其中[if] 为条件表达式，[in]用于设置样本范围，[weight]用于设置权重，[,ml_options]为可选项。

两步 GLS 估计的命令及其语法格式为：

```
hetregress depvar [indepvars] [if] [in], twostep het(varlist) [ts_options]
```

其中[if]为条件表达式，[in]用于设置样本范围，[weight]用于设置权重，[ts_options]为可选项。

7.1.3　异方差诊断与处理示例

本节我们使用数据 7（与第 6 章中的数据 6 相同，不再详细介绍）。

1. 异方差诊断

打开数据文件之后，在主界面的命令窗口中依次输入命令：

`regress profit invest labor rd`

本命令的含义是以营业利润水平作为因变量，以固定资产投资、平均职工人数、研究开发支出作为自变量，开展线性回归分析。

`predict yhat`

本命令旨在获得因变量的拟合值。

`predict e,resid`

本命令旨在获得回归模型的估计残差。

`rvfplot`

本命令旨在绘制残差与回归得到的拟合值的散点图，从而探索数据是否存在异方差，绘制结果如图 7.1 所示。从图中可以看出，残差随着拟合值的不同而有所不同，尤其是在拟合值较大（20000以上）的时候，残差波动比较剧烈（并不是在 0 附近），所以数据是存在异方差的。

`rvpplot  labor`

本命令旨在绘制残差与解释变量 labor 的散点图，从而探索数据是否存在异方差，绘制结果如图 7.2 所示。从图 7.2 中可以看出，残差随着自变量 labor 值的不同而有所不同，尤其是在 labor 值较大（2000 以上）的时候，残差波动比较剧烈（并不是在 0 附近），所以数据是存在异方差的。

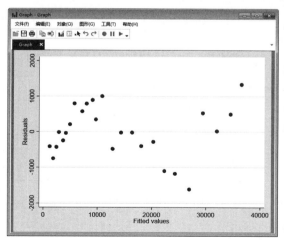
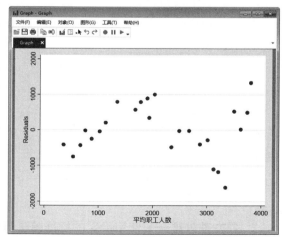

图 7.1　绘制残差与回归得到的拟合值的散点图　　图 7.2　绘制残差与解释变量 labor 的散点图

`estat imtest,white`

本命令为怀特检验，旨在检验数据是否存在异方差，分析结果如图 7.3 所示。

怀特检验的原假设是模型同方差（test for Ho: homoskedasticity），备择假设是无约束异方差（against Ha: unrestricted heteroskedasticity）。怀特检验结果显示（观察 Heteroskedasticity 行），模型以 p 值为 0.0373（小于 0.05）的检验结果显著拒绝了原假设。结论与前面的残差图结果是一致的，但更具说服力。

```
estat hettest,iid
```

本命令为 BP 检验，旨在使用得到的拟合值来检验数据是否存在异方差。

```
estat hettest,rhs iid
```

本命令为 BP 检验，旨在使用方程右边的解释数据来检验变量是否存在异方差。

```
estat hettest labor,rhs iid
```

本命令为 BP 检验，旨在使用指定的解释数据 labor 来检验变量是否存在异方差。

3 种 BP 检验的分析结果如图 7.4 所示。3 种 BP 检验的原假设都是常数方差，即不存在异方差，可以看到第一种 BP 检验方法，即使用得到的拟合值来检验数据是否存在异方差，结果是存在异方差。第二种、第三种 BP 检验均认为数据不存在异方差。虽然不同检验方法的结果存在差别，但我们综合各种检验方法，从整体上认为数据是存在异方差的。

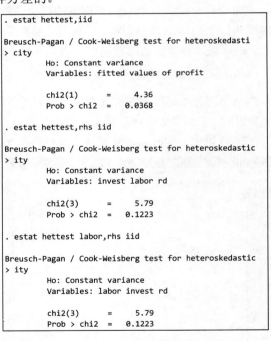

图 7.3　怀特检验结果　　　　　　　　图 7.4　BP 检验结果

2. 异方差处理——使用稳健的标准差进行回归分析

```
regress profit invest labor rd,robust
```

本命令为采用稳健的标准差对数据进行回归分析，克服数据的异方差对最小二乘回归分析造成的不利影响。回归分析结果如图 7.5 所示。

```
Linear regression                          Number of obs   =        25
                                           F(3, 21)        =   1804.91
                                           Prob > F        =    0.0000
                                           R-squared       =    0.9958
                                           Root MSE        =    772.14

                         Robust
    profit      Coef.   Std. Err.      t    P>|t|    [95% Conf. Interval]

    invest   2.859037   .7072584     4.04   0.001    1.388213    4.329862
     labor     2.6269   .3638228     7.22   0.000     1.87029    3.383511
        rd   3.127479   .9525969     3.28   0.004    1.146446    5.108513
     _cons  -315.6367   345.4158    -0.91   0.371   -1033.968    402.6947
```

图 7.5　采用稳健的标准差对数据进行回归分析的结果

模型的 F 值(3, 21) =1804.91，P 值（Prob > F）= 0.0000，说明模型整体上依旧是非常显著的。模型的可决系数（R-squared）为 0.9958，模型的解释能力依旧很高。

模型的回归方程为：

```
profit=2.859037*invest+2.6269*labor+3.127479*rd-315.6367
```

读者可以对比 "6.1 最小二乘线性回归分析" 的结果，不难发现回归系数是没有变化的，但是 inves、rd 两个变量系数的显著性得到了一定程度的提高，这说明通过使用稳健的标准差进行回归分析，使得回归模型得到了一定程度的改善。

3. 异方差处理——使用加权最小二乘回归分析

在数据文件的命令窗口中依次输入以下命令：

```
regress profit invest labor rd
```

本命令的含义是进行普通最小二乘回归分析。

```
predict e,resid
```

本命令旨在估计上一步回归分析得到的残差。

```
gen ee=e^2
```

本命令旨在对残差数据进行平方变换，产生的新变量 ee 为残差的平方。

```
gen lnee=log(ee)
```

本命令旨在对数据进行对数变换，产生的新变量 lnee 为上一步得到残差平方的对数值。

```
reg  lnee rd,nocon
```

本命令旨在以上一步得到的残差平方对数值为因变量，以 rd 为自变量，进行不包含常数项的最小二乘回归分析。

```
predict yhat
```

本命令旨在预测上一步进行最小二乘回归而产生的因变量的拟合值。

```
gen yhathat=exp(yhat)
```

本命令旨在对因变量的拟合值进行指数变换，产生的新变量 yhathat 为 yhat 的指数值。

```
regress profit invest labor rd [aw=1/yhathat]
```

本命令旨在对数据进行以 profit 为因变量，以 invest labor rd 为自变量，以 yhathat 的倒数为权重变量的加权最小二乘回归分析。

全部命令输入完成后，分析结果如图 7.6 所示。

```
. regress profit invest labor rd [aw=1/yhathat]
(sum of wgt is 3.646200814950231)

      Source |       SS           df       MS            Number of obs   =        25
-------------+----------------------------------         F(3, 21)        =    868.06
       Model |   155327100          3   51775700.1       Prob > F        =    0.0000
    Residual |  1252551.91         21   59645.3289       R-squared       =    0.9920
-------------+----------------------------------         Adj R-squared   =    0.9909
       Total |   156579652         24   6524152.18       Root MSE        =    244.22

      profit |      Coef.   Std. Err.      t    P>|t|     [95% Conf. Interval]
-------------+----------------------------------------------------------------
      invest |   1.191419   .7598987     1.57   0.132    -.3888767    2.771715
       labor |   3.338441   .6384449     5.23   0.000     2.010722     4.66616
          rd |   5.446994   1.896896     2.87   0.009     1.502182    9.391806
       _cons |  -1046.989   222.9456    -4.70   0.000      -1510.63   -583.3486
```

图 7.6　加权最小二乘回归分析结果

对本结果的解读已在前面有所表述，此处限于篇幅不再赘述。

4. 异方差处理——使用 Heteroskedastic 线性回归

在数据文件的命令窗口中依次输入以下命令：

```
hetregress profit invest labor rd
```

输入命令后，可以看到如图 7.7 所示的 Heteroskedastic 线性回归结果。

```
. hetregress profit invest labor rd

Fitting full model:

Iteration 0:   log likelihood = -200.64009
Iteration 1:   log likelihood = -199.52804
Iteration 2:   log likelihood = -199.52313
Iteration 3:   log likelihood = -199.52313

Heteroskedastic linear regression                Number of obs    =        25
ML estimation
                                                 Wald chi2(3)     =   5896.03
Log likelihood = -199.5231                       Prob > chi2      =    0.0000

      profit |      Coef.   Std. Err.      z    P>|z|     [95% Conf. Interval]
-------------+----------------------------------------------------------------
profit       |
      invest |   2.859037   .8612282     3.32   0.001     1.171061    4.547014
       labor |     2.6269   .3787068     6.94   0.000     1.884649    3.369152
          rd |   3.127479   1.055237     2.96   0.003     1.059252    5.195706
       _cons |  -315.6367    435.204    -0.73   0.468    -1168.621    537.3475
-------------+----------------------------------------------------------------
lnsigma2     |
       _cons |   13.12397   .2828427    46.40   0.000     12.56961    13.67834
```

图 7.7　Heteroskedastic 线性回归结果

```
. hetregress profit invest labor rd

Fitting full model:

Iteration 0:    log likelihood = -200.64009
Iteration 1:    log likelihood = -199.52804
Iteration 2:    log likelihood = -199.52313
Iteration 3:    log likelihood = -199.52313

Heteroskedastic linear regression          Number of obs    =        25
ML estimation
                                           Wald chi2(3)     =   5896.03
Log likelihood = -199.5231                 Prob > chi2      =    0.0000

      profit │     Coef.   Std. Err.      z    P>|z|    [95% Conf. Interval]
─────────────┼────────────────────────────────────────────────────────────
profit       │
      invest │  2.859037   .8612282     3.32   0.001    1.171061    4.547014
       labor │    2.6269   .3787068     6.94   0.000    1.884649    3.369152
          rd │  3.127479   1.055237     2.96   0.003    1.059252    5.195706
       _cons │ -315.6367    435.204    -0.73   0.468   -1168.621    537.3475
─────────────┼────────────────────────────────────────────────────────────
lnsigma2     │
       _cons │  13.12397   .2828427    46.40   0.000    12.56961    13.67834
```

图 7.7　Heteroskedastic 线性回归结果（续）

从 Heteroskedastic 线性回归结果中可以看出，Heteroskedastic 线性回归模型在经过 3 次迭代计算后得到最大似然统计量。模型中共有 25 个样本参与了分析，沃德卡方统计量（Wald chi2(3)）为 5896.03，模型显著性 P 值为 0.0000，整体非常有效。

模型的回归方程为：

```
profit=2.859037*invest+2.6269*labor+3.127479*rd-315.6367
```

从各个解释变量的系数来看，都非常显著。其中 invest 的系数值为 2.859037，标准误为 0.8612282，z 值为 3.32，显著性 P 值为 0.001，95%的置信区间的下限为 1.171061，上限为 4.547014；labor 的系数值为 2.6269，标准误为 0.3787068，z 值为 6.94，显著性 P 值为 0.000，95%的置信区间的下限为 1.884649，上限为 3.369152；rd 的系数值为 3.127479，标准误为 1.055237，z 值为 2.96，显著性 P 值为 0.003，95%的置信区间的下限为 1.059252，上限为 5.195706。

常数项系数不够显著，常数项的系数值为-315.6367，标准误为 435.204，z 值为-0.73，显著性 P 值为 0.468，95%的置信区间的下限为-1168.621，上限为 537.3475。

对比"6.1 最小二乘线性回归分析"的结果，不难发现回归系数是没有变化的，但是 inves、rd 两个变量系数的显著性得到了一定程度的提高。

说　明

最大似然估计（Maximum Likelihood Estimation，MLE）也称极大似然估计，于 1821 年首先由德国数学家高斯（C. F. Gauss）提出，但是这个方法通常被归功于英国的统计学家罗纳德·费希尔（R. A. Fisher）。最大似然估计本质上是一种概率论在统计学的应用，简单来说，最大似然估计的基本思想就是在"已知某个随机样本满足某种概率分布，但是其中具体的参数不清楚"的情况下，或者"模型已定，参数未知"的情况下，通过若干次试验，利用已知的样本观测值信息，反推最具有可能（最大概率）导致这些样本观测值出现的模型参数值。或者说，通过观察样本观测值结果已经知道某个参数能使这个样本出现的概率最大，那么就没有必要再去考虑选择其他小概率的样本，直接把这个参数作为估计的真实值即可。

极大似然函数估计的一般步骤是：首先写出似然函数；然后对似然函数取对数，得到对数似然函数；接着基于对数似然函数求导；最后对似然方差求解。

7.2 自相关诊断与处理

下载资源:\video\第 7 章\···
下载资源:\sample\第 7 章\数据 7

7.2.1 自相关诊断与处理的功能与意义

自相关问题一般针对时间序列数据。如果线性相关模型中的随机误差项的各期望值之间存在着相关关系，我们就称随机误差项之间存在自相关性（Autocorrelation）。

从数学公式上看，可以通过计算自相关系数和偏自相关系数来说明，其中自相关系数计算的是时间序列邻近数据之间存在多大程度的相关性。假设某一时间序列为$\{x_t\}$，其 k 阶自相关系数的计算公式为：

$$\rho_k \equiv \mathrm{Corr}(x_t, x_{t+k}) = \frac{\mathrm{Cov}(x_t, x_{t+k})}{\mathrm{Var}(x_t)} = \frac{E[(x_t - \mu)(x_{t+k} - \mu)]}{\mathrm{Var}(x_t)}$$

在该公式中，$\mu = E(x_t)$。如果某一时间序列数据为平稳时间序列，那么其 k 阶自相关系数ρ_k和时间 t 无关，而仅仅是滞后阶数 k 的函数。

但是，自相关系数存在弊端，因为x_t与x_{t+k}的相关可能由其之间的$\{x_{t+1}, \dots, x_{t+k-1}\}$引起，而并非二者真正相关。所以为了控制中间变量的影响，有必要引入 k 阶偏自相关系数的概念。x_t与x_{t+k}的k 阶偏自相关系数的计算公式为：

$$\rho_k^* \equiv \mathrm{Corr}(x_t, x_{t+k}|x_{t+1}, \dots, x_{t+k-1})$$

对于某一时间序列$\{x_t\}$，如果$E(x_t) = 0$，$\mathrm{Var}(x_t) = \sigma^2 < \infty$且$\mathrm{Cov}(x_t, x_{t+k}) = 0$，$t + k \in T, k \neq 0$，则称$\{x_t\}$为白噪声序列。白噪声序列的特征：它是平稳的随机过程，均值为零，方差不变，随机变量之间非相关。

线性回归模型中随机误差项存在序列相关的原因很多，但主要是由经济变量自身特点、数据特点、变量选择及模型函数的形式选择引起的。常见原因包括经济变量惯性的作用、经济行为的滞后性、一些随机因素的干扰或影响、模型设定误差、观测数据处理等。自相关不会影响最小二乘估计量的线性和无偏性，但会使之失去有效性，使之不再是最优估计量，而且自相关的系数估计量将有相当大的方差，T 检验也不再显著，模型的预测功能失效，所以在进行回归分析时往往需要检验数据的自相关性，从而提出针对性的解决方案。

常用的用于判断数据是否存在自相关的检验方法有绘制残差序列图、BG 检验、Box-Pierce Q 检验、DW 检验等，解决自相关的方法有使用自相关异方差稳健的标准差进行回归以及使用广义最小二乘回归分析方法进行回归等。

7.2.2　自相关诊断与处理的 Stata 操作

1. 计算自相关系数与偏自相关系数

可以通过计算残差序列的自相关函数（AC）、偏自相关函数（PAC）以及 Q 统计量来判断是否存在序列自相关。如果残差序列不存在序列自相关，则各阶滞后的自相关系数值和偏自相关系数值都接近零，所有的 Q 统计量都不显著（对应的显著性值 P 比较大）；如果 Q 统计量显著性 P 值很小（小于 0.05），则可以拒绝"残差不存在序列自相关"的原假设，或者说认为残差存在序列自相关。Q 统计量的计算公式为：

$$Q = n(n+2)\sum_{i=1}^{k}\frac{r_i^2}{n-j}$$

在公式中，r_i 是检验序列滞后 i 阶的自相关系数，n 是观测值个数。

计算自相关函数、偏自相关函数以及 Q 统计量的命令为 corrgram，该命令的语法格式为：

```
corrgram varname [if] [in] [,corrgram_options]
```

corrgram 为计算自相关与偏自相关函数以及 Q 统计量的基本命令，varname 是要计算的变量，[if] 为条件表达式，[in] 用于设置样本范围，[,corrgram_options] 为可选项，如表 7.1 所示。

表7.1　corrgram命令的[,corrgram_options]可选项及其含义

[,corrgram_options]可选项	含　义
lags(#)	设置最高滞后阶数，默认值为 min([n/2]−2, 40)
noplot	不绘制自相关图和偏自相关图
yw	通过 Yule–Walker 方程计算偏自相关系数

Stata 默认使用回归的方法计算偏自相关系数，除非用户设置选项 yw（若设置将通过 Yule–Walker 方程计算偏自相关系数）。回归模型为：

$$x_t = \beta_0 + \beta_1 x_{t-1} + \cdots + \beta_k x_{t-k}$$

其中的 β_k 即为 k 阶偏自相关系数值。

2. 绘制自相关系数与偏自相关系数图

绘制带置信区间的自相关系数图的命令及其语法格式如下：

```
ac varname [if] [in] [,ac_options]
```

ac 为绘制带置信区间的自相关系数图的命令，varname 是要绘制的变量，[if] 为条件表达式，[in] 用于设置样本范围。[,ac_options] 为可选项，如表 7.2 所示。

表7.2　ac命令的[,ac_options]可选项及其含义

[,ac_options]可选项	含　义
lags(#)	设置最高滞后阶数，默认值为 min([n/2]−2, 40)
generate(newvar)	生成一个新变量来保存自相关系数值

（续表）

[,ac_options]可选项	含　义
level(#)	设置置信度，默认为 level(95)
fft	使用傅里叶变化来计算自相关系数值

绘制带置信区间的偏自相关系数图的命令及其语法格式为：

```
pac varname [if] [in] [,pac_options]
```

pac 为绘制带置信区间的偏自相关系数图的命令，varname 是要绘制的变量，[if]为条件表达式，[in]用于设置样本范围、[,pac_options]为可选项，如表 7.3 所示。

表7.3　pac命令的[,pac_options]可选项及其含义

[,pac_options]可选项	含　义
lags(#)	设置滞后期为#，默认使用 min{floor($n/2$) - 2,40}，其中 floor($n/2$)是小于或等于 $n/2$ 的最大整数
generate(newvar)	生成一个新变量来保存偏自相关系数值
level(#)	设置置信度，默认为 level(95)
yw	通过 Yule–Walker 方程计算偏自相关系数
srv	在图中标上标准化的残差方差值

3. Box-Pierce Q 检验

前面介绍的 corrgram 命令可以输出 Q 统计量，用于白噪声检验。此外，专门利用 Q 统计量进行白噪声检验的命令及其语法格式为：

```
wntestq varname [if] [in] [,lags(#)]
```

wntestq 为 Box-Pierce Q 检验命令，varname 代表要分析的变量，[if]为条件表达式，[in]用于设置样本范围，lags(#)用于设置滞后期为#，默认使用 min{floor(n/2)−2,40}，其中 floor(n/2)是小于或等于 $n/2$ 的最大整数。

4. BG 检验

BG 检验的命令及其语法格式为：

```
estat bgodfrey [,bgodfrey_options]
```

estat bgodfrey 为 BG 检验命令。[,bgodfrey_options]为可选项，如表 7.4 所示。

表7.4　estat bgodfrey命令的[,bgodfrey_options]可选项及其含义

[,bgodfrey_options]可选项	含　义
lags(#)	设置滞后期为#，默认使用 min{floor($n/2$)−2,40}，其中 floor($n/2$)是小于或等于 $n/2$ 的最大整数
nomiss0	不使用 Davidson and MacKinnon's 方法
small	通过 F 或 t 分布得到 p 值

5. DW 检验

DW 检验需要用到 Durbin-Watson 统计量，用于检验残差序列的自相关性，其计算公式为：

$$D.W.== \frac{\sum\limits_{t=2}^{n}(\hat{u}_t - \hat{u}_{t-1})^2}{\sum\limits_{t=1}^{n}\hat{u}_t^2} \approx 2(1 - \frac{\sum\limits_{t=2}^{n}\hat{u}_t\hat{u}_{t-1}}{\sum\limits_{t=1}^{n}\hat{u}_t^2})$$

Durbin 和 Watson 给出了在 5% 和 1% 显著水平下，不同的样本量 n 和自变量个数 k 检验的临界值，用户可以将 Durbin-Watson 统计量值与临界值进行比较，从而判断模型的残差序列是否存在自相关。一般情况下，如果 DW 统计量值比 2 小很多，说明该序列存在正的自相关。

利用 DW 统计量检验序列自相关有以下缺点：

1）该检验仅能够检验残差序列是否存在一阶序列相关，而不能检验高阶序列。
2）假如方程解释变量中含有滞后因变量，则 D.W 统计量检验不再有效。
3）对于处于某一区间的 D.W 值，无法做出合理的判断。

命令为：

```
estat dwatson
```

6. 采用异方差自相关稳健的标准差对数据进行回归分析

采用异方差自相关稳健的标准差对数据进行回归分析，能够克服数据的自相关性对最小二乘回归分析造成的不利影响。命令及其语法格式为：

```
newey depvar [indepvars] [if] [in] [weight] , lag(#) [options]
```

newey 为基本命令，depvar 为被解释变量，[indepvars]为解释变量，[if]为条件表达式，[in]用于设置样本范围，[weight]用于设置权重，lag(#)为滞后期设置，[options]为可选项，包括是否不包含常数项等。

7. 广义最小二乘回归分析

广义最小二乘回归分析的命令及其语法格式为：

```
prais depvar [indepvars] [if] [in] [,options]
```

newey 为命令，depvar 为被解释变量，[indepvars]为解释变量，[if]为条件表达式，[in]用于设置样本范围，options 为可选项。

若命令为：

```
prais depvar [indepvars],corc
```

则表示进行迭代式 CO 估计法广义最小二乘回归分析。

若命令为：

```
prais depvar [indepvars],nolog
```

则表示进行迭代式 PW 估计法广义最小二乘回归分析。

7.2.3　自相关诊断与处理示例

本节我们使用"数据 7"数据文件为例（与"数据 6"数据文件相同）。

1. 计算自相关系数与偏自相关系数

打开数据文件之后，在主界面的命令窗口中依次输入命令：

```
tsset year
```

因为自相关的诊断和处理都是针对时间序列数据的，我们首先需要设置时间变量，从而能够让 Stata 识别出时间序列数据，结果如图 7.8 所示。

```
regress profit invest labor rd
```

本命令的含义是以营业利润水平为因变量，以固定资产投资、平均职工人数、研究开发支出为自变量，开展线性回归分析。

```
predict yhat
```

本命令旨在获得因变量的拟合值。

```
predict e,resid
```

本命令旨在获得回归模型的估计残差。

```
corrgram e
```

本命令旨在计算残差的自相关与偏自相关函数以及 Q 统计量。分析结果如图 7.9 所示。

```
. corrgram e

                                           -1       0       1 -1       0       1
LAG      AC       PAC       Q     Prob>Q   [Autocorrelation]   [Partial Autocor]

1      0.4849    0.5712   6.6121   0.0101
2      0.3727    0.2378   10.689   0.0048
3      0.1472   -0.1752   11.353   0.0100
4     -0.1589   -0.4397   12.164   0.0162
5     -0.1859   -0.1673   13.331   0.0205
6     -0.3168   -0.5521   16.897   0.0097
7     -0.2644   -0.2300   19.518   0.0067
8     -0.4581   -1.2355   27.85    0.0005
9     -0.2817    0.3399   31.198   0.0003
10    -0.3536   -1.3127   36.825   0.0001
```

```
. tsset year
        time variable:  year, 1997 to 2021
                delta:  1 unit
```

图 7.8　设置时间变量　　　　图 7.9　计算残差的自相关与偏自相关函数以及 Q 统计量

以该结果可以看到，自相关系数值在不断减小，从正相关慢慢衰减，但是自滞后第 4 期开始又变成负相关。偏自相关系数值呈现出类似的特点。从 Q 统计量的 p 值可以看出均小于 0.05，所以在 1~10 的滞后期内，全部拒绝了时间序列不存在自相关的原假设。

2. 绘制自相关系数与偏自相关系数图

在数据文件主界面的命令窗口中依次输入命令：

```
ac e
```

本命令旨在绘制残差的自相关图，用于探索其自相关阶数，分析结果如图 7.10 所示。图 7.10 中的横轴表示滞后阶数，阴影部分表示 95% 的自相关置信区间，在阴影部分之外表示自相关系数显著不为 0，从图 7.10 中可以看出，数据主要是存在一阶自相关的。

pac e

本命令旨在绘制残差的偏自相关图，用于探索其偏自相关阶数，分析结果如图 7.11 所示。图 7.11 中的横轴表示滞后阶数，阴影部分表示 95%的自相关置信区间，在阴影部分之外表示偏自相关系数显著不为 0，从图 7.11 中可以看出，数据在一阶、四阶、六阶、八阶的偏自相关系数显著不为 0。

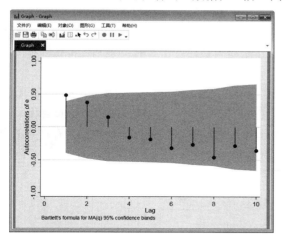 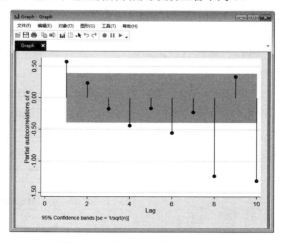

图 7.10　绘制残差的自相关图　　　　　　图 7.11　绘制残差的自相关图

3. Box-Pierce Q 检验

在数据文件主界面的命令窗口中输入命令：

wntestq e

本命令为 Box-Pierce Q 检验，旨在检验残差自相关性，分析结果如图 7.12 所示。Box-Pierce Q 检验的原假设为时间序列不存在自相关关系，可以发现 Prob > chi2(10) 为 0.0001，远远小于通常情况下使用的显著性水平 0.05，所以显著拒绝了原假设，也就是说时间序列是存在自相关的。

4. BG 检验

在数据文件主界面的命令窗口中输入命令：

estat bgodfrey

本命令为 BG 检验，旨在检验残差自相关性，分析结果如图 7.13 所示。BG 检验的原假设为时间序列不存在自相关关系，可以发现 Prob > chi2 为 0.0058，远远小于通常情况下使用的显著性水平 0.05，所以显著拒绝了原假设，也就是说时间序列是存在自相关的。

```
. wntestq e

Portmanteau test for white noise

Portmanteau (Q) statistic =    36.8251
Prob > chi2(10)           =     0.0001
```

图 7.12　Box-Pierce Q 检验结果

```
. estat bgodfrey

Breusch-Godfrey LM test for autocorrelation
```

lags(p)	chi2	df	Prob > chi2
1	7.604	1	0.0058

H0: no serial correlation

图 7.13　BG 检验结果

5. DW 检验

在数据文件主界面的命令窗口中输入命令：

```
estat dwatson
```

本命令为 DW 检验，旨在检验残差自相关性，分析结果如图 7.14 所示。DW 检验是 J.Durbin（杜宾）和 G.S.Watson（沃特森）于 1951 年提出的一种适用于小样本的检验方法。W 检验只能用于检验随机误差项具有一阶自回归形式的序列相关问题。DW 检验是通过计算 DW 值与标准值对比来完成的。

DW=0 时，残差序列存在完全正自相关，DW=（0,2）时，残差序列存在正自相关，DW=2 时，残差序列无自相关，DW=（2,4）时，残差序列存在负自相关，DW=4 时，残差序列存在完全负自相关。

从图 7.14 中可以看出，DW 值为 0.8746047，远远小于无自相关时的值 2，所以认为存在正的自相关。

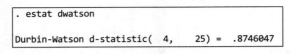

图 7.14　DW 检验结果

6. 采用异方差自相关稳健的标准差对数据进行回归分析

在数据文件主界面的命令窗口中依次输入命令：

```
di 25^0.25
```

本命令为计算样本个数的 1/4 次幂，旨在确定使用异方差自相关稳健的标准差进行回归的滞后阶数。

```
newey profit invest labor rd,lag(2)
```

本命令为采用异方差自相关稳健的标准差对数据进行回归分析，克服数据的自相关性对最小二乘回归分析造成的不利影响。

上述命令的分析结果如图 7.15 所示。因为样本个数为 25，其 1/4 次幂为 2.236068，接近 2，所以在接下来的回归分析命令中设置的滞后期数为 2。

在采用异方差自相关稳健的标准差对数据进行回归分析的结果中，可以看出模型中共有 25 个样本参与了分析，F 统计量值为 1278.38，模型显著性 P 值为 0.0000，整体非常有效。

模型的回归方程为：

```
profit=2.859037*invest+2.6269*labor+3.127479*rd-315.6367
```

对比"6.1 最小二乘线性回归分析"的结果，不难发现回归系数是没有变化的，但是 inves、rd 两个变量系数的显著性得到了一定程度的提高。

```
. di 25^0.25
2.236068

. newey profit invest labor rd,lag(2)

Regression with Newey-West standard errors        Number of obs   =        25
maximum lag: 2                                     F(  3,     21) =   1278.38
                                                   Prob > F        =    0.0000
```

profit	Coef.	Newey-West Std. Err.	t	P>|t|	[95% Conf. Interval]	
invest	2.859037	.8769761	3.26	0.004	1.035266	4.682809
labor	2.6269	.4979315	5.28	0.000	1.591395	3.662406
rd	3.127479	1.071387	2.92	0.008	.8994085	5.35555
_cons	-315.6367	478.9181	-0.66	0.517	-1311.601	680.328

图 7.15　采用异方差自相关稳健的标准差对数据进行回归分析结果

7. 广义最小二乘回归分析

在数据文件主界面的命令窗口中依次输入命令：

```
prais profit invest labor rd,corc
```

本命令旨在对数据进行以营业利润水平为因变量，以固定资产投资、平均职工人数、研究开发支出为自变量的迭代式 CO 估计法广义最小二乘回归分析，分析结果如图 7.16 所示。

```
. prais profit invest labor rd,corc

Iteration 0:   rho = 0.0000
Iteration 1:   rho = 0.5651
Iteration 2:   rho = 0.6141
Iteration 3:   rho = 0.6290
Iteration 4:   rho = 0.6344
Iteration 5:   rho = 0.6365
Iteration 6:   rho = 0.6373
Iteration 7:   rho = 0.6376
Iteration 8:   rho = 0.6378
Iteration 9:   rho = 0.6378
Iteration 10:  rho = 0.6378
Iteration 11:  rho = 0.6378
Iteration 12:  rho = 0.6378
Iteration 13:  rho = 0.6378
Iteration 14:  rho = 0.6378

Cochrane-Orcutt AR(1) regression -- iterated estimates
```

Source	SS	df	MS			
Model	458936417	3	152978806			
Residual	8373942.11	20	418697.106			
Total	467310359	23	20317841.7			

```
                                    Number of obs  =         24
                                    F(3, 20)       =     365.37
                                    Prob > F       =     0.0000
                                    R-squared      =     0.9821
                                    Adj R-squared  =     0.9794
                                    Root MSE       =     647.07
```

profit	Coef.	Std. Err.	t	P>|t|	[95% Conf. Interval]	
invest	2.955804	.9723316	3.04	0.006	.9275558	4.984052
labor	1.695217	.9867841	1.72	0.101	-.3631791	3.753612
rd	3.775001	1.108518	3.41	0.003	1.462673	6.087329
_cons	868.0315	1400.815	0.62	0.542	-2054.018	3790.081
rho	.6378397					

```
Durbin-Watson statistic (original)     0.874605
Durbin-Watson statistic (transformed)  2.328505
```

图 7.16　迭代式 CO 估计法广义最小二乘回归分析结果

对本结果的详细解读与前面类似，此处限于篇幅不再赘述。但值得注意的是，模型经过 14 次迭代后，DW 值从 0.874605（Durbin-Watson statistic(original)0.874605）跃升至 1.927109（Durbin-Watson statistic(transformed)2.328505），非常接近没有自相关时的值 2，所以经过 CO 迭代变换后，模型消除了自相关，但相较前面各类模型，labor 的系数变得不再显著（$P>|t|$=0.101）。

```
prais profit invest labor rd,nolog
```

本命令旨在对数据进行以营业利润水平为因变量，以固定资产投资、平均职工人数、研究开发支出为自变量的迭代式 PW 估计法广义最小二乘回归分析，回归分析结果如图 7.17 所示。

```
. prais profit invest labor rd,nolog

Prais-Winsten AR(1) regression -- iterated estimates

      Source |       SS           df       MS            Number of obs   =        25
-------------+----------------------------------         F(3, 21)        =    460.64
       Model |  574281378          3   191427126         Prob > F        =    0.0000
    Residual |  8726936.51        21   415568.405        R-squared       =    0.9850
-------------+----------------------------------         Adj R-squared   =    0.9829
       Total |  583008314         24   24292013.1        Root MSE        =    644.65

------------------------------------------------------------------------------
      profit |      Coef.   Std. Err.      t    P>|t|     [95% Conf. Interval]
-------------+----------------------------------------------------------------
      invest |   2.686261   .9289648     2.89   0.009     .7543728    4.618149
       labor |   2.371018   .6641844     3.57   0.002      .989771    3.752265
          rd |   3.698558   1.105629     3.35   0.003     1.399278    5.997839
       _cons |  -184.8662   788.6425    -0.23   0.817    -1824.938    1455.206
-------------+----------------------------------------------------------------
         rho |   .601951
------------------------------------------------------------------------------
Durbin-Watson statistic (original)    0.874605
Durbin-Watson statistic (transformed) 2.202084
```

图 7.17　迭代式 PW 估计法广义最小二乘回归分析结果

对本结果的详细解读与前面类似，此处限于篇幅不再赘述。但值得注意的是，模型的 DW 值从 0.874605（Durbin-Watson statistic (original) 0.874605）跃升至 2.202084（Durbin-Watson statistic (transformed)2.202084），非常接近没有自相关时的值 2，所以经过 PW 迭代变换后，模型消除了自相关，而且相较迭代式 CO 估计法广义最小二乘回归分析模型，固定资产投资、平均职工人数、研究开发支出 3 个自变量的系数都是显著的（$P>|t|$的值都小于 0.05，甚至小于 0.01）。

7.3　多重共线性诊断与处理

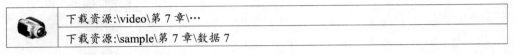

下载资源:\video\第 7 章\…
下载资源:\sample\第 7 章\数据 7

7.3.1　多重共线性诊断与处理的功能与意义

多重共线性是指线性回归模型中的解释变量之间由于存在高度相关关系而使模型估计失真或难以估计准确，包括严重的多重共线性和近似的多重共线性。在进行回归分析时，如果某一自变量可以被其他的自变量通过线性组合得到，那么数据就存在严重的多重共线性问题。近似的多重共线性是指某自变量能够被其他的自变量较多地解释，或者说自变量之间存在着很大程度的信息重叠。

多重共线性产生的原因包括经济变量相关的共同趋势、滞后变量的引入、样本资料的限制等。在数据存在多重共线性的情况下，最小二乘回归分析得到的系数值仍然是最优无偏估计的，但是会导致：完全共线性下参数估计量不存在；近似共线性下 OLS 估计量非有效；参数估计量经济含义不合理；变量的显著性检验失去意义，可能将重要的解释变量排除在模型之外；模型的预测功能失效。

解决多重共线性的办法包括剔除不显著的变量、进行因子分析提取出相关性较弱的几个主因子再进行回归分析、将原模型变换为差分模型、使用岭回归法减小参数估计量的方差等。

7.3.2　多重共线性诊断与处理的 Stata 操作

1. 多重共线性检验

多重共线性检验的命令及其语法格式为：

```
estat vif [,uncentered]
```

该命令的含义是通过计算线性回归模型中自变量的方差膨胀因子（vif），对各自变量进行多重共线性检验。一般情况下，如果 VIF > 10，则说明自变量之间存在多重共线性的问题。其中 uncentered 为可选项，一般只在没有常数项的回归模型中使用。

2. 多重共线性处理

本节我们介绍两种常用的多重共线性处理方法。一种是当发现某自变量的方差膨胀因子（vif）大于 10 以后，剔除方差膨胀因子（vif）最大的变量再次进行回归，然后再次输入命令 "estat vif" 进行多重共线性检验，直至所有自变量的方差膨胀因子（vif）小于 10。该方法的命令就是前面介绍的一般最小二乘回归分析与多重共线性检验命令的组合，在此不再赘述。

另一种是针对参与回归分析的自变量进行因子分析，通过因子分析提取出相关性较弱的几个主因子，再进行回归分析，用到的其实是因子分析的命令。关于因子分析我们会在后面的章节详细介绍。此处仅列出主成分因子分析法的命令及其语法格式：

```
factor varlist [if] [in] [weight] ,pcf
```

factor 是基本命令，varlist 是参与因子分析的变量列表，[if]为条件表达式，[in]用于设置样本范围，[weight]用于设置权重，pcf 表示使用主成分因子分析法。

7.3.3　多重共线性诊断与处理示例

本节我们使用 "数据 7" 数据文件（与 "数据 6" 数据文件相同）。

1. 多重共线性检验及剔除方差膨胀因子最大的变量再次进行回归

打开数据文件之后，在主界面的命令窗口中依次输入命令：

```
regress profit invest labor rd
```

本命令的含义是以营业利润水平为因变量，以固定资产投资、平均职工人数、研究开发支出为自变量，开展线性回归分析。

```
estat vif
```

本命令旨在对模型进行多重共线性检验，结果如图 7.18 所示。可以发现 invest 变量的 VIF 值为 88.92，rd 变量的 VIF 值为 79.13，Mean VIF 的值为 58.83，两个变量的 VIF 值以及 Mean VIF 值都超过了 10，存在多重共线性。我们需要首先剔除掉 VIF 值最大的那个变量 invest（注意不要一下子把两个变量都剔除掉），然后进行回归。

```
. estat vif

    Variable |       VIF       1/VIF

      invest |     88.92    0.011246
          rd |     79.13    0.012637
       labor |      8.45    0.118398

    Mean VIF |     58.83
```

图 7.18　多重共线性检验

```
regress profit labor rd
```

本命令的含义是以营业利润水平为因变量，以平均职工人数、研究开发支出为自变量，开展线性回归分析，分析结果如图 7.19 所示。

```
. regress profit labor rd

      Source |        SS       df       MS              Number of obs =      25
                                                        F(2, 22)      = 1797.17
       Model |  2.9472e+09        2  1.4736e+09         Prob > F      =  0.0000
    Residual |  18039296.9       22   819968.04         R-squared     =  0.9939
                                                        Adj R-squared =  0.9934
       Total |  2.9653e+09       24  123553586         Root MSE      =  905.52


      profit |      Coef.   Std. Err.      t    P>|t|     [95% Conf. Interval]
       labor |   3.047912   .4566024     6.68   0.000     2.100976    3.994847
          rd |   6.460463    .415652    15.54   0.000     5.598454    7.322473
       _cons |   -544.937   549.8153    -0.99   0.332    -1685.184    595.3101
```

图 7.19　剔除掉变量 invest 之后的线性回归分析

```
estat vif
```

本命令旨在对模型进行多重共线性检验，结果如图 7.20 所示。可以发现 labor 变量的 VIF 值为 7.50，rd 变量的 VIF 值为 7.50，Mean VIF 的值为 7.50，两个变量的 VIF 值以及 Mean VIF 的值均小于 10，说明剔除掉 invest 变量之后，回归模型已经不存在多重共线性了，回归分析结果是可以接受的。

```
. estat vif

    Variable |       VIF       1/VIF

       labor |      7.50    0.133353
          rd |      7.50    0.133353

    Mean VIF |      7.50
```

图 7.20　多重共线性检验

模型的 F 值(2,22)为 1797.17，P 值（Prob>F）为 0.0000，说明模型整体上是非常显著的。模型的可决系数（R-squared）为 0.9939，模型修正的可决系数（Adj R-squared）为 0.9934，说明模型的解释能力是非常高的。

模型的回归方程是：

```
profit=3.047912 *labor+6.460463*rd--544.937
```

变量 labor 的系数标准误是 0.4566024，t 值为 6.68，P 值为 0.000，系数是非常显著的，95% 的置信区间为[2.100976,3.994847]。变量 rd 的系数标准误是 0.415652，t 值为 15.54，P 值为 0.000，系数是非常显著的，95% 的置信区间为[5.598454,7.322473]。

2. 提取主因子后再进行回归

打开数据文件之后，在主界面的命令窗口中依次输入命令：

```
factor invest labor rd,pcf
```

本命令旨在对固定资产投资、平均职工人数、研究开发支出 3 个自变量提取公因子，分析结果如图 7.21 所示。

```
. factor invest labor rd,pcf
(obs=25)

Factor analysis/correlation                    Number of obs    =        25
    Method: principal-component factors        Retained factors =         1
    Rotation: (unrotated)                      Number of params =         3

    Factor     |  Eigenvalue   Difference      Proportion   Cumulative

    Factor1    |    2.90919     2.82447            0.9697       0.9697
    Factor2    |    0.08473     0.07864            0.0282       0.9980
    Factor3    |    0.00608         .              0.0020       1.0000

LR test: independent vs. saturated:  chi2(3)  = 150.64 Prob>chi2 = 0.0000

Factor loadings (pattern matrix) and unique variances

    Variable   |  Factor1    Uniqueness

      invest   |   0.9928       0.0143
       labor   |   0.9710       0.0571
          rd   |   0.9902       0.0195
```

图 7.21　因子分析结果

图 7.21 的上半部分说明的是因子分析模型的一般情况，从图中可以看出共有 25 个样本（Number of obs=25）参与了分析，提取保留的因子共有 1 个（Retained factors=1），模型 LR 检验的卡方值（LR test: independent vs. saturated: chi2(3)）为 150.64，P 值（Prob>chi2）为 0.0000，模型非常显著。

图 7.21 的上半部分最左列（Factor）说明的是因子名称，可以看出模型共有 3 个因子。Eigenvalue 列表示的是提取因子的特征值情况，只有第 1 个因子的特征值是大于 1 的，由于默认只有特征值大于 1 的因子才能被保留，所有只保留了第一个因子。第 1 个因子的特征值是 2.90919。Proportion 列表示的是提取因子的方差贡献率，其中第 1 个因子的方差贡献率为 96.97%%。Cumulative 列表示的是提取因子的累计方差贡献率，其中前两个因子的累计方差贡献率为 99.80%。

图 7.21 的下半部分说明的是模型的因子载荷矩阵以及变量的未被解释部分。其中，Variable 列表示的是变量，Factor1 列说明的是提取的第 1 个主因子（特征值大于 1 的）对各个变量的解释程度，

本例中，Factor1 可解释 3 个自变量大部分的信息。Uniqueness 列表示变量未被提取的主因子解释的部分，可以发现在舍弃其他主因子的情况下，信息的损失量是很小的。

```
predict f1
```

本命令旨在产生已提取的公因子变量 *f*1，运行结果如图 7.22 所示。

```
. predict f1
(option regression assumed; regression scoring)

Scoring coefficients (method = regression)

    Variable   Factor1
    
      invest   0.34128
       labor   0.33378
          rd   0.34038
```

	year	profit	invest	labor	rd	yhat	e	f1
1	1997	777	146.5	358	46.81	1190.04	-413.0399	-1.233795
2	1998	1088	184.5	532	73.35	1838.767	-750.7673	-1.165786
3	1999	2003	214.5	666	123.13	2432.229	-429.2291	-1.105051
4	2000	2864	254.5	766	154.41	2878.212	-14.21227	-1.060879
5	2001	3399	303.5	876	253.67	3646.594	-247.5937	-.9861289
6	2002	4123	339.5	1024	261.21	4161.881	-38.88148	-.9316906
7	2003	5120	377.5	1134	373.85	4911.763	208.2368	-.8588861
8	2004	6532	438.5	1345	404.35	5735.829	796.1713	-.7736666
9	2005	7735	538.5	1678	489	7161.231	573.7686	-.6281621
10	2006	8765	684.5	1777	532	7973.196	791.8044	-.5648312
11	2007	9952	890.5	1899	588	9057.778	894.222	-.4579949
12	2008	10034	1050.5	1934	614	9688.48	345.52	-.4066652
13	2009	11873	1185.5	2034	784	10868.81	1004.188	-.2989089
14	2010	12328	1448.5	2346	901.91	12809.09	-481.0925	-.1162699
15	2011	14321	1688.5	2489	1053.17	14343.97	-22.97083	.021862
16	2012	16345	2020.5	2671	1243.43	16366.3	-21.3014	.2014789
17	2013	17654	2134	2871	1511.67	18055.1	-401.0973	.3611651
18	2014	19993	2219.5	3012	2024.38	20273.43	-280.4279	.5653765
19	2015	21232	2671.5	3123	2176.82	22334.05	-1102.052	.7389371
20	2016	23123	3096.5	3209	2345	24301.04	-1178.036	.9035438
21	2017	25321	3531.5	3341	2678	26932.92	-1611.918	1.130228
22	2018	29934	4007.5	3501	2899	29405.3	528.7026	1.342884
23	2019	32008	4397.5	3623	3266	31988.59	19.41123	1.56635

图 7.22　因子得分系数矩阵及 *f*1 变量

图 7.22 右侧为已生成的 *f*1 变量，左侧为展示的因子得分系数矩阵，可以写出公因子的表达式。值得一提的是，在表达式中各个变量已经不是原始变量，而是标准化变量。

表达式如下：

```
f1= 0.34128*invest+0.33378*labor+ 0.34038*rd
reg profit f1
```

本命令旨在以营业利润水平为因变量，以 *f*1 为自变量进行最小二乘回归分析，运行结果如图 7.23 所示。

```
. reg profit f1

      Source |       SS           df       MS      Number of obs   =        25
-------------+----------------------------------   F(1, 23)        =   4739.81
       Model |  2.9510e+09         1  2.9510e+09   Prob > F        =    0.0000
    Residual |  14319596.7        23  622591.162   R-squared       =    0.9952
-------------+----------------------------------   Adj R-squared   =    0.9950
       Total |  2.9653e+09        24   123553586   Root MSE        =    789.04

------------------------------------------------------------------------------
      profit |      Coef.   Std. Err.      t    P>|t|     [95% Conf. Interval]
-------------+----------------------------------------------------------------
          f1 |   11088.59    161.063    68.85   0.000     10755.41    11421.78
       _cons |   14376.74   157.8089    91.10   0.000     14050.29    14703.19
------------------------------------------------------------------------------
```

图 7.23　以 *f*1 为自变量的最小二乘回归分析结果

模型的 F 值(1,23)=4739.81，P 值（Prob > F）= 0.0000，说明模型整体上是非常显著的。模型的可决系数（R-squared）为 0.9952，模型修正的可决系数（Adj R-squared）= 0.9950，说明模型的解释能力是非常高的。

模型的回归方程是：

```
profit=11088.59 *f1+14376.74
```

变量 $f1$ 的系数标准误是 161.063，t 值为 68.85，P 值为 0.000，系数是非常显著的，95%的置信区间为[10755.41,11421.78]。常数项的标准误是 157.8089，t 值为 91.10，P 值为 0.000，系数是非常显著的，95%的置信区间为[14050.29,14703.19]。

```
estat vif
```

本命令旨在对模型进行多重共线性检验，结果如图 7.24 所示。

```
. vif

    Variable |       VIF      1/VIF

          f1 |      1.00    1.000000

    Mean VIF |      1.00
```

图 7.24　对新模型进行多重共线性检验的结果

从图 7.24 中可以看出，Mean VIF 的值是 1，远远小于合理值 10，所以模型的多重共线性得到了很大程度的改善。

7.4　内生性诊断与处理

下载资源:\video\第 7 章\···	
下载资源:\sample\第 7 章\数据 7A	

7.4.1　内生性诊断与处理的功能与意义

前面我们在普通最小二乘估计方法的讲解中，提到该方法需要满足很多经典假设，其中之一为条件期望零值假定 $E(\varepsilon|X) = 0$，只有做到这一点，才能保证估计系数的一致性。如果该假设条件无法被满足，就会出现内生性问题。在实际应用中，产生内生性问题的原因是多样的，包括变量遗漏、反向因果或者测量误差等。

内生性是可以被解决的，其中之一就是使用面板数据（Panel Data），面板数据又被称为平行数据，指的是对某变量在一定时间段内持续跟踪观测的结果。面板数据兼具了横截面数据和时间序列数据的特点，既有横截面维度（在同一时间段内有多个观测样本），又有时间序列维度（同一样本在多个时间段内被观测到）。关于面板数据，Stata 有专门的统计分析方法，后续章节中我们将详细进行讲解。

本节我们着重介绍有效解决内生性问题的另一种方法，即使用工具变量，利用两阶段最小二乘法解决。该方法实施的关键在于找到恰当的工具变量。工具变量必须满足两个条件：条件一是工具变量与内生变量相关，条件二是工具变量与随机扰动项不相关。

从数学公式的角度来看，就是假设方程：$y = x_1{'}\beta_1 + x_2\beta_2 + \varepsilon$，模型中只有 x_2 是内生变量，设法找到工具变量 z_2，然后进行两阶段最小二乘法。两阶段最小二乘法的基本含义是将回归过程分为两个阶段，其中第一阶段的回归是内生变量对所有解释变量进行回归分析，得到内生解释变量的估计值 $\hat{x}_2$；第二阶段的回归是执行被解释变量与外生解释变量、内生解释变量一阶段回归拟合值的回归。

特别说明

如果模型不存在内生性问题，则工具变量两阶段最小二乘估计量和普通最小二乘估计量是一致的，但是由于普通最小二乘估计量方差更小，因此估计会更有效率。而如果模型真的存在内生性问题，那么普通最小二乘估计量就是不一致的，只有工具变量两阶段最小二乘估计量是一致的。

如果模型同时还存在随机扰动项的异方差，可以使用加权的两阶段最小二乘估计模型，即把所有变量（包括工具变量）都乘以权重序列矩阵 W，然后对加权后的模型进行两阶段最小二乘估计。同时，如果模型存在随机扰动项序列自相关，可以使用带有序列自相关修正的两阶段最小二乘估计模型，即在方程设定中加入自相关项来实现。

针对模型是否存在内生性的检验，可以采用豪斯曼检验方法。豪斯曼检验方法的基本思想是计算工具变量两阶段最小二乘估计量和普通最小二乘估计量之间的差异，原假设H_0为"所有解释变量都是外生的"，在大样本下，若$\hat{\beta}_{IV} - \hat{\beta}_{OLS}$依概率收敛到 0，则原假设成立，否则说明模型存在内生性。

7.4.2　内生性诊断与处理的 Stata 操作

1. 内生性诊断

在前面我们已经讲到，可以用豪斯曼检验诊断模型是否存在内生性问题。

豪斯曼检验的命令及其语法格式为：

```
hausman name-consistent [name-efficient] [,options]
```

其中 hausman 为豪斯曼检验的命令，name-consistent 是指一致估计量的变量，[name-efficient] 是指有效估计量的变量，这两个变量的顺序是不能改变的。[,options]为可选项，如表 7.5 所示。

表7.5　hausman命令的[,options]可选项及其含义

[,options]可选项	含　义
constant	计算豪斯曼检验统计量时加入常数项，默认值是排除常数项
alleps	使用所有方程进行豪斯曼检验，默认只检验第一个方程
skipeps(eqlist)	豪斯曼检验时不包括 eqlist，此方程只能是方程名称，不能是序号
equations（matchlist）	比较设定的方程
force	仍进行检验，即使假设条件不满足
df(#)	使用 "#" 自由度，默认使用一致估计与有效估计的协方差矩阵的秩
sigmamore	协方差矩阵采用有效估计量的协方差矩阵
sigmaless	协方差矩阵采用一致估计量的协方差矩阵
tconsistent(string)	设置一致估计量栏的标题
tefficient(string)	设置有效估计量栏的标题

需要注意的是，豪斯曼检验不是单独使用的，而是需要配合回归分析结果使用，具体操作命令示例如下：

在检验一个模型是否存在内生性时的具体操作如下。

如下两个命令在对模型进行回归之后，存储 OLS 的估计结果为估计的有效估计量。

```
reg y x1 x2
```

本命令的含义是以 y 为因变量，以 $x1$、$x2$ 为自变量，进行最小二乘回归分析。

```
estimates store ols
```

本命令的含义是保存最小二乘回归分析的结果为 ols。

```
ivregress 2sls y x1 (x2=z)
```

假设 $x2$ 为内生解释变量，并且找到其工具变量为 z，本命令的含义是以 y 为因变量，以 $x1$、$x2$ 为自变量，以 z 为 $x2$ 内生解释变量的工具变量，进行二阶段最小二乘回归估计。

```
estimates store iv
```

本命令的含义是保存二阶段最小二乘回归估计的结果为 iv。

```
hausman iv ols, constant sigmamore
```

本命令的含义是通过对比最小二乘回归分析 ols 和二阶段最小二乘回归估计 iv 的结果，进行豪斯曼检验。其中选择项 constant 表示 $\hat{\beta}_{IV}$ 与 $\hat{\beta}_{OLS}$ 都包括常数项（默认值不包含常数项），sigmamore 表示统一使用更有效的估计量（即 OLS）所对应的残差来计算 $\hat{\sigma}^2$。这样有助于保证根据样本数据计算的 $\text{Var}(\hat{\beta}_{IV})-\text{Var}(\hat{\beta}_{OLS})$ 为正定矩阵。

2. 内生性处理——ivregress

```
ivregress estimator depvar [varlist1] (varlist2 = varlist_iv) [if] [in] [weight]
[,options]
```

ivregress 为内生性处理的命令，estimator 是指二阶段最小二乘（2SLS）、有限信息最大似然估计（LIML）、广义矩估计（GMM）3 种方法，varlist1 表示模型不存在内生性的解释变量，varlist2 表示模型中存在内生性的变量，varlist_iv 为存在内生性的变量的工具变量，[if] 为条件表达式，[in] 用于设置样本范围，[weight]用于设置权重。[,options]为可选项，如表 7.6 所示。

表7.6　ivregress命令的[,options]可选项及其含义

[,options]可选项	含　义
nonconstant	回归分析中不包括常数项
hascons	用户自定义常数项
wmatrix(wmtype)	wmtype 可能是 robust、cluster clustvar、hac kernel 或 unadjusted
center	权数矩阵采用中心距
igmm	使用迭代而不是两步 GMM 估计
eps(#)	指定参数的收敛标准，默认值为 eps(le-6)
weps(#)	权数矩阵的收敛标准，默认值为 wps(le-6)
optimization options	控制优化过程，很少使用
vce(vcetype)	Vcetype 可能是 robust、cluster clustvar、hac kernel 或 unadjusted
level（#）	设定置信区间
first	输出第一阶段的回归结果
small	小样本下的自由度调整
noheader	仅显示估计系数表格
depname	显示替代变量的名称
eform(string)	输出系数的指数形式并用 string 做其标签

将上述命令中的 estimator 指定为 2SLS，即为二阶段最小二乘估计，该命令的语法格式为：

```
ivregress 2sls depvar [varlist1] (varlist2 = varlist_iv) [if] [in] [weight]
[,options]
```

示例如下：

```
ivregress 2sls y x1 (x2 = z)
```

假设 *x2* 为内生解释变量，并且找到其工具变量 *z*，本命令的含义是以 *y* 为因变量，以 *x1*、*x2* 为自变量，以 *z* 为 *x2* 内生解释变量的工具变量，进行二阶段最小二乘回归估计。

```
ivregress 2sls y x1 (x2 = z), r first
```

本命令的含义除了上一条命令的含义外，还通过设置 r 选项使用稳健标准差，设置 first 选项在结果中显示第一阶段的回归结果。

3. 内生性处理——扩展回归模型

从 Stata 15.0 开始，Stata 新增了扩展回归模型（ERMs）功能，该功能非常强大，包括如下命令集合：

具有内生变量的基本线性回归的命令：

```
eregress depvar [indepvars], endogenous(depvars_en = varlist_en) [options]
```

视作内生变量处理的基本线性回归的命令：

```
eregress depvar [indepvars], entreat(depvar_tr [= varlist_tr]) [options]
```

视作外生变量处理的基本线性回归的命令：

```
eregress depvar [indepvars], extreat(tvar) [options]
```

具有样本选择特征的基本线性回归的命令：

```
eregress depvar [indepvars], select(depvar_s = varlist_s) [options]
```

具有 tobit 样本选择特征的基本线性回归的命令：

```
eregress depvar [indepvars], tobitselect(depvar_s = varlist_s) [options]
```

具有随机效应的基本线性回归的命令：

```
xteregress depvar [indepvars] [,options]
```

针对存在内生变量的模型，我们选择上面的第一条命令即可，即：

```
eregress depvar [indepvars], endogenous(depvars_en = varlist_en) [options]
```

7.4.3 内生性诊断与处理示例

本节我们使用"数据 7A"数据文件。"数据 7A"记录的是 259 名被调查者年薪、户籍、年龄、受教育年限、个人总资产等数据，如图 7.25 所示。

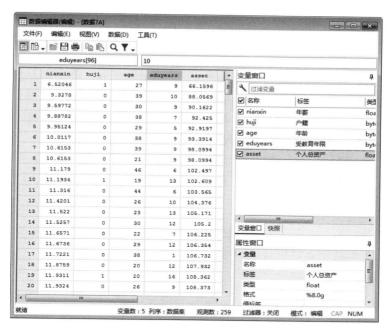

图 7.25 "数据 7A"的数据内容

下面我们研究被调查者年薪与年龄、受教育年限之间的关系。

1. 普通最小二乘回归分析

在命令窗口中依次输入以下命令：

```
reg nianxin age eduyears
```

本命令的含义是以年薪为被解释变量，以年龄、受教育年限为解释变量，进行最小二乘回归分析，分析结果如图 7.26 所示。

```
. reg nianxin age eduyears

      Source |       SS           df       MS            Number of obs   =       259
-------------+----------------------------------       F(2, 256)       =     46.29
       Model |  153.908085         2  76.9540423        Prob > F        =    0.0000
    Residual |  425.580187       256  1.66242261        R-squared       =    0.2656
-------------+----------------------------------       Adj R-squared   =    0.2599
       Total |  579.488272       258  2.24607857        Root MSE        =    1.2893

     nianxin |      Coef.   Std. Err.      t    P>|t|     [95% Conf. Interval]
-------------+----------------------------------------------------------------
         age |   .0356495   .0052696     6.77   0.000     .0252723    .0460268
    eduyears |   .1975403   .0243657     8.11   0.000     .1495576     .245523
       _cons |   10.58589    .394584    26.83   0.000     9.808842    11.36293
```

图 7.26 最小二乘回归分析结果

从上述分析结果中可以看出共有 259 个样本参与了分析（Number of obs = 259），模型的 F 值(2, 256) =46.29，P 值（Prob > F）= 0.0000，说明模型整体上是非常显著的。模型的可决系数（R-squared）为 0.2656，模型修正的可决系数（Adj R-squared）为 0.2599，说明模型的解释能力差强人意，可能遗漏了关键解释变量。

模型的回归方程是：

```
nianxin=.0356495*age+.1975403*eduyears+10.58589
```

变量 age 的系数标准误是 0.0052696，t 值为 6.77，P 值为 0.000，系数是非常显著的，95%的置信区间为[0.0252723,0.0460268]。变量 eduyears 的系数标准误是 0.0243657，t 值为 8.11，P 值为 0.000，系数是非常显著的，95%的置信区间为[0.1495576,0.245523]。常数项的系数标准误是 0.394584，t 值为 26.83 ，P 值为 0.000，系数也是非常显著的，95%的置信区间为[9.808842,11.36293]。

从上面的分析可以看出年龄、受教育年限对于因变量年薪都是正向显著影响的，自变量每一单位的增长都会显著引起因变量的增长。

```
estimates store ols
```

本命令的作用是保持上述普通最小二乘回归分析的结果，以便后续与二阶段最小二乘回归分析的结果进行比较，为豪斯曼内生性检验打好基础。

2. 寻找工具变量

虽然自变量系数都非常显著，但前面同样得到了"可能遗漏关键解释变量"的结论，所以可能就带来了内生性的问题。就本例而言，遗漏的关键解释变量很可能是"赚钱能力"，或者说影响被调查者年薪的因素除了年龄、受教育年限之外，赚钱能力也是很重要的。而受教育年限又与赚钱能力紧密相关，所以就会产生内生性。

本例中，我们找到"户籍（城镇或农村）"作为"受教育年限"工具变量，满足工具变量的两个基本条件：一是工具变量与内生变量相关，即户籍（城镇或农村）与受教育年限紧密相关；二是工具变量与随机扰动项不相关。即户籍（城镇或农村）与赚钱能力不相关。

3. 二阶段最小二乘回归分析

在命令窗口中依次输入以下命令：

```
ivregress 2sls nianxin age (eduyears=huji)
```

本命令的含义是以年薪为被解释变量，以年龄、受教育年限为解释变量，其中受教育年限为内生解释变量，户籍是受教育年限内生解释变量的工具变量，进行二阶段最小二乘回归分析，分析结果如图 7.27 所示。

图 7.27 二阶段最小二乘回归分析结果

从上述分析结果中可以看出共有 259 个样本参与了分析（Number of obs = 259），模型的沃德统计量 Wald chi2(2) =59.93，P 值（Prob > F）= 0.0000，说明模型整体上是非常显著的。模型的回归方程是：

```
nianxin=.5578258*eduyears+.0519711*age+5.785348
```

变量 age 的系数标准误是 0.0829016，z 值为 6.73，P 值为 0.000，系数是非常显著的，95%的置信区间为[0.3953417,0.72031]。变量 eduyears 的系数标准误是 0.0079221，z 值为 6.56，P 值为 0.000，系数是非常显著的，95%的置信区间为[0.036444,0.0674982]。常数项的系数标准误是 1.145565，z 值为 5.05，P 值为 0.000，系数也是非常显著的，95%的置信区间为[3.540081,8.030614]。

特别提示

1）因为我们在前面的命令语句中没有设置 first 选项，所以没有显示第一阶段回归结果，这里只是将最终结果列出来。

2）在最终的结果图中列出了 instrumented（被使用工具变量解释的原解释变量）和 instruments（所使用的工具变量）。

3）非内生解释变量（即外生解释变量）也会被放进工具变量列表（instruments）中。

4）工具变量不会在最终的估计结果中出现。

```
estimates store iv
```

本命令的作用是保持上述二阶段最小二乘回归分析的结果，以便与前面普通最小二乘回归分析的结果进行比较，为豪斯曼内生性检验打好基础。

4. 内生性诊断

在命令窗口中输入以下命令：

```
hausman iv ols,constant
sigmamore
```

本命令的含义是通过对比普通最小二乘回归分析 ols 和二阶段最小二乘回归估计 iv 的结果，进行豪斯曼检验，分析结果如图 7.28 所示。

图中 b 是二阶段最小二乘回归估计 iv 的系数，B 是普通最小二乘回归分析 ols 的系数，b-B 是二阶段最小二乘回归估计 iv 系数与普通最小二乘回归分析 ols 系数之间的差异。

```
. hausman iv ols,constant sigmamore

Note: the rank of the differenced variance matrix (1) does not equal the number
      of coefficients being tested (3); be sure this is what you expect, or
      there may be problems computing the test.  Examine the output of your
      estimators for anything unexpected and possibly consider scaling your
      variables so that the coefficients are on a similar scale.

            ---- Coefficients ----
              (b)          (B)           (b-B)        sqrt(diag(V_b-V_B))
              iv           ols         Difference            S.E.

eduyears    .5578258     .1975403      .3602855          .0561831
    age     .0519711     .0356495      .0163216          .0025452
  _cons     5.785348    10.58589      -4.800538          .7485989

              b = consistent under Ho and Ha; obtained from ivregress
              B = inconsistent under Ha, efficient under Ho; obtained from regress

Test:  Ho:  difference in coefficients not systematic

            chi2(1) = (b-B)'[(V_b-V_B)^(-1)](b-B)
                    =      41.12
          Prob>chi2 =       0.0000
          (V_b-V_B is not positive definite)
```

图 7.28　豪斯曼检验结果

从豪斯曼检验中可以看到，豪斯曼检验的原假设是工具变量两阶段最小二乘估计量和普通最小二乘估计量之间没有显著系统性差异（Ho: difference in coefficients not systematic），即所有解释变量都是外生的。但本例中 Prob>chi2 = 0.0000，显著拒绝了原假设，说明解释变量受教育年限确实为内生解释变量。

5. 内生性处理——扩展回归模型

在命令窗口中输入以下命令：

```
eregress nianxin age,endogenous(eduyears=huji)
```

本命令的含义是使用扩展回归模型（ERM）中具有内生变量的基本线性回归方法，以年龄、受教育年限为解释变量，其中受教育年限为内生解释变量，户籍是受教育年限内生解释变量的工具变量，进行回归分析，分析结果如图 7.29 所示。

```
. eregress nianxin age,endogenous(eduyears=huji)

Iteration 0:   log likelihood = -1076.0004
Iteration 1:   log likelihood = -1075.9985
Iteration 2:   log likelihood = -1075.9985

Extended linear regression                  Number of obs    =        259
                                            Wald chi2(2)     =      62.66
Log likelihood = -1075.9985                 Prob > chi2      =     0.0000

                   Coef.   Std. Err.      z    P>|z|    [95% Conf. Interval]

nianxin
        age      .0237615   .0050881    4.67   0.000     .013789    .0337341
   eduyears      .6523778   .1157959    5.63   0.000    .4254219    .8793336
      _cons      5.846435   1.321244    4.42   0.000    3.256844    8.436026

eduyears
       huji      2.88661    .5164604    5.59   0.000    1.874366    3.898854
      _cons      9.108695   .4683572   19.45   0.000    8.190732   10.02666

var(e.nian~n)    4.135056   1.287887                    2.245793    7.613652
var(e.eduy~s)   10.09055    .8867062                    8.494062   11.9871

corr(e.edu~s,
   e.nianxin)   -.8163686   .064463   -12.66   0.000    -.9095012   -.6452015
```

图 7.29　扩展回归模型结果

从图 7.29 中可以看出，扩展回归模型在经过两次迭代计算后得到最大似然统计量。模型中共有259 个样本参与了分析，沃德卡方统计量为 62.56，模型显著性 P 值为 0.0000，整体非常有效。

从各个解释变量的系数来看，都非常显著。其中 age 的系数值为 0.0237615，标准误为 0.0050881，z 值为 4.67，显著性 P 值为 0.000，95%的置信区间的下限为 0.013789，上限为 0.0337341；eduyears 的系数值为 0.6523778，标准误为 0.1157959，z 值为 5.63，显著性 P 值为 0.000，95%的置信区间的下限为 0.4254219，上限为 0.8793336；常数项的系数值为 5.846435，标准误为 1.321244，z 值为 4.42，显著性 P 值为 0.000，95%的置信区间的下限为 3.256844，上限为 8.436026。

7.5　本章回顾与习题

7.5.1　本章回顾

本章主要介绍了异方差诊断与处理、自相关诊断与处理、多重共线性诊断与处理、内生性诊断与处理等方法的基本原理、基本命令语句以及具体实例的应用。

1. 异方差诊断的命令

（1）绘制残差序列图

```
rvfplot
rvpplot varname
```

（2）怀特检验法

```
estat imtest, white
```

（3）BP 检验法

```
estat hettest,iid
estat hettest,rhs
estat hettest [varlist]
```

2. 异方差处理的命令

（1）使用稳健标准差进行最小二乘回归分析

```
reg y x1 x2 …, robust
```

（2）使用加权最小二乘回归分析

```
reg y x1 x2 …, [aweight=……]
```

（3）Heteroskedastic 线性回归
最大似然估计的命令及其语法格式：

```
hetregress depvar [indepvars] [if] [in] [weight] [,ml_options]
```

两步 GLS 估计的命令及其语法格式：

```
hetregress depvar [indepvars] [if] [in], twostep het(varlist) [ts_options]
```

3. 自相关诊断与处理的命令

（1）计算自相关系数与偏自相关系数

```
corrgram varname [if] [in] [,corrgram_options]
```

（2）绘制自相关系数与偏自相关系数图

```
ac varname [if] [in] [,ac_options]
```

（3）Box-Pierce Q 检验

```
wntestq varname [if] [in] [,lags(#)]
```

（4）BG 检验

```
estat bgodfrey [,bgodfrey_options]
```

（5）DW 检验

```
estat dwatson
```

（6）采用异方差自相关稳健的标准差对数据进行回归分析

```
newey depvar [indepvars] [if] [in] [weight] , lag(#) [options]
```

（7）广义最小二乘回归分析

```
prais depvar [indepvars],corc
```

进行迭代式 CO 估计法广义最小二乘回归分析。

```
prais depvar [indepvars],nolog
```

进行迭代式 PW 估计法广义最小二乘回归分析。

4. 多重共线性诊断与处理的命令

（1）多重共线性检验

```
estat vif [,uncentered]
```

（2）多重共线性处理

主成分因子分析法的命令：

```
factor varlist [if] [in] [weight] ,pcf
```

5. 内生性诊断与处理的命令

（1）内生性诊断

```
reg y x1 x2
estimates store ols
ivregress 2sls y x1 (x2=z)
estimates store iv
hausman iv ols, constant sigmamore
```

（2）内生性处理——ivregress

```
ivregress estimator depvar [varlist1] (varlist2 = varlist_iv) [if] [in] [weight]
[,options]
```

二阶段最小二乘的命令：

```
ivregress 2sls y x1 (x2 = z)
ivregress 2sls y x1 (x2 = z), r first
```

（3）内生性处理——扩展回归模型

```
eregress depvar [indepvars], endogenous(depvars_en = varlist_en) [options]
```

7.5.2　本章习题

1. 继续使用"数据 7"数据文件为例，以研究开发支出为因变量，以营业利润水平、固定资产投资、平均职工人数为自变量，开展线性回归分析，并进行异方差诊断与处理。

1）开展线性回归分析。

2）绘制残差序列图。

3）开展怀特检验。

4）开展 BP 检验。

5）使用稳健标准差进行最小二乘回归分析。

6）使用加权最小二乘回归分析。

7）开展 Heteroskedastic 线性回归。

2. 继续使用"数据 7"数据文件为例，以研究开发支出为因变量，以营业利润水平、固定资产投资、平均职工人数为自变量，开展线性回归分析，并进行自相关诊断与处理。

1）开展线性回归分析。

2）计算自相关系数与偏自相关系数。

3）绘制自相关系数与偏自相关系数图。

4）Box-Pierce Q 检验。

5）BG 检验。

6）DW 检验。

7）采用异方差自相关稳健的标准差对数据进行回归分析。

8）进行迭代式 CO 估计法广义最小二乘回归分析。

9）进行迭代式 PW 估计法广义最小二乘回归分析。

3. 继续使用"数据 7"数据文件为例，以研究开发支出为因变量，以营业利润水平、固定资产投资、平均职工人数为自变量，开展线性回归分析，并进行多重共线性诊断与处理。

1）开展线性回归分析。

2）进行多重共线性检验。

3）使用逐步剔除方差膨胀因子最大变量进行多重共线性处理。

4）使用主成分因子分析法进行多重共线性处理。

4. 继续"数据 7A"数据文件为例，以个人总资产为被解释变量，以年龄、受教育年限为解释变量，进行回归分析，并开展内生性诊断与处理。

1）开展普通最小二乘线性回归分析。

2）以个人总资产为被解释变量，以年龄、受教育年限为解释变量，以受教育年限为内生解释变量，户籍是受教育年限内生解释变量的工具变量，开展两阶段最小二乘线性回归分析。

3）进行豪斯曼检验判断内生性。

4）使用扩展回归模型处理内生性问题。

第8章

非线性回归分析

我们在前面讲述的回归分析方法都属于线性回归的范畴，即因变量和自变量之间存在线性关系，线性模型是对真实情况的一种合理但又简单的近似。但是很多时候，因变量和自变量之间的关系不是线性的，无法通过构建线性模型的方式来有效拟合自变量对因变量的影响，这时候就需要用到本章介绍的非线性回归分析方法。非线性回归分析的方法有很多，第一种就是通过转换变量的形式将变量进行转换，然后如果转换后的变量符合线性关系，则可以使用线性回归模型进行拟合；第二种就是直接通过构建非线性函数的方式来拟合因变量与自变量之间的关系。下面我们讲解一下非线性回归分析在 Stata 中的操作与应用，具体包括转换变量回归分析、非线性回归分析、非参数回归分析、分位数回归分析 4 种。

8.1　转换变量回归分析

下载资源:\video\第 8 章\…
下载资源:\sample\第 8 章\数据 8

8.1.1　转换变量回归分析概述

转换变量回归分析是解决变量间非线性关系的重要方法之一，但在本质上仍属于线性回归分析的范畴。其基本思路是对因变量或者自变量进行恰当形式的非线性转换，如果转换后的变量符合线性模型特征，就可以使用线性回归模型进行拟合。

8.1.2　转换变量回归分析的 Stata 操作

转换变量回归分析的 Stata 命令主要包括生成新变量的命令 generate 以及普通线性回归的命令

regress。关于这两个命令的基本形式以及操作方法，我们在前面的章节中已有讲述，不再赘述。下面将结合示例说明如何应用。

8.1.3 转换变量回归分析示例

本部分我们使用的数据来自"数据 8"数据文件，为某种树木树龄与高度的记录数据。数据文件如图 8.1 所示，可以发现文件中包括两个变量，即 year 和 height，分别表示树龄和高度。试用转换变量回归分析方法，以高度为因变量，以树龄为自变量，拟合树龄对高度的影响关系。

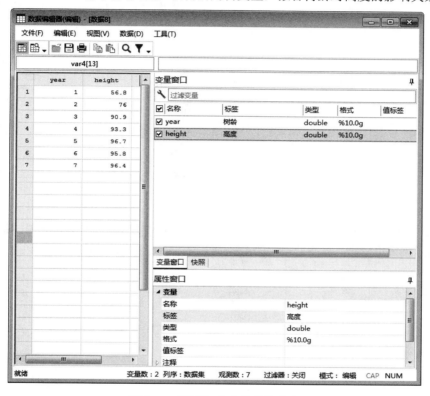

图 8.1 "数据 8"中的数据内容

打开数据文件之后，在命令窗口中依次输入以下命令：

```
summarize year height,detail
```

本命令的含义是对树龄和高度进行描述性分析，简要探索数据特征，从整体上对数据有一个清晰直观的把握。结果如图 8.2 所示，包括树龄和高度两个变量的百分位数、4 个最小值、4 个最大值、均值、标准差、偏度、峰度等。

```
. summarize year height,detail
                             树龄
          Percentiles      Smallest
   1%          1               1
   5%          1               2
  10%          1               3       Obs                    7
  25%          2               4       Sum of Wgt.            7

  50%          4                       Mean                   4
                             Largest   Std. Dev.       2.160247
  75%          6               4
  90%          7               5       Variance        4.666667
  95%          7               6       Skewness               0
  99%          7               7       Kurtosis            1.75

                             高度
          Percentiles      Smallest
   1%        56.8            56.8
   5%        56.8              76
  10%        56.8            90.9       Obs                    7
  25%          76            93.3       Sum of Wgt.            7

  50%        93.3                       Mean            86.55714
                             Largest    Std. Dev.        14.9803
  75%        96.4            93.3
  90%        96.7            95.8       Variance        224.4095
  95%        96.7            96.4       Skewness          -1.304
  99%        96.7            96.7       Kurtosis        3.190059
```

图 8.2　对数据进行描述性分析

```
twoway line height year
```

本命令旨在通过绘制树龄和高度的线形图，从整体上对数据有一个清晰直观的把握，绘制结果如图 8.3 所示。可以看出高度随着树龄的上升而上升，但是上升的速度越来越慢。

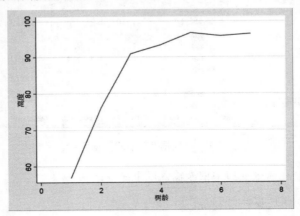

图 8.3　树龄和高度的线形图

```
graph twoway scatter height year || lfit  height year
```

本命令旨在通过绘制树龄和高度的散点图，从整体上对数据有一个清晰直观的把握，绘制结果如图 8.4 所示。同样可以看出，高度随着树龄的上升而上升，但是上升的速度越来越慢，因此初步构想的模型包括线性、对数、二次、三次等。

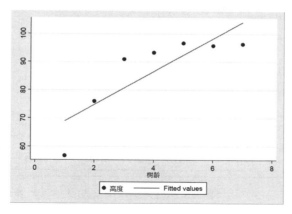

图 8.4　树龄和高度的散点图

```
reg height year
```

本命令旨在构建线性模型，以高度为因变量，以树龄为自变量，进行最小二乘回归分析，探索变量间的回归关系，分析结果如图 8.5 所示。

```
. reg height year

      Source |       SS           df       MS      Number of obs   =         7
-------------+------------------------------       F(1, 5)         =     12.55
       Model |  962.915714         1  962.915714   Prob > F        =    0.0165
    Residual |  383.541429         5  76.7082857   R-squared       =    0.7151
-------------+------------------------------       Adj R-squared   =    0.6582
       Total |  1346.45714         6  224.409524   Root MSE        =    8.7583

------------------------------------------------------------------------------
      height |      Coef.   Std. Err.      t    P>|t|     [95% Conf. Interval]
-------------+----------------------------------------------------------------
        year |   5.864286   1.655168     3.54   0.017     1.609541    10.11903
       _cons |       63.1   7.402137     8.52   0.000      44.0722    82.1278
------------------------------------------------------------------------------
```

图 8.5　对数据进行线性回归分析

P 值（Prob>F）为 0.0165，说明模型整体上是非常显著的。模型的可决系数（R-squared）为 0.7151，模型修正的可决系数（Adj R-squared）为 0.6582，说明模型的解释能力还是差强人意的。模型的回归方程是：

```
height = 5.864286* year + 63.1
gen lnyear=log(year)
```

本命令旨在对自变量树龄进行自然对数变换，为下一步的分析做好准备。

```
reg height lnyear
```

本命令旨在构建对数模型，以高度为因变量，以树龄的对数值为自变量，进行最小二乘回归分析，探索变量间的回归关系，结果如图 8.6 所示。模型的 P 值（Prob > F）升为 0.0008，说明模型整体显著程度继续上升。模型的可决系数（R-squared）= 0.9138，模型修正的可决系数（Adj R-squared）= 0.8965，说明模型的解释能力大幅度提升。

模型的回归方程是：

```
height = 20.91074* lnyear + 61.99036
```

```
. reg height lnyear

      Source |       SS           df       MS              Number of obs   =         7
-------------+------------------------------              F(1, 5)         =     53.00
       Model |  1230.38048         1   1230.38048          Prob > F        =    0.0008
    Residual |  116.07666          5   23.215332           R-squared       =    0.9138
-------------+------------------------------              Adj R-squared   =    0.8965
       Total |  1346.45714         6   224.409524          Root MSE        =    4.8182

------------------------------------------------------------------------------
      height |      Coef.   Std. Err.      t    P>|t|     [95% Conf. Interval]
-------------+----------------------------------------------------------------
      lnyear |   20.91074   2.872349      7.28   0.001     13.52713    28.29435
       _cons |   61.09036   3.94382      15.49   0.000     50.95245    71.22828
------------------------------------------------------------------------------
```

图 8.6 对数模型回归结果

```
gen year2=year^2
```

本命令旨在对自变量树龄进行二次变换，为下一步的分析做好准备。

```
reg height year2 year
```

本命令旨在构建二次模型，以高度为因变量，以树龄以及树龄的二次方为自变量，进行最小二乘回归分析，探索变量间的回归关系，分析结果如图 8.7 所示。模型的 P 值（Prob > F）为 0.0009，说明模型整体显著程度依旧非常好。模型的可决系数（R-squared）为 0.9707，模型修正的可决系数（Adj R-squared）为 0.9560，说明模型的解释能力又有小幅度提升。

模型的回归方程是：

```
height = -2.02381* year2 + 22.05476* year+38.81429
```

```
. reg  height year2 year

      Source |       SS           df       MS              Number of obs   =         7
-------------+------------------------------              F(2, 4)         =     66.19
       Model |  1306.96333         2   653.481667          Prob > F        =    0.0009
    Residual |  39.4938095         4   9.87345238          R-squared       =    0.9707
-------------+------------------------------              Adj R-squared   =    0.9560
       Total |  1346.45714         6   224.409524          Root MSE        =    3.1422

------------------------------------------------------------------------------
      height |      Coef.   Std. Err.      t    P>|t|     [95% Conf. Interval]
-------------+----------------------------------------------------------------
       year2 |   -2.02381   .3428427     -5.90   0.004    -2.975693   -1.071926
        year |   22.05476   2.806288      7.86   0.001     14.26326    29.84627
       _cons |   38.81429   4.896773      7.93   0.001     25.21866    52.40991
------------------------------------------------------------------------------
```

图 8.7 对数据进行二次变换线性回归分析

```
gen year3=year^3
```

本命令旨在对自变量树龄进行三次变换，为下一步的分析做好准备。

```
reg height year3 year2 year
```

本命令旨在构建三次模型，以高度为因变量，以树龄、树龄的二次方以及树龄的三次方为自变量，进行最小二乘回归分析，探索变量间的回归关系，分析结果如图 8.8 所示。模型的 P 值（Prob > F）为 0.0006，说明模型整体显著程度继续上升。模型的可决系数（R-squared）为 0.9949，模型修正的可决系数（Adj R-squared）= 0.9899，说明模型的解释能力又有小幅度提升。

```
. reg height year3 year2 year

    Source  |     SS           df       MS        Number of obs  =        7
------------+------------------------------       F(3, 3)        =   196.22
      Model | 1339.63          3   446.543333      Prob > F      =   0.0006
   Residual | 6.82714286       3   2.27571429      R-squared     =   0.9949
------------+------------------------------       Adj R-squared =   0.9899
      Total | 1346.45714       6   224.409524      Root MSE      =   1.5085

     height |     Coef.   Std. Err.      t     P>|t|    [95% Conf. Interval]
------------+----------------------------------------------------------------
      year3 |   .3888889   .1026436     3.79   0.032     .0622311    .7155467
      year2 |  -6.690476   1.242672    -5.38   0.013    -10.64521   -2.735738
       year |   37.99921   4.418788     8.60   0.003     23.93665    52.06176
      _cons |   24.81429   4.379614     5.67   0.011      10.8764    38.75217
```

图 8.8　对数据进行三次变换线性回归分析

模型的回归方程是：

height 为 0.3888889* year3-6.690476*year2 +37.99921* year+24.81429

8.2　非线性回归分析

下载资源:\video\第 8 章\⋯
下载资源:\sample\第 8 章\数据 8A

8.2.1　非线性回归分析概述

上一节讲述的转换变量回归分析从本质上讲仍属于一种线性回归分析方法，而实际问题往往会更复杂，使用转换变量回归分析方法无法做出准确的分析，这时候就需要用到 Stata 的非线性回归分析。非线性回归分析是一种功能更强大的处理非线性问题的方法，可以使用户自定义任意形式的函数，从而更加准确地描述变量之间的关系。

8.2.2　非线性回归分析的 Stata 操作

非线性回归分析的 Stata 命令为 nl，nl 用最小二乘法拟合任意非线性回归函数，包括以下 3 种具体形式：

最为常用的交互式版本是：

```
nl (depvar=<sexp>) [if] [in] [weight] [,options]
```

其中 nl 为命令，depvar 是因变量，<sexp>是一个可替换表达式，[if]为条件表达式，[in]用于设置样本范围，[weight]用于设置权重，[,options]为可选项。

可替换表达式程序的版本是：

```
nl sexp_prog : depvar [varlist] [if] [in] [weight] [,options]
```

其中 sexp_prog 为可替换表达式。

函数求值程序的版本是：

```
nl func_prog @ depvar [varlist] [if] [in] [weight], {parameters(namelist)|nparameters(#)}
[options]
```

其中 func_prog 是函数求值程序。

上述命令的[,options]如表 8.1 所示。

表8.1　nl命令的[,options]可选项及其含义

[,options]可选项	含　义
variables(varlist)	模型中的变量
initial(initial_values)	设置初始参数值
parameters(namelist)	模型中的参数，仅适用于函数求值程序版本。如果使用函数求值程序的版本，则必须设置 parameters(namelist)或下面的 nparameters(#)，或两者都设置
nparameters(#)	模型中的参数数量，仅适用于函数求值程序的版本
noconstant	模型中不包含常数项，很少使用
hasconstant(name)	模型中将 name 作为常数项，很少使用
vce(type)	设置估计量的标准差，常用的主要有 ols、robust、cluster、bootstrap、hc2、hc3 等
level(#)	设置置信区间，默认值为95%
coeflegend	显示图例而不是统计信息

对于"交互式版本"，用户可以直接在命令行上或通过使用可替换表达式在对话框中输入函数。如果用户有一个经常使用的函数，则可以编写一个可替换的表达式程序，以避免每次都必须重新输入函数，也就是使用第二种"可替换表达式程序"的版本。第三种"函数求值程序"的版本为用户提供了最大的灵活性，但增加了复杂性，在这个版本中，用户给程序一个参数向量和一个变量列表，然后通过程序计算回归函数。

8.2.3　非线性回归分析示例

本部分我们使用的数据来自"数据 8A"数据文件，为某企业 2007 年~2021 年研究开发支出和主营业务收入的有关数据。数据文件如图 8.9 所示，可以发现文件中包括 3 个变量，即 rd、income、year，分别表示研究开发支出、主营业务收入和年份。试用非线性回归分析方法，以主营业务收入为因变量，以研究开发支出为自变量，拟合研究开发支出对主营业务收入的影响关系。

打开数据文件之后，在命令窗口中依次输入以下命令：

```
summarize income rd,detail
```

图 8.9　"数据 8A"的数据内容

本命令的含义是对主营业务收入和研究开发支出进行描述性分析，简要探索数据特征，从整体上对数据有一个清晰直观的把握，分析结果如图 8.10 所示。可以看到变量的百分位数、4 个最小值、4 个最大值、均值、标准值、偏度、峰度等统计信息。对该结果的详细解读在前面章节中已有类似

讲解，从结果中可以看出数据的总体质量还是可以的，没有极端异常值，变量间的量纲差距、变量的偏度、峰度也是可以接受的，可以进入下一步的分析。

```
. summarize income rd,detail

                        主营业务收入

          Percentiles     Smallest
   1%         23.2          23.2
   5%         23.2          34.8
  10%         34.8          46.4
  25%         46.4          46.4            Obs                 15
                                           Sum of Wgt.         15
  50%        110.2                          Mean           134.9467
                        Largest            Std. Dev.       96.69207
  75%        208.8         208.8
  90%        295.8         261             Variance        9349.357
  95%        307.4         295.8           Skewness        .611507
  99%        307.4         307.4           Kurtosis        1.989912

                        研究开发支出

          Percentiles     Smallest
   1%          2.6           2.6
   5%          2.6           6.5
  10%          6.5           9.1            Obs                 15
  25%         13            13              Sum of Wgt.         15
  50%         40.3                          Mean           39.95333
                        Largest            Std. Dev.       27.28437
  75%         67.6          67.6
  90%         78            68.9           Variance         744.437
  95%         84.5          78             Skewness        .1586165
  99%         84.5          84.5           Kurtosis        1.706699
```

图 8.10　描述性分析结果

```
twoway line income rd year
```

本命令旨在通过绘制主营业务收入和研究开发支出随年份变化的线形图，从整体上对数据有一个清晰直观的把握，绘制结果如图 8.11 所示。可以看出主营业务收入和研究开发支出之间呈现出一定的背离趋势，即主营业务收入处于高点时，研究开发支出恰好处于低点。

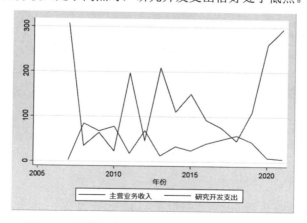

图 8.11　主营业务收入和研究开发支出的线形图

```
graph twoway scatter income rd || lfit income rd
```

本命令旨在通过绘制主营业务收入和研究开发支出的散点图，从整体上对数据有一个清晰直观的把握，绘制结果如图 8.12 所示。主营业务收入随着研究开发支出的上升而下降，与线形图的结论一致。

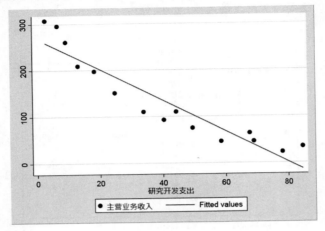

图 8.12　主营业务收入和研究开发支出的散点图

```
reg income rd
```

本命令旨在构建线性模型，以主营业务收入为因变量，以研究开发支出为自变量，进行最小二乘回归分析，探索变量间的回归关系，分析结果如图 8.13 所示。可以看出，共有 15 个样本参与了分析，模型的 F 值(1, 13)为 98.45，P 值（Prob > F）为 0.0000，说明模型整体上是非常显著的。模型的可决系数（R-squared）为 0.8834，模型修正的可决系数（Adj R-squared）为 0.8744，说明模型的解释能力很好。自变量 rd 和常数项的系数都非常显著（$P>|t|$ 均为 0.0000）。

模型的回归方程是：

$$y= -3.330768 *x + 268.022$$

```
. reg income rd

      Source |       SS           df       MS      Number of obs   =        15
-------------+----------------------------------   F(1, 13)        =     98.45
       Model |  115623.147         1   115623.147   Prob > F        =    0.0000
    Residual |  15267.8502        13  1174.45002   R-squared       =    0.8834
-------------+----------------------------------   Adj R-squared   =    0.8744
       Total |  130890.997        14  9349.35695   Root MSE        =     34.27

------------------------------------------------------------------------------
      income |      Coef.   Std. Err.      t    P>|t|     [95% Conf. Interval]
-------------+----------------------------------------------------------------
          rd |  -3.330768   .3356907    -9.92   0.000    -4.055984   -2.605553
       _cons |    268.022    16.0679    16.68   0.000     233.3094    302.7345
------------------------------------------------------------------------------
```

图 8.13　对数据进行线性回归分析

```
nl(income = exp({a}+{b}*rd))
```

本命令旨在以主营业务收入为因变量，以研究开发支出为自变量，构建非线性模型 $y=exp(\{a\}+\{b\}*x)$，进行非线性回归分析，分析结果如图 8.14 所示。模型的可决系数（R-squared）大幅上升为 0.9946，模型修正的可决系数（Adj R-squared）为 0.9938，模型的解释能力几乎达到完美状态。系数 a、系数 b 都非常显著（$P>|t|$ 均为 0.0000）。

模型的回归方程是：

```
y=EXP(5.820966 -.0302305*x)
```

从上面的分析可以看出非线性回归模型在保持整体显著性和系数显著性较线性模型很高的基础上，实现了模型的整体解释能力的较大提升。

```
. nl(income = exp({a}+{b}*rd))
(obs = 15)

Iteration 0:   residual SS =  294296.9
Iteration 1:   residual SS =  68268.76
Iteration 2:   residual SS =  7386.779
Iteration 3:   residual SS =  2188.789
Iteration 4:   residual SS =  2172.046
Iteration 5:   residual SS =  2172.039
Iteration 6:   residual SS =  2172.039
Iteration 7:   residual SS =  2172.039
```

Source	SS	df	MS		
Model	401878	2	200939.001	Number of obs =	15
Residual	2172.0388	13	167.079907	R-squared =	0.9946
				Adj R-squared =	0.9938
				Root MSE =	12.92594
Total	404050.04	15	26936.6693	Res. dev. =	117.1987

income	Coef.	Std. Err.	t	P>|t|	[95% Conf. Interval]	
/a	5.820966	.0288334	201.88	0.000	5.758675	5.883257
/b	-.0302305	.0015018	-20.13	0.000	-.033475	-.026986

图 8.14　对数据进行非线性回归分析

```
predict yhat
```

本命令旨在获得因变量的拟合值。

```
predict e,resid
```

本命令旨在获得回归模型的估计残差。

```
list income yhat e
```

本命令旨在获得对比原始变量 income、拟合值 yhat、残差 e，观测拟合效果，结果如图 8.15 所示。可以发现拟合值 yhat 与原始变量 income 非常接近，残差 e 比较小，说明模型拟合效果很好。

```
. list income yhat e
```

	income	yhat	e
1.	307.4	311.8015	-4.40144
2.	34.8	26.21906	8.580936
3.	63.8	43.70151	20.09849
4.	23.2	31.9121	-8.712097
5.	197.2	194.5658	2.634198
6.	46.4	42.01736	4.382638
7.	208.8	227.6864	-18.88638
8.	110.2	121.4101	-11.21012
9.	150.8	159.8558	-9.055778
10.	92.8	99.75088	-6.950878
11.	75.4	75.76058	-.3605798
12.	46.4	57.54	-11.14
13.	110.2	88.65717	21.54284
14.	261	256.1769	4.823112
15.	295.8	277.1247	18.67531

图 8.15　因变量的拟合值预测

```
nl(income = exp({a}+{b}*rd)),initial(a 4 b -0.04)
```

本命令的含义是设置非线性回归模型中被估计参数的初始值，把系数 a 的起始值设置为4，把系数 b 的初始值设置为-0.04，结果如图8.16所示。可以看出由于初始参数值的设置减少了迭代次数，提高了系统运行效率，但结果与前面是一致的。

```
. nl(income = exp({a}+{b}*rd)),initial(a 4 b -0.04)
(obs = 15)

Iteration 0:   residual SS =   52137.45
Iteration 1:   residual SS =   8515.041
Iteration 2:   residual SS =   2195.037
Iteration 3:   residual SS =   2172.046
Iteration 4:   residual SS =   2172.039
Iteration 5:   residual SS =   2172.039

      Source |      SS        df        MS           Number of obs =        15
-------------+------------------------------          R-squared     =    0.9946
       Model |   401878          2   200939.001       Adj R-squared =    0.9938
    Residual |  2172.0388       13   167.079907       Root MSE      =  12.92594
-------------+------------------------------          Res. dev.     =  117.1987
       Total |  404050.04       15   26936.6693

------------------------------------------------------------------------------
      income |    Coef.   Std. Err.      t    P>|t|     [95% Conf. Interval]
-------------+----------------------------------------------------------------
          /a |  5.820966   .0288334   201.88   0.000     5.758675    5.883257
          /b | -.0302305   .0015018   -20.13   0.000    -.033475    -.026986
------------------------------------------------------------------------------
```

图8.16 设置非线性回归模型中被估计参数的初始值

```
nl(income = exp({a}+{b}*rd)),robust
```

本命令的含义是采用稳健的标准差进行非线性回归估计。与线性回归类似，非线性回归也可以允许稳健标准差选择项的存在，结果如图8.17所示。分析结论与没有使用稳健标准差进行回归时一致。

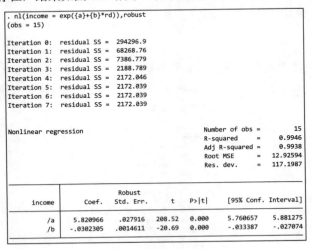

```
. nl(income = exp({a}+{b}*rd)),robust
(obs = 15)

Iteration 0:   residual SS =   294296.9
Iteration 1:   residual SS =   68268.76
Iteration 2:   residual SS =   7386.779
Iteration 3:   residual SS =   2188.789
Iteration 4:   residual SS =   2172.046
Iteration 5:   residual SS =   2172.039
Iteration 6:   residual SS =   2172.039
Iteration 7:   residual SS =   2172.039

Nonlinear regression                         Number of obs =        15
                                             R-squared     =    0.9946
                                             Adj R-squared =    0.9938
                                             Root MSE      =  12.92594
                                             Res. dev.     =  117.1987

------------------------------------------------------------------------------
                           Robust
      income |    Coef.   Std. Err.      t    P>|t|     [95% Conf. Interval]
-------------+----------------------------------------------------------------
          /a |  5.820966    .027916   208.52   0.000     5.760657    5.881275
          /b | -.0302305   .0014611   -20.69   0.000    -.033387    -.027074
------------------------------------------------------------------------------
```

图8.17 采用稳健的标准差进行非线性回归估计

```
nl exp2 income rd
```

本命令的含义是采用系统默认快捷函数进行非线性回归，设置非线性模型回归形式为：income=$b1*b2$^rd。由于很多非线性函数常常被用到，因此 Stata 将这些函数进行了内置，用户在使用时可以轻松地使用简易命令调出，而不必输入复杂的模型方程形式，结果如图 8.18 所示。模型的解释能力和显著性都非常好。非线性回归方程为：

```
y = 337.2977 *.9702219 ^x
```

```
. nl exp2 income rd
(obs = 15)

Iteration 0:     residual SS =   2371.587
Iteration 1:     residual SS =   2172.165
Iteration 2:     residual SS =   2172.039
Iteration 3:     residual SS =   2172.039

      Source        SS        df      MS              Number of obs =        15
                                                      F(  2,   13) =    1202.65
       Model    401878.001     2   200939.001         Prob > F      =    0.0000
    Residual    2172.03879    13   167.079907         R-squared     =    0.9946
                                                      Adj R-squared =    0.9938
       Total     404050.04    15   26936.6693         Root MSE      =  12.92594
                                                      Res. dev.     =  117.1987
2-param. exp. growth curve, income=b1*b2^rd

     income       Coef.    Std. Err.      t     P>|t|    [95% Conf. Interval]

         b1     337.2977    9.725425    34.68   0.000    316.2872    358.3082
         b2     .9702219   .0014571   665.87    0.000    .967074     .9733697

(SEs, P values, CIs, and correlations are asymptotic approximations)
```

图 8.18　采用系统默认快捷函数进行非线性回归

Stata 内置非线性函数命令缩写与函数形式如表 8.2 所示。

表8.2　Stata内置非线性函数命令缩写与函数形式

非线性函数命令缩写	非线性函数形式
exp2	$y = b1*b2^\wedge x$
exp3	$y = b0 + b1*b2^\wedge x$
exp2a	$y = b1*(1-b2^\wedge x)$
log3	$y = b1/(1 + \exp(-b2*(x-b3)))$
log4	$y = b0 + b1/(1 + \exp(-b2*(x-b3)))$
gom3	$y = b1*\exp(-\exp(-b2*(x-b3)))$
gom4	$y = b0 + b1*\exp(-\exp(-b2*(x-b3)))$

8.3　非参数回归分析

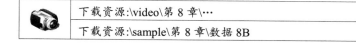

| 下载资源:\video\第 8 章\… |
| 下载资源:\sample\第 8 章\数据 8B |

8.3.1　非参数回归分析概述

非参数回归分析（Nonparametric Methods）与前面讲述的回归方式区别很大，是一种探索性工具，通常不会像其他回归方法一样形成一个明确的回归方程，基本上是展示因变量与自变量之间关系的图形工具。其优势在于：在不要求研究者事先设定模型的情况下就可以直观、概要地描述数据。

8.3.2　非参数回归分析的 Stata 操作

非参数回归分析的 Stata 命令为 lowess，lowess 在 xvar 上对 yvar 进行局部加权回归，显示图形，并有选择地保存平滑的变量。lowess 命令的语法格式为：

```
lowess yvar xvar [if] [in] [,options]
```

其中 lowess 为非参数回归分析的命令，yvar 为被解释变量，xvar 为解释变量，[if]为条件表达式，[in]用于设置样本范围。[,options]为可选项，如表 8.3 所示。

表8.3　lowess命令的[,options]可选项及其含义

[,options]可选项	含　义
mean	执行均值平滑方法，默认执行最小二乘方法
noweight	不执行加权回归，默认是三次立方加权函数
bwidth(#)	使用#作为带宽；默认是 bwidth (0.8)
logit	将因变量转换为对数
adjust	调整平滑均值为因变量的相等均值
nograph	不绘制图形
generate(newvar)	生成包含平滑后 yvar 值的 newvar
marker_options	改变标记的外观（颜色、大小等）
marker_label_options	添加标记标签，改变外观或位置
addplot(plot)	添加其他图形到生成的图形

> **注　意**
>
> lowess 命令是计算密集型的，因此如果在一个慢的计算机上运行可能需要很长时间。例如，对 1000 个观测值进行低强度计算，也需要执行 1000 次回归。

另一个辅助回归用的比较好的命令是 twoway mband，主要功能是计算交叉中值，然后将交叉中值绘制成线状图。twoway 命令的语法格式为：

```
twoway mband yvar xvar [if] [in] [,options]
```

[,options]为可选项，如表 8.4 所示。

表8.4　twoway命令的[,options]可选项及其含义

[,options]可选项	含　义
bands(#)	带的数量
cline_options	改变线条的外观
axis_choice_options	轴选择的设置
twoway_option	设置标题、图例、轴、添加的行和文本、分类、区域、名称、纵横比等

8.3.3　非参数回归分析示例

本部分我们使用的数据来自"数据 8B"数据文件，为抽样选取的某商业银行北方地区和南方地

区 2010 年~2020 年部分员工年奖金收入的有关数据。该数据文件的数据内容如图 8.19 所示，可以发现文件中包括 3 个变量，即 diqu、year、income，分别表示员工所在的地区、年份、员工的年奖金收入。我们针对地区进行了值标签操作，具体命令为：

```
label define 地区 1 "北方地区" 2 "南方地区"
label values diqu 地区
```

上述命令在第 1 章中已有介绍，本处提及旨在回顾复习。下面用非参数回归分析方法，以年奖金收入为因变量，以年份为自变量，拟合研究年份对年奖金收入的影响关系。

打开上述数据文件之后，在命令窗口中依次输入以下命令：

```
summarize year income,detail
```

本命令的含义是对年份和年奖金收入进行描述性分析，简要探索数据特征，从整体上对数据有一个清晰直观的把握，结果如图 8.20 所示。可以看到变量的百分位数、4 个最小值、4 个最大值、平均值、标准值、偏度、峰度等统计信息。对该结果的详细解读在前面章节中已有类似讲解，从结果中可以看出数据的总体质量还是可以的，没有极端异常值，变量间的量纲差距、变量的偏度、峰度也是可以接受的，可以进入下一步的分析。

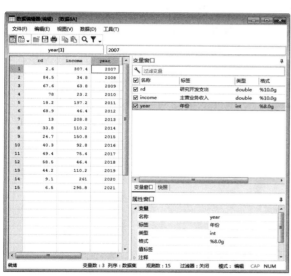

图 8.19　“数据 8B”的数据文件

```
. summarize year income,detail

                            年份
-------------------------------------------------------------
      Percentiles      Smallest
 1%         2010           2010
 5%         2010           2010
10%         2011           2010       Obs                  70
25%         2012           2010       Sum of Wgt.          70

50%         2015                      Mean           2014.971
                        Largest       Std. Dev.        3.1713
75%         2018           2020
90%         2019           2020       Variance       10.05714
95%         2020           2020       Skewness      -.0176288
99%         2020           2020       Kurtosis       1.781294

                            收入
-------------------------------------------------------------
      Percentiles      Smallest
 1%       109500         109500
 5%       133500         112500
10%       147000         126000       Obs                  70
25%       186000         133500       Sum of Wgt.          70

50%       267000                      Mean           260314.3
                        Largest       Std. Dev.      83244.54
75%       315000         405000
90%       374250         420000       Variance       6.93e+09
95%       405000         429000       Skewness       .0567911
99%       435000         435000       Kurtosis        2.24893
```

图 8.20　描述性结果

```
twoway line income year
```

本命令的含义是运用 Stata 的制图功能，描述年份和年奖金收入之间的变化关系，结果如图 8.21 所示，发现年份和年奖金收入之间的变化关系是非常不清晰的，普通的线性回归分析难以达到拟合效果，很有必要进行非参数回归来描述这种关系。

```
graph twoway mband income year || scatter income year
```

本命令的含义是计算交叉中值，然后将交叉中值绘制成线状图，绘制结果如图 8.22 所示。从图 8.22 可以看出散点图被分成了不同的波段（默认为 8 段），并使用线段将每一波段内的中位数（年份的中位数、年奖金收入的中位数）连接起来（波段为 8 段，使用的连接线段数就是 7 段），这条线段直观描绘了年奖金收入随年份的变化走势。可以认为，年奖金收入跟年份之间是一种高度波动关系，从 2000 年开始到 2010 年，被观测的员工的年奖金收入先下降又上升，再下降又上升，又下降。

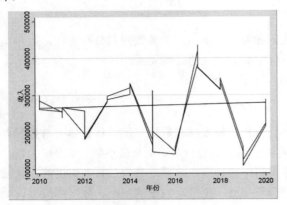

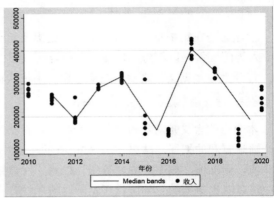

图 8.21 描述年份和年奖金收入之间的关系图   图 8.22 所有样本的交叉中值线状图

```
graph twoway mband income year || scatter income year || ,by(diqu)
```

本命令的含义是以地区为分类对年奖金收入计算交叉中值，然后将交叉中值绘制成线状图，绘制结果如图 8.23 所示。可以看出北方地区员工和南方地区员工的年奖金收入的整体走势是很相近的。

```
lowess  income year if diqu==1
```

本命令是使用北方地区的样本观测值，在 year 上对 income 进行局部加权回归，以显示图形，执行结果如图 8.24 所示。可以发现年奖金收入围绕着一条值约为 250000 的中轴线上下波动，即北方地区抽样员工的年奖金水平约为 25 万。

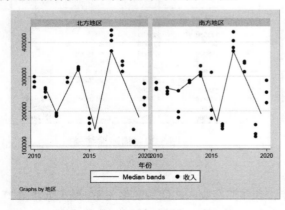

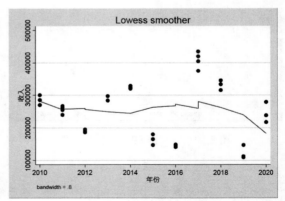

图 8.23 以地区为分类的交叉中值线状图   图 8.24 lowess 回归结果 1

```
graph twoway lowess income year if diqu==1 || scatter income year
```

本命令是上面命令的另一种表现形式，结果如图 8.25 所示。与上面命令的执行结果一致。

```
graph twoway mband income year,bands(10) || scatter income year
```

　　本命令是使用全部样本观测值，在 year 上对 income 进行局部加权回归，以显示图形，把散点图分成 10 段垂直等宽的波段（波段为 10 段，使用的连接线段数就是 9 段），执行结果如图 8.26 所示。相对于系统默认设置，分成 10 段更加细致，年奖金收入走势也更加清晰明朗。

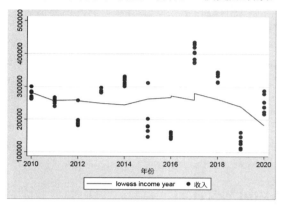

图 8.25　lowess 回归结果 2

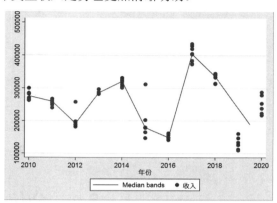

图 8.26　lowess 回归结果 3

```
graph twoway mband income year,bands(10) || scatter income year || ,by(diqu)
```

　　本命令是在上一步命令的基础上，增加按地区分类选项，执行结果如图 8.27 所示。

```
lowess income year,bwidth(0.4)
```

　　本命令的含义是使用全部样本观测值，在 year 上对 income 进行局部加权回归，但把每一点进行修匀的样本比例（波段宽度）设置为 0.4，结果如图 8.28 所示。相较于前面命令中的默认设置，数据的波动性增强，修匀程度降低。系统默认的修匀样本比例（波段宽度）是 0.8，修匀样本比例越接近 1，数据修匀的程度就越低。

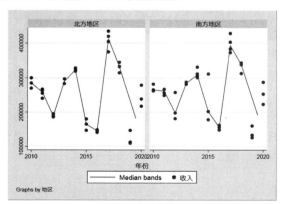

图 8.27　lowess 回归结果 4

图 8.28　lowess 回归结果 5

```
lowess income year,bwidth(0.1)
```

　　本命令的含义是使用全部样本观测值，在 year 上对 income 进行局部加权回归，以显示图形，但把每一点进行修匀的样本比例（波段宽度）设置为 0.1，结果如图 8.29 所示。也验证了上面的结论，波动性进一步得到了增强，修匀程度得到了进一步的降低。

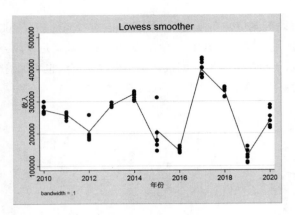

图 8.29　lowess 回归结果 6

8.4　分位数回归分析

下载资源:\video\第 8 章\…
下载资源:\sample\第 8 章\数据 8C

8.4.1　分位数回归分析概述

　　分位数回归是定量建模的一种统计方法，最早由 Roger Koenker 和 Gilbert Bassett 于 1978 年提出，广泛应用于经济社会研究、医学保健等行业的研究领域。之前介绍的基本线性回归是基本 OLS 估计，是一种标准分析方法，研究的是自变量与因变量的条件期望之间的关系，而分位数回归研究的是自变量与因变量的特定百分位数之间的关系。用更通俗易懂的语言来讲，就是普通线性回归的因变量与自变量的线性关系只有一个，包括斜率和截距；而分位数回归则根据自变量值处于的不同分位数值，分别生成对因变量的线性关系，可形成很多个回归方程。比如我们研究上市公司人力投入回报率对于净资产收益率的影响，当人力投入回报率处于较低水平时，其对净资产收益率的带动是较大的，但是当人力投入回报率达到较高水平时，其对净资产收益率的带动会减弱，也就是说随着自变量值的变化，线性关系的斜率是会发生较大变动的，那么就非常适合采用分位数回归方法。与普通线性回归相比，分位数回归对于目标变量的分布没有严格研究，也会趋向于抑制偏离观测值的影响，适用于目标变量不服从正态分布、方差较大的情形。

8.4.2　分位数回归分析的 Stata 操作

　　分位数回归分析的 Stata 命令为 qreg，qreg 拟合分位数（包括中位数）回归模型，也称为最小绝对值模型（LAV 或 MAD）。qreg 拟合的分位数回归模型将条件分布的分位数表示为自变量的线性函数。qreg 命令的语法格式为：

```
qreg depvar [indepvars] [if] [in] [weight] [,qreg_options]
```

　　其中 qreg 为分位数回归分析的命令，depvar 为被解释变量，[indepvars]为解释变量，[if]为条件表达式，[in]用于设置样本范围，[weight]用于设置权重。[,qreg_options]为可选项，如表 8.5 所示。

表8.5　qreg命令的[,qreg_options]可选项及其含义

[,qreg_options]可选项	含　义
quantile(#)	设置分位数，默认为 quantile(.5)
vce([vcetype], vceopts])	设置估计量的标准差，包括 iid、robust
level(#)	设置置信水平，默认为 95
display_options	设置列和列格式、行间距、行宽度、省略变量、基本单元格和空单元格的显示以及因素变量标记
wlsiter(#)	在线性迭代之前尝试#加权最小二乘迭代

8.4.3　分位数回归分析示例

本部分我们使用的数据来自"数据 8C"数据文件，其中的数据来源于万得资讯发布的依据证监会行业分类的 CSRC 软件和信息技术服务业上市公司 2019 年年末财务指标横截面数据（不含 ST 类公司数据）。研究使用的横截面数据包括信雅达、常山北明、浪潮软件等上市公司，数据指标包括序号、证券简称、市盈率 PE（TTM）、市净率 PB（LF）、总资产报酬率 ROA、净资产收益率 ROE（平均）、人力投入回报率（ROP）等 16 项。数据文件的数据内容如图 8.30 所示。下面我们以"净资产收益率 ROE（平均）"为因变量，以"人力投入回报率（ROP）"为自变量，开展分位数回归分析。

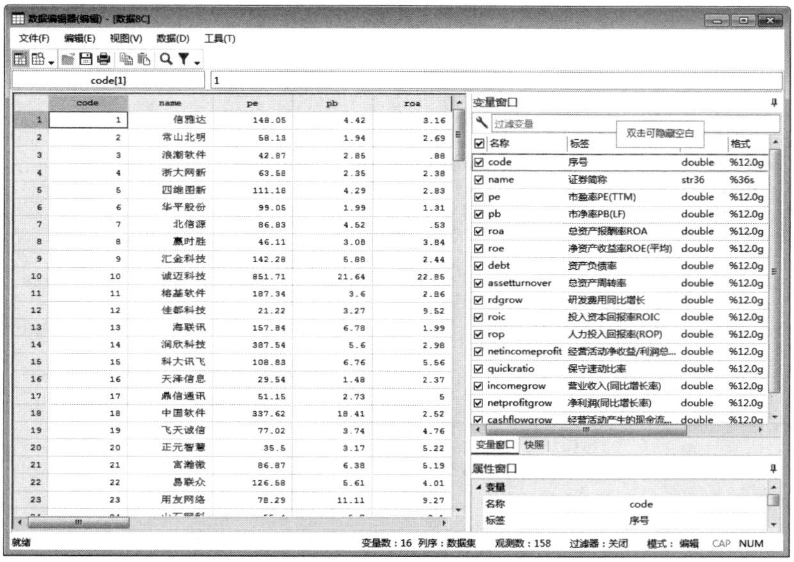

图 8.30　"数据 8C"的数据内容

打开数据文件之后，在命令窗口中依次输入以下命令：

```
qreg roe rop,quantile(0.25)
```

本命令的含义是以"净资产收益率 ROE（平均）"为因变量，以"人力投入回报率（ROP）"为自变量，开展分位数回归分析，分位数设置为 0.25，分析结果如图 8.31 所示。可以看到系数值、

显著性水平、95%的置信区间等统计量。其中 rop 的系数为 0.0400554，非常显著。

```
. qreg roe rop,quantile(0.25)
Iteration  1:  WLS sum of weighted deviations =  283.43398

Iteration  1: sum of abs. weighted deviations =  289.33482
Iteration  2: sum of abs. weighted deviations =  266.12785
Iteration  3: sum of abs. weighted deviations =  230.32382
Iteration  4: sum of abs. weighted deviations =  226.78266
Iteration  5: sum of abs. weighted deviations =  226.37711
Iteration  6: sum of abs. weighted deviations =  226.28627

.25 Quantile regression                       Number of obs =        158
  Raw sum of deviations 250.6375 (about 5.78)
  Min sum of deviations 226.2863               Pseudo R2     =     0.0972
```

roe	Coef.	Std. Err.	t	P>|t|	[95% Conf. Interval]	
rop	.0400554	.0082663	4.85	0.000	.0237271	.0563836
_cons	3.743557	.7892496	4.74	0.000	2.184562	5.302552

图 8.31　分位数回归分析，分位数设置为 0.25

```
qreg roe rop
```

本命令的含义是以"净资产收益率 ROE（平均）"为因变量，以"人力投入回报率（ROP）"为自变量，开展分位数回归分析，分位数采取默认的 0.5，分析结果如图 8.32 所示。rop 的系数为 0.0375147，同样非常显著。

```
. qreg roe rop
Iteration  1:  WLS sum of weighted deviations =  306.12818

Iteration  1: sum of abs. weighted deviations =  306.32196
Iteration  2: sum of abs. weighted deviations =  305.93697
Iteration  3: sum of abs. weighted deviations =  305.54078
Iteration  4: sum of abs. weighted deviations =  305.37881
Iteration  5: sum of abs. weighted deviations =  304.87702
Iteration  6: sum of abs. weighted deviations =  304.83162
Iteration  7: sum of abs. weighted deviations =  304.82832

Median regression                             Number of obs =        158
  Raw sum of deviations  339.775 (about 9.18)
  Min sum of deviations 304.8283              Pseudo R2     =     0.1029
```

roe	Coef.	Std. Err.	t	P>|t|	[95% Conf. Interval]	
rop	.0375147	.0073367	5.11	0.000	.0230225	.0520068
_cons	6.826401	.7004998	9.75	0.000	5.442712	8.210089

图 8.32　分位数回归分析，分位数采取默认的 0.5

```
qreg roe rop,quantile(0.75)
```

本命令的含义是以"净资产收益率 ROE（平均）"为因变量，以"人力投入回报率（ROP）"为自变量，开展分位数回归分析，分位数设置为 0.75，分析结果如图 8.33 所示。rop 的系数为 0.0337464，同样非常显著。

```
. qreg roe rop,quantile(0.75)
Iteration  1:  WLS sum of weighted deviations =   295.74736

Iteration  1: sum of abs. weighted deviations =   296.76783
Iteration  2: sum of abs. weighted deviations =   285.90633
Iteration  3: sum of abs. weighted deviations =   275.50776
Iteration  4: sum of abs. weighted deviations =   274.43427
Iteration  5: sum of abs. weighted deviations =   273.08082
Iteration  6: sum of abs. weighted deviations =   272.52479
Iteration  7: sum of abs. weighted deviations =   272.51477
Iteration  8: sum of abs. weighted deviations =   272.50258

.75 Quantile regression                    Number of obs =        158
  Raw sum of deviations 301.6375 (about 12.13)
  Min sum of deviations 272.5026              Pseudo R2     =     0.0966


         roe |      Coef.   Std. Err.      t    P>|t|     [95% Conf. Interval]

         rop |   .0337464   .0076413     4.42   0.000     .0186527    .0488401
       _cons |   9.409461   .7295747    12.90   0.000     7.968342    10.85058
```

图 8.33　分位数回归分析，分位数设置为 0.75

可以发现当 q=0.25、q=0.5、q=0.75 时的参数估计值完全不一样，当 q=0.25 时，人力投入回报率（ROP）每提高一个单位，因变量净资产收益率 ROE（平均）会提高 0.040 个单位，然后当 q 提高到 0.5 时，人力投入回报率（ROP）每提高一个单位，因变量净资产收益率 ROE（平均）会提高 0.038 个单位，再当 q 提高到 0.75 时，人力投入回报率（ROP）每提高一个单位，因变量净资产收益率 ROE（平均）会提高 0.034 个单位，从 q=0.25 到 q=0.5 再到 q=0.75，人力投入回报率（ROP）对因变量净资产收益率 ROE（平均）的提高不断下降，也就是说人力投入回报率（ROP）的提高作用是边际递减的。

8.5　本章回顾与习题

8.5.1　本章回顾

本章主要介绍了非线性回归分析在 Stata 中的操作与应用，具体包括转换变量回归分析、非线性回归分析、非参数回归分析、分位数回归分析 4 种分析方法。

1. 转换变量回归分析

转换变量回归分析的 Stata 命令主要包括生成新变量的命令 generate 以及普通线性回归的命令 regress。

2. 非线性回归分析

非线性回归分析的 Stata 命令为 nl，nl 用最小二乘法拟合任意非线性回归函数，包括以下 3 种具体形式：
最为常用的交互式版本是：

```
nl (depvar=<sexp>) [if] [in] [weight] [,options]
```

可替换表达式程序的版本是：

```
nl sexp_prog : depvar [varlist] [if] [in] [weight] [,options]
```

函数求值程序的版本是：

```
nl func_prog @ depvar [varlist] [if] [in] [weight],
{parameters(namelist)|nparameters(#)} [options]
```

3. 非参数回归分析

非参数回归分析的 Stata 命令为 lowess，lowess 在 xvar 上对 yvar 进行局部加权回归，以显示图形，并有选择地保存平滑的变量。lowess 命令的语法格式为：

```
lowess yvar xvar [if] [in] [,options]
```

另一个辅助回归用的比较好的命令是 twoway mband，主要功能是计算交叉中值，然后将交叉中值绘制成线状图。twoway 命令的语法格式为：

```
twoway mband yvar xvar [if] [in] [,options]
```

4. 分位数回归分析

分位数回归分析的 Stata 命令为 qreg，qreg 拟合分位数（包括中位数）回归模型也称为最小绝对值模型（LAV 或 MAD）。qreg 拟合的分位数回归模型将条件分布的分位数表示为自变量的线性函数。qreg 命令的语法格式为：

```
qreg depvar [indepvars] [if] [in] [weight] [,qreg_options]
```

8.5.2　本章习题

1）继续使用"数据 8C"数据文件为例，试用转换变量回归分析方法，以"总资产报酬率 ROA"为因变量，以"投入资本回报率 ROIC"为自变量，分别拟合普通最小二乘、对数、二次、三次模型，并比较不同结果的异同。

2）继续使用"数据 8B"数据文件为例，试用非线性回归分析方法，以年奖金收入为因变量，以年份为自变量，构建 exp2、exp3、exp2a 等模型，研究年份对年奖金收入的影响关系。

3）继续使用"数据 8A"数据文件为例，试用非参数回归分析方法，以主营业务收入为因变量，以研究开发支出为自变量，把每一点进行修匀的样本比例（波段宽度）分别设置为 0.8、0.6、0.4、0.1，拟合研究开发支出对主营业务收入的影响关系，并比较不同结果的异同。

4）继续使用"数据 8C"数据文件为例，以"总资产报酬率 ROA"为因变量，以"投入资本回报率 ROIC"为自变量，开展分位数回归分析，把分位数分别设置为 0.15、0.25、0.35、0.55，并比较不同分位数回归的结果。

第9章

因变量离散回归分析

前面我们讲述的回归分析方法都要求因变量是连续变量，但很多情况下因变量是离散的，而非连续的。例如，预测下雨的概率，是下雨还是不下雨；预测一笔贷款业务的资产质量，包括正常、关注、次级、可疑、损失等。因变量离散回归分析可以有效地解决这一问题，包括二值选择模型、多值选择模型、有序选择模型等。

当因变量只有两种取值，比如下雨、不下雨时，则使用二值选择模型来解决问题；当因变量有多种取值，比如贷款业务的资产质量包括正常、关注、次级、可疑、损失等，则使用多值选择模型来解决问题；当因变量有多种取值且存在一定的顺序特征，比如客户满意度中的很满意、基本满意、不满意、很不满意等，则使用有序选择模型来解决问题。

下面我们就详细讲解一下二值选择模型、多值选择模型、有序选择模型在 Stata 中的操作与应用。

9.1　二值选择模型

下载资源:\video\第 9 章\⋯	
下载资源:\sample\第 9 章\数据 9	

9.1.1　二值选择模型的功能与意义

在前面几节的分析中，我们都假定因变量为连续定量变量，但在很多情况下，因变量只能取二值（0,1），比如是否满足某一特征等。因为一般回归分析要求因变量呈现正态分布，并且各组中具有相同的方差—协方差矩阵，所以直接用来为二值因变量进行回归估计是不恰当的。这时候就可以用到本节介绍的二值选择模型。二值选择模型是模型中因变量只有 0 或者 1 两种取值的离散因变量模型，研究者所关注的核心基本是因变量响应（即因变量取 1 或 0）概率：

$$P(y_i = 1 \mid X_i, \beta) = P(y_i = 1 \mid x_0, x_1, x_2, ..., x_k)$$

X_i 表示全部自变量在样本观测点 i 上的数据所构成的向量，β 是系数构成的向量。

对响应概率最简单的假设是线性概率模型，即假定上面公式右边的概率是解释变量 x_i 和系数

β_i 的线性组合，但线性概率模型容易产生两个主要问题：一是模型的随机扰动项存在异方差，从而使得参数估计不再有效；二是尽管可以使用加权最小二乘法，也不能保证 y_i 的拟合值限定在 0 和 1 之间。所以为了克服线性概率模型的局限性，我们需要考虑二值选择模型：

$$P(y_i = 1 \mid X_i, \beta) = 1 - F(-\beta_0 - \beta_1 x_1 - ... - \beta_k x_k) = 1 - F(-X_i'\beta)$$

公式中 X_i 是包括常数项在内的全部自变量所构成的向量，F 是取值范围严格介于[0,1]之间的概率分布函数，并且要求是连续的（即有概率密度函数）。

与线性回归模型不同的是，二值选择模型中所估计的参数不能被解释为自变量对因变量的边际效应，系数估计值 $\hat{\beta}_i$ 衡量的是因变量取 1 的概率会因自变量变化而如何变化，$\hat{\beta}_i$ 为正数表示自变量增加会引起因变量取 1 的概率提高、取 0 的概率降低，$\hat{\beta}_i$ 为负数则表示自变量增加会引起因变量取 0 的概率提高、取 1 的概率降低。

概率分布函数类型的选择决定了二值选择模型的类型，常用的二值选择模型如表 9.1 所示。

表9.1　常用的二值选择模型

二值选择模型	分布类型	分布函数 F
Probit 模型	标准正态分布	$\Phi(x)$
Logit 模型	逻辑分布	$e^x / (1 + e^x)$
Extreme Value 模型	极值分布	$1 - \exp(-e^x)$

其中最为常用的是二元 Logistic 回归（Binary Logistic Regression），二元 Logistic 回归分析的基本原理是考虑因变量（0,1）发生的概率，用发生的概率除以没有发生的概率再取对数。通过这一变换改变了"回归方程左侧因变量估计值取值范围为 0~1，而右侧取值范围是无穷大或者无穷小"这一取值区间的矛盾，也使得因变量和自变量之间呈线性关系。当然，正是由于这一变换，使得 Logistic 回归自变量系数不同于一般回归分析自变量系数，而是模型中每个自变量概率比的概念。

Logistic 回归系数的估计通常采用最大似然法，最大似然法的基本思想是先建立似然函数与对数似然函数，再通过使对数似然函数最大来求解相应的系数值，所得到的估计值称为系数的最大似然估计值。Logistic 模型的公式如下：

$$\ln \frac{p}{1-p} = a + X\beta + \varepsilon$$

其中，p 为发生的概率，$\alpha = \begin{pmatrix} \alpha_1 \\ \alpha_2 \\ \vdots \\ \alpha_n \end{pmatrix}$ 为模型的截距项，$\beta = \begin{pmatrix} \beta_1 \\ \beta_2 \\ \vdots \\ \beta_n \end{pmatrix}$ 为待估计系数，$X = \begin{pmatrix} x_{11} & x_{12} & \cdots & x_{1k} \\ x_{21} & x_{22} & \cdots & x_{2k} \\ \vdots & \vdots & \ddots & \vdots \\ x_{n1} & x_{n2} & \cdots & x_{nk} \end{pmatrix}$ 为自变量；$\varepsilon = \begin{pmatrix} \varepsilon_1 \\ \varepsilon_2 \\ \vdots \\ \varepsilon_n \end{pmatrix}$ 为误差项。通过公式也可以看出，Logistic 模型实质上是建

立了因变量发生的概率和自变量之间的关系，回归系数是模型中每个自变量概率比的概念。

当然二元 Logistic 回归分析也有自身的适用条件：一是因变量需为二分类的分类变量，自变量可以是区间级别变量或分类变量；二是残差和因变量都要服从二项分布；三是自变量和概率是线性关系；四是各样本观测值相互独立。

当残差服从标准正态分布而不是二项分布时，则使用二元 Probit 回归分析。

二元 Probit 回归分析的公式为：

$$Pr(y = 1|x) = \emptyset\left(\beta' x\right)$$

其中 $\emptyset$ 为正态分布的概率密度。

二元 Logistic 回归分析和二元 Probit 回归分析都用于解释事件发生的概率（即 $Pr(y=1|x)$），都使用最大似然估计方法。通常情况下，两个模型的边际效应以及相应的 t 统计量也十分接近。系数 b_logit 约等于 1.6 倍的系数 b_probit。

在标准 Logit 模型或者 Probit 模型中，假定随机扰动项服从同方差假设，但很多情况下这一假设条件并不能得到有效满足，或者说回归模型可能存在异方差。我们可以运用似然比检验（LR）来检测是否存在异方差。根据似然比检验的结果，若接受同方差原假设，则使用同方差模型，否则应该使用异方差模型。

9.1.2　二值选择模型的 Stata 操作

1. 二元 Logistic 回归分析

二元 Logistic 回归分析的命令包括两种。

若自变量的影响是以优势比（Odds Ratio）的形式输出的，则为：

```
logistic depvar indepvars [if] [in] [weight] [,options]
```

若自变量的影响是以回归系数的形式输出的，则为：

```
logit depvar [indepvars] [if] [in] [weight] [,options]
```

logistic、logit 为二元 Logistic 回归分析的命令，depvar 表示模型的被解释变量，[indepvars] 表示模型的解释变量，[if]为条件表达式，[in]用于设置样本范围，[weight]用于设置权重。[,options]为可选项，如表 9.2 所示。

表9.2　logistic和logit命令的[,options]可选项及其含义

[,options]可选项	含　义
noconstant	模型中不设置常数项
offset（varname）	约束 varname 的系数为 1
asis	保留完全预测变量
vce(vcetype)	vcetype 可能包括 oim、robust、cluster clustvar、bootstrap 或者 jackknife
level(#)	设置置信水平(#)，默认值是 95
or	输出机会比
maximize_options	控制最大化过程，很少用
nocoef	在结果中不输出系数表格栏，很少用

2. 二元 Probit 回归分析

二元 Probit 回归分析的命令及其语法格式为：

```
probit depvar [indepvars] [if] [in] [weight] [,options]
```

probit 为二元 Probit 回归分析的命令，depvar 表示模型的被解释变量，[indepvars]表示模型的解释变量，[if]为条件表达式，[in]用于设置样本范围，[weight]用于设置权重。[,options]为可选项，如表 9.3 所示。

表9.3　probit命令的[,options]可选项及其含义

[,options] 可选项	含　义
noconstant	模型中不设置常数项
offset（varname）	约束 varname 的系数为 1
asis	保留完全预测变量
vce(vcetype)	vcetype 可能包括 oim、robust、cluster clustvar、bootstrap 或者 jackknife
level(#)	设置置信水平(#)，默认值是 95
maximize_options	控制最大化过程，很少用
nocoef	在结果中不输出系数表格栏，很少用

在二值选择模型中，无论是二元 Logistic 回归分析还是二元 Probit 回归分析，回归估计系数并没有经济意义，无法做到像普通线性模型那样，回归系数能够表示解释变量的边际效应，即解释变量每一单位的增长能够引起的被解释变量的多少单位的变化（增长或减少）。所以 Stata 中也设置了专门的命令来计算解释变量的边际效应，即：

```
mfx [compute] [if] [in] [,options]
```

其中 mfx 为命令，[if]为条件表达式，[in]用于设置样本范围，[,options]为可选项，如表 9.4 所示。

表9.4　mfx命令的[,options]可选项及其含义

[,options] 可选项	含　义
predict(predict_option)	为设置的 predict_option 选项计算边际效应
varlist(varlist)	为设置的变量列表计算边际效应
dydx	计算边际效应，也是默认设置
eyex	以 $d(\ln y)/d(\ln x)$ 的形式计算弹性
dyex	以 $d(y)/d(\ln x)$ 的形式计算弹性
eydx	以 $d(\ln y)/d(x)$ 的形式计算弹性
nodiscrete	把虚拟变量当作连续变量看待
nose	不计算标准差
at(atlist)	在这些指定值处计算边际效应

在二值选择模型中，无论是二元 Logistic 回归分析还是二元 Probit 回归分析，我们都可以在执行完回归分析之后，报告各种汇总统计信息，包括分类表。对应命令的语法格式为：

```
estat classification [if] [in] [weight] [,options]
```

其中 estat classification 为命令，[if]为条件表达式，[in]用于设置样本范围，[weight]用于设置权

重。[,options]为可选项，如表 9.5 所示。

表9.5　estat classification命令的[,options]可选项及其含义

[,options] 可选项	含　义
all	在输出的汇总统计信息中显示所有样本观测值的汇总统计信息，从而忽略掉 if 和 in 的设置
cutoff(#)	判定为出现积极结果（即$\hat{y}=1$）的阈值，默认为 0.5。即默认状态下，如果发生概率的预测值 $\hat{y} \geqslant 0.5$，那么认为$\hat{y}=1$；若 $\hat{y}<0.5$，那么$\hat{y}=0$。用户可以通过设置 cutoff()中的数字来提高或降低阈值

在二值选择模型中，无论是二元 Logistic 回归分析还是二元 Probit 回归分析，我们同样可以进行预测因变量的取值。对应命令的语法格式为：

```
predict [type] newvar [if] [in] [,single_options]
```

其中 predict 为命令，type 用于设置新变量的类型，newvar 用来设置预测新变量，[if]为条件表达式，[in]用于设置样本范围，[weight]用于设置权重，[,single_options]为可选项，如表 9.6 所示。

表9.6　predict命令的[,single_options]可选项及其含义

[,single_options] 可选项	含　义
xb	计算线性预测拟合值
stdp	计算预测的标准差
score	似然函数对 xb 的一阶导数
nooffset	预测值不包括 offset 和 exposure 选项所设置的变量

在二值选择模型中，无论是二元 Logistic 回归分析还是二元 Probit 回归分析，我们还可以绘制 ROC 曲线。ROC 曲线又称"接受者操作特征曲线""等感受性曲线"，ROC 曲线主要用于预测准确率。最初 ROC 曲线是运用在军事上，现在广泛应用在各个领域，比如判断某种因素对于某种疾病的诊断是否有价值。曲线上各点反映着相同的感受性，它们都是对同一信号刺激的反应，只不过是在几种不同的判定标准下所得的结果而已。

如图9.1所示，ROC曲线以虚惊概率（又被成为假阳性率、误报率，图中为1-特异性）为横轴，以击中概率（又被称为敏感度、真阳性率，图中为敏感度）为纵轴所组成的坐标图，和被试者在特定刺激条件下由于采用不同的判断标准得出的不同结果画出的曲线。虚惊概率X轴越接近零，击中概率Y轴越接近1，代表准确率越好。

对于一条特定的ROC曲线来说，ROC

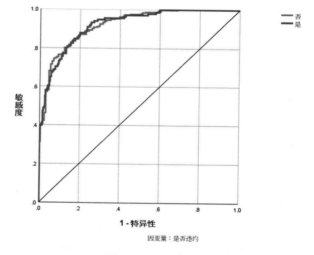

图 9.1　ROC 曲线

曲线的曲率反应敏感性指标是恒定的，所以也叫等感受性曲线。对角线（图中为直线）代表辨

别力等于0的一条线，也叫纯机遇线。ROC曲线离纯机遇线越远，表明模型的辨别力越强。辨别力不同的模型的ROC曲线也不同。

绘制 ROC 曲线的命令及其语法格式为：

```
lroc [depvar] [if] [in] [weight] [,options]
```

其中 lroc 为命令，[depvar]为被解释变量，[if]为条件表达式，[in]用于设置样本范围，[weight]用于设置权重。[,options]为可选项，如表 9.7 所示。

表9.7　lroc命令的[,options]可选项及其含义

[,options] 可选项	含　义
all	使用所有样本观测值绘制 ROC 曲线、计算 ROC 曲线下方区域面积
nograph	不显示图形
beta(matname)	模型系数保存在行矩阵 matname 中

在二值选择模型中，无论是二元 Logistic 回归分析还是二元 Probit 回归分析，我们同样可以进行拟合优度检验，对应命令的语法格式为：

```
estat gof [if] [in] [weight] [,options]
```

其中 estat gof 为命令，[if]为条件表达式，[in]用于设置样本范围，[weight]用于设置权重。[,options]为可选项，如表 9.8 所示。

表9.8　estat gof命令的[,options]可选项及其含义

[,options] 可选项	含　义
group(#)	使用合理的 "#" 分位数进行 Hosmer-Lemeshow 拟合优度检验
all	使用数据文件中的所有样本观测值进行拟合优度检验，忽略 [if]、[in]选项
outsample	对估计样本外的样本进行自由度调整
table	显示用于拟合优度检验的各组列表

3. 对 probit 二值选择模型进行异方差检验和回归

对 probit 二值选择模型进行异方差检验和回归的命令为 hetprobit，该命令的语法格式为：

```
hetprobit depvar [indepvars] [if] [in] [weight], het(varlist [,offset(varname_
o)]) [options]
```

其中 hetprobit 为命令，[if]为条件表达式，[in]用于设置样本范围，[weight]用于设置权重，[,options]为可选项，如表 9.9 所示。

表9.9　hetprobit命令的[,options]可选项及其含义

[,options] 可选项	含　义
het(varilist)	设置影响扰动项的变量列表（varilist）
noconstant	不含有常数项
offset（varname）	约束此变量（varname）的系数为 1
asis	保留完全预测变量
constraints（constraints）	应用特定的线性约束

（续表）

[,options] 可选项	含　义
collinear	保留多重共线性预测变量
vce(vcetype)	vcetype 可能包括 oim、robust、cluster clustvar、opg bootstrap 或者 jackknife
level(#)	设置置信水平，默认的置信水平为 95
noskip	进行似然比检验
nolrtest	进行 wald 检验

9.1.3　二值选择模型分析示例

本节我们使用"数据 9"数据文件为例，其中记录的是 20 名癌患者的相关数据。"数据 9"中有 6 个变量，即 V1、V2、V3、V4、V5、V6，分别是细胞癌转移情况、年龄、细胞癌血管内皮生长因子、癌细胞核组织学分级、细胞癌组织内微血管数和细胞癌分期，如图 9.2 所示。

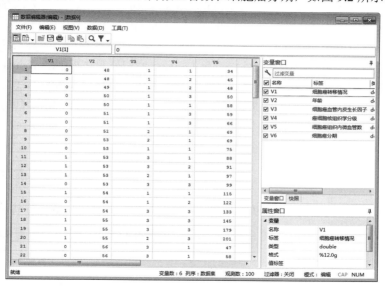

图 9.2　"数据 9"中的数据内容

下面将使用二元 Logistic 回归分析方法分析患者细胞癌转移情况（有转移 y=1，无转移 y=0）与患者年龄、细胞癌血管内皮生长因子（其阳性表述由低到高共 3 个等级）、癌细胞核组织学分级（由低到高共 4 个等级）、细胞癌组织内微血管数、细胞癌分期（由低到高共 4 期）之间的关系。

1. 二元 Logistic 回归分析

打开数据文件之后，在主界面的命令窗口中依次输入：

```
logistic V1 V2 V3 V4 V5 V6
```

本命令的含义是以 V1（细胞癌转移情况）为因变量，以 V2（年龄）、V3（细胞癌血管内皮生长因子）、V4（癌细胞核组织学分级）、V5（细胞癌组织内微血管数）、V6（细胞癌分期）为自变量，进行二元 Logistic 回归分析，研究变量之间的因果影响关系。其中自变量的影响是以优势比（Odds Ratio）的形式输出的。分析结果如图 9.3 所示。

```
. logistic V1 V2 V3 V4 V5 V6

Logistic regression                              Number of obs   =        100
                                                 LR chi2(5)      =      84.46
                                                 Prob > chi2     =     0.0000
Log likelihood = -26.903193                      Pseudo R2       =     0.6109

        V1 │ Odds Ratio   Std. Err.      z    P>|z|     [95% Conf. Interval]
───────────┼────────────────────────────────────────────────────────────────
        V2 │  1.199865    .0691394     3.16   0.002     1.071727    1.343324
        V3 │  1.333526    .6342279     0.61   0.545     .5250109    3.387153
        V4 │  1.376709    .5392475     0.82   0.414      .638899    2.966552
        V5 │  1.044875    .0125925     3.64   0.000     1.020483     1.06985
        V6 │  5.575864    2.901555     3.30   0.001     2.010786    15.46174
     _cons │  5.76e-10    2.85e-09    -4.30   0.000     3.57e-14    9.31e-06
───────────┴────────────────────────────────────────────────────────────────
Note: _cons estimates baseline odds.
```

图 9.3　以优势比形式输出二元 Logistic 回归分析结果

可以发现共有 100 个样本参与了分析（Number of obs=100）。LR chi2(5)是卡方检验的统计量，也就是回归模型无效假设所对应的似然比检验量，其中括号内的 5 为自由度，其值为 84.46，模型整体非常显著（Prob > chi2=0.0000），其实 LR chi2(5)、Prob > chi2 这两个指标与线性回归结果中 F 统计量和 P 值的功能是大体一致的。此外，二元 Logistic 回归分析结果中的 Pseudo R^2 是伪 R^2，虽然不等于 R^2，但也可以用来检验模型对变量的解释力，因为二值选择模型是非线性模型，无法进行平方和分解，所以没有 R^2，但是伪 R^2 衡量的是对数似然函数的实际增加值占最大可能增加值的比重，所以也可以很好地衡量模型的拟合准确度。本例中伪 R 方达到 0.6109（Pseudo R2 = 0.3500），说明模型的解释能力还是可以的。

提　示

结果中的 Log likelihood 是对数似然值（简记为 L），是基于最大似然估计得到的统计量。计算公式为：$L = -\dfrac{n}{2}\log 2\pi - \dfrac{n}{2}\log \hat{\sigma}^2 - \dfrac{n}{2}$。对数似然值用于说明模型的精确性，$L$ 越大说明模型越精确。

与一般的回归形式不同，此处自变量的影响是以优势比（Odds Ratio）的形式输出的，它的含义是：在其他自变量保持不变的条件下，被观测自变量每增加 1 个单位时 $y=1$ 的发生比的变化倍数。可以看出，V2（年龄）、V3（细胞癌血管内皮生长因子）、V4（癌细胞核组织学分级）、V5（细胞癌组织内微血管数）、V6（细胞癌分期）5 个自变量的增加都会引起因变量取 1 值大于 1 倍地增加。或者说所有的自变量都是与因变量呈现正向变化的，都会使得因变量取 1 的概率更大。在 5 个自变量中，V6（细胞癌分期）的优势比是最为突出的（数值最大）。

在二元 Logistic 回归分析中，对系数显著性的检验依靠 z 统计量，观察 $P>|z|$ 的值，可以发现 V2（年龄）、V5（细胞癌组织内微血管数）、V6（细胞癌分期）3 个自变量的系数值是显著的，体现在其 P 值均小于 0.05，而 V3（细胞癌血管内皮生长因子）、V4（癌细胞核组织学分级）两个自变量的系数值不够显著，体现在其 P 值均大于 0.05。

```
logit V1 V2 V3 V4 V5 V6
```

本命令的含义是以 V1（细胞癌转移情况）为因变量，以 V2（年龄）、V3（细胞癌血管内皮生长因子）、V4（癌细胞核组织学分级）、V5（细胞癌组织内微血管数）、V6（细胞癌分期）为自变量，进行二元 Logistic 回归分析，研究变量之间的因果影响关系。其中自变量的影响是以回归系数的形式输出的。分析结果如图 9.4 所示。

从图 9.4 可以看出该模型与使用 Logistic 命令回归得到的结果是一致的，只是自变量影响输出的形式由优势比换成了回归系数。

最终的回归方程为：

logit（$P|y=$转移）=0.182*年龄+0.288*细胞癌血管内皮生长因子+0.320*癌细胞核组织学分级+0.044*细胞癌组织内微血管数+1.718*细胞癌分期及常数项-21.274

或者，设 T=0.182*年龄+0.288*细胞癌血管内皮生长因子+0.320*癌细胞核组织学分级+0.044*细胞癌组织内微血管数+1.718*细胞癌分期及常数项-21.274

$$\mathrm{Prob}(Y=转移)=\frac{\mathrm{e}^{T}}{1+\mathrm{e}^{T}}$$

```
. logit V1 V2 V3 V4 V5 V6

Iteration 0:    log likelihood =  -69.13461
Iteration 1:    log likelihood = -27.671157
Iteration 2:    log likelihood = -26.920207
Iteration 3:    log likelihood = -26.903226
Iteration 4:    log likelihood = -26.903193
Iteration 5:    log likelihood = -26.903193

Logistic regression                      Number of obs   =         100
                                          LR chi2(5)      =       84.46
                                          Prob > chi2     =      0.0000
Log likelihood = -26.903193              Pseudo R2       =      0.6109
```

V1	Coef.	Std. Err.	z	P>|z|	[95% Conf. Interval]	
V2	.1822092	.0576226	3.16	0.002	.069271	.2951474
V3	.2878267	.4756021	0.61	0.545	-.6443363	1.21999
V4	.3196957	.3916932	0.82	0.414	-.4480088	1.0874
V5	.0438974	.0120517	3.64	0.000	.0202765	.0675183
V6	1.718447	.5203777	3.30	0.001	.6985257	2.738369
_cons	-21.27445	4.943924	-4.30	0.000	-30.96436	-11.58454

图 9.4　以回归系数形式输出二元 Logistic 回归分析结果

mfx

本命令的含义是计算解释变量的边际效应。分析结果如图 9.5 所示。

```
. mfx

Marginal effects after logit
      y  = Pr(V1) (predict)
         =  .616383
```

variable	dy/dx	Std. Err.	z	P>|z|	[95% C.I.]		X
V2	.0430843	.0136	3.17	0.002	.016427	.069742	61.21
V3	.0680581	.11362	0.60	0.549	-.154641	.290758	2.09
V4	.0755937	.0918	0.82	0.410	-.104332	.25552	2.46
V5	.0103798	.00274	3.79	0.000	.005018	.015741	118.15
V6	.4063354	.12223	3.32	0.001	.166765	.645906	2.34

图 9.5　计算解释变量的边际效应

在该输出结果中，下面第一列为变量；第二列 dy/dx 显示了每一个解释变量的平均边际影响，可以发现所有的边际影响均为正值，也就是说，所有自变量的增加或减少都会引起因变量边际的增加或减少，这是一种同向变动关系；第三列为 z 统计量；第四列为显著性 P 值。分析结论与前面一致。

"mfx" 默认是在所有解释变量位于样本平均值处的边际效应。但用户可以自己设定边际影响的点，也就是在命令语句中设置可选项 options 为 at(atlist)。比如在命令窗口中输入：

```
mfx, at (V3 =0)
```

即表示计算 V3 取值为 0，其他解释变量取值在样本均值处的边际效应，结果如图 9.6 所示。

```
. mfx, at (V3 =0)

warning: no value assigned in at() for variables V2 V4 V5 V6;
    means used for V2 V4 V5 V6

Marginal effects after logit
      y  = Pr(V1) (predict)
         = .46820944
```

variable	dy/dx	Std. Err.	z	P>|z|	[95% C.I.]	X
V2	.0453681	.01531	2.96	0.003	.015371	.075366	61.21
V3	.0716658	.11361	0.63	0.528	-.151005	.294337	0
V4	.0796008	.09848	0.81	0.419	-.113407	.272609	2.46
V5	.01093	.00317	3.45	0.001	.004714	.017146	118.15
V6	.4278751	.13863	3.09	0.002	.156162	.699588	2.34

图 9.6　V3 取值为 0，其他解释变量取值在样本均值处的边际效应

```
estat classification
```

本命令的含义是计算预测准确的百分比，并提供分类统计和分类表。因为没有设置 cutoff 选项，所以使用默认的阈值 0.5。也就是说基于我们的二元 Logistic 回归分析模型，如果预测值 $\hat{y} \geq 0.5$，那么认为 $\hat{y}=1$；如果 $\hat{y} < 0.5$，那么认为 $\hat{y}=0$。分析结果如图 9.7 所示。

```
. estat classification

Logistic model for V1

              -------- True --------
Classified |    D            ~D    |   Total
-----------+----------------------+-----------
     +     |    50            6    |     56
     -     |     3           41    |     44
-----------+----------------------+-----------
   Total   |    53           47    |    100

Classified + if predicted Pr(D) >= .5
True D defined as V1 != 0
```

Sensitivity	Pr(+| D)	94.34%
Specificity	Pr(-|~D)	87.23%
Positive predictive value	Pr(D| +)	89.29%
Negative predictive value	Pr(~D| -)	93.18%
False + rate for true ~D	Pr(+|~D)	12.77%
False - rate for true D	Pr(-| D)	5.66%
False + rate for classified +	Pr(~D| +)	10.71%
False - rate for classified -	Pr(D| -)	6.82%
Correctly classified		91.00%

图 9.7　阈值 0.5 情形下计算预测准确的百分比

注　意

Classified 表示基于二元 Logistic 回归分析模型的预测分类情况，Classified+表示基于模型预测分类为积极结果（因变量取 1），Classified-表示基于模型预测分类为消极结果（因变量取 0）。True 表示实际样本观测值的分类情况，D 表示实际样本观测值为积极结果（因变量取 1），~D表示实际样本观测值为消极结果（因变量取 0）。

本例中 Classified-True 矩阵表格中左上方为 50，即因变量实际为积极结果且预测为积极结果的样本观测值个数为 50 个；此外，还可以发现，因变量实际为消极结果且预测为消极结果的样本观测值个数为 41 个。这两种情况都属于预测正确的情形。

因变量实际为积极结果但预测为消极结果的样本观测值个数为 3 个，因变量实际为消极结果但预测为积极结果的样本观测值个数为 6 个，这两种情况都属于预测错误的情形。

结果图中 sensitivity（敏感性）=Pr(+|D)=50/53=94.34%。

结果图中 specificity（特异性）=Pr(−|~D)=41/47= 87.23%。

结果图中最后一行为整体预测正确的百分比，也反映了二元 Logistic 回归分析模型的拟合优度，在 100 个样本观测值中，预测正确的有 91（50+41）个，正确率即（50+41）/100=91.00%。

```
estat classification,cutoff(0.8)
```

本命令的含义是计算预测准确的百分比，并提供分类统计和分类表，设置 cutoff 选项，阈值为 0.8。分析结果如图 9.8 所示。

设置阈值为 0.8 后，整体预测准确率出现了下降，下降为 81%，主要原因是实际为积极结果，但预测为消极结果的错判值出现了显著上升，上升至 16 个。

```
estat classification,cutoff(0.7)
```

本命令的含义是计算预测准确的百分比，并提供分类统计和分类表，设置 cutoff 选项，阈值为 0.7。分析结果如图 9.9 所示。

```
. estat classification,cutoff(0.8)

Logistic model for V1

              ------ True ------
Classified        D         ~D        Total

    +            37          3          40
    -            16         44          60

  Total          53         47         100

Classified + if predicted Pr(D) >= .8
True D defined as V1 != 0

Sensitivity                     Pr( +| D)   69.81%
Specificity                     Pr( -|~D)   93.62%
Positive predictive value       Pr( D| +)   92.50%
Negative predictive value       Pr(~D| -)   73.33%

False + rate for true ~D        Pr( +|~D)    6.38%
False - rate for true D         Pr( -| D)   30.19%
False + rate for classified +   Pr(~D| +)    7.50%
False - rate for classified -   Pr( D| -)   26.67%

Correctly classified                        81.00%
```

图 9.8　阈值 0.8 情形下计算预测准确的百分比

```
. estat classification,cutoff(0.7)

Logistic model for V1

              ------ True ------
Classified        D         ~D        Total

    +            40          4          44
    -            13         43          56

  Total          53         47         100

Classified + if predicted Pr(D) >= .7
True D defined as V1 != 0

Sensitivity                     Pr( +| D)   75.47%
Specificity                     Pr( -|~D)   91.49%
Positive predictive value       Pr( D| +)   90.91%
Negative predictive value       Pr(~D| -)   76.79%

False + rate for true ~D        Pr( +|~D)    8.51%
False - rate for true D         Pr( -| D)   24.53%
False + rate for classified +   Pr(~D| +)    9.09%
False - rate for classified -   Pr( D| -)   23.21%

Correctly classified                        83.00%
```

图 9.9　阈值 0.7 情形下计算预测准确的百分比

设置阈值为 0.7 后，整体预测准确率较阈值为 0.7 时出现了上升，上升至 83%，主要原因是实际为积极结果，但预测为消极结果的错判值减少至 13 个，但同时实际为消极结果，但预测为积极结果的错判值上升了 1 个（阈值为 0.8 时 3 个，阈值为 0.7 时 4 个）。

```
lstat
```

本命令是上一条命令"estat clas"的另一种表达形式。读者可自行尝试，可以发现结果完全一致。

```
predict p1, pr
```

本命令旨在估计因变量的拟合值。它创建一个名为 p1 的新变量，等于在最近一次 Logistic 模型的基础上 $y=1$ 的预测概率。

```
list V1 p1
```

本命令的含义是列出各个样本观测值 V1、p1 两个变量的值，结果如图 9.10 所示。

. list V1 p1		21.	0	.0022246	51.	0	.8087531	76.	1	.995243
		22.	0	.0197507	52.	0	.8526866	77.	1	.9075204
		23.	0	.041745	53.	0	.6430423	78.	1	.9997831
	V1 p1	24.	1	.5630792	54.	0	.2669427	79.	1	.9884944
		25.	0	.0078581	55.	1	.808839	80.	1	.9999744
1.	0 .0001649	26.	1	.510304	56.	1	.9923621	81.	1	.8904932
2.	0 .0003679	27.	0	.0828472	57.	1	.925564	82.	1	.7393171
3.	0 .0154197	28.	0	.372322	58.	1	.9984748	83.	1	.6789173
4.	0 .0050399	29.	0	.0961533	59.	1	.9969846	84.	0	.0072534
5.	0 .0037827	30.	0	.0805784	60.	1	.9965151	85.	1	.9765195
6.	0 .0089419	31.	0	.2271531	61.	1	.0578153	86.	1	.9970111
7.	0 .0640259	32.	0	.2451528	62.	1	.8502216	87.	1	.9969739
8.	0 .0116767	33.	1	.9460109	63.	0	.0011209	88.	1	.9568832
9.	0 .0732535	34.	0	.7743117	64.	0	.0366918	89.	1	.9849145
10.	0 .0024749	35.	1	.5356846	65.	0	.009612	90.	0	.0088634
11.	1 .5750706	36.	1	.6030989	66.	1	.9014478	91.	0	.0113632
12.	1 .6800405	37.	1	.9321195	67.	1	.625843	92.	1	.9960921
13.	1 .6010446	38.	1	.7518191	68.	1	.9810259	93.	1	.997815
14.	0 .1179423	39.	1	.9928026	69.	0	.0053183	94.	1	.9885858
15.	1 .3488512	40.	1	.9964477	70.	0	.0050285	95.	1	.9991725
16.	0 .0312493	41.	0	.1910367	71.	0	.0085878	96.	1	.9994926
17.	1 .1134687	42.	0	.1478397	72.	1	.8782837	97.	1	.9989097
18.	1 .591854	43.	0	.4822919	73.	1	.9451729	98.	1	.9998526
19.	1 .9950383	44.	0	.0903773	74.	1	.9318386	99.	0	.612048
20.	1 .9860814	45.	0	.0347321	75.	1	.7877417	100.	1	.9999911
		46.	0	.3811105						
		47.	0	.2429372						
		48.	0	.4096144						
		49.	0	.1462512						
		50.	0	.8191581						

图 9.10　各个样本观测值 V1、p1 两个变量的值

从结果中可以非常直观地看出实际值与预测值的一致程度。比如第 1 个样本，实际取值（V1）为 0，预测取值为 1、概率为 0.0001649；第 11 个样本，实际取值（V1）为 1，预测取值为 1，概率为 0.5750706。如果我们设定阈值为 0.5，即预测概率大于 0.5 时将预测取值为 1，那么第 11 个样本将是预测准确的，而如果我们设定阈值为 0.6，即预测概率大于 0.6 时将预测取值为 1，那么第 11 个样本将是预测错误的。

```
lroc
```

本命令的含义是绘制 ROC 曲线，绘制结果如图 9.11 所示。

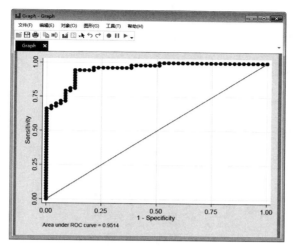

图 9.11　ROC 曲线

前面我们提到，准确率就是 ROC 曲线下方部分的面积，图中的 45°直线就是纯机遇线，即准确率和错误率各占一半，从图中可以看到本例中 ROC 曲线位于 45°直线上面，所以准确率高于错误率，即准确率大于 0.5。由图中下方可知曲线下方面积为 0.9514（Area under ROC curve=0.9514），也就是预测的准确率是 0.9514。

```
estat gof
```

本命令旨在判断模型的拟合效果，或者说模型的解释能力，结果如图 9.12 所示。

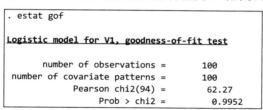

图 9.12　模型的拟合效果

我们用到的是 Pearson 卡方拟合优度检验，原假设是预测值和实际值没有显著差别。所以 P 值越大，说明越能显著接受原假设，也就是说模型的拟合优度越好。本例中模型的拟合效果还是很不错的。

2. 二元 Probit 回归分析

打开数据文件之后，在主界面的命令窗口中输入：

```
probit V1 V2 V3 V4 V5 V6
```

本命令的含义是以 $V1$（细胞癌转移情况）为因变量，以 $V2$（年龄）、$V3$（细胞癌血管内皮生长因子）、$V4$（癌细胞核组织学分级）、$V5$（细胞癌组织内微血管数）、$V6$（细胞癌分期）为自变量，进行二元 Probit 回归分析，研究变量之间的因果影响关系。分析结果如图 9.13 所示。

```
. probit V1 V2 V3 V4 V5 V6

Iteration 0:   log likelihood =  -69.13461
Iteration 1:   log likelihood = -27.767705
Iteration 2:   log likelihood = -26.746476
Iteration 3:   log likelihood = -26.717564
Iteration 4:   log likelihood = -26.717501
Iteration 5:   log likelihood = -26.717501

Probit regression                               Number of obs   =       100
                                                LR chi2(5)      =     84.83
                                                Prob > chi2     =    0.0000
Log likelihood = -26.717501                     Pseudo R2       =    0.6135

       V1 |      Coef.   Std. Err.      z    P>|z|     [95% Conf. Interval]
----------+-----------------------------------------------------------------
       V2 |   .1051602   .0320459     3.28   0.001     .0423514    .167969
       V3 |   .1982611   .2749966     0.72   0.471    -.3407223   .7372445
       V4 |   .1947007   .2258298     0.86   0.389    -.2479175   .6373189
       V5 |   .0247819   .0065205     3.80   0.000     .0120019    .037562
       V6 |   .9280813   .2717084     3.42   0.001     .3955427    1.46062
    _cons |  -12.14757   2.638224    -4.60   0.000     -17.3184   -6.976748

Note: 0 failures and 1 success completely determined.
```

图 9.13　二元 Probit 回归分析结果

从图 9.13 可以看出该模型经过 5 次迭代得到的最终结果。模型整体的显著性、各自变量的显著性、各自变量的系数方向与使用 Logistic 命令回归得到的结果是一致的。

二元 Probit 回归分析同样可以使用 mfx 命令。在命令窗口中输入：

```
mfx
```

本命令的含义是计算解释变量的边际效应，结果如图 9.14 所示。关于结果的解读，与二元 Logistic 回归分析类似，不再赘述。

```
. mfx

Marginal effects after probit
      y  = Pr(V1) (predict)
         =  .6111467

variable |      dy/dx   Std. Err.      z    P>|z|  [    95% C.I.    ]      X
---------+--------------------------------------------------------------------
      V2 |    .0403139     .01219    3.31   0.001    .01642  .064208    61.21
      V3 |    .0760048     .10637    0.71   0.475  -.132473  .284482     2.09
      V4 |    .0746399     .08589    0.87   0.385  -.093692  .242972     2.46
      V5 |    .0095003     .00239    3.98   0.000    .004818  .014182   118.15
      V6 |    .3557868     .10225    3.48   0.001    .155377  .556196     2.34
```

图 9.14　计算解释变量的边际效应

二元 Probit 回归分析同样可以使用 estat classification 命令。在命令窗口中输入：

```
estat classification
```

本命令的含义是计算预测准确的百分比，并提供分类统计和分类表，结果如图 9.15 所示。关于结果的解读，与二元 Logistic 回归分析类似，不再赘述。

```
. estat classification

Probit model for V1

                   ——— True ———
Classified       D          ~D          Total

     +          49           6            55
     -           4          41            45

  Total         53          47           100

Classified + if predicted Pr(D) >= .5
True D defined as V1 != 0

Sensitivity                 Pr( +| D)    92.45%
Specificity                 Pr( -|~D)    87.23%
Positive predictive value   Pr( D| +)    89.09%
Negative predictive value   Pr(~D| -)    91.11%

False + rate for true ~D    Pr( +|~D)    12.77%
False - rate for true D     Pr( -| D)     7.55%
False + rate for classified +  Pr(~D| +)  10.91%
False - rate for classified -  Pr( D| -)   8.89%

Correctly classified                     90.00%
```

图 9.15　阈值 0.5 情形下计算预测准确的百分比

二元 Probit 回归分析同样可以使用 predict 命令。在命令窗口中输入：

```
predict p2, pr
```

本命令旨在估计因变量的拟合值。它创建一个名为 $p2$ 的新变量，等于在最近一次 Logistic 模型的基础上 $y=1$ 的预测概率。

```
list V1 p2
```

本命令的含义是列出各个样本观测值 $V1$、$p2$ 两个变量的值，结果如图 9.16 所示。关于结果的解读，与二元 Logistic 回归分析类似，不再赘述。

```
. list V1 p2           26.   1   .4738508   51.   0   .783271    76.   1   .9988989
                       27.   0   .0895937   52.   0   .8321745   77.   1   .9169493
         V1      p2    28.   0   .3652748   53.   0   .6486452   78.   1   .9999991
                       29.   0   .101602    54.   0   .3083924   79.   1   .9957749
  1.    0   3.98e-07    30.   0   .0795618   55.   1   .7940685   80.   1   1
  2.    0   3.93e-06
  3.    0   .0074813    31.   0   .2430707   56.   1   .9960411   81.   1   .8884786
  4.    0   .0012979    32.   0   .2681055   57.   1   .9285334   82.   1   .7479834
  5.    0   .0006798    33.   1   .9434671   58.   1   .9998518   83.   1   .675338
                        34.   0   .75992     59.   1   .9994205   84.   0   .0035609
  6.    0   .0036402    35.   1   .5310118   60.   1   .9994407   85.   1   .9832135
  7.    0   .0568034
  8.    0   .0058361    36.   1   .6005796   61.   1   .0682158   86.   1   .9994674
  9.    0   .0682883    37.   1   .9272387   62.   1   .8490842   87.   1   .999426
 10.    0   .0003439    38.   1   .7356957   63.   1   .0000594   88.   1   .9687439
                        39.   1   .997395    64.   0   .0260066   89.   1   .9918321
 11.    1   .5432155    40.   1   .999147    65.   0   .0037605   90.   0   .003875
 12.    1   .6471303
 13.    1   .5530276    41.   0   .1910653   66.   1   .9014608   91.   0   .0056174
 14.    0   .1388231    42.   0   .1731488   67.   1   .6319609   92.   1   .9991928
 15.    1   .3293194    43.   0   .4898887   68.   1   .9852977   93.   1   .9997644
                        44.   0   .0973453   69.   0   .0016467   94.   1   .9956257
 16.    0   .026817     45.   0   .0332149   70.   0   .0014182   95.   1   .9999742
 17.    1   .1432214
 18.    1   .6043671    46.   0   .4261179   71.   0   .0039162   96.   1   .9999924
 19.    1   .9984788    47.   0   .2752888   72.   1   .8783787   97.   1   .9999647
 20.    1   .991397     48.   0   .4470383   73.   1   .956235    98.   1   .9999998
                        49.   0   .1931002   74.   1   .9410251   99.   0   .6207723
 21.    0   .0003674    50.   0   .8024832   75.   1   .7977483  100.   1   1
 22.    0   .0147925
 23.    0   .0434617
 24.    1   .5415466
 25.    0   .003682
```

图 9.16　各个样本观测值 $V1$、$p2$ 两个变量的值

二元 Probit 回归分析同样可以使用 lroc 命令。在命令窗口中输入：

```
lroc
```

本命令的含义是绘制 ROC 曲线，绘制结果如图 9.17 所示。关于结果的解读，与二元 Logistic 回归分析类似，不再赘述。

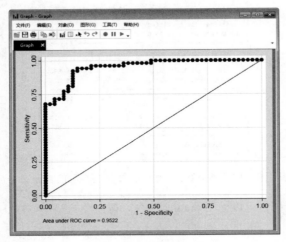

图 9.17　ROC 曲线

二元 Probit 回归分析同样可以使用 estat gof 命令。在命令窗口中输入：

```
estat gof
```

本命令旨在判断模型的拟合效果，或者说模型的解释能力，结果如图 9.18 所示。关于结果的解读，与二元 Logistic 回归分析类似，不再赘述。

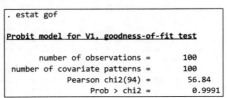

图 9.18　模型的拟合效果

3. 对 Probit 二值选择模型进行异方差检验和回归

打开数据文件之后，在主界面的命令窗口中输入：

```
hetprob V1 V2 V3 V4 V5 V6,het ( V2 V3 V4 V5 V6 )
```

本命令的含义是以 $V1$（细胞癌转移情况）为因变量，以 $V2$（年龄）、$V3$（细胞癌血管内皮生长因子）、$V4$（癌细胞核组织学分级）、$V5$（细胞癌组织内微血管数）、$V6$（细胞癌分期）为自变量，进行 Probit 二值选择异方差模型的估计和检验，研究变量之间的因果影响关系，结果如图 9.19 所示。对于模型整体显著性、自变量系数值及显著性的解读与前面类似，不难发现 Probit 二值选择异方差模型中各自变量的系数都变得不再显著，模型存在较大的问题。

```
Heteroskedastic probit model                    Number of obs    =      100
                                                Zero outcomes    =       47
                                                Nonzero outcomes =       53

                                                Wald chi2(5)     =     0.09
Log likelihood = -25.68006                      Prob > chi2      =   0.9999

        V1 |    Coef.     Std. Err.      z     P>|z|     [95% Conf. Interval]
-----------+----------------------------------------------------------------
V1         |
        V2 |    1.0847    4.264533     0.25    0.799    -7.273632    9.443031
        V3 |  2.385108   10.34734      0.23    0.818   -17.89531    22.66553
        V4 | -1.841273    9.308003    -0.20    0.843   -20.08462    16.40208
        V5 |  .2257695    .8820556     0.26    0.798   -1.503028    1.954567
        V6 |  6.963827   25.87441      0.27    0.788   -43.74908    57.67674
     _cons |  -105.524   405.5765     -0.26    0.795   -900.4394    689.3913
-----------+----------------------------------------------------------------
lnsigma    |
        V2 |  .0590923    .0678265     0.87    0.384    -.0738452    .1920298
        V3 |  .4601657    .4965248     0.93    0.354    -.5130049    1.433336
        V4 | -.5901243    .4505759    -1.31    0.190    -1.473237    .2929883
        V5 | -.0039739    .0085571    -0.46    0.642    -.0207456    .0127977
        V6 | -.2975247    .3524988    -0.84    0.399    -.9884097    .3933603
-----------+----------------------------------------------------------------
LR test of lnsigma=0: chi2(5) = 2.07                   Prob > chi2 = 0.8387
```

图 9.19　Probit 二值选择异方差模型的估计和检验

　　图中下方是 LR 检验，LR 检验的原假设是同方差，本例中接受了原假设（Prob > chi2 = 0.8387），或者说模型不存在异方差问题，所以没必要使用该异方差 Probit 模型进行估计。

9.2　多值选择模型

| 下载资源:\video\第 9 章\… |
| 下载资源:\sample\第 9 章\数据 9A |

9.2.1　多值选择模型分析的功能与意义

　　多值选择模型回归分析是二值选择模型回归分析的拓展，用于因变量取多个单值且无先后顺序时的情形，如偏好选择、考核等级等。多值选择模型回归分析的基本原理同样是考虑因变量（0,1）发生的概率，用发生概率除以没有发生概率再取对数。回归自变量系数也是模型中每个自变量概率比的概念，回归系数的估计同样采用迭代最大似然法。在多值选择模型下，因为 Probit 模型需要对多元正态分布进行评价，所以应用受到限制，应用最多的是多元 Logit 模型。

　　多元 Logit 模型的公式为：

$$\ln \frac{p}{1-p} = \alpha + X\beta + \varepsilon$$

其中，p 为事件发生的概率，$\alpha = \begin{pmatrix} \alpha_1 \\ \alpha_2 \\ \vdots \\ \alpha_n \end{pmatrix}$ 为模型的截距项，$\beta = \begin{pmatrix} \beta_1 \\ \beta_2 \\ \vdots \\ \beta_n \end{pmatrix}$ 为自变量系数，$X=$

$\begin{pmatrix} x_{11} & x_{12} & \cdots & x_{1k} \\ x_{21} & x_{22} & \cdots & x_{2k} \\ \vdots & \vdots & \ddots & \vdots \\ x_{n1} & x_{n2} & \cdots & x_{nk} \end{pmatrix}$ 为自变量，$\varepsilon = \begin{pmatrix} \varepsilon_1 \\ \varepsilon_2 \\ \vdots \\ \varepsilon_n \end{pmatrix}$ 为误差项。

9.2.2　多值选择模型的 Stata 操作

多值选择模型包括多元 Logit 模型和多元 Probit 模型。

多元 Logit 模型的命令及其语法格式为：

```
mlogit depvar [indepvars] [if] [in] [weight] [,options]
```

其中默认以回归系数形式输出多元 Logit 回归分析结果；如果在[,options]中选择了 rrr，则将以相对风险比率的形式输出多元 Logit 回归分析结果。

多元 Probit 模型的命令及其语法格式为：

```
mprobit depvar [indepvars] [if] [in] [weight] [,options]
```

mlogit、mprobit 为多值选择模型的命令，depvar 表示模型的被解释变量，[indepvars]表示模型的解释变量，[if]为条件表达式，[in]用于设置样本范围，[weight]用于设置权重。[,options]为可选项，主要包括如表 9.10 所示的几项。

表9.10　mlogit和mprobit命令的[,options]可选项及其含义

[,options]可选项	含　义
noconstant	模型中不包括常数项
baseoutcome(#)	在模型中设置基础组别或类别
constraints(clist)	在模型中应用特定的线性约束
collinear	在模型中保留多重共线性预测变量
vce(vcetype)	vcetype 可能包括 oim、robust、cluster clustvar、opg bootstrap 或者 jackknife
level(#)	在模型中设置置信度，默认值是 95
rrr	输出相对风险比率（该选项只适用于 mlogit 命令，mprobit 不适用）
maximize_options	控制最优化过程，很少使用

在实际操作中，以下命令使用频率较高：

```
mlogit y x1 x2 x3…, baseoutcome(#)
mprobit y x1 x2 x3…, baseoutcome(#)
```

其中"#"是指被解释变量的某个取值，将该值所代表的组别或类别作为参照组。

在多值选择模型中，无论是多元 Logit 模型，还是多元 Probit 模型，都可以预测每个样本观测值

取到被解释变量每个值的概率。相应命令的语法格式为：

```
predict [type] {stub*|newvars} [if] [in] [,statistic outcome(#,#,…) nooffset]
```

其中 predict 是预测的命令，[type]为预测设置新变量的类型，{stub*|newvars}为预测的新变量，[if]为条件表达式，[in]用于设置样本范围，outcome(#,#,…)表示需要对括号内指定的类别进行概率预测，在 outcome()中，可以直接使用类别的取值，也可以使用#1、#2 等表示类别的序号，还可以用数值标签来表示。如果不设置 outcome 选项，则需设置 k 个新变量。如果是预测指数或者指数的标准差，则需设置 1 个新变量。nooffset 表示预测约束。statistic 表示需要预测的统计量，包括 3 种：pr（默认选项，预测因变量取值概率）、xb（预测因变量拟合值）、stdq（预测标准差）。

9.2.3 多值选择模型分析示例

本节我们使用"数据 9A"数据文件为例，其中记录的是某商业银行全体员工收入档次（1 为高收入，2 为中收入，3 为低收入）、职称情况、工作年限、绩效考核得分和违规操作积分数据，如图 9.20 所示。

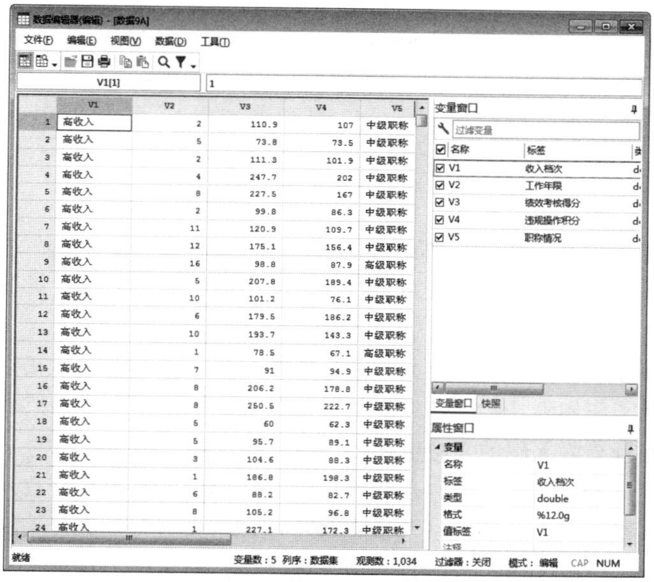

图 9.20 "数据 9A"中的数据内容

下面以收入档次（$V1$）为因变量，以工作年限（$V2$）、绩效考核得分（$V3$）和违规操作积分（$V4$）为自变量，开展多值选择模型分析。

1. 多元 Logit 回归分析

打开数据文件之后，在主界面的命令窗口中依次输入：

```
mlogit V1 V2 V3 V4, base(3)
```

本命令的含义是以收入档次（$V1$）为因变量，工作年限（$V2$）、绩效考核得分（$V3$）和违规操作积分（$V4$）为自变量，进行多元 Logit 回归分析，研究变量之间的因果影响关系。其中自变量的影响是以回归系数的形式输出的。分析结果如图 9.21 所示。

```
. mlogit V1 V2 V3 V4, base(3)

Iteration 0:    log likelihood = -1091.5761
Iteration 1:    log likelihood = -534.70449
Iteration 2:    log likelihood = -363.81428
Iteration 3:    log likelihood = -291.68074
Iteration 4:    log likelihood =  -287.5805
Iteration 5:    log likelihood = -287.46298
Iteration 6:    log likelihood = -287.46273
Iteration 7:    log likelihood = -287.46273

Multinomial logistic regression              Number of obs   =       1,034
                                             LR chi2(6)      =     1608.23
                                             Prob > chi2     =      0.0000
Log likelihood = -287.46273                  Pseudo R2       =      0.7367


          V1 |      Coef.   Std. Err.      z    P>|z|     [95% Conf. Interval]
-------------+----------------------------------------------------------------
高收入       |
          V2 |   1.464102   .0970136    15.09   0.000     1.273959    1.654245
          V3 |   .0298782   .0084572     3.53   0.000     .0133025     .046454
          V4 |  -.0220067   .0091889    -2.39   0.017    -.0400166   -.0039968
       _cons |  -29.94736   2.284993   -13.11   0.000    -34.42587   -25.46886
-------------+----------------------------------------------------------------
中收入       |
          V2 |    .606176   .0450866    13.44   0.000     .5178079    .6945441
          V3 |   .0005943   .0054389     0.11   0.913    -.0100658    .0112543
          V4 |  -.0047331   .0064313    -0.74   0.462    -.0173383     .007872
       _cons |  -6.675127   .6619003   -10.08   0.000    -7.972428   -5.377827
-------------+----------------------------------------------------------------
低收入       |  (base outcome)
```

图 9.21　以回归系数形式输出多元 Logit 回归分析结果

从图9.21可以看出多元Logit回归模型的整体显著性很高,显著性P值达到了0.0000左右(Prob > chi2=0.0000),伪 R 方达到 73.67%(Pseudo R2 = 0.7367),模型的拟合优度比较高,解释能力比较好。

从图 9.21 中可以看到工作年限($V2$)、绩效考核得分($V3$)的系数在高收入组和中收入组都是大于 0 的,这意味着工作年限($V2$)、绩效考核得分($V3$)两个变量的值越大就越容易被分到高收入组和中收入组,而且高收入组的系数值还要大于中收入组,说明收入与工作年限($V2$)、绩效考核得分($V3$)呈现正向变动关系。同时违规操作积分($V4$)的系数在高收入组和中收入组都是小于 0 的,这意味着违规操作积分($V4$)变量的值越小就越容易被分到高收入组和中收入组,而且高收入组的系数值还要小于中收入组,说明收入与违规操作积分($V4$)呈现反向变动关系。

最终模型方程为:

$G1$=LOG[P(高收入)/P(低收入)]= -29.94736+1.464102*$V2$+0.0298782*$V3$-0.0220067*$V4$。

$G2$=LOG[P(中收入)/P(低收入)]= -6.675127+0.606176*$V2$+0.0005943*$V3$-0.0047331*$V4$。

$G3$= 0,因为低收入组是因变量中的参考组,其所有系数均为 0。

```
mlogit V1 V2 V3 V4, base(3) rrr
```

本命令的含义是以收入档次($V1$)为因变量,以工作年限($V2$)、绩效考核得分($V3$)和违规操作积分($V4$)为自变量,进行多元 Logit 回归分析,研究变量之间的因果影响关系。其中自变量的影响是以相对风险比率的形式输出的。分析结果如图 9.22 所示。

```
. mlogit V1 V2 V3 V4, base(3) rrr

Iteration 0:   log likelihood = -1091.5761
Iteration 1:   log likelihood = -534.70449
Iteration 2:   log likelihood = -363.81428
Iteration 3:   log likelihood = -291.68074
Iteration 4:   log likelihood =  -287.5805
Iteration 5:   log likelihood = -287.46298
Iteration 6:   log likelihood = -287.46273
Iteration 7:   log likelihood = -287.46273

Multinomial logistic regression              Number of obs   =      1,034
                                             LR chi2(6)      =    1608.23
                                             Prob > chi2     =     0.0000
Log likelihood = -287.46273                  Pseudo R2       =     0.7367

         V1 |       RRR   Std. Err.       z    P>|z|    [95% Conf. Interval]
------------+-----------------------------------------------------------------
高收入      |
         V2 |   4.32366   .4194538    15.09   0.000    3.574978    5.229132
         V3 |  1.030329   .0087137     3.53   0.000    1.013391     1.04755
         V4 |  .9782337   .0089889    -2.39   0.017    .9607735    .9960112
       _cons|   9.86e-14   2.25e-13   -13.11   0.000    1.12e-15    8.69e-12
------------+-----------------------------------------------------------------
中收入      |
         V2 |  1.833407    .082662    13.44   0.000    1.678345    2.002796
         V3 |  1.000594   .0054421     0.11   0.913    .9899847    1.011318
         V4 |  .9952781   .0064009    -0.74   0.462    .9828112    1.007903
       _cons|  .0012619   .0008353   -10.08   0.000    .0003448    .0046178
------------+-----------------------------------------------------------------
低收入      |  (base outcome)
------------------------------------------------------------------------------
Note: _cons estimates baseline relative risk for each outcome.
```

图 9.22　以相对风险比率的形式输出多元 Logit 回归分析结果

以相对风险比率的形式输出多元 Logit 回归分析结果与二元 Logistic 中的优势比（Odds Ratio）的概念类似。相对风险比率的含义是：在其他自变量保持不变的条件下，被观测自变量每增加 1 个单位时 $y=1$ 的发生比的变化倍数。可以看出，当 $V2$ 增加或者工作年限比较高时，它会有相当大的概率被分到高收入组。

```
predict p1 p2 p3
```

本命令的含义是生成预测变量 $p1$、$p2$、$p3$，如图 9.23 所示，$p1$ 为各样本观测值的被解释变量预测为 1（收入预测为高收入水平）的概率，$p2$ 为各样本观测值的被解释变量预测为 2（收入预测为中收入水平）的概率，$p3$ 为各样本观测值的被解释变量预测为 3（收入预测为低收入水平）的概率。

名称	标签
V1	收入档次
V2	工作年限
V3	绩效考核得分
V4	违规操作积分
V5	职称情况
p1	Pr(V1==高收入)
p2	Pr(V1==中收入)
p3	Pr(V1==低收入)

图 9.23　生成预测变量 $p1$、$p2$、$p3$

```
list V1 p1 p2 p3 in 1/5
```

本命令的含义是显示 1~5 个样本观测值 $V1$、$p1$、$p2$、$p3$ 的值，结果如图 9.24 所示。前 5 个样本观测值的实际收入值（V1）均为高收入，预测为 p1 的概率都非常高，显著高于其他两种概率，说明模型的预测能力还是很不错的。

```
. list V1 p1 p2 p3 in 1/5

         V1         p1         p2          p3

  1.   高收入    .9981603    .0018397    5.90e-12
  2.   高收入     .985801     .014199    3.04e-10
  3.   高收入    .9980537    .0019464    7.12e-12
  4.   高收入    .9944744    .0055257    1.47e-09
  5.   高收入     .915059    .0849404    6.56e-07
```

图 9.24　1~5 个样本观测值 $V1$、$p1$、$p2$、$p3$ 的值

```
list V1 p1 p2 p3 in 461/465
```

本命令的含义是显示 461~465 个样本观测值 $V1$、$p1$、$p2$、$p3$ 的值，结果如图 9.25 所示。这 5 个样本观测值的实际收入值（$V1$）均为中收入，预测为 $p2$ 的概率都非常高，显著高于其他两种概率，说明模型的预测能力还是很不错的。

```
. list V1 p1 p2 p3 in 461/465

          V1         p1         p2          p3

461.   中收入    .0091353    .9854142    .0054505
462.   中收入    .2071694    .7926411    .0001895
463.   中收入    .0097347    .9845546    .0057107
464.   中收入    .0023963    .9546015    .0430021
465.   中收入    .1961471    .8037714    .0000814
```

图 9.25　461~465 个样本观测值 $V1$、$p1$、$p2$、$p3$ 的值

```
list V1 p1 p2 p3 in 861/865
```

本命令的含义是显示 861~865 个样本观测值 $V1$、$p1$、$p2$、$p3$ 的值，结果如图 9.26 所示。这 5 个样本观测值的实际收入值（$V1$）均为低收入，预测为 $p3$ 的概率都非常高，显著高于其他两种概率，说明模型的预测能力还是很不错的。

```
. list V1 p1 p2 p3 in 861/865

          V1         p1         p2          p3

861.   低收入    4.77e-08    .0048999      .9951
862.   低收入    1.11e-06    .0307701    .9692289
863.   低收入    4.34e-07     .014447    .9855526
864.   低收入    .0000579    .3156878    .6842542
865.   低收入    1.29e-07    .0046004    .9953995
```

图 9.26　861~865 个样本观测值 $V1$、$p1$、$p2$、$p3$ 的值

2. 多元 Probit 回归分析

打开上述数据文件之后，在主界面的命令窗口中依次输入：

```
mprobit V1 V2 V3 V4, base(3)
```

本命令的含义是以收入档次（$V1$）为因变量，以工作年限（$V2$）、绩效考核得分（$V3$）和违规操作积分（$V4$）为自变量，进行多元 Probit 回归分析，研究变量之间的因果影响关系。其中自变量的影响是以回归系数的形式输出的。分析结果如图 9.27 所示。

```
. mprobit V1 V2 V3 V4, base(3)

Iteration 0:   log likelihood = -406.70398
Iteration 1:   log likelihood = -361.01174
Iteration 2:   log likelihood = -357.10929
Iteration 3:   log likelihood = -357.10514
Iteration 4:   log likelihood = -357.10514

Multinomial probit regression              Number of obs   =      1,034
                                           Wald chi2(6)    =     532.26
Log likelihood = -357.10514                Prob > chi2     =     0.0000
```

V1	Coef.	Std. Err.	z	P>|z|	[95% Conf. Interval]	
高收入						
V2	.7580762	.0370454	20.46	0.000	.6854686	.8306838
V3	.0250604	.0048853	5.13	0.000	.0154854	.0346354
V4	-.014728	.0054503	-2.70	0.007	-.0254104	-.0040455
_cons	-16.52239	.9947975	-16.61	0.000	-18.47216	-14.57262
中收入						
V2	.3373579	.0186807	18.06	0.000	.3007444	.3739714
V3	.000478	.0035354	0.14	0.892	-.0064512	.0074072
V4	-.0029606	.0042367	-0.70	0.485	-.0112644	.0053432
_cons	-3.772221	.3607799	-10.46	0.000	-4.479336	-3.065105
低收入	(base outcome)					

图 9.27　以回归系数形式输出多元 probit 回归分析结果

对该结果的解读与多元 Logit 回归模型类似，在此不再赘述。

9.3　有序选择模型

下载资源:\video\第 9 章\…
下载资源:\sample\第 9 章\数据 9A

9.3.1　有序选择模型分析的功能与意义

当因变量取离散的数值且有多个选择时，这样的模型被称为多元选择模型。在多元选择模型中，当因变量的多个选择之间存在排序问题时,我们需要建立多元排序选择模型(Ordered Choice Model)。在实际生活中,很多情况下我们会遇到有序因变量的情况,如成绩的等级优、良、中、差;在银行信贷资产的分类中,按照监管部门的规定要求将贷款的违约情况分为正常、关注、次级、可疑、损失等。我们也会遇见很多取值多元的案例,比如在客户满意度调查中,调查客户对于本公司的服务满意程度分为很满意、基本满意、不太满意、很不满意等;再比如在债券发行市场对债券发行主体进行信用评级,评级为 AAA、AA、A、BBB、……、D 等。有序因变量和离散因变量不同,在这些离散值之间存在着内在的等级关系。如果直接使用 OLS 估计法,将会失去因变量序数方面的信息而导致估计的偏差。因此,需要使用有序选择模型这种方法进行估计。序数回归的设计基于 McCullagh (1980, 1998) 的方法论。

考虑如下有序选择模型:

$$P(y = y_i \mid X_i, \beta) = P(y = y_i \mid x_0, x_1, x_2, ..., x_k)$$

其中 y_i 有 0,1,2,...,$m-1$ 共 m 个选择。为了对多元排序选择模型进行分析,引入了不可观测的潜在变量 y_i^*:

$$y_i^* = X_i'\beta + \varepsilon_i^*$$

ε_i^* 是相互独立且同分布的随机扰动项, y_i 的取值和潜在变量 y_i^* 有下面的对应关系:

$$y_i = \begin{cases} 0, & y_i^* \leqslant c_1 \\ 1, & c_1 < y_i^* \leqslant c_2 \\ 2, & c_2 < y_i^* \leqslant c_3 \\ \vdots \\ m-1, c_{m-1} < y_i^* \end{cases}$$

假设 ε_i^* 的分布函数为 $F(x)$,可以得到因变量 y 取各个选择值的概率:

$$P(y_i = 0) = F(c_1 - X'\beta)$$
$$P(y_i = 1) = F(c_2 - X'\beta) - F(c_1 - X'\beta)$$
$$P(y_i = 2) = F(c_3 - X'\beta) - F(c_2 - X'\beta)$$
$$\vdots$$
$$P(y_i = m-1) = 1 - F(c_{m-1} - X'\beta)$$

与二元、多值选择模型一样,有序选择模型的分布函数 $F(x)$ 也有 3 种常见的类型:Normal(正态)分布、Logistic 分布和 Extreme value(极值)分布。模型方程的参数仍然使用最大似然估计,同时 m−1 个临界值 c_1, c_2, ..., c_{m-1} 事先也是不确定的,因此也作为模型待估计的参数与模型系数一起进行估计。

9.3.2 有序选择模型的 Stata 操作

有序选择模型包括有序 Logit 模型和有序 Probit 模型。

有序 Logit 模型的命令及其语法格式为：

```
ologit depvar [indepvars] [if] [in] [weight] [,options]
```

其中默认以回归系数形式输出有序 Logit 回归分析结果，如果在[,options]中选择了 or，则将以优势比（Odds Ratio）的形式输出有序 Logit 回归分析结果。

有序 Probit 模型的命令及其语法格式为：

```
oprobit depvar [indepvars] [if] [in] [weight] [,options]
```

mlogit、mprobit 为多值选择模型的命令，depvar 表示模型的被解释变量，[indepvars]表示模型的解释变量，[if]为条件表达式，[in]用于设置样本范围，[weight]用于设置权重。[,options]为可选项，主要包括如表 9.11 所示的几项。

表9.11　mlogit和mprobit命令的[,options]可选项及其含义

[,options]可选项	含　义
offset（varname）	约束模型变量的系数为 1
vce(vcetype)	vcetype 可能包括 oim、robust、cluster clustvar、opg bootstrap 或者 jackknife
level(#)	在模型中设置置信度，默认值为 95
or	输出概率比（该选项只适用于 mlogit 命令，mprobit 不适用）
maximize_options	控制最优化过程，很少使用

在有序选择模型中，无论是有序 Logit 模型，还是有序 Probit 模型，都可以预测每个样本观测值取到被解释变量每个值的概率。相应的命令及其语法格式为：

```
predict [type] newvar [if] [in] [,single_options]
```

其中 predict 是预测的命令，[type]为预测设置新变量的类型，newvar 为预测的新变量，[if]为条件表达式，[in]用于设置样本范围，[,single_options]为可选项。

9.3.3　有序选择模型分析示例

本节我们继续使用"数据 9A"数据文件，以收入档次（$V1$）为因变量，以工作年限（$V2$）、绩效考核得分（$V3$）和违规操作积分（$V4$）为自变量，开展有序选择模型分析。

1. 有序 Logit 回归分析

打开数据文件之后，在主界面的命令窗口中依次输入：

```
ologit V1 V2 V3 V4, base(3)
```

本命令的含义是以收入档次（$V1$）为因变量，以工作年限（$V2$）、绩效考核得分（$V3$）和违规操作积分（$V4$）为自变量，进行有序 Logit 回归分析，研究变量之间的因果影响关系。其中自变量的影响是以回归系数的形式输出的。分析结果如图 9.28 所示。

```
. ologit V1 V2 V3 V4

Iteration 0:    log likelihood = -1091.5761
Iteration 1:    log likelihood = -431.67855
Iteration 2:    log likelihood = -315.27207
Iteration 3:    log likelihood = -291.86997
Iteration 4:    log likelihood =  -291.3988
Iteration 5:    log likelihood = -291.39814
Iteration 6:    log likelihood = -291.39814

Ordered logistic regression                Number of obs   =      1,034
                                           LR chi2(3)      =    1600.36
                                           Prob > chi2     =     0.0000
Log likelihood = -291.39814                Pseudo R2       =     0.7330

        V1 |      Coef.   Std. Err.       z    P>|z|     [95% Conf. Interval]
-----------+----------------------------------------------------------------
        V2 |  -.7188325   .0428461   -16.78   0.000    -.8028094   -.6348556
        V3 |  -.0128479    .003842    -3.34   0.001    -.0203781   -.0053178
        V4 |   .0122546   .0044135     2.78   0.005     .0036043    .020905
-----------+----------------------------------------------------------------
     /cut1 |  -17.73075   1.078156                      -19.8439   -15.6176
     /cut2 |  -8.931314   .6191288                     -10.14478  -7.717844
```

图 9.28　以回归系数形式输出有序 Logit 回归分析结果

从图9.28可以看出有序 Logit 回归模型的整体显著性很高,显著性P值达到了 0.0000 左右(Prob > chi2=0.0000）, 伪 R 方达到了 73.30%（Pseudo R2 = 0.7330）, 模型的拟合优度比较高,解释能力比较好。

我们在"数据 9A"数据文件中针对收入档次（V1）变量,设置取值 1 为高收入,取值 2 为中收入,取值 3 为低收入,也就是说收入档次（V1）变量的取值越小,说明收入档次越高。在有序 Logit 回归分析结果中,可以看到 V2 和 V3 系数都是负值,也就是 V2 和 V3 两个变量的值越大越容易被分到前面的组,或者说工作年限（V2）、绩效考核得分（V3）越高,预测收入档次也会越高。V4 的值为正值,也就是 V4 的值越小越容易被分到前面的组,或者说违规操作积分越小,预测收入档次也会越高。

"/cut1"和"/cut2"表示的含义是割点的估计值,两个割点把样本分成了 3 个区间,也就是 3 个不同的收入档次。当样本的因变量拟合值在"/cut1"之下时,它被分到第 1 组,收入档次为高收入;当样本的因变量拟合值在"/cut1"之上且在"/cut2"之下时,它被分到第 2 组,收入档次为中收入;当样本的因变量拟合值在"/cut2"之上时,它被分到第 3 组,收入档次为低收入。

本例中,工作年限（V2）、绩效考核得分（V3）和违规操作积分（V4）3 个自变量的系数显著性都很高,P>|z|分别为 0.000、0.001、0.005。两个割点值分别为-17.73075、-8.931314,当样本的因变量拟合值小于等于-17.73075 时,会被预测分类为高收入组;当样本的因变量拟合值大于-17.73075 且小于等于-8.931314 时,会被预测分类为中收入组;当样本的因变量拟合值大于-8.931314 时,会被预测分类为低收入组。

```
ologit V1 V2 V3 V4,or
```

本命令的含义是以收入档次（V1）为因变量,以工作年限（V2）、绩效考核得分（V3）和违规操作积分（V4）为自变量,进行有序 Logit 回归分析,研究变量之间的因果影响关系。其中自变量的影响是以优势比（Odds Ratio）的形式输出的。分析结果如图 9.29 所示。

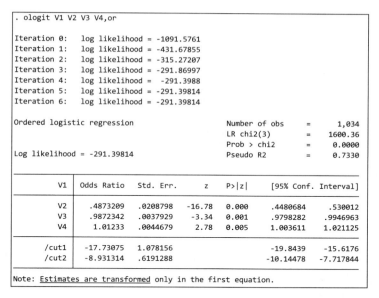

```
. ologit V1 V2 V3 V4,or

Iteration 0:    log likelihood = -1091.5761
Iteration 1:    log likelihood = -431.67855
Iteration 2:    log likelihood = -315.27207
Iteration 3:    log likelihood = -291.86997
Iteration 4:    log likelihood =  -291.3988
Iteration 5:    log likelihood = -291.39814
Iteration 6:    log likelihood = -291.39814

Ordered logistic regression              Number of obs   =       1,034
                                         LR chi2(3)      =     1600.36
                                         Prob > chi2     =      0.0000
Log likelihood = -291.39814              Pseudo R2       =      0.7330

        V1 |  Odds Ratio   Std. Err.      z    P>|z|     [95% Conf. Interval]
-----------+----------------------------------------------------------------
        V2 |   .4873209    .0208798   -16.78   0.000     .4480684    .530012
        V3 |   .9872342    .0037929    -3.34   0.001     .9798282   .9946963
        V4 |   1.01233     .0044679     2.78   0.005     1.003611   1.021125
-----------+----------------------------------------------------------------
     /cut1 |  -17.73075    1.078156             -19.8439   -15.6176
     /cut2 |  -8.931314    .6191288             -10.14478  -7.717844
----------------------------------------------------------------------------
Note: Estimates are transformed only in the first equation.
```

图 9.29　以相对风险比率的形式输出有序 Logit 回归分析结果

优势比（Odds Ratio）的含义是在其他自变量保持不变的条件下，被观测自变量每增加 1 个单位时 $y=1$ 的发生比的变化倍数。可以看出，工作年限（$V2$）、绩效考核得分（$V3$）都是小于 1 的，违规操作积分（$V4$）为自变量是大于 1 的，也就是说工作年限（$V2$）、绩效考核得分（$V3$）每一单位的增加都会带来因变量取值小于 1 单位的增加，或者说是反向变动关系，违规操作积分（$V4$）每一单位的增加都会带来因变量取值大于 1 单位的增加，或者说是正向变动关系，与前面的分析结论一致。

```
predict p1 p2 p3
```

本命令的含义是生成预测变量 $p1$、$p2$、$p3$，如图 9.30 所示，$p1$ 为各样本观测值的被解释变量预测为 1（收入预测为高收入水平）的概率，$p2$ 为各样本观测值的被解释变量预测为 2（收入预测为中收入水平）的概率，$p3$ 为各样本观测值的被解释变量预测为 3（收入预测为低收入水平）的概率。

变量窗口	▼ 🏳 ×
🔍 过滤变量	

名称	标签
V1	收入档次
V2	工作年限
V3	绩效考核得分
V4	违规操作积分
V5	职称情况
p1	Pr(V1==高收入)
p2	Pr(V1==中收入)
p3	Pr(V1==低收入)

图 9.30　生成预测变量 $p1$、$p2$、$p3$

```
list V1 p1 p2 p3 in 1/5
```

本命令的含义是显示 1~5 个样本观测值 $V1$、$p1$、$p2$、$p3$ 的值，结果如图 9.31 所示。前 5 个样本观测值的实际收入值（V1）均为高收入，预测为 $p1$ 的概率都非常高，显著高于其他两种概率，说明模型的预测能力还是很不错的。

```
. list V1 p1 p2 p3 in 1/5

          V1          p1          p2          p3

   1.    高收入     .9995024    .0004975    5.64e-08
   2.    高收入     .995829     .0041705    4.74e-07
   3.    高收入     .9994553    .0005447    6.17e-08
   4.    高收入     .9952639    .0047355    5.39e-07
   5.    高收入     .8971618    .1028252    .000013
```

图 9.31   1~5 个样本观测值 $V1$、$p1$、$p2$、$p3$ 的值

```
list V1 p1 p2 p3 in 461/465
```

本命令的含义是显示 461~465 个样本观测值 $V1$、$p1$、$p2$、$p3$ 的值，结果如图 9.32 所示。这 5 个样本观测值的实际收入值（V1）均为中收入，预测为 $p2$ 的概率都非常高，显著高于其他两种概率，说明模型的预测能力还是很不错的。

```
. list V1 p1 p2 p3 in 461/465

          V1          p1          p2          p3

 461.    中收入     .005953     .9754938    .0185533
 462.    中收入     .1526445    .8467274    .000628
 463.    中收入     .0061763    .9759333    .0178905
 464.    中收入     .0011534    .9095618    .0892849
 465.    中收入     .1952206    .8043129    .0004665
```

图 9.32   461~465 个样本观测值 $V1$、$p1$、$p2$、$p3$ 的值

```
list V1 p1 p2 p3 in 861/865
```

本命令的含义是显示 861~865 个样本观测值 $V1$、$p1$、$p2$、$p3$ 的值，结果如图 9.33 所示。这 5 个样本观测值的实际收入值（V1）均为低收入，预测为 $p3$ 的概率都非常高，显著高于其他两种概率，说明模型的预测能力还是很不错的。

```
. list V1 p1 p2 p3 in 861/865

          V1          p1          p2          p3

 861.    低收入     1.29e-06    .011287     .9887117
 862.    低收入     6.20e-06    .0519349    .9480588
 863.    低收入     4.13e-06    .0351788    .964817
 864.    低收入     .0000477    .2963482    .7036042
 865.    低收入     2.65e-06    .0228925    .9771048
```

图 9.33   861~865 个样本观测值 $V1$、$p1$、$p2$、$p3$ 的值

2. 有序 Probit 回归分析

打开上述数据文件之后，在主界面的命令窗口中依次输入：

```
oprobit V1 V2 V3 V4
```

　　本命令的含义是以收入档次（*V*1）为因变量，以工作年限（*V*2）、绩效考核得分（*V*3）和违规操作积分（*V*4）为自变量，进行有序 probit 回归分析，研究变量之间的因果影响关系。其中自变量的影响是以回归系数的形式输出的。分析结果如图 9.34 所示。

```
. oprobit V1 V2 V3 V4

Iteration 0:   log likelihood = -1091.5761
Iteration 1:   log likelihood =  -397.561
Iteration 2:   log likelihood =  -343.9313
Iteration 3:   log likelihood = -340.79763
Iteration 4:   log likelihood = -340.79682
Iteration 5:   log likelihood = -340.79682

Ordered probit regression                   Number of obs    =      1,034
                                            LR chi2(3)       =    1501.56
                                            Prob > chi2      =     0.0000
Log likelihood = -340.79682                 Pseudo R2        =     0.6878

        V1 |      Coef.   Std. Err.      z    P>|z|     [95% Conf. Interval]
-----------+----------------------------------------------------------------
        V2 |   -.296567   .0126194   -23.50   0.000    -.3213006   -.2718333
        V3 |  -.0076801   .0017933    -4.28   0.000    -.0111948   -.0041654
        V4 |   .0067137   .0020968     3.20   0.001      .002604    .0108234
-----------+----------------------------------------------------------------
     /cut1 |  -7.486155   .3505817                     -8.173282   -6.799027
     /cut2 |  -3.875026   .2385987                     -4.342671   -3.407382
```

图 9.34　以回归系数形式输出有序 Probit 回归分析结果

　　对该结果的解读与有序 Logit 回归模型类似，在此不再赘述。

9.4　本章回顾与习题

9.4.1　本章回顾

　　本章主要介绍了二值选择模型、多值选择模型、有序选择模型的基本原理、基本命令语句以及具体实例的应用。

1. 二值选择模型的命令

（1）二元 Logistic 回归分析

若自变量的影响是以优势比（Odds Ratio）的形式输出的，则为：

```
logistic depvar indepvars [if] [in] [weight] [,options]
```

若自变量的影响是以回归系数的形式输出的，则为：

```
logit depvar [indepvars] [if] [in] [weight] [,options]
```

（2）二元 Probit 回归分析

```
probit depvar [indepvars] [if] [in] [weight] [,options]
```

（3）计算解释变量的边际效应

```
mfx [compute] [if] [in] [,options]
```

（4）计算预测准确的百分比，并报告各种汇总统计信息，包括分类表

```
estat classification [if] [in] [weight] [,options]
```

（5）预测因变量的取值

```
predict [type] newvar [if] [in] [,single_options]
```

（6）绘制 ROC 曲线

```
lroc [depvar] [if] [in] [weight] [,options]
```

（7）拟合优度检验

```
estat gof [if] [in] [weight] [,options]
```

（8）对 Probit 二值选择模型进行异方差检验和回归

```
hetprobit depvar [indepvars] [if] [in] [weight], het(varlist [,offset(varname
_o)]) [options]
```

2. 多值选择模型的命令

多元 Logit 模型的命令及其语法格式为：

```
mlogit depvar [indepvars] [if] [in] [weight] [,options]
```

多元 Probit 模型的命令及其语法格式为：

```
mprobit depvar [indepvars] [if] [in] [weight] [,options]
```

预测每个样本观测值取到被解释变量每个值的概率，相应的命令及其语法格式为：

```
predict [type] {stub*|newvars} [if] [in] [,statistic outcome(#,#,…) nooffset]
```

3. 有序选择模型的命令

有序 Logit 模型的命令及其语法格式为：

```
ologit depvar [indepvars] [if] [in] [weight] [,options]
```

有序 Probit 模型的命令及其语法格式为：

```
oprobit depvar [indepvars] [if] [in] [weight] [,options]
```

预测每个样本观测值取到被解释变量每个值的概率，相应的命令及其语法格式为：

```
predict [type] newvar [if] [in] [,single_options]
```

9.4.2 本章习题

1. 继续使用"数据 9"数据文件为例，以患者细胞癌转移情况（有转移 $y=1$，无转移 $y=0$）为因变量，以患者年龄、细胞癌组织内微血管数、细胞癌分期（由低到高共 4 期）为自变量，开展二

值选择模型分析。

1）以优势比形式输出二元 Logistic 回归分析结果。

2）以回归系数形式输出二元 Logistic 回归分析结果。

3）计算解释变量的边际效应。

4）计算预测准确的百分比，并提供分类统计和分类表。

5）计算预测准确的百分比，并提供分类统计和分类表，设置 cutoff 选项，阈值为 0.8。

6）计算预测准确的百分比，并提供分类统计和分类表，设置 cutoff 选项，阈值为 0.6。

7）估计因变量的拟合值。

8）列出各个样本观测值因变量实际值和拟合值并进行解释。

9）绘制 ROC 曲线并进行解读。

10）执行 Pearson 卡方拟合优度检验。

2. 继续使用"数据 9A"数据文件为例，以职称情况为因变量，以工作年限、绩效考核得分和违规操作积分为自变量，开展多值选择模型分析。

1）以回归系数形式输出多元 Logit 回归分析结果。

2）以相对风险比率的形式输出多元 Logit 回归分析结果。

3）生成各样本观测值因变量各种取值的预测概率。

4）以回归系数形式输出多元 Probit 回归分析结果。

3. 继续使用"数据 9A"数据文件为例，以职称情况为因变量，以工作年限、绩效考核得分和违规操作积分为自变量，开展有序选择模型分析。

1）以回归系数形式输出有序 Logit 回归分析结果。

2）以相对风险比率的形式输出有序 Logit 回归分析结果。

3）生成各样本观测值因变量各种取值的预测概率。

4）以回归系数形式输出有序 Probit 回归分析结果。

第 10 章

因变量受限回归分析

前面我们介绍的基本线性回归分析方法要求因变量是连续的，因变量离散回归分析（含 Logit 回归、Probit 回归）要求因变量是离散的。但是除此之外，很多时候因变量观测样本数据会受到各种各样的限制，只能观测到满足一定条件的样本。例如，我们在统计某地区游客量时可能仅仅能够统计到知名景点，或者说游客人数大于某一特定值的景点游客量；又例如在统计工人的劳动时间时，失业工人的劳动时间一定只取 0，而不论失业的程度有多高。根据因变量的受限特征，常用的因变量受限回归分析方法有 3 种，包括断尾回归分析、截取回归分析、样本选择模型。下面我们就详细讲解一下这 3 种方法在 Stata 中的操作与应用。

10.1 断尾回归分析

下载资源:\video\第 10 章\…
下载资源:\sample\第 10 章\数据 10

10.1.1 断尾回归分析的功能与意义

断尾回归分析是对因变量只有大于一定数值或者小于一定数值时才能被观测到的一种回归分析方法。或者说，观测数据仅来自于总体样本的一部分，只有在某个特殊值之上或之下的观测值才能被观测到。所以，因变量的取值范围是受到限制的，不可能取到范围之外的数值。举例来说，如果研究某单位的薪酬情况，把年薪作为因变量，那么该因变量的取值范围就大于 0，小于 0 是不可能的，没有实际意义。

在因变量符合断尾特征时，通过一般的最小二乘回归分析得到的结论是不完美的，但是通过极大似然估计方法（Maximum Likelihood Estimate，MLE）可以得到一致的估计。极大似然估计方法最早于 1821 年由德国数学家 C. F. Gauss（高斯）提出。

假设因变量为 y，数据在 M 点左断尾，且自变量 x 服从均值为 u 和方差为 σ 的正态分布，其条件密度函数为：

$$f(y_i|y_i > M) = \frac{\frac{1}{\sigma}\phi[(y_i - x_i\beta)/\sigma]}{\Phi[(x_i\beta - M)/\sigma]}$$

在上述公式中，ϕ 是标准正态分布的概率密度函数，Φ 是标准正态分布的累积分布函数，基于此可以计算出整个样本的似然函数，然后使用极大似然估计法进行估计。

10.1.2　断尾回归分析的 Stata 操作

断尾回归分析的命令为 truncreg，该命令的语法格式为：

```
truncreg depvar [indepvars] [if] [in] [weight] [,options]
```

truncreg 为断尾回归的命令，depvar 为被解释变量（因变量），indepvar 代表解释变量（自变量），[if] 为条件表达式，[in] 用于设置样本范围，[weight] 用于设置权重。[,options] 为可选项，主要包括表 10.1 所示的几项。

表10.1　truncreg命令的[,options]可选项及其含义

[,options]可选项	含　义
noconstant	断尾回归模型不包含常数项
ll(varname|#)	设置断尾回归模型中左端断尾的下限
ul(varname|#)	设置断尾回归模型中右端断尾的上限
offset(varname)	约束变量 varname 的系数为 1
constraints(constraints)	在模型中应用指定的线性约束
collinear	保留多重共线性变量
level(#)	设置断尾回归模型的置信度，默认值为 95%
vce(type)	设置估计量的标准差形式，常用的包括：oim、robust、cluster、bootstrap、jackknife 等
noskip	进行模型整体显著性的似然比检验
nocnsreport	不显示约束

注　意

当设置断尾回归模型中左端断尾的下限，即选择 ll(varname\|#) 选项时，需要注意选项是两个小写的字母 l，而不是数字 1。同样，当设置断尾回归模型中右端断尾的上限，即选择 ul(varname\|#) 选项时，需要注意选项是两个小写的字母 u、l，而没有数字 1。

与前面章节讲述的最小二乘回归分析类似，我们在断尾回归分析中也可以使用稳健的标准差，以克服可能会有的异方差的存在对模型的整体有效性带来的不利影响。

当我们在 [,options] 可选项中选择 robust 时，则使用稳健标准差进行断尾回归分析。稳健标准差是指其标准差对于模型中可能存在的异方差或自相关问题不敏感，基于稳健标准差计算的稳健 t 统计量仍然渐进服从 t 分布。因此，在 Stata 中利用 robust 选项可以得到异方差稳健估计量。

在断尾回归模型中同样可以进行预测，相应的命令及其语法格式为：

```
predict [type] newvar [if] [in] [,statistic nooffset]
```

predict 为预测命令，type 代表新变量的类型，newvar 代表生成的新变量，[if]为条件表达式，[in]
用于设置样本范围，statistic 代表要输出的统计量，主要包括表 10.2 所示的几项。

表10.2 要输出的统计量

statistic	含　义
xb	输出线性回归的拟合值
stdp	输出拟合的标准误，可以将其看作观测值处于均值水平下的标准误
stdf	输出预测的标准误，指的是每个观测值的点预测的标准误，stdf 预测的标准误总是比 stdp 预测的要大
pr(a,b)	输出 $Pr(a < y_i < b)$。pr(a,b)用于计算$y_i\|x_i$在区间(a,b)被观测到的概率，也就是$Pr(a < x_i'\beta + \varepsilon_i < b)$。其中的 a 和 b 可以是数字，也可以是变量。比如我们用 lb 和 ub 来表示变量，那么 pr(15,25)计算的是$Pr(15 < x_i'\beta + \varepsilon_i < 25)$，pr(lb,ub)计算的是$Pr(lb < x_i'\beta + \varepsilon_i < ub)$。如果把 a 设置为缺失值 "."，则表示$-\infty$；如果把 b 设置为缺失值 "."，则表示$+\infty$。例如，pr(.,30)计算的是$Pr(-\infty < x_i'\beta + \varepsilon_i < 30)$，pr(30,.)计算的是$Pr(30 < x_i'\beta + \varepsilon_i < +\infty)$。对于pr(lb,30)，当 lb 某个值缺失时，计算的是$Pr(-\infty < x_i'\beta + \varepsilon_i < 30)$，当 lb 的值不缺失时，计算的是$Pr(lb < x_i'\beta + \varepsilon_i < 30)$
e(a,b)	输出 $E(y_i\|a < y_i < b)$。e(a,b)计算的是$E(x_i'\beta + \varepsilon_i\|a < x_i'\beta + \varepsilon_i < b)$，也就是说给定$y_i\|x_i$在区间$(a,b)$条件下，$y_i\|x_i$的期望值。$a$ 和 b 的设定同上面的选项pr(a,b)
ystar(a,b)	输出 $E(y_i^*)$，$y_i^* = \max\{a, \min(y_i, b)\}$。ystar(a,b)计算的是$E(y_i^*)$。当$x_i'\beta + \varepsilon_i \leqslant a$时，$y_i^* = a$；当 $x_i'\beta + \varepsilon_i \geqslant b$时，$y_i^* = b$；其余情况下，$y_i^* = x_i'\beta + \varepsilon_i$。$a$ 和 b 的设定同上面的选项pr(a,b)

预测命令中的选项 nooffset，只有在之前的断尾回归中设置了 offset()选项时才有意义。预测时加上 nooffset，则会忽略模型拟合时所设置的 offset()选项，因此线性预测结果中输出的是$x_i'\beta$而非$x_i'\beta + offset_i$。

此外，还有一个常用的对方程水平得分变量预测的命令，该命令的语法格式为：

```
predict [type] {stub* | newvar_reg newvar_lnsigma} [if] [in] , scores
```

predict 为预测命令，type 代表新变量的类型，newvar 代表生成的新变量，[if]为条件表达式，[in]
用于设置样本范围，stub 代表生成的新变量前缀，而预测的第一个新变量为$\frac{\partial \ln L}{\partial x_i'\beta}$，第二个新变量为$\frac{\partial \ln L}{\partial \sigma}$。

10.1.3　断尾回归分析示例

本节我们使用数据 10，记录的是某单位 90 名在岗职工的年薪、加班天数、工作年限以及职称级别情况。已知该单位的保底工资是 50000 元/年。试构建回归分析模型研究一下该单位职工的年薪受加班天数、工作年限、职称级别（1 表示初级职称，2 表示中级职称，3 表示高级职称）等变量的影响情况，如图 10.1 所示。

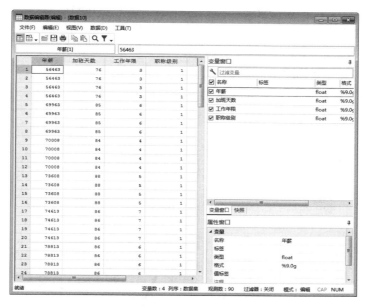

图 10.1　数据 10

下面我们以年薪为因变量，以加班天数、工作年限、职称级别为自变量，开展回归分析。打开数据文件之后，在主界面的命令窗口中依次输入：

reg 年薪 加班天数 工作年限 职称级别

本命令的含义是以年薪为因变量，以加班天数、工作年限、职称级别为自变量，进行普通最小二乘回归分析，研究变量之间的因果影响关系。分析结果如图 10.2 所示。

```
. reg 年薪 加班天数 工作年限 职称级别

      Source |       SS       df       MS              Number of obs =      90
-------------+------------------------------           F(3, 86)      =  436.86
       Model |  8.4863e+10        3   2.8288e+10       Prob > F      =  0.0000
    Residual |  5.5687e+09       86   64752160.1       R-squared     =  0.9384
-------------+------------------------------           Adj R-squared =  0.9363
       Total |  9.0431e+10       89   1.0161e+09       Root MSE      =  8046.9

------------------------------------------------------------------------------
        年薪 |      Coef.   Std. Err.      t    P>|t|     [95% Conf. Interval]
-------------+----------------------------------------------------------------
    加班天数 |   775.4742   134.9149     5.75   0.000     507.2722    1043.676
    工作年限 |   1832.195   892.7136     2.05   0.043     57.53957    3606.851
    职称级别 |   8539.669   2032.193     4.20   0.000     4499.802    12579.54
       _cons |  -10756.01   6668.739    -1.61   0.110    -24013.02    2501.006
------------------------------------------------------------------------------
```

图 10.2　普通最小二乘回归分析结果

可以看出共有 90 个样本参与了分析（Number of obs = 90），模型的 F 值（$F_{(3, 86)}$）为 436.86，P 值（Prob>F）为 0.0000，说明模型整体上是非常显著的。模型的可决系数（R-squared）为 0.9384，模型修正的可决系数（Adj R-squared）为 0.9363，说明模型的解释能力是非常高的。

模型的回归方程是：

年薪=775.4742*加班天数+1832.195*工作年限+8539.669*职称级别-10756.01

加班天数、工作年限、职称级别 3 个自变量的 P>|t|值均小于 0.05，说明系数都比较显著，而且

系数均为正值，说明 3 个自变量对于因变量都是正向显著影响的。

```
truncreg 年薪 加班天数 工作年限 职称级别,ll(50000)
```

本命令的含义是以年薪为因变量，以加班天数、工作年限、职称级别为自变量，并设置因变量的取值下限为 50000，进行断尾回归分析，研究变量之间的因果影响关系。分析结果如图 10.3 所示。

```
. truncreg 年薪 加班天数 工作年限 职称级别,ll(50000)
(note: 0 obs. truncated)

Fitting full model:

Iteration 0:   log likelihood =  -934.7721
Iteration 1:   log likelihood = -934.73546
Iteration 2:   log likelihood = -934.73538

Truncated regression
Limit:   lower =      50000            Number of obs   =         90
         upper =       +inf            Wald chi2(3)    =    1322.32
Log likelihood = -934.73538            Prob > chi2     =     0.0000
```

年薪	Coef.	Std. Err.	z	P>|z|	[95% Conf. Interval]	
加班天数	766.4839	133.7872	5.73	0.000	504.2658	1028.702
工作年限	1931.597	895.9087	2.16	0.031	175.6478	3687.545
职称级别	8504.626	2000.967	4.25	0.000	4582.803	12426.45
_cons	-10679.67	6568.199	-1.63	0.104	-23553.1	2193.768
/sigma	7917.98	600.6415	13.18	0.000	6740.745	9095.216

图 10.3　断尾回归分析结果

从分析结果中可以看到，没有样本观测值因为因变量不符合断尾条件被删除掉（note: 0 obs. truncated）。模型使用极大似然估计，经过两次迭代后得到最终模型。断尾的下限为 5000（Limit:lower =50000），断尾的上限为正无穷（upper=+inf）。最终模型的对数似然函数值 Log likelihood 为 −934.73538。共有 90 个样本参与了分析，模型 Wald chi2(3)统计量为 1322.32，Prob > chi2 为 0.0000，说明模型非常显著。

模型的回归方程是：

年薪=766.4839*加班天数+1931.597*工作年限+8504.626*职称级别−10679.67

从图 10.3 可以看出断尾回归分析模型相对于最小二乘回归模型有了一定程度的改进，主要体现在个别变量系数显著程度的提高。

```
predict yhat
```

本命令的含义是估计因变量的拟合值。

```
predict e,resid
```

本命令的含义是估计断尾回归分析的残差。

```
predict p, stdp
```

本命令的含义是估计拟合的标准误。

```
predict f, stdf
```

本命令的含义是估计预测的标准误。

```
edit
```

本命令的含义是打开数据编辑器，查看数据文件中的数据，如图 10.4 所示。

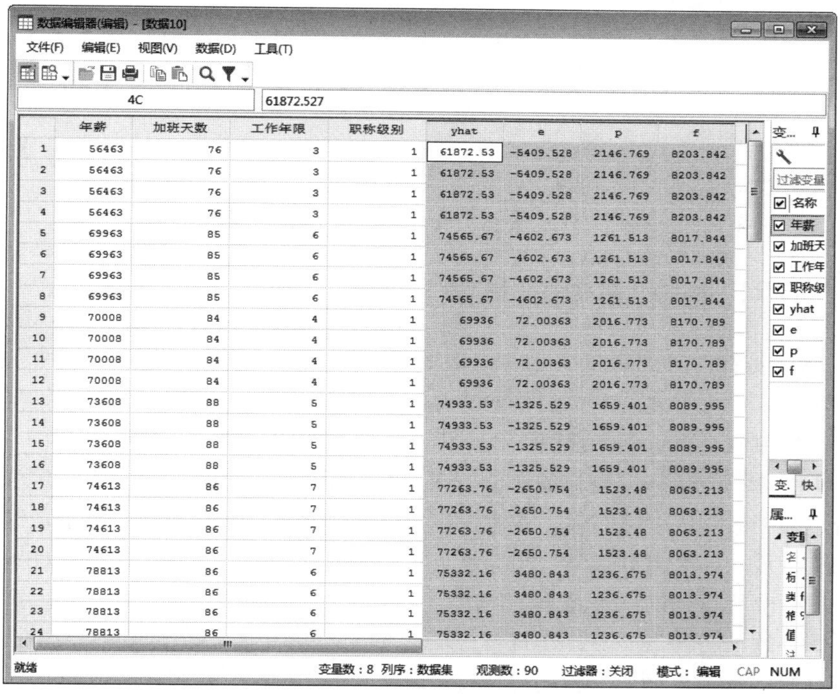

	年薪	加班天数	工作年限	职称级别	yhat	e	p	f
1	56463	76	3	1	61872.53	-5409.528	2146.769	8203.842
2	56463	76	3	1	61872.53	-5409.528	2146.769	8203.842
3	56463	76	3	1	61872.53	-5409.528	2146.769	8203.842
4	56463	76	3	1	61872.53	-5409.528	2146.769	8203.842
5	69963	85	6	1	74565.67	-4602.673	1261.513	8017.844
6	69963	85	6	1	74565.67	-4602.673	1261.513	8017.844
7	69963	85	6	1	74565.67	-4602.673	1261.513	8017.844
8	69963	85	6	1	74565.67	-4602.673	1261.513	8017.844
9	70008	84	4	1	69936	72.00363	2016.773	8170.789
10	70008	84	4	1	69936	72.00363	2016.773	8170.789
11	70008	84	4	1	69936	72.00363	2016.773	8170.789
12	70008	84	4	1	69936	72.00363	2016.773	8170.789
13	73608	88	5	1	74933.53	-1325.529	1659.401	8089.995
14	73608	88	5	1	74933.53	-1325.529	1659.401	8089.995
15	73608	88	5	1	74933.53	-1325.529	1659.401	8089.995
16	73608	88	5	1	74933.53	-1325.529	1659.401	8089.995
17	74613	86	7	1	77263.76	-2650.754	1523.48	8063.213
18	74613	86	7	1	77263.76	-2650.754	1523.48	8063.213
19	74613	86	7	1	77263.76	-2650.754	1523.48	8063.213
20	74613	86	7	1	77263.76	-2650.754	1523.48	8063.213
21	78813	86	6	1	75332.16	3480.843	1236.675	8013.974
22	78813	86	6	1	75332.16	3480.843	1236.675	8013.974
23	78813	86	6	1	75332.16	3480.843	1236.675	8013.974
24	78813	86	6	1	75332.16	3480.843	1236.675	8013.974

图 10.4　预测生成的拟合值、残差、拟合标准误、预测标准误

```
truncreg 年薪 加班天数 工作年限 职称级别,ll(50000) robust
```

本命令的含义是以年薪为因变量，以加班天数、工作年限、职称级别为自变量，并设置因变量的取值下限为 50000，使用稳健的标准差进行断尾回归分析，研究变量之间的因果影响关系，分析结果如图 10.5 所示。

```
. truncreg 年薪 加班天数 工作年限 职称级别,ll(50000) robust
(note: 0 obs. truncated)

Fitting full model:

Iteration 0:   log pseudolikelihood =  -934.7721
Iteration 1:   log pseudolikelihood = -934.73546
Iteration 2:   log pseudolikelihood = -934.73538

Truncated regression
Limit:         lower =      50000              Number of obs     =         90
               upper =       +inf              Wald chi2(3)      =     918.53
Log pseudolikelihood = -934.73538              Prob > chi2       =     0.0000

------------------------------------------------------------------------------
             |               Robust
        年薪 |      Coef.   Std. Err.      z    P>|z|     [95% Conf. Interval]
-------------+----------------------------------------------------------------
    加班天数 |   766.4839   112.4031     6.82   0.000     546.1779    986.7899
    工作年限 |   1931.597   720.5079     2.68   0.007     519.4271    3343.766
    职称级别 |   8504.626   2528.356     3.36   0.001      3549.14    13460.11
       _cons |  -10679.67   5923.308    -1.80   0.071    -22289.13    929.8044
-------------+----------------------------------------------------------------
      /sigma |    7917.98   478.3985    16.55   0.000     6980.336    8855.624
------------------------------------------------------------------------------
```

图 10.5　使用稳健标准差进行断尾回归分析结果

对该结果的解读与前面类似，限于篇幅不再赘述。

10.2　截取回归分析

| 下载资源:\video\第 10 章\… |
| 下载资源:\sample\第 10 章\数据 10A |

10.2.1　截取回归分析的功能与意义

截取回归分析是针对当因变量大于一定数值或者小于一定数值时仅能有一种取值时的回归分析方法。举例来说，如果研究某单位的薪酬情况，该单位采取封顶薪酬方式，把年薪作为因变量，那么该因变量的取值范围就低于一定值。

在截取回归分析背景下，因变量的取值范围是受到限制的，当因变量大于一定值时，以后无论程度如何，统统被记录为某一特定值，或者说一定范围的数据被压缩到一个点上，这样被解释变量 y 的概率分布就变成由一个离散点与一个连续分布所组成的"混合分布"。在这种情况下，通过一般的最小二乘回归分析得到的结论是不完美的，无论使用的是整个样本，还是去掉离散点后的子样本，都不能得到一致的估计。

一个典型的使用于截取回归分析的模型就是 Tobit 模型，数学公式为：

$$y_i^* = X_i\beta + u_i$$
$$m_i^* = Z\gamma + v_i$$

在上述公式中，如果 $m_i^* > 0$，则 $m_i = 1$，否则取值为 0；如果 $m_i = 1$，则 $y_i = y_i^*$，否则取值为 0，这时的最大似然方程如下：

$$L = \left[\prod\left(1 - \Phi\left(\frac{X_i\beta}{\sigma}\right)\right)^{1-m_i}\Phi\left(\frac{X_i\beta}{\sigma}\right)^{m_i}\right]\left[\prod\left(\Phi\left(\frac{X_i\beta}{\sigma}\right)\right)^{-1}\frac{1}{\sigma}\phi\left(\frac{y_i - X_i\beta}{\sigma}\right)^{m_i}\right]$$

我们可以运用导数法对 β 和 σ 最大化，就可以计算出极大似然估计结果。

10.2.2　截取回归分析的 Stata 操作

截取回归分析的命令为 tobit，该命令的语法格式为：

```
tobit depvar [indepvars] [if] [in] [weight] [,options]
```

tobit 为截取回归的命令，depvar 为被解释变量（因变量），indepvar 代表解释变量（自变量），[if]为条件表达式，[in]用于设置样本范围，[weight]用于设置权重，[,options]为可选项，主要包括表 10.3 所示的几项。

表10.3　tobit命令的[,options]可选项及其含义

[,options]可选项	含　义
noconstant	断尾回归模型不包含常数项
ll(varname|#)	设置断尾回归模型中左端断尾的下限
ul(varname|#)	设置断尾回归模型中右端断尾的上限
offset(varname)	约束变量 varname 的系数为 1
constraints(constraints)	在模型中应用指定的线性约束
collinear	保留多重共线性变量
level(#)	设置断尾回归模型的置信度，默认值为 95%
vce(type)	设置估计量的标准差形式，常用的包括：oim、robust、cluster、bootstrap、jackknife 等
noskip	进行模型整体显著性的似然比检验
nocnsreport	不显示约束

注　意

1）[,options]可选项中，ll(varname|#)、ul(varname|#)这两个选项至少需要选择一个，也可以同时选择。上限或下限的具体值可以专门设置，也可以不设置。当仅输入 ll(varname|#)或 ul(varname|#)选项而不设置上限或下限的具体值时，tobit 命令会自动以因变量的最小值为下限值（当选择 ll(varname|#)选项时），因变量的最大值为上限值（当选择 ul(varname|#)时）。

2）当我们在[,options]可选项中选择 robust 时，则使用稳健标准差进行断尾回归分析。稳健标准差是指其标准差对于模型中可能存在的异方差或自相关问题不敏感，基于稳健标准差计算的稳健 t 统计量仍然渐进分布 t 分布。因此，在 Stata 中利用 robust 选项可以得到异方差稳健估计量。

在截取回归模型中同样可以进行预测，对应的命令及其语法格式为：

```
predict [type] newvar [if] [in] [,statistic nooffset]
```

predict 为预测命令，type 代表新变量的类型，newvar 代表生成的新变量，[if]为条件表达式，[in]用于设置样本范围，statistic 代表要输出的统计量，具体选项及含义与上一节断尾回归分析相同。

在回归分析中，回归系数 β 是因变量 y_i 随自变量增加或减少而相应增加或减少的边际效应的度量。前面我们在第 9 章中介绍了 mfx 这一命令，它用来计算解释变量的边际效应。在截取回归分析中，这一命令可以与 predict 命令一起使用，以探索因变量 y_i 随自变量变化的边际效应。

注　意

因为截取回归对因变量设置了上下限，所以因变量 y_i 随自变量变化的边际效应仅体现在上限与下限之间的部分。

比如我们设置了上限为 m，下限为 n，那么计算 $E(y_i|n < y_i < m)$ 的边际效应的命令为：

```
mfx, predict(e(n,m))
```

y_i^* 为观测值，计算观测值 $E(y_i^*)$ 的边际效应的命令为：

```
mfx, predict(ystar(n,m))
```

计算不被截取的概率随自变量变化的边际效应的命令为：

```
mfx, predict(pr(n< y*_i <m))
```

10.2.3　截取回归分析示例

本节我们继续使用"数据 10"数据文件，其中记录的是某单位 90 名在岗职工的年薪、加班天数、工作年限以及职称级别情况。除了已知该单位的保底工资是 50000 元/年外，我们增加一个条件，即该单位的封顶工资是 180000 元/年。

下面以年薪为因变量，以加班天数、工作年限、职称级别为自变量，开展回归分析。打开该数据文件之后，在主界面的命令窗口中依次输入：

```
tobit 年薪 加班天数 工作年限 职称级别,ll(50000) ul(180000)
```

本命令的含义是以年薪为因变量，以加班天数、工作年限、职称级别为自变量，并设置因变量的取值下限为 50000、取值上限为 180000，进行截取回归分析，研究变量之间的因果影响关系。分析结果如图 10.6 所示。

```
. tobit 年薪 加班天数 工作年限 职称级别,ll(50000) ul(180000)

Refining starting values:

Grid node 0:    log likelihood = -935.03215

Fitting full model:

Iteration 0:    log likelihood = -935.03215
Iteration 1:    log likelihood = -935.03215

Tobit regression                               Number of obs   =        90
                                               Uncensored      =        90
Limits: lower = 50,000                         Left-censored   =         0
        upper = 180,000                        Right-censored  =         0

                                               LR chi2(3)      =    250.87
                                               Prob > chi2     =    0.0000
Log likelihood = -935.03215                    Pseudo R2       =    0.1183

      年薪 |     Coef.    Std. Err.      t     P>|t|    [95% Conf. Interval]
-----------+----------------------------------------------------------------
    加班天数 |  775.4742   131.8828     5.88   0.000    513.343     1037.605
    工作年限 |  1832.195   872.6501     2.10   0.039    97.70899    3566.682
    职称级别 |  8539.669   1986.52      4.30   0.000    4591.245    12488.09
     _cons |  -10756.01   6518.86     -1.65   0.103   -23712.95    2200.933
-----------+----------------------------------------------------------------
  var(e.年薪)|  6.19e+07   9223674                     4.60e+07    8.32e+07
```

图 10.6　截取回归分析结果

从分析结果中可以看到，起始对数似然函数值 Log likelihood 为-935.03215，经过一次迭代后即达到收敛，最终的对数似然函数值 Log likelihood 也是-935.03215。截取回归中因变量的下限为 5000（Limit:lower =50000），因变量的上限为 180000（upper=180000）。共有 90 个样本参与了分析，模型 LR chi2(3)统计量为 250.87，Prob > chi2 为 0.0000，说明模型非常显著。伪 R 方（Pseudo R2）为 0.1183。

模型的回归方程是：

年薪=775.4742*加班天数+1832.195*工作年限+8539.669*职称级别-10756.01

读者可自行对比该截取回归结果与断尾回归、普通最小二乘回归分析的结果。

```
predict yhat
```

本命令的含义是估计因变量的拟合值。

```
predict p, stdp
```

本命令的含义是估计拟合的标准误。

```
predict f, stdf
```

本命令的含义是估计预测的标准误。

```
edit
```

本命令的含义是打开数据编辑器，查看数据文件中的数据，如图 10.7 所示。

图 10.7　预测生成的拟合值、拟合标准误、预测标准误

```
mfx, predict(e(50000,180000))
```

本命令的含义是计算$E(y_i|50000 < y_i < 180000)$的边际效应，该命令的执行结果如图 10.8 所示。

```
. mfx, predict(e(50000,180000))

Marginal effects after tobit
     y  = E(年薪|50000<年薪<180000) (predict, e(50000,180000))
        =  107658.06

variable        dy/dx    Std. Err.      z    P>|z|  [    95% C.I.    ]       X

加班天数       775.4742      131.88    5.88   0.000   516.989  1033.96   111.656
工作年限       1832.195      872.65    2.10   0.036   121.833  3542.56   9.34444
职称级别      8539.669      1986.5    4.30   0.000   4646.16  12433.2   1.72222
```

图 10.8　计算$E(y_i|n < y_i < m)$的边际效应

在默认情形下，我们使用 mfx 命令，输出的是解释变量处于均值水平时的边际效应。也就是说，针对加班天数在 111.656 天（结果图下方最后一列，即 X 列）时的边际效应，此时在年薪大于 5 万

小于 18 万的区间范围内,加班天数每增加 1 天,就会引起年薪 775.4742 元的增加(观察 *dy/dx* 列的数值),而且该边际效应也是显著的(*P*>|*z*|=0.000)。

针对工作年限在 9.34444 年时的边际效应,此时在年薪大于 5 万小于 18 万的区间范围内,工作年限每增加 1 年,就会引起年薪 1832.195 元的增加,该边际效应也是显著的(*P*>|*z*|=0.036)。

针对职称级别取值为 1.72222 时的边际效应,此时在年薪大于 5 万小于 18 万的区间范围内,职称级别取值每增加 1,就会引起年薪 8539.669 元的增加,该边际效应也是显著的(*P*>|*z*|=0.000)。

结果中还给出了条件期望 *y*= E(年薪|50000<年薪<180000) (predict, e(50000,180000))=107658.06,代表着年薪在区间(50000,180000)下的条件期望是 107658.06。

```
mfx, predict(e(50000,180000)) at(100 10 1)
```

我们除了使用前面介绍的默认情况,即解释变量处于均值水平时的边际效应,还可以针对解释变量的具体取值进行设置,从而可以发现解释变量在特定取值时的边际效应。本命令在后面加了 at(100 10 1)选项,含义仍是计算 $E(y_i|n < y_i < m)$ 的边际效应,但是计算的是加班天数为 100、工作年限为 10、职称级别为 1 处的边际效应。该命令的执行结果如图 10.9 所示。

```
. mfx, predict(e(50000,180000)) at(100 10 1)

Marginal effects after tobit
      y  = E(年薪|50000<年薪<180000) (predict, e(50000,180000))
         =     93653.04

variable      dy/dx      Std. Err.      z      P>|z|   [     95% C.I.    ]       X

加班天数     775.4739     131.88      5.88    0.000   516.989  1033.96      100
工作年限    1832.195     872.65      2.10    0.036   121.833  3542.56       10
职称级别    8539.665     1986.5      4.30    0.000   4646.16  12433.2        1
```

图 10.9　基于设置值计算 $E(y_i|n < y_i < m)$ 的边际效应

在加班天数为 100、工作年限为 10、职称级别为 1 处,年薪条件期望降低为 93653.04。

针对加班天数在 100 天(结果图下方最后一列,即 *X* 列)时的边际效应,此时在年薪大于 5 万小于 18 万的区间范围内,加班天数每增加 1 天,就会引起年薪 775.4739 元的增加(观察 *dy/dx* 列的数值),而且该边际效应也是显著的(*P*>|*z*|=0.000)。

针对工作年限在 10 年时的边际效应,此时在年薪大于 5 万小于 18 万的区间范围内,工作年限每增加 1 年,就会引起年薪 1832.195 元的增加,该边际效应也是显著的(*P*>|*z*|=0.003)。

针对职称级别取值为 1.72222 时的边际效应,此时在年薪大于 5 万小于 18 万的区间范围内,职称级别取值每增加 1,就会引起年薪 8539.665 元的增加,该边际效应也是显著的(*P*>|*z*|=0.000)。

10.3　样本选择模型

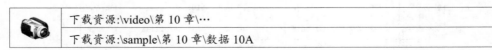

下载资源:\video\第 10 章\…	
下载资源:\sample\第 10 章\数据 10A	

10.3.1　样本选择模型分析的功能与意义

在很多情况下,因变量是否存在断尾或者截取不是由自己决定的,而且取决于其他的变量。比如我们要分析一群人年薪的影响因素，那么就会产生这一问题，因为只有参与劳动的人才能获得年薪，如果一个人没有参与劳动就无法获得年薪。所以针对这一类问题，我们不宜简单使用普通最小二乘回归分析进行估计，最好使用本节介绍的样本选择模型。其基本思路是首先基于一些自变量进行样本选择，将预期能够观测到因变量的样本选择出来，然后分析因变量的影响因素，也就是两步法。

10.3.2　样本选择模型分析的 Stata 操作

样本选择模型分析的命令为 heckman，该命令的语法格式为：

```
heckman depvar [indepvars], select(varlist_s) [twostep]   或者
heckman depvar [indepvars], select(depvar_s = varlist_s) [twostep]
```

heckman 为命令，depvar 为因变量，indepvar 为自变量。选项 select()用于确定选择方程的因变量及自变量，为必填项。针对第一种命令形式，如果不设置选择方程的因变量，则 Stata 默认原方程的被解释变量 depvar 为非缺失值时表示被选择，为缺失值时表示没有被选择。针对第二种命令格式，需要设置选择方程的因变量 depvar_s，则要求 depvar_s 的值必须为 0 或 1。0 表示原方程的被解释变量没有被选择，1 表示被选择。

[twostep]为可选项，若不选，则表示采用最大似然估计的 heckman 回归；若选用，则表示采用两步法的 heckman 回归。

最大似然估计的 heckman 回归的完整语法格式为：

```
heckman depvar [indepvars] [if] [in] [weight], select([depvar_s =] varlist_s
[,noconstant offset(varname_o)]) [heckman_ml_options]
```

两步法的 heckman 回归的完整语法格式为：

```
heckman depvar [indepvars] [if] [in], twostep select([depvar_s =] varlist_s
[,noconstant]) [heckman_ts_options]
```

使用 heckman 回归分析方法时还可以使用 vce()选项，利用各种稳健的标准差进行估计。比如可以使用 vce(robust)获得稳健标准差，或利用 vce(cluster varname)获得聚类稳健标准差。

使用 heckman 回归分析方法同样可以进行预测，相应的命令及其语法格式为：

```
predict [type] newvar [if] [in] [,statistic nooffset]
```

statistic 选项包括表 10.4 所示的几项。

表10.4　statistic选项及其含义

statistic 选项	含　义
xb	输出线性回归的拟合值
stdp	输出拟合的标准误
stdf	输出预测的标准误
pr(a,b)	输出 $\Pr(a < y_i < b)$
e(a,b)	输出 $E(y_i | a < y_i < b)$
ystar(a,b)	输出 $E(y_i^*), y_i^* = \max\{a, \min(y_i, b)\}$

（续表）

statistic 选项	含　义
xbsel	样本选择方程的线性预测
stdpsel	样本选择方程线性预测的标准误
ycond	$E(y_i|y_i$ 被观测到)
yexpected	$E(y_i^*)$，当 y_i 观测不到时被当作 0
nshazard 或 mills	不被选择的概率
psel	y_i 被观测到的概率

10.3.3　样本选择模型分析示例

"数据 10A" 数据文件中记录的是 259 名被调查者年薪、户籍、年龄、受教育年限、个人总资产等数据（注意不同于前面的 "数据 7A" 数据文件），如图 10.10 所示。

图 10.10　"数据 10A" 中的数据内容

下面我们研究一下被调查者年薪与年龄、受教育年限之间关系。

1. 最大似然估计的 heckman 回归

打开数据文件之后，在主界面的命令窗口中输入：

```
heckman nianxin age eduyears,select(age eduyears)
```

本命令的含义是以年薪为被解释变量，以年龄、受教育年限为解释变量，选项 select() 表示选择的解释变量为 age 和 eduyears，进行最大似然估计的 heckman 回归分析，分析结果如图 10.11 和 10.12 所示。其中图 10.11 反映的是最大似然估计的 heckman 回归的迭代过程，经过 23 次迭代后，模型达到的最大似然估计函数值为-433.05994。

```
. heckman nianxin age eduyears,select(age eduyears)

Iteration 0:    log likelihood = -437.29333  (not concave)
Iteration 1:    log likelihood = -436.91437  (not concave)
Iteration 2:    log likelihood = -436.55435
Iteration 3:    log likelihood = -435.03733
Iteration 4:    log likelihood = -433.98569
Iteration 5:    log likelihood = -433.74356
Iteration 6:    log likelihood = -433.59322
Iteration 7:    log likelihood = -433.29604
Iteration 8:    log likelihood = -433.13988
Iteration 9:    log likelihood = -433.11554
Iteration 10:   log likelihood = -433.09405
Iteration 11:   log likelihood = -433.07598
Iteration 12:   log likelihood = -433.06802
Iteration 13:   log likelihood =  -433.0644
Iteration 14:   log likelihood = -433.06227
Iteration 15:   log likelihood = -433.06159
Iteration 16:   log likelihood = -433.06087
Iteration 17:   log likelihood = -433.06055
Iteration 18:   log likelihood = -433.06031
Iteration 19:   log likelihood = -433.06015
Iteration 20:   log likelihood = -433.06001
Iteration 21:   log likelihood = -433.05997
Iteration 22:   log likelihood = -433.05996
Iteration 23:   log likelihood = -433.05994
```

图 10.11　迭代过程

图 10.12 反映的是最大似然估计的 heckman 回归的主要结果。可以发现共有 259 个样本参与了分析（Number of obs=259），其中被选择的样本个数为 255（Selected= 255），未被选择的样本个数为 4（Nonselected =4）。Wald chi2(2)统计量为 80.7，Prob > chi2 为 0.0000，该统计量是对回归方程中除常数项之外的所有系数都为 0 的检验，用来检验模型整体的显著性，可以发现模型整体非常显著。

```
Heckman selection model                    Number of obs    =      259
(regression model with sample selection)      Selected       =      255
                                           Nonselected    =        4

                                           Wald chi2(2)   =    80.74
Log likelihood = -433.0599                 Prob > chi2    =   0.0000

-------------+------------------------------------------------------------
    nianxin |     Coef.   Std. Err.      z    P>|z|     [95% Conf. Interval]
-------------+------------------------------------------------------------
nianxin      |
        age |  .0307508   .0053179     5.78   0.000     .0203279    .0411738
   eduyears |  .1948057   .0245402     7.94   0.000     .1467078    .2429036
      _cons |  10.87317   .3979744    27.32   0.000     10.09315    11.65318
-------------+------------------------------------------------------------
select       |
        age |   .069107   .0051138    13.51   0.000     .0590841    .0791299
   eduyears | -.0888157   .0192753    -4.61   0.000    -.1265946   -.0510367
      _cons |  .8757702   .3086079     2.84   0.005     .2709099    1.480631
-------------+------------------------------------------------------------
     /athrho | -15.38324   198.8178    -0.08   0.938     -405.059    374.2925
     /lnsigma |  .2609291   .0439719     5.93   0.000     .1747458    .3471124
-------------+------------------------------------------------------------
        rho |        -1   3.46e-11                           -1           1
      sigma |  1.298136   .0570815                     1.190943    1.414976
     lambda | -1.298136   .0570815                    -1.410013   -1.186258
-------------+------------------------------------------------------------
LR test of indep. eqns. (rho = 0):   chi2(1) =      9.16    Prob > chi2 = 0.0025
```

图 10.12　最大似然估计的 heckman 回归分析结果

观察最大似然估计的 heckman 回归分析结果，下方表格的第一部分为回归方程：

$$nianxin = 10.87317 + 0.1948057eduyears + 0.0307508age$$

年龄、受教育年限两个自变量的系数均为正值，且 P>|z|均接近 0，说明这两个自变量将会正向显著影响年薪。年龄越大、受教育年限越长，年薪的拟合值也会越高。而且受教育年限的系数更大，说明对于年薪的正向影响或者说边际效应也相对更大。

下方表格的第二部分为选择方程，从该方程中可以看出样本选择的具体规则。本例中，只有样本观测值的年龄、受教育年限两个选择变量满足条件：0.8757702+0.069107age-0.0888157eduyears>0 时，因变量年薪才能被选择到。

从结果中还可以知道 rho=corr(ε,μ)=-1，回归方程中残差的标准差 sigma=1.298136，选择性效应 lamda=-1.298136（lamda=rho*sigma）。

heckman 回归分析结果的最下方一行是对 rho=0 的似然比检验（LR test of indep. eqns. (rho = 0)）。可以发现非常显著地拒绝了 rho=0 的原假设。

2. 两步法的 heckman 回归

在主界面的命令窗口中输入：

```
heckman nianxin age eduyears,select(age eduyears) twostep mills(nochoose)
```

本命令的含义是以年薪为被解释变量，以年龄、受教育年限为解释变量，选项 select()表示选择的解释变量为 age 和 eduyears，进行两步法的 heckman 回归分析。选项 mills()会生成一个新变量 nochoose，该变量表示样本不被选择的可能性。

分析结果如图 10.13 所示。

图 10.13　两步法的 heckman 回归分析结果

"Heckman selection model -- two-step estimates" 说明我们使用的是两步法的 heckman 样本选择模型，共有 259 个样本参与了分析（Number of obs=259），其中被选择的样本个数为 255（Selected=255），未被选择的样本个数为 4（Nonselected =4）。Wald chi2(2)统计量为 72.38，Prob > chi2 为 0.0000，模型整体非常显著。

下方表格的第一部分为回归方程：

$$nianxin = 10.77264 + 0.1966312 eduyears + 0.0322799 age$$

年龄、受教育年限两个自变量的系数均为正值，且 P>|z|均大于 0，说明这两个自变量将会正向显著影响年薪。年龄越大、受教育年限越长，年薪的拟合值也会越高。而且受教育年限的系数更大，说明对于年薪的正向影响或者说边际效应也相对更大。

下方表格的第二部分为选择方程，从该方程中可以看出样本选择的具体规则。本例中，只有样本观测值的年龄、受教育年限两个选择变量满足条件：-2.572949+0.1655821age+0.0520076eduyears >0 时，因变量年薪才能被选择到。

3. 使用 vce(robust)获得稳健标准差进行最大似然估计的 heckman 回归分析

在主界面的命令窗口中输入：

```
heckman nianxin age eduyears,select(age eduyears) vce(robust)
```

本命令的含义是以年薪为被解释变量，以年龄、受教育年限为解释变量，选项 select()表示选择的解释变量为 age 和 eduyears，使用 vce(robust)获得稳健标准差进行最大似然估计的 heckman 回归分析，分析结果如图 10.14 所示。对该结果的解读与前面类似，限于篇幅在此不再赘述。

```
Heckman selection model                    Number of obs   =        259
(regression model with sample selection)   Selected        =        255
                                           Nonselected     =          4

                                           Wald chi2(0)    =          .
Log pseudolikelihood = -433.0599           Prob > chi2     =          .

                          Robust
     nianxin |    Coef.   Std. Err.     z     P>|z|    [95% Conf. Interval]

nianxin      |
         age |  .0307509   .0050658    6.07   0.000    .0208221    .0406796
    eduyears |  .1948058   .0283436    6.87   0.000    .1392533    .2503583
       _cons | 10.87316    .4961051   21.92   0.000    9.900816   11.84551

select       |
         age |  .0691069   .0076692    9.01   0.000    .0540756    .0841383
    eduyears | -.0888157   .0211057   -4.21   0.000   -.1301821   -.0474493
       _cons |  .8757721   .3575508    2.45   0.014    .1749853   1.576559

      /athrho | -15.37501   .1459593 -105.34   0.000  -15.66108  -15.08893
      /lnsigma |  .2609294    .072749    3.59   0.000    .118344    .4035147

          rho |        -1   2.58e-14                         -1         -1
        sigma |  1.298136   .0944381                    1.125631   1.497077
       lambda | -1.298136   .0944381                   -1.483231  -1.113041

Wald test of indep. eqns. (rho = 0): chi2(1) = 11096.02   Prob > chi2 = 0.0000
```

图 10.14　使用 vce(robust)获得稳健标准差进行估计

4. 利用 vce(cluster varname)获得聚类稳健标准差进行最大似然估计 heckman 回归分析

在主界面的命令窗口中输入：

```
heckman nianxin age eduyears,select(age eduyears) vce(cluster huji)
```

本命令的含义是以年薪为被解释变量，以年龄、受教育年限为解释变量，选项 select()表示选择的解释变量为 age 和 eduyears，利用 vce(cluster varname)获得聚类稳健标准差，进行最大似然估计的 heckman

回归分析，分析结果如图 10.15 所示。对该结果的解读与前面类似，限于篇幅在此不再赘述。

```
Heckman selection model                     Number of obs   =       259
(regression model with sample selection)    Selected        =       255
                                            Nonselected     =         4

                                            Wald chi2(0)    =         .
Log pseudolikelihood = -433.0599            Prob > chi2     =         .

                            (Std. Err. adjusted for 2 clusters in huji)

                        Robust
   nianxin |      Coef.   Std. Err.      z    P>|z|     [95% Conf. Interval]

nianxin    |
       age |   .0307509   .0096631     3.18   0.001     .0118115    .0496903
  eduyears |   .1948058   .1035387     1.88   0.060    -.0081262    .3977378
     _cons |   10.87316   1.951973     5.57   0.000     7.047367    14.69896

select     |
       age |   .0691069   .0220141     3.14   0.002     .0259601    .1122537
  eduyears |  -.0888157    .061034    -1.46   0.146    -.2084401    .0308087
     _cons |   .8757721   1.319031     0.66   0.507    -1.709481    3.461026

   /athrho |  -15.37501   .3608467   -42.61   0.000    -16.08225   -14.66776
   /lnsigma |   .2609294   .2108357     1.24   0.216     -.152301    .6741597

       rho |         -1   6.39e-14                            -1          -1
     sigma |   1.298136   .2736934                      .8587298    1.962383
    lambda |  -1.298136   .2736934                     -1.834565   -.7617068

Wald test of indep. eqns. (rho = 0): chi2(1) =  1815.45   Prob > chi2 = 0.0000
```

图 10.15   使用 vce(cluster varname)获得聚类稳健标准差进行估计

5. 使用 heckman 回归分析方法预测

在主界面的命令窗口中依次输入以下命令：

```
quietly heckman nianxin age eduyears,select(age eduyears)
```

本命令的含义是以年薪为被解释变量，以年龄、受教育年限为解释变量，选项 select()表示选择的解释变量为 age 和 eduyears，进行最大似然估计的 heckman 回归分析。命令前面加上 quietly 选项是为了不显示该回归的结果，可以看到输入该命令后结果窗口中并没有相关输出。

```
predict y1, ycond
```

本命令的含义是生成变量 y1，y1 是对参与劳动获取年薪样本观测值的期望年薪的预测。

```
summarize nianxin y1 if nianxin!= .
```

本命令的含义是获取 nianxin 非缺失值的样本观测值的 nianxin 和 y1 的描述统计量。
上述命令的分析结果如图 10.16 所示。

```
. summarize nianxin y1 if nianxin!= .

    Variable |        Obs        Mean    Std. Dev.       Min        Max

     nianxin |        255    14.33422    1.485482    6.520465   16.92872
          y1 |        255    14.28887    .7534233    12.01414   16.28531
```

图 10.16   nianxin 非缺失值的样本观测值的 nianxin 和 y1 的描述统计量

从分析结果中可以看出，对实际参与劳动获取年薪的样本观测值（nianxin），或者说我们未开展 heckman 回归分析，而且直接使用 nianxin 变量非缺失值的样本观测值进行分析，年薪的均值为 14.33422；而基于 heckman 回归分析方法、样本选择模型预测得到的，参与劳动获取年薪样本观测值的年薪期望均值（y1）为 14.28887，两者存在一定差别。

提　示

predict y1, ycond 命令中的 ycond 选项对所有样本观测值都会给出预测值，但只对因变量为非缺失值的样本观测值才有实际意义。

此外，如果根据研究需要，我们有必要计算全部样本观测值的期望年薪，那么就需要用到 yexpected 选项。yexpected 选项的基本原理是通过样本选择方程计算该样本观测值的因变量值是否满足样本选择条件，如果不满足样本选择条件，则其期望年薪为 0。在命令窗口依次输入以下命令：

```
predict y2, yexpected
```

本命令的含义是生成 y2 变量，y2 是对所有样本观测值的期望年薪的预测。

```
gen nianxin1=nianxin
```

本命令的含义是生成 nianxin1 变量，与 nianxin 变量相同。

```
replace nianxin1=0 if nianxin1== .
```

本命令的含义是针对 nianxin1，如果样本观测值的 nianxin1 变量为缺失值，则取值为 0，如果样本观测值的 nianxin1 变量不为缺失值，则仍为原 nianxin 变量的值。

```
sum y2 nianxin1
```

本命令的含义是获取 y2 和 nianxin1 的描述统计量。

上述命令的分析结果如图 10.17 所示。

```
. sum y2 nianxin1

    Variable |        Obs        Mean    Std. Dev.        Min        Max
-------------+--------------------------------------------------------
          y2 |        259    13.82804    1.149811    11.04561    16.28231
    nianxin1 |        259    14.11284    2.304089           0    16.92872
```

图 10.17　样本观测值的 nianxin 和 y1 的描述统计量

从分析结果中可以看到，基于 heckman 回归分析方法，样本选择模型预测得到的所有样本观测值的期望年薪为 13.82804，而未开展 heckman 回归分析，直接将年薪缺失的样本观测值的年薪取值为 0，则年薪的期望均值为 14.11284，两者存在一定差别。

10.4　本章回顾与习题

10.4.1　本章回顾

本章主要介绍了断尾回归分析、截取回归分析、样本选择模型的基本原理、基本命令语句以及具体实例的应用。

1. 断尾回归分析的命令

```
truncreg depvar [indepvars] [if] [in] [weight] [,options]
```

truncreg 为断尾回归的命令，depvar 为被解释变量（因变量），indepvar 代表解释变量（自变量），[if]为条件表达式，[in]用于设置样本范围，[weight]用于设置权重，[,options]为可选项。

断尾回归模型中预测的命令及其语法格式为：

```
predict [type] newvar [if] [in] [,statistic nooffset]
```

2. 截取回归分析的命令

截取回归分析的命令为 truncreg，该命令的语法格式为：

```
tobit depvar [indepvars] [if] [in] [weight] [,options]
```

tobit 为截取回归的命令，depvar 为被解释变量（因变量），indepvar 代表解释变量（自变量），[if]为条件表达式，[in]用于设置样本范围，[weight]用于设置权重，[,options]为可选项。

截取回归模型中预测的命令及其语法格式为：

```
predict [type] newvar [if] [in] [,statistic nooffset]
```

3. 样本选择模型的命令

样本选择模型分析的命令为 heckman，该命令的语法格式为：

```
heckman depvar [indepvars], select(varlist_s) [twostep]  或者
heckman depvar [indepvars], select(depvar_s = varlist_s) [twostep]
```

最大似然估计的 heckman 回归的完整语法格式为：

```
heckman depvar [indepvars] [if] [in] [weight], select([depvar_s =] varlist_s
[,noconstant offset(varname_o)]) [heckman_ml_options]
```

两步法的 heckman 回归的完整语法格式为：

```
heckman depvar [indepvars] [if] [in], twostep select([depvar_s =] varlist_s
[,noconstant]) [heckman_ts_options]
```

使用 heckman 回归分析方法时还可以使用 vce()选项，利用各种稳健的标准差进行估计。比如可以使用 vce(robust)获得稳健标准差，或利用 vce(cluster varname)获得聚类稳健标准差。

heckman 回归预测的命令及其语法格式为：

```
predict [type] newvar [if] [in] [,statistic nooffset]
```

10.4.2　本章习题

1．"数据 10B"数据文件中为 90 名足球运动员的球员年薪、出场次数、俱乐部正式比赛年限、运动员等级数据。下面使用数据 10B，以球员年薪为因变量，以出场次数、俱乐部正式比赛年限、运动员等级为自变量，开展断尾回归分析。

1）进行普通最小二乘回归分析并对结果进行解读。

2）设置因变量的取值下限为 150000，进行断尾回归分析并对结果进行解读。

3）基于断尾回归分析结果，预测生成的拟合值、残差、拟合标准误、预测标准误。

4）设置因变量的取值下限为 150000，使用稳健的标准差进行断尾回归分析并对结果进行解读。

2. 继续使用"数据 10B"数据文件为例，以球员年薪为因变量，以出场次数、俱乐部正式比赛年限、运动员等级为自变量，开展截取回归分析。

1）设置因变量的取值下限为 150000、取值上限为 500000，进行截取回归分析并对结果进行解读。

2）基于截取回归分析结果，预测生成的拟合值、拟合标准误、预测标准误。

3）使用 mfx 命令输出解释变量处于均值水平时的边际效应，并对结果进行解读。

4）使用 mfx 命令输出解释变量出场次数为 100、俱乐部正式比赛年限为 9、运动员等级为 2 处的边际效应，并对结果进行解读。

3. 继续使用"数据 10A"数据文件为例，以个人总资产为被解释变量，以年龄、受教育年限为解释变量，开展样本选择模型分析。

1）进行最大似然估计的 heckman 回归，并对结果进行解读。

2）进行两步法的 heckman 回归，并对结果进行解读。

3）使用 vce(robust)获得稳健标准差进行最大似然估计的 heckman 回归分析，并对结果进行解读。

4）利用 vce(cluster varname)获得聚类稳健标准差进行最大似然估计 heckman 回归分析，并对结果进行解读。

5）使用 heckman 回归分析方法预测。生成变量 $y1$，为能够被选择的样本观测值的个人总资产的期望均值；生成变量 $y2$，作为全部样本观测值的个人总资产的期望均值。

第11章

主成分分析与因子分析

我们在研究事物之间的影响关系时，通常首先会选取一些变量，然后针对选取的变量搜集相应的样本观测值数据。前面我们在回归分析部分提到，有时候各个自变量之间可能出现多重共线性关系，其实这种现象的本质就是各变量承载的信息出现了信息重叠，或者说变量选取的相对"多"了；另外，当我们的样本观测值数较少，但是选取的变量过多的话，会导致模型的自由度太小，进而造成构建效果欠佳。本章介绍的主成分分析与因子分析就是解决上述问题的重要方法。主成分分析与因子分析都属于降维分析，降维分析的基本思想就是在尽可能不损失信息或者少损失信息的情况下，将多个变量减少为少数几个潜在的因子或主成分，这几个因子或主成分可以高度地概括大量数据中的信息，这样既减少了变量个数，又能最大限度地保留原有变量中的信息。下面我们将分别介绍主成分分析、因子分析这两种方法在 Stata 中的操作与应用。

11.1 主成分分析

下载资源:\video\第 11 章\…	
下载资源:\sample\第 11 章\数据 11	

11.1.1 主成分分析的功能与意义

主成分分析是一种降维分析的统计过程，该过程通过正交变换将原始的 n 维数据集变换到一个新的被称为主成分的数据集中，也就是将众多的初始变量整合成少数几个相互无关的主成分变量，而这些新的变量尽可能地包含初始变量的全部信息，然后用这些新的变量来代替以前的变量进行分析。

主成分分析法从原始变量到新变量是一个正交变换（坐标变换），通过正交变换将其原随机向量（分量间有相关性）转化成新随机向量（分量间不具有相关性），也就是将原随机向量的协方差阵变换成对角阵。变换后的结果中，第一个主成分具有最大的方差值，每个后续的主成分在与前述主成分正交条件限制下也具有最大方差。降维时仅保存前 $m(m<n)$ 个主成分即可保持最大的数据信息量。

Stata 进行主成分分析主要的步骤包括：

1）变量数据标准化。

2）变量之间的相关性判定。

3）确定主成分个数 m。

4）写出主成分 F_i 的表达式。

5）对各个主成分 F_i 命名。

主成分分析的数学模型为：

设原始变量 $X=(X_1,\cdots,X_p)'$ 是一个 P 维随机变量，首先将其标准化 $ZX=(ZX_1,\cdots,ZX_p)'$，然后考虑它的线性变换，提取主成分，即为：

$$F_p=a_{1i}*ZX_1+a_{2i}*ZX_2+\cdots+a_{pi}*ZX_p$$

可以发现如果要用 F_1 尽可能多地保留原始的 X 的信息，经典的办法是使 F_1 的方差尽可能大。其他的各 F_i 也希望尽可能多地保留 X 的信息，但前面的 F 已保留的信息就不再保留，即要求 $\mathrm{Cov}(F_i,F_j)=0,j=1,\cdots,i-1$，在这样的条件下使 $\mathrm{Var}(F_i)$ 最大，为了减少变量的个数，希望前几个 F_i 就可以代表 X 的大部分信息。计算特征值和单位特征向量，记为 $F_1\geqslant F_2\geqslant\ldots\geqslant F_p$ 和 $a_1,a_2,\cdots,a_p$，用 $Y_i=a_i'X$ 作为 X 的第 i 主成分。

在主成分个数的确定方面，最终选取的主成分的个数可以通过累积方差贡献率来确定。一般情况下，以累积方差贡献率大于等于 85%为标准。

11.1.2　主成分分析的 Stata 操作

主成分分析的命令为 pca。

Stata 中主成分分析包括数据的主成分分析、相关或协方差矩阵的主成分分析两种。

数据的主成分分析的命令及其语法格式为：

```
pca varlist [if] [in] [weight] [,options]
```

相关或协方差矩阵的主成分分析的命令及其语法格式为：

```
pcamat matname , n(#) [options pcamat_options]
```

pca、pcamat 为命令，varlist 为参与主成分分析的变量列表，matname 为参与主成分分析的相关或协方差矩阵，[if]为条件表达式，[in]用于设置样本范围，[weight]用于设置权重，[,options]为可选项，主要包括表 11.1 所示的几项。

表11.1　pca和pcamat命令的[,options]可选项及其含义

[,options]可选项	含　义
components(#)	设置需要保留的主成分的最大数量，通过在()输入数字来实现，#对应数字，该选项也可以为 factors()，效果是一样的
mineigen(#)	设置临界特征值，系统将仅保留特征值大于临界值的主成分，通过在()输入数字来实现，#对应数字，默认为 1e-5
correlation	输出主成分分析法的相关性矩阵
covariance	输出主成分分析法的方差-协方差矩阵

（续表）

[,options]可选项	含　义
vce(none)	不计算特征值和向量的 VCE，也是默认的
vce(normal)	计算特征值和向量的 VCE，假定多元正态分布
level(#)	设置置信度，通过在()输入数字来实现，#对应数字，默认水平是 95
blanks(#)	当载荷值小于括号内设置的临界值#时，将因子载荷显示为空白
novce	即使已经计算，也不显示估计量的标准差
# means	显示变量的汇总统计信息
norotated	显示未旋转的结果，即使旋转的结果是可用的

pcamat_options 是"相关或协方差矩阵的主成分分析"命令中专用的可选项。因为相关或协方差矩阵的主成分分析不太使用，暂不专门讲解。

11.1.3 主成分分析示例

本节我们用于分析的数据来自"数据 11"数据文件，其中记录的是《中国 2021 年 1-3 月份地区主要能源产品产量统计》，数据摘编自《中国经济景气月报 202104》。该数据文件中共有 21 个变量，分别是 $V1\sim V21$，分别代表地区、汽油万吨、煤油万吨、柴油万吨、燃料油万吨、石脑油万吨、液化石油气万吨、石油焦万吨、石油沥青万吨、焦炭万吨、煤气亿立方米、火力发电量亿千瓦小时、水力发电量亿千瓦小时、核能发电量亿千瓦小时、风力发电量亿千瓦小时、太阳能发电量亿千瓦小时、原煤万吨、原油万吨、天然气亿立方米、煤层气亿立方米、液化天然气万吨，如图 11.1 所示。

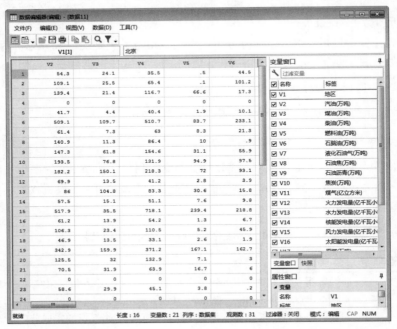

图 11.1　"数据 11"中的数据内容

下面我们针对汽油万吨、煤油万吨、柴油万吨、燃料油万吨、石脑油万吨、液化石油气万吨、石油焦万吨、石油沥青万吨、焦炭万吨、煤气亿立方米 10 个变量开展主成分分析。

1. 相关分析

打开"数据 11"数据文件之后，在主界面的命令窗口中依次输入：

```
pwcorr V2-V11,sidak sig star(0.05)
```

本命令的含义是对汽油万吨、煤油万吨、柴油万吨、燃料油万吨、石脑油万吨、液化石油气万吨、石油焦万吨、石油沥青万吨、焦炭万吨、煤气亿立方米共计 10 个变量进行相关性分析，计算两两之间的皮尔逊相关性系数，并检验变量相关是否在 95%的置信水平上显著，分析结果如图 11.2 所示。

```
. pwcorr V2-V11,sidak sig star(0.05)

                  V2        V3        V4        V5        V6        V7        V8

        V2    1.0000

        V3    0.6063*   1.0000
              0.0134

        V4    0.9661*   0.5312    1.0000
              0.0000    0.0905

        V5    0.8621*   0.5877*   0.8865*   1.0000
              0.0000    0.0226    0.0000

        V6    0.9094*   0.6368*   0.8685*   0.8177*   1.0000
              0.0000    0.0053    0.0000    0.0000

        V7    0.7844*   0.4536    0.8611*   0.8914*   0.7502*   1.0000
              0.0000    0.3750    0.0000    0.0000    0.0001

        V8    0.8327*   0.3447    0.9197*   0.8835*   0.8033*   0.9390*   1.0000
              0.0000    0.9306    0.0000    0.0000    0.0000    0.0000

        V9    0.7972*   0.2870    0.8825*   0.8692*   0.7455*   0.9431*   0.9781*
              0.0000    0.9964    0.0000    0.0000    0.0001    0.0000    0.0000

       V10    0.1006   -0.1809    0.1262    0.1244    0.0036    0.0710    0.1067
              1.0000    1.0000    1.0000    1.0000    1.0000    1.0000    1.0000

       V11    0.3352    0.0993    0.2656    0.3778    0.2507    0.1983    0.2218
              0.9520    1.0000    0.9993    0.8093    0.9998    1.0000    1.0000

                  V9       V10       V11

        V9    1.0000

       V10    0.1568    1.0000
              1.0000

       V11    0.2924    0.4675    1.0000
              0.9948    0.3036
```

图 11.2　皮尔逊相关性分析结果

图 11.2 展示的是参与主成分分析的 10 个变量之间的相关系数矩阵。关于本命令以及命令的执行结果我们在前面的第 5 章中已经介绍过了，此处不再赘述。可以发现，本例中有很多变量之间的相关关系是非常强的，有些相关性系数甚至超过了 0.9，而且很多相关性系数都在 95%的置信水平下非常显著。这说明变量之间存在着相当数量的信息重叠。我们进行主成分分析把众多的初始变量整合成少数几个互相之间无关的主成分变量是非常有必要的。

2. 默认状态下的主成分分析

打开"数据 11"数据文件之后，在主界面的命令窗口中输入：

```
pca V2-V11
```

本命令的含义是对汽油万吨、煤油万吨、柴油万吨、燃料油万吨、石脑油万吨、液化石油气万吨、石油焦万吨、石油沥青万吨、焦炭万吨、煤气亿立方米共计 10 个变量进行主成分分析，分析结果如图 11.3 所示。

图 11.3 中最左列（Component）表示的是系统提取的主成分名称，所有主成分是按照特征值大小降序排列的。可以发现，我们的 Stata 总共提取了 10 个主成分。

Eigenvalue 列表示的是系统提取的主成分的特征值，特征值的大小意味着该主成分的解释能力，特征值越大解释能力越强，通常情况下只有特征值大于 1 的主成分是有效的，所以本例中 Stata 提取的 10 个主成分中只有前两个是有效的，因为 Comp3~Comp10 的特征值（Eigenvalue）均小于 1。

关于特征值的理解

特征值是方差的组成部分，所有主成分的特征值加起来就是分析中主成分的方差之和，即主成分的"总方差"。需要提示的是，由于我们提取的各个主成分之间是完全不相关的，分析的是一个零相关矩阵，标准化为单位方差，因此 10 个主成分的总方差就是 10。第一个主成分的特征值为 6.61875，解释总方差的 66.19%（6.61875/10）。第二个主成分的特征值为 1.47683，解释总方差的 14.77%（1.47683/10）。

Proportion 列表示的是系统提取的主成分的方差贡献率，方差贡献率同样表示主成分的解释能力，可以发现第 1 个主成分的方差贡献率为 0.6619，表示该主成分解释了所有变量 66.19%的信息。第 2 个主成分的方差贡献率为 0.1477，表示该主成分解释了所有变量 14.77%的信息，以此类推。

Cumulative 列表示的是主成分的累积方差贡献率，其中前两个主成分的累积方差贡献率为 0.8096，前 3 个主成分的累积方差贡献率为 0.8991，以此类推。

```
. pca V2-V11

Principal components/correlation              Number of obs   =       31
                                              Number of comp. =       10
                                              Trace           =       10
        Rotation: (unrotated = principal)     Rho             =   1.0000

    Component   Eigenvalue   Difference          Proportion   Cumulative
        Comp1      6.61875      5.14192              0.6619       0.6619
        Comp2      1.47683      .580922              0.1477       0.8096
        Comp3     .895911      .426169              0.0896       0.8991
        Comp4     .469742      .178955              0.0470       0.9461
        Comp5     .290786       .17257              0.0291       0.9752
        Comp6     .118216     .0443996              0.0118       0.9870
        Comp7    .0738167     .0389621              0.0074       0.9944
        Comp8    .0348546     .0188989              0.0035       0.9979
        Comp9    .0159557     .0108215              0.0016       0.9995
       Comp10    .00513425            .              0.0005       1.0000
```

图 11.3　主成分分析结果图

图 11.4 展示的是系统提取的 10 个主成分的特征向量矩阵，以表明各个主成分在各个变量上的载荷。

```
Principal components (eigenvectors)
```

Variable	Comp1	Comp2	Comp3	Comp4	Comp5	Comp6	Comp7
V2	0.3669	-0.0292	0.1501	0.0770	-0.4435	-0.4078	0.0228
V3	0.2243	-0.3380	0.6741	0.2771	0.4064	-0.0283	0.2359
V4	0.3760	-0.0203	-0.0404	0.1164	-0.2705	-0.4969	0.0681
V5	0.3705	0.0179	0.0527	-0.0671	0.3307	-0.0240	-0.8547
V6	0.3510	-0.1240	0.1737	0.0699	-0.4773	0.7470	-0.0310
V7	0.3595	-0.0411	-0.2491	-0.0309	0.4535	0.1048	0.3765
V8	0.3669	0.0081	-0.3220	-0.0573	0.0097	0.0834	0.0282
V9	0.3590	0.0807	-0.3474	-0.1394	0.1280	0.0474	0.2086
V10	0.0489	0.7182	0.0121	0.6840	0.0740	0.0850	0.0077
V11	0.1341	0.5871	0.4493	-0.6347	0.0152	0.0004	0.1468

Variable	Comp8	Comp9	Comp10	Unexplained
V2	-0.3880	-0.2994	0.4821	0
V3	0.2699	-0.0737	0.0649	0
V4	0.1808	0.3612	-0.5960	0
V5	-0.0965	-0.0368	-0.0628	0
V6	-0.0742	0.0401	-0.1803	0
V7	-0.6171	0.2547	-0.0440	0
V8	0.5108	0.4043	0.5710	0
V9	0.2938	-0.7302	-0.2070	0
V10	0.0060	-0.0175	0.0268	0
V11	0.0318	0.0987	-0.0108	0

图 11.4　特征向量矩阵

需要说明的是，每个主成分荷载的列式平方和为 1，如针对主成分 1（Comp1），即有：

$$0.3669^2 + 0.2243^2 + \cdots + 0.0489^2 + 0.1341^2 = 1$$

最后一列（Unexplained）表示的是该变量未被系统提取的主成分解释的信息比例。因为我们保留了全部主成分，所以所有变量都在主成分上得到了载荷，没有丢失任何信息，所有变量 Unexplained 的值均为 0。

因为主成分分析只不过是一种矩阵变换，所以各个主成分并不一定具有实际意义，本例中各个主成分的内在含义就不是很明确。

3. 只保留特征值大于 1 的主成分

在前面我们已经提到过，通常情况下只有特征值大于 1 的主成分是有效的，所以我们开展"只保留特征值大于 1"的主成分分析，在主界面的命令窗口中输入：

```
pca V2-V11,mineigen(1)
```

本命令的含义是对汽油万吨、煤油万吨、柴油万吨、燃料油万吨、石脑油万吨、液化石油气万吨、石油焦万吨、石油沥青万吨、焦炭万吨、煤气亿立方米共计 10 个变量进行主成分分析，只保留特征值大于 1 的主成分，分析结果如图 11.5 和图 11.6 所示。

```
. pca V2-V11,mineigen(1)

Principal components/correlation          Number of obs    =        31
                                          Number of comp.  =         2
                                          Trace            =        10
        Rotation: (unrotated = principal) Rho              =    0.8096

   Component   Eigenvalue   Difference        Proportion   Cumulative

     Comp1       6.61875      5.14192            0.6619       0.6619
     Comp2       1.47683      .580922            0.1477       0.8096
     Comp3       .895911      .426169            0.0896       0.8991
     Comp4       .469742      .178955            0.0470       0.9461
     Comp5       .290786      .17257             0.0291       0.9752
     Comp6       .118216      .0443996           0.0118       0.9870
     Comp7       .0738167     .0389621           0.0074       0.9944
     Comp8       .0348546     .0188989           0.0035       0.9979
     Comp9       .0159557     .0108215           0.0016       0.9995
     Comp10      .00513425    .                  0.0005       1.0000
```

图 11.5　"只保留特征值大于 1"的主成分分析结果 1

图 11.5 展示的内容与前面没有设置"只保留特征值大于 1"时一致，区别仅在于 Number of comp.=2，即保留提取的主成分个数为 2，不再是前面没有设置"只保留特征值大于 1"时的 10；以及 Rho= 0.8096，即累积方差贡献率为 0.8096，不再是前面没有设置"只保留特征值大于 1"时的 1。

```
Principal components (eigenvectors)

   Variable      Comp1      Comp2     Unexplained

      V2         0.3669    -0.0292       .1077
      V3         0.2243    -0.3380       .4981
      V4         0.3760    -0.0203       .06367
      V5         0.3705     0.0179       .09076
      V6         0.3510    -0.1240       .162
      V7         0.3595    -0.0411       .1419
      V8         0.3669     0.0081       .1087
      V9         0.3590     0.0807       .1372
      V10        0.0489     0.7182       .2223
      V11        0.1341     0.5871       .3719
```

图 11.6　"只保留特征值大于 1"的主成分分析结果 2

图 11.6 展示的是仅保留特征值大于 1 的主成分的结果，本例中只有前两个主成分的特征值大于 1，所以只保留了前两个主成分。

图 11.6 最后一列（Unexplained）表示的是该变量未被系统提取的两个主成分解释的信息比例。我们在前面没有设置"只保留特征值大于 1"选项，从而保留全部主成分时，所有变量的 Unexplained 值均为 0。但是我们仅保留两个主成分时，就会产生信息丢失，即变量的部分信息未能在提取的两个主成分上载荷。比如变量 $V2$ 未被解释的信息比例就是 10.77%。这种信息丢失的情况是我们舍弃其他主成分必然付出的代价。

因为前两个主成分的累积方差贡献率为 0.8096，所以 $V2$~$V11$ 共 10 个变量平均未被解释的信息比例就是 1-0.8096=0.1904。读者也可以通过下面的公式予以验证，对 $V2$~$V11$ 共 10 个变量的 Unexplained 值求算术平均值，即为：

$$\frac{(0.1077+0.4981+0.06367+0.09076+0.162+0.1419+0.1087+0.1372+0.2223+0.3719)}{10}=0.1904$$

4. 限定提取的主成分个数

在有些情况下，可能受某些条件的制约，我们仅能挑选出在规定数目以下的主成分进行分析。

所以就需要限定提取的主成分的个数，比如本例中我们想提取 3 个主成分进行分析，那么命令应该相应地修改为：

```
pca V2-V11,components(3)
```

在命令窗口中输入命令并按回车键进行确认，结果如图 11.7 和图 11.8 所示。图 11.7 展示的内容与前面没有设置"只保留特征值大于 1"时一致，区别仅在于 Number of comp.=3，即保留提取的主成分个数为 3，不再是前面没有设置"只保留特征值大于 1"时的 10；以及 Rho= 0.8096，即累积方差贡献率为 0.8991，不再是前面没有设置"只保留特征值大于 1"时的 1。

```
Principal components/correlation          Number of obs    =        31
                                          Number of comp.  =         3
                                          Trace            =        10
    Rotation: (unrotated = principal)     Rho              =    0.8991


    Component     Eigenvalue    Difference       Proportion    Cumulative

       Comp1        6.61875       5.14192           0.6619        0.6619
       Comp2        1.47683       .580922           0.1477        0.8096
       Comp3       .895911       .426169           0.0896        0.8991
       Comp4       .469742       .178955           0.0470        0.9461
       Comp5       .290786        .17257           0.0291        0.9752
       Comp6       .118216      .0443996           0.0118        0.9870
       Comp7      .0738167      .0389621           0.0074        0.9944
       Comp8      .0348546      .0188989           0.0035        0.9979
       Comp9      .0159557      .0108215           0.0016        0.9995
      Comp10      .00513425            .            0.0005        1.0000
```

图 11.7　分析结果图

图 11.8 展示的是我们提取的 3 个主成分的结果，该图最后一列（Unexplained）同样说明的是该变量未被系统提取的一个主成分解释的信息比例，例如变量 $V2$ 未被解释的信息比例就是 8.754%。这种信息丢失的情况同样也是我们舍弃其他主成分必然付出的代价。

```
Principal components (eigenvectors)


   Variable      Comp1       Comp2       Comp3    Unexplained

         V2      0.3669     -0.0292      0.1501       .08754
         V3      0.2243     -0.3380      0.6741       .09096
         V4      0.3760     -0.0203     -0.0404       .06221
         V5      0.3705      0.0179      0.0527       .08827
         V6      0.3510     -0.1240      0.1737        .135
         V7      0.3595     -0.0411     -0.2491       .08634
         V8      0.3669      0.0081     -0.3220       .01583
         V9      0.3590      0.0807     -0.3474       .02911
        V10      0.0489      0.7182      0.0121        .2222
        V11      0.1341      0.5871      0.4493        .1911
```

图 11.8　提取的 3 个主成分

11.2　因子分析

下载资源:\video\第 11 章\…
下载资源:\sample\第 11 章\数据 11

11.2.1　因子分析的功能与意义

因子分析也是降维分析的一种，旨在从变量群中提取共性因子，最早由英国心理学家 C.E.斯皮尔曼提出。其基本思想是认为既有变量之间存在内部关联关系，且有少数几个独立的潜在变量可以有效地描述这些关联关系，并概括既有变量的主要信息，这些潜在变量就是因子。因子分析的基本过程是：

1. 选择分析的变量，计算所选原始变量的相关系数矩阵

如果变量之间无相关性或相关性较小的话，就没有必要再进行因子分析了，所以原始变量间有较强的相关性是因子分析的前提，相关系数矩阵也是估计因子结构的基础。

2. 估计因子载荷矩阵，提出公共因子

因子分析的基本模型如下：

$$\underset{(m\times1)}{Z} = \underset{(m\times p)}{A} \cdot \underset{(p\times1)}{F} + \underset{\underset{(对角阵)}{(m\times m)}}{C} \underset{(m\times1)}{U}$$

其中 Z 为原始变量，是可实测的 m 维随机向量，它的每个分量代表一个指标或者变量；A 为因子载荷矩阵，矩阵中的每一个元素称为因子载荷，表示第 i 个变量在第 j 个公共因子上的载荷；F 为公共因子，为不可观测的 p 维随机向量，它的各个分量将出现在每个变量之中，模型展开形式如下：

$$\begin{cases} Z_1 = a_{11}F_1 + a_{12}F_2 + \cdots + a_{1p}F_p + c_1U_1 \\ Z_2 = a_{22}F_1 + a_{22}F_2 + \cdots + a_{2p}F_p + c_2U_2 \\ \cdots \\ Z_m = a_{m1}F_1 + a_{m2}F_2 + \cdots + a_{mp}F_p + c_mU_m \end{cases}$$

向量 U 称为特殊因子，其中包括随机误差，它们满足条件：

1）$Cov(F,U)=0$，即 F 与 U 不相关。
2）$Cov(F_i,F_j)=0, i\neq j$；$Var(F_i)= Cov(F_i,F_j)=I$，即向量 F 的协方差矩阵为 P 阶单位阵。
3）$Cov(U_i,U_j)=0, i\neq j$；$Var(U_i)=\sigma_i^2$，即向量 U 的协方差矩阵为 m 阶对角阵。

在开展因子分析时需要确定因子的个数，因子个数可以根据因子方差的大小确定。一般情况下只取特征值大于 1 的那些因子，因为特征值小于 1 的因子的贡献可能很小；然后还要一并考虑提取因子的累计方差贡献率，一般认为要达到 60% 才符合要求。

3. 因子旋转

在很多情况下，我们实施因子分析除了需要达到降维的目的之外，还需要对提取的公因子进行解释，或者说需要赋予公因子一定的意义，以便对问题做出实际分析，如果每个公共因子的含义不清，则不便于进行实际背景的解释，所以需要对因子载荷阵施行变换或称因子旋转。

有 3 种主要的正交旋转法，即四次方最大法、方差最大法和等量最大法。最常用的方法是方差最大法，使旋转后的因子载荷阵中的每一列元素尽可能地拉开距离，或者说向 0 或 1 两极分化，使每一个主因子只对少数几个变量具有高载荷，其余载荷很小，且每一个变量也只在少数主因子上具有高载荷，其余载荷都很小。需要注意的是，正交旋转适用于正交因子模型，即主因子是相互独立的情况，如果主因子之间存在着较为明显的相关关系，这时做非正交旋转（即斜交旋转）是更为合适的选择。

4. 计算因子得分

计算因子得分，有了因子得分值，即可在许多分析中使用这些因子。比如以因子的得分做聚类分析的变量、做回归分析中的自变量。

11.2.2　因子分析的 Stata 操作

因子分析的基本命令为 pca。

Stata 中的因子分析包括数据的因子分析、相关或协方差矩阵的因子分析两种。

数据的因子分析的命令及其语法格式为：

```
factor varlist [if] [in] [weight] [,method options]
```

factor 为命令，varlist 为参与因子分析的变量列表，[if]为条件表达式，[in]用于设置样本范围，[weight]用于设置权重，method 用于设置因子分析的具体方法类型，主要包括表 11.2 所示的几种。

表11.2　因子分析的主要方法类型

method	含　义
pf	主因子法
pcf	主成分因子法
ipf	迭代公因子方差的主因子法
ml	最大似然因子法

options 为因子分析的可选项，主要包括表 11.3 所示的几项。

表11.3　因子分析的可选项及其含义

options	含　义
factors(#)	设置需要保留的因子的最大数量，通过在()中输入数字来实现，#对应数字
mineigen(#)	设置临界特征值，系统将仅保留特征值大于临界值的因子，通过在()中输入数字来实现，#对应数字
citerate(#)	设置重新估计公因子方差的迭代次数，通过在()中输入数字来实现，#对应数字，仅适用于迭代公因子方差的主因子法
blanks(#)	当载荷值小于括号内设置的临界值#时，将因子载荷显示为空白
norotated	显示未旋转的结果，即使旋转的结果是可用的
protect(#)	设置最大似然因子法的初始值（#），而不是使用随机初始值，仅适用于最大似然因子法，输出结果会显示是否所有起始值都收敛到相同的解，而且当指定了一个很大的数值（比如 protect(50)）时，将合理保证找到的解决方案是全局的，而不仅仅是局部最大值
random	使用随机初始值，仅适用于最大似然因子法
seed(seed)	使用随机数种子，仅适用于最大似然因子法

相关或协方差矩阵的因子分析的命令及其语法格式为：

```
factormat matname, n(#) [ method options factormat_options]
```

factormat_options 是"相关或协方差矩阵的因子分析"命令中专用的可选项。因为相关或协方差矩阵的因子分析不太使用，暂不专门讲解。

11.2.3 因子分析示例

我们在本节中用于分析的数据来自"数据 11"数据文件，该数据文件记录的是《中国 2021 年 1-3 月份地区主要能源产品产量统计》，数据摘编自《中国经济景气月报 202104》。下面我们针对汽油万吨、煤油万吨、柴油万吨、燃料油万吨、石脑油万吨、液化石油气万吨、石油焦万吨、石油沥青万吨、焦炭万吨、煤气亿立方米 10 个变量开展因子分析。

1. 主因子法

（1）主因子法因子分析

打开"数据 11"数据文件之后，在主界面的命令窗口中输入：

```
factor V2-V11,pf
```

本命令的含义是使用主因子法对汽油万吨、煤油万吨、柴油万吨、燃料油万吨、石脑油万吨、液化石油气万吨、石油焦万吨、石油沥青万吨、焦炭万吨、煤气亿立方米 10 个变量进行因子分析，分析结果如图 11.9 所示。

```
. factor V2-V11,pf
(obs=31)

Factor analysis/correlation                Number of obs    =        31
    Method: principal factors              Retained factors =         6
    Rotation: (unrotated)                  Number of params =        45

    Factor      Eigenvalue   Difference      Proportion   Cumulative

    Factor1        6.56296      5.54358          0.7764       0.7764
    Factor2        1.01939      0.31553          0.1206       0.8969
    Factor3        0.70386      0.48494          0.0833       0.9802
    Factor4        0.21892      0.14471          0.0259       1.0061
    Factor5        0.07421      0.06506          0.0088       1.0149
    Factor6        0.00915      0.01139          0.0011       1.0160
    Factor7       -0.00224      0.00985         -0.0003       1.0157
    Factor8       -0.01209      0.02241         -0.0014       1.0143
    Factor9       -0.03450      0.05156         -0.0041       1.0102
    Factor10      -0.08606           .          -0.0102       1.0000

LR test: independent vs. saturated:  chi2(45) =  464.98 Prob>chi2 = 0.0000

Factor loadings (pattern matrix) and unique variances

    Variable   Factor1   Factor2   Factor3   Factor4   Factor5   Factor6  | Uniqueness

        V2     0.9452   -0.0700    0.1817   -0.2210    0.0506   -0.0533  |  0.0143
        V3     0.5626   -0.5456    0.4165    0.1793    0.0403    0.0079  |  0.1785
        V4     0.9699   -0.0143   -0.0069   -0.1747    0.1564    0.0326  |  0.0029
        V5     0.9443    0.0252    0.0745    0.1816    0.0004    0.0136  |  0.0690
        V6     0.8956   -0.1963    0.1411   -0.1533   -0.1903    0.0141  |  0.0796
        V7     0.9218    0.0135   -0.2426    0.2043    0.0368   -0.0192  |  0.0477
        V8     0.9471    0.1019   -0.2921   -0.0191   -0.0437    0.0478  |  0.0027
        V9     0.9251    0.2109   -0.2854    0.0541   -0.0368   -0.0419  |  0.0123
        V10    0.1127    0.5888    0.2077   -0.0118    0.0479    0.0186  |  0.5947
        V11    0.3211    0.5250    0.4507    0.0760   -0.0496   -0.0063  |  0.4098
```

图 11.9　主因子法因子分析结果

图 11.9 的上半部分说明的是因子分析模型的一般情况，从图中可以看出共有 31 个样本（Number of obs=31）参与了分析，提取保留的因子共有 6 个（Retained factors=6），因为默认的特征值阈值为 0，只有特征值大于等于阈值的因子才会被保留，其他 4 个因子的特征值都是负的，所以没有被保留。当然，我们完全可以通过指定 minigen(#)选项将这个阈值设置得更高。模型 LR 检验的卡方值（LR test: independent vs. saturated: chi2(15)）为 464.98，P 值（Prob>chi2）为 0.0000，模型非常显著。

图 11.9 的上半部分最左列（Factor）说明的是因子名称，可以看出模型共提取了 10 个因子。Eigenvalue 列表示的是提取因子的特征值情况，只有前两个因子的特征值是大于 1 的，其中第 1 个因子的特征值是 6.56296，第 2 个因子的特征值是 1.01939。Proportion 列表示的是提取因子的方差贡

献率，其中第 1 个因子的方差贡献率为 77.64%，第 2 个因子的方差贡献率为 12.06%。Cumulative
列表示的是提取因子的累计方差贡献率，其中前两个因子的累计方差贡献率为 89.69%。

图 11.9 的下半部分说明的是模型的因子载荷矩阵以及变量的未被解释部分。其中，Variable 列表
示的是各个变量，Factor1~Factor6 六列分别说明的是提取的前 6 个主因子对各个变量载荷或者说解释程
度。可以发现 Factor1 与所有变量都是正向变化的，主要载荷了 $V2$~$V9$ 共 8 个变量的信息（这些变量在
Factor1 上的因子载荷都接近 1），Factor2、Factor3 主要载荷了 $V10$、$V11$ 两个变量的信息。或者说 $V2$~$V9$
共 8 个变量的信息主要被 Factor1 所提取，$V10$、$V11$ 两个变量的信息主要被 Factor2 所提取。

Uniqueness 列表示变量未被提取的前两个主因子解释的部分，可以发现在舍弃其他主因子的情
况下，信息的损失量是很小的。Uniqueness 列的形成可以是纯粹的测量误差，也可以代表某个特定
变量中能够可靠测量的东西，但不是由其他任何变量所测量的，Uniqueness 的值越大，就越有可能
不仅仅是测量误差，一般如果超过 0.6，就会被认为是很高了。如果 Uniqueness 的值过高，就说明
变量没能够很好地被提取的公因子所解释。

（2）因子旋转

因子旋转的主要目的是为了更有利于归纳描述分析所得到的因子。很多时候，通过正常因子分
析直接得出的因子可能逻辑意义不明显，不太好解释。但经过旋转之后，可能就会得到比较好解释
的因子。因子旋转最常用的方法是方差最大的正交旋转法，该方法可以使旋转后的因子载荷阵中的
每一列元素尽可能地拉开距离，即向 0 或 1 两极分化。或者说使每一个主因子只对应少数几个变量
具有高载荷，其余载荷很小；当然从另一个角度来看，每一个变量也只在少数主因子上具有高载荷，
其余载荷都很小。

在主界面的命令窗口中依次输入：

```
loadingplot,factors(2) yline(0) xline(0)
```

本命令的含义是绘制因子旋转前，按特征值降序排列的前两个因子的因子载荷图，也就是特征
值最大的前两个因子的因子载荷图，绘制结果如图 11.10 所示。

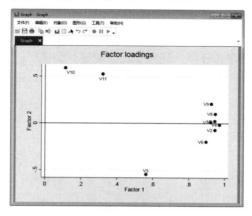

图 11.10　因子旋转前的因子载荷图

可以发现或者说 $V2$~$V9$ 共 8 个变量的信息主要被 Factor1 所载荷，$V10$、$V11$ 两个变量的信息主
要被 Factor2 所载荷。其中从本例自身来看，已经达到了"变量应该在少数（一个）因子上具有高载
荷，因子只有低值和高值"的效果，无须进行因子旋转，但我们为了讲解，还是尝试一下因子旋转。

```
rotate
```

本命令的含义是使用方差最大的正交旋转法对因子结构进行旋转，结果如图 11.11 所示。

```
. rotate

Factor analysis/correlation                      Number of obs    =      31
    Method: principal factors                    Retained factors =       6
    Rotation: orthogonal varimax (Kaiser off)    Number of params =      45

    Factor  |    Variance   Difference  |     Proportion   Cumulative

    Factor1 |    5.44330    3.80374      |       0.6439      0.6439
    Factor2 |    1.63956    0.62640      |       0.1939      0.8378
    Factor3 |    1.01315    0.66146      |       0.1198      0.9577
    Factor4 |    0.35169    0.22148      |       0.0416      0.9993
    Factor5 |    0.13021    0.11963      |       0.0154      1.0147
    Factor6 |    0.01059    .            |       0.0013      1.0160

    LR test: independent vs. saturated:  chi2(45) =   464.98 Prob>chi2 = 0.0000

Rotated factor loadings (pattern matrix) and unique variances

    Variable |  Factor1   Factor2   Factor3   Factor4   Factor5   Factor6 |  Uniqueness

        V2   |  0.7522    0.4662    0.1765    0.3961    0.1149   -0.0355  |   0.0143
        V3   |  0.2655    0.8646   -0.0472    0.0356   -0.0069    0.0015  |   0.1785
        V4   |  0.8625    0.3344    0.1067    0.3556   -0.0075    0.0595  |   0.0029
        V5   |  0.8325    0.4295    0.2311   -0.0078   -0.0039    0.0046  |   0.0690
        V6   |  0.7100    0.5129    0.0652    0.2235    0.3145   -0.0004  |   0.0796
        V7   |  0.9414    0.2330    0.0221   -0.0735   -0.0725   -0.0255  |   0.0477
        V8   |  0.9849    0.1029    0.0390    0.0770    0.0864    0.0437  |   0.0027
        V9   |  0.9822    0.0456    0.1301    0.0183    0.0366   -0.0479  |   0.0123
       V10   |  0.1023   -0.2007    0.5891    0.0665   -0.0488    0.0275  |   0.5947
       V11   |  0.1860    0.0904    0.7381    0.0317    0.0387   -0.0129  |   0.4098

Factor rotation matrix

             |  Factor1   Factor2   Factor3   Factor4   Factor5   Factor6

    Factor1  |  0.8989    0.3774    0.1526    0.1481    0.0657    0.0002
    Factor2  |  0.1470   -0.6342    0.7563   -0.0293   -0.0578    0.0044
    Factor3  | -0.4088    0.6341    0.6241    0.1897    0.0730    0.0015
    Factor4  |  0.0572    0.2295    0.1178   -0.8809   -0.3893   -0.0516
    Factor5  | -0.0014    0.0213   -0.0367    0.3960   -0.9100    0.1147
    Factor6  |  0.0029    0.0112    0.0061   -0.0918    0.0851    0.9920
```

图 11.11　因子旋转结果

因子旋转结果图中的上部分和中间部分与前面的因子分析结果类似，不再赘述。但需要指出的是，中间部分的最后一列（Uniqueness）是不受影响的，没有因为因子旋转而发生改变，这是因为旋转的目的只是使因子加载更容易解释，我们只是改变了公因子空间中的坐标。因子旋转结果图中的下部分为因子旋转矩阵。据此我们可以写出相关的公式，以 Factor1、Factor2 为例：

Factor1 $_{rotated}$ =0.8989 × Factor1 $_{unrotated}$ +0.1470× Factor2 $_{unrotated}$ -0.4088 × Factor3 $_{unrotated}$ +0.0572× Factor4 $_{unrotated}$ -0.0014 × Factor5 $_{unrotated}$ + 0.0029 × Factor6 $_{unrotated}$

Factor2 $_{rotated}$ =0.3774× Factor1 $_{unrotated}$ -0.6342× Factor2 $_{unrotated}$ +0.6341 × Factor3 $_{unrotated}$ +0.2295× Factor4 $_{unrotated}$ +0.0213 × Factor5 $_{unrotated}$ + 0.0112 × Factor6 $_{unrotated}$

其中下标为 rotated 表示旋转后，下标为 unrotated 表示旋转前。

```
loadingplot,factors(2) yline(0) xline(0)
```

本命令的含义是绘制因子旋转后的因子载荷图，绘制结果如图 11.12 所示。

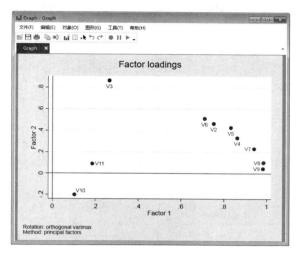

图 11.12　因子旋转后的因子载荷图

经对比可以发现，本次因子旋转的效果一般，不如旋转前。体现在：一是观察因子旋转结果，特征值大于 1 的因子更多了，由原来的两个变成了现在的 3 个；二是 *V*2~*V*11 等变量与公因子的对应关系变得更为复杂，公因子解释起来更加困难。

（3）因子得分

在主界面的命令窗口中依次输入：

```
quietly factor V2-V11,pf
```

本命令的作用是重新执行主因子法因子分析，但不显示因子分析结果，帮助我们恢复到因子旋转前的状态。

```
predict f1 f2
```

因为因子分析结果中只有前两个因子的特征值大于 1，所以我们仅关注前两个因子。本命令的含义是生成各个样本观测值的前两个因子的得分。因子得分系数矩阵结果如图 11.13 所示。

```
. predict f1 f2
(option regression assumed; regression scoring)

Scoring coefficients (method = regression)

    Variable    Factor1    Factor2    Factor3    Factor4    Factor5    Factor6

          V2    0.34076   -0.04802    0.39014   -1.16145   -4.40621   -2.96310
          V3    0.09373   -0.36651   -0.08561    0.31566   -0.74170   -0.13947
          V4   -0.01357   -0.00389    0.40974   -0.33888    7.56059    3.01575
          V5    0.11110    0.21381    0.87601    0.98326    0.37762    0.10805
          V6    0.03970   -0.30199    0.46982   -0.00528    0.28063    0.56098
          V7    0.08610   -0.60584   -0.05524    0.89199    1.53196    0.23340
          V8    0.29985   -0.50808   -2.23109   -1.27864   -4.86735    1.36217
          V9    0.12942    1.33908    0.11559    0.73322   -0.23465   -2.47949
         V10    0.01501    0.25039    0.12895    0.02452   -0.32793   -0.07967
         V11    0.02084    0.29770    0.18265    0.03465    0.27803    0.43242
```

图 11.13　因子得分系数矩阵

根据图 11.33 展示的因子得分系数矩阵，我们可以写出各公因子的表达式。值得一提的是，在表达式中各个变量已经不是原始变量，而是标准化变量。

以 $f1$、$f2$ 为例，表达式如下：

f1=0.34076*V2+0.09373*V3-0.01357*V4+0.11110*V5+0.03970*V6+0.08610*V7+0.29985*V8+0.12942*V9+0.01501*V10+0.02084*V11

f2=-0.04802*V2-0.36651*V3-0.00389*V4+0.21381*V5-0.30199*V6-0.60584*V7-0.50808*V8+1.33908*V9+0.25039*V10+0.29770*V11

```
list V1 f1 f2
```

本命令的含义是估计因子分析后各个样本观测值的因子得分情况，该命令的执行结果如图 11.14 所示。

```
. list V1 f1 f2

      V1              f1              f2

  1.  北京       -.4205606       -.5710151
  2.  天津       -.1471254       -.9359239
  3.  河北        .1544112        2.281179
  4.  山西       -.6173468        1.713765
  5.  内蒙古     -.5355753        .6409523

  6.  辽宁        2.030096       -.4907655
  7.  吉林       -.4718435       -.0246529
  8.  黑龙江     -.2152233       -.1970013
  9.  上海        .1195859       -.8029694
 10.  江苏        .6529767        .5144565

 11.  浙江        .8810909       -2.102515
 12.  安徽       -.4170369        .0578917
 13.  福建       -.0566579       -.7098815
 14.  江西       -.4326425       -.0264345
 15.  山东        4.102791        1.667678

 16.  河南       -.452958        .3955817
 17.  湖北       -.1793936       -.4091956
 18.  湖南       -.4955341        .0154077
 19.  广东        1.648273       -2.014843
 20.  广西       -.1620863        .0650783

 21.  海南       -.400322        -.3771155
 22.  重庆       -.7139774        .1649599
 23.  四川       -.4495558        .2302028
 24.  贵州       -.7153029        .1480005
 25.  云南       -.4708132        .1171622

 26.  西藏       -.7209546        .0598435
 27.  陕西       -.0755872        .5662445
 28.  甘肃       -.2876424       -.208928
 29.  青海       -.6815298        .0809386
 30.  宁夏       -.4573791       -.1913422

 31.  新疆       -.0121762        .3432415
```

图 11.14　各个样本观测值的因子得分情况

从图中可以看到每个地区的主要能源产品的产量情况，如山东省 $f1$、$f2$ 两个公因子的得分都非常高，说明所有主要能源产品的产量都相对高；天津市 $f1$、$f2$ 两个公因子的得分都非常低，说明所有主要能源产品的产量都相对低。

```
correlate f1 f2
```

本命令的含义是展示提取的主因子的相关系数矩阵，该命令的执行结果如图 11.15 所示。可以发现提取的两个公因子之间的相关系数非常低，接近于 0，说明两者之间基本上没有什么信息重叠，最大限度地发挥了公因子的作用。

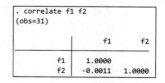

```
. correlate f1 f2
(obs=31)

              f1       f2

    f1     1.0000
    f2    -0.0011   1.0000
```

图 11.15　提取主因子的相关系数矩阵

```
scoreplot,mlabel(V1) yline(0) xline(0)
```

本命令的含义是展示每个样本的因子得分示意图，样本观测值用 $V1$（地区）变量的值进行标记，该命令的执行结果如图 11.16 所示。从图中可以非常直观地看出每个样本观测值在两个公因子维度上的得分情况。所有样本观测值都分布在 4 个象限，比如山东、江苏、河北在第一象限，说明 3 个地区两个公因子的得分都相对比较高，进而说明两个公因子代表的主要能源产品的产量也都相对比较高。

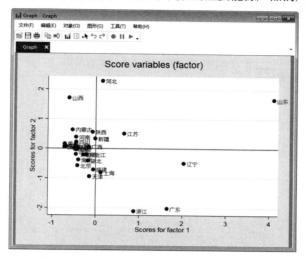

图 11.16　展示每个样本的因子得分示意图

（4）KMO 检验及碎石图

KMO 检验是为了看数据是否适合进行因子分析，其取值范围是 0~1。其中 0.9~1 表示极好，0.8~0.9 表示可奖励的，0.7~0.8 表示还好，0.6~0.7 表示中等，0.5~0.6 表示糟糕，0~0.5 表示不可接受。碎石图可以更加直观地看出提取的每个公因子的特征值变化情况。

在主界面的命令窗口中依次输入：

```
estat kmo
```

本命令的含义是显示 KMO 检验的结果，检验结果如图 11.17 所示。本例中 KMO 整体取值（Overall）为 0.7547，说明还好，适合进行因子分析。

```
. estat kmo

Kaiser-Meyer-Olkin measure of sampling adequacy

    Variable  │    kmo
    ──────────┼──────────
          V2  │  0.7149
          V3  │  0.6063
          V4  │  0.7163
          V5  │  0.9003
          V6  │  0.7365
          V7  │  0.8703
          V8  │  0.7181
          V9  │  0.8472
         V10  │  0.3974
         V11  │  0.5528
    ──────────┼──────────
     Overall  │  0.7547
```

图 11.17　KMO 检验的结果

```
screeplot
```

本命令的含义是绘制因子分析的碎石图, 绘制结果如图 11.18 所示。碎石图的纵坐标为特征值, 横坐标为公因子, 从图中可以看出本例中前两个公因子的特征值较大(皆大于 1), 图中折线陡峭, 从第三个公因子以后, 折线平缓, 特征值均小于 1。

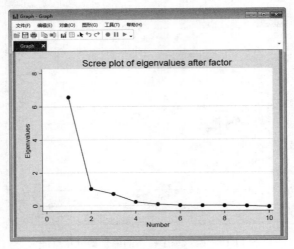

图 11.18　碎石图

（5）只保留特征值大于一定值的操作选项

比如我们只保留特征值大于 1 的因子, 命令应该相应地修改为:

```
factor V2-V11,pf mineigen(1)
```

在命令窗口中输入命令并按回车键进行确认, 分析结果如图 11.19 和图 11.20 所示。

```
. factor V2-V11,pf mineigen(1)
(obs=31)

Factor analysis/correlation              Number of obs    =        31
    Method: principal factors            Retained factors =         2
    Rotation: (unrotated)                Number of params =        19

    Factor  |  Eigenvalue   Difference        Proportion   Cumulative

    Factor1 |    6.56296      5.54358            0.7764       0.7764
    Factor2 |    1.01939      0.31553            0.1206       0.8969
    Factor3 |    0.70386      0.48494            0.0833       0.9802
    Factor4 |    0.21892      0.14471            0.0259       1.0061
    Factor5 |    0.07421      0.06506            0.0088       1.0149
    Factor6 |    0.00915      0.01139            0.0011       1.0160
    Factor7 |   -0.00224      0.00985           -0.0003       1.0157
    Factor8 |   -0.01209      0.02241           -0.0014       1.0143
    Factor9 |   -0.03450      0.05156           -0.0041       1.0102
    Factor10|   -0.08606          .             -0.0102       1.0000

LR test: independent vs. saturated:   chi2(45) =   464.98 Prob>chi2 = 0.0000
```

图 11.19　仅保留特征值大于 1 的公因子分析结果图 1

图 11.19 展示的内容与前面没有设置 "只保留特征值大于 1" 时一致, 区别仅在于 Retained

factors=2，即保留提取的主成分个数为 2，不再是前面没有设置"只保留特征值大于 1"时的 6。

```
Factor loadings (pattern matrix) and unique variances

    Variable    Factor1     Factor2     Uniqueness

          V2    0.9452     -0.0700      0.1016
          V3    0.5626     -0.5456      0.3858
          V4    0.9699     -0.0143      0.0590
          V5    0.9443      0.0252      0.1077
          V6    0.8956     -0.1963      0.1594
          V7    0.9218      0.0135      0.1500
          V8    0.9471      0.1019      0.0926
          V9    0.9251      0.2109      0.0997
         V10    0.1127      0.5888      0.6406
         V11    0.3211      0.5250      0.6212
```

图 11.20　仅保留特征值大于 1 的公因子分析结果图 2

图 11.20 展示的是仅保留特征值大于 1 的公因子的结果，本例中只有两个公因子的特征值是大于 1 的，所以只保留了两个公因子进行分析。Uniqueness 列表示变量未被提取的公因子解释的部分，例如变量 $V2$ 未被解释的信息比例是 10.16%。相对于没有设置"只保留特征值大于 1"时，更多变量 Uniqueness 列的数值明显偏大，因为这种信息丢失情况是我们舍弃更多公因子时（原来是 6 个，现在是 2 个）必然付出的代价。

（6）限定提取的公因子个数的操作选项

比如我们只想提取 1 个公因子进行分析，那么命令应该相应地修改为：

```
factor V2-V11,pf factors(1)
```

在命令窗口中输入命令并按回车键进行确认，分析结果如图 11.21 和图 11.22 所示。

```
. factor V2-V11,pf factors(1)
(obs=31)

Factor analysis/correlation                  Number of obs    =        31
    Method: principal factors                Retained factors =         1
    Rotation: (unrotated)                    Number of params =        10

    Factor    Eigenvalue    Difference      Proportion   Cumulative

   Factor1      6.56296       5.54358          0.7764       0.7764
   Factor2      1.01939       0.31553          0.1206       0.8969
   Factor3      0.70386       0.48494          0.0833       0.9802
   Factor4      0.21892       0.14471          0.0259       1.0061
   Factor5      0.07421       0.06506          0.0088       1.0149
   Factor6      0.00915       0.01139          0.0011       1.0160
   Factor7     -0.00224       0.00985         -0.0003       1.0157
   Factor8     -0.01209       0.02241         -0.0014       1.0143
   Factor9     -0.03450       0.05156         -0.0041       1.0102
  Factor10     -0.08606           .           -0.0102       1.0000

LR test: independent vs. saturated:  chi2(45) =   464.98 Prob>chi2 = 0.0000
```

图 11.21　分析结果图 1

图 11.21 展示的内容与前面没有设置"只保留特征值大于 1"时一致，区别仅在于 Retained factors=1，即保留提取的主成分个数为 1，不再是前面没有设置"只保留特征值大于 1"时的 6。

```
Factor loadings (pattern matrix) and unique variances

    Variable │  Factor1  │  Uniqueness

         V2  │  0.9452   │   0.1065
         V3  │  0.5626   │   0.6835
         V4  │  0.9699   │   0.0592
         V5  │  0.9443   │   0.1083
         V6  │  0.8956   │   0.1980
         V7  │  0.9218   │   0.1502
         V8  │  0.9471   │   0.1029
         V9  │  0.9251   │   0.1442
        V10  │  0.1127   │   0.9873
        V11  │  0.3211   │   0.8969
```

图 11.22　分析结果图 2

图 11.22 展示的是我们只提取 1 个公因子进行分析的结果，相对前面的结果，更多变量 Uniqueness 列的数值变得更大。

2. 主成分因子法

1）主成分因子法因子分析

打开"数据 11"数据文件之后，在主界面的命令窗口中依次输入：

```
factor V2-V11,pcf
```

本命令的含义是使用主成分因子法对汽油万吨、煤油万吨、柴油万吨、燃料油万吨、石脑油万吨、液化石油气万吨、石油焦万吨、石油沥青万吨、焦炭万吨、煤气亿立方米 10 个变量进行因子分析，分析结果如图 11.23 所示。

```
. factor V2-V11,pcf
(obs=31)

Factor analysis/correlation              Number of obs    =      31
    Method: principal-component factors  Retained factors =       2
    Rotation: (unrotated)                Number of params =      19

    Factor  │ Eigenvalue  Difference │  Proportion  Cumulative

   Factor1  │   6.61875    5.14192   │    0.6619      0.6619
   Factor2  │   1.47683    0.58092   │    0.1477      0.8096
   Factor3  │   0.89591    0.42617   │    0.0896      0.8991
   Factor4  │   0.46974    0.17896   │    0.0470      0.9461
   Factor5  │   0.29079    0.17257   │    0.0291      0.9752
   Factor6  │   0.11822    0.04440   │    0.0118      0.9870
   Factor7  │   0.07382    0.03896   │    0.0074      0.9944
   Factor8  │   0.03485    0.01890   │    0.0035      0.9979
   Factor9  │   0.01596    0.01082   │    0.0016      0.9995
  Factor10  │   0.00513       .      │    0.0005      1.0000

LR test: independent vs. saturated: chi2(45) = 464.98 Prob>chi2 = 0.0000

Factor loadings (pattern matrix) and unique variances

   Variable │ Factor1   Factor2  │  Uniqueness

        V2  │ 0.9439   -0.0355   │   0.1077
        V3  │ 0.5772   -0.4108   │   0.4981
        V4  │ 0.9673   -0.0247   │   0.0637
        V5  │ 0.9533    0.0218   │   0.0908
        V6  │ 0.9030   -0.1507   │   0.1620
        V7  │ 0.9250   -0.0499   │   0.1419
        V8  │ 0.9440    0.0099   │   0.1087
        V9  │ 0.9237    0.0980   │   0.1372
       V10  │ 0.1258    0.8728   │   0.2223
       V11  │ 0.3451    0.7134   │   0.3719
```

图 11.23　主成分因子法因子分析结果

图 11.23 的上半部分说明的是因子分析模型的一般情况，从图中可以看出共有 31 个样本（Number of obs=31）参与了分析，提取保留的因子共有两个（Retained factors=2），因为在主成分因子法中，默认的特征值阈值不再是 0，而是 1，只有特征值大于等于阈值的因子才会被保留，其他 8 个因子的特征值都是小于 1 的，所以没有被保留。模型 LR 检验的卡方值（LR test: independent vs. saturated: chi2(15)）为 464.98，P 值（Prob>chi2）为 0.0000，模型非常显著。

图 11.23 的上半部分最左列（Factor）是因子名称，可以看出模型共提取了 10 个因子。Eigenvalue 列表示的是提取因子的特征值情况，只有前两个因子的特征值是大于 1 的。Proportion 列表示的是提取因子的方差贡献率，Cumulative 列表示的是提取因子的累计方差贡献率。

图 11.23 的下半部分说明的是模型的因子载荷矩阵以及变量的未被解释部分。其中，Variable 列表示的是各个变量，Factor1 和 Factor2 两列分别说明的是提取的前两个主因子对各个变量载荷或者说解释程度。可以发现 Factor1 与所有变量都是正向变化的，主要载荷了 $V2$~$V9$ 共 8 个变量的信息（这些变量在 Factor1 上的因子载荷都接近 1），Factor2、Factor3 主要载荷了 $V10$、$V11$ 两个变量的信息。或者说 $V2$~$V9$ 共 8 个变量的信息主要被 Factor1 所提取，$V10$、$V11$ 两个变量的信息主要被 Factor2 所提取。

Uniqueness 列表示变量未被提取的前两个主因子解释的部分，可以发现在舍弃其他主因子的情况下，信息的损失量是很小的。

（2）因子旋转

对于主成分因子法而言，本身就是按照方差最大化的方法进行的，所以不需要进行因子旋转，进行因子旋转后的结果也是一样的。我们在此演示一下。

在主界面的命令窗口中依次输入：

```
loadingplot,factors(2) yline(0) xline(0)
```

本命令的含义是绘制因子旋转前的因子载荷图，绘制结果如图 11.24 所示。

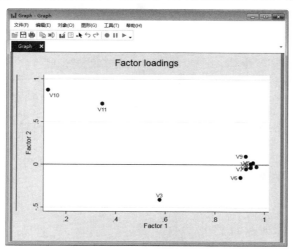

图 11.24　因子旋转前的因子载荷图

发现 $V2$~$V9$ 共 8 个变量的信息主要被 Factor1 所载荷，$V10$、$V11$ 两个变量的信息主要被 Factor2 所载荷。

```
rotate
```

本命令的含义是使用方差最大的正交旋转法对因子结构进行旋转，该命令的执行结果如图11.25所示。

因子旋转结果图中的下部分为因子旋转矩阵。

$$\text{Factor1}_{\text{rotated}} = 0.9945 \times \text{Factor1}_{\text{unrotated}} - 0.1047 \times \text{Factor2}_{\text{unrotated}}$$
$$\text{Factor2}_{\text{rotated}} = -0.1047 \times \text{Factor1}_{\text{unrotated}} + 0.9945 \times \text{Factor2}_{\text{unrotated}}$$

其中下标为 rotated 表示旋转后，下标为 unrotated 表示旋转前。可以发现因子旋转矩阵是完全对称的。

```
loadingplot,factors(2) yline(0) xline(0)
```

本命令的含义是绘制因子旋转后的因子载荷图，绘制结果如图11.26所示。

```
. rotate

Factor analysis/correlation                      Number of obs    =        31
    Method: principal-component factors          Retained factors =         2
    Rotation: orthogonal varimax (Kaiser off)    Number of params =        19

    Factor  |   Variance   Difference  |   Proportion   Cumulative
    --------+------------------------  +------------------------
    Factor1 |   6.56240      5.02921   |     0.6562       0.6562
    Factor2 |   1.53319         .      |     0.1533       0.8096

LR test: independent vs. saturated:  chi2(45) = 464.98 Prob>chi2 = 0.0000

Rotated factor loadings (pattern matrix) and unique variances

    Variable |   Factor1   Factor2  |  Uniqueness
    ---------+--------------------  +-----------
          V2 |   0.9425    0.0635   |    0.1077
          V3 |   0.6170   -0.3481   |    0.4981
          V4 |   0.9646    0.0767   |    0.0637
          V5 |   0.9458    0.1215   |    0.0908
          V6 |   0.9138   -0.0553   |    0.1620
          V7 |   0.9251    0.0472   |    0.1419
          V8 |   0.9378    0.1087   |    0.1087
          V9 |   0.9083    0.1942   |    0.1372
         V10 |   0.0338    0.8812   |    0.2223
         V11 |   0.2685    0.7457   |    0.3719

Factor rotation matrix

            |   Factor1   Factor2
    --------+--------------------
    Factor1 |   0.9945    0.1047
    Factor2 |  -0.1047    0.9945
```

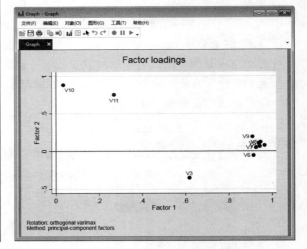

图 11.25　因子旋转结果　　　　　　　图 11.26　因子旋转后的因子载荷图

经对比可以发现，因子旋转后的因子载荷图与因子旋转前完全相同。

（3）因子得分

在主界面的命令窗口中依次输入：

```
predict f1 f2
```

因子得分系数矩阵结果如图11.27所示。

```
. predict f1 f2
(option regression assumed; regression scoring)

Scoring coefficients (method = regression; based on varimax rotated factors)


    Variable |   Factor1    Factor2

         V2 |   0.14435   -0.00896
         V3 |   0.11584   -0.26751
         V4 |   0.14710   -0.00134
         V5 |   0.14169    0.02975
         V6 |   0.14635   -0.08718
         V7 |   0.14252   -0.01897
         V8 |   0.14114    0.02159
         V9 |   0.13184    0.08063
        V10 |  -0.04296    0.58976
        V11 |   0.00128    0.48589
```

图 11.27　因子得分系数矩阵

根据图 11.27 展示的因子得分系数矩阵，我们可以写出各公因子的表达式。值得一提的是，在表达式中各个变量已经不是原始变量，而是标准化变量。

以 $f1$、$f2$ 为例，表达式如下：

```
f1=0.14435*V2+0.11584*V3+0.14710*V4+0.14169*V5+0.14635*V6+0.14252*V7+0.1411
4*V8+0.13184*V9-0.04296*V10+0.00128*V11
    f2=-0.00896*V2-0.26751*V3-0.00134*V4+0.02975*V5-0.08718*V6-0.01897
*V7+0.02159*V8+0.08063*V9+0.58976*V10+0.48589*V11
list V1 f1 f2
```

本命令的含义是估计因子分析后各个样本观测值的因子得分情况，该命令的执行结果如图 11.28 所示。

```
. list V1 f1 f2

        |   V1          f1           f2           16. | 河南   -.4576941    .1208035
                                                  17. | 湖北   -.1759119   -.237053
  1.    | 北京     -.3500302   -.7696868          18. | 湖南   -.5014554   -.2211997
  2.    | 天津     -.0761698   -.6104679          19. | 广东    1.845701   -1.220057
  3.    | 河北     -.0368616    3.113364          20. | 广西   -.198027    -.0545436
  4.    | 山西     -.8701382    3.018672
  5.    | 内蒙古   -.6136232    1.015778          21. | 海南   -.3322131   -.7650126
                                                  22. | 重庆   -.6707261   -.3565212
  6.    | 辽宁      2.021655    .1695163           23. | 四川   -.4536218   -.1735809
  7.    | 吉林     -.4322226   -.3457342           24. | 贵州   -.6732228   -.3742339
  8.    | 黑龙江   -.2987933   -.1535401           25. | 云南   -.4790384   -.084799
  9.    | 上海      .1662625   -.6681944
 10.    | 江苏      .6370653    .5059786           26. | 西藏   -.664526    -.5554363
                                                  27. | 陕西   -.198688    .8793473
 11.    | 浙江      1.136241   -1.399563           28. | 甘肃   -.3125462   -.4223154
 12.    | 安徽     -.4655572    .0566764           29. | 青海   -.6333424   -.4874196
 13.    | 福建      .0356754   -.9543038           30. | 宁夏   -.3900364   -.2553465
 14.    | 江西     -.4321054   -.1984322
 15.    | 山东      3.964536    1.11914            31. | 新疆   -.0905845    .308164
```

图 11.28　各个样本观测值的因子得分情况

从图中可以看到每个地区的主要能源产品的产量情况，如山东省 $f1$、$f2$ 两个公因子的得分都非常高，说明所有主要能源产品的产量都相对高；北京市 $f1$、$f2$ 两个公因子的得分都非常低，说明所有主要能源产品的产量都相对低。

```
correlate f1 f2
```

本命令的含义是展示提取的主因子的相关系数矩阵，该命令的执行结果如图 11.29 所示。可以发现提取的两个公因子之间的相关系数为 0，这是因为主成分因子法本身就是按照方差最大化的方法进行的，所以提取的两个公因子之间是完全没有信息重叠的，最大限度地发挥了公因子的作用。

```
scoreplot,mlabel(V1) yline(0) xline(0)
```

本命令的含义是展示每个样本的因子得分示意图，样本观测值用 $V1$（地区）变量的值进行标记，该命令的执行结果如图 11.30 所示。从图中可以非常直观地看出每个样本观测值在两个公因子维度上的得分情况。所有样本观测值都分布在 4 个象限，比如山东、江苏、辽宁在第一象限，说明 3 个地区两个公因子的得分都相对比较高，进而说明两个公因子代表的主要能源产品的产量也都相对比较高。该结果与主因子法略有差别。

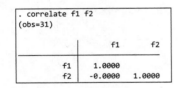

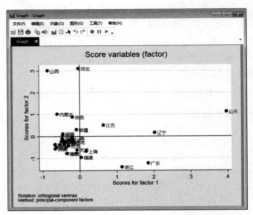

图 11.29　提取的主因子的相关系数矩阵　　　　图 11.30　展示每个样本的因子得分示意图

（4）KMO 检验及碎石图

对于主因子法、主成分因子法、迭代公因子方差的主因子法、最大似然因子法 4 种分析方法来说，KMO 检验的结果都是一样的，在此不再赘述，读者自行尝试分析（在主界面的命令窗口输入命令：estat kmo）观察结果即可。

```
screeplot
```

本命令的含义是绘制因子分析的碎石图，绘制结果如图 11.31 所示。可以看到，与主因子法下的情况略有差别，但大体一致。

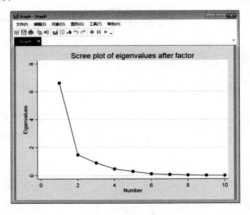

图 11.31　碎石图

3. 迭代公因子方差的主因子法

打开"数据 11"数据文件之后，在主界面的命令窗口中依次输入：

```
factor V2-V11,ipf
```

本命令的含义是使用迭代公因子方差的主因子法对汽油万吨、煤油万吨、柴油万吨、燃料油万吨、石脑油万吨、液化石油气万吨、石油焦万吨、石油沥青万吨、焦炭万吨、煤气亿立方米 10 个变量进行因子分析，分析结果如图 11.32 所示。

图 11.32 的上半部分说明的是因子分析模型的一般情况，从图中我们可以看出共有 31 个样本（Number of obs=31）参与了分析，提取保留的因子共有 9 个（Retained factors=9），因为在迭代公因子方差的主因子法中，默认的特征值阈值是 0，所以特征值大于 0 的 9 个因子被保留了下来。模型 LR 检验的卡方值、P 值（Prob>chi2）等项以及 Factor、Eigenvalue、Proportion、Cumulative 各列的含义与前面介绍的主成分因子法中的结果一致，不再赘述。

图 11.32 的下半部分说明的是模型的因子载荷矩阵以及变量的未被解释部分。其中，Variable 列表示的是各个变量，Factor1~Factor9 各列分别说明的是提取的主因子对各个变量载荷或者说解释程度。可以发现 Factor1 与所有变量都是正向变化的，主要载荷了 $V2$~$V9$ 共 8 个变量的信息（这些变量在 Factor1 上的因子载荷都接近 1），Factor2、Factor3 主要载荷了 $V10$、$V11$ 两个变量的信息。Uniqueness 列表示变量未被提取的主因子解释的部分，因为基于该方法，系统保留了大部分的因子，所以信息的损失量是极小的。

（2）因子旋转

在主界面的命令窗口中依次输入：

```
loadingplot,factors(2) yline(0)
xline(0)
```

本命令的含义是绘制因子旋转前，特征值最大的前两个因子的因子载荷图，绘制结果如图 11.33 所示。

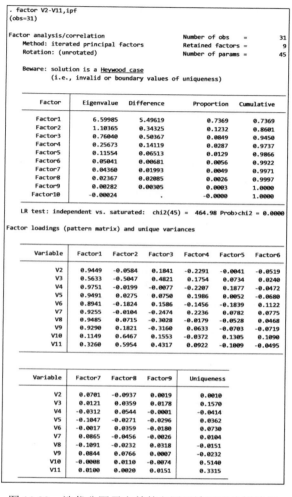

图 11.32　迭代公因子方差的主因子法因子分析结果

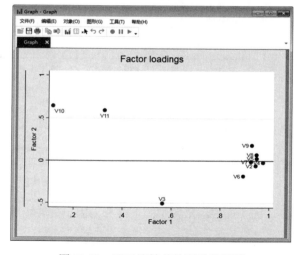

图 11.33　因子旋转前的因子载荷图

可以发现 $V2$~$V9$ 共 8 个变量的信息主要被 Factor1 所载荷，$V10$、$V11$ 两个变量的信息主要被 Factor2 所载荷。

```
rotate
```

本命令的含义是使用方差最大的正交旋转法对因子结构进行旋转，该命令的执行结果如图 11.34 所示。

```
. rotate

Factor analysis/correlation                 Number of obs      =        31
    Method: iterated principal factors      Retained factors  =         9
    Rotation: orthogonal varimax (Kaiser off)  Number of params  =        45

    Beware: solution is a Heywood case
            (i.e., invalid or boundary values of uniqueness)


    Factor    |   Variance   Difference      Proportion   Cumulative
    ----------+-------------------------------------------------------
    Factor1   |   5.36229     3.73096          0.5987       0.5987
    Factor2   |   1.63133     0.50918          0.1821       0.7809
    Factor3   |   1.12216     0.58486          0.1253       0.9061
    Factor4   |   0.53729     0.39043          0.0600       0.9661
    Factor5   |   0.14686     0.07036          0.0164       0.9825
    Factor6   |   0.07650     0.04255          0.0085       0.9911
    Factor7   |   0.03396     0.00680          0.0038       0.9949
    Factor8   |   0.02716     0.00805          0.0030       0.9979
    Factor9   |   0.01911        .             0.0021       1.0000

    LR test: independent vs. saturated:  chi2(45) =  464.98 Prob>chi2 = 0.0000

Rotated factor loadings (pattern matrix) and unique variances
```

Variable	Factor1	Factor2	Factor3	Factor4	Factor5	Factor6	Factor7	Factor8	Factor9	Uniqueness
V2	0.7280	0.4419	0.1735	0.4720	0.1093	-0.0622	0.0702	0.0019	0.0097	0.0010
V3	0.2553	0.8770	-0.0413	0.0833	0.0049	-0.0034	0.0000	-0.0004	-0.0007	0.1570
V4	0.8440	0.3232	0.0970	0.4408	-0.0252	0.0964	-0.1041	0.0061	-0.0068	-0.0414
V5	0.8336	0.4339	0.2343	0.0487	-0.0204	-0.0567	-0.0275	0.1344	0.0309	0.0362
V6	0.6919	0.4988	0.0704	0.2871	0.3342	-0.0191	-0.0025	-0.0022	0.0011	0.0730
V7	0.9497	0.2462	0.0254	-0.0391	-0.0557	0.0687	0.1259	-0.0334	-0.0134	0.0104
V8	0.9804	0.0975	0.0421	0.1240	0.1139	0.0191	-0.0320	0.0562	0.0985	-0.0151
V9	0.9893	-0.0391	0.1351	0.0633	0.0366	-0.0809	-0.0227	-0.0659	-0.0895	-0.0232
V10	0.0966	-0.2112	0.6172	0.0741	-0.0560	0.2051	0.0062	-0.0175	0.0100	0.5140
V11	0.1739	0.0949	0.7871	0.0450	0.0399	-0.0776	-0.0038	0.0115	-0.0048	0.3315

```
Factor rotation matrix
```

	Factor1	Factor2	Factor3	Factor4	Factor5	Factor6	Factor7	Factor8	Factor9
Factor1	0.8879	0.3709	0.1571	0.2105	0.0694	-0.0050	0.0002	0.0146	0.0046
Factor2	0.1043	-0.5641	0.8132	-0.0307	-0.0606	0.0704	-0.0076	-0.0073	-0.0045
Factor3	-0.4358	0.6823	0.5444	0.2050	0.0662	-0.0263	-0.0048	0.0318	0.0069
Factor4	0.1028	0.2616	0.1206	-0.8900	-0.3028	-0.0816	0.1109	0.0553	-0.0239
Factor5	-0.0071	0.0690	-0.0514	0.2202	-0.7846	0.5710	-0.0449	-0.0190	0.0037
Factor6	-0.0042	0.0482	-0.0010	-0.2047	0.4926	0.7650	0.2700	-0.1483	0.1815
Factor7	-0.0051	0.0072	0.0095	0.0823	-0.0835	-0.1228	0.5385	-0.6554	-0.5015
Factor8	0.0106	0.0523	0.0116	-0.1518	0.1388	0.1743	-0.7716	-0.3625	-0.4446
Factor9	0.0067	0.0211	0.0172	-0.0190	-0.1043	-0.1759	-0.1657	-0.6422	0.7191

图 11.34　因子旋转结果

因子旋转结果图中的下部分为因子旋转矩阵。对因子旋转矩阵的解读与前面介绍的主因子法、主成分因子法类似，不再赘述。

```
loadingplot,factors(2) yline(0) xline(0)
```

本命令的含义是绘制因子旋转后的因子载荷图，绘制结果如图 11.35 所示。

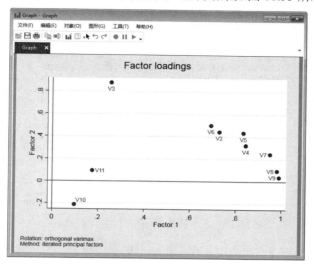

图 11.35　因子旋转后的因子载荷图

（3）因子得分

在主界面的命令窗口中依次输入：

```
predict f1 f2
```

因子得分系数矩阵结果如图 11.36 所示。

```
. predict f1 f2
(option regression assumed; regression scoring)

Scoring coefficients (method = regression; based on varimax rotated factors)

    Variable    Factor1   Factor2   Factor3   Factor4   Factor5   Factor6    Factor7   Factor8    Factor9
         V2    -0.11551  -0.62333   0.59829  -1.23051   5.83832  -6.91628    9.29726   2.00996    5.66827
         V3     0.07539   0.21182  -0.13658  -0.66036   0.88686  -1.02805    0.23285  -0.09064    0.63189
         V4    -0.09000   1.04196  -0.61486   4.41964  -8.70049   8.75168   -1.1e+01  -2.80068   -7.32079
         V5    -0.07674   0.74699   0.69026  -0.39553  -1.21387  -0.27371   -1.16284   0.99624   -0.74239
         V6    -0.12932   0.67491  -0.03847   0.46015  -0.69900   1.95703   -2.42372  -1.19006   -2.64337
         V7     0.05682   0.87859  -0.46523  -0.25336  -1.63653   2.94644    1.91114  -0.34257    0.12237
         V8     0.62346  -1.68616  -1.15232  -2.32181   7.66201  -2.42919    6.16649   5.71136   11.87374
         V9     0.65377  -0.76759   1.06763  -3.15004  -1.58473  -3.82400   -3.17505  -4.44735   -7.58977
        V10    -0.00804  -0.11436   0.32831  -0.17809   0.38799  -0.05403    0.45440   0.07290    0.34553
        V11    -0.04656   0.03236   0.39443   0.07581  -0.15391   0.72962   -0.32300   0.08011    0.31966
```

图 11.36　因子得分系数矩阵

根据图 11.36 展示的因子得分系数矩阵，我们可以写出各公因子的表达式。对因子得分系数矩阵的解读与前面介绍的主因子法、主成分因子法类似，不再赘述。

```
list V1 f1 f2
```

本命令的含义是估计因子分析后各个样本的观测值，在特征值最大的前两个公因子上的因子得分情况，该命令的执行结果如图 11.37 所示。

```
. list V1 f1 f2

         V1            f1            f2

  1.    北京     -.2629185     -.2206934
  2.    天津     -.3086711      .0487441
  3.    河北     -.3394891      .368566
  4.    山西      -.395223    -1.052703
  5.   内蒙古     -.4065066     -.4436581

  6.    辽宁      .6289706     1.421016
  7.    吉林     -.3733232     -.1891436
  8.   黑龙江     -.3804455     -.2044618
  9.    上海     -.1192117      .3851403
 10.    江苏      .2019678      .7484082

 11.    浙江      .6669232     2.585226
 12.    安徽     -.3083394     -.5012372
 13.    福建     -.0102292      .6002268
 14.    江西     -.2739476     -.3910182
 15.    山东      5.16784     -1.170748
```

```
 16.    河南     -.2576545     -.3298697
 17.    湖北      -.217388     -.2936368
 18.    湖南     -.2643748     -.5109918
 19.    广东      .3743703     3.445761
 20.    广西     -.1873714     -.2569762

 21.    海南     -.3380959      .2564633
 22.    重庆     -.2986081     -.558583
 23.    四川      -.246992     -.4109659
 24.    贵州     -.2942431     -.5682192
 25.    云南     -.2827612     -.4431018

 26.    西藏     -.2868689     -.548625
 27.    陕西     -.5808243      .3065251
 28.    甘肃     -.3133441     -.3991982
 29.    青海     -.3116033     -.4914922
 30.    宁夏     -.3095635     -.0238922

 31.    新疆      .3279269     -1.156862
```

图 11.37　各个样本观测值的因子得分情况

对该结果的解读与前面介绍的主因子法、主成分因子法类似，不再赘述。

```
correlate f1 f2
```

本命令的含义是展示提取的主因子的相关系数矩阵，该命令的执行结果如图 11.38 所示。可以发现提取的两个公因子之间的相关系数非常小，但不为 0。

```
scoreplot,mlabel(V1) yline(0) xline(0)
```

本命令的含义是展示每个样本的因子得分示意图，样本观测值用 $V1$（地区）变量的值进行标记，该命令的执行结果如图 11.39 所示。从图中可以非常直观地看出每个样本观测值在特征值最大的两个公因子维度上的得分情况。所有样本观测值都分布在 4 个象限，比如广东、浙江、江苏、辽宁在第一象限，说明 3 个地区两个公因子的得分都相对比较高，进而说明两个公因子代表的主要能源产品的产量也都相对比较高。该结果与主因子法、主成分因子法略有差别。

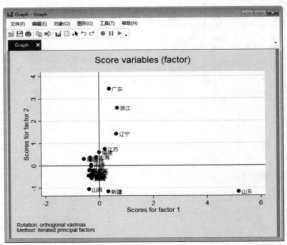

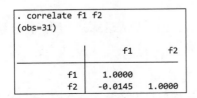

```
. correlate f1 f2
(obs=31)

              f1        f2

      f1    1.0000
      f2   -0.0145   1.0000
```

图 11.38　提取的主因子的相关系数矩阵　　　图 11.39　展示每个样本的因子得分示意图

（4）碎石图

在主界面的命令窗口中输入命令：

```
screeplot
```

本命令的含义是绘制因子分析的碎石图，分析结果如图 11.40 所示。可以看出，与主因子法下的情况略有差别，但大体一致。

4. 最大似然因子法

（1）最大似然因子法因子分析

打开"数据 11"数据文件之后，在主界面的命令窗口中依次输入：

```
factor V2-V11,ml
```

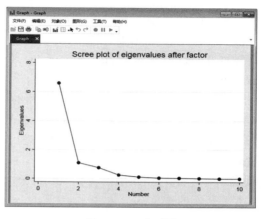

图 11.40　碎石图

本命令的含义是使用最大似然因子法对汽油万吨、煤油万吨、柴油万吨、燃料油万吨、石脑油万吨、液化石油气万吨、石油焦万吨、石油沥青万吨、焦炭万吨、煤气亿立方米 10 个变量进行因子分析，分析结果如图 11.41 所示。

```
. factor V2-V11,ml
(obs=31)
number of factors adjusted to 6
Iteration 0:    log likelihood = -13.249186
Iteration 1:    log likelihood = -10.911856
Iteration 2:    log likelihood = -6.3826695
Iteration 3:    log likelihood = -1.2923594
Iteration 4:    log likelihood = -.85886389
Iteration 5:    log likelihood = -.79628079
Iteration 6:    log likelihood = -.77455099
Iteration 7:    log likelihood = -.77447803
Iteration 8:    log likelihood = -.77447709

Factor analysis/correlation                Number of obs     =        31
    Method: maximum likelihood             Retained factors =         6
    Rotation: (unrotated)                  Number of params  =        45
                                           Schwarz's BIC     =   156.078
    Log likelihood = -.7744771             (Akaike's) AIC    =    91.549

    Beware: solution is a Heywood case
            (i.e., invalid or boundary values of uniqueness)

    Factor    |  Eigenvalue   Difference        Proportion   Cumulative
    ----------+------------------------------------------------------------
    Factor1   |    6.50125      5.37670           0.7113       0.7113
    Factor2   |    1.12455      0.15714           0.1230       0.8343
    Factor3   |    0.96741      0.67339           0.1058       0.9402
    Factor4   |    0.29402      0.15252           0.0322       0.9723
    Factor5   |    0.14150      0.02999           0.0155       0.9878
    Factor6   |    0.11151         .              0.0122       1.0000

    LR test: independent vs. saturated:  chi2(45) =  464.98 Prob>chi2 = 0.0000
    (the model with 6 factors is saturated)

Factor loadings (pattern matrix) and unique variances

    Variable  |  Factor1   Factor2   Factor3   Factor4   Factor5   Factor6  | Uniqueness
    ----------+--------------------------------------------------------------+------------
        V2    |  0.9591    0.0611    0.1776   -0.1929    0.0871    0.0000   |  0.0000
        V3    |  0.5353   -0.0248    0.8062    0.2506   -0.0057   -0.0000   |  0.0000
        V4    |  0.9900   -0.0420    0.0322   -0.1047   -0.0785   -0.0000   |  0.0000
        V5    |  0.9219    0.0830    0.0551    0.2077    0.0352    0.0846   |  0.0886
        V6    |  0.8906   -0.0146    0.1984    0.0046    0.2502   -0.1641   |  0.0778
        V7    |  0.8998   -0.1181   -0.1225    0.2709    0.0298    0.2366   |  0.0313
        V8    |  0.9496   -0.1127   -0.2520    0.1468    0.0211   -0.0000   |  0.0000
        V9    |  0.9194   -0.0329   -0.3054    0.1612    0.0307    0.1255   |  0.0176
        V10   |  0.1216    0.4394   -0.2547   -0.1242   -0.2481    0.0756   |  0.6445
        V11   |  0.3163    0.9437   -0.0764    0.0595   -0.0092   -0.0000   |  0.0000
```

图 11.41　最大似然因子法因子分析结果

图 11.41 的上半部分说明的是因子分析模型的一般情况，从图中可以看出经过 8 次迭代后得到最终模型，提取保留的因子共有 6 个（Retained factors=6）。模型 LR 检验的卡方值、P 值（Prob>chi2）等项以及 Factor、Eigenvalue、Proportion、Cumulative 各列的含义与前面介绍的主成分因子法中的结果一致，不再赘述。

图 11.41 的下半部分说明的是模型的因子载荷矩阵以及变量的未被解释部分。其中，Variable 列表示的是各个变量，Factor1~Factor6 各列分别说明的是提取的主因子对各个变量载荷或者说解释程度。可以发现 Factor1 与所有变量都是正向变化的，主要载荷了 $V2$~$V9$ 共 8 个变量的信息（这些变量在 Factor1 上的因子载荷都接近 1），Factor2 主要载荷了 $V10$、$V11$ 两个变量的信息。Uniqueness 列表示变量未被提取的主因子解释的部分，因为基于该方法，系统保留了 6 个因子，所以信息的损失量是极小的。

（2）因子旋转

在主界面的命令窗口中依次输入：

```
loadingplot,factors(2) yline(0) xline(0)
```

本命令的含义是绘制因子旋转前，特征值最大的前两个因子的因子载荷图，绘制结果如图 11.42 所示。

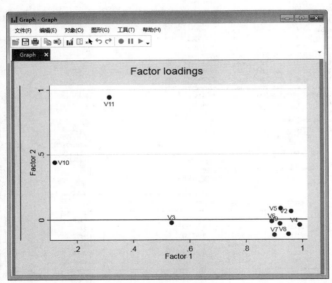

图 11.42　因子旋转前的因子载荷图

可以发现 $V2$~$V9$ 共 8 个变量的信息主要被 Factor1 所载荷，$V10$、$V11$ 两个变量的信息主要被 Factor2 所载荷。

```
rotate
```

本命令的含义是使用方差最大的正交旋转法对因子结构进行旋转，该命令的执行结果如图 11.43 所示。

```
. rotate

Factor analysis/correlation                    Number of obs    =        31
    Method: maximum likelihood                 Retained factors =         6
    Rotation: orthogonal varimax (Kaiser off)  Number of params =        45
                                               Schwarz's BIC    =   156.078
    Log likelihood = -.7744771                 (Akaike's) AIC   =    91.549

    Beware: solution is a Heywood case
            (i.e., invalid or boundary values of uniqueness)
```

Factor	Variance	Difference	Proportion	Cumulative
Factor1	5.32322	3.69849	0.5824	0.5824
Factor2	1.62473	0.29461	0.1778	0.7601
Factor3	1.33012	0.65590	0.1455	0.9057
Factor4	0.67422	0.51912	0.0738	0.9794
Factor5	0.15510	0.12224	0.0170	0.9964
Factor6	0.03285	.	0.0036	1.0000

```
LR test: independent vs. saturated:  chi2(45) =   464.98 Prob>chi2 = 0.0000
(the model with 6 factors is saturated)
```

Rotated factor loadings (pattern matrix) and unique variances

Variable	Factor1	Factor2	Factor3	Factor4	Factor5	Factor6	Uniqueness
V2	0.7294	0.3877	0.1819	0.5318	0.0146	-0.0391	0.0000
V3	0.2423	0.9648	0.0098	0.1012	-0.0127	-0.0026	0.0000
V4	0.8449	0.2966	0.1067	0.4066	0.1291	0.0695	0.0000
V5	0.8335	0.3848	0.2322	0.1178	-0.0271	-0.0138	0.0886
V6	0.6954	0.4379	0.1032	0.4130	-0.2486	0.0615	0.0778
V7	0.9484	0.2335	0.0486	-0.0210	0.0115	-0.1091	0.0313
V8	0.9777	0.0961	0.0659	0.1405	-0.0429	0.0950	0.0000
V9	0.9763	0.0424	0.1440	0.0789	-0.0101	-0.0161	0.0176
V10	0.1008	-0.2186	0.4699	0.0449	0.2709	0.0367	0.6445
V11	0.1474	0.0501	0.9863	0.0543	-0.0084	-0.0011	0.0000

Factor rotation matrix

	Factor1	Factor2	Factor3	Factor4	Factor5	Factor6
Factor1	0.8804	0.2983	0.1562	0.3283	0.0295	0.0538
Factor2	-0.1811	0.0077	0.9823	0.0188	-0.0057	-0.0419
Factor3	-0.3560	0.9073	-0.0800	0.1799	0.0462	-0.0954
Factor4	0.2137	0.2935	0.0592	-0.8700	-0.2826	0.1672
Factor5	0.0057	-0.0392	-0.0263	0.1845	-0.8741	-0.4469
Factor6	0.1401	-0.0049	-0.0040	-0.2620	0.3912	-0.8710

图 11.43　因子旋转结果

因子旋转结果图中的下部分为因子旋转矩阵。对因子旋转矩阵的解读与前面介绍的主因子法、主成分因子法类似，不再赘述。

```
loadingplot,factors(2) yline(0) xline(0)
```

本命令的含义是绘制因子旋转后的因子载荷图，绘制结果如图 11.44 所示。

（3）因子得分

在主界面的命令窗口中依次输入：

```
predict f1 f2
```

因子得分系数矩阵结果如图 11.45 所示。

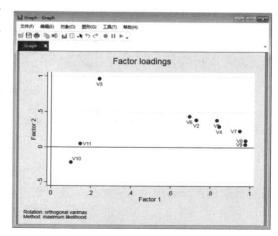

图 11.44　因子旋转后的因子载荷图

```
. predict f1 f2
(option regression assumed; regression scoring)

Scoring coefficients (method = regression; based on varimax rotated factors)

    Variable    Factor1    Factor2    Factor3    Factor4    Factor5    Factor6

          V2   -0.09970   -0.24841   -0.12108    2.09218   -3.48624   -3.30681
          V3   -0.06838    1.12324   -0.01089   -0.68065   -0.23621    0.47198
          V4   -0.02358    0.09537    0.05447   -0.01090    6.11640    2.88873
          V5    0.03229   -0.00119   -0.00095   -0.06075    0.09071   -0.20193
          V6   -0.07167    0.00255    0.00202    0.13412   -0.20031    0.44582
          V7    0.25887   -0.00873   -0.00718   -0.48152    0.71913   -1.60110
          V8    0.67282   -0.16457   -0.09709   -0.45947   -3.96425    2.73257
          V9    0.24011   -0.00864   -0.00704   -0.45226    0.67529   -1.50332
         V10    0.00398   -0.00014   -0.00011   -0.00746    0.01114   -0.02479
         V11   -0.07300    0.03714    1.03840   -0.25403    0.10947    0.42054
```

图 11.45　因子得分系数矩阵

根据图 11.45 展示的因子得分系数矩阵，我们可以写出各公因子的表达式。对因子得分系数矩阵的解读与前面介绍的主因子法、主成分因子法类似，不再赘述。

```
list V1 f1 f2
```

本命令的含义是估计因子分析后各个样本的观测值，在特征值最大的前两个公因子上的因子得分情况，该命令的执行结果如图 11.46 所示。

```
. list V1 f1 f2

           V1          f1          f2           16.   河南   -.3181358   -.3763666
                                                 17.   湖北   -.1567997   -.2543132
  1.    北京   -.2534356   -.1617237          18.   湖南   -.2711872   -.3950443
  2.    天津   -.2040065   -.2352545          19.   广东    .5759616    2.860182
  3.    河北   -.3996706   -.1697687          20.   广西   -.2355168   -.0091372
  4.    山西   -.3873797   -.6232678
  5.   内蒙古   -.3643135   -.5935479          21.   海南   -.3235029    .0616786
                                                 22.   重庆   -.3134913   -.6696525
  6.    辽宁    .5419662    1.306619          23.   四川   -.3771715    .0417558
  7.    吉林   -.330012    -.5703275          24.   贵州   -.3057343   -.6734956
  8.   黑龙江   -.2409316   -.6136013          25.   云南   -.3014551   -.3510515
  9.    上海   -.1064352    .6801117
 10.    江苏    .0444723    1.005544          26.   西藏   -.2975895   -.6780267
                                                 27.   陕西   -.4488459   -.3681778
 11.    浙江    .6498323    2.887001          28.   甘肃   -.3008885   -.2547242
 12.    安徽   -.2831841   -.4293589          29.   青海   -.3094137   -.6932363
 13.    福建   -.2669583    1.946185          30.   宁夏   -.2028162   -.6761587
 14.    江西   -.2589122   -.3700341
 15.    山东    5.144927   -1.219898          31.   新疆    .3006286   -.4029101
```

图 11.46　各个样本观测值的因子得分情况

对该结果的解读与前面介绍的主因子法、主成分因子法类似，不再赘述。

```
correlate f1 f2
```

本命令的含义是展示提取的主因子的相关系数矩阵，该命令的执行结果如图 11.47 所示。可以发现提取的两个公因子之间的相关系数非常小，但不为 0。

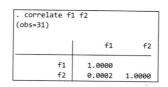

图 11.47　提取的主因子的相关系数矩阵

```
scoreplot,mlabel(V1) yline(0) xline(0)
```

本命令的含义是展示每个样本的因子得分示意图,样本观测值用 V1(地区)变量的值进行标记,该命令的执行结果如图 11.48 所示。从图中可以非常直观地看出每个样本观测值在特征值最大的两个公因子维度上的得分情况。所有样本观测值都分布在 4 个象限,比如广东、浙江、辽宁在第一象限,说明 3 个地区两个公因子的得分都相对比较高,进而说明两个公因子代表的主要能源产品的产量也都相对比较高。该结果与主因子法、主成分因子法略有差别。

（4）碎石图

在主界面的命令窗口中输入命令:

```
screeplot
```

本命令的含义是绘制因子分析的碎石图,结果如图 11.49 所示。可以看出,与主因子法下的情况略有差别,但大体一致。

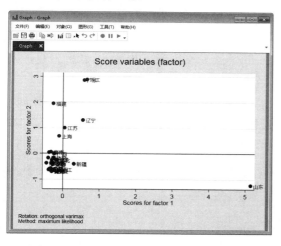

图 11.48　展示每个样本的因子得分示意图

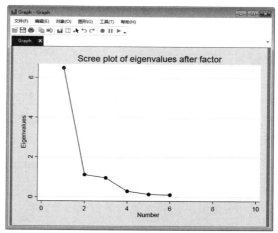

图 11.49　碎石图

11.3　本章回顾与习题

11.3.1　本章回顾

本章主要介绍了主成分分析、因子分析的基本原理、命令以及具体实例的应用。

1. 主成分分析的命令

数据的主成分分析的命令及其语法格式为:

```
pca varlist [if] [in] [weight] [,options]
```

相关或协方差矩阵的主成分分析的命令及其语法格式为:

```
pcamat matname , n(#) [options pcamat_options]
```

pca、pcamat 为命令,varlist 为参与主成分分析的变量列表,matname 为参与主成分分析的相关或协方差矩阵,[if]为条件表达式,[in]用于设置样本范围,[weight]用于设置权重,[,options]为可选项。

2. 因子分析的命令

数据的因子分析的命令及其语法格式为:

```
factor varlist [if] [in] [weight] [,method options]
```

相关或协方差矩阵的因子分析的命令及其语法格式为:

```
factormat matname, n(#) [ method options factormat_options]
```

factor、factormat 为命令,varlist 为参与因子分析的变量列表,matname 为参与因子分析的相关或协方差矩阵,[if]为条件表达式,[in]用于设置样本范围,[weight]用于设置权重,method 用于设置因子分析的具体方法类型。

11.3.2 本章习题

1. 用于分析的数据还是来自于"数据 11"数据文件,试对火力发电量亿千瓦小时、水力发电量亿千瓦小时、核能发电量亿千瓦小时、风力发电量亿千瓦小时、太阳能发电量亿千瓦小时、原煤万吨、原油万吨、天然气亿立方米、煤层气亿立方米、液化天然气万吨等变量开展主成分分析。

1)对变量执行相关分析,计算两两之间的皮尔逊相关性系数,并检验变量相关是否在 95%的置信水平上显著。
2)对变量执行默认状态下的主成分分析。
3)执行主成分分析,且只保留特征值大于 1 的主成分。
4)执行主成分分析,且限定提取的主成分个数为 4。

2. 用于分析的数据还是来自于"数据 11"数据文件,试对火力发电量亿千瓦小时、水力发电量亿千瓦小时、核能发电量亿千瓦小时、风力发电量亿千瓦小时、太阳能发电量亿千瓦小时、原煤万吨、原油万吨、天然气亿立方米、煤层气亿立方米、液化天然气万吨等变量开展主因子法因子分析。

1)对变量执行默认状态下的主因子法因子分析。
2)绘制因子旋转前的因子载荷图。
3)进行因子旋转。
4)绘制因子旋转后的因子载荷图,与旋转前进行对比。

5）得到因子得分系数矩阵。

6）估计因子分析后各个样本观测值的因子得分情况。

7）展示提取的主因子的相关系数矩阵。

8）展示每个样本的因子得分示意图。

9）开展 KMO 检验，判断是否适合进行因子分析。

10）绘制碎石图，直观展示因子特征值情况。

11）执行主因子法因子分析，且只保留特征值大于 1 的因子。

12）执行主因子法因子分析，限定提取的公因子个数为 3。

3. 用于分析的数据还是来自于"数据 11"数据文件，试对火力发电量亿千瓦小时、水力发电量亿千瓦小时、核能发电量亿千瓦小时、风力发电量亿千瓦小时、太阳能发电量亿千瓦小时、原煤万吨、原油万吨、天然气亿立方米、煤层气亿立方米、液化天然气万吨等变量开展主成分因子法因子分析。

1）对变量执行默认状态下的主成分因子法因子分析。

2）绘制因子旋转前的因子载荷图。

3）进行因子旋转。

4）绘制因子旋转后的因子载荷图，与旋转前进行对比。

5）得到因子得分系数矩阵。

6）估计因子分析后各个样本观测值的因子得分情况。

7）展示提取的主因子的相关系数矩阵。

8）展示每个样本的因子得分示意图。

9）绘制碎石图，直观展示因子特征值情况。

10）执行主成分因子法因子分析，且只保留特征值大于 1 的因子。

11）执行主成分因子法因子分析，限定提取的公因子个数为 3。

4. 用于分析的数据还是来自于"数据 11"数据文件，试对火力发电量亿千瓦小时、水力发电量亿千瓦小时、核能发电量亿千瓦小时、风力发电量亿千瓦小时、太阳能发电量亿千瓦小时、原煤万吨、原油万吨、天然气亿立方米、煤层气亿立方米、液化天然气万吨等变量开展迭代公因子方差的主因子法因子分析。

1）对变量执行默认状态下的迭代公因子方差的主因子法因子分析。

2）绘制因子旋转前的因子载荷图。

3）进行因子旋转。

4）绘制因子旋转后的因子载荷图，与旋转前进行对比。

5）得到因子得分系数矩阵。

6）估计因子分析后各个样本观测值的因子得分情况。

7）展示提取的主因子的相关系数矩阵。

8）展示每个样本的因子得分示意图。

9）绘制碎石图，直观展示因子特征值情况。

10）执行迭代公因子方差的主因子法因子分析，且只保留特征值大于 1 的因子。

11）执行迭代公因子方差的主因子法因子分析，限定提取的公因子个数为 3。

5. 用于分析的数据还是来自于"数据 11"数据文件，试对火力发电量亿千瓦小时、水力发电量亿千瓦小时、核能发电量亿千瓦小时、风力发电量亿千瓦小时、太阳能发电量亿千瓦小时、原煤万吨、原油万吨、天然气亿立方米、煤层气亿立方米、液化天然气万吨等变量开展最大似然因子法因子分析。

1）对变量执行默认状态下的最大似然因子法因子分析。

2）绘制因子旋转前的因子载荷图。

3）进行因子旋转。

4）绘制因子旋转后的因子载荷图，与旋转前进行对比。

5）得到因子得分系数矩阵。

6）估计因子分析后各个样本观测值的因子得分情况。

7）展示提取的主因子的相关系数矩阵。

8）展示每个样本的因子得分示意图。

9）绘制碎石图，直观展示因子特征值情况。

10）执行最大似然因子法因子分析，且只保留特征值大于 1 的因子。

11）执行最大似然因子法因子分析，限定提取的公因子个数为 3。

第12章

聚类分析

本章主要学习 Stata 的聚类分析。聚类分析是根据对象的特征，按照一定的标准对研究对象进行分类，由于研究对象和分析方法的不同，聚类分析也分为不同的种类。

按照研究对象的不同，聚类分析分为样本聚类和变量聚类。样本聚类是指针对样本观测值进行分类，将特征相近的样本观测值分为一类，特征差异较大的样本观测值分在不同的类。变量聚类是指针对变量分类，将性质相近的变量分为一类，将性质差异较大的变量分在不同的类。

按照分析方法的不同，聚类分析分成两个宽泛的类别，包括划分聚类分析和层次聚类分析。划分聚类分析是一种快速聚类方式，它将数据看作 K 维空间上的点，以距离为标准进行聚类分析，将样本分为指定的 K 类，包括 K 个平均数的聚类分析方法、K 个中位数的聚类分析方法。划分聚类分析过程只限于连续数据，要求预先指定聚类数目。

层次聚类分析也称系统聚类分析，基本思路是对相近程度最高的两类进行合并，组成一个新类并不断重复此过程，直到所有的个体都归为一类，通常只限于较小的数据文件（要聚类的对象只有数百个）。该方法的特色：一是选择对样本观测值或变量进行聚类；二是能够计算可能解的范围，并为其中的每一个解保存聚类成员；三是有多种方法可用于聚类形成、变量转换以及度量各聚类之间的不相似性；四是只要所有变量的类型相同，层次聚类分析过程就可以分析区间（连续）、计数或二值变量。

本章将逐一介绍划分聚类分析、层次聚类分析这两种聚类分析方法在 Stata 中的操作与应用。

12.1 划分聚类分析

下载资源:\video\第 12 章\···
下载资源:\sample\第 12 章\数据 12

12.1.1 划分聚类分析的功能与意义

划分聚类分析方法的基本思想是将观测到的样本划分到一系列事先设定好的不重合的分组中去。划分聚类分析方法主要包括两种：一种是 K 个平均数的聚类分析方法，此方法的操作流程是通过迭代过程将观测案例分配到具有最接近的平均数的组，然后找出这些聚类；另一种是 K 个中位数的聚类分析方法，此方法的操作流程是通过迭代过程将观测案例分配到具有最接近的中位数的组，然后找出这些聚类。

以 K 均值聚类分析为例，K 均值聚类分析的基本原理是：首先指定聚类的个数并按照一定的规则选取初始聚类中心，让个案向最近的聚类中心靠拢，形成初始分类，然后按最近距离原则不断修改不合理的分类，直至合理为止。比如用户选择 x 个数值型变量参与聚类分析，最后要求聚类数为 y，那么将由系统首先选择 y 个个案（当然也可由用户指定）作为初始聚类中心，x 个变量组成 n 维空间。每个个案在 x 维空间中是一个点，y 个事先选定的个案就是 y 个初始聚类中心点。然后系统按照距这几个初始聚类中心距离最小的原则把个案分派到各类中心所在的类中去，构成第一次迭代形成的 y 类。然后系统根据组成每一类的个案计算各变量的均值，每一类中的 x 个均值在 x 维空间中又形成 y 个点，这就是第二次迭代的聚类中心，按照这种方法依次迭代下去，直到达到指定的迭代次数或达到终止迭代的要求时，迭代停止，形成最终聚类中心。K-均值聚类法计算量小、占用内存少并且处理速度快，因此比较适合处理大样本的聚类分析。

划分聚类分析方法与层次聚类分析方法相比在计算上相对简单且计算速度更快一些，但是它也有自己的缺点，它要求事先指定样本聚类的精确数目，这与聚类分析探索性的本质是不相适应的。

12.1.2 划分聚类分析的 Stata 操作

划分聚类分析包括 K 个平均数的聚类分析和 K 个中位数的聚类分析。

K 个平均数的聚类分析的命令及其语法格式为：

```
cluster kmeans [varlist] [if] [in] , k(#) [,options ]
```

K 个中位数的聚类分析的命令及其语法格式为：

```
 cluster kmedians [varlist] [if] [in] , k(#) [,options ]
```

cluster 为划分聚类分析的命令，kmeans 表示分析方法为 K 个平均数的聚类分析，kmedians 表示分析方法为 K 个中位数的聚类分析，[varlist]为参与划分聚类分析的变量列表，[if]为条件表达式，[in]用于设置样本范围，k(#)表示划分的聚类数，通过在括号内输入具体的数字来实现，如 k(3)表示使用划分聚类分析方法将所有样本观测值划分为 3 类。[,options]为可选项，主要包括表 12.1 所示的几项。

表12.1　cluster命令的[,options]可选项及其含义

[,options]可选项	含　义
measure(measure)	指定相似性或不相似性度量标准。默认为欧氏距离，对应的 Stata 命令为 measure(L2)
name(clname)	指定聚类名称附加到生成的聚类分析结果中。如果用户没有指定 name()，Stata 会找到一个可用的聚类名称，如_clus_1、_clus_2 等，并将该名称附加到聚类分析中
start(start_option)	用于设置如何获得 k 个初始聚类中心
keepcenters	指定将产生的 k 个组的组平均值或中位数添加到数据中
generate(groupvar)	生成新的分组变量，groupvar 为分组变量名。若不特别设置，则使用 name()中指定的名称。
iterate(#)	设置模型的最大迭代次数，默认为 10000

针对[options]可选项中的 measure(measure)，Stata 提供了多种常用的相似性或不相似性度量标准，其中针对连续变量数据的标准如表 12.2 所示。

表12.2 针对连续变量数据的标准

measure()括号内选项	含 义	使用变量类型
L2	欧氏距离，为默认选项。 计算公式为各项值之间平方差之和的平方根： $$\text{dist}(X, Y) = \sqrt{\sum_{i=1}^{n}(x_i - y_i)^2}$$	连续变量数据
L2squared	欧氏距离的平方	连续变量数据
L1	绝对值距离	连续变量数据
Linfinity	最大值距离	连续变量数据
correlation	相关系数相似性度量	连续变量数据
L(#)	明可夫斯基距离，需要在括号内指定 p 值。 计算公式为各项值之间 p 次幂绝对差之和的 p 次根： $$d_{xy} = \left(\sum_{u=1}^{n} |x_u - y_u|^p \right)^{\frac{1}{p}}$$ p 值取值范围为 1~7。当 $p=1$ 时，就是"块"（曼哈顿距离）；当 $p=2$ 时，就是欧氏距离；当 p 趋近于无穷大时，就是切比雪夫距离	连续变量数据
Canberra	Canberra 距离	连续变量数据
angular	余弦相似度	连续变量数据

常用的距离详细介绍如下：

（1）欧氏距离

欧氏距离指两个样本观测值（或指标、变量）差值平方和的平方根，数学公式为：

$$d_{xy} = \sqrt{\sum_{i=1}^{n}(x_i - y_i)^2}$$

（2）欧氏距离的平方

欧氏距离的平方指两个样本观测值（或指标、变量）差值的平方和，数学公式为：

$$d_{xy} = \sum_{i=1}^{n}(x_i - y_i)^2$$

（3）最大值距离

最大值距离指两个样本观测值（或指标、变量）差值绝对值的最大值，数学公式为：

$$d_{xy} = \max|x_i - y_i|$$

（4）绝对值距离

绝对值距离指两个样本观测值（或指标、变量）差值绝对值之和，数学公式为：

$$d_{xy} = \sum_{i=1}^{n}|x_i - y_i|$$

（5）明可夫斯基距离

明可夫斯基距离指两个样本观测值（或指标、变量）p 次幂绝对差之和的 p 次根，数学公式为：

$$d_{xy} = \left(\sum_{u=1}^{n}|x_u - y_u|^p\right)^{\frac{1}{p}}$$

p 值取值范围为 1~7。当 p=1 时，就是"块"（曼哈顿距离）；当 p=2 时，就是欧氏距离；当 p 趋近于无穷大时，就是切比雪夫距离。

（6）余弦相似度距离

余弦相似度距离的数学公式为：

$$d_{xy} = \frac{\sum_{i=1}^{n}(x_i y_i)^2}{\sqrt{\sum_{i=1}^{n}(x_i)^2}\sqrt{\sum_{i=1}^{n}(y_i)^2}}$$

针对分类变量数据的标准如表 12.3 所示。

表12.3　针对分类变量数据的标准

measure()括号内选项	含　义	适用变量类型
matching	简单匹配系数	分类变量数据
Jaccard	Jaccard 相似系数	分类变量数据
Russell	Russell 和 Rao 相似系数	分类变量数据
Hamann	Hamann 相似系数	分类变量数据
Dice	Dice 相似系数	分类变量数据
antiDice	反 Dice 相似系数	分类变量数据
Sneath	Sneath 和 Sokal 相似系数	分类变量数据
Rogers	Rogers 和 Tanimoto 相似系数	分类变量数据
Ochiai	Ochiai 相似系数	分类变量数据
Yule	Yule 相似系数	分类变量数据
Anderberg	Anderberg 相似系数	分类变量数据
Kulczynski	Kulczynski 相似系数	分类变量数据
Pearson	Pearson 相似系数	分类变量数据
Gower2	与 Pearson 相同分母的相似系数	分类变量数据

针对混合变量数据的标准如表 12.4 所示。

表12.4　针对混合变量数据的标准

measure()括号内选项	含　义	适用变量类型
Gower	Gower 不相似性系数	混合变量数据

针对[options]可选项中的 start(start_option)，即初始聚类中心的生成方式，Stata 提供了多种选择，如表 12.5 所示。

表12.5　可选项及其含义

start()括号内选项	含　义
krandom[(seed#)]	默认选项。指定从要聚集的观察结果中随机选择 k 个唯一的观察结果，作为 k 个组聚类的起始中心。若使用[(seed#)]选项可以指定一个随机数种子，以便在选择 k 个随机观测值之前应用
firstk[,exclude]	指定将被聚类的观测数据中的前 k 个作为 k 个组聚类的起始中心。若使用 exclude 选项，前 k 个观测值将不包含在待聚类的观测值中
lastk[,exclude]	指定将被聚类的观测数据中最后的 k 个作为 k 组的起始中心。若使用 exclude 选项，最后的 k 个观测值将不包含在待聚类的观测值中
random[(seed#)]	指定生成 k 个随机初始组中心。这些值是从均匀分布的数据中随机选择的。使用[(seed#)]选项可以指定一个随机数种子，以便在生成 k 个组中心之前应用
prandom[(seed#)]	指定在要聚类的观察数据中随机形成 k 个分区。由这种划分定义的 k 个组的组平均值或中位数将被用作起始组的中心。使用[(seed#)]选项可以指定一个随机数种子，以便在生成 k 个组中心之前应用
everykth	分配观测值 $1, 1 + k, 1 + 2k, \cdots$ 为第一组，分配观测值 $2, 2 + k, 2 + 2k, \cdots$ 为第二组，以此类推，形成 k 个组。这 k 个组的组均值或中位数将被用作起始组中心
segments	将数据分成 k 个几乎相等的分区。大约第一个 N/k 观测值被分配给第一组，第二个 N/k 观测值被分配给第二组，以此类推。这 k 个组的组均值或中位数将被用作起始组中心
group(varname)	提供一个初始的分组变量 varname，它定义了要聚集的观察数据中的 k 个组。这 k 个组的组均值或中位数将被用作起始组中心

12.1.3　划分聚类分析示例

我们在本节中用于分析的数据来自于"数据 12"数据文件，其中的数据为《中国 2019 年分地区连锁餐饮企业基本情况统计》，摘编自《中国统计年鉴 2020》。这个数据文件中共有 9 个变量，分别是 $V1 \sim V9$，分别表示地区、总店数、门店总数、年末从业人数、年末餐饮营业面积、餐位数、营业额、商品购进总额、统一配送商品购进额，如图 12.1 所示。

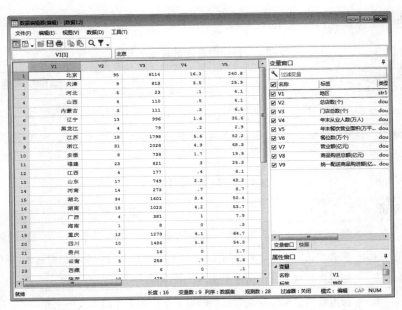

图 12.1 "数据 12"中的数据内容

下面我们以 $V3$ 门店总数、$V6$ 餐位数、$V7$ 营业额、$V8$ 商品购进总额 4 个变量对所有样本观测值开展划分聚类分析。

1. K 个平均数的聚类分析

（1）变量标准化处理

打开"数据 12"数据文件之后，在主界面的命令窗口中依次输入：

```
egen zv3=std(V3)
```

本命令旨在对 $V3$ 变量进行标准化处理。

```
egen zv6=std(V6)
```

本命令旨在对 $V6$ 变量进行标准化处理。

```
egen zv7=std(V7)
```

本命令旨在对 $V7$ 变量进行标准化处理。

```
egen zv8=std(V8)
```

本命令旨在对 $V8$ 变量进行标准化处理。

```
edit
```

本命令旨在查看刚刚生成的 zv3、zv6、zv7、zv8 四个变量。

上述 Stata 命令旨在对数据进行标准化处理，选择的标准化处理方式是使变量的平均数为 0，而标准差为 1。之所以这样做是因为我们进行聚类分析的变量都是以不可比的单位进行测度的，它们具有极为不同的方差，我们对数据进行标准化处理可以避免使结果受到具有最大方差变量的影响。得到的结果如图 12.2 所示。

图 12.2　标准化变换后的数据

```
sum zv3 zv6 zv7 zv8
```

本命令旨在对 zv3、zv6、zv7、zv8 四个变量进行描述性统计分析，分析结果如图 12.3 所示。

```
. sum zv3 zv6 zv7 zv8

    Variable |        Obs        Mean    Std. Dev.         Min         Max
-------------+--------------------------------------------------------------
         zv3 |         28    -2.53e-09           1    -.6458221    3.057738
         zv6 |         28     4.59e-09           1    -.7383491    3.366357
         zv7 |         28     9.45e-09           1     -.631548    3.192813
         zv8 |         28    -5.99e-09           1    -.6647326    3.543994
```

图 12.3　标准化变量的相应统计量

通过观察分析结果可以看出，有效观测样本共有 28 个。zv3、zv6、zv7、zv8 四个变量均完成了标准化，即变量的平均数为 0（Mean 列各变量后面的 e-09 表示小数点后面 9 位，已经非常接近 0 了），而标准差为 1。

（2）将所有样本观测值分别聚类为 2 类、3 类、4 类

```
cluster kmeans zv3 zv6 zv7 zv8,k(2)
```

本命令的含义是对 zv3、zv6、zv7、zv8 四个变量进行 K 个平均数的聚类分析，并把样本分为两类，如图 12.4 所示。我们可以看到系统产生了一个新的聚类变量，并自动命名为 _clus_1（cluster name: _clus_1）。

```
. cluster kmeans zv3 zv6 zv7 zv8,k(2)
cluster name: _clus_1
```

图 12.4　设定聚类数为 2 的 "K 个平均数的聚类分析" 方法进行分析的结果

```
edit
```

本命令旨在查看刚刚生成的_clus_1 变量，如图 12.5 所示。在图中我们针对原始变量 $V2\sim V9$ 进行了隐藏处理，以方便查看结果，相关操作是：选中需要隐藏的列，然后右击，选择"隐藏所选的变量"即可。

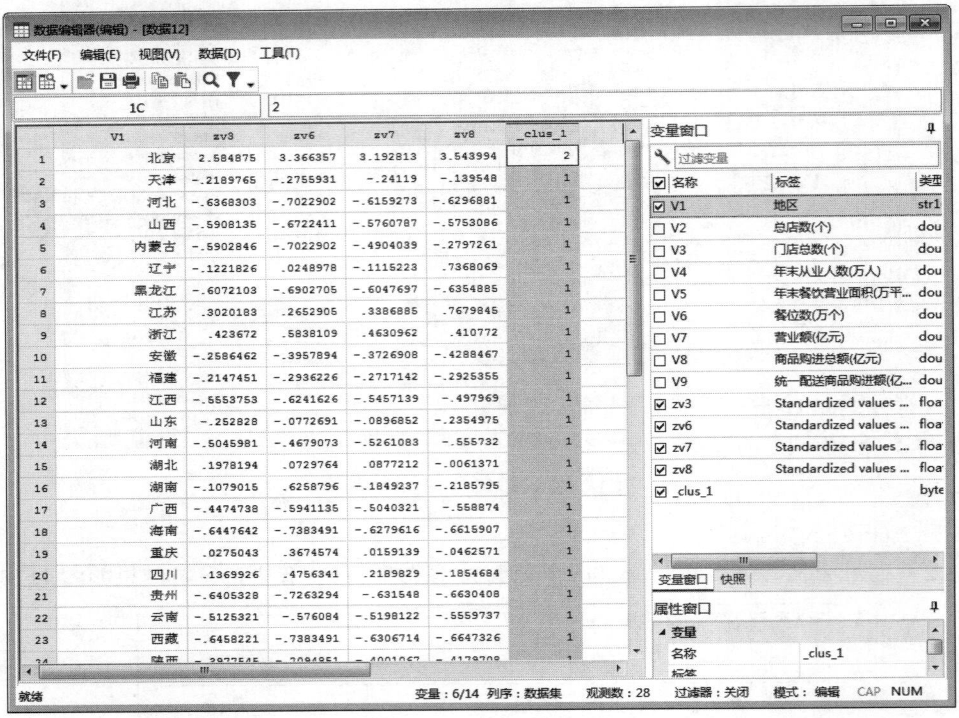

图 12.5 _clus_1 数据

在图 12.5 中，我们可以看到所有的样本观测值被分为 2 类，北京、上海、广东被分为第 2 类，其特点是 zv3、zv6、zv7、zv8 四个变量的值都非常大，可以被定义为餐饮发达城市；天津、河北等其他省市被分到第 1 类，其特点是 zv3、zv6、zv7、zv8 四个变量的值都相对偏小，可以被定义为餐饮次发达省市（相对北京等发达省市而言）。

```
cluster kmeans zv3 zv6 zv7 zv8,k(3)
```

本命令的含义是对 zv3、zv6、zv7、zv8 四个变量进行 K 个平均数的聚类分析，并把样本分为 3 类，如图 12.6 所示。我们可以看到系统产生了一个新的聚类变量，并自动命名为_clus_2（cluster name: _clus_2）。

```
. cluster kmeans zv3 zv6 zv7 zv8,k(3)
cluster name: _clus_2
```

图 12.6 设定聚类数为 3 的"K 个平均数的聚类分析"方法进行分析的结果

```
edit
```

本命令旨在查看刚刚生成的_clus_2 变量，如图 12.7 所示。

图 12.7 _clus_2 数据

在图 12.7 中，我们可以看到所有的样本观测值被分为 3 类，上海、北京、广东被分到第 3 类；山东、江苏、湖北、湖南、四川、辽宁、浙江、重庆被分到第 1 类；天津、河北、山西、内蒙古等其他省市被分到第 2 类。我们可以看到第 3 类的特征是 V3 门店总数、V6 餐位数、V7 营业额、V8 商品购进总额 4 个变量都较高，第 1 类的特征是 V3 门店总数、V6 餐位数、V7 营业额、V8 商品购进总额 4 个变量都处于中间，第 2 类的特征是 V3 门店总数、V6 餐位数、V7 营业额、V8 商品购进总额 4 个变量都较低。我们可以把第 3 类称为餐饮发达省市，把第 1 类称为餐饮次发达省市，把第 2 类称为餐饮相对落后省市。

```
cluster kmeans zv3 zv6 zv7 zv8,k(4)
```

本命令的含义是对 zv3、zv6、zv7、zv8 四个变量进行 K 个平均数的聚类分析，并把样本分为 4 类，如图 12.8 所示。我们可以看到系统产生了一个新的聚类变量，并自动命名为_clus_3（cluster name: _clus_3）。

```
. cluster kmeans zv3 zv6 zv7 zv8,k(4)
cluster name: _clus_3
```

图 12.8 设定聚类数为 4 的 "K 个平均数的聚类分析" 方法进行分析的结果

```
edit
```

本命令旨在查看刚刚生成的_clus_3 变量，如图 12.9 所示。

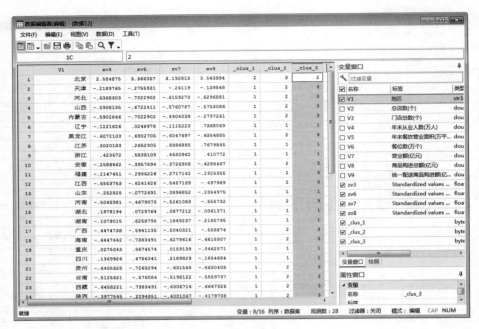

图 12.9　_clus_3 数据

对该结果的解读与前面类似，不再赘述。为了便于观察，我们可以对数据进行排序操作，在主界面的命令窗口中输入命令：

```
sort _clus_3
edit
```

可以看到如图 12.10 所示的整理后的数据。

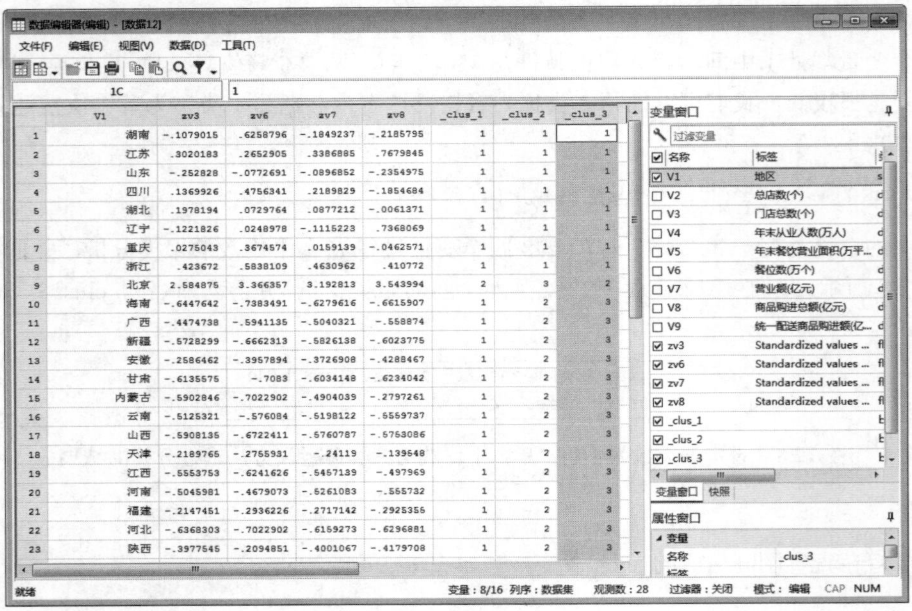

图 12.10　整理后的_clus_3 数据

　　在本节的开始我们提到过，划分聚类分析的特点是需要事先指定拟分类的数量，究竟分成多少类是合理的，这是没有定论的，用户需要根据自己的研究以及数据的实际特点加入自己的判断。在上面的分析中，我们尝试着把全部样本分别分为 2、3、4 类进行了研究，可以看出把数据分成 2 类过于粗糙，而且两个类别所包含的样本数量差别也比较大，而把数据分成 3 类或者 4 类都是比较合适的。读者可以再把数据分成 5 类、6 类或者其他数量的类别进行研究，观察分类情况，取出自己认为是最优的分类。

　　（3）采用其他相异性指标

　　在前面的实例中，聚类分析使用的相异性指标是系统的默认选项，也就是欧氏距离。除此之外，还有其他基于连续变量观测量的相异性指标可以使用，包括欧氏距离的平方、绝对值距离、最大值距离、相关系数相似性度量等。例如，设定聚类数为 3，然后使用"K 个平均数的聚类分析"方法，采用欧氏距离的平方这一相异性指标，命令应该相应地修改为：

```
cluster kmeans zv3 zv6 zv7 zv8,k(3) measure(L2squared)
edit
```

　　在命令窗口中输入命令并按回车键进行确认，结果如图 12.11 和图 12.12 所示。

　　可以看到系统产生了一个新的变量，即聚类变量_clus_4（cluster name: _clus_4）。

```
. cluster kmeans zv3 zv6 zv7 zv8,k(3) me
> asure(L2squared)
cluster name: _clus_4
```

图 12.11　采用其他相异性指标分析结果

_clus_4 数据如图 12.12 所示。

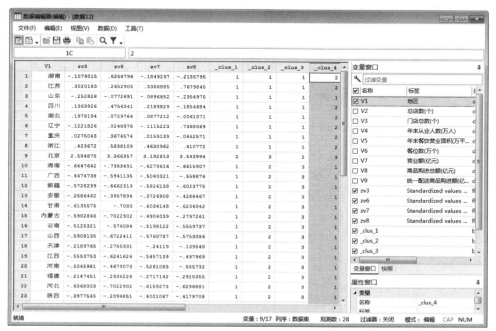

图 12.12　_clus_4 数据

（4）设置聚类变量的名称

在上面的示例中，聚类分析产生的聚类变量是系统默认生成的，例如_clus_1、_clus_2、_clus_3、_clus_4。事实上，我们可以个性化地设置聚类变量的名称。

例如，设定聚类数为 3，然后使用"K 个平均数的聚类分析"方法，采用绝对值距离的相异性指标，把产生的聚类变量取名为 abs，那么命令应该相应地修改为：

```
cluster kmeans zv3 zv6 zv7 zv8,k(3) measure(L1) name(abs)
edit
```

生成的 abs 数据如图 12.13 所示。

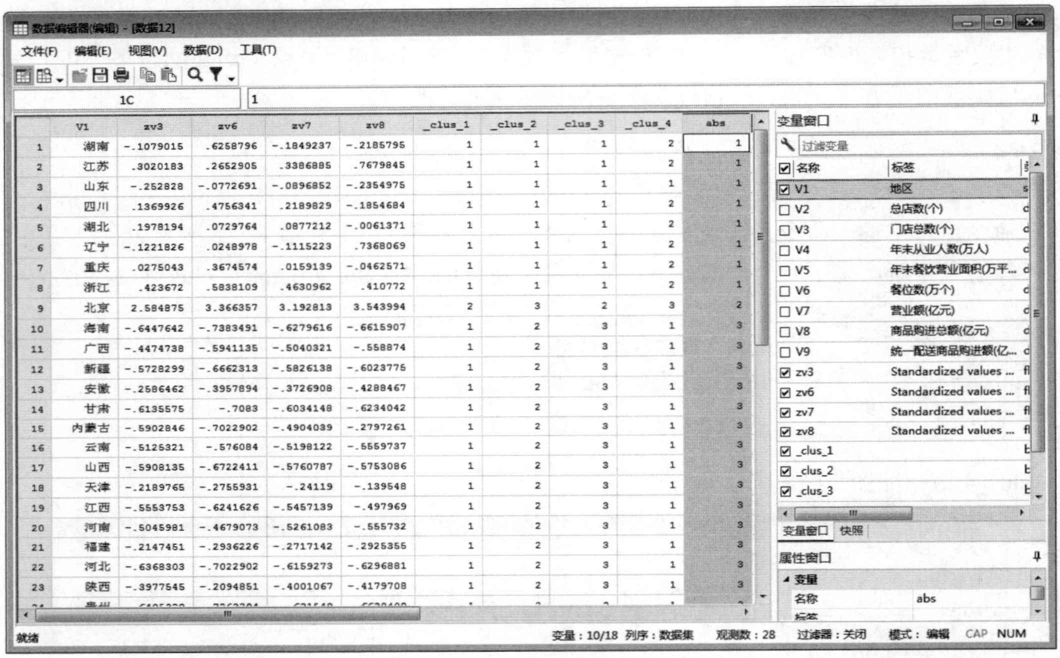

图 12.13　设置聚类变量的名称

结果的解读方式与前面类似，限于篇幅，这里不再赘述。

（5）设置观测样本为初始聚类中心

可以根据拟聚类数设置前几个观测样本为初始聚类中心进行聚类。

例如，设定聚类数为 3，然后使用"K 个平均数的聚类分析"方法，采用绝对值距离的相异性指标，把产生的聚类变量取名为 abcd，设置前几个观测样本为初始聚类中心进行聚类。那么命令应该相应地修改为：

```
cluster kmeans zv3 zv6 zv7 zv8,k(3) measure(L1) name(abcd) start(firstk)
edit
```

生成的 abcd 数据如图 12.14 所示。

结果的解读方式与前面类似，限于篇幅，这里不再赘述。

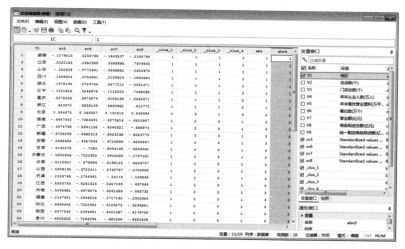

图 12.14 设置观测样本为初始聚类中心

（6）排除作为初始聚类中心的观测样本

我们可以根据拟聚类数设置前几个观测样本为初始聚类中心进行聚类，在聚类分析时也可以根据需要把作为初始聚类中心的观测样本排除。

例如，设定聚类数为 3，然后使用"K 个平均数的聚类分析"方法，采用绝对值距离的相异性指标，把产生的聚类变量取名为 abcde，设置前几个观测样本为初始聚类中心进行聚类，但是在聚类分析时需要把作为初始聚类中心的观测样本排除，那么命令应该相应地修改为：

```
cluster kmeans zv3 zv6 zv7 zv8,k(3) measure(L1) name(abcde) start(firstk, exclude)
edit
```

生成的 abcde 数据如图 12.15 所示。

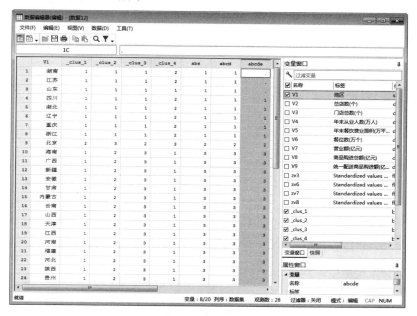

图 12.15 排除作为初始聚类中心的观测样本

结果的解读方式与前面类似，限于篇幅，这里不再赘述。

2. K 个中位数的聚类分析

（1）将所有样本观测值分别聚类为 2 类

```
cluster kmeans zv3 zv6 zv7 zv8,k(2)
```

本命令的含义是对 zv3、zv6、zv7、zv8 四个变量进行 K 个中位数的聚类分析，并把样本分为 2 类。如图 12.16 所示，我们可以看到系统产生了一个新的聚类变量，并自动命名为 _clus_5（cluster name: _clus_5）。

```
. cluster kmeans zv3 zv6 zv7 zv8,k(2)
cluster name: _clus_5
```

图 12.16　设定聚类数为 2 的"K 个中位数的聚类分析"方法进行分析的结果

```
edit
```

本命令旨在查看刚刚生成的 _clus_5 变量，如图 12.17 所示。

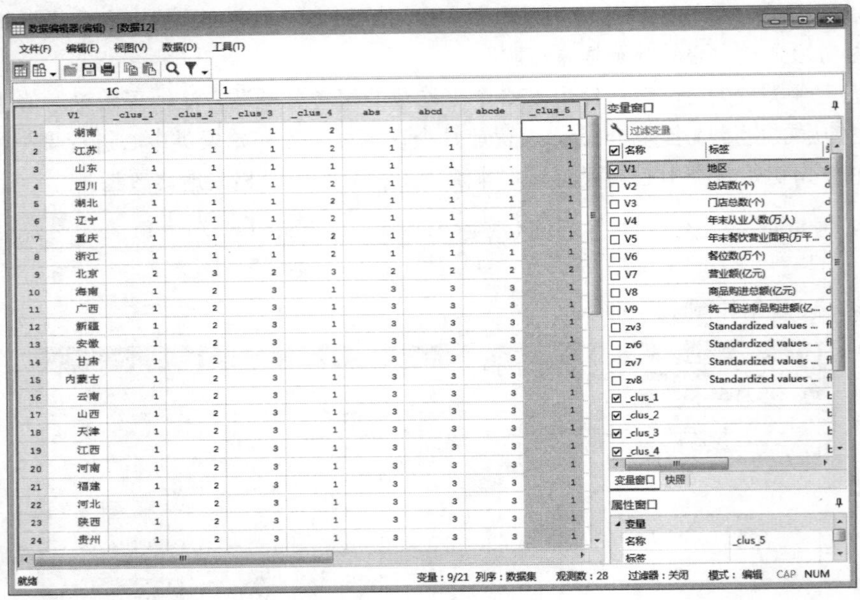

图 12.17　_clus_5 数据

在图 12.17 中，我们可以看到所有的样本观测值被分为 2 类，如北京、上海、广东被分为第 2 类，其特点是 zv3、zv6、zv7、zv8 四个变量的值都非常大，可以被定义为餐饮发达城市；天津、河北等其他省市被分到第 1 类，其特点是 zv3、zv6、zv7、zv8 四个变量的值都相对偏小，可以被定义为餐饮次发达省市（相对北京等发达省市而言）。与 K 个平均值的聚类分析结果完全一致。

（2）将所有样本观测值分别聚类为 3 类

```
cluster kmeans zv3 zv6 zv7 zv8,k(3)
```

本命令的含义是对 zv3、zv6、zv7、zv8 四个变量进行 K 个中位数的聚类分析，并把样本分为 3

类。如图 12.18 所示,我们可以看到系统产生了一个新的聚类变量,并自动命名为_clus_6(cluster name: _clus_6)。

```
. cluster kmeans zv3 zv6 zv7 zv8,k(3)
cluster name: _clus_6
```

图 12.18　设定聚类数为 2 的 "K 个中位数的聚类分析" 方法进行分析的结果

edit

本命令旨在查看刚刚生成的_clus_6 变量, 如图 12.19 所示。

在图 12.19 中,我们可以看到所有的样本观测值被分为 3 类,上海、北京、广东被分到第 1 类;山东、辽宁、江苏、四川、重庆、浙江、湖北、湖南被分到第 2 类;天津、河北、山西、内蒙古等其他省市被分到第 3 类。我们可以看到第 1 类的特征是 $V3$ 门店总数、$V6$ 餐位数、$V7$ 营业额、$V8$ 商品购进总额 4 个变量都较高,第 2 类的特征是 $V3$ 门店总数、$V6$ 餐位数、$V7$ 营业额、$V8$ 商品购进总额 4 个变量都处于中间,第 3 类的特征是 $V3$ 门店总数、$V6$ 餐位数、$V7$ 营业额、$V8$ 商品购进总额 4 个变量都较低。我们可以把第 1 类称为餐饮发达省市,把第 2 类称为餐饮次发达省市,把第 3 类称为餐饮相对落后省市。

除了类别名称有所差异外,各个样本观测值的实际聚类结果与 K 个平均值的聚类分析结果完全一致。

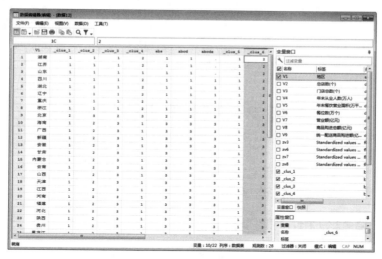

图 12.19　_clus_6 数据

(3) 将所有样本观测值分别聚类为 4 类

```
cluster kmeans zv3 zv6 zv7 zv8,k(4)
```

本命令的含义是对 zv3、zv6、zv7、zv8 四个变量进行 K 个中位数的聚类分析,并把样本分为 4 类。如图 12.20 所示,我们可以看到系统产生了一个新的聚类变量,并自动命名为_clus_6(cluster name: _clus_7)。

```
. cluster kmeans zv3 zv6 zv7 zv8,k(4)
cluster name: _clus_7
```

图 12.20　设定聚类数为 2 的 "K 个中位数的聚类分析" 方法进行分析的结果

```
edit
```

本命令旨在查看刚刚生成的_clus_7变量，如图 12.21 所示。结果的解读方式与前面类似，限于篇幅，这里不再赘述。

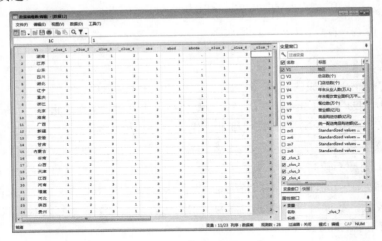

图 12.21 _clus_7 数据

本例中两种划分聚类分析方法得出的结论完全一致，但这其实是一种巧合，在很多情况下，聚类结果还是有一定差别的。关于两种方法孰优孰劣的问题，目前还没有定论，只是 K 个平均数的聚类分析方法应用更多一些。在实践过程中，用户可以根据研究的需要和自己的偏好进行选择，当然也可以同时将两种方法结合在一起进行综合判断。

12.2　层次聚类分析

| 下载资源:\video\第 12 章\… |
| 下载资源:\sample\第 12 章\数据 12 |

12.2.1　层次聚类分析的功能与意义

层次聚类分析方法与划分聚类分析方法的原理不同，它的基本原理是根据选定的特征来识别相对均一的个案（变量）组，使用的算法是开始将每个个案（或变量）都视为一类，然后根据类与类之间的距离或相似程度将最近的类加以合并，再计算新类与其他类之间的相似程度，并选择最相似的加以合并，这样每合并一次就减少一类，不断继续这一过程，最终实现完全聚类，即把所有的观测样本汇集到一个组中。

与划分聚类分析方法相比，层次聚类分析方法的计算过程更为复杂，计算速度相对较慢，但是它不要求事先指定需要分类的数量，这一点是符合聚类分析探索性的本质特点的，所以这种聚类分析方法应用也非常广泛。

12.2.2 层次聚类分析的 Stata 操作

层次聚类分析包括针对数据的聚类分析和针对非相似性矩阵的聚类分析。

1. 针对数据的层次聚类分析

```
cluster linkage [varlist] [if] [in] [,cluster_options]
```

cluster 为针对数据的层次聚类分析的命令，[varlist]为参与系统聚类分析的变量列表，[if]为条件表达式，[in]用于设置样本范围，linkage 表示使用的系统聚类分析方法，如表 12.6 所示。

表12.6 使用的系统聚类分析方法

linkage	含　义
singlelinkage	最短联结法聚类分析（Single-Linkage Cluster Analysis）
completelinkage	最长联结法聚类分析（Complete-Linkage Cluster Analysis）
averagelinkage	平均联结法聚类分析（Average-Linkage Cluster Analysis）
waveragelinkage	加权平均联结法聚类分析（Weighted-Average Linkage Cluster Analysis）
medianlinkage	中位数联结法聚类分析（Median-Linkage Cluster Analysis）
centroidlinkage	重心联结法聚类分析（Centroid-Linkage Cluster Analysis）
wardslinkage	Ward 联结法聚类分析（Ward's Linkage Cluster Analysis）

[,cluster_options]为可选项，主要包括表 12.7 所示的几项。

表12.7 cluster命令的[,cluster_options]可选项及其含义

[,cluster_options]可选项	含　义
measure(measure)	指定相似性或不相似性度量标准。默认为欧氏距离，对应的 Stata 命令为 measure(L2)
name(clname)	指定聚类名称附加到生成的聚类分析结果中。如果用户没有指定 name()，Stata 会找到一个可用的聚类名称，如_clus_1、_clus_2 等，并将该名称附加到聚类分析中
generate(groupvar)	生成新的分组变量，groupvar 为分组变量名。若不特别设置，则使用 name()中指定的名称

针对[options]可选项中的 measure(measure)，Stata 提供了多种常用的相似性或不相似性度量标准，可适用于连续变量数据、分类变量数据、混合变量数据，相关 Stata 选项、具体含义以及适用的变量类型，与 12.1 节完全相同，在此不再赘述。

2. 针对非相似性矩阵的层次聚类分析

```
clustermat linkage matname [if] [in] [,clustermat_options]
```

clustermat 为针对非相似性矩阵的层次聚类分析的命令，matname 为参与系统聚类分析的非相似性矩阵，[if] 为条件表达式，[in]用于设置样本范围，linkage 表示使用的系统聚类分析方法，同样包括最短联结法聚类分析、最长联结法聚类分析、平均联结法聚类分析、加权平均联结法聚类分析、中位数联结法聚类分析、重心联结法聚类分析、Ward 联结法聚类分析 7 种分析方法，选项命令与对数据的层次聚类分析相同。

针对非相似性矩阵的层次聚类分析使用较少，[,clustermat_options]暂不介绍。

3. 为层次聚类分析结果生成树状图（也称为聚类树）

```
cluster dendrogram [clname] [if] [in] [,options ]
```

cluster dendrogram 为生成树状图（也称为聚类树）的命令，[clname]为拟生成聚类树的聚类变量，[if]为条件表达式，[in]用于设置样本范围，[,options]表示使用的系统聚类分析方法，具体包括表12.8 所示的几项。

表12.8　cluster dendrogram命令的[,options]可选项及其含义

[,options]可选项	含　义
quick	在树状图层次结构中，垂直线从观测值处垂直向上，而不是默认的每次合并后渐进
labels(varname)	指定 varname 代替观测值编号，用于标记树状图底部的观测值
cutnumber(#)	只显示位于树形图顶部的特定数值的分支，通过设置括号内的#来实现，该选项常用于比较大的树状图
cutvalue(#)	只显示位于树状图顶部的高于特定相似性或非相似性标准的分支，通过设置括号内的#来实现，该选项常用于比较大的树状图
showcount	在分支下面显示与每个分支相关的样本观测值数，通常情况下配合 cutnumber(#)或 cutvalue(#)使用，否则每个分支的观察数为1（如果没有配合 cutnumber(#)或 cutvalue(#)使用）。当指定此选项时，将使用前缀字符串、分支计数和后缀字符串构造每个分支的标签
countprefix(string)	指定分支计数标签的前缀字符串，默认为 countprefix(n=)
countsuffix(string)	指定分支计数标签的后缀字符串，默认是一个空字符串
countinline	将分支计数与相应的分支标签对齐
vertical	生成垂直方向树状图，也是默认选项
horizontal	生成水平方向树状图

4. 使用产生聚类变量的方法对样本进行有拟分类数的聚类分析

在各种层次聚类分析方法中，如果样本比较多，可能图中就显得比较乱，可以使用产生聚类变量的方法对样本进行有拟分类数的聚类。例如，分别把所有观测样本分为 4 类和两类，命令如下：

```
cluster generate type1=group(4)
```

本命令的含义是产生聚类变量 type1，使用层次聚类分析方法把样本分为 4 类。

```
cluster generate type2=group(2)
```

本命令的含义是产生聚类变量 type2，使用层次聚类分析方法把样本分为 2 类。
本操作命令对所有层次聚类分析方法均适用。

12.2.3　层次聚类分析示例

我们在本节中用于分析的数据还是来自于"数据 12"数据文件。下面以 $V3$ 门店总数、$V6$ 餐位数、$V7$ 营业额、$V8$ 商品购进总额 4 个变量对所有样本观测值开展层次聚类分析。

1. 最短联结法聚类分析

（1）最短联结法聚类分析
打开"数据 12"数据文件之后，在主界面的命令窗口中输入以下命令：

```
egen zv3=std(V3)
```

本命令旨在对 *V*3 变量进行标准化处理。

```
egen zv6=std(V6)
```

本命令旨在对 *V*6 变量进行标准化处理。

```
egen zv7=std(V7)
```

本命令旨在对 *V*7 变量进行标准化处理。

```
egen zv8=std(V8)
```

本命令旨在对 *V*8 变量进行标准化处理。

```
cluster singlelinkage zv3 zv6 zv7 zv8
```

本命令旨在使用最短联结法对 *V*3 门店总数、*V*6 餐位数、*V*7 营业额、V8 商品购进总额 4 个变量进行层次聚类分析。如图 12.22 所示，我们可以看到系统产生了一个新的聚类变量，并自动命名为_clus_1（cluster name: _clus_1）。

```
. cluster singlelinkage zv3 zv6 zv7 zv8
cluster name: _clus_1
```

图 12.22　最短联结法聚类分析结果

```
edit
```

本命令旨在查看刚刚生成的_clus_1 变量，如图 12.23 所示。

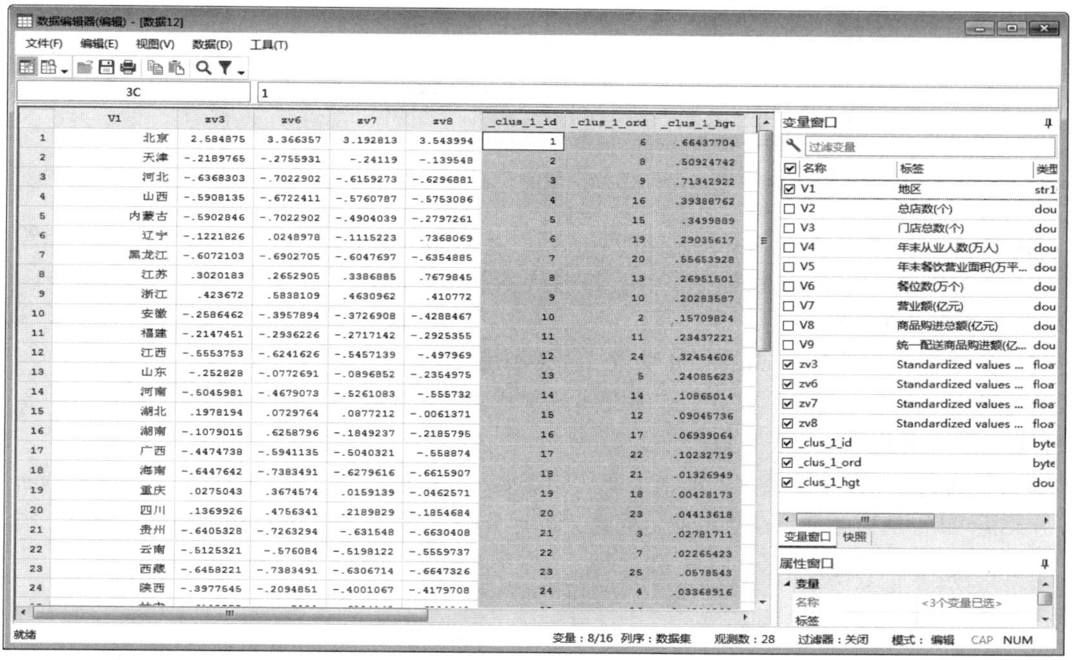

	V1	zv3	zv6	zv7	zv8	_clus_1_id	_clus_1_ord	_clus_1_hgt
1	北京	2.584875	3.366357	3.192813	3.543994	1	6	.66437704
2	天津	-.2189765	-.2755931	-.24119	-.139548	2	8	.50924742
3	河北	-.6368303	-.7022902	-.6159273	-.6296881	3	9	.71342922
4	山西	-.5908135	-.6722411	-.5760787	-.5753086	4	16	.39388762
5	内蒙古	-.5902846	-.7022902	-.4904039	-.2797261	5	15	.3499889
6	辽宁	-.1221826	.0248978	-.1115223	.7368069	6	19	.29035617
7	黑龙江	-.6072103	-.6902705	-.6047697	-.6354885	7	20	.55653928
8	江苏	.3020183	.2652905	.3386885	.7679845	8	13	.26951501
9	浙江	.423672	.5838109	.4630962	.410772	9	10	.20283587
10	安徽	-.2586462	-.3957894	-.3726908	-.4288467	10	2	.15709824
11	福建	-.2147451	-.2936226	-.2717142	-.2925355	11	11	.23437221
12	江西	-.5553753	-.6241626	-.5457139	-.497969	12	24	.32454606
13	山东	-.252828	-.0772691	-.0896852	-.2354975	13	5	.24085623
14	河南	-.5045981	-.4679073	-.5261083	-.555732	14	14	.10865014
15	湖北	.1978194	.0729764	.0877212	-.0061371	15	12	.09045736
16	湖南	-.1079015	.6258796	-.1849237	-.2185795	16	17	.06939064
17	广西	-.4474738	-.5941135	-.5040321	-.558874	17	22	.10232719
18	海南	-.6447642	-.7383491	-.6279616	-.6615907	18	21	.01326949
19	重庆	.0275043	.3674574	.0159139	-.0462571	19	18	.00428173
20	四川	.1369926	.4756341	.2189829	-.1854684	20	23	.04413618
21	贵州	-.6405328	-.7263294	-.631548	-.6630408	21	3	.02781711
22	云南	-.5125321	-.576084	-.5198122	-.5559737	22	7	.02265423
23	西藏	-.6458221	-.7383491	-.6306714	-.6647326	23	25	.0578543
24	陕西	-.3977545	-.2094851	-.4001067	-.4179708	24	4	.03368916

图 12.23　_clus_1 数据

在图 12.23 中，可以看到层次聚类分析方法产生的聚类变量与划分聚类分析方法产生的聚类变量是不同的，它包括 3 个组成部分：_clus_1_id、_clus_1_ord、_clus_1_hgt。其中，_clus_1_id 表示的是系统对该观测样本的初始编号，_clus_1_ord 表示的是系统对该观测样本进行聚类分析处理后的编号，_clus_1_hgt 表示的是系统对该观测样本进行聚类计算后的值。

（2）产生聚类分析树状图

打开"数据 12"数据文件之后，在主界面的命令窗口中输入以下命令：

```
cluster dendrogram
```

本命令旨在产生聚类分析树状图来描述层次聚类分析的结果。聚类分析树状图的作用是为了使聚类分析的结果可视化，结果如图 12.24 所示。

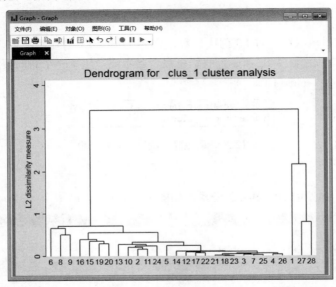

图 12.24　聚类分析树状图

观察图 12.24，可以直观地看到具体的聚类情况，如 21、18、23 号样本聚合在一起（当然图片放大后，可能会进一步细分，比如 21、18、23 号样本首先是 18、23 号合并，然后与 21 合并），3、7、25 号样本聚合在一起。

进入数据查看界面查看_clus_1_id 变量（注意不是_clus_1_ord 变量），21、18、23 号样本分别代表的是贵州、海南、西藏，3、7、25 号样本分别代表的是河北、黑龙江、甘肃，说明这些省市首先聚合在一起，各形成 1 组。以此类推。

那么，到底分成了多少类呢？取决于研究的需要和实际的情况，需要用户加入自己的判断，确定好分类需求后，从聚类分析树状图最上面往下进行分割。例如需要把所有样本观测值分成 2 类时，分析结果如图 12.25 所示。

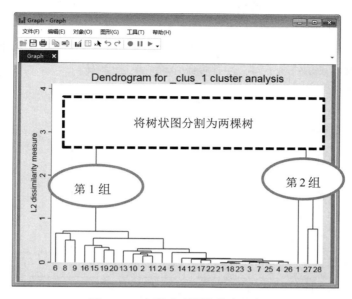

图 12.25　把样本观测值分为 2 类

可以发现 1、27、28 三个样本为第 2 类，其他样本为第 1 类。对照数据文件中的_clus_1_id 变量，可以发现 1、27、28 三个样本分别代表北京、上海、广东，即这三个省市为第 2 类，其他省市为第 1 类。

如果需要把所有样本观测值分成 3 类，就需要自上而下继续进行分割，分析结果如图 12.26 所示。

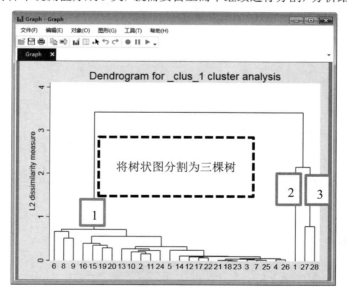

图 12.26　把样本观测值分为 3 类

可以发现 1 号（北京）样本为第 2 类，27 号（上海）、28 号（广东）样本为第 3 类，其他样本为第 1 类。

以此类推，读者可自行尝试将全部样本观测值分为 4 类或者更多。

```
cluster dendrogram,horizontal
```

本命令的含义是绘制水平形状的树状图，分析结果如图 12.27 所示。其中的内容与默认的垂直状态树状图完全一致，只是外观不同，读者可自行对结果进行解读。

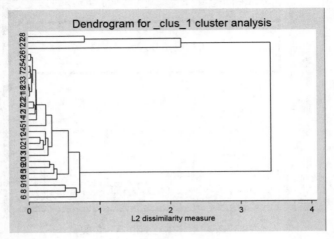

图 12.27　水平形状的树状图

```
cluster dendrogram,labels(V1)
```

本命令的含义是绘制默认的垂直形状的树状图，但指定用 $V1$ 变量代替观测值编号来标记树状图底部的各个样本观测值，分析结果如图 12.28 所示。从结果中验证了，在分层聚类分析中，使用的是变量_clus_1_id 而不是变量_clus_1_ord 的编号来标记样本观测值。比如第一个样本观测值，我们没有指定用 $V1$ 变量代替观测值编号时，编号为 6，指定用 $V1$ 变量代替观测值编号后，为辽宁，对应的是_clus_1_id 的编号。

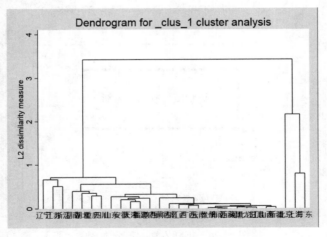

图 12.28　用 $V1$ 变量代替观测值编号绘制树状图

```
cluster dendrogram,labels(V1) cutnumber(4)
```

本命令的含义是绘制默认的垂直形状的树状图，指定用 $V1$ 变量代替观测值编号来标记树状图底部的各个样本观测值，而且限制只显示前 4 个分支，分析结果如图 12.29 所示。按照前面介绍的分割方法，据此我们可以将所有样本观测值分为 4 类。需要注意的是，对该结果的解读并不是新疆、北京、上海、广东各为 1 类，而是新疆等样本观测值为 1 类，北京等样本观测值为 1 类，上海等样本观测值为 1 类，广东等样本观测值为 1 类。

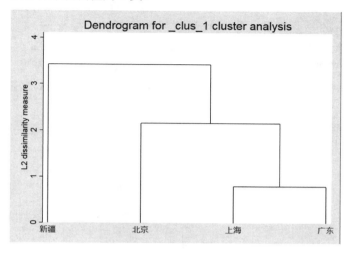

图 12.29　限制只显示前 4 个分支绘制树状图

```
cluster dendrogram,labels(V1) cutnumber(4) showcount
```

本命令的含义是绘制默认的垂直形状的树状图，指定用 $V1$ 变量代替观测值编号来标记树状图底部的各个样本观测值，而且限制只显示前 4 个分支，且列出每一个分支所包含的样本观测值数，分析结果如图 12.30 所示。按照前面介绍的分割方法，据此可以将所有样本观测值分为 4 类，即新疆等 25 个省市为 1 类（n=25），北京单独为 1 类（$n=1$），上海单独为 1 类（$n=1$），广东单独为 1 类（$n=1$）。

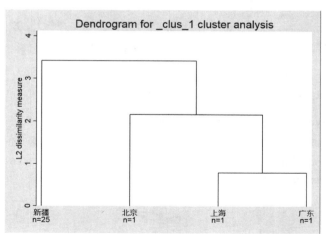

图 12.30　列出每一个分支所包含的样本观测值数

（3）产生聚类变量对样本进行层次聚类

```
cluster generate type1=group(4)
```

本命令的含义是产生聚类变量 type1，使用层次聚类分析方法把样本分为 4 类。

```
cluster generate type2=group(2)
```

本命令的含义是产生聚类变量 type2，使用层次聚类分析方法把样本分为两类。

生成的 type1、type2 变量结果如图 12.31 所示。

依据 type2 变量把样本分为 2 类，可以发现北京、上海、广东被分为第 2 类，其特点是 zv3、zv6、zv7、zv8 四个变量的值都非常大，可以被定义为餐饮发达城市；天津、河北等其他省市被分到第 1 类，其特点是 zv3、zv6、zv7、zv8 四个变量的值都相对偏小，可以被定义为餐饮次发达省市（相对北京等发达省市而言）。

图 12.31　生成的 type1、type2 变量结果

依据 type1 变量把样本分为 4 类，可以发现北京被分到第 2 类，其特点是 zv3、zv6、zv7、zv8 四个变量的值都非常大，但 zv3 不是最大的，次于上海，可以被定义为餐饮非常发达城市；上海被分到第 3 类，特点是 zv3 的值最大，zv6、zv7、zv8 的值也非常大，可以被定义为门店总数最多的餐饮发达城市；广东被分到第 4 类，特点是 zv3、zv6、zv7、zv8 四个变量的值都很大，仅次于北京，可以被定义为餐饮很发达城市，其他省市被分到第 1 类，其特点是 zv3、zv6、zv7、zv8 四个变量的值都相对偏小，可以被定义为餐饮次发达省市（相对上述发达省市而言）。

技 巧

若直接看不太容易，可通过输入命令 sort type1 对 type1 变量进行降序排列后，再进行分析。

2. 最长联结法聚类分析

在命令窗口中输入以下命令：

```
cluster completelinkage  zv3 zv6 zv7 zv8
```

本命令旨在使用最长联结法对 *V*3 门店总数、*V*6 餐位数、*V*7 营业额、*V*8 商品购进总额 4 个变量进行层次聚类分析，分析结果如图 12.32 所示。我们可以看到系统产生了一个新的聚类变量，并自动命名为_clus_2（cluster name:_clus_2）。

```
. cluster completelinkage  zv3 zv6 zv7 zv8
cluster name: _clus_2
```

图 12.32 最长联结法聚类分析结果

```
edit
```

本命令旨在查看刚刚生成的_clus_2 变量，结果如图 12.33 所示。对该结果的解读与前面"最短联结法聚类分析"一致，不再赘述。

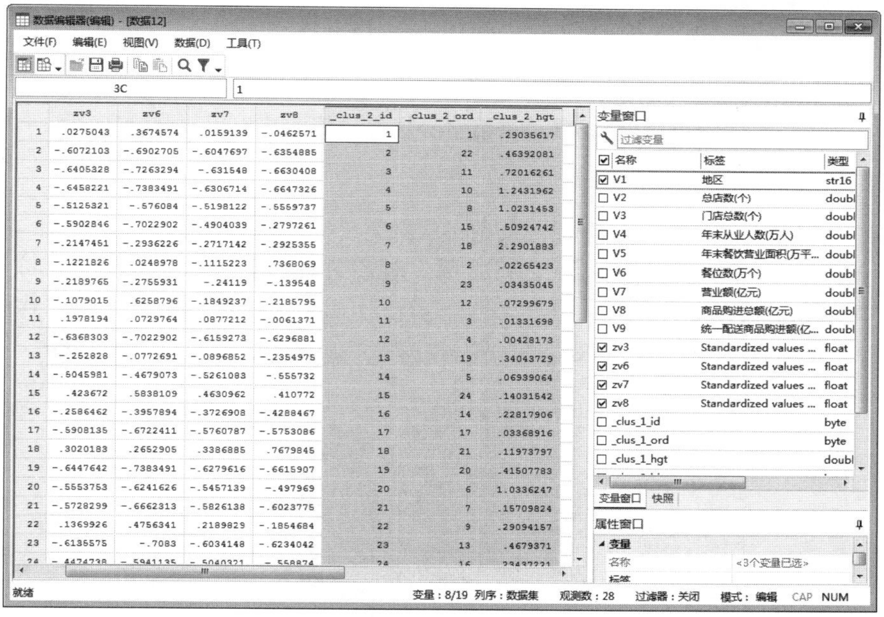

图 12.33 _clus_2 数据

最长联结法聚类分析同样支持绘制聚类分析树状图来描述层次聚类分析的结果，使聚类分析的结果可视化，相应的命令为：

```
cluster dendrogram,labels(V1) cutnumber(4) showcount
```

本命令旨在产生聚类分析树状图来描述层次聚类分析的结果，分析结果如图 12.34 所示。与"最短联结法聚类分析树状图"的结果不完全一致，江苏等 7 个省市被分为 1 类，陕西等 18 个省市被分为 1 类，北京被分为 1 类，广东等两个省市被分为 1 类。

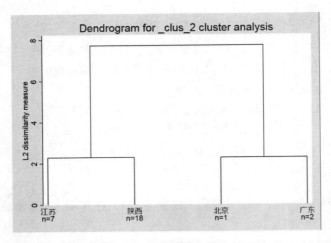

图 12.34　最长联结法聚类分析树状图

```
cluster generate type1=group(4)
```

本命令的含义是产生聚类变量 type1，使用层次聚类分析方法把样本分为 4 类。

```
cluster generate type2=group(2)
```

本命令的含义是产生聚类变量 type2，使用层次聚类分析方法把样本分为 2 类。

生成的 type1、type2 变量结果如图 12.35 所示。对该结果的解读与前面"最短联结法聚类分析"部分类似，限于篇幅不再赘述。

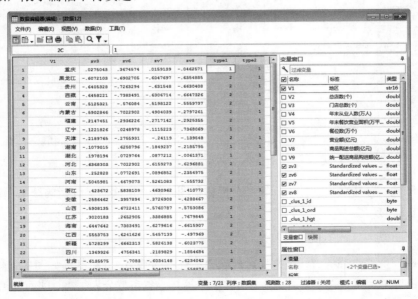

图 12.35　生成的 type1、type2 变量结果

3. 平均联结法聚类分析

在命令窗口中输入以下命令：

```
cluster averagelinkage zv3 zv6 zv7 zv8
```

　　本命令旨在使用平均联结法对 $V3$ 门店总数、$V6$ 餐位数、$V7$ 营业额、$V8$ 商品购进总额 4 个变量进行层次聚类分析，分析结果如图 12.36 所示。我们可以看到系统产生了一个新的聚类变量，并自动命名为_clus_3（cluster name: _clus_3）。

```
. cluster averagelinkage zv3 zv6 zv7 zv8
cluster name: _clus_3
```

图 12.36　平均联结法聚类分析结果

```
edit
```

　　本命令旨在查看刚刚生成的_clus_3 变量，如图 12.37 所示。对该结果的解读与前面"最短联结法聚类分析"一致，不再赘述。

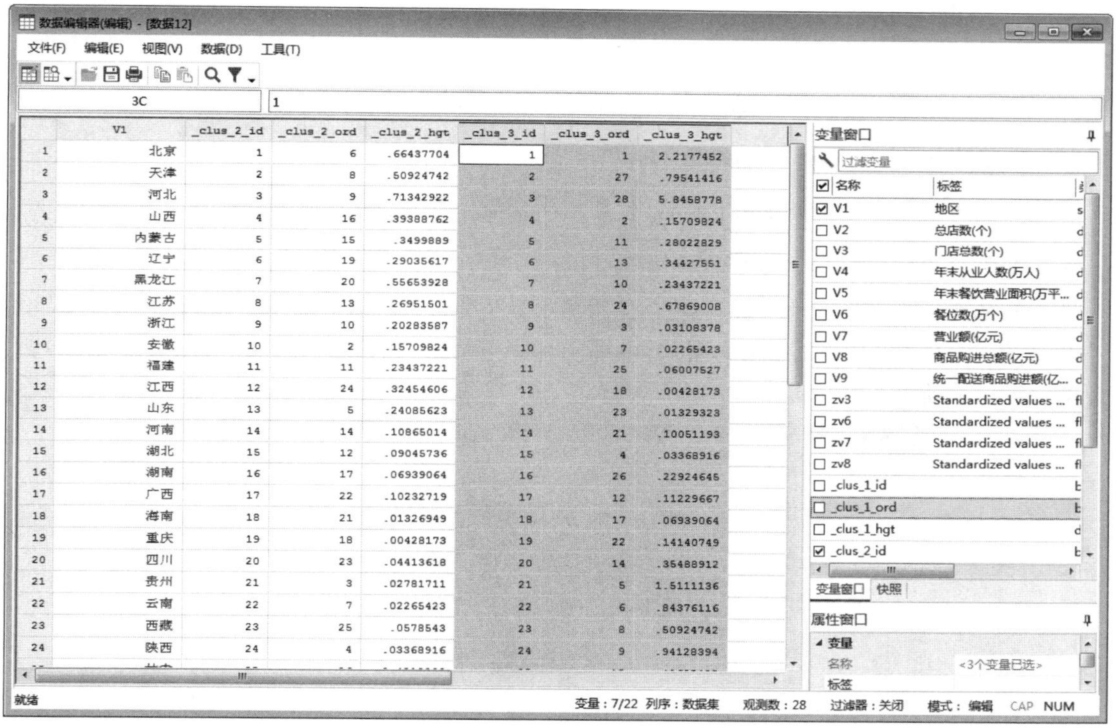

图 12.37　_clus_3 数据

　　平均联结法聚类分析同样支持绘制聚类分析树状图来描述层次聚类分析的结果，使聚类分析的结果可视化，相应的命令为：

```
cluster dendrogram,labels(V1) cutnumber(4) showcount
```

　　本命令旨在产生聚类分析树状图来描述层次聚类分析的结果，分析结果如图 12.38 所示。平均联结法聚类分析树状图与前面"最短联结法聚类分析树状图""最长联结法聚类分析树状图"的结果不完全一致，北京单独为 1 类，广东等两个省市为 1 类，内蒙古等 18 个省市为 1 类，湖南等 7 个省市为 1 类。

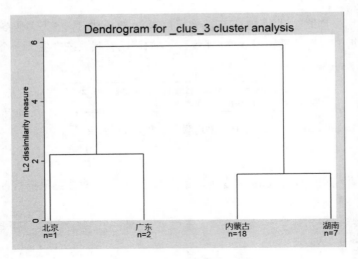

图 12.38 平均联结法聚类分析树状图

```
cluster generate type1=group(4)
```

本命令的含义是产生聚类变量 type1，使用层次聚类分析方法把样本分为 4 类。

```
cluster generate type2=group(2)
```

本命令的含义是产生聚类变量 type2，使用层次聚类分析方法把样本分为 2 类。

生成的 type1、type2 变量结果如图 12.39 所示。对该结果的解读与前面"最短联结法聚类分析"部分类似，限于篇幅不再赘述。

图 12.39 生成的 type1、type2 变量结果

4. 加权平均联结法聚类分析

在命令窗口中输入以下命令：

```
cluster waveragelinkage zv3 zv6 zv7 zv8
```

本命令旨在使用加权平均联结法对 $V3$ 门店总数、$V6$ 餐位数、$V7$ 营业额、$V8$ 商品购进总额 4 个变量进行层次聚类分析，分析结果如图 12.40 所示。我们可以看到系统产生了一个新的聚类变量，并自动命名为_clus_4（cluster name: _clus_4）。

```
. cluster waveragelinkage zv3 zv6 zv7 zv8
cluster name: _clus_4
```

图 12.40 加权平均联结法聚类分析结果

```
edit
```

本命令旨在查看刚刚生成的_clus_4 变量，如图 12.41 所示。对该结果的解读与前面"最短联结法聚类分析"一致，不再赘述。

图 12.41 _clus_4 数据

加权平均联结法聚类分析同样支持绘制聚类分析树状图来描述层次聚类分析的结果，使聚类分析的结果可视化，相应的命令为：

```
cluster dendrogram,labels(V1) cutnumber(4) showcount
```

本命令旨在产生聚类分析树状图来描述层次聚类分析的结果，分析结果如图 12.42 所示。加权平均联结法聚类分析树状图与前面"平均联结法聚类分析树状图"的结果一致，北京单独为 1 类，广东等两个省市为 1 类，内蒙古等 18 个省市为 1 类，湖南等 7 个省市为 1 类。

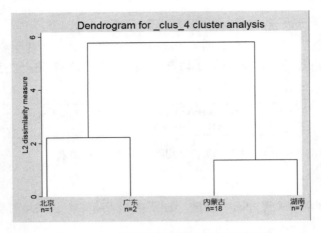

图 12.42　加权平均联结法聚类分析树状图

```
cluster generate type1=group(4)
```

本命令的含义是产生聚类变量 type1，使用层次聚类分析方法把样本分为 4 类。

```
cluster generate type2=group(2)
```

本命令的含义是产生聚类变量 type2，使用层次聚类分析方法把样本分为 2 类。

生成的 type1、type2 变量结果如图 12.43 所示。对该结果的解读与前面"最短联结法聚类分析"部分类似，限于篇幅不再赘述。

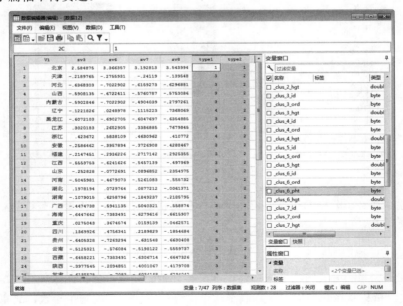

图 12.43　生成的 type1、type2 变量结果

5. 中位数联结法聚类分析

在命令窗口中输入以下命令：

```
cluster medianlinkage zv3 zv6 zv7 zv8
```

本命令旨在使用中位数联结法对 $V3$ 门店总数、$V6$ 餐位数、$V7$ 营业额、$V8$ 商品购进总额 4 个变量进行层次聚类分析，分析结果如图 12.44 所示。我们可以看到系统产生了一个新的聚类变量，并自动命名为_clus_5（cluster name: _clus_5）。

```
. cluster medianlinkage zv3 zv6 zv7 zv8
cluster name: _clus_5
```

图 12.44　中位数联结法聚类分析结果

edit

本命令旨在查看刚刚生成的_clus_5 变量，如图 12.45 所示。对该结果的解读与前面"最短联结法聚类分析"一致，不再赘述。

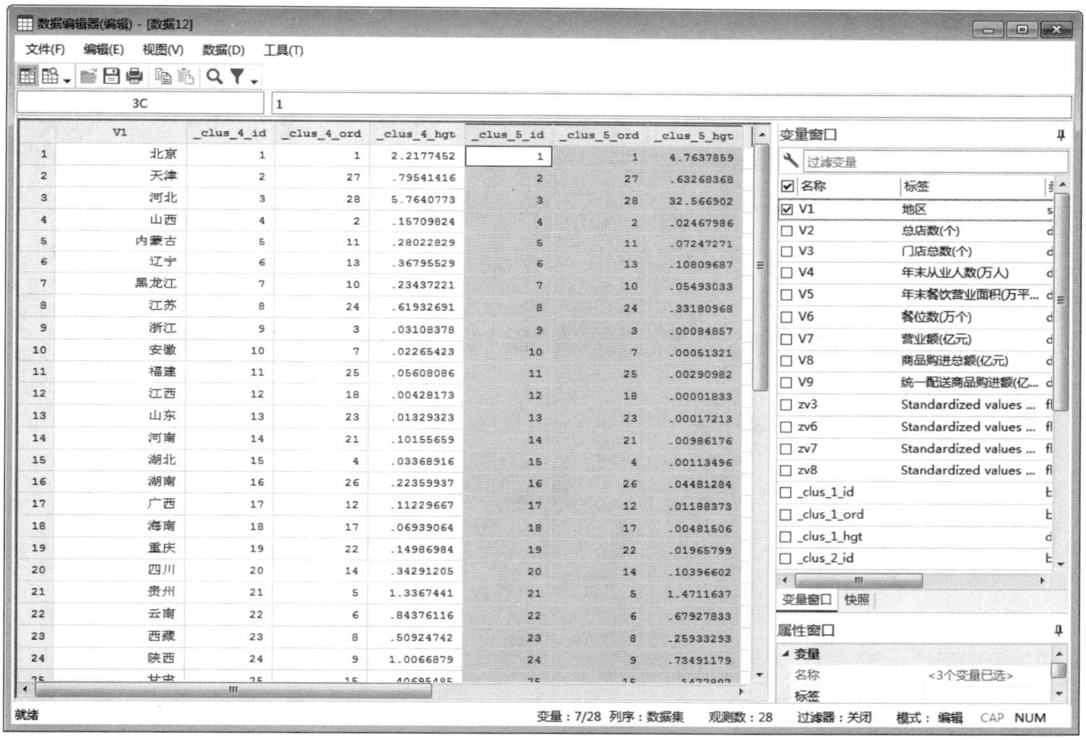

图 12.45　_clus_5 数据

中位数联结法聚类分析同样支持绘制聚类分析树状图来描述层次聚类分析的结果，使聚类分析的结果可视化，相应的命令为：

```
cluster dendrogram,labels(V1) cutnumber(4) showcount
```

本命令旨在产生聚类分析树状图来描述层次聚类分析的结果，分析结果如图 12.46 所示。中位数联结法聚类分析树状图与前面"平均联结法聚类分析树状图""加权平均联结法聚类分析树状图"的结果一致，北京单独为 1 类，广东等两个省市为 1 类，内蒙古等 18 个省市为 1 类，湖南等 7 个省市为 1 类。

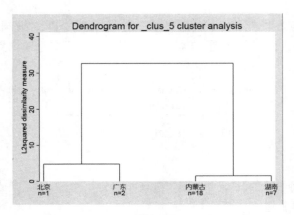

图 12.46 中位数联结法聚类分析树状图

```
cluster generate type1=group(4)
```

本命令的含义是产生聚类变量 type1，使用层次聚类分析方法把样本分为 4 类。

```
cluster generate type2=group(2)
```

本命令的含义是产生聚类变量 type2，使用层次聚类分析方法把样本分为 2 类。

生成的 type1、type2 变量结果如图 12.47 所示。对该结果的解读与前面"最短联结法聚类分析"部分类似，限于篇幅不再赘述。

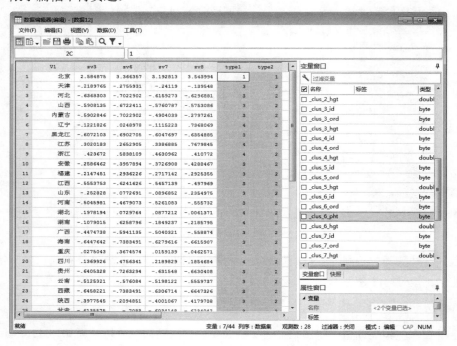

图 12.47 生成的 type1、type2 变量结果

6. 重心联结法聚类分析

在命令窗口中输入以下命令：

```
cluster centroidlinkage zv3 zv6 zv7 zv8
```

本命令旨在使用中位数联结法对 $V3$ 门店总数、$V6$ 餐位数、$V7$ 营业额、$V8$ 商品购进总额 4 个变量进行层次聚类分析，分析结果如图 12.48 所示。我们可以看到系统产生了一个新的聚类变量，并自动命名为_clus_6（cluster name: _clus_6）。

```
. cluster centroidlinkage zv3 zv6 zv7 zv8
cluster name: _clus_6
```

图 12.48　中位数联结法聚类分析结果

```
edit
```

本命令旨在查看刚刚生成的_clus_6 变量，如图 12.49 所示。

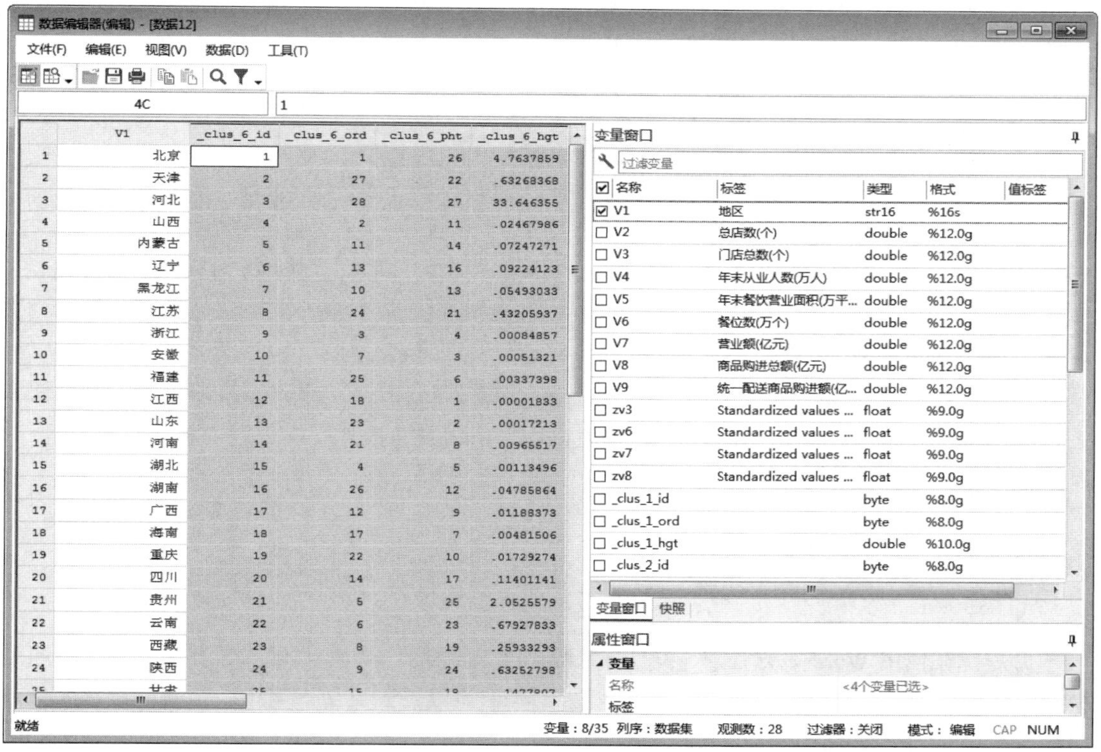

图 12.49　_clus_6 数据

重心联结法聚类分析不支持绘制聚类分析树状图来描述层次聚类分析的结果。

```
cluster generate type1=group(4)
```

本命令的含义是产生聚类变量 type1，使用层次聚类分析方法把样本分为 4 类。

```
cluster generate type2=group(2)
```

本命令的含义是产生聚类变量 type2，使用层次聚类分析方法把样本分为 2 类。

生成的 type1、type2 变量结果如图 12.50 所示。对该结果的解读与前面"最短联结法聚类分析"部分类似，限于篇幅不再赘述。

图 12.50　生成的 type1、type2 变量结果

7. Ward 联结法聚类分析

在命令窗口中输入以下命令：

```
cluster wardslinkage zv3 zv6 zv7 zv8
```

本命令旨在使用 Ward 联结法对 $V3$ 门店总数、$V6$ 餐位数、$V7$ 营业额、$V8$ 商品购进总额四个变量进行层次聚类分析，分析结果如图 12.51 所示，我们可以看到系统产生了一个新的聚类变量，并自动命名为_clus_7（cluster name：_clus_7）。

```
. cluster wardslinkage zv3 zv6 zv7 zv8
cluster name: _clus_7
```

图 12.51　Ward 联结法聚类分析结果

```
edit
```

本命令旨在查看刚刚生成的_clus_7 变量，如图 12.52 所示。对该结果的解读与前面"最短联结法聚类分析"一致，不再赘述。

图 12.52 _clus_7 数据

Ward 联结法聚类分析同样支持绘制聚类分析树状图来描述层次聚类分析的结果，使聚类分析的结果可视化，相应的命令为：

```
cluster dendrogram,labels(V1) cutnumber(4) showcount
```

本命令旨在产生聚类分析树状图来描述层次聚类分析的结果，分析结果如图 12.53 所示。Ward 联结法聚类分析树状图与前面各类分析的结果不一致，北京单独为 1 类，广东等两个省市为 1 类，河南等 18 个省市为 1 类，湖南等 7 个省市为 1 类。

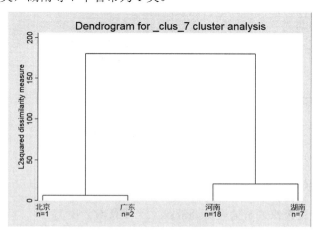

图 12.53 Ward 联结法聚类分析树状图

```
cluster generate type1=group(4)
```

本命令的含义是产生聚类变量 type1，使用层次聚类分析方法把样本分为 4 类。

```
cluster generate type2=group(2)
```

本命令的含义是产生聚类变量 type2，使用层次聚类分析方法把样本分为 2 类。

生成的 type1、type2 变量结果如图 12.54 所示。对该结果的解读与前面"最短联结法聚类分析"部分类似，限于篇幅不再赘述。

图 12.54　生成的 type1、type2 变量结果

12.3　本章回顾与习题

12.3.1　本章回顾

本章主要介绍了划分聚类分析、层次聚类分析这两种聚类分析方法的基本原理、命令以及具体实例的应用。

1. 划分聚类分析的命令

划分聚类分析包括 K 个平均数的聚类分析和 K 个中位数的聚类分析。

1）K 个平均数的聚类分析的命令及其语法格式为：

```
cluster kmeans [varlist] [if] [in] , k(#) [ options ]
```

2）K 个中位数的聚类分析的命令及其语法格式为：

```
cluster kmedians [varlist] [if] [in] , k(#) [ options ]
```

2. 层次聚类分析的命令

层次聚类分析包括针对数据的聚类分析和针对非相似性矩阵的聚类分析。

1）针对数据的层次聚类分析的命令及其语法格式为：

```
cluster linkage [varlist] [if] [in] [,cluster_options]
```

2）针对非相似性矩阵的层次聚类分析的命令及其语法格式为：

```
clustermat linkage matname [if] [in] [,clustermat_options]
```

3）层次聚类分析结果生成树状图（也称为聚类树）的命令及其语法格式为：

```
cluster dendrogram [clname] [if] [in] [,options ]
```

4）使用产生聚类变量的方法对样本进行有拟分类数的聚类的命令举例：

```
cluster generate type1=group(4)
```

产生聚类变量 type1，使用层次聚类分析方法把样本分为 4 类。
本操作命令对所有层次聚类分析方法均适用。

12.3.2　本章习题

用于分析的数据来自"数据 12"数据文件，试以总店数、年末从业人数、年末餐饮营业面积、统一配送商品购进额 4 个变量，对所有样本观测值开展划分聚类分析（涉及 1、2 题）。

1. K 个平均数的聚类分析。

1）对参与聚类分析的变量进行标准化处理。

2）将所有样本观测值分别聚类为 2 类、3 类、4 类。

3）采用其他相异性指标进行 K 个平均数的聚类分析，分别尝试欧氏距离的平方、绝对值距离、最大值距离、相关系数相似性度量，并对比聚类分析结果的异同。

4）设定聚类数为 3，然后使用"K 个平均数的聚类分析"方法，采用绝对值距离的相异性指标，把产生的聚类变量取名为 abs。

5）设定聚类数为 3，然后使用"K 个平均数的聚类分析"方法，采用绝对值距离的相异性指标，把产生的聚类变量取名为 abcd，设置前几个观测样本为初始聚类中心进行聚类。

6）设定聚类数为 3，然后使用"K 个平均数的聚类分析"方法，采用绝对值距离的相异性指标，把产生的聚类变量取名为 abcde，设置前几个观测样本为初始聚类中心进行聚类，但是在聚类分析时把作为初始聚类中心的观测样本排除。

2. K 个中位数的聚类分析。

将所有样本观测值分别聚类为 2 类、3 类、4 类。

用于分析的数据还是来自"数据 12"数据文件，试以总店数、年末从业人数、年末餐饮营业面积、统一配送商品购进额 4 个变量，对所有样本观测值开展系统聚类分析（涉及第 3~9 题）。

3. 最短联结法聚类分析。

1）执行最短联结法聚类分析。
2）产生聚类分析树状图（垂直、水平两种均需要）。
3）产生聚类变量，对样本进行层次聚类分析，分为 3 类。

4. 最长联结法聚类分析。

1）执行最长联结法聚类分析。
2）产生聚类分析树状图（垂直、水平两种均需要）。
3）产生聚类变量，对样本进行层次聚类分析，分为 3 类。

5. 平均联结法聚类分析。

1）执行平均联结法聚类分析。
2）产生聚类分析树状图（垂直、水平两种均需要）。
3）产生聚类变量，对样本进行层次聚类分析，分为 3 类。

6. 加权平均联结法聚类分析。

1）执行加权平均联结法聚类分析。
2）产生聚类分析树状图（垂直、水平两种均需要）。
3）产生聚类变量，对样本进行层次聚类分析，分为 3 类。

7. 中位数联结法聚类分析

1）执行中位数联结法聚类分析。
2）产生聚类分析树状图（垂直、水平两种均需要）。
3）产生聚类变量，对样本进行层次聚类分析，分为 3 类。

8. 重心联结法聚类分析。

1）执行重心联结法聚类分析。
2）产生聚类分析树状图（垂直、水平两种均需要）。
3）产生聚类变量，对样本进行层次聚类分析，分为 3 类。

9. Ward 联结法聚类分析。

1）执行 Ward 联结法聚类分析。
2）产生聚类分析树状图（垂直、水平两种均需要）。
3）产生聚类变量，对样本进行层次聚类分析，分为 3 类。

第 13 章

时间序列数据分析

一般来说，用于分析的数据包括横截面数据、时间序列数据和面板数据。横截面数据是指在某一时点收集的不同研究对象的数据，对应同一时点上不同研究对象所组成的一维数据集合，研究的是某一时点上的某种经济现象，突出研究对象的个体化差异。时间序列数据是指对同一研究对象在不同时间连续观察所取得的数据，侧重观察研究对象在时间顺序上的变化，寻找同一研究对象随时间发展的规律。面板数据则是横截面数据与时间序列数据综合的结构，可以分析不同研究对象在时间序列上组成的数据的特征，既可以用来分析不同研究对象之间的差异，又可以描述同一研究对象的动态变化特征。

本章介绍的是时间序列数据的 Stata 分析。时间序列模型不同于一般的经济计量模型，其不以经济理论为依据，而是依据变量自身的变化规律，利用外推机制描述时间序列的变化。时间序列的特点是数据的先后顺序不能随意改变，逐次的观测值通常是不独立的，而且分析时必须考虑观测数据的时间顺序，这与以前所介绍的观测数据有很大的区别。

下面介绍时间序列分析在 Stata 中的操作与应用，具体内容包括时间序列数据的预处理、移动平均滤波与指数平滑法、ARIMA 模型、SARIMA 模型、ARIMAX 模型、单位根检验、向量自回归模型、协整检验与向量误差修正模型、ARCH 系列模型等。

13.1　时间序列数据的预处理

下载资源:\video\第 13 章\…
下载资源:\sample\第 13 章\数据 13

13.1.1　时间序列数据的预处理操作概述

在进行时间序列分析前，我们往往需要对数据进行预处理，预处理操作主要包括定义时间序列、绘制时间序列趋势图、扩展时间区间等。对于一个带有日期变量的数据文件，Stata 16.0 并不会自动识别并判定该数据是否是时间序列数据，尤其是数据含有多个日期变量的情形，所以要选取恰当的日期变量，然后定义时间序列，只有定义时间变量之后，才能方便地使用各种时间序列算子以及相关的时间序列分析命令。绘制时间序列趋势图的意义是可以迅速看出数据的变化特征，为后续更加精确地判断或者选择合适的模型做好必要准备。此外，在很多情况下，随着时间的推移，研究者得到了新的观测值，或者需要对时间序列进行预测，就会用到扩展时间区间的操作。

13.1.2 时间序列数据预处理的 Stata 操作

1. 定义时间序列

（1）定义时间序列的命令

对于带有日期变量的数据文件，Stata 16.0 并不会自动识别并判定该数据是否是时间序列数据，需要将数据定义为时间序列数据，只有定义时间变量之后，才能方便地使用各种时间序列算子以及相关的时间序列分析命令。定义时间序列的命令及其语法格式为：

```
tsset timevar [,options]
```

tsset 为定义时间序列的命令，timevar 为用于标识时间序列数据的时间变量，[,options]为可选项，包括两类，一类为 unitoptions，用来设置时间变量的单位，即设置时间是按照什么变化的，如天、周、日、小时等；另一类为 deltaoptions，设置时间变量的周期，即设置时间变量相邻样本观测值之间的间隔时间为几个单位。

其中 unitoptions 可选项及其含义如表 13.1 所示。

表13.1 tsset命令的unitoptions可选项及其含义

unitoptions 可选项	含 义
(default)	默认选项，Stata 从时间变量的显示格式中获取变量的单位
clocktime	Stata 设置数据文件中时间变量（timevar）的单位为毫秒，格式为%tc，0 = 1960 年 1 月 1 日 00:00:00.000，1 =1960 年 1 月 1 日 00:00:00.001……
daily	Stata 设置数据文件中时间变量的单位为日，格式为%td，0 = 1960 年 1 月 1 日，1 = 1960 年 1 月 2 日……
weekly	Stata 设置数据文件中时间变量的单位为周，格式为%tw，0 = 1960 年第 1 周，1 = 1960 年第 2 周……
monthly	Stata 设置数据文件中时间变量的单位为月，格式为%tm，0 = 1960 年 1 月，1 = 1960 年 2 月……
halfyearly	Stata 设置数据文件中时间变量的单位为半年，格式为%th，0 = 1960 年上半年，1 = 1960 年下半年……
yearly	Stata 设置数据文件中时间变量的单位为年，格式为%ty，0 = 1960 年，1 = 1961 年……
generic	Stata 设置数据文件中时间变量的格式为%tg，即一般格式，只要求时间变量为整数
format(% fmt)	Stata 用 format 选项设置数据文件中时间变量的格式，然后应用默认规则。默认规则的概念是，用户若事先通过 format 命令设置了 timevar 的显示格式为%t*格式，则不用再专门设置时间变量的单位选项（unit options），Stata 会根据时间变量的显示格式自动获得时间变量的单位；否则，用户可以设置单位选项

deltaoptions 可选项及其应用如表 13.2 所示。

表13.2　tsset命令的deltaoptions可选项及其应用示例

deltaoptions 可选项	应用示例
delta ()	delta(1)，delta(2)
delta((表达式))	delta((7*24))
delta(#单位)	delta(7 days)，delta(15 minutes)，delta(2 hours 30 minutes)
delta((表达式)单位)	delta((6+3)months)

注　意

1）在所有情况下，允许负的 timevar 值。

2）在设置之后，我们可以保存一下数据，这样下次使用时就不必再重新设置时间变量。

（2）调整时间设置的初始值

很多情况下，数据文件中 timevar 值的起始值为 1，然后依次排序为 1、2、3、4、5……，我们完全可以通过函数将起始值调整到具有实际意义的日期。比如在某个数据文件中，timevar 值就是起始值为 1，然后依次排序为 1、2、3、4、5…，但实际上数据是从 2004 年 6 月开始的（即 timevar=1 代表的是 2004 年 6 月的数据，timevar=2 代表的是 2004 年 7 月的数据……），为了赋予 timevar 实际日期，可以输入以下命令：

```
generate newtimevar=tm(2004m6)+timevar-1
```

generate 为生成变量的命令，newtimevar 为新生成变量的名称，函数 tm()可将时间转换成 Stata 系统默认的格式。但是在 Stata 系统默认的格式下可能是不易读的，因为 Stata 系统定义 1960 年 1 月为第 0 个月，所以 2004 年 6 月对应第 533 个月，因而 timevar=1 对应的样本观测值 newtimevar=533。而 533 是不易解读或者说无法直观解释的，所以需要执行以下命令：

```
format newtimevar %tm
```

将变量 newtimevar 转换成%tm 格式，以便于用户阅读。

在调整好时间设置的初始值后，记得重新设置时间变量，即把新生成的 newtimevar 作为时间变量，具体命令形式为：

```
tsset newtimevar
```

技　巧

1）上述"format newtimevar %tm"和"tsset newtimevar"两条命令可以组合在一起，即：

```
tsset newtimevar, format(%tm) 或
tsset newm, monthly
```

2）如果数据单位为毫秒、日、周、季度、半年、年，也有相应的函数 tc()、td()、tw()、tq()、th()、ty()以及相应的格式%tc、%td、%tw、%tq、%th、%ty。假设有时间变量 timevar1，为年度数据，其起始值为 1，对应着 1990 年，那么我们可以通过如下命令将其转换为 Stata 的系统时间：

```
gen newtimevar1=ty(1990)+t-1
```

3）如果数据文件中没有 timevar，只有一系列样本观测值，为从 2021 年 1 月 1 日开始每天的温度观测数据，用户也可以通过如下命令产生一个时间变量：

```
gen newtimevar=td(1jan2021)+_n -1
```

其中，"_n"代表观测值序号。

（3）当时间变量为字符串形式时的处理

在有些情况下，在数据文件中拟指定为 timevar 的变量是字符串格式的，我们需要首先将其转换成时间变量，一般通过 generate 命令来实现。比如现有数据文件中 timevar 为字符串格式且单位为毫秒，按照"月-日-年 小时:分:秒"的格式显示，那么命令形式为：

```
generate double newtimevar=clock(timevar,"MDYhms")
```

说明

1）因为以毫秒为单位的时间非常大，使用默认的 float 格式生成的新时间变量 newtimevar 将被四舍五入，造成结果的不精确甚至是错误，所以在命令中加入了 double，新生成的变量 newtimevar 将为"双精度"格式。

2）因为 timevar 的单位为毫秒，所以使用 clock。同样，如果 timevar 的单位为日、周、月、季度、半年、年，那么需要使用的命令将分别是 date()、weekly()、monthly()、quarterly()、halfyearly()、yearly()。

3）clock 括号内选项的格式根据数据的具体格式而定。因为我们前面假设 timevar 是按照"月-日-年 小时:分:秒"的格式显示的，所以 clock()命令中使用选项"MDYhms"。

在将字符串变量转换为时间变量后，我们需要重新设置时间变量，即把新生成的 newtimevar 作为时间变量，具体命令形式为：

```
tsset newtimevar, clocktime
```

虽然时间变量 timevar、newtimevar 的单位为毫秒，但是我们可以通过选项 deltaoption 设置时间变量的周期（period of timevar），即设置时间变量相邻样本观测值之间的间隔时间为几个单位，以方便下面将要介绍的时间序列算子的使用。比如我们想要设置时间间隔为 5 分钟，那么命令为：

```
tsset newtimevar, delta((1000*60*5))
```

因为单位为毫秒，1000 毫秒即为 1 秒，1000*60 毫秒即为 1 分钟，1000*60*5 即为 5 分钟。

（4）清除数据的时间序列格式

如果我们要把数据恢复为普通的数据，那么命令就是：

```
tsset,clear
```

在命令窗口中输入命令并按回车键进行确认即可。

2. 扩展时间区间

扩展时间区间的命令及其语法格式为：

```
tsappend, { add(#) | last(date|clock) tsfmt(string) } [options]
```

用户在使用 tsappend 命令扩展时间区间之前，必须先用 tsset 命令定义时间变量。tsappend 为扩展时间区间的命令；add(#)与 last(date|clock) tsfmt(string)用于设置需扩展时间区间的具体情形，两者选其一即可，add(#)用于指定要增加的样本观测值个数。如果不设置 add()选项，就必须同时设置 last(date| clock)和 tsfmt(string)。 last(date|clock)用于指定我们要将时间扩展到的日期，tsfmt(string) 用于将 last(date|clock)选项中的日期转化成 Stata 默认时间所对应的整数，可用的 string 包括 tc、td、tw、tm、 tq、 th 和 ty。

注　意

如果时间变量有间隔，或者说出现了缺失值，上述介绍的 tsappend 命令会自动补齐。

此外，对于有间隔（gaps）的时间变量，或者说时间变量出现了缺失值，我们可以通过专门的命令 tsfill 将其补齐。命令为：

```
tsfill
```

但用户在使用 tsfill 命令填充时间变量间隔之前，必须先用 tsset 命令定义时间变量。

---

3. 绘制时间序列趋势图

绘制时间序列趋势图的命令及其语法格式为：

```
twoway(line varname timevar)
```

其中 twoway(line)为绘制时间序列趋势图的命令，varname 为参与绘制时间序列趋势图的变量，timevar 为时间变量。

一般情况下，我们要消除变量的时间序列长期走势后（或者说变量平稳后）才能进行回归得出有效的结论，所以在绘制变量序列图的时候，如果该变量存在趋势，就应该进行一阶差分后再进行查看。所谓变量的一阶差分，指的是对变量的原始数据进行处理，用前面的数据减去后面的数据后得出的一个新的时间序列。如果变量的一阶差分还是存在趋势，就应该进行二阶差分后再进行查看，以此类推，直到数据平稳。所谓二阶差分，指的是在把一阶差分得到的时间序列数据作为原始数据，并进行前项减后项处理后得出新的时间序列。一般情况下，如果数据的低阶差分是平稳的，那么高阶差分也是平稳的。

4. 时间序列算子

对时间序列数据进行处理时常常会用到变量的差分值、滞后值等。如果我们要观测相邻两期数据之间的变化，则需要用到变量的差分值。如果我们设置即期（当期）值为 X，则常用的时间序列算子及具体含义如表 13.3 所示。

表13.3　常用的时间序列算子及具体含义

时间序列算子	含　义
L.	一阶滞后值x_{t-1}
L2.	二阶滞后值x_{t-2}
…	…

（续表）

时间序列算子	含　义
F.	一阶领先值x_{t+1}
F2.	二阶领先值x_{t+2}
…	…
D.	一阶差分值$x_t - x_{t-1}$
D2.	二阶差分值$(x_t - x_{t-1}) - (x_{t-1} - x_{t-2}) = x_t - 2x_{t-1} + x_{t-2}$
…	…
S.	季节差分值$x_t - x_{t-1}$
S2.	二阶季节差分值$x_t - x_{t-2}$
…	…

注　意

1）上述介绍的各类时间序列算子之间可以组合运用，也可以重复运用。比如我们针对 income 变量，L3.income、LLL.income、L2L.income、LL2.income 都是指 income 的三阶滞后，几种方式所起到的效果是完全相同的。又如 LF.income，也就是先领先一期再再滞后一期的 income，实际上就是 income 当期值，S12D.income 是指将变量 income 一阶差分之后再做十二阶季节差分。

2）与 Stata 中的各种命令不同，时间序列算子可以大写，也可以小写，还可以采用简化形式。比如输入 L(1/3).income 与输入 L.income L2.income L3.income 的作用是一样的。

3）一阶滞后x_{t-1}与x_t之间的时间间隔，即为选项 deltaoption 中设置的周期。

5. 信息准则

在很多时间序列模型的拟合中，需要用到信息准则的概念，在此进行特别介绍。众所周知，我们在拟合模型时，如果增加自由参数（或者理解为增加解释变量），可以在一定程度上提升拟合的效果，或者说提升模型的解释能力，但是自由参数（解释变量）的增加同时也会带来过度拟合（Overfitting）的情况，甚至极端情况下出现多种共线性。为了达到一种平衡，帮助研究者合理选取自由参数（解释变量）的数目，统计学家们提出了信息准则的概念。信息准则鼓励数据拟合的优良性，但是同时针对多的自由参数（解释变量）采取了惩罚性措施，在应用信息准则时，无论何种信息准则，都是信息准则越小，说明模型拟合得越好。假设有 n 个模型备选，可一次计算出 n 个模型的信息准则值，并找出最小信息准则值相对应的模型作为最终选择。

常用的信息准则包括赤池信息准则（Akaike's Information Criterion，AIC）、施瓦茨信息准则（Schwarz's Bayesian Information Criterion，SBIC 或者 SC）以及汉南-昆信息准则（Hannan and Quinn Information Criterion，HQIC）。

其中赤池信息准则、施瓦茨信息准则的计算公式为：

$$\begin{cases} \mathrm{AIC} = -\dfrac{2L}{n} + \dfrac{2k}{n} \\ \mathrm{SC} = -\dfrac{2L}{n} + \dfrac{k\ln n}{n} \end{cases}$$

13.1.3　时间序列数据预处理分析示例

我们在本节使用的数据来自"数据 13"数据文件，其中记录了某大型连锁商超 15 个门店的 2015 年至 2019 年的冰箱销售数据。这个数据文件中共有 18 个变量，为 V1~V19，分别表示"连锁门店 1" ~"连锁门店 15"共 15 个门店变量以及"销量总数""年份""月份""日期"4 个变量，如图 13.1 所示。

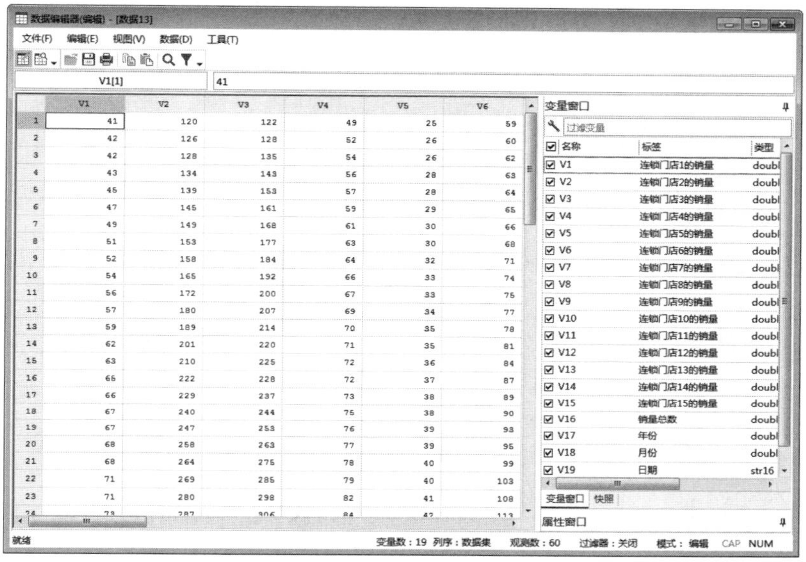

图 13.1　"数据 13"中的数据内容

从该数据文件中可以看出，无论是变量"年份"还是"月份"都不能代表时间变量，只有"日期"才是最为恰当的时间变量，其中同时包含年份和月份的信息。但是"日期"在该数据文件中为字符串变量，不能直接设置为时间变量。

注　意

字符串变量不能直接设置为时间变量。比如本例中如果直接将 V19 设置为时间变量，则会出现如下错误提示：

```
. tsset V19
string variables not allowed in varlist;
V19 is a string variable
```

在该数据文件的命令窗口中输入：

```
generate month=monthly(V19,"YM")
```

本命令的含义是以生成新变量 month 的方式，将 V19 变量由字符串变量转换为数值变量。

```
format month %tm
```

本命令的含义是将变量 month 转换成%tm 格式，以便于用户阅读。

```
tsset month
```

本命令的含义是将上一步生成的新变量 month 指定为时间变量。

```
twoway(line V16 month)
```

本命令的含义是以 month 为横轴，以 $V16$（销售总额）为纵轴，绘制 $V16$（销售总额）随时间变量 month 变化的时间序列趋势图，该命令的执行结果如图 13.2 所示。

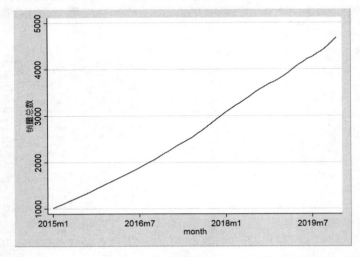

图 13.2　$V16$（销售总额）随时间变量 month 变化的时间序列趋势图

```
twoway(line d.V16 month)
```

本命令的含义是以 month 为横轴，以 $V16$（销售总额）的一阶差分值（d.$V16$）为纵轴，绘制 $V16$（销售总额）的一阶差分值（d.$V16$）随时间变量 month 变化的时间序列趋势图，绘制结果如图 13.3 所示。

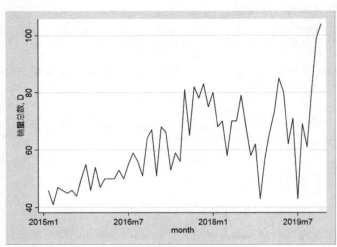

图 13.3　$V16$（销售总额）的一阶差分随时间变量 month 变化的时间序列趋势图

13.2 移动平均滤波与指数平滑法

	下载资源:\video\第 13 章\···
	下载资源:\sample\第 13 章\数据 13A

13.2.1 移动平均滤波与指数平滑法概述

时间序列数据的特色就是被观察对象可能会随时间的推移呈现出一定的规律性，但是这种规律性会受到波动性的干扰。为了分清规律性和波动性，或者说是趋势线和波动性，我们常常使用移动平均滤波与各类指数平滑法。

1. 移动平均滤波

移动平均滤波基于统计规律，将连续观察到的时间序列数据看成一个长度固定为 n 的队列，当试验者进行了一次新的测量后，将原队列最早观察到的第 1 个数据（队首）去掉，其余 $n-1$ 个数据依次前移，并将新观测的样本数据插入，作为新队列的队尾，在此基础上针对新队列进行算术运算，并将其结果作为本次测量的结果。所以，移动平均滤波的基本思路是针对初始变量进行加权平均处理，从而可以在一定程度上减轻甚至消除时间序列的波动性，进而更容易观察到时间序列的趋势性。

移动平均滤波的数学公式为：

$$\hat{x}_t = \frac{\sum_{i=-l}^{f} w_i x_{t+i}}{\sum_{i=-l}^{f} w_i}$$

公式中的 f 为最长领先期，l 为滤波的最长滞后期（注意是小写字母 l，而不是数字 1），w_i 为权重。

2. 指数平滑法

指数平滑法在本质上是一种特殊的加权移动平均法。它的特点是：第一，指数平滑法对特定观测期内不同时间的观察值所赋予的影响权重可以是不一样的，比如加大近期观察值的影响权重，从而加强近期观察值对预测值的作用，就能够使预测值更好地反映当前市场最新的变化。第二，指数平滑法对于观察值所赋予的影响权重按近远期递减是具备一定弹性的，可以针对具体情况设置参数来反映由近期到远期不同的影响权重的递减速度，从而更加客观公允地反映近期观察值和远期观测值的实际影响程度。

（1）一次指数平滑法

如果时间序列数据是围绕一个常数均值上下随机波动的，而不具备趋势性或季节性特征，那么我们可以通过一次指数平滑法对其进行拟合。从这种意义上讲，一次指数平滑法完全可以被理解为一种适应性预期方法。从数学公式的角度来看，具体为：

$$S_t = \alpha x_t + (1 - \alpha)S_{t-1}, t = 1, \dots, T$$

在该公式中，变量的初始值被设置为S_0。将递推公式展开，则为：

$$S_t = \alpha \sum_{k=0}^{T-1} (1-\alpha)^k x_{T-k} + (1-\alpha)^T S_0$$

从该公式中可以看出，一次指数平滑预测法可以被理解为一种几何加权移动平均，权重呈几何递减，α 为平滑系数，决定了平滑序列对原序列均值变动的反应速度。其中 α 越大，表明反应越快，或者说我们更强调近期观测值的作用。所以，根据研究需要，如果是为了使指数平滑值敏感地反映最新观察值的变化，应取较大的 α 值；如果所求指数平滑值是用来代表该时间序列的长期趋势值，则应取较小的 α 值。

（2）二次指数平滑法

二次指数平滑是对一次指数平滑的再平滑。如果时间序列数据不是围绕一个常数均值上下随机波动的，而是具备一定的线性趋势，那么我们可以通过二次指数平滑法对其进行拟合。对时间序列 y_t 进行二次指数平滑使用如下的递归形式进行计算：

$$\begin{cases} S_t = ay_t + (1-a)S_{t-1} \\ D_t = aS_t + (1-a)S_{t-1} \end{cases}$$

其中，$0 \leq a \leq 1$，S_t 是单指数平滑后的序列，D_t 是对 S_t 序列又进行一次单指数平滑，即对原序列 y_t 进行双指数平滑后所得到的序列。双指数平滑对未来观测值的预测公式如下：

$$\hat{y}_{n+k} = (2 + \frac{ak}{1-a})S_n - (1 + \frac{ak}{1-a})D_n, k > 0$$

（3）Holt‐Winters 平滑法

如果时间序列数据不是围绕一个常数均值上下随机波动的，而是呈现一定的季节波动，那么我们可以通过 Holt–Winters 平滑法对其进行拟合。若给定序列 x_t、平滑参数 α 和 β，以及初始值 a_0 和 b_0，Holt–Winters 平滑的数学公式为：

$$a_t = \alpha x_t + (1-\alpha)(a_{t-1} + b_{t-1})$$
$$b_t = \beta(a_t - a_{t-1}) + (1-\beta)b_{t-1}$$

相对于二次指数平滑法，Holt–Winters 平滑法有两个平滑参数，通过最小化样本内预测误差平方和来获得估计值。

Holt–Winters 平滑法包括乘积 Holt–Winters 法和加法 Holt–Winters 法，分别适用于不同的场景。如果我们根据经验判断季节成分随时间的推移会增长，那么乘积 Holt–Winters 法更为合适；如果季节成分不随时间的推移而增长，则加法 Holt–Winters 法更为合适。

乘积 Holt–Winters 法的数学公式为：

$$x_{t+j} = (\mu_t + \beta_j)S_{t+j} + \varepsilon_{t+j}$$

在该数学公式中，x_t 为序列值，μ_t 为随时间而变的均值，β 为参数，S_t 为季节成分，ε_t 为个体误差。

加法 Holt–Winters 法的数学公式为：

$$x_{t+j} = (\mu_t + \beta_j) + S_{t+j} + \varepsilon_{t+j}$$

提　示

上述平滑方法可以用于时间序列数据，也可以用于面板数据。因为面板数据可以分析不同研究对象在时间序列上组成的数据的特征，若用于面板数据，则 Stata 将会针对每个个体分别进行平滑计算。

13.2.2　移动平均滤波与指数平滑法的 Stata 操作

1. 移动平均滤波

移动平均滤波的命令为 tssmooth ma，包括统一权重的移动平均滤波和指定权重的移动平均滤波两种。

统一权重的移动平均滤波的命令及其语法格式为：

```
tssmooth ma [type] newvar = exp [if] [in], window(#l[#c[#f]]) [replace]
```

tssmooth ma 为移动平均滤波的命令，type 选项用来指定生成的新变量类型，newvar 用来指定新生成变量的名称，exp 代表要分析的变量（或其表达式），[if]为条件表达式，[in]用于设置样本范围。window()选项用来设置移动平均过程的跨期，"#l"（注意#后面是小写字母 l，而不是数字 1）用于设置滞后期数，要求 0<#l<样本数量的一半；#c 用于设置滤波中是否包括当前样本观测值，0 表示不包括，1 表示包括，默认为不包括；#f 用于设置领先变量的期数，要求 0<#f<样本数量的一半。如果用户设置了 replace 选项，则意味着如果系统中已经存在了 newvar 变量，那么就用本命令新生成的变量将其替换。

指定权重的移动平均滤波的命令及其语法格式为：

```
tssmooth ma [type] newvar = exp [if] [in], weights([numlist_l] <#c> [numlist_f])
[replace]
```

tssmooth ma 为移动平均滤波的命令，type 选项用来指定生成的新变量类型，newvar 用来指定新生成变量的名称，exp 代表要分析的变量（或其表达式），[if]为条件表达式，[in]用于设置样本范围。weights()选项用来设置移动平均各项的权重。numlist_l 为可选项，用于指定滞后变量的权重；#c 必填，且要用单书名号括起来，用于指定当前项的权重；numlist_f 也是可选项，用于指定领先变量的权重。此外，每个 numlist 的元素个数都要求小于样本数量的一半。举例来说，比如选项为 weights(1/4 <4> 2/1)，则意味着平滑序列为：

$$\hat{x}_t = 1/17(1x_{t-4} + 2x_{t-3} + 3x_{t-2} + 4x_{t-1} + 4x_t + 2x_{t+1} + 1x_{t+2})$$

说　明

1）选项中的 1/4 意味着数字序列 1 2 3 4，所以我们也可以将命令选项写为：

```
weights(1 2 3 4 <4>2 1)
```

2）括号外面的 1/17 表示总权重数是 17（1+2+3+4+4+2+1=17）。

2．一次指数平滑法

一次指数平滑法的命令为 tssmooth exponential，该命令的语法格式为：

```
tssmooth exponential [type] newvar = exp [if] [in] [,options]
```

tssmooth exponential 为一次指数平滑法的命令，type 选项用来指定生成的新变量类型，newvar 用来指定新生成变量的名称，exp 代表要分析的变量（或其表达式），[if] 为条件表达式，[in]用于设置样本范围，[,options]为可选项，如表 13.4 所示。

表13.4　tssmooth exponential命令的[,options]可选项及其含义

[,options]可选项	含　义
replace	如果数据文件中已经存在 newvar，则将其替换
parms(#α)	用#α 作为平滑参数，要求 0<#α<1。如果不设置 parms(#α)选项，则 Stata 会选择平滑参数来最小化样本内预测误差平方
samp0(#)	通过计算前#个样本观测值的均值来获得递推的初始值。选项 samp0(#)和 s0(#)用于指定获得初始值的方式，二者不能同时设置；如果这两个选项都不设置，则 Stata 会计算前半部分样本的均值来获得初始值
s0(#)	用#作为递推的初始值
forecast(#)	设置样本外预测的期数，默认为 forecast(0)

3．二次指数平滑法

二次指数平滑法的命令为 tssmooth dexponential，该命令的语法格式为：

```
ssmooth dexponential [type] newvar = exp [if] [in] [,options]
```

ssmooth dexponential 为二次指数平滑法的命令，type 选项用来指定生成的新变量类型，newvar 用来指定新生成变量的名称，exp 代表要分析的变量（或其表达式），[if]为条件表达式，[in]用于设置样本范围，[,options]为可选项，如表 13.5 所示。

表13.5　ssmooth dexponential命令的[,options]可选项及其含义

[,options]可选项	含　义
replace	如果数据文件中已经存在 newvar，则将其替换
parms(#α)	用#α作为平滑参数，要求 0<#α<1。如果不设置 parms(#α)选项，则 Stata 会选择平滑参数来最小化样本内预测误差平方
samp0(#)	通过计算前#个样本观测值的均值来获得递推的初始值。选项 samp0(#)和 s0(#1 #2)用于指定获得初始值的方式，二者不能同时设置；如果这两个选项都不设置，则 Stata 会计算前半部分样本的均值来获得初始值
s0(#1 #2)	用#1 和#2 作为递推的初始值
forecast(#)	设置样本外预测的期数，默认为 forecast(0)

4. Holt‒Winters 平滑法

Holt‒Winters 平滑法的命令为 tssmooth hwinters，该命令的语法格式为：

```
tssmooth hwinters [type] newvar = exp [if] [in] [,options]
```

tssmooth hwinters 为 Holt‒Winters 平滑法的命令，type 选项用来指定生成的新变量类型，newvar

用来指定新生成变量的名称，exp 代表要分析的变量（或其表达式），[if]为条件表达式，[in]用于设置样本范围，[,options]为可选项，如表 13.6 所示。

表13.6　tssmooth hwinters命令的[,options]可选项及其含义

[,options]可选项	含　义
replace	如果数据文件中已经存在 newvar，则将其替换
parms(#a #b)	用#a #b 作为平滑参数
samp0(#)	通过计算前#个样本观测值的均值来获得递推的初始值。选项 samp0(#)和 s0(#cons #lt)用于指定获得初始值的方式，二者不能同时设置；如果这两个选项都不设置，则 Stata 会计算前半部分样本对时间 t 进行回归来获得初始值
s0(#cons #lt)	用#cons #lt 作为递推的初始值
forecast(#)	设置样本外预测的期数，默认为 forecast(0)

5. Holt–Winters 季节平滑法

Holt–Winters 季节平滑法的命令及其语法格式为：

```
tssmooth shwinters [type] newvar = exp [if] [in] [,options]
```

tssmooth shwinters 为 Holt–Winters 季节平滑法的命令，newvar 为要生成的新变量的名称，exp 代表要分析的变量（或其表达式），[if]为条件表达式，[in]用于设置样本范围，[,options]为可选项，如表 13.7 所示。

表13.7　tssmooth shwinters命令的[,options]可选项及其含义

[,options]可选项	含　义
replace	如果 newvar 已经存在，则将其替换
parms(#α#β #γ)	使用#α #β #γ 作为平滑参数，要求 0<#滑参数、0<#滑参数、0<#滑参数
samp0(#)	通过前#个样本观测值来获得递推的初始值
s0(#cons #lt)	用#cons 和#lt 作为递推的初始值
forecast(#)	设置样本外预测的期数，默认为 forecast(0)
period(#)	设置季节效应的周期为#。如果不设置选项 period(#)，季节效应的周期会从 tsset 命令的选项 daily、weekly、…、yearly 中获得。如果之前的 tsset 命令没有设置这类选项，则必须使用选项 period()
additive	使用加法形式的季节平滑，默认为乘积形式
sn0_0(varname)	使用变量 varname 的值作为初始季节值，选项 sn0_0(varname)和 sn0_v(newvar)不可同时使用
sn0_v(newvar)	将估计的初始季节值保存在变量 newvar 中，选项 sn0_0(varname)和 sn0_v(newvar)不可同时使用
snt_v(newvar)	将估计的最后一年的季节值保存在变量 newvar 中
normalize	将季节值标准化，即在乘积模型中，使季节值之和为 1；在加法模型中，使季节值之和为 0
altstarts	使用另一种方法计算初始值

13.2.3　移动平均滤波与指数平滑法分析示例

我们在本节使用的数据来自于"数据 13A"数据文件，该数据文件中的数据与"数据 13"数据

文件中的数据基本相同，差别在于前者已经整合了 13.1 节中的相关结果，即"数据 13A"数据文件中保存了 month 变量。

1. 移动平均滤波

（1）统一权重的移动平均滤波

打开"数据 13A"数据文件之后，在命令窗口中输入以下命令：

```
tssmooth ma amount1= V16,window(3 1 3)
```

本命令的含义是，使用统一权重的移动平均滤波命令对变量 *V16* 销量总数进行滤波处理，利用 3 期滞后值、当期值和 3 期领先值来做移动平均，且各个值的权重相同，生成滤波处理后的变量为 amount1。该命令的执行结果如图 13.4 所示。

```
. tssmooth ma amount1= V16,window(3 1 3)
The smoother applied was
    (1/7)*[x(t-3) + x(t-2) + x(t-1) + 1*x(t) + x(t+1) + x(t+2) + x(t+3)]; x(t)=
    V16
```

图 13.4　使用统一权重的移动平均滤波命令对变量 *V16* 销量总数进行滤波处理

平滑后的变量 amount1 的计算公式为：

amount1= (1/7)*[$x(t-3)+x(t-2)+x(t-1)+1*x(t)+x(t+1)+x(t+2)+x(t+3)$]

$x(t)$为 *V16* 销量总数。

我们可以对平滑结果进行检验，看看平滑是否起到了预期的效果，即噪声是否存在自相关。在时间序列数据中，噪声类似于基本回归分析模型中残差的概念，即拟合值与原变量值之差。命令为：

```
gen noise1=V16-amount1
```

本命令的含义是生成噪声变量 noise1，即变量原值与平滑后变量新值之差。

```
ac noise1
```

本命令的含义是绘制噪声变量 noise1 的自相关图，如图 13.5 所示。

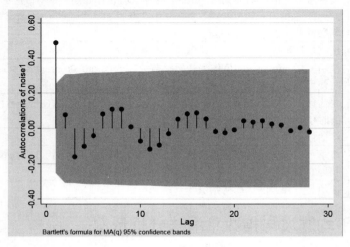

图 13.5　噪声的自相关图

从上述执行结果中不难看出，噪声变量是存在一阶自相关的，体现在一阶自相关系数代表的线超出了阴影区域（95%的置信区间）。

（2）指定权重的移动平均滤波

打开"数据 13A"数据文件之后，在命令窗口中输入以下命令：

```
tssmooth ma amount2=V16,weights(1 2 3 <3> 3 2 1)
```

本命令的含义是，使用指定权重的移动平均滤波命令对变量 $V16$ 销量总数进行滤波处理，利用 3 期滞后值、当期值和 3 期领先值来做移动平均，权重分别为 1/15、2/15、3/15、3/15、3/15、2/15、1/15（因为 1+2+3+3+3+2+1=15），生成滤波处理后的变量为 amount2。该命令的执行结果如图 13.6 所示。

```
. tssmooth ma amount2=V16,weights(1 2 3 <3> 3 2 1)
The smoother applied was
    (1/15)*[1*x(t-3) + 2*x(t-2) + 3*x(t-1) + 3*x(t) + 3*x(t+1) + 2*x(t+2) +
    ...; x(t)= V16
```

图 13.6　使用指定权重的移动平均滤波命令对变量 $V16$ 销量总数进行滤波处理

平滑后的变量 amount2 的计算公式为：

$$amount2=(1/15)*[1*x(t\text{-}3)+2*x(t\text{-}2)+3*x(t\text{-}1)+3*x(t)+3*x(t+1)+2*x(t+2)+...$$

$x(t)$ 为 $V16$ 销量总数。

我们可以对平滑结果进行检验，看看平滑是否起到了预期的效果，即噪声是否存在自相关，命令为：

```
gen noise2=V16-amount2
```

本命令的含义是生成噪声变量 noise2，即变量原值与平滑后变量新值之差。

```
ac noise2
```

本命令的含义是绘制噪声变量 noise1 的自相关图，如图 13.7 所示。

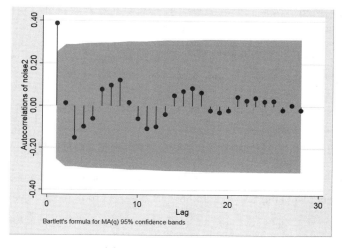

图 13.7　噪声的自相关图

从上述执行结果中不难看出，指定权重的移动平均滤波仍然存在一阶自相关。

我们可以将原变量 $V16$ 以及新生成的两个平滑后的变量 amount1、amount2 绘制到一幅图上进行比较，即生成变量 $V16$、amount1、amount2 的时间序列趋势图，命令为：

```
line amount1 amount2 V16 month
```

绘制结果如图 13.8 所示。

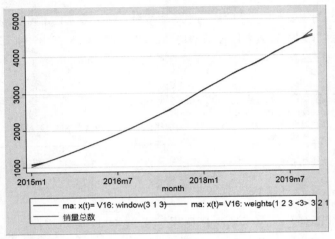

图 13.8　变量 $V16$、amount1、amount2 的时间序列趋势图

其中绿色的为原变量 $V16$，蓝色的是 amount1，红色的是 amount2，发现 amount1、amount2 都拟合得较好，走势基本上与原变量一致。

2. 一次指数平滑法

打开"数据 13A"数据文件之后，在命令窗口中输入命令：

```
tssmooth exponential amount3=V16, forecast(5)
```

本命令的含义是，使用一次指数平滑法对变量 $V16$ 销量总数进行平滑处理，生成平滑处理后的变量为 amount3，并进行 5 期的预测。该命令的执行结果如图 13.9 所示。

```
. tssmooth exponential amount3=V16, forecast(5)

computing optimal exponential  coefficient (0,1)

optimal exponential coefficient =        0.9998
sum-of-squared residuals        =      757135.86
root mean squared error         =      112.33402
```

图 13.9　使用一次指数平滑法对变量 $V16$ 销量总数进行平滑处理

从上述执行结果中可以看出，最优平滑系数（optimal exponential coefficient）为 0.9998，残差平方和（sum-of-squared residuals）为 757135.86，均方误差（root mean squared error）的平方根为 112.33402。

我们可以将原变量 $V16$ 以及新生成的 3 个平滑后的变量 amount1、amount2、amount3 绘制到一幅图上进行比较，即生成变量 $V16$、amount1、amount2、amount3 的时间序列趋势图，命令为：

```
line amount1 amount2 amount3 V16 month
```

绘制结果如图 13.10 所示。

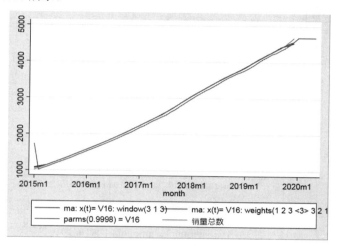

图 13.10　变量 *V*16、amount1、amount2 的时间序列趋势图

其中橙色的为原变量 *V*16，蓝色的是 amount1，红色的是 amount2，绿色的是 amount3，不难发现绿色曲线在拟合方面不如蓝色 amount1、红色 amount2，体现在与原变量 *V*16 的曲线之间存在一定间隙。

3. 二次指数平滑法

打开"数据 13A"数据文件之后，在命令窗口中输入命令：

```
tssmooth dexponential double amount4=V16, forecast(5)
```

本命令的含义是，使用二次指数平滑法对变量 *V*16 销量总数进行平滑处理，生成平滑处理后的变量为 amount4，并进行 5 期的预测。该命令的执行结果如图 13.11 所示。

```
. tssmooth dexponential double amount4=V16, forecast(5)
computing optimal double-exponential coefficient (0,1)

optimal double-exponential coefficient =        0.7595
sum-of-squared residuals                =     9391.9569
root mean squared error                 =     12.511299
```

图 13.11　使用二次指数平滑法对变量 *V*16 销量总数进行平滑处理

从上述执行结果中可以看出，最优平滑系数（optimal exponential coefficient）为 0.7595，残差平方和（sum-of-squared residuals）为 9391.9569，均方误差（root mean squared error）的平方根为 12.511299。可以发现二次指数平滑法的效果远远好于一次指数平滑法，体现在残差平方和较一次指数平滑法有了大幅度的下降。

我们可以将原变量 *V*16 以及新生成的变量 amount3、amount4 绘制到一幅图上进行比较，即生成变量 *V*16、amount3、amount4 的时间序列趋势图，命令为：

```
line amount3 amount4 V16 month
```

绘制结果如图 13.12 所示。

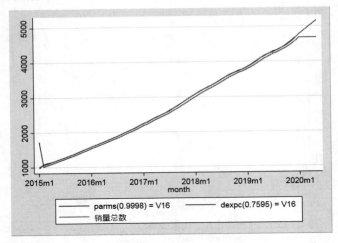

图 13.12　变量 $V16$、amount3、amount4 的时间序列趋势图

其中绿色的为原变量 $V16$，蓝色的是 amount3，红色的是 amount4，不难发现相对于蓝色曲线 amount3，红色曲线 amount4 在拟合方面更有优势，与原变量 $V16$ 的走势相对更为契合，与前面的研究结论一致。

4. Holt – Winters 平滑法

打开"数据 13A"数据文件之后，在命令窗口中输入命令：

```
tssmooth hwinters amount5=V16, forecast(5) parms(0.9 0.9)
```

本命令的含义是，使用 Holt – Winters 平滑法对变量 $V16$ 销量总数进行平滑处理，生成平滑处理后的变量为 amount5，并进行 5 期的预测。此外我们把模型参数值分别设置为 0.9、0.9，该命令的执行结果如图 13.13 所示。

```
. tssmooth hwinters amount5=V16, forecast(5) parms(0.9 0.9)

Specified weights:
                 alpha = 0.9000
                 beta = 0.9000
sum-of-squared residuals = 9700.011
 root mean squared error = 12.71483
```

图 13.13　使用 Holt – Winters 平滑法对变量 $V16$ 销量总数进行平滑处理

我们可以将原变量 $V16$ 以及新生成的变量 amount4、amount5 绘制到一幅图上进行比较，即生成变量 $V16$、amount4、mount5 的时间序列趋势图，命令为：

```
line amount4 amount5 V16 month
```

绘制结果如图 13.14 所示。

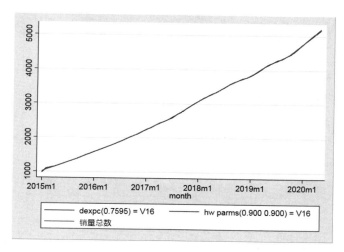

图 13.14　变量 $V16$、amount4、amount5 的时间序列趋势图

其中绿色的为原变量 $V16$，蓝色的是 amount4，红色的是 amount5，不难发现蓝色曲线 amount4、红色曲线 amount5 都拟合得较好。

5. Holt–Winters 季节平滑法

打开"数据 13A"数据文件之后，在命令窗口中输入命令：

```
tssmooth shwinters amount691=V16,forecast(5) period(12) parms(0.8 0.8 0.8)
```

本命令的含义是，使用 Holt–Winters 季节平滑法对变量 $V16$ 销量总数进行平滑处理，生成平滑处理后的变量为 amount6，并进行 5 期的预测，由于是月度数据，因此设置 period(12)选项，此外我们把模型参数值分别设置为 0.8、0.8、0.8。该命令的执行结果如图 13.15 所示。

```
. tssmooth shwinters amount691=V16,forecast(5) period(12) parms(0.8 0.8 0.8)

Specified weights:
                    alpha = 0.8000
                     beta = 0.8000
                    gamma = 0.8000
sum-of-squared residuals = 9663.52
 root mean squared error = 12.69089
```

图 13.15　使用 Holt–Winters 季节平滑法对变量 $V16$ 销量总数进行平滑处理

从上述执行结果中可以看出，模型经过 14 次迭代后达到最优，残差平方和为 576347.8，大于 Holt–Winters 平滑法生成的 amount5 变量。

我们可以将原变量 $V16$ 以及新生成的变量 amount5、amount6 绘制到一幅图上进行比较，即生成变量 $V16$、amount5、amount6 的时间序列趋势图，命令为：

```
line amount5 amount6 V16 month
```

绘制行结果如图 13.16 所示。

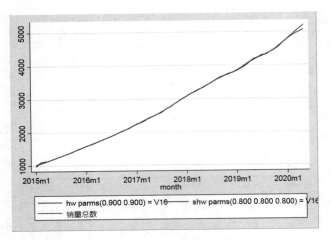

图 13.16　变量 $V16$、amount5、amount6 的时间序列趋势图

其中绿色的为原变量 $V16$，蓝色的是 amount5，红色的是 amount6，不难发现红色曲线 amount6、蓝色曲线 amount5 都拟合得很好，与原变量 V16 的走势很契合，与前面的研究结论一致。

综上所述，有多种模型可以有效拟合原变量，读者可根据研究需要自行选取。

13.3　ARIMA 模型、SARIMA 模型、ARIMAX 模型

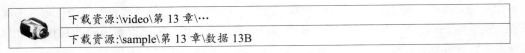

	下载资源:\video\第 13 章\⋯
	下载资源:\sample\第 13 章\数据 13B

13.3.1　ARIMA 模型、SARIMA 模型、ARIMAX 模型概述

1. ARIMA 模型介绍

ARIMA 模型（Auto Regressive Integrated Moving Average Model，自回归滑动平均模型）也被称为博克思-詹金斯法，是由博克思（Box）和詹金斯（Jenkins）于 20 世纪 70 年代初提出的一种著名的时间序列预测方法，ARIMA 模型广泛应用在时间序列数据的模型拟合和预测中。ARIMA 模型的基本思想和分析思路是：将预测对象随时间推移而形成的数据序列视为一个随机序列，然后用一定的数学模型来拟合这个序列，一旦被有效拟合，就可以被用来从时间序列的过去值及现在值来预测未来值。

ARIMA 模型具体分为 4 种，包括自回归模型（AR 模型）、移动平均模型（MA 模型）、自回归移动平均混合模型（ARMA 模型）、差分整合移动平均自回归模型（ARIMA 模型）。这 4 种模型本质上都是多元线性回归模型。完整的 ARIMA（p、d、q）模型中，AR 是自回归，p 为自回归项；MA 为移动平均，q 为移动平均项数，d 为时间序列成为平稳时所做的差分次数。

（1）自回归模型（AR 模型）

$$y_t = \beta_0 + \beta_1 y_{t-1} + \cdots + \beta_p y_{t-p} + \varepsilon_t$$

其中，$\{\varepsilon_t\}$是白噪声序列，y_t 为 p 阶自回归过程，用 $AR(p)$ 表示。

自回归模型的基本思想是y_t是前 p 期序列值线性组合，或者说本期的观测值仅与最近 p 期的观测值相关，通过最新 p 期的观测值就可以拟合当期观测值。只有各个系数β的绝对值是小于 1 的，自回归模型才是平稳的。

（2）移动平均模型（MA 模型）

$$y_t = \mu + \varepsilon_t + \theta_1\varepsilon_{t-1} + \theta_2\varepsilon_{t-2} + \cdots + \theta_q\varepsilon_{t-q}$$

其中，$\{\varepsilon_t\}$为白噪声，y_t 为 q 阶移动平均过程，用 $\text{MA}(q)$ 表示。

与 AR 模型不同，MA 模型关注的是 AR 模型中的随机扰动项的累加，通过扰动项的移动平均能够有效消除预测中的随机波动。

（3）自回归移动平均混合模型（ARMA 模型）

$$y_t = \beta_0 + \beta_1 y_{t-1} + \cdots + \beta_p y_{t-p} + \varepsilon_t + \theta_1\varepsilon_{t-1} + \cdots + \theta_q\varepsilon_{t-q}$$

其中，$\{\varepsilon_t\}$为白噪声。

ARMA 模型是 AR 和 MA 模型的线性组合，包括自回归和移动平均两部分，用 ARMA(p,q)表示。当 q=0 时，ARMA 模型将成为 $AR(p)$ 模型；当 p=0 时，ARMA 模型将成为 $\text{MA}(q)$模型。

（4）差分整合移动平均自回归模型（ARIMA 模型）

自回归模型（AR 模型）、移动平均模型（MA 模型）、自回归移动平均混合模型（ARMA 模型）是 3 种平稳的随机过程。如果时间序列是不平稳的，则需要通过差分的方式实现平稳，经过 d 阶差分变换后的 ARMA(p,q)模型称为 ARIMA(p,d,q)模型。

判断是否平稳需要用到我们后续将要介绍的单位根检验，单位根又称为单位圆，指模型的特征方程的根和 1 的关系，如果模型的特征根大于 1，则序列非平稳，如果特征根小于 1，则序列平稳。

在 d 的确定方面，ARIMA 是指时间序列经过 d 阶差分之后可以满足平稳非白噪声序列的条件，并利用 ARMA 为其进行建模。ARIMA 和 ARMA 最大的差异就是前者对原数据序列进行了差分，差分的次数就是模型 ARIMA(p,d,q)的阶数，一般来说，差分的次数越多越平稳，但是每一次差分都会造成样本的减少，会损失数据信息，所以也不能过度差分，一般来说，差分阶数不宜大于 2 阶。

2. SARIMA 模型

如果可以初步判定或假设时间序列数据是季节性周期变化的，那么就可以通过季节 ARIMA（Seasonal ARIMA，简记为 SARIMA）模型进行拟合。$(p,d,q)\times(P,D,Q)_s$ 阶的季节时间序列模型公式为：

$$\Phi_p(L)\Phi_P(L^s)\Delta^d\Delta_s^D y_t = \Theta_q(L)\Theta_Q(L^s)\varepsilon_t$$

公式中的下标小写的 p、q 分别表示非季节自回归、移动平均算子的最大滞后阶数，大写的 P、Q 分别表示季节自回归、移动平均算子的最大滞后阶数；小写 d、大写 D 分别表示非季节和季节性差分次数。

针对公式中各个参数的设置，一般来说，$(p,d,q)\times(P,D,Q)_s$ 阶 SARIMA 模型，d 和 D 为 0 或 1，p、q、P、Q 一般也不超过 3。s 反映的是数据周期，所以若数据为季度数据，则 s 为 4；若数据为月度数据，则 s 为 12；以此类推。

3. ARIMAX 模型

ARIMAX 模型是针对普通回归模型而言的，实质上是对普通回归模型的一种优化。如果回归模型的扰动项存在序列相关，那么将不会满足 OLS 估计中扰动项被假定为白噪声的假设条件，那么用 ARIMAX 模型拟合就是一种很好的解决方法。比如对于一个扰动项服从 ARMA(p,q)的 ARIMAX 模型，其数学公式为：

结构模型：$y_t = x_t' \beta + \mu_t$。

扰动模型：$\mu_t = \rho_1\mu_{t-1} + \cdots + \rho_p\mu_{t-p} + \varepsilon_t + \theta_1\varepsilon_{t-1} + \cdots + \theta_q\varepsilon_{t-q}$。

其中，μ_t为扰动项，$\{\varepsilon_t\}$为白噪声。

当然，也可以把结构模型$\mu_t = y_t - x_t'\beta$代入扰动模型，即将两个数学公式合一：

$$y_t = x_t'\beta + \rho_1(y_{t-1} - x_{t-1}'\beta) + \cdots + \rho_p(y_{t-p} - x_{t-p}'\beta) + \varepsilon_t + \theta_1\varepsilon_{t-1} + \cdots + \theta_q\varepsilon_{t-q}$$

提　示

1）ARIMAX 模型包括结构模型和扰动模型两部分，结构部分可以利用回归分析等方法得到，而扰动模型可以通过时间序列模型的分析方法得到。

2）ARIMAX 模型可以利用 MLE 或条件 MLE 进行估计。

3）ARIMAX 模型中也可以对被解释变量y_t和解释变量x_t进行差分。

4. 如何建立恰当的 ARIMA 模型和 SARIMA 模型

BOX-Jenkins 提出了 ARIMA 建模思想（B-J 方法），该思想可以指导实际建模过程，其实也就是 ARIMA$(p、d、q)$模型的识别，或者说其中具体的 3 个参数 $p、d、q$ 的确定，主要有以下几个重要过程：

1）获取时间序列数据。时间序列数据可以直接使用公开的符合时间序列特征的统计数据，也可以通过试验的方式观测所得。拿到数据后，应该首先检视下是否有极端异常值存在，并分析这些极端异常值存在的合理性，必要时予以修正，以保证获得数据的准确性，为开展分析打好基础。

2）最终拟合的 ARIMA 模型要求时间序列为平稳序列。所谓平稳，即时间序列不存在单位根。在 ARIMA$(p、d、q)$模型中，关于 d 参数的确定是最简单的。先对原序列进行平稳性检验，若序列是非平稳的，则对其进行 d 阶差分变换或者其他变换（对时间序列进行自然对数差分变换较为普遍），使其满足平稳性条件。如果 d 阶差分后序列为平稳的，则称序列为 d 阶单整序列，对这个差分后序列建立 ARIMA 模型即可。要注意的是，差分次数过多会影响模型参数估计，如果 d 阶差分无平稳序列，或虽已经平稳但对差分后的序列研究已经没意义，就不用再建立 ARMA 模型了。

3）对原序列或者变换后的序列的特征进行分析，尤其着重分析这些序列的自相关函数和偏自相关函数，分析其是否包含季节性变动。这些分析有助于确定 ARIMA 模型的形式。

最终拟合的 ARIMA 模型要求时间序列为非白噪声序列。白噪声序列又称为纯随机序列，即序列的变量之间无任何关系，因此没有分析价值；平稳非白噪声序列的均值和方差是常数，可以使用 ARIMA 模型拟合。白噪声检验可以通过计算自相关系数与偏自相关系数、绘制自相关和偏自相关函数图等方式来检验（在前面 7.2 节自相关诊断与处理有详细介绍），只要序列变量之间的协方差系数在 0 值附近波动，就可以认为是白噪声序列。在 ARIMA(p、d、q)模型中，关于 q 参数和 p 参数的确定一般可以借助自相关函数 ACF 图和偏自相关函数 PACF 图对 p 和 q 进行初步的判断。时间序列 y_t 与 y_{t-j} 的自相关函数定义为：

$$\rho_j = \frac{\text{cov}(y_t, y_{t-j})}{\sqrt{\text{var}(y_t)\text{var}(y_{t-j})}}, \ j = 0, \pm 1, \pm 2, \cdots$$

一般把不同的 j 对应的 ρ_j 值绘制成图称为自相关图。

关于 q 参数的确定，以 MA(1)过程为例：

$$y_t = c + \varepsilon_t + \theta_1 \varepsilon_{t-1}$$

基于自相关函数 ACF 的定义可以推导：

$$\rho_j = \frac{\theta_1}{(1 + \theta_1^2)}, j = 1$$
$$\rho_j = 0, j > 1$$

可以证明，MA(q)过程 ACF 值在 q 期后为零。MA(q)模型的自相关函数 ACF 呈现 q 期后截尾特征。

关于 p 参数的确定，以 AR(1)过程为例：

$$y_t = c + \alpha \ y_{t-1} + \varepsilon_t$$
$$y_t = c + c\alpha + \alpha^2 \ y_{t-2} + \alpha \varepsilon_{t-1} + \varepsilon_t$$

由此可见，y_t 与 y_{t-2} 之间是通过 y_{t-1} 相关的。而偏自相关函数 PACF 是指 y_t 与 y_{t-k} 之间剔除了这两期之间由 $y_{t-1}y_{t-2}\cdots y_{t-k}+1$ 而形成的线性关系后存在的相关性。可见一个 AR(1)过程的 PACF 值在滞后一期后将变为零。可以证明，AR(p)过程 PACF 值在滞后 p 期后变为零。AR(p)模型的偏自相关函数 PACF 呈现 p 期后截尾特征。

结合上述理论，针对 AR(p)模型，其 PACF 应该在 p 期滞后之后突然降为零，而对于 MA(q)模型因为其可以转化为 AR(∞)形式，所以对应的 PACF 应该呈现逐渐衰减向零趋近的态势。MA(q)模型，其 ACF 应该在 q 期之后陡然变为零；而对于 AR(p)模型，因为其可以转化为 MA(∞)形式，所以其 ACF 应该呈现逐渐衰减向零趋近的态势。由于 ARMA(p,q)可以转化为 AR(∞)或 MA(∞)，因此其对应的特征为两种函数均表现为逐渐衰减的态势。若称陡然降为零为"截尾"，则逐渐衰减为"拖尾"。

综上，自回归模型（AR 模型）、移动平均模型（MA 模型）、自回归移动平均混合模型（ARMA 模型）3 种模型的自相关函数、偏自相关函数具备如表 13.8 所示的特征。

表13.8　3种模型的自相关函数、偏自相关函数具备的特征

模型形式	自相关函数	偏自相关函数
AR(p)	拖尾	p 阶截尾
MA(q)	q 阶截尾	拖尾
ARMA(p,q)	拖尾	拖尾

基于这一特征，我们可以进行模型识别，即通过计算自相关系数与偏自相关系数、绘制自相关

和偏自相关函数图的方式观察 AR(p)p 阶截尾或 MA(q)q 阶截尾的特征,以确定 p、q 值。在大多数情况下,$p+q \leqslant 5$ 就足够了。在判断滞后阶数时,还可以使用信息准则,即选择 AIC 或 BIC 最小的 p、q 组合。

4)估计模型的参数,并根据滞后多项式根的倒数判断模型是否平稳,同时也要判断模型的拟合效果和合理性。

5)对模型残差进行诊断检验,主要是检验模型估计结果的残差序列是否满足随机性要求。在估计完模型之后,需要检验残差项$\{\varepsilon_t\}$是否为白噪声。若不是白噪声,则应考虑增加阶数,重新估计模型,直至残差为白噪声。

6)确认模型的形式。可能会有多个模型(我们也需要建立多个模型),对于这些模型需要综合评价分析,从而选择合适、简洁有效的模型。最优模型确定的常用准则是:第一,通过试设模型后进行比较,选择 SIC 和 AIC 值最小的、调整 R2 最大的模型,这种方法在 ARMA(p,q)模型中最重要;第二,如果上述方法无法得到统一的结果,就依"简约原则"进行选择,即选择模型设立单一、滞后期较小的模型;第三,对于 AR(p)模型可以进行稳健性检验,排除残差具有序列相关性的模型。

7)利用所建立的模型进行预测,从而评价模型的好坏。

13.3.2 ARIMA 模型、SARIMA 模型、ARIMAX 模型的 Stata 操作

1. ARIMA 模型的 Stata 命令

ARIMA(p,d,q)模型的命令及其语法格式为:

```
arima depvar, arima(#p,#d,#q)
```

完整的命令语法格式:

```
arima depvar [indepvars] [if] [in] [weight] [,options]
```

在上述命令中,arima 为 ARIMA 模型的命令,depvar 为被解释变量,[indepvars]为解释变量(为可选项),[if]为条件表达式,[in]用于设置样本范围,[weight]用于设置权重,[,options]为可选项,主要包括表 13.9 所示的几项。

表13.9 arima命令的[,options]可选项及其含义

[,options]可选项	含 义
noconstant	模型中不包含常数项
arima(#p, #d, #q)	拟合 ARIMA(p,d,q)模型
ar(numlist)	设置自回归的滞后项
ma(numlist)	设置移动平均的滞后项
constraints(constraints)	进行约束回归
collinear	保留多重共线性变量
condition	使用条件 MLE 进行估计
savespace	估计时节省内存(临时删除多余变量)
level(#)	设置模型的置信度,默认值为95%
vce(type)	设置模型估计量的标准差,包括:opg、robust、oim
detail	汇报时间序列的间断点(gaps)

选项 arima(#p,#d,#q) 表示，对被解释变量进行 d 阶差分，并包括 1 到 p 阶的 AR 自回归项以及 1 到 q 阶的 MA 移动平均项。根据该规则，命令 arima depvar, arima(2,1,3)的含义就是 arima d.depvar, ar (1/2) ma(1/3)。

ARIMA 模型也可以用来预测，相应的命令及其语法格式为：

```
predict [type] newvar [if] [in] [,statistic options]
```

predict 为预测的命令，type 可选项用来设置新变量的类型，newvar 用来设置新生成的变量，[if] 为条件表达式，[in]用于设置样本范围，statistic 代表可用的统计量，options 代表其他选项。statistic 可选项包括表 13.10 所示的几项。

表13.10　predict命令的statistic可选项及其含义

statistic 可选项	含　义
xb	对差分变量的预测，也是默认选项，需要注意的是如果模型中的被解释变量为 $d.y$，那么预测值为 $d.y$，而非 y 本身
stdp	线性预测的标准差
y	对未差分变量的预测，需要注意的是即使模型中的被解释变量为 $d.y$，预测值也是 y 本身
mse	预测值的均方误差
residuals	残差
yresiduals	y 的残差，需要注意的是即使模型中的被解释变量为 $d.y$，也要转换成 y 的水平形式的残差

options 可选项包括表 13.11 所示的几项。

表13.11　predict命令的options可选项及其含义

options 可选项	含　义
dynamic(time_constant)	设置动态预测的起始期。注意，如果不设置选项 dynamic(time_constant)，则将进行一步预测，即如果模型中有 y_t 的滞后变量，则会在预测中使用其实际观测值；如果设置选项 dynamic(time_constant)，则会生成递归预测
t0(time_constant)	选项 t0(time_constant)设置了计算预测统计量的起始迭代点，选项中 time_constant 为时间常数。对于 t<t0( )的扰动项都将设置为 0。默认情况下，t0(time_constant) 被认为是用于估计样本的最小观测期 t。如果同时设置了 structural 选项，会设置所有的扰动项为 0，就没有必要设置 t0(time_constant) 了
Structural	进行结构预测，即忽略 ARIMA 扰动项。注意对于 statistic 可选项中的 residuals 而言，如果不设置 structural 选项，则计算的是扰动项的预测值；如果设置 structural 选项，则计算的是结构方程的扰动项的预测值

2. 季节乘法 ARIMA(p,d,q)*(p,d,q) s 模型（SARIMA 模型）的命令

```
arima depvar, arima(#p,#d,#q) sarima(#P,#D,#Q,#s)
```

完整的命令语法格式如下：

```
arima depvar [indepvars] [if] [in] [weight] [,options]
```

在上述命令中，arima 为 ARIMA 模型的命令，depvar 为被解释变量，[indepvars]为解释变量（为可选项），[if] 为条件表达式，[in]用于设置样本范围，[weight]用于设置权重，[,options]为可选项，主要包括表 13.12 所示的几项。

表13.12　arima命令的[,options]可选项及其含义

[,options]可选项	含　义
sarima(#P, #D, #Q, #s)	设置周期为 s 的乘积季节 ARIMA 项
mar(numlist, #s)	设置乘积形式的季节自回归项，可重复
mma(numlist, #s)	设置乘积形式的季节移动平均项，可重复

3. ARIMAX 的命令

```
arima depvar [indepvars] [if] [in] [weight] [,options]
```

在上述命令中，arima 为 ARIMA 模型的命令，depvar 为被解释变量，[indepvars]为解释变量（为可选项），[if]为条件表达式，[in]用于设置样本范围，[weight]用于设置权重，[,options]为可选项，包括 ARIMA 及 SARIMA 模型中的[,options]。

注　意

ARIMAX 可以根据研究需要通过选项灵活设置。

1）在 ARIMAX 中，若使用选项 arima(#p,#d,#q)且 d 不为 0，则模型会对因变量和所有的自变量都差分 d 阶，并设置结构模型的扰动项为 ARIMA(p,q)模型。

2）用户也可以分别使用差分算子，对因变量及自变量的差分阶数进行不同的设置，还可以通过选项 ar()及 ma()来设置结构模型的扰动项。

3）在 ARIMAX 中，若使用选项 sarima(#P, #D, #Q, #s)且 D 不为 0，模型会对因变量和所有的自变量分别进行 D 次滞后 s 期的季节差分，并设置结构模型的扰动项包括 1 到 P 期季节自回归项以及 1 到 Q 期季节移动平均项。

4）用户也可以通过差分算子及选项 ar()和 ma()实现更为复杂的设置。

13.3.3　ARIMA 模型、SARIMA 模型、ARIMAX 模型分析示例

我们在本节使用的数据来自于"数据 13B"数据文件，其中记录了自 2016 年 10 月至 2021 年 10 月，每月原油价格和黄金价格的均值数据。其中原油价格数据来源于 http://www.forecasts.org/oil.htm，黄金价格数据来源于 http://www.forecasts.org/gold.htm。该数据文件中共有 3 个变量，为 oilprice、goldprice、month，分别表示 WTI Crude Oil Price、Gold Price London Fix、月份，如图 13.17 所示。

在该数据文件的命令窗口中输入：

```
tsset month
```

图 13.17　数据 13B

本命令的含义是将 month 定义为数据文件的时间变量。

```
ac d.goldprice
```

本命令的含义是绘制 goldprice 一阶差分的自相关图，观察序列是否存在自相关。该命令的执行结果如图 13.18 所示，可以发现一阶自相关系数正好处于 95%置信区间的边缘，不存在其他阶数的自相关。

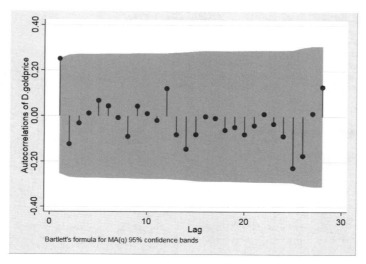

图 13.18　goldprice 一阶差分的自相关图

```
pac d.goldprice
```

本命令的含义是绘制 goldprice 一阶差分的偏自相关图，观察序列是否存在偏自相关。绘制结果如图 13.19 所示，可以发现偏自相关系数存在一定的拖尾现象。

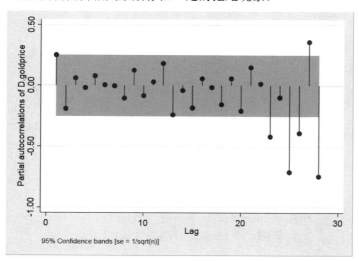

图 13.19　goldprice 一阶差分的偏自相关图

```
arima goldprice,arima(1,1,1)
```

本命令的含义是用 arima 模型拟合 goldprice 时间序列,设置自回归阶数 AR 为 1,差分阶数为 1,移动平均 MA 阶数为 1,该命令的执行结果如图 13.20 所示。从结果中可以看出常数项的系数并不显著($P>|z|$=0.232),一阶自回归系数也不显著($P>|z|$=0.213)。

```
. arima goldprice,arima(1,1,1)

(setting optimization to BHHH)
Iteration 0:    log likelihood = -311.22878
Iteration 1:    log likelihood = -309.60177
Iteration 2:    log likelihood = -309.54725
Iteration 3:    log likelihood =  -309.5304
Iteration 4:    log likelihood =  -309.5283
(switching optimization to BFGS)
Iteration 5:    log likelihood = -309.52718
Iteration 6:    log likelihood = -309.52655
Iteration 7:    log likelihood = -309.52655

ARIMA regression

Sample:  2016m11 - 2021m10                      Number of obs     =         60
                                                Wald chi2(2)      =      12.30
Log likelihood = -309.5265                      Prob > chi2       =     0.0021
```

D.goldprice	Coef.	OPG Std. Err.	z	P>|z|	[95% Conf. Interval]
goldprice					
_cons	8.486237	7.097768	1.20	0.232	-5.425133 22.39761
ARMA					
ar					
L1.	-.3282087	.2637898	-1.24	0.213	-.8452272 .1888098
ma					
L1.	.6493358	.2454202	2.65	0.008	.168321 1.130351
/sigma	42.02898	4.435506	9.48	0.000	33.33555 50.72241

Note: The test of the variance against zero is one sided, and the two-sided confidence interval is truncated at zero.

图 13.20   arima(1,1,1)模型拟合结果

```
estat ic
```

本命令的含义是对上面生成的模型计算信息准则结果,如图 13.21 所示,AIC 为 627.0531,BIC 为 635.4305。

Akaike's information criterion and Bayesian information criterion

Model	N	ll(null)	ll(model)	df	AIC	BIC
.	60	.	-309.5265	4	627.0531	635.4305

Note: BIC uses N = number of observations. See **[R] BIC note**.

图 13.21   arima(1,1,1)模型信息准则结果

```
arima goldprice,arima(1,1,2)
```

本命令的含义是用 ARIMA 模型拟合 goldprice 时间序列,设置自回归阶数 AR 为 1,差分阶数为 1,移动平均 MA 阶数为 2,该命令的执行结果如图 13.22 所示。从结果中可以看出常数项的系数、

一阶自回归系数以及一阶、二阶的移动平均系数都不显著。

```
. arima goldprice,arima(1,1,2)

(setting optimization to BHHH)
Iteration 0:    log likelihood = -311.42376
Iteration 1:    log likelihood = -310.18303
Iteration 2:    log likelihood = -309.89912
Iteration 3:    log likelihood = -309.83958
Iteration 4:    log likelihood = -309.50543
(switching optimization to BFGS)
Iteration 5:    log likelihood = -309.48509
Iteration 6:    log likelihood = -309.48376
Iteration 7:    log likelihood = -309.48356
Iteration 8:    log likelihood = -309.48354

ARIMA regression

Sample:  2016m11 - 2021m10               Number of obs   =         60
                                         Wald chi2(3)    =       6.59
Log likelihood = -309.4835               Prob > chi2     =     0.0863
```

D.goldprice	Coef.	OPG Std. Err.	z	P>|z|	[95% Conf. Interval]	
goldprice						
_cons	8.651014	6.727088	1.29	0.198	-4.533835	21.83586
ARMA						
ar						
L1.	.0567245	.9901101	0.06	0.954	-1.883856	1.997305
ma						
L1.	.2575534	.9591581	0.27	0.788	-1.622362	2.137469
L2.	-.1568763	.3880466	-0.40	0.686	-.9174337	.6036811
/sigma	41.99788	4.488376	9.36	0.000	33.20082	50.79493

```
Note: The test of the variance against zero is one sided, and the two-sided
      confidence interval is truncated at zero.
```

图 13.22　arima(1,1,2)模型拟合结果

```
estat ic
```

本命令的含义是对上面生成的模型计算信息准则结果,其中 AIC 为 628.9671,BIC 为 639.4388,如图 13.23 所示。信息准则的数值越小越好。可以发现 arima(1,1,2)模型拟合效果不如 arima(1,1,1)模型,体现在多个系数变得不再显著,而且信息准则的数值还得到了提升。

```
. estat ic

Akaike's information criterion and Bayesian information criterion
```

Model	N	ll(null)	ll(model)	df	AIC	BIC
.	60	.	-309.4835	5	628.9671	639.4388

```
Note: BIC uses N = number of observations. See [R] BIC note.
```

图 13.23　arima(1,1,2)模型信息准则结果

读者还可以自行建立其他的模型进行分析。

```
quietly arima goldprice,arima(1,1,1)
```

本命令的含义是以静默方式重新执行 arima(1,1,1)模型,恢复到原来的 arima(1,1,1)模型拟合后结果,以便为后续预测做好准备。

```
predict r, residual
```

本命令的含义是对残差进行预测,并将其命名为 r。

```
wntestq r
```

本命令的含义是检验残差变量 r 是否为白噪声序列,该命令的执行结果如图 13.24 所示,可以发现 Prob>chi2(28)=0.9888,远远大于 0.05,显著接受了为白噪声序列的原假设。

```
. wntestq r

Portmanteau test for white noise

 Portmanteau (Q) statistic =    13.7572
 Prob > chi2(28)           =     0.9888
```

图 13.24 检验残差变量 r 是否为白噪声序列

```
arima goldprice,arima(0,1,1) sarima(0,1,1,12) noconstant
```

本命令的含义是使用 SARIMA 模型拟合 goldprice 序列,其中的($\#p,\#d,\#q$)参数分别是(0,1,1),sarima($\#P,\#D,\#Q,\#s$)参数分别是 sarima(0,1,1,12),因为我们前面发现常数项的系数并不显著,所以加上了 noconstant。分析结果如图 13.25 所示。

```
. arima goldpric,arima(0,1,1) sarima(0,1,1,12) noconstant

(setting optimization to BHHH)
Iteration 0:   log likelihood = -259.53447
Iteration 1:   log likelihood = -257.69945
Iteration 2:   log likelihood = -253.78289
Iteration 3:   log likelihood = -253.74462
Iteration 4:   log likelihood = -253.70331
(switching optimization to BFGS)
Iteration 5:   log likelihood = -253.69683
Iteration 6:   log likelihood = -253.69201
Iteration 7:   log likelihood =   -253.692

ARIMA regression

Sample: 2017m11 - 2021m10              Number of obs    =        48
                                       Wald chi2(2)     =     16.92
Log likelihood = -253.692              Prob > chi2      =    0.0002
```

DS12. goldprice	Coef.	OPG Std. Err.	z	P>|z|	[95% Conf. Interval]
ARMA					
ma					
L1.	.4476941	.1576379	2.84	0.005	.1387296 .7566586
ARMA12					
ma					
L1.	-.6176664	.2333622	-2.65	0.008	-1.075048 -.1602849
/sigma	44.92344	5.352264	8.39	0.000	34.4332 55.41369

```
Note: The test of the variance against zero is one sided, and the two-sided
      confidence interval is truncated at zero.
```

图 13.25 sarima 模型拟合结果

```
estat ic
```

本命令的含义是对上面生成的模型计算信息准则结果，其中 AIC 为 513.384，BIC 为 518.9976，如图 13.26 所示。信息准则的数值越小越好。可以发现 SARIMA 模型拟合效果不比普通的 ARIMA 模型要好，体现在模型中系数都很显著，而且信息准则的数值还得到了降低。

```
. estat ic

Akaike's information criterion and Bayesian information criterion

    Model         N   ll(null)  ll(model)      df        AIC        BIC

        .        48          .   -253.692       3    513.384   518.9976

Note: BIC uses N = number of observations. See [R] BIC note.
```

图 13.26　arima(1,1,2)模型信息准则结果

```
arima goldprice oilprice, ar(1) ma(1) vce(r)
```

本命令的含义是使用 ARIMAX 模型，以 goldprice 为被解释变量，以 oilprice 为解释变量，设置 ar(1) ma(1)，并使用稳健的标准差进行分析。分析结果如图 13.27 所示。可以发现 ARIMAX 模型与前面介绍的 ARIMA 模型、SARIMA 模型重要的区别就是不再仅考虑一个时间序列（目标序列），而是在考虑目标序列过去值的同时，也考虑其他时间序列（独立序列、预测因子序列）对目标序列的影响。

```
. arima goldprice oilprice, ar(1) ma(1) vce(r)

(setting optimization to BHHH)
Iteration 0:   log pseudolikelihood = -321.68915
Iteration 1:   log pseudolikelihood = -318.35207
Iteration 2:   log pseudolikelihood = -317.15024
Iteration 3:   log pseudolikelihood = -317.08479
Iteration 4:   log pseudolikelihood = -317.05019
(switching optimization to BFGS)
Iteration 5:   log pseudolikelihood = -317.04271
Iteration 6:   log pseudolikelihood = -317.04087
Iteration 7:   log pseudolikelihood = -317.04077
Iteration 8:   log pseudolikelihood = -317.04075

ARIMA regression

Sample:  2016m10 - 2021m10              Number of obs     =         61
                                        Wald chi2(3)      =    3179.33
Log pseudolikelihood = -317.0407        Prob > chi2       =     0.0000

                         Semirobust
   goldprice     Coef.   Std. Err.      z    P>|z|     [95% Conf. Interval]

goldprice
    oilprice  -.5195907   .8954054   -0.58   0.562   -2.274553    1.235372
       _cons   1531.851   198.5004    7.72   0.000    1142.798    1920.905

ARMA
          ar
         L1.   .9738273   .0178196   54.65   0.000    .9389016    1.008753

          ma
         L1.   .3763661   .1479582    2.54   0.011    .0863735    .6663588

      /sigma   42.42631   3.832161   11.07   0.000    34.91542    49.93721

Note: The test of the variance against zero is one sided, and the two-sided
      confidence interval is truncated at zero.
```

图 13.27　SARIMA 模型结果

可以看到，oilprice 的系数不够显著，但自回归项、移动平均项的系数都很显著。最终模型为：

$$goldprice_t=1531.851-0.5195907oilprice_t+\mu_t$$

$$\mu_t=0.9738273_{\mu t-1}+\varepsilon_t+0.3763661\varepsilon_{t-1}$$

其中，ε_t 的标准差为 42.42631。

13.4 单位根检验

下载资源:\video\第 13 章\⋯
下载资源:\sample\第 13 章\数据 13C

13.4.1 单位根检验的功能与意义

对于一个时间序列数据而言，数据的平稳性对于模型的构建是非常重要的。如果时间序列数据是不平稳的，可能会导致自回归系数的估计值向左偏向于 0，使传统的 T 检验失效，也有可能会使得两个相互独立的变量出现假相关关系或者回归关系，造成模型结果的失真。在时间序列数据不平稳的情况下，目前公认的能够有效解决假相关或者假回归，构建出合理模型的方法有两种：一种是先对变量进行差分直到数据平稳，再把得到的数据进行回归的方式；另一种就是进行协整检验并构建合理模型的处理方式。那么如何判断数据是否平稳呢？前面提到的绘制时间序列图的方法可以作为平稳性检验初步推测或者辅助检验的一种方式。还有一种更精确的检验方式是：如果数据没有单位根，我们就认为它是平稳的，这时就需要用到本节介绍的单位根检验。常用的单位根检验方法有 Dickey-Fuller 检验（DF 检验）、Augmented Dickey-Fuller 检验（ADF 检验）、Phillips-Perron 检验（PP 检验）、DF-GLS 检验等。

以 DF 检验为例，DF 检验使用的是 AR(1)过程，如果一个时间序列为{y_t}，则考虑模型：

$$y_t=\beta_0+\beta_1y_{t-1}+\varepsilon_t$$

其中，{ε_t}为白噪声。如果$-1<\beta_1<1$，也就是β_1的绝对值小于 1，则y_t就是平稳时间序列，如果$|\beta_1|=1$，则y_t存在单位根，通常情况下$|\beta_1|$不会大于 1；如果$|\beta_1|>1$，则y_t发散。DF 检验的原假设为数据存在单位根，备择假设是数据不存在单位根。DF 检验的缺点如果不是 AR(1)过程，而是高阶自相关，就违背了扰动项{ε_t}是独立白噪声的假设。

ADF 检验可以引入高阶滞后项，使用 AR(p)过程，如果一个时间序列为{y_t}，则考虑模型：

$$y_t = \beta_0 + \beta_1y_{t-1} + \cdots + \beta_py_{t-p} + \varepsilon_t$$

其中，{ε_t}为白噪声。如果$-1<\beta_1<1$，也就是β_1的绝对值小于 1，则y_t就是平稳时间序列，如果$|\beta_1|=1$，则y_t存在单位根，通常情况下$|\beta_1|$不会大于 1，如果$|\beta_1|>1$，则y_t发散。ADF 检验的原假设是数据存在单位根，备择假设是数据不存在单位根。

DF 检验和 ADF 检验都采用 t 统计量进行检验，但这个 t 统计量在原假设下并不服从 t 分布，Mackinnon 进行了大量模拟，给出了 3 种不同检验回归模型以及不同样本下 t 统计量在 1%、5%、10%检验水平下的临界值。若检验 t 统计量值小于临界值，则拒绝原假设；反之则接受原假设。

另外一种常用的检验方法是 PP 检验。PP 检验使用的也是一阶自回归，但 PP 检验用异方差自相关稳健的标准差（Heterogeneity Autocorrelation Consistent Estimator，HACE，也叫 Newey-West 标准差），放宽了 $\{\varepsilon_t\}$ 为白噪声的解释，其数学模型为：

$$\Delta y_t = \beta_0 + \delta y_{t-1} + \varepsilon_t$$

13.4.2 单位根检验的 Stata 操作

1. ADF 单位根检验

ADF 单位根检验的命令为 dfuller，该命令的语法格式为：

```
dfuller varname [if] [in] [,options]
```

dfuller 为 ADF 单位根检验的命令，varname 为要进行单位根检验的变量，[if]为条件表达式，[in] 用于设置样本范围，[weight]用于设置权重，[,options]为可选项，主要包括表 13.13 所示的几项。

表13.13　dfuller命令的[,options]可选项及其含义

[,options]可选项	含　义
noconstant	设置检验方程中不包括截距项或时间趋势项
trend	在检验方程中包括时间趋势项（可以同时有漂移项）
drift	在检验方程中包括漂移项，但不包括时间趋势项
regress	显示检验方程的回归分析结果。默认情况下不显示回归结果
lags(#)	设置滞后差分的阶数，默认为 0，等价于 Dickey-Fuller 单位根检验

注　意

1）在使用 dfuller 命令之前必须定义时间变量。

2）[,options]中的选项 noconstant、trend、drift 只能选其一或都不选。在不进行特别设置的情况下，检验方程中不包括时间趋势项，但包含截距项。

2. PP 单位根检验

PP 单位根检验的命令为 pperron，该命令的语法格式为：

```
pperron varname [if] [in] [,options]
```

pperron 为 PP 单位根检验的命令，varname 为要进行单位根检验的变量，[if] 为条件表达式，[in] 用于设置样本范围，[,options]为可选项，主要包括表 13.14 所示的几项。

表13.14　pperron命令的[,options]可选项及其含义

[,options]可选项	含　义
noconstant	设置检验方程中不包括截距项或时间趋势项
trend	在检验方程中包括时间趋势项（可以同时有漂移项）
regress	显示检验方程的回归分析结果。默认情况下不显示回归结果
lags(#)	设置 Newey-West 标准差计算中的滞后阶数 默认为 int{4(T/100)^(2/9)}。其中，int 表示取数值的整数部分

13.4.3 单位根检验示例

我们本节使用的数据来自于"数据 13C"数据文件，其中记录了济南市 1994－2020 年地区生产总值、固定资产投资、年底就业人数、财政科技投入等时间序列数据。所有数据均取自历年《济南统计年鉴》。这个数据文件中共有 5 个变量，为 year、gdp、invest、labor、scientific，分别表示年份、地区生产总值、固定资产投资、年底就业人数、财政科技投入，如图 13.28 所示。

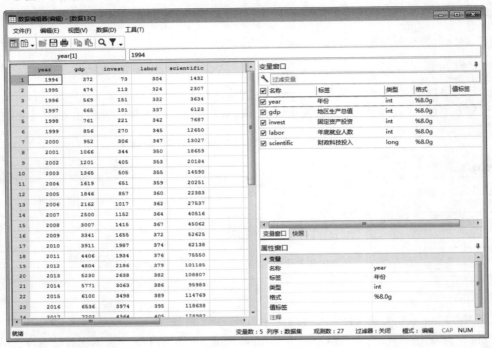

图 13.28　"数据 13C"中的数据内容

1. 绘制时间序列趋势图以确定 trend 选项

前面我们提到，在单位根检验中需要考虑被检验变量是否存在时间趋势项，绘制时间序列趋势图是一种很好的判别方法。

在"数据 13C"数据文件的命令窗口中输入：

```
tsset year
```

本命令的含义是设置数据文件中的时间变量为 year。

```
twoway(line gdp year)
```

本命令的含义是绘制 gdp 随时间变量 year 变化的时间序列趋势图，分析结果如图 13.29 左图所示，可以发现 gdp 具有向上的时间趋势。

```
twoway(line d.gdp year)
```

本命令的含义是绘制 d.gdp 随时间变量 year 变化的时间序列趋势图，分析结果如图 13.29 右图所示，可以发现 d.gdp，也就是将 gdp 进行一阶差分后仍具有向上的时间趋势。

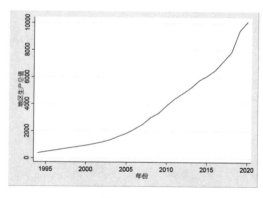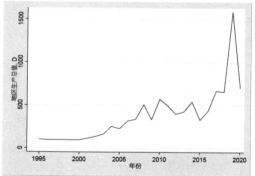

图 13.29 gdp、d.gdp 随时间变量 year 变化的时间序列趋势图

```
twoway(line d2.gdp year)
```

本命令的含义是绘制 d2.gdp 随时间变量 year 变化的时间序列趋势图，分析结果如图 13.30 左图所示，可以发现 d2.gdp 不再具有明显的时间趋势。

```
twoway(line invest year)
```

本命令的含义是绘制 invest 随时间变量 year 变化的时间序列趋势图，分析结果如图 13.30 右图所示，可以发现 invest 具有向上的时间趋势。

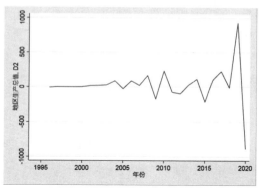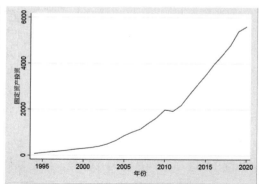

图 13.30 d2.gdp、invest 随时间变量 year 变化的时间序列趋势图

限于篇幅，针对其他变量的时间序列趋势图绘制作为习题，请读者自行绘制。要求是如果变量具有明显的时间趋势，则需进行差分后再次绘制，直至不具备明显的趋势为止。最后的结论是 gdp、invest 两个变量到二阶差分后不再具备明显趋势，labor、scientific 一阶差分后不再具备明显趋势。

2. ADF 检验

在"数据 13C"数据文件的命令窗口中输入：

```
dfuller gdp,trend
```

本命令的含义是使用 ADF 检验方法对变量 gdp 进行单位根检验，包含时间趋势，结果如图 13.31 所示。ADF 检验的原假设是数据有单位根。从上面的结果中可以看出 P 值（MacKinnon approximate p-value for Z(t)）为 1.0000，接受了有单位根的原假设，这一点也可以通过观察 $Z(t)$ 值得到。实际 $Z(t)$

值为 1.171，在 1%的置信水平（−4.371）、5%的置信水平（−3.596）、10%的置信水平上（−3.238）都无法拒绝原假设，所以 gdp 这一变量数据是存在单位根的，需要对其做一阶差分后再继续进行检验。

```
. dfuller gdp,trend

Dickey-Fuller test for unit root                    Number of obs   =         26

                                    ———— Interpolated Dickey-Fuller ————
                        Test         1% Critical      5% Critical     10% Critical
                     Statistic          Value            Value            Value

  Z(t)                 1.171          -4.371           -3.596           -3.238

MacKinnon approximate p-value for Z(t) = 1.0000
```

图 13.31　使用 ADF 检验方法对变量 gdp 进行单位根检验

dfuller d.gdp,trend

本命令的含义是使用 ADF 检验方法对变量 d.gdp 进行单位根检验，包含时间趋势，该命令的执行结果如图 13.32 所示。P 值为 0.0005，拒绝原假设，不存在单位根。

```
. dfuller d.gdp,trend

Dickey-Fuller test for unit root                    Number of obs   =         25

                                    ———— Interpolated Dickey-Fuller ————
                        Test         1% Critical      5% Critical     10% Critical
                     Statistic          Value            Value            Value

  Z(t)                -4.786          -4.380           -3.600           -3.240

MacKinnon approximate p-value for Z(t) = 0.0005
```

图 13.32　使用 ADF 检验方法对变量 d.gdp 进行单位根检验

dfuller invest,trend

本命令的含义是使用 ADF 检验方法对变量 invest 进行单位根检验，包含时间趋势，该命令的执行结果如图 13.33 所示。P 值为 0.9942，接受原假设，存在单位根。

```
. dfuller invest,trend

Dickey-Fuller test for unit root                    Number of obs   =         26

                                    ———— Interpolated Dickey-Fuller ————
                        Test         1% Critical      5% Critical     10% Critical
                     Statistic          Value            Value            Value

  Z(t)                 0.001          -4.371           -3.596           -3.238

MacKinnon approximate p-value for Z(t) = 0.9942
```

图 13.33　使用 ADF 检验方法对变量 invest 进行单位根检验

dfuller d.invest,trend

本命令的含义是使用 ADF 检验方法对变量 d.invest 进行单位根检验，包含时间趋势，该命令的执行结果如图 13.34 所示。P 值为 0.0011，接受原假设，存在单位根。

```
. dfuller d.invest,trend

Dickey-Fuller test for unit root                    Number of obs   =        25

                                   ------- Interpolated Dickey-Fuller -------
                     Test        1% Critical      5% Critical     10% Critical
                   Statistic        Value           Value            Value

  Z(t)              -4.587         -4.380           -3.600          -3.240

MacKinnon approximate p-value for Z(t) = 0.0011
```

图 13.34 使用 ADF 检验方法对变量 d.invest 进行单位根检验

```
dfuller labor,trend
```

本命令的含义是使用 ADF 检验方法对变量 labor 进行单位根检验，包含时间趋势，该命令的执行结果如图 13.35 所示。P 值为 1.0000，接受原假设，存在单位根。

```
. dfuller labor,trend

Dickey-Fuller test for unit root                    Number of obs   =        26

                                   ------- Interpolated Dickey-Fuller -------
                     Test        1% Critical      5% Critical     10% Critical
                   Statistic        Value           Value            Value

  Z(t)               1.529         -4.371           -3.596          -3.238

MacKinnon approximate p-value for Z(t) = 1.0000
```

图 13.35 使用 ADF 检验方法对变量 labor 进行单位根检验

```
dfuller d.labor,notrend
```

本命令的含义是使用 ADF 检验方法对变量 d.labor 进行单位根检验，包含时间趋势，该命令的执行结果如图 13.36 所示。P 值为 0.0547，如果考虑 0.05 的显著性水平，接受原假设，存在单位根。

```
. dfuller d.labor,notrend

Dickey-Fuller test for unit root                    Number of obs   =        25

                                   ------- Interpolated Dickey-Fuller -------
                     Test        1% Critical      5% Critical     10% Critical
                   Statistic        Value           Value            Value

  Z(t)              -2.826         -3.750           -3.000          -2.630

MacKinnon approximate p-value for Z(t) = 0.0547
```

图 13.36 使用 ADF 检验方法对变量 d.labor 进行单位根检验

```
dfuller d2.labor,notrend
```

本命令的含义是使用 ADF 检验方法对变量 d2.labor 进行单位根检验，不包含时间趋势，该命令的执行结果如图 13.37 所示。P 值为 0.000，拒绝原假设，不存在单位根。

```
. dfuller d2.labor,notrend

Dickey-Fuller test for unit root                    Number of obs   =      24

                          ———— Interpolated Dickey-Fuller ————
                   Test      1% Critical      5% Critical     10% Critical
                Statistic       Value            Value            Value

    Z(t)         -7.425        -3.750           -3.000           -2.630

MacKinnon approximate p-value for Z(t) = 0.0000
```

图 13.37 　使用 ADF 检验方法对变量 d2.labor 进行单位根检验

dfuller scientific,trend

本命令的含义是使用 ADF 检验方法对变量 scientific 进行单位根检验，包含时间趋势，该命令的执行结果如图 13.38 所示。P 值为 0.9823，接受原假设，存在单位根。

```
. dfuller scientific,trend

Dickey-Fuller test for unit root                    Number of obs   =      26

                          ———— Interpolated Dickey-Fuller ————
                   Test      1% Critical      5% Critical     10% Critical
                Statistic       Value            Value            Value

    Z(t)         -0.528        -4.371           -3.596           -3.238

MacKinnon approximate p-value for Z(t) = 0.9823
```

图 13.38 　使用 ADF 检验方法对变量 scientific 进行单位根检验

dfuller d.scientific,notrend

本命令的含义是使用 ADF 检验方法对变量 d.scientific 进行单位根检验，包含时间趋势，该命令的执行结果如图 13.39 所示。P 值为 0.0006，拒绝原假设，不存在单位根。

```
. dfuller d.scientific,notrend

Dickey-Fuller test for unit root                    Number of obs   =      25

                          ———— Interpolated Dickey-Fuller ————
                   Test      1% Critical      5% Critical     10% Critical
                Statistic       Value            Value            Value

    Z(t)         -4.242        -3.750           -3.000           -2.630

MacKinnon approximate p-value for Z(t) = 0.0006
```

图 13.39 　使用 ADF 检验方法对变量 d.scientific 进行单位根检验

综上所述，使用 ADF 检验方法，原始变量 gdp、invest、labor、scientific 都是非平稳的，gdp、invest、scientific 均经过一阶差分后实现平稳，不再存在单位根，所以这 3 个变量是一阶单整的；如果考虑 0.05 的显著性水平，labor 经过二阶差分后实现平稳，不再存在单位根，所以是二阶单整的；如果考虑放宽显著性水平，比如为 0.1，那么 labor 经过一阶差分后实现平稳，也是一阶单整的。

3. PP 检验

在"数据 13C"数据文件的命令窗口中输入：

pperron gdp,trend

```
pperron d.gdp,trend
```

本命令的含义是使用 PP 检验方法对变量 gdp、d.gdp 进行单位根检验，包含时间趋势，该命令的执行结果如图 13.40 所示。PP 检验的原假设是数据有单位根。从结果中可以看出 P 值（MacKinnon approximate p-value for Z(t)）分别为 1.0000、0.0005，分别接受、拒绝了有单位根的原假设。所以 gdp 这一变量数据是存在单位根的，但一阶差分后是平稳的。

```
. pperron gdp,trend

Phillips-Perron test for unit root                Number of obs   =        26
                                                  Newey-West lags =         2

                                ─────── Interpolated Dickey-Fuller ───────
                   Test          1% Critical        5% Critical       10% Critical
                 Statistic          Value              Value              Value

Z(rho)             1.699           -22.628            -17.976            -15.648
Z(t)               1.361            -4.371             -3.596             -3.238

MacKinnon approximate p-value for Z(t) = 1.0000

. pperron d.gdp,trend

Phillips-Perron test for unit root                Number of obs   =        25
                                                  Newey-West lags =         2

                                ─────── Interpolated Dickey-Fuller ───────
                   Test          1% Critical        5% Critical       10% Critical
                 Statistic          Value              Value              Value

Z(rho)           -25.693           -22.500            -17.900            -15.600
Z(t)              -4.789            -4.380             -3.600             -3.240

MacKinnon approximate p-value for Z(t) = 0.0005
```

图 13.40　使用 PP 检验方法对变量 gdp、d.gdp 进行单位根检验

其他变量的 PP 检验命令作为习题，读者可自行运算。

经计算后不难发现，PP 检验和 ADF 检验两种方法的结论是完全一致的，即原始变量 gdp、invest、labor、scientific 都是非平稳的，gdp、invest、scientific 均经过一阶差分后实现平稳，不再存在单位根，所以这 3 个变量是一阶单整的；如果考虑 0.05 的显著性水平，labor 经过二阶差分后实现平稳，不再存在单位根，所以是二阶单整的；如果考虑放宽显著性水平，比如为 0.1，那么 labor 经过一阶差分后实现平稳，也是一阶单整的。

4. 使用平稳变量进行回归

按照前面讲述的解决方法，可以对变量进行相应阶数的差分，然后针对平稳的变量进行回归，即可避免出现伪回归的情况。

接下来构建如下所示的模型方程：

```
d.gdp=a*d.invest+b*d2.labor+c*scientific+u
```

其中，a、b、c 为系数，u 为误差扰动项。

在命令窗口中输入以下命令：

```
regress d.gdp d.invest d2.labor d.scientific,nocon
```

即可出现如图 13.41 所示的回归分析结果。

```
. regress d.gdp d.invest d2.labor d.scientific,nocon
```

Source	SS	df	MS		Number of obs	=	25
					F(3, 22)	=	62.79
Model	5532389.13	3	1844129.71		Prob > F	=	0.0000
Residual	646179.872	22	29371.8124		R-squared	=	0.8954
					Adj R-squared	=	0.8812
Total	6178569	25	247142.76		Root MSE	=	171.38

D.gdp	Coef.	Std. Err.	t	P>|t|	[95% Conf. Interval]	
invest D1.	1.137805	.1565401	7.27	0.000	.8131609	1.46245
labor D2.	-10.91797	4.26533	-2.56	0.018	-19.76372	-2.072214
scientific D1.	.0063888	.0015186	4.21	0.000	.0032394	.0095381

图 13.41　回归分析结果图

共有 25 个样本参与了分析，这是因为进行差分会减少观测样本。模型的 F 值(3,22)=62.79，P 值（Prob>F）=0.0000，说明模型整体上是非常不显著的。模型的可决系数（R-squared）为 0.8954，模型修正的可决系数（Adj R-squared）为 0.8812，说明模型的解释能力很强。

模型的回归方程是：

```
d.gdp=1.137805*d.invest-10.91797*d2.labor+.0063888*scientific
```

对该结果的解读与前面基本回归分析部分的讲解类似，读者可自行分析。3 个自变量都非常显著，其中固定资产投资和财政科技投入的系数均为正值，说明固定资产投资的增量越高、财政科技投入的增量越大，对于地区生产总值的增量拉动就越明显。由于我们没有对各个变量取对数，没有统一各自变量的量纲，因此系数值的具体大小意义不大。年底就业人数的二阶差分为负值，说明年底就业人数增量的增加会阻碍地区生产总值的增量拉动。

13.5　向量自回归模型

下载资源:\video\第 13 章\…
下载资源:\sample\第 13 章\数据 13C

13.5.1　向量自回归模型的功能与意义

向量自回归模型（Vector Auto-Regression Model，VAR 模型）注意不同于在险价值模型）由计量经济学家和宏观经济学家克里斯托弗·西姆斯提出。该模型扩充了只能使用一个变量的自回归模型（AR 模型），从而可以用在多变量时间序列模型的分析上。

1. 模型的基本形式

向量自回归模型是一种非结构化模型，即变量之间的关系并不是以经济理论为基础的。VAR 模型把系统中每一个内生变量作为系统中所有内生变量的滞后项的函数来构造模型，比如对于一个有 k 个内生变量的 VAR(p) 系统，其一般形式为：

$$y_t = A_0 + A_1 y_{t-1} + \cdots + A_p y_{t-p} + \varepsilon_t$$

其中，$y_t \equiv \begin{pmatrix} y_{1,t} \\ \vdots \\ y_{k,t} \end{pmatrix}$，$\varepsilon_t \equiv \begin{pmatrix} \varepsilon_{1t} \\ \vdots \\ \varepsilon_{kt} \end{pmatrix}$，$\{\varepsilon_{1t}\}\ldots\{\varepsilon_{kt}\}$ 都是白噪声过程，且 $E(\varepsilon_{it}\varepsilon_{js}) = 0, \forall i, j, t \neq s$，但扰动项之间允许存在同期相关性。

除了内生变量外，模型中也允许放入外生变量 x_t，数学公式为：

$$Y_t = A_1 Y_{t-1} + A_2 Y_{t-2} + \cdots + A_p Y_{t-p} + B_0 X_t + \cdots + B_r X_{t-r} + \varepsilon_t \quad t = 1, 2, \cdots, n$$

其中，Y_t 是 k 维内生变量，$Y_{t-i}(i=1,2,\cdots,p)$ 是滞后内生变量，$X_{t-i}(i=0,1,\cdots,r)$ 是 d 维外生变量或滞后外生变量，p、r 分别是内生变量和外生变量的滞后阶数。A_t 是 $k \times k$ 维系数矩阵，B_i 是 $k \times d$ 维系数矩阵，这些矩阵都是待估计的参数矩阵。ε_t 是由 k 维随机误差项构成的向量，其元素相互之间可以同期相关，但不能与各自的滞后项相关以及不能与模型右边的变量相关。模型中每个方程的右边都是前定变量，没有非滞后的内生变量，而且每个方程右边的变量又都是相同的，因此使用 OLS 估计方法可以得到与 VAR 模型参数一致且有效的估计量。在滞后阶数 p 和 r 的选取方面，需要进行权衡，滞后阶数越大，相当于解释变量越多，就越能较好地反映所构造模型的动态特征，但与此同时滞后阶数越大，相当于模型中待估计的系数也越多，从而压缩了模型的自由度。通常情况下，我们可以根据 AIC 信息准则和 BIC 准则取值最小的原则来确定模型的滞后阶数。

2. 向量移动平均形式

若我们把伴随矩阵设置为 A：

$$A = \begin{pmatrix} A_1 & A_2 & \ldots & A_{p-1} & A_p \\ I & 0 & \ldots & 0 & 0 \\ 0 & I & \ldots & 0 & 0 \\ \vdots & \vdots & \ddots & \vdots & \vdots \\ 0 & 0 & \ldots & I & 0 \end{pmatrix}$$

其中，$A_1, \ldots, A_p$ 为各变量的系数矩阵，I 为单位矩阵。

如果 VAR(p) 模型中不存在外生变量，那么当伴随矩阵 A 的每个特征值的模都小于 1 时，VAR 模型就是平稳的。

如果 VAR 模型是平稳的，那么还可以写成向量移动平均（Vector Moving Average，VMA）形式：

$$y_t = \mu + \sum_{i=0}^{\infty} \Phi_i \varepsilon_{t-i}$$

我们在模型中未考虑外生变量，μ 是表示 y_t 均值的 $K \times 1$ 向量：

$$\Phi_i = \begin{cases} I_K & ,\text{如果} i = 0 \\ \displaystyle\sum_{j=1}^{i} \Phi_{i-j} A_j & ,\text{如果} i = 1,2,\cdots \end{cases}$$

3. 正交的 IRF 函数

如果将扰动项的方差-协方差矩阵进行正交分解，那么就能够获得正交的 IRF 函数。

比如有矩阵 P，能够符合 $\Sigma = PP'$，就能推出：

$$E\{P^{-1}\varepsilon_t(P^{-1}\varepsilon_t)'\} = P^{-1}E\{(\varepsilon_t\varepsilon_t')\}P'^{-1} = P^{-1}\Sigma P'^{-1} = I_K$$

在此基础上，可用 P^{-1} 对扰动项做正交化处理：

$$y_t = \mu + \sum_{i=0}^{\infty} \Theta_i w_{t-i}$$

其中，$\Theta_i = \Phi_i P$，$w_t = P^{-1}\varepsilon_t$。$\Theta_i$ 即正交 IRF。

4. 预测误差方差分解

预测误差方差分解（Forecast-Error Variance Decomposition，FEVD）即把一个变量的响应分解到模型中的内生变量。简单来讲，VAR 的方差分解的目的在于将变量的方差归因，比如如果一个 VAR 系统中有 m、n 两个变量，进行方差分解就能够获知，在特定时点 t，变量 m 的方差有多少是由自己引起的，有多少是由 n 引起的；以及 n 的方差有多少是由自己引起的，有多少是由 m 引起的。

对于预测误差方差分解，如果 y_{t+s} 为变量的实际观测值，$\hat{y}_t(s)$ 为变量在时间 t 的 s 步预测值，则 s 步预测误差为：

$$y_{t+s} - \hat{y}_t(s) = \sum_{i=0}^{s-1} \Phi_i \varepsilon_{t+s-i}$$

因为扰动项 ε_t 是同期相关的，所以我们并不能获得各个扰动项对预测误差的贡献值。利用与正交的 IRF 函数一样的正交化处理，我们可以得到预测误差方差由各个正交冲击所能解释的部分，即：

$$y_{t+s} - \hat{y}_t(s) = \sum_{i=0}^{s-1} \Theta_i w_{t+s-i}$$

在此基础上，如果 VAR 模型中包括外生变量，且模型平稳，则有：

$$y_t = \sum_{i=0}^{\infty} D_i x_{t-i} + \sum_{i=0}^{\infty} \Phi_i \varepsilon_{t-i}$$

D_i 为动态乘子函数（Dynamic-Multiplier Function）。

5. 脉冲响应函数

脉冲响应函数（Impulse Response Function，IRF）用于计算来自某个内生变量的随机扰动项的一个标准差冲击（也就是一个"脉冲"）对 VAR 模型中所有内生变量当前值和未来取值的影响。

比如某 VAR 模型包含两个内生变量且滞后一阶：

$$Y_{1t} = a_{11}Y_{1t-1} + a_{12}Y_{2t-1} + \varepsilon_{1t}$$
$$Y_{2t} = a_{21}Y_{1t-1} + a_{22}Y_{2t-1} + \varepsilon_{2t}$$

随机扰动项 ε_{1t} 为新息（Innovation）。根据第一个方程，如果 ε_{1t} 发生变化（即发生一个脉冲），将使得变量 Y_{1t} 的当期值立即发生改变。根据第二个方程，脉冲会通过模型的作用使得变量 Y_{2t} 的下一期取值发生变化，由于滞后的影响，Y_{2t} 的变化又会引起 Y_{1t} 未来值的变化。以此类推，随着时间的推移，脉冲的最初影响在 VAR 模型中的扩散将引起模型中所有内生变量的更大变化。

如果模型中新息 ε_{1t} 与 ε_{2t} 是不相关的，则我们能够确定某个变量的扰动是如何影响模型中所有其他变量的；如果新息是相关的，则表明它们包含一个不与特定变量相联系的共同成分，此时将共同成分的效应归属于 VAR 模型中第一个出现的变量。例如，ε_{1t} 与 ε_{2t} 的共同成分都归于 ε_{1t}。

6. VAR 模型的拟合步骤

1）选择合适的用于构建模型的变量，然后使用 varsoc 和 varwle 命令判断 VAR 模型阶数。

2）使用 var 命令拟合 VAR 模型。

3）使用 vargranger 命令进行格兰杰因果关系检验，最好是双向格兰杰因果关系检验。

4）对拟合的 VAR 模型进行诊断性检验，包括使用 varstable 命令进行模型平稳性判断，使用 varlmar 命令进行残差的自相关性检验，使用 varnorm 命令进行残差的正态性检验。

5）使用 irf 系列命令进行脉冲响应、方差分解等函数的估计、制表及制图，使用 varbasic 命令进行基本 VAR 模型的估计与制图。

6）使用 VAR 模型进行预测分析，包括使用 predict 命令进行一步预测，使用 fcast 类命令进行动态预测及制图。

13.5.2 向量自回归模型的 Stata 操作

1. 判断 VAR 模型的阶数

在拟合 VAR 模型之前，首先需要判断 VAR 模型的阶数。判断 VAR 模型的阶数的命令为 varsoc，该命令既可以在估计模型之前进行，也可以在估计完模型后进行，可以使用的滞后阶数选择标准主要为最终预测误差（Final Prediction Error，FPE）、赤池信息准则（Akaike's Information Criterion，AIC）、施瓦茨信息准则（Schwarz's Bayesian Information Criterion，SBIC）以及汉南-昆信息准则（Hannan and Quinn Information Criterion，HQIC）。

如果是在估计模型之前需要判断 VAR 模型阶数，则命令及其语法格式为：

```
varsoc depvarlist [if] [in] [,preestimation_options]
```

varsoc 为判断 VAR 模型阶数的命令，depvarlist 为 VAR 模型中各个变量，[if] 为条件表达式，[in] 用于设置样本范围，[weight] 用于设置权重，[,options] 为可选项，主要包括表 13.15 所示的几项。

表13.15　varsoc命令的[,options]可选项及其含义

[,options]可选项	含　义
maxlag(#)	设置 VAR 模型的最高滞后阶数，默认为 maxlag(4)
exog(varlist)	在各方程中加入 varlist 所设置的外生变量
constraints(numlist)	对外生变量进行约束。如果我们要获得内生变量存在约束情况下的信息准则，可以直接使用 var 命令拟合模型，模型拟合结果会直接给出各种信息准则值
noconstant	设置 VAR 模型中的各方程不包括常数项
lutstats	滞后阶数选择统计量
level(#)	设置 VAR 模型的置信水平，默认为 level(95)
separator(#)	每#行绘制一条分割线

如果是在估计模型之后需要判断 VAR 模型阶数，则命令及其语法格式为：

```
varsoc [,estimates(estname)]
```

varsoc 为判断 VAR 模型阶数的命令，estimates(estname)选项表示对保存的 VAR 模型拟合结果 estname 确定阶数。如果不特别指定，则 varsoc 将被用于确定最近估计的 VAR 模型的最优阶数。

除 varsoc 之外，还可以使用 varwle 命令通过 Wald 滞后排除统计量来判断 VAR 模型的滞后阶数，但是该命令只适用于拟合 VAR 模型之后。该检验将给出每一个方程所有内生变量在各个滞后期上的联合显著性，以及所有方程的内生变量在各个滞后期上的联合显著性。相应的命令及其语法格式为：

```
varwle [,estimates(estname) separator(#)]
```

varwle 为命令，estimates(estname) 选项表示对保存的 VAR 模型拟合结果 estname 确定阶数，如果设置 separator(#)，则将在结果中每#行绘制一条分割线。

2. 使用 var 命令拟合 VAR 模型

VAR 回归的命令及其语法格式为：

```
var depvarlist [if] [in] [,options]
```

var 为拟合 VAR 模型的命令，depvarlist 为 VAR 模型中各个变量，[if]为条件表达式，[in]用于设置样本范围，[weight]用于设置权重，[,options]为可选项，主要包括表 13.16 所示的几项。

表13.16　var命令的[,options]可选项及其含义

[,options]可选项	含　义
noconstant	设置 VAR 模型中的各方程不包括常数项
lags(numlist)	在 VAR 各方程中使用 numlist 所设置的滞后项。默认为 lags(1 2)，即每个方程包括所有变量的一阶滞后和二阶滞后
exog(varlist)	在 VAR 模型各方程中加入 varlist 所设置的外生变量
constraints(numlist)	使用 numlist 所设置的线性约束估计 VAR 模型
[no]log	不显示/显示似不相关回归的迭代过程
iterate(#)	设置 VAR 模型中似不相关回归的最大迭代次数，默认为 iterate(1600)
tolerance(#)	设置 VAR 模型中似不相关回归的收敛误差
noisure	使用一步迭代的似不相关回归
dfk	进行小样本的自由度调整，在计算误差的方差-协方差矩阵时，使用 $1/(T-\bar{m})$ 而非 $1/T$ 作为除数。其中，$\bar{m}$ 为方程的平均参数数量

（续表）

[,options]可选项	含　义
small	汇报小样本的 t 统计量和 F 统计量
nobigf	对于约束为 0 的系数不计算其参数向量
level(#)	设置置信水平，默认为 level(95)
lutstats	滞后阶数选择统计量
nocnsreport	在结果中不显示所使用的约束条件

上述[,options]可选项中，nolog、iterate(#)、tolerance(#)、noisure 只有在设置 constraints(numlist)选项之后才可以使用。因为在默认情况下，即不设置 constraints(numlist)选项时，Stata 使用 OLS 对 VAR 模型进行估计；设置选项 constraints(numlist)之后，Stata 才使用迭代的似不相关回归进行估计，而这些选项都是针对迭代的似不相关回归估计方法的。同理，如果设置 noisure 选项，也就是使用一步迭代的似不相关回归而不是逐步迭代，nolog、iterate(#)、tolerance(#)选项也不能使用。

3. 格兰杰因果关系检验

VAR 模型反映的是变量之间的联动变化关系，但与回归分析不同，不能知道变量之间的因果关系。为了探究因果关系，就需要用到格兰杰因果关系检验。格兰杰因果关系检验的基本思想是：如果 A 变量是 B 变量的因，同时 B 变量不是 A 变量的因，那么 A 变量的滞后值就可以帮助预测 B 变量的未来值，同时 B 变量的滞后值却不能帮助预测 A 变量的未来值。这种思想反映到操作层面就是：如果 A 变量是 B 变量的因，那么以 A 变量为因变量、以 A 变量的滞后值以及 B 变量的滞后值为自变量进行最小二乘回归，则 B 变量的滞后值的系数显著。但是需要注意，一是格兰杰因果关系并非真正意义的因果关系，表明的仅仅是数据上的一种动态相关关系，如果要准确界定变量的因果关系，需要相应的实践经验作为支撑；二是参与格兰杰因果关系检验的各变量要求是同阶单整的；三是存在协整关系的变量间至少有一种格兰杰因果关系。根据上述思想，检验格兰杰因果关系的常用模型为：

$$y_t = \gamma + \sum_{i=1}^{p} \alpha_i y_{t-i} + \sum_{j=1}^{q} \beta_j x_{t-j} + \varepsilon_t$$

检验的原假设为 $\beta_1 = \cdots = \beta_q = 0$。如果拒绝 H_0，则称 x 是 y 的"格兰杰因"。

进行格兰杰因果关系检验的命令及其语法格式如下：

```
vargranger [,estimates(estname) separator(#)]
```

vargranger 为命令，对于 VAR 模型的每个方程，vargranger 检验其他的外生变量是否是因变量的格兰杰因。选项 estimates(estname)表示对保存的拟合结果 estname 进行格兰杰因果关系检验，默认使用最新拟合模型，如果设置 separator(#)，则将在结果中每#行绘制一条分割线。

4. 对拟合的 VAR 模型进行诊断性检验

包括使用 varstable 命令进行模型平稳性判断，使用 varlmar 命令进行残差的自相关性检验，使用 varnorm 命令进行残差的正态性检验。

（1）使用 varstable 命令进行模型平稳性判断

进行模型平稳性判断的命令为 varstable，该命令的语法格式为：

```
varstable [,options]
```

varstable 为命令，[,options]为可选项，包括表 13.17 所示的几项。

表13.17 varstable命令的[,options]可选项及其含义

[,options]可选项	含 义
estimates(estname)	对保存的拟合结果 estname 进行平稳性检验。如果不特别指定，则默认对最近估计的 VAR 模型进行平稳性检验
amat(matrix_name)	保存伴随矩阵并命名为 matrix_name
graph	对伴随矩阵的特征值绘图
dlabel	用特征值距单位圆的距离对特征值进行标记
modlabel	用特征值的模对特征值进行标记，dlabel 和 modlabel 选项不能同时设置

（2）使用 varlmar 命令进行残差的自相关性检验

进行模型平稳性判断的命令为 varlmar，该命令的语法格式为：

```
varlmar [,options]
```

varlmar 表示对残差自相关进行拉格朗日乘子检验，[,options]选项包括表 13.18 所示的几项。

表13.18 varlmar命令的[,options]可选项及其含义

[,options]可选项	含 义
mlag(#)	设置自回归的最大滞后阶数，默认为 mlag(2)
estimates(estname)	对保存的拟合结果 estname 进行残差的自相关性检验
separator(#)	结果中每#行绘制一条分割线

（3）使用 varnorm 命令进行残差的正态性检验

进行残差的正态性检验的命令为 varnorm，该命令的语法格式为：

```
varnorm [,options]
```

varnorm 为进行残差的正态性检验的命令，将检验每一个方程残差是否服从正态分布以及所有方程的残差是否服从多元正态分布。默认情况下，该命令会汇报 Jarque–Bera 统计量、偏度统计量和峰度统计量。[,options]为可选项，包括表 13.19 所示的几项。

表13.19 varnorm命令的[,options]可选项及其含义

[,options]可选项	含 义
jbera	输出 Jarque–Bera 统计量，默认为输出所有统计量
skewness	输出偏度统计量
kurtosis	输出峰度统计量
estimates(estname)	对保存的拟合结果 estname 进行残差的正态性检验
separator(#)	结果中每#行绘制一条分割线

5. 使用 irf 系列命令进行脉冲响应、方差分解等函数的估计、制表及制图，使用 varbasic 命令进行基本 VAR 模型的估计与制图

前面我们讲到，VAR 模型拟合后，可以进行脉冲响应、方差分解，以观察指定变量如何对其他变量

的脉冲做出反应。分析步骤是首先激活 IRF 文件，再估计 irf 系列函数，最后进行制图或列表分析。

（1）IRF 文件的激活

激活 IRF 文件，即使得某个 IRF 文件处于活动状态，是进行脉冲响应与方差分解的前提，对应的命令为：

```
irf set irf_filename
```

irf 为命令，irf_filename 为要激活的文件名，扩展名为"irf"。如果 irf_filename 不存在，那么系统就会自动创建这个 IRF 文件并使其处于活动状态。

我们还可以创建新的 IRF 文件，并替换当前正在活动的 IRF 文件，对应的命令为：

```
irf set irf_filename, replace
```

如果需要观察当前哪个 IRF 文件处于活动状态，对应的命令为：

```
irf set
```

如果需要清除当前正在活动的 IRF 文件，对应的命令为：

```
irf set, clear
```

（2）irf 系列函数的估计

成功激活 IRF 文件后，用户可以估计脉冲响应函数和方差分解函数。命令为 irf create，该命令的语法格式为：

```
irf create irfname [,var_options]
```

irf create 为命令，执行该命令将会同时估计脉冲响应函数、动态乘子函数、预测误差方差分解以及其各自的标准差，并将这些结果保存到当前处于活动状态的 IRF 文件中。irfname 用于设置拟创建的变量名称，主要用途是在 IRF 文件中记录本次估计结果。[,var_options]为其他可选项，主要包括表 13.20 所示的几项。

表13.20　irf create命令的[,var_options]可选项及其含义

[,var_options]可选项	含　义
set(filename[,replace])	使 IRF 文件 filename 处于活动状态。如果不设置该选项，系统会使用当前处于活动状态的 IRF 文件；如果设置该选项，我们也可以不通过前述"irf set"命令提前激活某 IRF 文件
replace	如果 irfname 已经存在，则将其替换
step(#)	设置预测期，默认为 step(8)
order(varlist)	设置 Cholesky 分解中内生变量的排序
estimates(estname)	使用之前保存的 VAR 估计结果，默认使用最近的估计结果
nose	不计算标准差
bs	使用残差自助法计算的标准差
bsp	使用参数自助法计算的标准差
nodots	使用自助法模拟时不显示"."
reps(#)	设置自助模拟的次数，默认为 reps(200)
bsaving(filename[,replace])	将自助法的估计结果保存到 filename 中

（3）IRF 文件制图

我们可以对脉冲响应函数、动态乘子函数以及预测误差方差分解函数等进行制图，相应的命令及其语法格式为：

```
irf graph stat [,options]
```

irf graph 为制图的命令，stat 为可用的统计函数，主要包括表 13.21 所示的几项。

表13.21　irf graph命令的stat选项及其含义

stat 选项	含　义
irf	脉冲响应函数
oirf	正交脉冲响应函数
dm	动态乘子函数
cirf	累积脉冲响应函数
coirf	累积正交脉冲响应函数
cdm	累积动态乘子函数
fevd	Cholesky 预测误差方差分解
sirf	结构脉冲响应函数
sfevd	结构预测误差方差分解

[,options]为可选项，主要包括表 13.22 所示的几项。

表13.22　irf graph命令的[,options]可选项及其含义

[,options]可选项	含　义
set(filename)	将 IRF 文件 filename 设为活动状态。如果不设置该选项，Stata 将对正在活动的 IRF 文件中所有保存的 IRF 结果制图
irf (irfnames)	使用 irfnames 标识的 IRF 结果
impulse(impulsevar)	使用 impulsevar 作为脉冲变量。如果不设置 impulse()和 response()选项，Stata 将对脉冲变量和响应变量的所有组合制图
response(endogvars)	使用 endogvars 作为响应变量。如果不设置 impulse()和 response()选项，Stata 将对脉冲变量和响应变量的所有组合制图
noci	不显示置信区间
level(#)	设置置信度，默认为 level(95)
lstep(#)	设置制图的起始期数，默认为 lstep(0)
ustep(#)	设置制图的最大期数
individual	对每一个脉冲变量和响应变量的组合分别制图
iname(namestub [,replace])	设置各个图的名称前缀，只有在设置 individual 选项后才可用
isaving(filename_stub [,replace])	将各个图保存到文件并设置文件名的前缀，只有在设置 individual 选项后才可用

如果要实现多个图的组合，那么就应该使用 irf cgraph 命令，该命令的语法格式为：

```
irf cgraph (spec_1) [(spec_2) ... [(spec_N)]] [,options]
```

其中的 speck 为：

```
(irfname impulsevar responsevar stat [,spec_options])
```

irfname 为 IRF 文件名称，impulsevar 为脉冲变量，responsevar 为响应变量，stat 的选项及含义与命令 irf graph 命令中对应的选项及含义相同，[,spec_options])为可选项。

如果要实现将多个表叠加到一幅图上，那么就应该使用 irf ograph 命令，该命令的语法格式为：

```
irf ograph (spec_1) [(spec_2) ... [(spec_15)]] [,options]
```

其中的 speck 为：

```
(irfname impulsevar responsevar stat [,spec_options])
```

命令中各字段的含义与 irf cgraph 命令中对应的各字段的含义相同。

（4）IRF 文件制表

除了图形方式外，我们还可以用表格的方式展示 IRF、动态乘子函数以及 FEVD 等，命令及其语法格式为：

```
irf table [stat] [,options]
```

irf table 为制图的命令，stat 为可用的统计函数，选项及含义与命令 irf graph 中对应的选项及含义相同，如果不设置 stat，则所有的统计量都将汇报出来。[,options]为可选项，主要包括表 13.23 所示的几项。

表13.23　irf table命令的[,options]可选项及其含义

[,options]可选项	含　义
set(filename)	将 IRF 文件 filename 设为活动状态。如果不设置该选项，Stata 将对正在活动的 IRF 文件中所有保存的 IRF 结果制图
irf (irfnames)	使用 irfnames 标识的 irf 结果
impulse(impulsevar)	使用 impulsevar 作为脉冲变量。如果不设置 impulse()和 response()选项，Stata 将对脉冲变量和响应变量的所有组合制图
response(endogvars)	使用 endogvars 作为响应变量。如果不设置 impulse()和 response()选项，Stata 将对脉冲变量和响应变量的所有组合制图
noci	不显示置信区间
level(#)	设置置信度，默认为 level(95)
individual	对每一个脉冲变量和响应变量的组合分别制图
title("text")	为表格设置标题"text"

如果要实现多个图的组合，那么就应该使用 irf ctable 命令，该命令的语法格式为：

```
irf ctable (spec_1) [(spec_2) ... [(spec_N)]] [,options]
```

其中的 speck 为：

```
(irfname impulsevar responsevar stat [,spec_options])
```

stat 为可用的统计函数，选项及含义与命令 irf graph 中对应的选项及含义相同。可用的 options 选项包括 set(filename)、noci、stderror、individual、title("text")、step(#)、level(#)。可用的 spec_options 选项包括 noci、stderror、level(#)、ititle("text")。

（5）IRF 文件的基本操作

① 描述 IRF 文件的基本信息

命令为 irf describe，该命令的语法格式为：

```
irf describe [irf_resultslist] [,options]
```

irf describe 为命令，irf_resultslist 是 IRF 结果文件中用于标识结果的变量。[,options]为可选项，主要包括表 13.24 所示的几项。

表13.24　irf describe命令的[,options]可选项及其含义

[,options]可选项	含　义
set(filename)	激活并描述 IRF 文件 filename
using(irf_filename)	描述但不激活 IRF 文件 irf_filename
Detail	展示 IRF 结果的详细信息
variables	显示 IRF 数据集的底层结构

② 将 IRF 文件结果合并到活动状态的 IRF 文件中

命令为 irf add，该命令的语法格式为：

```
irf add { _all|[newname=]oldname ...} , using(irf_filename)
```

irf add 为命令，using(irf_filename)用于指定被合并进的 IRF 文件，该 IRF 文件需要处于活动状态。如果设置_all 选项，会将源文件的所有结果添加到处于活动状态的 IRF 文件中，如果指定变量名 oldname，则会将指定变量标识的结果添加到活动状态的 IRF 文件中，如果设置 newname=oldname，则会为源文件的结果（oldname）设置新的名称（newname）。

③ 从活动状态的 IRF 文件中删除 IRF 文件结果

命令为 irf drop，该命令的语法格式为：

```
irf drop irf_resultslist [,set(filename)]
```

irf drop 为命令，irf_resultslist 为 IRF 结果文件中用于标识结果的变量名，如果设置可选项[,set(filename)]，则会激活指定的 IRF 文件，对新激活的 IRF 文件进行操作。

④ 重命名 IRF 文件中的 IRF 结果

命令为 irf rename，该命令的语法格式为：

```
irf rename oldname newname [,set(filename)]
```

irf rename 为命令，oldname 为原名称，newname 为新名称。如果设置可选项[,set(filename)]，则会激活指定的 IRF 文件，对新激活的 IRF 文件进行操作。

（6）拟合简单的 VAR 模型并绘图

命令为 varbasic，该命令的语法格式为：

```
varbasic depvarlist [if] [in] [,options]
```

varbasic 为命令，其特色在于可以拟合一个基本的 VAR 模型并绘制 IRF、OIRF 或 FEVD 图，不必对 IRF 文件进行激活等设置而直接获得 IRF 函数图。depvarlist 为模型中的内生变量列表，[if]

为条件表达式，[in]用于设置样本范围，[,options]为可选项，主要包括表 13.25 所示的几项。

表13.25　varbasic命令的[,options]可选项及其含义

[,options]可选项	含　义
lags(numlist)	在 VAR 各方程中使用 numlist 所设置的滞后项。默认为 lags(1 2)
irf	生成两两变量的脉冲响应函数，默认为正交的 IRF 图
fevd	生成两两变量的预测误差方差分解函数，默认为正交的 IRF 图
nograph	不绘图，但仍将 IRF、OIRF 和 FEVD 保存于文件_varbasic.irf 中
step(#)	设置 OIRF、IRF 和 FEVD 的预测步长，默认为 step(8)

在执行 varbasic 命令之后，也可以进行残差的正态性、自相关等各种检验，以及进行模型的预测。

6. 使用VAR模型进行预测分析，包括使用predict命令进行一步预测，使用fcast类命令进行动态预测及制图

（1）使用 predict 命令进行一步预测

VAR 模型预测分为一步预测和动态预测。其中一步预测是利用变量的实际观测值和估计系数对因变量进行预测。命令为 predict，该命令的语法格式为：

```
predict [type] newvar [if] [in] [,equation(eqno | eqname) statistic]
```

predict 为命令，[type]用于设置新生成的预测变量的类型，newvar 用于设置新生成的预测变量的名称，[if]为条件表达式，[in]用于设置样本范围。equation()用于指定拟预测的方程，其中可以指定方程的序号 eqno，也可以指定方程的名称 eqname。如果不指定选项 equation()，Stata 默认会对第一个方程进行估计，即等价于设置 equation(#1)。statistic 用于设置拟预测的统计量，主要包括表 13.26 所示的几项。

表13.26　predict命令的statistic可选项及其含义

statistic 可选项	含　义
xb	线性预测，也是默认选项
stdp	线性预测的标准差
residuals	残差

（2）使用 fcast 类命令进行动态预测及制图

动态预测的命令为 fcast compute，该命令的语法格式为：

```
fcast compute prefix [,options]
```

fcast compute 为命令，prefix 代表前缀，即将动态预测值命名为"前缀+因变量名"。一般情况下，若一个 VAR 模型共有 m 个内生变量，那么执行 fcast compute 命令将会预测出 4m 个新变量：m 个动态预测的预测值，m 个预测区间的下界（名称为：prefix 因变量名_LB），m 个预测区间的上界（名称为：prefix 因变量名_UB），m 个预测的标准差（名称为：prefix 因变量名_SE）。[,options]为其他可选项，主要包括表 13.27 所示的几项。

表13.27 fcast compute命令的[,options]可选项及其含义

[,options]可选项	含　义
step(#)	设置动态预测期数，默认为 step(1)
dynamic(time_constant)	设置动态预测的起始期，默认为用于拟合模型样本最后一个观测值的下一期
estimates(estname)	使用之前保存的 VAR 估计结果，默认使用最近的估计结果
replace	替换具有同样前缀的预测变量
nose	不计算动态预测值的渐近标准差和渐近置信区间
bs	使用残差自助法计算的标准差
bsp	使用参数自助法计算的标准差
bscentile	使用自助数据集的分位数来估计置信区间
nodots	使用自助法模拟时不显示 "."
reps(#)	设置自助模拟的次数，默认为 reps(200)
saving(filename[,replace])	将自助法的估计结果保存到 filename 中
level(#)	设置置信水平，默认为 level(95)

动态预测完成后，可以使用 fcast graph 命令对动态预测结果制图，该命令的语法格式为：

```
fcast graph varlist [if] [in] [,options]
```

fcast graph 为命令，varlist 为要制图的变量列表，[if]为条件表达式，[in]用于设置样本范围，[,options]包括 noci（不显示置信区间）、observed（预测变量的实际观测值）等。

13.5.3　向量自回归模型示例

我们在本节使用的数据仍来自于"数据 13C"数据文件。我们准备对 d.gdp d.invest d.scientific 建立 VAR 模型，打开该数据文件，操作步骤如下：

1. 判断 VAR 模型阶数

在命令窗口中输入以下命令：

```
varsoc d.gdp d.invest d.scientific
```

本命令的含义是计算 d.gdp d.invest d.scientific 的 VAR 模型的阶数，分析结果如图 13.42 所示。从结果中可以看出，最优滞后期为二期或三期（观察带"*"的值出现在哪一期）。

```
. varsoc d.gdp d.invest d.scientific

Selection-order criteria
Sample: 1999 - 2020                          Number of obs      =        22

 lag      LL        LR      df     p      FPE       AIC       HQIC      SBIC

  0    -553.41                          1.9e+18   50.5827   50.6177   50.7315
  1    -535.894   35.032    9   0.000   8.7e+17   49.8085   49.9487   50.4036
  2    -517.849   36.09     9   0.000   4.0e+17   48.9862   49.2316   50.0277*
  3    -506.611   22.474*   9   0.007   3.8e+17*  48.7828*  49.1333*  50.2706
  4    -501.149   10.924    9   0.281   7.2e+17   49.1045   49.5601   51.0386

Endogenous:  D.gdp D.invest D.scientific
 Exogenous:  _cons
```

图 13.42　判断 VAR 模型阶数

具体来说，结果中最左侧的 lag 列表示滞后期数，LL 列表示各个滞后期下的 VAR 模型的似然函数值，不难发现滞后期增大，相当于模型中的解释变量越多，LL 的值也逐渐变大，但是解释变量增多的同时也带来了自由度的损失。

LR 列是似然比检验，df 列为自由度，p 列为显著性水平。对于给定的滞后期 L，似然比检验比较滞后 L 期的 VAR 模型和滞后 L-1 期的 VAR 模型，并假设滞后 L 期的内生变量联合不显著。在运用似然比检验进行模型阶数判断的时候，我们可以从结果的最后一行（即最大的一个滞后期数，本例中为 4）往上看，第一个能拒绝原假设的滞后阶数就是基于似然比检验结果的最优选择。本例中滞后 4 期的似然比检验的 p 值为 0.281，不能在 5%的显著性水平下拒绝原假设，滞后三期的似然比检验的 p 值为 0.007，可以在 5%的显著性水平下拒绝原假设，所以在滞后三期处显示为 "*"。

FPE 列是指最终预测误差，越小越好。由结果可以看到，滞后三期的预测误差最小，所以在滞后三期处显示为 "*"。

AIC、HQIC 和 SBIC 三列均为信息准则，各种信息准则考虑了自由度的损失，可以作为判断模型阶数的依据，判断标准为信息准则越小越好。AIC、HQIC 均在滞后三期处取值最小，所以在滞后三期处显示为 "*"。SBIC 在滞后二期处取值最小，所以在滞后二期处显示为 "*"。

综上所述，各种判断方法给出的最优滞后期并不一致，这就需要研究者进行权衡，统筹考虑。如果选择最大滞后期为 3，因为我们有 3 个变量，再加上一个常数项，则每个方程有 3*3+1=10 个待估计参数，3 个方程就有 30 个待估计参数，而本例中样本观测值数量较少，一共才 27 个观测值，所以滞后期选择为 3 不合理，可以选择滞后期为 2。

2. 使用 var 命令拟合 VAR 模型

在命令窗口中输入以下命令：

```
var d.gdp d.invest d.scientific
```

本命令的含义是使用 VAR 模型对 d.gdp d.invest d.scientific 进行拟合，分析结果如图 13.43 所示。因为默认滞后期数是二期，而前面我们判断的最优滞后期数也是二期，所以未单独设置 lags 选项，以上命令也等价于 var d.gdp d.invest d.scientific,lags(2)。

在结果中，Sample 为样本区间，本例中为 1997 - 2020；样本数（Number of obs）为 24；对数似然值（Log likelihood）为-562.5838；AIC、HQIC、SBIC 为各种信息准则；FPE 为最终预测误差。Equation 为方程，本例中有 3 个；Parms 为方程中待估计的参数，每个方程都是 7 个；RMSE 为均方误差的平方根；R-sq 为可决系数；chi2 为卡方值；P>chi2 为方程整体的显著性水平。可以发现 D_gdp、D_invest、D_scientific 三个方程的可决系数分别是 0.6786、0.8005、0.3933，D_gdp、D_invest 两个方程的解释能力尚可，D_scientific 的解释能力偏弱。从 P>chi2 可以看出 3 个方程都非常显著（p 值均远小于 0.05）。

结果的下部分为 3 个方程的具体形式，解读与前面章节中类似，不再赘述。

我们可以写出模型的 3 个方程，以 D_gdp 为例：

D_gdp=47.07734-0.3984889LD.gdp+0.9847059 L2D.gdp +0.5400085LD.invest+0.2719106L2D.invest+0.0033647LD.scientific-0.0044343L2D.scientific

```
. var d.gdp d.invest d.scientific

Vector autoregression

Sample: 1997 - 2020                      Number of obs    =        24
Log likelihood = -562.5838               AIC              =  48.63198
FPE            =   2.79e+17               HQIC             =  48.90545
Det(Sigma_ml)  =   4.60e+16               SBIC             =  49.66278

Equation          Parms      RMSE     R-sq      chi2     P>chi2

D_gdp                 7    210.877   0.6786   50.66665   0.0000
D_invest              7    92.7104   0.8005   96.31045   0.0000
D_scientific          7    43276.9   0.3933   15.5614    0.0163


                    Coef.   Std. Err.      z    P>|z|     [95% Conf. Interval]

D_gdp
  gdp
      LD.       -.3984889   .4380874    -0.91   0.363    -1.257124    .4601467
      L2D.       .9847059   .3596599     2.74   0.006     .2797854   1.689626

  invest
      LD.        .5400085    .36392      1.48   0.138    -.1732615   1.253278
      L2D.       .2719106   .4454723     0.61   0.542    -.6011991    1.14502

  scientific
      LD.        .0033647   .0018742     1.80   0.073    -.0003088    .0070381
      L2D.      -.0044343   .0053901    -0.82   0.411    -.0149987    .0061302

  _cons        47.07734    80.47757     0.58   0.559    -110.6558    204.8105

D_invest
  gdp
      LD.       -.4371605    .192602    -2.27   0.023    -.8146535   -.0596676
      L2D.       .8803334   .1581219     5.57   0.000     .5704203   1.190247

  invest
      LD.        .5099025   .1599948     3.19   0.001     .1963185   .8234865
      L2D.       .043728    .1958487     0.22   0.823    -.3401284   .4275843

  scientific
      LD.       -.0000278    .000824    -0.03   0.973    -.0016428   .0015872
      L2D.       .0005079   .0023697     0.21   0.830    -.0041367   .0051525

  _cons        -8.655317    35.38138    -0.24   0.807    -78.00155   60.69092

D_scientific
  gdp
      LD.       -13.38972   89.90589    -0.15   0.882    -189.602    162.8226
      L2D.       90.61579   73.81071     1.23   0.220    -54.05054   235.2821

  invest
      LD.        2.704703   74.68497     0.04   0.971    -143.6752   149.0846
      L2D.       53.37151   91.42145     0.58   0.559    -125.8112   232.5543

  scientific
      LD.        .6313162   .3846351     1.64   0.101    -.1225547   1.385187
      L2D.      -2.342645   1.106183    -2.12   0.034    -4.510724   -.1745668

  _cons        -8852.223    16515.9     -0.54   0.592    -41222.79   23518.34
```

图 13.43   Vector autoregression 结果

3. 格兰杰因果关系检验

在命令窗口中输入以下命令：

```
est store var1
```

本命令的含义是对上一步估计完成的结果进行保存，文件名为 var1。

```
vargranger
```

本命令的含义是对估计完成的 VAR 模型进行格兰杰因果关系检验，分析结果如图 13.44 所示。以第一个方程为例，结果的第 1 行给出了方程 D_gdp 中 D.invest 的两个滞后期的系数是否联合为 0 的 Wald 检验，因为其 p 值为 0.138，所以我们不能拒绝 D.invest 两个滞后期的系数联合为 0 的原假设，从而也就不能认为 D.invest 是 D_gdp 的格兰杰因；第 2 行给出了方程 D_gdp 中 D.scientific 两个滞后期的系数是否联合为 0 的检验，根据该结果，我们同样不能认为 D.scientific 是 D_gdp 的格兰杰因；第 3 行检验的是方程 D_gdp 中所有其他内生变量的两个滞后期的系数是否联合为 0，根据其 p 值，不能拒绝 D.invest 和 D.scientific 联合起来不是 D_gdp 的格兰杰因的原假设。

最终结论是，D.gdp 是 D_invest 的格兰杰因，其他格兰杰因果关系并不显著。

```
. vargranger

Granger causality Wald tests
```

Equation	Excluded	chi2	df	Prob > chi2
D_gdp	D.invest	3.9654	2	0.138
D_gdp	D.scientific	3.3191	2	0.190
D_gdp	ALL	5.7704	4	0.217
D_invest	D.gdp	31.021	2	0.000
D_invest	D.scientific	.04686	2	0.977
D_invest	ALL	38.88	4	0.000
D_scientific	D.gdp	1.627	2	0.443
D_scientific	D.invest	.43038	2	0.806
D_scientific	ALL	6.7956	4	0.147

图 13.44　格兰杰因果关系检验结果

4. 对拟合的 VAR 模型进行诊断性检验

（1）使用 varstable 命令进行模型平稳性判断

在命令窗口中输入以下命令：

```
varstable, graph
```

本命令的含义是使用 varstable 命令进行模型平稳性判断，并绘制伴随矩阵特征值图形直观展示。图 13.45 给出了各个特征值的值及其模，图 13.46 给出了特征值的绘图。

```
. varstable, graph

Eigenvalue stability condition
```

Eigenvalue	Modulus
.2952621 + 1.462217i	1.49173
.2952621 - 1.462217i	1.49173
1.078805	1.0788
-.8949008	.894901
-.01584929 + .3441203i	.344485
-.01584929 - .3441203i	.344485

```
At least one eigenvalue is at least 1.0.
VAR does not satisfy stability condition.
```

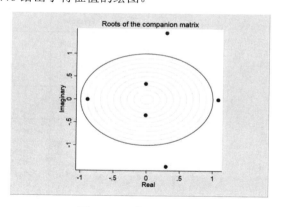

图 13.45　VAR 模型各特征值及其模　　　　图 13.46　特征值的绘图

由图 13.45 可以看到，伴随矩阵的特征值既有实数又有虚数，有 3 个特征值的模是大于 1 的，从而可以判断该 VAR 模型不满足平稳性条件。从图 13.46 中也可以看出有 3 个特征值位于单位圆之外。

（2）使用 varlmar 命令进行残差的自相关性检验

在命令窗口中输入以下命令：

```
varlmar, mlag(5)
```

本命令的含义是使用 varlmar 命令进行残差的自相关性检验，并设置最大滞后期为 5，该命令的执行结果如图 13.47 所示。

```
. varlmar, mlag(5)

   Lagrange-multiplier test

  ┌─────┬──────────────────────────────────┐
  │ lag │     chi2    df   Prob > chi2      │
  ├─────┼──────────────────────────────────┤
  │  1  │   9.6955     9     0.37569        │
  │  2  │   4.3844     9     0.88435        │
  │  3  │  41.1967     9     0.00000        │
  │  4  │  13.4371     9     0.14380        │
  │  5  │  12.1957     9     0.20250        │
  └─────┴──────────────────────────────────┘

  H0: no autocorrelation at lag order
```

图 13.47　残差的自相关性检验结果

从结果可以看到，在滞后期为 3 处，显著拒绝了残差没有自相关性的原假设，其他各滞后期均接受原假设，所以认为模型的残差存在三阶自相关。

（3）使用 varnorm 命令进行残差的正态性检验

在命令窗口中输入以下命令：

```
varnorm
```

本命令的含义是使用 varnorm 命令进行残差的正态性检验，该命令的执行结果如图 13.48 所示。

```
. varnorm
   Jarque-Bera test

  ┌──────────────┬──────────────────────────────────┐
  │   Equation   │    chi2    df    Prob > chi2      │
  ├──────────────┼──────────────────────────────────┤
  │       D_gdp  │  20.472     2      0.00004        │
  │    D_invest  │  47.839     2      0.00000        │
  │ D_scientific │   3.195     2      0.20242        │
  │         ALL  │  71.506     6      0.00000        │
  └──────────────┴──────────────────────────────────┘

   Skewness test

  ┌──────────────┬───────────────────────────────────────────┐
  │   Equation   │ Skewness    chi2    df    Prob > chi2      │
  ├──────────────┼───────────────────────────────────────────┤
  │       D_gdp  │  .60296     1.454    1      0.22785         │
  │    D_invest  │ -1.9351    14.978    1      0.00011         │
  │ D_scientific │ -.79613     2.535    1      0.11133         │
  │         ALL  │            18.968    3      0.00028         │
  └──────────────┴───────────────────────────────────────────┘

   Kurtosis test

  ┌──────────────┬───────────────────────────────────────────┐
  │   Equation   │ Kurtosis    chi2    df    Prob > chi2      │
  ├──────────────┼───────────────────────────────────────────┤
  │       D_gdp  │  7.3609    19.018    1      0.00001         │
  │    D_invest  │  8.7324    32.861    1      0.00000         │
  │ D_scientific │  3.8121     0.659    1      0.41674         │
  │         ALL  │            52.538    3      0.00000         │
  └──────────────┴───────────────────────────────────────────┘
```

图 13.48　残差的正态性检验结果

结果中第一部分是 Jarque–Bera 统计量检验，原假设为方程的残差服从正态分布。所以方程 D_scientific 的残差服从正态分布，方程 D_gdp 和方程 D_invest 的残差不服从正态分布。3 个方程的残差也不服从联合正态分布（ALL 一行的 Prob > chi2 为 0.00000）。第二部分是偏度检验，原假设为方程的残差服从正态分布，结论是 D_gdp 和 D_scientific 的残差服从正态分布，D_invest 的残差不服从正态分布，三个方程的残差不服从联合正态分布。第三部分是峰度检验，原假设为方程的残差服从正态分布，结论与 Jarque–Bera 统计量检验一致。

5. 使用 irf 系列命令进行脉冲响应、方差分解等函数的估计、制表及制图，使用 varbasic 命令进行基本 VAR 模型的估计与制图

在命令窗口中输入以下命令：

```
irf set var1
```

本命令的含义是激活前面保存的 IRF 文件 var1。

```
irf create var1
```

本命令的含义是对前面保存的 IRF 文件 var1 进行估计。

```
irf graph oirf, irf(var1) response(D.scientific)
```

本命令的含义是绘制正交的脉冲响应函数（oirf），对 var1 标识的结果进行绘图（选项 irf(var1)），设置响应变量为 D.scientific(response(D.scientific))，绘制结果如图 13.49 所示。

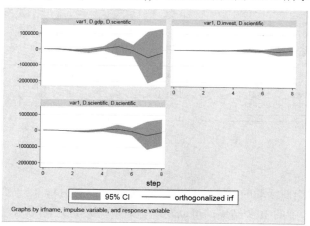

图 13.49　正交的脉冲响应函数图

结果中共有 3 幅图，每个图中的标题内容依次为用于标识的 IRF 名、冲击变量、响应变量。在左上角的图中，对 D_gdp 的正冲击导致 D_scientific 先上升，再下降，再上升，再下降（判断上升或下降要看响应变量在 0 值之上还是之下），并在第 3 期之后，响应得到放大。右上角的图显示，对 D_invest 的正冲击导致 D_scientific 先上升，再下降，再上升，再下降，并在第 7 期左右，响应得到放大。左下角的图显示，对 D_scientific 的正冲击导致 D_scientific 先上升，再下降，再上升，再下降，并在第 4 期之后，响应得到放大。

```
irf table oirf, irf(var1) response(D.scientific)
```

本命令的含义是以表格的方形反映 var1 正交的脉冲响应函数（oirf），设置响应变量为 D.scientific(response(D.scientific))，该命令的执行结果如图 13.50 所示。结果中最下方的"（1）irfname = var1, impulse = D.gdp, and response = D.scientific"表示第一个方程（1）中，IRF 文件名为 var1，脉冲变量为 D.gdp，响应变量为 D.scientific，以此类推。以方程（1）为例，step 列为期数，oirf 为正交脉冲响应函数值，正值为正响应（在前面的脉冲图中为 0 以上），负值为负响应（在前面的脉冲图中为 0 以下），走势与前面图片形式的结论完全一致。Lower 和 Upper 两列分别为95%的置信区间的下限和上限，即前面脉冲图中的阴影部分。

```
. irf table oirf, irf(var1) response(D.scientific)

                                    Results from var1

            (1)        (1)        (1)
step        oirf       Lower      Upper

0           32331      20987      43675
1           18085.4    -11988.8   48159.6
2           -48070.7   -114217    18075.8
3           -72259.7   -210792    66272.9
4           79411.7    -59796.7   218620
5           207474     -343720    758669
6           -40019.1   -402869    322831
7           -482967    -2.1e+06   1.1e+06
8           -181989    -1.7e+06   1.3e+06


            (2)        (2)        (2)
step        oirf       Lower      Upper

0           5150.06    -1400.36   11700.5
1           3456.17    -9415.36   16327.7
2           -6516.08   -25161.6   12129.5
3           -4973.54   -42165     32218
4           12523.8    -27405.5   52453.2
5           24406.4    -71280.8   120094
6           -11055.5   -105156    83044.5
7           -54604     -308013    198805
8           -4226.15   -270089    261637
```

```
            (3)        (3)        (3)
step        oirf       Lower      Upper

0           15962.8    11447      20478.6
1           10077.6    -2289.41   22444.6
2           -31753.4   -59558.1   -3948.7
3           -38070.8   -107466    31324.7
4           45518.4    -46719.5   137756
5           113800     -158495    386096
6           -36107.7   -267952    195736
7           -272770    -1.1e+06   585714
8           -82367.1   -893318    728584

95% lower and upper bounds reported
(1) irfname = var1, impulse = D.gdp, and response = D.scientific
(2) irfname = var1, impulse = D.invest, and response = D.scientific
(3) irfname = var1, impulse = D.scientific, and response = D.scientific
```

图 13.50　正交的脉冲响应函数图

irf describe

本命令的含义是对当前活动的 IRF 文件进行描述，该命令的执行结果如图 13.51 所示，展示了当前时点包含在 var1.irf 中的 IRF 结果，可以发现有两个，一个是 ordera，其内生变量包括 oilprice 和 goldprice，这个是之前测试用的，与本节介绍的案例无关；另一个是 var1，其内生变量包括 D.gdp、D.invest 和 D.scientific。

```
. irf describe
Contains irf results from var1.irf (dated 25 Nov 2021 12:23)

    irfname   model   endogenous variables and order (*)

    ordera    var     oilprice goldprice
    var1      var     D.gdp D.invest D.scientific

    (*) order is relevant only when model is var
```

图 13.51　对当前活动的 irf 文件进行描述

```
irf drop ordera
```

本命令的含义是删除 IRF 结果 ordera。

```
irf rename var1 newvar
```

本命令的含义是将 IRF 结果 var1 重命名为 newvar，该命令的执行结果如图 13.52 所示。

```
. irf drop ordera
(ordera dropped)
file var1.irf updated

. irf rename var1 newvar
(81 real changes made)
var1 renamed to newvar
```

图 13.52　删除及重命名结果

```
varbasic d.gdp d.invest d.scientific
```

本命令的含义是使用 varbasic 命令针对 d.gdp d.invest d.scientific 进行估计，并输出图形。可以发现与前述相关的命令结果完全一致，限于篇幅不再展示。

6. 进行动态预测及制图

```
var d.gdp d.invest d.scientific if year<=2015
```

本命令的含义是针对 d.gdp d.invest d.scientific 进行 VAR 模型拟合，但是限定样本区间为 2015 年及以前，之所以进行样本区间限定，是为了方便后面对动态预测值和样本观测值进行对比。具体结果限于篇幅不再展示。

```
fcast compute f1_, step(5)
```

本命令的含义是计算动态预测值，并将各预测变量命名为前缀"f1_"+内生变量名，step(5)设置预测的步长为 5。因为我们在拟合模型时使用的样本为 2015 年之前的，所以动态预测值会从 2016 年开始，并持续 5 个区间，即预测到 2020 年为止。

```
fcast graph f1_D_gdp f1_D_invest f1_D_scientific,observed
```

本命令的含义是对各预测值制图，observed 选项表明将同时画出各变量的实际观测值，制图结果如图 13.53 所示。从图中可以看到，2015 年我们并没有开展动态预测，所以实际值和预测值是重合的，在 2016~2020 年的各期，模型对 D_gdp 和 D_invest 的预测要优于对 D_scientific 的预测。蓝色的线为预测值，红色的线为实际样本观测值，灰色的宽带（阴影部分）为预测值的 95% 的置信区间。

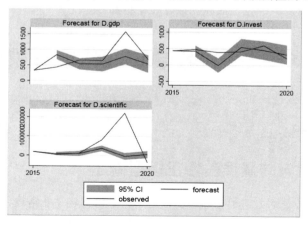

图 13.53　动态预测值与实际观测值对比图

```
var d.gdp d.invest d.scientific if year<=2015, lags(1/4)
```

本命令的含义是针对 d.gdp d.invest d.scientific 拟合滞后期为 1~4 期的 VAR 模型，仍限定样本区间为 2015 年及以前。具体结果限于篇幅不再展示。

```
fcast compute f2_, step(5)
```

本命令的含义是进行动态预测，并将预测值的前缀设为 f2_。

```
graph twoway line f1_D_gdp f2_D_gdp d.gdp year if f1_D_gdp< .
```

本命令的含义是绘制线图，纵轴变量为 f1_D_gdp f2_D_gdp d.gdp，横轴变量为 year。if 条件语句 "if f1_D_gdp< ." 的意思是我们要对 f1_D_gdp 不为 "." 的样本观测值绘制图形。因为动态预测的步长为 5 期，所以生成了 2016—2020 年 5 个预测数据，2015 年数据是重合的。图形比较结果如图 13.54 所示。

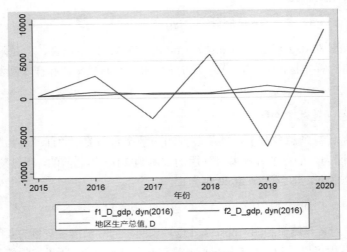

图 13.54　多值对比图

绿色曲线代表原序列值，蓝色曲线代表滞后期为 1~2 期模型的动态预测值，红色曲线代表滞后期为 1~4 期模型的动态预测值。蓝色曲线的拟合效果更好一些。

13.6　协整检验与向量误差修正模型

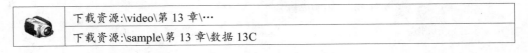

13.6.1　协整检验与向量误差修正模型概述

对于一个时间序列数据而言，数据的平稳性对于模型的构建是非常重要的。我们在针对时间序列数据进行分析时，通常情况下各类传统模型都要求分析使用的时间序列数据是平稳的，即没有随机趋势或确定趋势，否则会产生 "伪回归" 问题。但是在现实经济中，这一条件往往不被满足，或者说时间序列为非平稳的情形很多，前面我们也提到，可以通过对变量进行一次或多次差分的方式把时间序列处理至平稳，但这样处理可能会损失掉一些重要信息，而协整则提供了解决时间序列非平稳问题的另一种思路。协整的基本思想是假定非平稳的变量之间存在共同的随机性趋势，把存在一阶单整的变量放在一起进行分析，通过这些变量进行线性组合，从而消除它们的随机趋势，得到其长期联动趋势。

因为"伪回归"的一种特殊情况是两个时间序列的趋势成分相同，所以理论上可以利用这种共同的随机性趋势修正回归使之可靠。基于这种思路，协整检验的目的就是判断多个非平稳时间序列的线性组合是否具有稳定的长期均衡关系。如果能找到这种均衡关系，那么就可以引入这种均衡关系对模型进行误差调整，从而排除单位根带来的随机性趋势，这也就是我们所要讲到的误差修正模型。向量误差修正模型（Vector Error Correction Model，VECM）体现了这样一种思想：相关变量间可能存在长期的均衡关系，变量的短期变动就是向着这个长期均衡关系的部分调整。相比 VAR 模型，误差修正模型往往有着更为清楚的经济含义。

1. 协整检验

目前常用的协整检验方法有两种：一种是 EG-ADF 检验，另一种是 Johansen 检验（也称迹检验）。一般认为，Johansen 检验的效果要好于 EG-ADF 检验，但 EG-ADF 作为传统经典的检验方法，应用范围更广一些。

EG-ADF 检验的过程是：若 y、$x1$、$x2$ 均为一阶单整变量，首先把 y 作为因变量，把 $x1$、$x2$ 作为自变量，用普通最小二乘估计法进行估计得到残差序列，然后对残差序列进行 ADF 检验，观测其是否为平稳序列，如果残差序列是平稳的，那么变量之间的长期协整关系就存在，如果残差序列是不平稳的，那么变量之间的长期协整关系就不存在。

下面我们着重介绍一下 Johansen 协整检验。

Johansen 协整检验是一种以 VAR 模型为基础的检验回归系数的方法。数学公式为：

基于 p 阶 VAR 模型：

$$Y_t = A_1 Y_{t-1} + A_2 Y_{t-2} + \cdots + A_p Y_{t-p} + BX_t + \varepsilon_t$$

Y_t 为 k 维的非平稳的 $I(1)$ 向量，X_t 为 d 维的确定性的外生变量。该模型可变换为：

$$\Delta Y_t = \Pi Y_{t-1} + \sum_{i=1}^{p-1} \Gamma_i \Delta Y_{t-i} + BX_t + \varepsilon_t$$

$$\Pi = \sum_{i=1}^{p} A_i - I$$

$$\Gamma_i = -\sum_{j=i+1}^{p} A_j$$

Johansen 协整检验的基本原理就是分析矩阵 Π 的秩。如果矩阵 Π 的秩 $r < k$，即可将 Π 分解为 $\Pi = \alpha\beta'$，且 $\beta'Y_t \sim I(0)$，β 为协整向量矩阵，α 为调整参数矩阵，矩阵秩 r 则为协整关系的个数，最多只有 $(k-1)$ 个协整关系。

Johansen 协整检验有两种检验统计量，分别是特征根迹（Trace）检验统计量和最大特征值

（Maximum Eigenvalue）检验统计量，两种检验统计量都是通过使用矩阵 Π 的特征根构造得到的。

Johansen 协整检验在 Stata 中的实现过程是：首先根据信息准则确定变量的滞后阶数，即模型中变量的个数。信息准则的概念是针对变量的个数，学者们认为只有适当变量的个数才是合理的，如果变量太少，就会遗漏很多信息，导致模型不足以解释因变量，如果变量太多，就会导致信息重叠，同样导致建模失真。目前国际上公认的比较合理的信息准则有很多种，所以研究者在选取滞后阶数时要适当加入自己的判断。在确定滞后阶数后，我们要确定协整秩，协整秩代表着协整关系的个数。变量之间往往会存在多个长期均衡关系，所以协整秩并不必然等于 1。在确定协整秩后，我们就可以构建相应的模型，并写出协整方程了。

2. 向量误差修正模型

向量误差修正模型只能应用于存在协整关系的变量序列中，所以建立向量误差修正模型之前需要首先进行 Johansen 协整关系检验。

基于 p 阶 VAR 模型：

$$Y_t = A_1 Y_{t-1} + A_2 Y_{t-2} + \cdots + A_p Y_{t-p} + BX_t + \varepsilon_t$$

Y_t 为 k 维的非平稳的 $I(1)$ 向量，X_t 为 d 维的确定性的外生变量。如果 Y_t 所包含的 k 个 $I(1)$ 变量序列存在协整关系，则不包含外生变量的上式可以变换为：

$$\Delta Y_t = \alpha \mathrm{ECM}_{t-1} + \sum_{i=1}^{p-1} \Gamma_i \Delta Y_{t-i} + \varepsilon_t$$

其中，$\mathrm{ECM}_{t-1} = \beta' Y_t$ 为误差修正项，所以上式中的每个方程都是一个误差修正模型。误差修正项反映了变量之间的长期均衡关系（即变量之间的协整关系），对长期均衡的偏离可以通过一系列的部分短期调整而得到修正，误差修正项的系数向量 α 则表示将这种偏离调整到长期均衡状态的调整速度。各解释变量的滞后差分项 ΔY_{t-i} 的系数 Γ_i 则反映了各变量的短期波动对 ΔY_t 的影响。

13.6.2 协整检验与向量误差修正模型的 Stata 操作

1. 确定向量误差修正模型阶数

向量误差修正模型滞后阶数的确定也是通过 varsoc 命令实现的，在拟合模型之前或之后均可。命令的语法格式与上一节介绍的 VAR 模型完全相同，在此不再赘述。

2. 协整关系检验

关于 EG-ADF 检验方法，我们将在下一节结合案例详细介绍。Johansen 协整检验的命令为 vecrank，该命令的语法格式为：

```
vecrank depvarlist [if] [in] [,options]
```

vecrank 为命令，depvarlist 为参与协整检验的变量列表，[if]为条件表达式，[in]用于设置样本范围，[,options]为可选项，主要包括表 13.28 所示的几项。

表13.28　vecrank命令的[,options]可选项及其含义

[,options]可选项	含　义
lags(#)	设置#为对应的 VAR 模型的最高滞后阶数
trend(constant)	设置协整方程没有趋势，水平数据呈线性趋势，为默认设置
trend(rconstant)	设置协整方程没有趋势，水平数据也没有趋势
trend(trend)	协整方程包括线性趋势，设置未差分数据为二次趋势
trend(rtrend)	协整方程包括线性趋势，设置未差分数据为线性趋势
trend(none)	不包括任何趋势项或常数项
sindicators(varlist_si)	包含标准化的季节标准变量 varlist_si
noreduce	不进行因变量滞后项的多重共线性检验
notrace	不汇报迹统计量
max	汇报最大特征值统计量，可使用最大特征值统计量来判断协整关系的个数
ic	汇报信息准则，可通过信息准则来判断协整关系的个数
level99	输出 1%的临界值而非 5%的临界值
levela	输出 1%的临界值和 5%的临界值

我们注意到，上面有很多种类的 trend()选项（即趋势项），在趋势项选择方面，我们可以通过理论分析与绘图相结合的方式来判断哪种趋势项更为合适。下面从数学公式的角度进行解释和说明。我们考虑一个 VEC 模型：

$$\Delta y_t = \nu + \delta t + \alpha\beta' y_{t-1} + \Gamma_1 \Delta y_{t-1} + \Gamma_2 \Delta y_{t-2} + \cdots + \Gamma_{p-1} \Delta y_{t-p+1} + \varepsilon_t$$

可以发现公式右侧含有常数向量 ν，因为公式左侧的被解释变量为差分序列 Δy_t，所以常数向量说明未差分序列有线性趋势，按照同样的逻辑，公式右侧的 δt 意味着未差分序列有二次趋势。然后我们可以将 ν 和 δ 设置为：

$$\nu = \alpha\mu + \gamma$$

$$\delta = \alpha\rho t + \tau t$$

两个公式中 μ 和 ρ 都是 $h \times 1$ 的参数向量，γ 和 τ 为 $n \times 1$ 的参数向量，且 γ 与 $\alpha\mu$ 正交，τ 与 $\alpha\rho$ 正交。将两个公式代入 VEC 模型，则有：

$$\Delta y_t = \alpha(\beta' y_{t-1} + \mu + \rho t) + \Gamma_1 \Delta y_{t-1} + \Gamma_2 \Delta y_{t-2} + \cdots + \Gamma_{p-1} \Delta y_{t-p+1} + \gamma + \tau t + \varepsilon_t$$

基于此，模型中的协整方程即为 $\beta' y_{t-1} + \mu + \rho t$。

- trend(trend)表示不对趋势参数进行任何限制，或者可以理解成水平数据可以为二次趋势，协整方程趋势平稳。
- trend(rtrend)表示约束 $\tau = 0$，或者可以理解成水平数据为线性趋势而非二次趋势，但协整方程仍可以趋势平稳。
- trend(constant)表示 $\tau = 0$ 且 $\rho = 0$，或者可以理解成水平数据为线性趋势，协整方程为常数平稳。

- trend(rconstant)表示 $\tau = 0$，$\rho = 0$ 且 $\gamma = 0$，或者可以理解成水平数据没有趋势，协整方程为常数平稳。
- trend(none)表示 $\tau = 0$，$\rho = 0$，$\gamma = 0$ 且 $\mu = 0$，或者可以理解成协整方程无趋势且均值为 0，数据的水平形式及差分形式均值都为 0。

注　意

vecrank 命令可以有效计算模型中平稳的协整方程个数，但该命令假定参与分析的变量都为一阶单整（即原始变量有单位根，一阶差分后不存在单位根）。

---

3. 向量误差修正模型的拟合

向量误差修正模型拟合的命令为 vec 命令，该命令的语法格式为：

```
vec depvarlist [if] [in] [,options]
```

vec 为命令，depvarlist 为参与拟合向量误差修正模型的变量列表，[if]为条件表达式，[in]用于设置样本范围，[,options]为可选项，主要包括表 13.29 所示的几项。

表13.29　vec命令的[,options]可选项及其含义

[,options]可选项	含　义
rank(#)	设置协整方程的个数为#，默认为 rank(1)
lags(#)	设置#为对应的 VAR 模型的最高滞后阶数，默认为 lags(2)
trend(constant)	设置协整方程没有趋势，水平数据呈线性趋势，为默认设置
trend(rconstant)	设置协整方程没有趋势，水平数据也没有趋势
trend(trend)	协整方程包括线性趋势，设置未差分数据为二次趋势
trend(rtrend)	协整方程包括线性趋势，设置未差分数据为线性趋势
trend(none)	不包括任何趋势项或常数项
bconstraints(constraints_bc)	对协整向量设置约束 constraints_bc
aconstraints(constraints_ac)	对调整参数设置约束 constraints_ac
sindicators(varlist_si)	包含标准化的季节标准变量 varlist_si
noreduce	不进行因变量滞后项的多重共线性检验
level(#)	设置置信度，默认为 level(95)
nobtable	不汇报协整方程的参数
noidtest	不汇报过度约束的似然比检验
alpha	将调整参数单独列表
pi	输出 pi 矩阵，$\Pi = \alpha\beta'$
noptable	不汇报 pi 矩阵的元素
mai	汇报移动平均影响矩阵的参数
noetable	不汇报调整参数和短期参数
dforce	输出短期参数、协整参数和调整参数

4. VEC 模型平稳性检验

VEC 模型平稳性检验是检验协整方程是否平稳，为进行统计推断打好基础。对协整方程的平稳性进行判断，检验的命令为 vecstable，该命令的语法格式为：

vecstable [,options]

vecstable 为 VEC 模型平稳性检验的命令，[,options]可选项与 13.5 节介绍的命令 varstable 完全相同。

5. VEC 模型残差自相关性检验

VEC 模型的估计、推断和预测等都要求满足残差无自相关的假定，所以我们有必要对残差的自相关性进行检验。检验的命令为 veclmar，检验原理是对残差自相关进行拉格朗日乘子检验，该命令的语法格式为：

veclmar [,options]

veclmar 为 VEC 模型残差自相关性检验的命令，[,options]可选项与 13.5 节介绍的命令 varlmar 完全相同。

6. VEC 模型残差正态性检验

虽然很多渐近性质的估计方法并不依赖于残差的正态性假设，但如果 VEC 模型残差满足独立同分布且服从正态分布的条件，就可以对 VEC 模型进行最大似然估计。检验的命令为 vecnorm，该命令的语法格式为：

vecnorm [,options]

vecnorm 为 VEC 模型残差正态性检验的命令，[,options]可选项包括 13.5 节介绍的命令 varnorm 中的全部选项，还有 dfk 选项，如果设置 dfk 选项，则在计算扰动项的方差协方差矩阵时，可以进行小样本调整。

7. VEC 模型脉冲响应与方差分解

与 VAR 模型类似，VEC 模型也可以进行脉冲响应和方差分解分析。操作步骤也基本相同：

1）使用 irf set 命令激活 IRF 文件。该命令的可选项与 VAR 模型的 irf 系列命令相同。

2）使用 irf create 命令对 irf 系列函数进行估计。该命令的可选项包括 set(filename[,replace])、replace、step(#)和 estimates(estname)，可用的统计量包括 irf（脉冲响应函数）、oirf（正交脉冲响应函数）、cirf（累积脉冲响应函数）、coirf（累积正交脉冲响应函数）、fevd（Cholesky 预测误差方差分解）。

3）使用 irf graph、irf cgraph 或 irf ograph 等命令制图或使用 irf table 或 irf ctable 等命令制表。该命令的可选项与 VAR 模型的 irf 系列命令相同。

除上述命令外，13.5 节中介绍的 irf describe、irf add、irf drop、irf rename 等适用于 VAR 模型的命令针对 VEC 模型也同样适用。

8. VEC 模型预测

与 VAR 模型相同，VEC 模型也可以进行预测，分为一步预测和动态预测。

（1）VEC 模型一步预测

```
predict [type] newvar [if] [in] [,equation(eqno | eqname) statistic]
```

predict 为命令，[type]用于设置新生成的预测变量的类型，newvar 用于设置新生成的预测变量的名称，[if] 为条件表达式，[in]用于设置样本范围。equation()用于指定拟预测的方程，其中可以指定方程的序号 eqno，也可以指定方程的名称 eqname。如果不指定 equation()选项，Stata 默认会对第一个方程进行估计，即等价于设置 equation(#1)。statistic 用于设置拟预测的统计量，主要包括表 13.30 所示的几项。

表13.30　predict命令的statistic可选项及其含义

Statistic 可选项	含　义
xb	线性预测（默认选项）
stdp	线性预测的标准差
residuals	残差
ce	指定的协整方程的预测值
levels	计算指定方程中内生变量水平值的一步预测
usece(varlist_ce)	使用之前保存的协整方程结果 varlist_ce 进行预测值计算，要求 varlist_ce 中的变量数等于模型中协整方程的个数

（2）VEC 模型动态预测

```
fcast compute prefix [,options]
```

fcast compute 为命令，prefix 代表前缀，即将动态预测值命名为"前缀+因变量名。"[,options] 为其他可选项，主要包括表 13.31 所示的几项。

表13.31　fcast compute命令的[,options]可选项及其含义

[,options]可选项	含　义
step(#)	设置动态预测期数，默认为 step(1)
dynamic(time_constant)	设置动态预测的起始期，默认为用于拟合模型样本最后一个观测值的下一期
estimates(estname)	使用之前保存的 VAR 估计结果，默认使用最近的估计结果
replace	替换具有同样前缀的预测变量
differences	保存一阶差分变量的动态预测值
nose	不计算动态预测值的渐近标准差和渐近置信区间
level(#)	设置置信水平，默认为 level(95)

动态预测完成后，可以使用 fcast graph 命令对动态预测结果制图，相应的命令及语法格式为：

```
fcast graph varlist [if] [in] [,options]
```

fcast graph 为命令，varlist 为要制图的变量列表，[if]为条件表达式，[in]用于设置样本范围。[,options]包括 noci（不显示置信区间）、observed（预测变量的实际观测值）等。

13.6.3　协整检验与向量误差修正模型示例

我们在本节使用的数据仍来自于"数据 13C"数据文件。在前面各节中，通过绘制时间序列趋势图发现 gdp invest 的二阶差分、scientific 的一阶差分是没有时间趋势的，而 gdp invest 原变量及一阶差分以及 scientific 原变量是有时间趋势的。通过单位根检验发现 gdp、invest、scientific 三个变量都是一阶单整的。所以我们可以对 gdp invest scientific 三个一阶单整的变量进行协整检验并建立向量误差修正模型。打开"数据 13C"数据文件，操作步骤如下：

1. 确定向量误差修正模型阶数

在命令窗口中输入以下命令：

```
varsoc gdp invest scientific
```

本命令的含义是确定 gdp、invest、scientific 向量误差修正模型的阶数，该命令的执行结果如图 13.55 所示。对该结果的解读与前面 13.5.3 节中相关的内容类似。最优滞后阶数为 3 阶或 4 阶，因为本例中样本数较少，所以我们确定滞后阶数为 3 阶。

```
. varsoc gdp invest scientific

Selection-order criteria
Sample:  1998 - 2020                   Number of obs      =        23

 lag |    LL       LR      df    p     FPE      AIC      HQIC      SBIC

  0  | -648.614                       8.1e+20  56.6621  56.6994   56.8102
  1  | -551.999  193.23    9  0.000   4.0e+17  49.0434  49.1924   49.6358
  2  | -535.617  32.764    9  0.000   2.2e+17  48.4015  48.6622   49.4382
  3  | -518.627  33.98     9  0.000   1.3e+17  47.7067  48.0792   49.1878*
  4  | -506.486  24.282*   9  0.004   1.3e+17* 47.4336* 47.9178*  49.359

Endogenous:   gdp invest scientific
Exogenous:    _cons
```

图 13.55　确定向量误差修正模型阶数

2. 协整关系检验

（1）Johansen 协整检验
在命令窗口中输入以下命令：

```
vecrank gdp invest scientific,lags(3)
vecrank gdp invest scientific,lags(4)
```

本命令的含义是使用 Johansen 协整检验方法，分别设置滞后期为 3 期、4 期，检验 gdp、invest scientific 之间是否存在协整关系并确定协整关系的个数，该命令的执行结果如图 13.56 所示。分析本结果最直接的方式就是找到带有"＊"的迹统计量并观察对应的 rank 列的数值，rank 列的数值即为协整关系的个数，可以发现在滞后期为 3 期、4 期时，均显示有两个协整关系。

```
. vecrank gdp invest scientific,lags(3)

                    Johansen tests for cointegration
Trend: constant                              Number of obs =      24
Sample:  1997 - 2020                         Lags =           3

                                                    5%
maximum                                  trace    critical
  rank    parms      LL      eigenvalue  statistic  value
    0       21    -562.58376      .       44.8269   29.68
    1       26     -549.575   0.66178    18.8094   15.41
    2       29    -540.69945  0.52271     1.0583*   3.76
    3       30    -540.17029  0.04314

. vecrank gdp invest scientific,lags(4)

                    Johansen tests for cointegration
Trend: constant                              Number of obs =      23
Sample:  1998 - 2020                         Lags =           4

                                                    5%
maximum                                  trace    critical
  rank    parms      LL      eigenvalue  statistic  value
    0       30    -528.43821      .       43.9042   29.68
    1       35     -516.5475   0.64441   20.1227   15.41
    2       38    -508.15766  0.51787     3.3431*   3.76
    3       39    -506.48613  0.13528
```

图 13.56 Johansen 协整关系检验

（2）EG-ADF 检验

在命令窗口中输入以下命令：

```
regress gdp invest scientific
```

本命令的含义是把 gdp 作为因变量，把 invest scientific 作为自变量，用普通最小二乘估计法进行估计，分析结果如图 13.57 所示。从该分析结果中可以看到共有 27 个样本参与了分析。模型的 F 值(2,24)=1184.57，P 值（Prob>F）=0.0000，说明模型整体上是比较显著的。模型的可决系数（R-squared）为 0.9900，模型修正的可决系数（Adj R-squared）为 0.9891，说明模型的解释能力非常好。

模型的回归方程是：

```
gdp=1.542359* invest+.0019109scientific+551.3941
```

其中自变量 invest 和常数项的系数都非常显著，但是 scientific 的系数不够显著。

```
. regress gdp invest scientific

      Source        SS       df       MS         Number of obs  =       27
                                                 F(2, 24)       =  1184.57
       Model    218366363      2   109183181     Prob > F       =   0.0000
    Residual   2212112.64     24   92171.3601    R-squared      =   0.9900
                                                 Adj R-squared  =   0.9891
       Total    220578476     26   8483787.52    Root MSE       =    303.6

         gdp       Coef.    Std. Err.      t     P>|t|    [95% Conf. Interval]

      invest    1.542359   .0757481    20.36    0.000    1.386023    1.698695
  scientific    .0019109    .001218     1.57    0.130   -.0006029    .0044246
       _cons    551.3941   88.23412     6.25    0.000    369.2879    733.5004
```

图 13.57 普通最小二乘估计结果

```
predict e,resid
```

本命令的含义是得到上一步回归产生的残差序列。

```
twoway(line e year)
```

本命令的含义是绘制残差序列的时间趋势图，绘制结果如图 13.58 所示。可以发现残差没有明显的、确定的时间趋势。

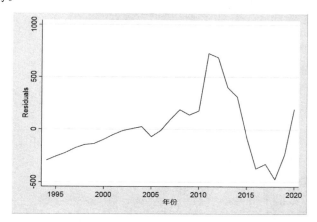

图 13.58　绘制残差序列的时间趋势图

```
dfuller e,notrend nocon lags(1) regress
```

本命令的含义是对残差序列进行 ADF 检验，观测其是否为平稳序列，其中不包括时间趋势项，不包括常数项，滞后 1 期，该命令的执行结果如图 13.59 所示。

```
. dfuller e,notrend nocon lags(1) regress

Augmented Dickey-Fuller test for unit root          Number of obs   =        25

                        ——————— Interpolated Dickey-Fuller ———————
                    Test        1% Critical       5% Critical      10% Critical
                 Statistic         Value             Value             Value

Z(t)               -2.548          -2.660            -1.950            -1.600

        D.e      Coef.    Std. Err.      t     P>|t|    [95% Conf. Interval]

          e
        L1.    -.3152884   .1237277    -2.55   0.018    -.5712386   -.0593382
        LD.     .4755182   .2055468     2.31   0.030     .0503122    .9007241
```

图 13.59　对残差序列进行 ADF 检验结果

ADF 检验的原假设是数据有单位根。从上面的结果中可以看出实际 Z(t)值为-2.548，介于 1%的置信水平（-2.660）和 5%的置信水平（-1.950）之间，所以应该拒绝存在单位根原假设。因此，残差序列是不存在单位根的，或者说残差序列是平稳的，或者说 gdp invest scientific 三个变量存在协整关系。

根据上面的分析结果可以构建出相应的模型来描述这种协整关系。因为 gdp、invest、scientific 都是一阶单整的，所以构建如下所示的模型方程：

```
d.gdp=a*d.invest+b*d.scientific+c*ecm_{t-1} +u
```

其中，a、b、c 为系数，ecm 为误差修正项，u 为误差扰动项。

ecm 误差修正项的模型方程为：

```
gdp=a*invest+b*scientific+ecm_t
```

其中，a、b 为系数。实质上，ecm 是该模型方程的误差扰动项，或者说以 gdp 为因变量，以 invest scientific 为自变量进行最小二乘估计回归后的残差。

在上面的 EG-ADF 检验部分，得到的 ecm 模型方程为：

```
gdp=1.542359* invest+.0019109scientific+551.3941
```

该方程反映的是变量的长期均衡关系。

然后在命令窗口中输入以下命令：

```
regress d.gdp d.invest d.scientific l.e
```

分析结果如图 13.60 所示，P 值（Prob>F）为 0.0000，说明模型整体比较显著。模型的可决系数（R-squared）为 0.7537，模型修正的可决系数（Adj R-squared）为 0.7201，说明模型解释能力很好。

```
. regress d.gdp d.invest d.scientific l.e

      Source |       SS           df       MS        Number of obs   =        26
-------------+----------------------------------     F(3, 22)        =     22.44
       Model |  1898111.73         3   632703.909     Prob > F        =    0.0000
    Residual |  620347.387        22   28197.6085     R-squared       =    0.7537
-------------+----------------------------------     Adj R-squared   =    0.7201
       Total |  2518459.12        25   100738.365     Root MSE        =    167.92

------------------------------------------------------------------------------
       D.gdp |      Coef.   Std. Err.      t    P>|t|     [95% Conf. Interval]
-------------+----------------------------------------------------------------
      invest |
         D1. |   .9070704   .2370166     3.83   0.001     .4155281    1.398613
             |
  scientific |
         D1. |   .0033057   .0009446     3.50   0.002     .0013466    .0052648
             |
           e |
         L1. |  -.0954919   .1292528    -0.74   0.468    -.3635458     .172562
             |
       _cons |    131.967   54.77819     2.41   0.025     18.36398      245.57
------------------------------------------------------------------------------
```

图 13.60   用 EG-ADF 检验方法构建协整模型

模型的回归方程是：

```
d.gdp=.9070704* d.invest+.0033057d.scientific-.0954919*l.e+131.967
```

其中自变量 d.invest d.scientific 的系数以及常数项都非常显著，l.e 不够显著。

3. 向量误差修正模型的拟合

在命令窗口中输入以下命令：

```
vec gdp invest scientific,rank(2) lags(3)
```

本命令的含义是把 gdp 作为因变量，把 invest scientific 作为自变量，构建向量误差修正模型进行估计，根据前面的研究结论，协整秩设为 2（即有两个协整方差），滞后期设为 3 期，该命令的执行结果如图 13.61 和图 13.62 所示。

```
. vec gdp invest scientific,rank(2) lags(3)

Vector error-correction model

Sample: 1997 - 2020                          Number of obs   =        24
                                             AIC             =  47.47495
Log likelihood = -540.6995                   HQIC            =   47.8526
Det(Sigma_ml) = 7.43e+15                     SBIC            =  48.89844

Equation          Parms      RMSE     R-sq     chi2      P>chi2

D_gdp                9      155.721   0.9410   239.4255   0.0000
D_invest             9      80.4808   0.9507   289.0888   0.0000
D_scientific         9      31608.6   0.7456   43.96632   0.0000
```

	Coef.	Std. Err.	z	P>|z|	[95% Conf. Interval]	
D_gdp						
_ce1						
L1.	-.2895373	.2282859	-1.27	0.205	-.7369694	.1578949
_ce2						
L1.	.8787042	.2969705	2.96	0.003	.2966527	1.460756
gdp						
LD.	-.2893866	.441154	-0.66	0.512	-1.154033	.5752593
L2D.	1.327878	.4209315	3.15	0.002	.5028674	2.152889
invest						
LD.	.0160552	.4532414	0.04	0.972	-.8722817	.9043921
L2D.	-.5265088	.600689	-0.88	0.381	-1.703838	.65082
scientific						
LD.	.0108156	.0083479	1.30	0.195	-.005546	.0271772
L2D.	.009451	.0065702	1.44	0.150	-.0034263	.0223283
_cons	23.30646	79.02362	0.29	0.768	-131.577	178.1899
D_invest						
_ce1						
L1.	-.3221311	.1179846	-2.73	0.006	-.5533767	-.0908856
_ce2						
L1.	.3425123	.1534827	2.23	0.026	.0416916	.6433329
gdp						
LD.	-.1304517	.2280008	-0.57	0.567	-.5773252	.3164217
L2D.	1.273845	.2175493	5.86	0.000	.847456	1.700234
invest						
LD.	.0632544	.234248	0.27	0.787	-.3958632	.522372
L2D.	-.5846855	.310453	-1.88	0.060	-1.193162	.0237912
scientific						
LD.	-.0105926	.0043144	-2.46	0.014	-.0190487	-.0021364
L2D.	-.0026512	.0033956	-0.78	0.435	-.0093065	.0040042
_cons	38.34219	40.84164	0.94	0.348	-41.70595	118.3903
D_scientific						
_ce1						
L1.	-135.4746	46.33804	-2.92	0.003	-226.2955	-44.65372
_ce2						
L1.	238.4167	60.27982	3.96	0.000	120.2705	356.563
gdp						
LD.	88.06159	89.54654	0.98	0.325	-87.44641	263.5696
L2D.	254.3702	85.44172	2.98	0.003	86.90754	421.8329
invest						
LD.	-205.3874	92.00008	-2.23	0.026	-385.7042	-25.07053
L2D.	-249.5287	121.9294	-2.05	0.041	-488.5059	-10.55158
scientific						
LD.	-1.010198	1.69448	-0.60	0.551	-4.331317	2.310921
L2D.	-.9063434	1.333629	-0.68	0.497	-3.520209	1.707522
_cons	-.1409797	16040.41	-0.00	1.000	-31438.77	31438.49

图 13.61　整体方程结果

图 13.61 中的结果与我们在 13.5 节中针对 VAR 模型的讲解类似。可以发现 D_gdp、D_invest、D_scientific 三个方程整体上都非常显著。其中 D_gdp 的回归方程为：

```
d_gdp=-.2895373*l.e1+.8787042*l.e2-.2893866*ld.gdp+l2d.gdp+.0160552*ld.inve
st-.5265088*l2d.invest+.0108156*ld.scientific+.009451*l2d.scientific+23.30646
```

其中 l.e1、l.e2 分别表示第 1、2 个协整方程中因变量的滞后一期值，可以发现 l.e1 的系数并不显著，l.e2 的系数非常显著，其他自变量中除 l2d.gdp 的系数非常显著外，其他自变量的系数都不显著。

第 1、2 个协整方程的结果如图 13.62 所示。两个协整方程都非常显著，P>chi2 均为 0.0000。

```
Cointegrating equations

Equation            Parms      chi2      P>chi2

_ce1                   1    138.9278     0.0000
_ce2                   1     53.76631    0.0000


Identification:   beta is exactly identified

        Johansen normalization restrictions imposed

       beta |     Coef.    Std. Err.      z     P>|z|     [95% Conf. Interval]

_ce1
        gdp |        1          .          .       .          .            .
      invest |  -2.22e-16        .          .       .          .            .
   scientific | -.0585874    .0049706   -11.79   0.000    -.0683296    -.0488452
       _cons | -118.1866        .          .       .          .            .

_ce2
        gdp |        0      (omitted)
      invest |        1
   scientific | -.0317661    .0043322    -7.33   0.000    -.0402571    -.0232752
       _cons |  102.7856        .          .       .          .            .
```

图 13.62　协整方程结果

我们可以写出协整方程：

```
e1=gdp-.0585874 *scientific-118.1866
```

该方程反映的是地区生产总值与财政科技投入的长期均衡关系。令 e=0，将模型进行变形可得：

```
gdp=.0585874 *scientific+118.1866
```

这个方程说明的是济南市科技投入对地方生产总值的长期作用是正向的，而且非常显著（观察到 scientific 变量系数的显著性 P 值为 0.000）。

```
e2=invest-.0317661 *scientific+102.7856
```

该方程反映的是固定资产投资与财政科技投入的长期均衡关系。令 e=0，将模型进行变形可得：

```
invest=.0317661 *scientific-102.7856
```

这个方程说明的是济南市科技投入对固定资产投资的长期作用是正向的，而且非常显著（观察到 scientific 变量系数的显著性 P 值为 0.000）。

将协整方程代入前述 D_gdp 的回归方程，即有：

```
d_gdp=-0.2895373*(l.gdp-.0585874 *l.scientific-118.1866)
+0.8787042*(l.invest-0.0317661 *l.scientific+102.7856)
-.2893866*ld.gdp+l2d.gdp+0.0160552*ld.invest-0.5265088*l2d.invest+0.0108156
*ld.scientific+0.009451*l2d.scientific+23.30646
```

这就是我们最终拟合的模型，需要说明的是，与向量自回归模型类似，在向量误差修正模型中，各个变量的地位也都是平等的，所以最终生成了 D_gdp、D_invest、D_scientific 三个整体方程以及共享的协整方程。本例中我们以 gdp 为因变量，以 inves、scientific 为自变量为例进行说明，主要是基于经济增长函数理论，即固定资产投资、科技投入能够带动经济增长。读者在运用此方法针对其他时间序列数据进行分析时，将谁作为因变量、谁作为自变量，也是需要有理论支撑的，或者通过前面介绍的格兰杰因果关系检验进行验证。

4. 对拟合的 VEC 模型进行诊断性检验

（1）VEC 模型平稳性检验

在命令窗口中输入以下命令：

```
vecstable , graph
```

本命令的含义是使用 vecstable 命令进行模型平稳性判断，并绘制伴随矩阵特征值图形的直观展示。图 13.63 给出了各个特征值及其模，图 13.64 给出了特征值的绘图。

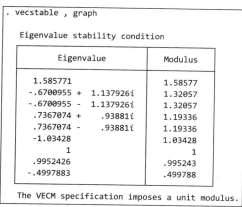

图 13.63　VAR 模型各个特征值及其模　　　　　图 13.64　特征值

由图 13.63 可以看到，伴随矩阵的特征值既有实数又有虚数，有多个特征值的模是大于 1 的，从而可以判断该 VAR 模型不满足平稳性条件。从图 13.64 中也可以看出有多个特征值位于单位圆之外。

（2）使用 veclmar 命令进行残差的自相关性检验

在命令窗口中输入以下命令：

```
veclmar
```

本命令的含义是使用 veclmar 命令进行残差的自相关性检验，并采取系统默认的滞后期 2，检验结果如图 13.65 所示。

```
. veclmar

   Lagrange-multiplier test

 ┌─────┬──────────────────────────────────┐
 │ lag │   chi2      df    Prob > chi2     │
 ├─────┼──────────────────────────────────┤
 │  1  │  6.4767      9       0.69142      │
 │  2  │  6.6952      9       0.66882      │
 └─────┴──────────────────────────────────┘
  H0: no autocorrelation at lag order
```

图 13.65　残差的自相关性检验结果

从结果可以看到，在滞后期 1、2 处，均显著接受了残差没有自相关性的原假设。

（3）使用 vecnorm 命令进行残差的正态性检验

在命令窗口中输入以下命令：

```
vecnorm
```

本命令的含义是使用 vecnorm 命令进行残差的正态性检验，该命令的执行结果如图 13.66 所示。

```
. vecnorm

  Jarque-Bera test

 ┌──────────────┬──────────────────────────────────┐
 │   Equation   │   chi2    df    Prob > chi2       │
 ├──────────────┼──────────────────────────────────┤
 │       D_gdp  │  2.103     2       0.34939        │
 │     D_invest │ 16.959     2       0.00021        │
 │ D_scientific │  0.972     2       0.61504        │
 │         ALL  │ 20.034     6       0.00273        │
 └──────────────┴──────────────────────────────────┘

  Skewness test

 ┌──────────────┬────────────────────────────────────────────┐
 │   Equation   │ Skewness   chi2    df    Prob > chi2        │
 ├──────────────┼────────────────────────────────────────────┤
 │       D_gdp  │  .64509    1.665    1      0.19699          │
 │     D_invest │ -.86877    3.019    1      0.08229          │
 │ D_scientific │ -.33132    0.439    1      0.50757          │
 │         ALL  │            5.123    3      0.16303          │
 └──────────────┴────────────────────────────────────────────┘

  Kurtosis test

 ┌──────────────┬────────────────────────────────────────────┐
 │   Equation   │ Kurtosis   chi2    df    Prob > chi2        │
 ├──────────────┼────────────────────────────────────────────┤
 │       D_gdp  │  3.6622    0.439    1      0.50782          │
 │     D_invest │  6.7336   13.940    1      0.00019          │
 │ D_scientific │  2.2699    0.533    1      0.46533          │
 │         ALL  │           14.911    3      0.00189          │
 └──────────────┴────────────────────────────────────────────┘
```

图 13.66　残差的正态性检验结果

结果中第一部分是 Jarque–Bera 统计量检验，原假设为方程的残差服从正态分布。所以方程 D_gdp 和方程 D_scientific 的残差服从正态分布，方程 D_invest 的残差不服从正态分布。三个方程的残差也不服从联合正态分布（ALL 一行的 Prob > chi2 为 0.00273）。第二部分是偏度检验，原假设为方程的残差服从正态分布，结论是所有方程的残差均服从正态分布。第三部分是峰度检验，原假设为方程的残差服从正态分布，结论与 Jarque–Bera 统计量检验一致。

13.7 ARCH 系列模型

下载资源:\video\第 13 章\…
下载资源:\sample\第 13 章\数据 13B

13.7.1 ARCH 系列模型概述

很多时间序列数据，尤其是金融资产的收益率时间序列数据，常常具有独特的特征，包括"尖峰厚尾（Leptokurtosis）""波动聚集性（Volatility clustering or Volatility pooling）""杠杆效应（Leverage effects）"等。"波动聚集性"是指时间序列的波动（即方差）呈现为大的波动后面跟随大的波动，小的波动后面跟着小的波动，也就是说时间序列存在异方差性。Engle 于 1982 年提出了自回归条件异方差模型（Auto-Regressive Conditional Heteroskedasticity Model，ARCH 模型），该模型假定随机误差项的条件方差依赖于误差项前期值平方的大小，从而可以很好地拟合该类时间序列数据。但是 ARCH 模型也存在一定的缺陷，包括滞后期长度难以确定、违反参数非负数约束等，所有后来又有了很多延伸形式，形成了一个系列，统称为 ARCH 系列模型。

1986 年，Bollerslev 提出了 GARCH 模型（Generalized ARCH Model，广义的 ARCH），该模型假定随机误差项的条件方差不仅依赖于误差项前期值平方的大小，而且依赖于误差项条件方差的前期值，所以 GARCH 模型的应用更为广泛。基于 GARCH 模型，研究者又提出了均值 GARCH 模型（GARCH-M），基本思想是将时间序列的条件方差或者条件方差的其他形式加入其均值方程中，比如金融资产的收益率应当与其风险呈正比，风险越大，预期收益率也应当越高，很好地满足了这一特征。

后来又有研究发现，金融资产价格存在"杠杆效应"，即相同幅度的价格下跌比相同幅度的价格上涨对资产价格波动的冲击影响更大，或者说影响是非对称的。基于此研究者又提出了非对称的 ARCH 模型，包括门限 ARCH 模型（Threshold ARCH，TARCH）、指数 GARCH 模型（Exponential GARCH，EGARCH）以及幂 ARCH 模型（Power ARCH，PARCH）。这些模型的共同特点是条件方差模型中加入了非对称项，能有效拟合负冲击（坏消息）比正冲击（好消息）对收益率波动影响更大的特点。

1. ARCH(q)模型

针对线性回归模型：

$$y_t = \beta_0 + \beta_1 x_{1t} + \beta_2 x_{2t} + \cdots + \beta_k x_{kt} + u_t$$

ARCH 模型假定随机误差项的条件方差与其误差项滞后的平方有关，即有：

$$\sigma_t^2 = \alpha_0 + \alpha_1 u_{t-1}^2 + \alpha_2 u_{t-2}^2 + \cdots + \alpha_q u_{t-q}^2$$

在使用 ARCH 模型拟合时间序列之前，应该首先通过 ARCH LM 检验方法（即拉格朗日乘数检验）判断模型估计所得到的残差序列是否存在 ARCH 效应。检查的步骤如下：

01 假定回归模型中只有两个自变量 $y = \beta_0 + \beta_1 x_1 + \beta_2 x_2 + \varepsilon$，使用 OLS 方法估计方程并求出残差序列 $\hat{u}_t$。

02 以 $\hat{u}_t$ 为因变量，上述回归方程中的自变量和残差的 1 阶至 p 阶滞后项作为新的自变量，建立如下 LM 检验辅助回归方程：

$$\hat{u}_t = \gamma_1 x_1 + \gamma_2 x_2 + \alpha_1 \hat{u}_{t-1} + \alpha_2 \hat{u}_{t-2} + ... + \alpha_p \hat{u}_{t-p} + \eta$$

03 计算辅助回归方程的拟合优度 R^2。LM 检验的原假设是残差序列值到 p 阶滞后不存在序列自相关。在*原假设*成立的条件下，LM 检验的统计量及其渐进分布是：

$$W = n \times R^2 \sim \chi^2(p)$$

公式中 n 是样本容量，p 是 LM 检验辅助方程残差项的滞后阶数。如果 $X^2(p)$ 值大于给定检验水平对应的临界值或 $X^2(p)$ 值相应的概率值小于检验水平，则拒绝原假设，即认为残差存在序列自相关。

2. GARCH(*p*,*q*)模型

GARCH(*p*,*q*)模型的条件方差形式为：

$$\sigma_t^2 = \alpha_0 + \alpha_1 u_{t-1}^2 + \alpha_2 u_{t-2}^2 + \cdots + \alpha_q u_{t-q}^2 + \beta_1 \sigma_{t-1}^2 + \beta_2 \sigma_{t-2}^2 + \cdots + \beta_p \sigma_{t-p}^2$$

p 是自回归 GARCH 项的阶数，q 是 ARCH 项的阶数。GARCH 模型的随机误差项的分布形式一般有正态分布、学生 t 分布和广义误差分布 3 种假设。若给定一个分布假设，GARCH 模型常使用极大似然估计方法进行参数估计。

3. GARCH-M 模型

如果将时间序列的条件方差或者条件方差的其他形式加入其均值方程中，则为 GARCH-M 模型，数学公式为：

$$\begin{cases} r_t = \mu_t + \delta\sigma_t + u_t \\ \sigma_t^2 = \alpha_0 + \sum_{i=1}^{q} \alpha_i u_{t-i}^2 + \sum_{j=1}^{p} \beta_j \sigma_{t-j}^2 \end{cases}$$

第一个为均值方程，第二个为条件方差。

4. TARCH 模型

TARCH 模型以及下面的 EGARCH 模型和 PARCH 模型都是非对称的 ARCH 模型，可以考虑"杠杆效应"，即相同幅度的价格下跌比相同幅度的价格上涨对资产价格波动的冲击影响更大。

TARCH(1,1)模型的条件方差形式为：

$$\sigma_t^2 = \alpha_0 + \alpha_1 u_{t-1}^2 + \beta\sigma_{t-1}^2 + \gamma u_{t-1}^2 I_{t-1}$$

I_{t-1} 为虚拟变量，且 $It - 1 = \begin{cases} 1 & u_{t-1} < 0 \\ 0 & u_{t-1} \geqslant 0 \end{cases}$。

正冲击（好消息，$u_{t-1} > 0$）和负冲击（坏消息，$u_{t-1} < 0$）对条件方差 σ_t^2 的冲击影响不同，正冲击的冲击影响为 $\alpha_1 u_{t-1}^2$，负冲击的冲击影响为 $(\alpha_1 + \gamma)u_{t-1}^2$。对于条件方差的非负数的要求是 $\alpha_0 \geqslant 0$，$\alpha_1 \geqslant 0$，$\beta \geqslant 0$ 和 $\alpha_1 + \gamma \geqslant 0$。若 $\gamma = 0$，则表示不存在非对称效应；若 $\gamma > 0$，则表示存在非对称效应。

5. EGARCH 模型

EGARCH(1,1) 模型的条件方差形式为：

$$\ln(\sigma_t^2) = \omega + \beta \ln(\sigma_{t-1}^2) + \gamma \frac{u_{t-1}}{\sqrt{\sigma_{t-1}^2}} + \alpha \left[\frac{|u_{t-1}|}{\sqrt{\sigma_{t-1}^2}} - \sqrt{\frac{2}{\pi}} \right]$$

可以看到，条件方差是针对 $\ln(\sigma_t^2)$ 建模的，所以即使参数估计值是负数，条件方差 σ_t^2 仍然是正数。或者说，EGARCH 模型不需要人为假定模型参数非负数约束限制。同时，如果参数 $\gamma < 0$，则表明存在杠杆效应；如果参数 $\gamma = 0$，则表明不存在非对称效应。

6. PARCH 模型

PARCH 模型是对标准差建模，因此大幅冲击对条件方差的影响比标准 GARCH 模型中的要小。PARCH(1,1) 模型的条件方差形式为：

$$\sigma_t^\delta = \omega + \alpha(|u_{t-1}| - \gamma u_{t-1})^\delta + \beta \sigma_{t-1}^\delta$$

δ 为标准差的幂参数且 $\delta > 0$，与模型的其他参数一起估计；$|\gamma| \leqslant 1$。

13.7.2　ARCH 系列模型的 Stata 操作

1. ARCH LM 检验

ARCH LM 检验的命令是 estat archlm，该命令的语法格式为：

```
estat archlm [,archlm_options]
```

其中，[,archlm_options] 包括 lags(numlist) 和 force，其中 lags(numlist) 用于设置滞后期，force 允许在使用稳健标准差回归之后进行检验。

2. 拟合 ARCH 系列模型

拟合 ARCH 系列模型的命令为 arch，该命令的语法格式为：

```
arch depvar [indepvars] [if] [in] [weight] [,options]
```

arch 为命令，depvar 为被解释变量，[indepvars] 为解释变量，[if] 为条件表达式，[in] 用于设置样本范围，[weight] 用于设置权重，[,options] 为可选项，主要包括表 13.32 所示的几项。

表13.32　arch命令的[,options]可选项及其含义

[,options]可选项	含　义
noconstant	ARCH 系列模型中不包含常数项
arch(numlist)	设置 ARCH 扰动项的滞后阶数
garch(numlist)	设置 GARCH 扰动项的滞后阶数
saarch(numlist)	简单的非对称 ARCH 扰动项，条件异方差形式如 $\sigma_t^2 = \alpha_0 + \alpha_1\varepsilon_{t-1} + \cdots + \alpha_p\varepsilon_{t-p}$
tarch(numlist)	门槛 ARCH 扰动项，条件异方差形如 $\sigma_t^2 = \alpha_0 + \alpha_1\varepsilon_{t-1}^2(\varepsilon_{t-1} > 0) + \cdots + \alpha_p\varepsilon_{t-p}^2(\varepsilon_{t-p} > 0)$
aarch(numlist)	非对称 ARCH 扰动项，条件异方差形如 $\sigma_t^2 = \alpha_0 + \alpha_1(|\varepsilon_{t-1}| + \gamma_1\varepsilon_{t-1})^2 + \cdots + \alpha_p(|\varepsilon_{t-p}| + \gamma_p\varepsilon_{t-p})^2$
narch(numlist)	非线性 ARCH 扰动项，条件异方差形如 $\sigma_t^2 = \alpha_0 + \alpha_1(\varepsilon_{t-1} - \kappa_1)^2 + \cdots + \alpha_p(\varepsilon_{t-p} - \kappa_p)^2$
narchk(numlist)	带位移的非线性 ARCH 扰动项，条件异方差形如 $\sigma_t^2 = \alpha_0 + \alpha_1(\varepsilon_{t-1} - \kappa)^2 + \cdots + \alpha_p(\varepsilon_{t-p} - \kappa)^2$
abarch(numlist)	绝对值 ARCH 扰动项，形如 $\sigma_t^2 = \alpha_0 + \alpha_1|\varepsilon_{t-1}| + \cdots + \alpha_p|\varepsilon_{t-p}|$
atarch(numlist)	绝对值 TARCH 扰动项，形如 $\sigma_t^2 = \alpha_0 + \alpha_1|\varepsilon_{t-1}|(\varepsilon_{t-1} > 0) + \cdots + \alpha_p|\varepsilon_{t-p}|(\varepsilon_{t-p} > 0)$
sdgarch(numlist)	设置 σ_{t-1} 的滞后期，形如 $\sigma_t^2 = \alpha_0 + \alpha_1\sigma_{t-1} + \cdots + \alpha_p\sigma_{t-p}$
earch(numlist)	设置 EGARCH 模型中信息项的滞后期，形如 $\ln\sigma_t^2 = \alpha_0 + \alpha_1\frac{\varepsilon_{t-1}}{\sigma_{t-1}} + \lambda_1\left(\left|\frac{\varepsilon_{t-1}}{\sigma_{t-1}}\right| - \sqrt{\frac{2}{\pi}}\right) + \cdots + \alpha_p\frac{\varepsilon_{t-p}}{\sigma_{t-p}} + \lambda_p\left(\left|\frac{\varepsilon_{t-p}}{\sigma_{t-p}}\right| - \sqrt{\frac{2}{\pi}}\right)$
egarch(numlist)	设置 $\ln\sigma_t^2$ 的滞后期，形如 $\ln\sigma_t^2 = \alpha_0 + \beta_1\ln\sigma_{t-1}^2 + \cdots + \beta_p\ln\sigma_{t-p}^2$
parch(numlist)	幂 ARCH 扰动项，形如 $\sigma_t^\varphi = \gamma_0 + \alpha_1\varepsilon_{t-1}^\varphi + \cdots + \alpha_p\varepsilon_{t-p}^\varphi$，其中，$\varphi$ 为待估计参数
tparch(numlist)	门槛幂 ARCH 扰动项，形如 $\sigma_t^\varphi = \gamma_0 + \alpha_1\varepsilon_{t-1}^\varphi(\varepsilon_{t-1} > 0) + \cdots + \alpha_p\varepsilon_{t-p}^\varphi(\varepsilon_{t-p} > 0)$
aparch(numlist)	非对称幂 ARCH 扰动项，形如 $\sigma_t^\varphi = \alpha_0 + \alpha_1(|\varepsilon_{t-1}| + \gamma_1\varepsilon_{t-1})^\varphi + \cdots + \alpha_p(|\varepsilon_{t-p}| + \gamma_p\varepsilon_{t-p})^\varphi$
nparch(numlist)	非线性幂 ARCH 扰动项，形如 $\sigma_t^\varphi = \alpha_0 + \alpha_1(\varepsilon_{t-1} - \kappa_1)^\varphi + \cdots + \alpha_p(\varepsilon_{t-p} - \kappa_p)^\varphi$，其中，$\kappa_i$ 也是待估计参数
nparchk(numlist)	带位移的非线性幂 ARCH 扰动项，形如 $\sigma_t^2 = \alpha_0 + \alpha_1(\varepsilon_{t-1} - \kappa)^2 + \cdots + \alpha_p(\varepsilon_{t-p} - \kappa)^2$
pgarch(numlist)	幂 GARCH 扰动项，形如 $\sigma_t^\varphi = \gamma_0 + \alpha_1\sigma_{t-1}^\varphi + \cdots + \alpha_p\sigma_{t-p}^\varphi$
constraints(constraints)	使用线性约束
collinear	保留多重共线性变量
archm	在均值方程中包括条件异方差项
archmlags(numlist)	设置 ARCH-in-Mean 模型均值方程中条件异方差的滞后期
archmexp(exp)	对 ARCH-M 模型均值方程中条件异方差项进行表达式 exp 所示的变换，在表达式中，用 X 指代 σ_t^2。例如，设置 exp 为 sqrt(X) 是指均值方程包括 σ_t 而非 σ_t^2
arima(#p,#d,#q)	对因变量拟合 ARIMA(p,d,q) 模型
ar(numlist)	结构模型扰动项的 AR 项
ma(numlist)	结构模型扰动项的 MA 项

（续表）

[,options]可选项	含　义
distribution(dist[#])	设置残差服从 dist 所设置的分布，可以是 gaussian、normal、t 或者 ged，"#"是指自由度或形状参数，默认的 dist 为 gaussian。gaussian 和 normal 等价，都指正态分布，且不可以设置"#"。t 是指学生化 t 分布，可以通过"#"设置自由度。如果不设置自由度，那么自由度会被作为一个参数估计出来。学生化 t 分布和正态分布相比具有厚尾的性质，且当自由度趋向于无穷时，t 分布收敛于正态分布。ged 是指一般化分布，可通过"#"设置形状参数，形状参数必须为正。当形状参数"#"小于 2 时，一般化分布比正态分布厚尾；当形状参数"#"大于 2 时，正态分布比一般化分布厚尾。如果不设置形状参数，那么形状参数会与其他参数一起被估计出来
het(varlist)	设置乘积异方差，即在条件方差方程中包括 varlist 的变量。比如设置选项为：het(h k) arch(1)，扰动项的形式即为 $\sigma_t^2 = \exp(\lambda_0 + \lambda_1 h + \lambda_2 k) + \alpha\varepsilon_{t-1}^2$。但以 EGARCH 模型来说，扰动项原本就以对数形式显示，故 het(varlist) 设置的变量会以水平形式出现。如选项 het(h k) earch(1) egarch(1) 将设置扰动项的形式为 $\ln\sigma_t^2 = \lambda_0 + \lambda_1 h + \lambda_2 k + \alpha\frac{\varepsilon_{t-1}}{\sigma_{t-1}} + \lambda(\left|\frac{\varepsilon_{t-1}}{\sigma_{t-1}}\right| - \sqrt{2/\pi}) + \beta\ln\sigma_{t-1}^2$
savespace	在估计时节省内存
vce(vcetype)	设置方差的估计方法，可以是 opg、robust 或 oim
level(#)	设置置信度，默认为 level(95)
detail	汇报时间序列的间断点

说　明

1）对有(numlist)的选项，都可以通过 numlist 指定滞后期的阶数。

2）选项之间可以组合，但下列情况除外：

- arch()不可以与选项 aarch()、narch()、narchk()、nparchk()。
- nparch()同时设置；saarch()与 narch()、narchk()、nparchk()、nparch()两两不可同时设置。
- tarch()不可以与 tparch() 或 aarch()同时设置。
- aarch()不可以与 arch()或 tarch()同时设置。

3. 对 ARCH 系列模型进行预测

对 ARCH 系列模型预测的命令及其语法格式为：

```
predict [type] newvar [if] [in] [,statistic options]
```

[,statistic options]为可选项包括表 13.33 所示的几项。

表13.33　predict命令的[,statistic options]可选项及其含义

[,statistic options]可选项	含　义
xb	对差分变量的预测（默认选项）。如果被解释变量为 D.y，那么预测值为 D.y，而非 y 本身
y	对未差分变量的预测，即使被解释变量为 D.y，预测值也是 y 本身
variance	条件方差的预测值
het	方差的预测值，仅考虑乘积异方差部分
residuals	残差
yresiduals	y 的残差，即便模型为差分形式，也转换成 y 的水平形式的残差

13.7.3 ARCH 系列模型示例

我们在本节使用的数据来自于前面章节介绍的"数据 13B"数据文件。针对 goldprice 变量拟合 ARCH 系列模型。打开"数据 13B"数据文件，随后的操作步骤如下：

1. ARCH LM 检验

在命令窗口中输入以下命令：

```
reg goldprice
```

本命令的含义是针对 goldprice 变量拟合一个只有常数项的模型，该命令的执行结果如图 13.67 所示。

```
. reg goldprice

      Source |        SS           df       MS      Number of obs   =        61
-------------+----------------------------      F(0, 60)        =      0.00
       Model |          0            0         .     Prob > F        =         .
    Residual |  3830538.7           60  63842.3116    R-squared       =    0.0000
-------------+----------------------------      Adj R-squared   =    0.0000
       Total |  3830538.7           60  63842.3116    Root MSE        =    252.67

-------------------------------------------------------------------------------
   goldprice |      Coef.   Std. Err.      t    P>|t|     [95% Conf. Interval]
-------------+-----------------------------------------------------------------
       _cons |    1474.23   32.35112    45.57   0.000     1409.518    1538.942
-------------------------------------------------------------------------------
```

图 13.67　针对 goldprice 变量拟合一个只有常数项的模型

```
estat archlm
```

本命令的含义是针对 goldprice 变量进行 LM 检验，判断是否存在 ARCH 效应，该命令的执行结果如图 13.68 所示。可以发现原假设为不存在 ARCH 效应（H0: no ARCH effects），显著性 P 值（Prob > chi2）为 0.0000，拒绝原假设，即 goldprice 变量存在 ARCH 效应。

```
. estat archlm
LM test for autoregressive conditional heteroskedasticity (ARCH)

-------------------------------------------------------------------------------
     lags(p) |            chi2              df               Prob > chi2
-------------+-----------------------------------------------------------------
           1 |          47.132               1                  0.0000
-------------------------------------------------------------------------------
         H0: no ARCH effects     vs.   H1: ARCH(p) disturbance
```

图 13.68　goldprice 变量存在 ARCH 效应

2. 针对 goldprice 变量拟合 ARCH 系列模型

在命令窗口中输入以下命令：

```
arch goldprice,arch(1)
```

本命令的含义是针对 goldprice 变量拟合 ARCH(1)模型，分析结果如图 13.69 所示。

```
ARCH family regression

Sample: 2016m10 - 2021m10                    Number of obs    =        61
Distribution: Gaussian                       Wald chi2(.)     =         .
Log likelihood = -383.8237                   Prob > chi2      =         .
```

goldprice	Coef.	OPG Std. Err.	z	P>|z|	[95% Conf. Interval]	
goldprice 　_cons	1300.454	7.098009	183.21	0.000	1286.542	1314.366
ARCH 　arch 　L1.	1.145338	.5239013	2.19	0.029	.1185102	2.172166
_cons	602.5284	521.2444	1.16	0.248	-419.0919	1624.149

图 13.69　针对 goldprice 变量拟合 ARCH（1）模型

从分析结果可知，样本区间为 2016m10 - 2021m10，扰动项的分布为 Gaussian 分布。在分析结果中，对模型整体显著性的 Wald chi2 检验值缺失，这是因为模型只有常数项而没有其他变量。根据结果，我们可以写出拟合的模型为：

$$goldprice = 1300.454 + \varepsilon_t$$
$$\sigma_t^2 = 1.145338\varepsilon_{t-1}^2$$

```
arch goldprice,arch(1) garch(1)
```

本命令的含义是针对 goldprice 变量拟合 GARCH(1,1)模型，分析结果如图 13.70 所示。

```
ARCH family regression

Sample: 2016m10 - 2021m10                    Number of obs    =        61
Distribution: Gaussian                       Wald chi2(.)     =         .
Log likelihood = -383.7151                   Prob > chi2      =         .
```

goldprice	Coef.	OPG Std. Err.	z	P>|z|	[95% Conf. Interval]	
goldprice 　_cons	1300.368	7.055773	184.30	0.000	1286.539	1314.197
ARCH 　arch 　L1.	1.12455	.5307235	2.12	0.034	.0843508	2.164749
garch 　L1.	.0113288	.1722987	0.07	0.948	-.3263704	.3490279
_cons	573.1068	516.4227	1.11	0.267	-439.063	1585.277

图 13.70　针对 goldprice 变量拟合 GARCH(1,1)模型

根据分析结果，我们可以写出拟合的模型为：

$$goldprice = 1300.368 + \varepsilon_t$$

$$\sigma_t^2 = 1.12455\varepsilon_{t-1}^2 + 0.0113288\sigma_{t-1}^2$$

```
arch goldprice,earch(1) egarch(1)
```

本命令的含义是针对 goldprice 变量拟合 EGARCH 模型，earch(1)表示设置信息项的滞后期为 1，egarch(1)表示设置 $\ln\sigma_t^2$ 的滞后期为 1。分析结果如图 13.71 所示。

```
ARCH family regression

Sample: 2016m10 - 2021m10                      Number of obs    =        61
Distribution: Gaussian                         Wald chi2(.)     =         .
Log likelihood = -384.1074                     Prob > chi2      =         .

                            OPG
   goldprice    Coef.    Std. Err.     z     P>|z|    [95% Conf. Interval]

goldprice
      _cons   1306.678   6.38235    204.73   0.000    1294.169    1319.187

ARCH
    earch
       L1.   .2221455   .7295266     0.30    0.761    -1.2077     1.651991

    earch_a
       L1.   2.231123   1.162015     1.92    0.055    -.0463847   4.508631

    egarch
       L1.   .7684245   .3119923     2.46    0.014    .1569308    1.379918

      _cons   1.957928   2.8034       0.70    0.485    -3.536635   7.452491
```

图 13.71　针对 goldprice 变量拟合 EGARCH 模型

根据该分析结果，我们可以写出拟合的模型：

$$\text{goldprice} = 1306.678 + \varepsilon_t$$

$$\ln\sigma_t^2 = 1.957928 + 0.2221455\frac{\varepsilon_{t-1}}{\sigma_{t-1}} + 2.231123\left(\left|\frac{\varepsilon_{t-1}}{\sigma_{t-1}}\right| - \sqrt{2/\pi}\right) + 0.7684245\ln\sigma_{t-1}^2$$

可以看到，$\frac{\varepsilon_{t-1}}{\sigma_{t-1}}$ 的系数为 0.2221455，这说明正的冲击（价格指数的上升）比负的冲击有更大的影响，但不够显著。

对其他 ARCH 系列模型的拟合，限于篇幅，请读者自行分析。

13.8　本章回顾与习题

13.8.1　本章回顾

本章主要介绍了时间序列分析在 Stata 中的操作与应用，具体内容包括时间序列数据的预处理、移动平均滤波与指数平滑法、ARIMA 模型、SARIMA 模型、ARIMAX 模型、单位根检验、向量自回归模型、协整检验与向量误差修正模型、ARCH 系列模型等。

1. 时间序列数据的预处理

1）定义时间序列的命令及其语法格式为：

```
tsset timevar [,options]
```

2）扩展时间区间的命令及其语法格式为：

```
tsappend, { add(#) | last(date|clock) tsfmt(string) } [options]
```

3）绘制时间序列趋势图的命令及其语法格式为：

```
twoway(line varname timevar)
```

2. 移动平均滤波与指数平滑法

1）统一权重的移动平均滤波的命令及其语法格式为：

```
tssmooth ma [type] newvar = exp [if] [in], window(#l[#c[#f]]) [replace]
```

2）指定权重的移动平均滤波的命令及其语法格式为：

```
tssmooth ma [type] newvar = exp [if] [in], weights([numlist_l] <#c> [numlist_f])
[replace]
```

3）一次指数平滑法的命令及其语法格式为：

```
tssmooth exponential [type] newvar = exp [if] [in] [,options]
```

4）二次指数平滑法的命令及其语法格式为：

```
ssmooth dexponential [type] newvar = exp [if] [in] [,options]
```

5）Holt‑Winters 平滑法的命令及其语法格式为：

```
tssmooth hwinters [type] newvar = exp [if] [in] [,options]
```

6）Holt–Winters 季节平滑法的命令及其语法格式为：

```
tssmooth shwinters [type] newvar = exp [if] [in] [,options]
```

3. ARIMA 模型、SARIMA 模型、ARIMAX 模型

1）ARIMA(p,d,q)模型的命令及其语法格式为：

```
arima depvar, arima(#p,#d,#q)
arima depvar [indepvars] [if] [in] [weight] [,options]
```

2）季节乘法 ARIMA(p,d,q)*(p,d,q) s 模型（SARIMA 模型）的命令及其语法格式为：

```
arima depvar, arima(#p,#d,#q) sarima(#P,#D,#Q,#s)
arima depvar [indepvars] [if] [in] [weight] [,options]
```

3）ARIMAX 的命令及其语法格式为：

```
arima depvar [indepvars] [if] [in] [weight] [,options]
```

4. 单位根检验

1）ADF 单位根检验的命令为 dfuller，该命令的语法格式为：

```
dfuller varname [if] [in] [,options]
```

2）PP 位根检验的命令为 pperron，该命令的语法格式为：

```
 pperron varname [if] [in] [,options]
```

5. 向量自回归模型

1）判断 VAR 模型阶数的命令及其语法格式为：

```
varsoc depvarlist [if] [in] [,preestimation_options]
```

2）VAR 回归的命令及其语法格式为：

```
var depvarlist [if] [in] [,options]
```

3）进行格兰杰因果关系检验的命令及其语法格式为：

```
vargranger [,estimates(estname) separator(#)]
```

4）对拟合的 VAR 模型进行诊断性检验。

进行模型平稳性判断的命令为 varstable，该命令的语法格式为：

```
varstable [,options]
```

进行残差自相关性检验的命令为 varlmar，该命令的语法格式为：

```
varlmar [,options]
```

进行残差的正态性检验的命令为 varnorm，该命令的语法格式为：

```
varnorm [,options]
```

5）IRF 文件激活的命令及其语法格式为：

```
irf set irf_filename
```

6）irf 系列函数估计的命令及其语法格式为：

```
irf create irfname [,var_options]
```

7）IRF 文件制图的命令及其语法格式为：

```
irf graph stat [,options]
```

8）IRF 文件制表的命令及其语法格式为：

```
irf table [stat] [,options]
```

9）拟合简单的 VAR 模型并绘图的命令及其语法格式为：

```
varbasic depvarlist [if] [in] [,options]
```

10）一步预测的命令及其语法格式为：

```
predict [type] newvar [if] [in] [,equation(eqno | eqname) statistic]
```

11）动态预测的命令及其语法格式为：

```
fcast compute prefix [,options]
```

6. 协整检验与向量误差修正模型

1）Johansen 协整检验的命令及其语法格式为：

```
vecrank depvarlist [if] [in] [,options]
```

2）向量误差修正模型拟合的命令及其语法格式为：

```
vec depvarlist [if] [in] [,options]
```

3）VEC 模型平稳性检验的命令及其语法格式为：

```
vecstable [,options]
```

4）VEC 模型残差自相关性检验的命令及其语法格式为：

```
veclmar [,options]
```

5）VEC 模型残差正态性检验的命令及其语法格式为：

```
vecnorm [,options]
```

7. ARCH 系列模型

1）ARCH LM 检验的命令及其语法格式为：

```
estat archlm [,archlm_options]
```

2）拟合 ARCH 系列模型的命令及其语法格式为：

```
arch depvar [indepvars] [if] [in] [weight] [,options]
```

3）ARCH 系列模型预测的命令及其语法格式为：

```
predict [type] newvar [if] [in] [,statistic options]
```

13.8.2　本章习题

1. 使用"数据 13B"数据文件为例进行时间序列数据的预处理操作。

1）设置 month 为时间变量。

2）分别绘制 oilprice、goldprice 两个变量随时间变量变化的时间序列趋势图。

3）分别绘制 oilprice、goldprice 两个变量的一阶差分变量随时间变量变化的时间序列趋势图。

2. 使用"数据 13A"数据文件为例，用移动平均滤波与指数平滑法进行以下操作：

1）使用统一权重的移动平均滤波命令对变量 V15 连锁门店 15 的销量进行滤波处理，利用二期滞后值、当期值和二期领先值来做移动平均，且各个值的权重相同，生成滤波处理后的变量为 amount1；并生成噪声变量 noise1（即变量原值与平滑后变量新值之差），绘制噪声变量的自相关图，观察是否存在自相关。

2）使用指定权重的移动平均滤波命令对变量 V15 连锁门店 15 的销量进行滤波处理，利用二期滞后值、当期值和二期领先值来做移动平均，权重分别为 1/8、2/8、2/8、2/8、1/8，生成滤波处理后的变量为 amount2；并生成噪声变量 noise2（即变量原值与平滑后变量新值之差），绘制噪声变量的自相关图，观察是否存在自相关。

3）使用一次指数平滑法对变量 V15 连锁门店 15 的销量进行平滑处理，生成平滑处理后的变量为 amount3，并进行 5 期的预测。

4）使用二次指数平滑法对变量 V15 连锁门店 15 的销量进行平滑处理，生成平滑处理后的变量为 amount4，并进行 5 期的预测。

5）使用 Holt－Winters 平滑法对变量 V15 连锁门店 15 的销量进行平滑处理，生成平滑处理后的变量为 amount5，并进行 5 期的预测。此外我们设置模型参数值分为 0.9、0.9.

6）使用 Holt–Winters 季节平滑法对变量 V15 连锁门店 15 的销量进行平滑处理，生成平滑处理后的变量为 amount6，并进行 5 期的预测，由于我们是月度数据，所以设置 period(12)选项，此外我们把模型参数值分别设置为 0.8、0.8、0.8。

3. 使用"数据 13B"数据文件为例，针对 oilprice 拟合 ARIMA 模型、SARIMA、ARIMAX 模型，进行以下操作：

1）用 ARIMA 模型拟合 oilprice 时间序列，设置自回归阶数 AR 为 1，差分阶数为 1，移动平均 MA 阶数为 1，并对生成的模型计算信息准则结果；用 ARIMA 模型拟合 oilprice 时间序列，设置自回归阶数 AR 为 1，差分阶数为 1，移动平均 MA 阶数为 2，并对生成的模型计算信息准则结果；比较两次信息准则结果，选取最优模型。

2）接上一步，基于最优模型并将其命名为 r，检验残差变量 r 是否为白噪声序列。

3）使用 SARIMA 模型拟合 oilprice 序列，其中的(#p,#d,#q)参数分别是(0,1,1)，sarima(#P,#D,#Q,#s)参数分别是 sarima(0,1,1,12) 。

4）使用 ARIMAX 模型，以 oilprice 为被解释变量，以 goldprice 为解释变量，设置 ar(1) ma(1)，并使用稳健的标准差进行分析。

4. 使用"数据 13B"数据文件为例，对 goldprice、oilprice 两个时间序列进行单位根检验，进行以下操作：

1）根据习题 1 中的 oilprice、goldprice 两个变量以及两个变量的一阶差分变量的时间序列趋势图，判断变量的时间趋势，确定是否在单位根检验中加入 trend 选项。

2）使用 ADF 检验方法对 goldprice、oilprice 两个时间序列进行单位根检验。

3）使用 PP 检验方法对 goldprice、oilprice 两个时间序列进行单位根检验。

4）综合考虑 ADF 检验和 PP 检验两种检验结果，对变量进行相应阶数的差分，然后针对平稳的变量进行回归。

5. 使用"数据 13D"数据文件为例，对固定资产投资、营业收入、职工人数 3 个时间序列建立 VAR 模型，进行以下操作：

1）定义时间变量。

2）绘制时间序列趋势图，若变量有明显时间趋势则进行差分，直至不存在趋势为止。

3）基于时间序列趋势图结果，使用 ADF 检验和 PP 检验两种检验，判断固定资产投资、营业收入、职工人数 3 个时间序列是否存在单位根。

4）针对有单位根的变量进行差分，基于平稳变量建立 VAR 模型，判断 VAR 模型的阶数。

5）使用 var 命令拟合 VAR 模型。

6）对估计完成的 VAR 模型进行格兰杰因果关系检验。

7）使用 varstable 命令进行模型平稳性判断。

8）使用 varlmar 命令进行残差的自相关性检验。

9）使用 varnorm 命令进行残差的正态性检验。

10）使用 irf 系列命令进行脉冲响应、方差分解等函数的估计、制表及制图，使用 varbasic 命令进行基本 VAR 模型的估计与制图。

11）进行动态预测及制图。

6. 使用"数据 13D"数据文件为例，对固定资产投资、营业收入、职工人数 3 个时间序列进行协整检验并建立向量误差修正模型，进行以下操作：

1）结合习题 5 中的单位根检验情况，针对一阶单整变量建立向量误差修正模型，确定向量误差修正模型滞后阶数。

2）使用 Johansen 协整检验和 EG-ADF 检验两种检验方法，针对一阶单整变量进行协整检验，计算协整关系个数。

3）针对一阶单整变量拟合向量误差修正模型、滞后期和协整秩个数均使用第（1）、（2）步的结论。

4）基于拟合的向量误差修正模型，写出整体方程和协整方程的结果并进行解释。

5）对拟合的 VEC 模型进行诊断性检验，包括 VEC 模型平稳性检验、残差的自相关性检验、残差的正态性检验。

7. 使用"数据 13B"数据文件为例，针对 oilprice 变量拟合 ARCH 系列模型，进行以下操作：

1）对 oilprice 变量进行 ARCH LM 检验，判断是否存在 ARCH 效应。

2）对 oilprice 变量拟合 ARCH（1）模型，并写出模型方程。

3）对 oilprice 变量拟合 GARCH(1,1)模型，并写出模型方程。

4）对 oilprice 变量拟合 EGARCH 模型，并写出模型方程。

第14章

面板数据分析

面板数据（Panel Data）又被称为平行数据，指的是对某变量在一定时间段内持续跟踪观测的结果。面板数据兼具了横截面数据和时间序列数据的特点，既有横截面维度（在同一时间段内有多个观测样本），又有时间序列维度（同一样本在多个时间段内被观测到）。面板数据通常样本数量相对较多，也可以有效解决遗漏变量的问题，还可以提供更多样本动态行为的信息，具有横截面数据和时间序列数据无可比拟的优势。下面介绍面板数据分析在 Stata 中的操作与应用，包括面板数据的预处理、短面板数据分析、长面板数据分析。

14.1　面板数据的预处理

| 下载资源:\video\第 14 章\… |
| 下载资源:\sample\第 14 章\数据 14 |

14.1.1　面板数据的预处理概述

面板数据模型的一般形式为：

$$y_{it} = \alpha_i + \beta_{1i}x_{1it} + \beta_{2i}x_{2it} + \cdots + \beta_{ki}x_{kit} + u_{it}$$

$$i = 1, 2, \cdots, N \qquad t = 1, 2, \cdots, T$$

其中，y_{it} 是被解释变量，$x_{1it}, \cdots, x_{kit}$ 是 k 个解释变量，N 是横截面个体成员的个数，T 为每个截面成员的样本观测时期数，参数 α_i 为面板数据模型的截距项，$\beta_{1i}, \cdots, \beta_{ki}$ 对应 k 个解释变量的系数。通常假定随机误差项 u_{it} 之间相互独立，且满足均值为零、方差同为 σ_u^2 的假设。

说　明

根据横截面维度和时间序列维度相对长度的大小，面板数据被区分为长面板数据和短面板数据。短面板数据的主要特征是横截面维度比较大而时间维度相对较小，或者说，同一期间内被观测的个体数量较多而被观测的期间较少。长面板数据的主要特征是时间维度比较大而横截面维度相对较小，或者说，同一期间内被观测的期间较多而被观测的个体数量较少。

　　面板数据预处理包括设置面板数据、面板数据描述性统计分析、显示面板数据分布频率、绘制截面趋势图等。其中设置面板数据是进行面板数据分析的前提，与时间序列数据需要指定时间变量类似，Stata 并不能智能认定数据文件为面板数据，需要用户进行指定。面板数据描述性统计分析可以获取时间序列和横截面双维度上的描述统计量。显示面板数据分布频率通常针对分类变量，通过观察分布频率获得更多信息。绘制截面趋势图是为了了解不同截面上变量随时间的变化趋势。

14.1.2　面板数据预处理的 Stata 操作

1. 设置面板数据

设置面板数据的命令为 xtset，该命令的语法格式为：

```
xtset panelvar timevar [,tsoptions]
```

xtset 为命令，panelvar 为截面变量，timevar 为时间变量，在设置面板数据时，要求截面变量和时间变量都必须为数值型整数，[,tsoptions]为可选项。

如果要显示当前已设置的面板数据，则命令为：

```
xtset
```

如果要清除已设置的面板数据，则命令为：

```
xtset, clear
```

当用户设置好面板数据后，可以进行保存，下次再使用相同的数据时，无须再次设置。

2. 面板数据描述性统计分析

面板数据描述性统计分析的命令为 xtsum，该命令的语法格式为：

```
xtsum [varlist] [if]
```

xtsum 为面板数据描述性统计分析的命令，[varlist]为变量列表，[if] 为条件表达式。

3. 显示面板数据分布频率

显示面板数据分布频率的命令为 xttab，该命令的语法格式为：

```
xttab varname [if]
```

xttab 为显示面板数据分布频率的命令，可以获取时间序列和横截面双维度上的分布频率，varname 为变量名，[if]为条件表达式。

4. 绘制截面趋势图

绘制截面趋势图的命令为 xtline，该命令的语法格式为：

```
xtline varlist [if] [in] [,panel_options]
```

xtline 为绘制截面趋势图的命令，[varlist]为变量列表，[if]为条件表达式，[in]用于设置样本范围。[,panel_options]为可选项，主要包括表 14.1 所示的几项。

表14.1　xtline命令的[,panel_options]可选项及其含义

[,panel_options]可选项	含　义
i(varname_i)	指定新的截面变量来制图。仅指定 i()而不指定 t()是错误的，反之亦然。varname_i 允许是一个字符串变量
t(varname_t)	指定新的时间变量来制图。仅指定 t()而不指定 i()是错误的，反之亦然。varname_t 可以接受非整数值、重复值

我们还可以将不同截面的趋势变化绘制到一幅图中，即加入 overlay 选项，相应的命令及其语法格式为：

```
xtline varname [if] [in], overlay [overlaid_options]
```

14.1.3　面板数据预处理示例

本章使用的案例数据来自"数据 14"数据文件，其中的数据来自 XX 饮料连锁企业在各省市的各个连锁店 2015-2019 年的相关销售数据（包括销售收入、促销费用以及创造利润等数据）。文件中共有 5 个变量，分别是年份、销售收入、促销费用、创造利润以及地区。我们把年份变量定义为 year，把销售收入变量定义为 sale，把促销费用变量定义为 cost，把创造利润变量定义为 profit，把地区变量定义为 shengshi。变量类型及长度为系统默认方式。其中 shengshi 为字符串变量，year、sale、cost、profit 四个变量均为数值型变量，如图 14.1 所示。

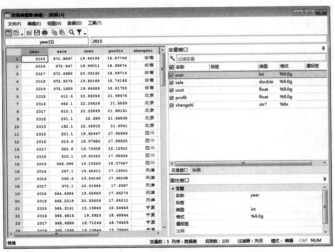

图 14.1　"数据 14"中的数据内容

在"数据 14"数据文件的命令窗口中输入：

```
encode shengshi,gen(region)
```

因为面板数据要求其中的个体变量取值必须为整数且不允许有重复，所以需要对各个观测样本进行有序编号。本命令旨在将 shengshi 这一字符串变量转化为数值型变量，以便进行下一步操作，结果如图 14.2 所示。

```
xtset region year
```

本命令的含义是对面板数据进行定义，其中横截面维度变量为上一步生成的 region，时间序列变量为 year，该命令的执行结果如图 14.3 所示。可以看出这是一个平衡的面板数据。

	year	sale	cost	profit	shengshi	region
1	2015	371.9837	19.60194	18.57703	云南	云南
2	2016	372.447	19.99011	18.98874	云南	云南
3	2017	372.4986	20.06132	18.99719	云南	云南
4	2018	372.3275	19.80168	18.74143	云南	云南
5	2019	372.1609	19.64625	18.61728	云南	云南
6	2015	412.6	22.86058	21.99478	北京	北京
7	2016	462.1	22.26426	21.5539	北京	北京
8	2017	510.1	22.23849	21.68131	北京	北京
9	2018	231.1	22.689	21.66508	北京	北京
10	2019	162.1	22.45915	21.6041	北京	北京
11	2015	321.1	19.92447	17.95959	四川	四川
12	2016	313.6	19.07685	17.86025	四川	四川
13	2017	322.6	19.72908	18.12922	四川	四川
14	2018	315.1	19.92082	17.99633	四川	四川
15	2019	364.096	19.23426	18.37457	四川	四川
16	2015	267.1	19.45311	17.13401	天津	天津
17	2016	235.6	19.86148	17.38268	天津	天津
18	2017	372.1	20.01934	17.6987	天津	天津
19	2018	364.4384	19.55859	17.36273	天津	天津
20	2019	365.2219	20.35508	17.85212	天津	天津
21	2015	365.3141	19.19643	18.53453	宁夏	宁夏
22	2016	365.4816	19.3923	18.48844	宁夏	宁夏
23	2017	365.6934	19.71246	18.76429	宁夏	宁夏
24	2018	365.1595	19.10844	18.79648	宁夏	宁夏

图 14.2　region 的相关数据

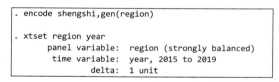

```
. encode shengshi,gen(region)

. xtset region year
        panel variable:  region (strongly balanced)
        time variable:   year, 2015 to 2019
                 delta:  1 unit
```

图 14.3　对面板数据进行定义

```
xtdes
```

本命令旨在观测面板数据的结构，考察面板数据的特征，为后续分析做好必要准备。图 14.4 是面板数据结构的结果，可以看出该面板数据的横截面维度 region 为 1~20 共 20 个取值，时间序列维度 year 为 2015~2019 共 5 个取值，属于短面板数据，而且观测样本在时间上的分布也非常均匀。

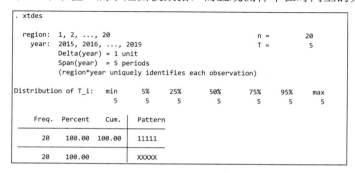

```
. xtdes

 region:  1, 2, ..., 20                         n =        20
   year:  2015, 2016, ..., 2019                 T =         5
          Delta(year) = 1 unit
          Span(year)  = 5 periods
          (region*year uniquely identifies each observation)

Distribution of T_i:    min     5%     25%     50%     75%     95%     max
                          5      5       5       5       5       5       5

      Freq.  Percent   Cum. |  Pattern

        20   100.00  100.00 |  11111

        20   100.00         |  XXXXX
```

图 14.4　面板数据结构

```
xtsum
```

本命令旨在显示面板数据组内、组间以及整体的统计指标，结果如图 14.5 所示。在短面板数据中，同一时间段内的不同观测样本构成一个组。可以看出，变量 year 的组间标准差是 0，因为不同组的这一变量的取值完全相同，同时变量 region 的组内标准差也为 0，所以分布在同一组的数据属于同一个地区。

```
. xtsum

Variable           Mean    Std. Dev.        Min        Max     Observations

year     overall   2017    1.421338        2015       2019     N =      100
         between           0               2017       2017     n =       20
         within            1.421338        2015       2019     T =        5

sale     overall   366.1567 49.13711       162.1      547.6    N =      100
         between           31.24729        320.8921   476.1083 n =       20
         within            38.43843        172.6567   520.6567 T =        5

cost     overall   20.16541 .9163264       19.07685   22.86058 N =      100
         between           .9019392        19.33265   22.5023  n =       20
         within            .2429573        19.66517   20.67097 T =        5

profit   overall   18.78529 1.088768       17.13401   21.99478 N =      100
         between           1.099374        17.48605   21.69983 n =       20
         within            .1600813        18.43325   19.15136 T =        5

shengshi overall   .         .               .          .      N =        0
         between            .               .          .       n =        0
         within             .               .          .       T =        .

region   overall   10.5    5.795331        1          20       N =      100
         between           5.91608         1          20       n =       20
         within            0               10.5       10.5     T =        5
```

图 14.5　面板数据统计指标

```
xttab sale
```

本命令旨在显示 sale 变量组内、组间以及整体的分布频率，结果如图 14.6 所示，限于篇幅仅显示部分。其中 sale 取值为 162.1 的频数为 1，在整体中占比为 1%（全部共有 100 个样本）。在短面板数据中，同一时间段内的不同观测样本构成一个组，该面板数据的横截面维度 region 为 1~20 共 20 个取值，时间序列维度 year 为 2015~2019 共 5 个取值，所以组内（Within Percent）占比为 20%（组内共有 5 个值），组间占比（Between Percent）为 5%（组间共有 20 个值）。

```
. xttab sale

              Overall              Between          Within
    sale   Freq.    Percent     Freq.   Percent     Percent

    162.1     1      1.00          1      5.00       20.00
    231.1     1      1.00          1      5.00       20.00
    235.6     1      1.00          1      5.00       20.00
    267.1     1      1.00          1      5.00       20.00
    312.1     1      1.00          1      5.00       20.00
    313.6     1      1.00          1      5.00       20.00
    315.1     2      2.00          2     10.00       20.00
```

图 14.6　sale 变量组内、组间以及整体的分布频率

```
xttab cost
xttab profit
```

上述命令旨在显示 cost、profit 变量组内、组间以及整体的分布频率。对结果的解读与变量 sale 类似，不再赘述。

```
xtline sale
```

本命令旨在对每个个体显示 sale 变量的时间序列图，结果如图 14.7 所示。可以看出不同地区的销售收入的时间趋势是不一致的，有的地区变化非常平稳，有的地区先升后降，有的地区先降后升。

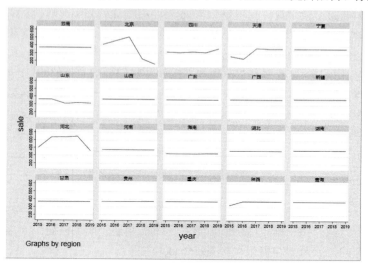

图 14.7　对每个个体显示 sale 变量的时间序列图

```
xtline cost
xtline profit
```

上述命令旨在显示 cost、profit 变量的时间序列图。对结果的解读与变量 sale 类似，不再赘述。

14.2　短面板数据分析

下载资源:\video\第 14 章\…
下载资源:\sample\第 14 章\数据 14

14.2.1　短面板数据分析概述

短面板数据的主要特征是横截面维度比较大而时间维度相对较小，短面板数据分析方法包括直接最小二乘回归分析、固定效应回归分析、随机效应回归分析、组间估计量回归分析等多种。其中最为重要的是固定效应回归分析和随机效应回归分析。

1. 固定效应回归分析

如果对于不同的截面或不同的时间序列，只是模型的截距项不同，而模型的斜率系数是相同的，则称此模型为固定效应模型。固定效应模型又分为 3 类：个体固定效应模型、时点固定效应模型、时点个体固定效应模型。具体来说，如果对于不同的时间序列，模型的截距显著不同，但是对于不同截面的截距是相同的，那么应该建立个体固定效应模型。如果对于不同的截面，模型的截距显著不同，但是对于不同的时间序列截距是相同的，那么应该建立时点固定效应摸型。如果对于不同的截面，不同的时间序列模型的截距都显著不相同，则应建立时点个体固定效应模型。

根据百度百科的解释，固定效应模型是指实验结果只想比较每一自变项的特定类目或类别间的差异及其与其他自变项的特定类目或类别间的交互作用效果，而不想依此推论到同一自变项未包含在内的其他类目或类别的实验设计。简单举例来说，如果我们要比较江苏、浙江与西藏、新疆的经济发展差异，只是限定在这 4 个省份，那么用固定效应模型就是合适的。而如果我们想要比较的是东部沿海地区与中西部地区的差异，只是随机抽取了上述 4 个省份作为示例，那么就应该使用随机效应模型。在实际应用中，如果数据是总体数据，比如是我们全部省市的 2001 年~2021 年的人均可支配收入数据，不存在随机抽样问题，则使用固定效应模型是比较恰当的，而如果数据是抽样得到的，比如从东部沿海地区、中西部地区各选 N 个家庭作为样本，那么就存在随机抽样，使用随机效应模型就更为合适。

除此之外，我们还可以使用 Hausman 检验的方法判断选择固定效应模型还是随机效应模型。

2. 随机效应回归分析

随机效应模型（Random Effects Model）是经典的线性模型的一种推广，与固定效应模型不同，随机效应模型把固定效应模型中固定的回归系数看作随机变量。如果模型中一部分系数是随机的，另一部分系数是固定的，就是混合模型（Mixed Model）。

关于随机效应的应用方面，我们举例进行说明。比如我们要评价某个赛季所有球员的上场得分，由于大部分正式球员在一个赛季中都会出场很多次，我们对球员的评分可以是针对其所有场次的比赛得分求平均值，这就是前面讲述的固定效应回归分析的思想。但是按照这样的逻辑，可能有个别球员在一个赛季中只出场了 1 次，比如获得了最高的 10 分，如果我们还是按照固定效应回归分析，将其列为赛季最佳球员就不太合适了。随机效应会利用组间差异，即在估计的时候，在所有球员的所有比赛场次的平均得分和这名球员这一场比赛得分之间取一个加权平均，从而对结果进行优化，使得结果更为客观。

3. Hausman 检验

Hausman 检验用于确定选择固定效应模型还是随机效应模型。检查的原假设是：内部估计量（最小二乘虚拟变量法和 GLS 得出的估计量均是一致的，但是内部估计量不是有效的。

基于原假设，也就是说 $\hat{\beta}_w$ 与 $\hat{\beta}_{GLS}$ 之间的绝对值差距应该不大，而且应该随样本的增加而缩小，并渐进趋近于 0。所以 Hausman 的检验统计量就是：

$$W = (\hat{\beta}_w - \hat{\beta}_{GLS})' \sum\nolimits_{\beta}^{-1} (\hat{\beta}_w - \hat{\beta}_{GLS})$$

该检验统计量渐进服从自由度为 K 的卡方分布。

或者简单来说，Hausman 检验原假设就是使用随机效应模型，如果拒绝原假设，则固定效应模型更合适。

14.2.2 短面板数据分析的 Stata 操作

1. 固定效应回归分析

固定效应回归分析的命令是 xtreg，该命令的语法格式为：

```
xtreg depvar [indepvars] [if] [in] [weight] , fe [FE_options]
```

xtreg 为固定效应回归分析的命令，depvar 为被解释变量，[indepvars]为解释变量，[if]为条件表达式，[in]用于设置样本范围，[weight]用于设置权重，fe 表示固定效应，[FE_options]为可选项，主要包括图 14.2 所示的几项。

表14.2　xtreg命令的[FE_options]可选项及其含义

[FE_options]可选项	含　义
fe	表示采用固定效应模型进行回归
robust	使用稳健标准差进行回归
level(#)	设置回归时采用的置信水平，默认为95%

2. 随机效应回归分析

随机效应回归分析的命令也是 xtreg，该命令的语法格式为：

```
xtreg depvar [indepvars] [if] [in] [,re RE_options]
```

xtreg 为随机效应回归分析的命令，depvar 为被解释变量，[indepvars]为解释变量，[if]为条件表达式，[in]用于设置样本范围，[,re RE_options]为可选项，主要包括表 14.3 所示的几项。

表14.3　xtreg命令的[,re RE_options]可选项及其含义

[,re RE_options]可选项	含　义
re	表示采用随机效应模型进行回归
robust	在回归中使用稳健标准差
level(#)	设置回归时采用的置信水平，默认为95%
theta	报告θ

3. Hausman 检验

Hausman 检验的命令是 hausman，该命令的语法格式为：

```
hausman name-consistent [name-efficient] [,options]
```

hausman 为 Hausman 检验的命令，name-consistent、[name-efficient]都是保存的估计模型名称，[,options]为可选项，主要包括表 14.4 所示的几项。

表14.4　hausman命令的[,options]可选项及其含义

[,options]可选项	含　义
constant	在模型比较中包括常数项，默认为不包括
alleqs	对所有的方程进行检验，默认为只对第一个方程进行检验
skipeqs(eqlist)	在检验时跳过指定的方程，eqlist 为要跳过的方程名
force	当 Hausman 检验的某些假设不满足时（包括不限于数据为聚类数据等），仍强制进行检验
df(#)	指定自由度为"#"

14.2.3　短面板数据分析示例

我们本节使用的数据仍来自于"数据 14"数据文件。在 14.1 节已经完成面板数据预处理的基

础上（尤其是要定义面板数据），打开"数据 14"数据文件，在命令窗口中输入下列命令：

```
reg profit sale cost
```

本命令的含义是以 profit 为因变量，以 sale、cost 为自变量，进行最小二乘回归分析，结果如图 14.8 所示。

```
. reg profit sale cost

      Source |       SS           df       MS            Number of obs   =       100
-------------+----------------------------------         F(2, 97)        =     89.51
       Model |  76.1151966         2  38.0575983         Prob > F        =    0.0000
    Residual |  41.2409563        97  .425164498         R-squared       =    0.6486
-------------+----------------------------------         Adj R-squared   =    0.6413
       Total |  117.356153        99  1.18541569         Root MSE        =    .65205

------------------------------------------------------------------------------
      profit |      Coef.   Std. Err.      t    P>|t|     [95% Conf. Interval]
-------------+----------------------------------------------------------------
        sale |   .0041186   .0014083     2.92   0.004     .0013235    .0069138
        cost |   .8628148   .0755204    11.42   0.000     .7129278    1.012702
       _cons |  -.1217915    1.44389    -0.08   0.933    -2.987513     2.74393
------------------------------------------------------------------------------
```

图 14.8　普通最小二乘回归分析

模型的 P 值（Prob>F）为 0.0000，说明模型整体上是很显著的。模型的可决系数（R-squared）为 0.6486，模型修正的可决系数（Adj R-squared）为 0.6413，说明模型的解释能力也是非常好的。变量 sale、cost 的系数都是非常显著的。最小二乘模型的回归方程是：

```
profit = 0.0041186*sale+0.8628148*cost-0.1217915
```

结论是该单位销售收入和促销费用都会正向显著影响利润创造。

```
reg profit sale cost,vce(cluster region)
```

本命令的含义是以 profit 为因变量，以 sale、cost 为自变量，并使用以 region 为聚类变量的聚类稳健标准差进行最小二乘回归分析。分析结果如图 14.9 所示，与普通最小二乘回归分析得到的结果类似，只是 sale 变量系数的显著性有所下降。

```
. reg profit sale cost,vce(cluster region)

Linear regression                               Number of obs   =       100
                                                F(2, 19)        =     61.30
                                                Prob > F        =    0.0000
                                                R-squared       =    0.6486
                                                Root MSE        =    .65205

                        (Std. Err. adjusted for 20 clusters in region)
------------------------------------------------------------------------------
             |               Robust
      profit |      Coef.   Std. Err.      t    P>|t|     [95% Conf. Interval]
-------------+----------------------------------------------------------------
        sale |   .0041186   .0027939     1.47   0.157    -.0017291    .0099663
        cost |   .8628148   .2199254     3.92   0.001     .4025056    1.323124
       _cons |  -.1217915   3.554249    -0.03   0.973    -7.560919    7.317336
------------------------------------------------------------------------------
```

图 14.9　以 region 为聚类变量的聚类稳健标准差进行最小二乘回归分析

```
xtreg profit sale cost,fe vce(cluster region)
```

本命令的含义是以 profit 为因变量，以 sale、cost 为自变量，并使用以 region 为聚类变量的聚类稳健标准差进行固定效应回归分析，分析结果如图 14.10 所示。

- 共有 20 组，每组 5 个，共有 100 个样本参与了固定效应回归分析。
- 模型的 F 值是 10.92，显著性 P 值为 0.0007，模型是非常显著的。
- 模型组内 R 方是 0.3637（within = 0.3637），说明单位内解释的变化比例是 36.37%。
- 模型组间 R 方是 0.6619（between = 0.6619），说明单位间解释的变化比例是 66.19%。模型总体 R 方是 0.6397（overall = 0.6397），说明总的解释变化比例是 63.97%。
- 模型的解释能力还是可以接受的。观察模型中各个变量系数的显著性 P 值，发现也都是比较显著的。
- 最后一行，rho=0.97094042，说明复合扰动项的方差主要来自个体效应而不是时间效应的变动。

图 14.10　进行固定效应回归分析

```
xtreg profit sale cost,fe
```

本命令的含义是以 profit 为因变量，以 sale、cost 为自变量，进行固定效应回归分析，结果如图 14.11 所示。本结果相对于使用以 region 为聚类变量的聚类稳健标准差进行固定效应回归分析的结果在变量系数显著性上有所提高。此外，最下面一行，可以看到"（F test that all u_i=0: F(19,78)=100.78　Prob>F=0.0000）"，显著拒绝了所有样本没有自己的截距项的原假设，所以我们可以初步认为每个个体用于与众不同的截距项，也就是说固定效应模型在一定程度上优于普通最小二乘回归模型。

图 14.11　普通固定效应回归分析

```
estimates store fe
```

本命令的含义是存储固定效应回归分析的估计结果。

```
xi:xtreg  profit sale cost  i.region,vce(cluster region)
```

本命令旨在通过构建最小二乘虚拟变量模型来分析固定效应模型是否优于最小二乘回归分析，结果如图 14.12 所示。大多数个体虚拟变量的显著性 P 值都是小于 0.05 的，所以我们可以非常有把握地认为可以拒绝"所有个体的虚拟变量皆为 0"的原假设，也就是说固定效应模型优于普通最小二乘回归模型。

```
. xi:xtreg  profit sale cost  i.region,vce(cluster region)
i.region         _Iregion_1-20      (naturally coded; _Iregion_1 omitted)

Random-effects GLS regression             Number of obs     =        100
Group variable: region                    Number of groups  =         20

R-sq:                                      Obs per group:
     within  = 0.3637                               min =          5
     between = 1.0000                               avg =        5.0
     overall = 0.9862                               max =          5

                                          Wald chi2(2)      =          .
corr(u_i, X)    = 0 (assumed)             Prob > chi2       =          .

                             (Std. Err. adjusted for 20 clusters in region)

                           Robust
      profit      Coef.   Std. Err.      z    P>|z|     [95% Conf. Interval]

        sale    .0008134   .0004639    1.75   0.080    -.0000958    .0017226
        cost    .3855929   .1099254    3.51   0.000     .170143     .6010428
  _Iregion_2    1.894897   .2960608    6.40   0.000    1.314628    2.475165
  _Iregion_3   -.5919913   .0313998  -18.85   0.000    -.6535337   -.5304488
  _Iregion_4   -1.267767   .0245196  -51.70   0.000    -1.315825   -1.21971
  _Iregion_5    .008769    .0455854    0.19   0.847    -.0805768    .0981148
  _Iregion_6   -.5981793   .0296453  -20.18   0.000    -.6562831   -.5400755
  _Iregion_7   -.709194    .0092968  -76.28   0.000    -.7274154   -.6909725
  _Iregion_8   -1.303425   .0050922 -255.96   0.000    -1.313406   -1.293445
  _Iregion_9    .3974586   .0533412    7.45   0.000     .2929117    .5020055
 _Iregion_10    .1574903   .0370763    4.25   0.000     .084822     .2301586
 _Iregion_11    1.796878   .2916619    6.16   0.000    1.225232    2.368525
 _Iregion_12   -.6930642   .0980756   -7.07   0.000    -.8852889   -.5008396
 _Iregion_13   -.6776784   .0231878  -29.23   0.000    -.7231258   -.6322311
 _Iregion_14    .008769    .0455854    0.19   0.847    -.0805768    .0981148
 _Iregion_15   -.4179629   .0634097   -6.59   0.000    -.5422437   -.2936821
 _Iregion_16    .3974586   .0533412    7.45   0.000     .2929117    .5020055
 _Iregion_17    .1574903   .0370763    4.25   0.000     .084822     .2301586
 _Iregion_18   -.4179629   .0634097   -6.59   0.000    -.5422437   -.2936821
 _Iregion_19   -.6850094   .098783    -6.93   0.000    -.8786206   -.4913982
 _Iregion_20   -5.27e-14   6.24e-14   -0.84   0.398    -1.75e-13    6.96e-14
       _cons    10.83898   2.160131    5.02   0.000    6.605195    15.07275

     sigma_u           0
     sigma_e    .14385518
         rho           0   (fraction of variance due to u_i)
```

图 14.12　构建最小二乘虚拟变量模型

```
tab year,gen(year)
```

本命令旨在创建年度变量的多个虚拟变量。

```
xtreg profit sale cost year2-year5,fe vce(cluster region)
```

本命令旨在通过构建双向固定效应模型来检验模型中是否应该包含时间效应，结果如图 14.13 所示。全部 year 虚拟变量的显著性 P 值都是远大于 0.05 的，所以我们可以初步认为模型中不应包含时间效应。值得说明的是，在构建双向固定效应模型时并没有把 year1 列入进去，这是因为 year1 被视为基期，也就是模型中的常数项。

```
. xtreg profit sale cost year2-year5,fe vce(cluster region)

Fixed-effects (within) regression              Number of obs     =        100
Group variable: region                         Number of groups  =         20

R-sq:                                          Obs per group:
    within  = 0.3714                                        min =          5
    between = 0.6628                                        avg =        5.0
    overall = 0.6397                                        max =          5

                                               F(6,19)           =       6.27
corr(u_i, Xb)  = 0.6203                         Prob > F          =     0.0009

                                  (Std. Err. adjusted for 20 clusters in region)

                          Robust
      profit │    Coef.   Std. Err.      t    P>|t|     [95% Conf. Interval]
─────────────┼────────────────────────────────────────────────────────────────
        sale │  .000841   .0004133     2.04   0.056    -.000024     .001706
        cost │ .3796774   .1023562     3.71   0.001    .1654433    .5939114
       year2 │ -.0340789  .0548042    -0.62   0.541   -.1487855    .0806276
       year3 │ -.0031438  .0555176    -0.06   0.955   -.1193435    .1130559
       year4 │ -.0203285  .0527426    -0.39   0.704   -.1307201    .0900631
       year5 │ .0028054   .0585636     0.05   0.962   -.1197696    .1253804
       _cons │ 10.83195   2.043458     5.30   0.000    6.554943    15.10896
─────────────┼────────────────────────────────────────────────────────────────
     sigma_u │ .8343481
     sigma_e │ .14679623
         rho │ .96997415   (fraction of variance due to u_i)
```

图 14.13　构建双向固定效应模型

```
test year2 year3 year4 year5
```

本命令的含义是在上一步回归的基础上,通过测试各虚拟变量的系数联合显著性来检验是否应该在模型中纳入时间效应,结果如图 14.14 所示。可以看出,各变量系数的联合显著性是非常差的,接受了没有时间效应的初始假设,所以我们进一步验证了模型中不必包含时间效应项的结论。

```
xtreg profit sale cost,re vce(cluster region)
```

本命令的含义是以 profit 为因变量,以 sale、cost 为自变量,并使用以 region 为聚类变量的聚类稳健标准差进行随机效应回归分析,结果如图 14.15 所示。随机效应回归分析的结果与固定效应回归分析的结果大同小异,只是部分变量的显著性水平得到了进一步的提高。

```
. test year2 year3 year4 year5

 ( 1)  year2 = 0
 ( 2)  year3 = 0
 ( 3)  year4 = 0
 ( 4)  year5 = 0

       F(  4,    19) =    0.30
            Prob > F =    0.8774
```

图 14.14　测试各虚拟变量的系数联合显著性

```
. xtreg profit sale cost,re vce(cluster region)

Random-effects GLS regression              Number of obs     =        100
Group variable: region                     Number of groups  =         20

R-sq:                                      Obs per group:
    within  = 0.3637                                    min =          5
    between = 0.6615                                    avg =        5.0
    overall = 0.6394                                    max =          5

                                           Wald chi2(2)      =      57.98
corr(u_i, X)   = 0 (assumed)               Prob > chi2       =     0.0000

                               (Std. Err. adjusted for 20 clusters in region)

                       Robust
  profit │    Coef.   Std. Err.      z    P>|z|     [95% Conf. Interval]
─────────┼────────────────────────────────────────────────────────────────
    sale │ .000941   .0004111     2.29   0.022    .0001354    .0017467
    cost │ .4552351  .1038987     4.38   0.000    .2515975    .6588728
   _cons │ 9.260715  1.969323     4.70   0.000    5.400914    13.12052
─────────┼────────────────────────────────────────────────────────────────
 sigma_u │ .6319691
 sigma_e │ .14385518
     rho │ .95073712   (fraction of variance due to u_i)
```

图 14.15　进行随机效应回归分析

xttest0

本命令的含义是在上一步回归的基础上，进行假设检验来判断随机效应模型是否优于最小二乘回归模型，结果如图 14.16 所示。假设检验非常显著地拒绝了不存在个体随机效应的原假设，也就是说，随机效应模型是在一定程度上优于普通最小二乘回归分析模型。

xtreg profit sale cost,mle

本命令的含义是以 profit 为因变量，以 sale、cost 为自变量，并使用最大似然估计方法进行随机效应回归分析，结果如图 14.17 所示。使用最大似然估计方法的随机效应回归分析的结果与使用以 region 为聚类变量的聚类稳健标准差的随机效应回归分析的结果大同小异，只是部分变量的显著性水平得到了进一步的提高。

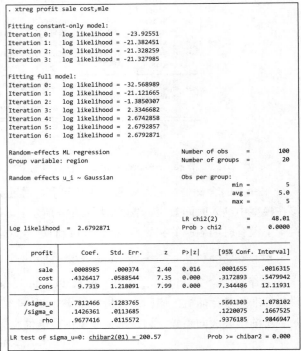

```
. xtest0

Breusch and Pagan Lagrangian multiplier test for random effects

    profit[region,t] = Xb + u[region] + e[region,t]

    Estimated results:
                    |      Var       sd = sqrt(Var)
           ---------+-----------------------------
            profit  |   1.185416        1.088768
                 e  |   .0206943        .1438552
                 u  |   .3993849        .6319691

    Test:   Var(u) = 0
                         chibar2(01) =   150.97
                         Prob > chibar2 =  0.0000
```

图 14.16   进行假设检验

```
. xtreg profit sale cost,mle

Fitting constant-only model:
Iteration 0:   log likelihood =  -23.92551
Iteration 1:   log likelihood = -21.382451
Iteration 2:   log likelihood = -21.328259
Iteration 3:   log likelihood = -21.327985

Fitting full model:
Iteration 0:   log likelihood = -32.568989
Iteration 1:   log likelihood = -21.121665
Iteration 2:   log likelihood = -1.3850307
Iteration 3:   log likelihood =  2.3346082
Iteration 4:   log likelihood =  2.6742858
Iteration 5:   log likelihood =  2.6792857
Iteration 6:   log likelihood =  2.6792871

Random-effects ML regression            Number of obs      =        100
Group variable: region                  Number of groups   =         20

Random effects u_i ~ Gaussian           Obs per group:
                                                       min =          5
                                                       avg =        5.0
                                                       max =          5

                                        LR chi2(2)         =      48.01
Log likelihood  =  2.6792871            Prob > chi2        =     0.0000

------------------------------------------------------------------------------
      profit |      Coef.   Std. Err.      z    P>|z|     [95% Conf. Interval]
-------------+----------------------------------------------------------------
        sale |   .0008985    .000374     2.40   0.016     .0001655    .0016315
        cost |   .4326417   .0588544     7.35   0.000     .3172893    .5479942
       _cons |    9.7319   1.218091     7.99   0.000     7.344486    12.11931
-------------+----------------------------------------------------------------
     /sigma_u |   .7812466   .1283765               .5661303    1.078102
     /sigma_e |   .1426361   .0113685               .1220075    .1667525
          rho |   .9677416   .0115572               .9376185    .9846947
------------------------------------------------------------------------------
LR test of sigma_u=0: chibar2(01) = 200.57        Prob >= chibar2 = 0.000
```

图 14.17   使用最大似然估计方法进行随机效应回归分析

xtreg profit sale cost,be

本命令的含义是以 profit 为因变量，以 sale、cost 为自变量，并使用组间估计量进行组间估计量回归分析，分析结果如图 14.18 所示。使用组间估计量进行回归分析的结果较固定效应模型、随机效应模型在模型的解释能力以及变量系数的显著性上都有所降低。

```
. xtreg profit sale cost,be

Between regression (regression on group means)   Number of obs    =    100
Group variable: region                           Number of groups =     20

R-sq:                                            Obs per group:
    within  = 0.1532                                          min =      5
    between = 0.7013                                          avg =    5.0
    overall = 0.5968                                          max =      5

                                                 F(2,17)          =  19.95
sd(u_i + avg(e_i.))=  .6352352                   Prob > F         = 0.0000

      profit |      Coef.   Std. Err.      t    P>|t|     [95% Conf. Interval]
        sale |   .0104226   .0056309     1.85   0.082    -.0014576    .0223027
        cost |   .7736037   .1950806     3.97   0.001     .3620197    1.185188
       _cons |  -.6310407   3.264482    -0.19   0.849    -7.518495    6.256414
```

图 14.18　使用组间估计量进行组间估计量回归分析

在前面的分析部分，我们使用各种分析方法对本节涉及的案例进行了详细具体的分析。读者看到众多的分析方法时可能会有眼花缭乱的感觉，那么我们最终应该选择哪种分析方法来构建模型呢？答案当然是具体问题具体分析，然而我们也有统计方法和统计经验作为决策参考。例如，在本例中，已经证明了固定效应模型和随机效应模型都要好于普通最小二乘回归模型。而对于组间估计量模型来说，它通常用于数据质量不好的时候，而且会损失较多的信息，所以很多时候我们仅仅将其作为一种对照的估计方法。那么剩下的问题就是选择固定效应模型还是随机效应模型的问题。在前面分析的基础上，命令如下：

- xtreg profit sale cost,re：本命令的含义是以 profit 为因变量，以 sale、cost 为自变量，进行随机效应回归分析。
- estimates store re：本命令的含义是存储随机效应回归分析的估计结果。
- hausman fe re,constant sigmamore：本命令的含义是进行豪斯曼检验，并据此判断应该选择固定效应模型还是随机效应模型。

在命令窗口中输入命令并按回车键进行确认，豪斯曼检验结果如图 14.19 所示。豪斯曼检验的原假设是使用随机效应模型。图 14.19 中显示的显著性 P 值（Prob>chi2 =0.0061）远远低于 5%，所以我们拒绝初始假设，认为使用固定效应模型更为合理。

综上所述，我们应该构建固定效应模型来描述变量之间的回归关系。

```
. hausman fe re,constant sigmamore

             ---- Coefficients ----
               (b)          (B)            (b-B)     sqrt(diag(V_b-V_B))
               fe           re          Difference          S.E.

      sale  |  .0008134    .000941       -.0001277         .000038
      cost  |  .3855929   .4552351       -.0696422         .0220622
     _cons  |  10.71182   9.260715        1.451109         .4296863

                      b = consistent under Ho and Ha; obtained from xtreg
       B = inconsistent under Ha, efficient under Ho; obtained from xtreg

    Test:  Ho:  difference in coefficients not systematic

              chi2(3) = (b-B)'[(V_b-V_B)^(-1)](b-B)
                      =       12.40
           Prob>chi2 =      0.0061
           (V_b-V_B is not positive definite)
```

图 14.19　进行豪斯曼检验

14.3　长面板数据分析

下载资源:\video\第 14 章\⋯
下载资源:\sample\第 14 章\数据 14A

14.3.1　长面板数据分析概述

长面板数据的主要特征是时间维度比较大而横截面维度相对较小，对于长面板数据分析，我们不需要在固定效应模型、随机效应模型和混合回归模型之间进行选择，长面板数据分析先验假定长面板数据模型就是固定效应模型，相对而言主要关注对误差项的处理（因为时间维度比较大），而将个体效应用虚拟变量来控制（横截面维度相对较小），所以更加关注设置扰动项相关的具体形式。这又分为两种情形：一种是仅解决组内自相关的可行广义最小二乘估计，另一种是同时处理组内自相关、异方差和组间同期相关的可行广义最小二乘估计。

14.3.2　长面板数据分析的 Stata 操作

1. 仅解决组内自相关的可行广义最小二乘估计

xtpcse 命令用于线性横截面时间序列模型的面板校正标准误差（PCSE）估计，其中参数是通过 OLS 或 praise‑winsten 回归估计的。当计算标准误差和方差‑协方差估计时，xtpcse 假定扰动项在默认情况下是异方差的，并且在面板之间同时相关。该命令的语法格式为：

```
xtpcse depvar [indepvars] [if] [in] [weight] [,options]
```

xtpcse 为命令，depvar 为被解释变量，[indepvars]为解释变量，[if]为条件表达式，[in]用于设置样本范围，[weight]用于设置权重，[,options]为可选项，主要包括表 14.5 所示的几项。

表14.5　xtpcse命令的[,options]可选项及其含义

[,options]可选项	含　义
noconstant	不包括常数项
correlation(independent)	使用独立的自相关结构
correlation(ar1)	使用 AR1 自相关结构
correlation(psar1)	使用面板特定的 AR1 自相关结构
rhotype(calc)	指定计算自相关参数的方法，很少使用
np1	根据面板大小加权面板特定自相关性
hetonly	假定扰动项存在异方差
level(#)	设置置信水平，默认为95%

2. 同时处理组内自相关、异方差和组间同期相关的可行广义最小二乘估计

xtgls 命令采用可行广义最小二乘拟合面板数据线性模型，这个命令允许在面板内存在 AR(1)自相关和跨面板的横截面相关和异方差的情况下进行估计。该命令的语法格式为：

```
xtgls depvar [indepvars] [if] [in] [weight] [,options]
```

xtgls 为命令，depvar 为被解释变量，[indepvars]为解释变量，[if]为条件表达式，[in]用于设置样本范围，[weight]用于设置权重，[,options]为可选项，主要包括表 14.6 所示的几项。

表14.6　xtgls命令的[,options]可选项及其含义

[,options]可选项	含　义
Noconstant	不包括常数项
panels(iid)	使用 i.i.d.误差结构
panels(heteroskedastic)	使用异方差但不相关的误差结构
panels(correlated)	使用异方差和相关误差结构
corr(independent)	采用独立的自相关结构
corr(ar1)	使用 AR1 自相关结构
corr(psar1)	使用面板特定的 AR1 自相关结构
rhotype(calc)	指定计算自相关参数的方法，很少使用
igls	使用迭代 GLS 估计代替两步 GLS 估计
level(#)	设置置信水平，默认为95%
force	即使观测的时间间隔不等，也要估计

14.3.3　长面板数据分析示例

本节使用的案例数据来自"数据 14A"数据文件，是来自 XX 健身连锁企业在各省市的各个连锁店 2010-2019 年的相关销售数据（包括营业收入、运营成本以及经营利润等数据）。该数据文件中共有 5 个变量，分别是年份、营业收入、运营成本、经营利润以及地区。我们把年份变量定义为 year，把营业收入变量定义为 income，把运营成本变量定义为 cost，把经营利润变量定义为 profit，把地区变量定义为 shengshi。变量类型及长度为系统默认方式。其中 shengshi 为字符串变量，year、income、cost、profit 四个变量均为数值型变量，如图 14.20 所示。

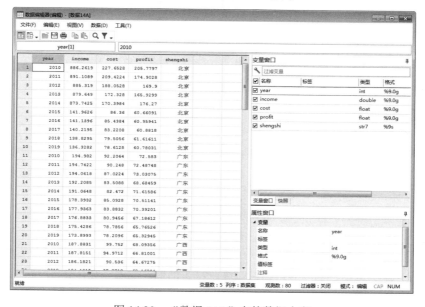

图 14.20　"数据 14A"中的数据内容

在"数据 14"数据文件的命令窗口中输入：

```
encode shengshi,gen(region)
```

因为面板数据要求其中的个体变量取值必须为整数且不允许重复，所以我们需要对各个观测样本进行有序编号。本命令旨在将 shengshi 这一字符串变量转化为数值型变量，以便进行下一步操作。

```
xtset region year
```

本命令的含义是对面板数据进行定义，其中横截面维度变量为我们上一步生成的 region，时间序列变量为 year。

```
xtdes
```

本命令旨在观测面板数据的结构，考察面板数据的特征，为后续分析做好必要准备。对结果的解读与"14.2 短面板数据分析"中的相关内容类似，不再赘述。

```
xtsum
```

本命令旨在显示面板数据组内、组间以及整体的统计指标。对结果的解读与"14.2 短面板数据分析"中的相关内容类似，不再赘述。

```
xttab income
xttab cost
xttab profit
```

上述命令旨在显示 income、cost、profit 变量组内、组间以及整体的分布频率。对结果的解读与"14.2 短面板数据分析"中的相关内容类似，不再赘述。

```
xtline income
xtline cost
xtline profit
```

上述命令旨在对每个个体显示 income、cost、profit 变量的时间序列图。对结果的解读与"14.2 短面板数据分析"中的相关内容类似，不再赘述。

```
tab region,gen(region)
```

本命令旨在创建省市变量的多个虚拟变量。

```
reg profit income cost region2-region8 year,vce(cluster region)
```

本命令的含义是以 profit 为因变量，以 income、cost 以及生成的各个地区虚拟变量为自变量，并使用以 region 为聚类变量的聚类稳健标准差进行最小二乘回归分析，分析结果如图 14.21 所示。共有 80 个样本（Number of obs = 80）参与了分析。模型的可决系数（R-squared）为 0.9845，说明模型的解释能力是非常好的。除了 region5 的显著性水平较低外，其他变量的显著性水平都非常高，这在很大程度上说明了这些变量对于因变量有着非常显著的影响。营业收入和运营成本的系数值都是正的，而且非常显著，说明该健身企业的经营利润情况与营业收入和运营成本等都是呈显著正向变化的，营业收入越高，实现的经营利润就越高，投入的运营成本越高，实现的经营利润就越高。

```
. reg profit income cost region2-region8 year,vce(cluster region)

Linear regression                          Number of obs   =        80
                                           F(2, 7)         =         .
                                           Prob > F        =         .
                                           R-squared       =    0.9845
                                           Root MSE        =    5.1415

                          (Std. Err. adjusted for 8 clusters in region)

                        Robust
     profit |    Coef.   Std. Err.     t    P>|t|   [95% Conf. Interval]

     income |  .0983272   .0177513    5.54  0.001    .056352    .1403024
       cost |   .446147   .1382486    3.23  0.015    .119241    .773053
    region2 |  8.685213   2.117627    4.10  0.005   3.677822     13.6926
    region3 |  6.124215   2.060143    2.97  0.021    1.25275    10.99568
    region4 | -5.290318   1.104125   -4.79  0.002  -7.901158   -2.679478
    region5 | -5.12e-14   4.42e-13   -0.12  0.911   -1.10e-12    9.95e-13
    region6 |  8.685213   2.117627    4.10  0.005   3.677822     13.6926
    region7 |   7.64589   2.055497    3.72  0.007   2.785412    12.50637
    region8 |   7.64589   2.055497    3.72  0.007   2.785412    12.50637
       year |  .9960163   .6555278    1.52  0.172  -.5540608    2.546093
      _cons | -1998.609    1329.11   -1.50  0.176   -5141.456    1144.237
```

图 14.21　最小二乘回归分析

estimates store ols

本命令的含义是存储最小二乘回归分析的估计结果。

xtpcse profit income cost region2-region8 year,corr(ar1)

本命令的含义是在仅考虑存在组内自相关，并且各组的自回归系数相同的情形下，以 profit 为因变量，以 income、cost 以及生成的各个地区虚拟变量为自变量，进行可行广义最小二乘回归分析。分析结果如图 14.22 所示，与普通最小二乘回归分析的结果有一些区别。

```
. xtpcse profit income cost region2-region8 year,corr(ar1)

Prais-Winsten regression, correlated panels corrected standard errors (PCSEs)

Group variable:   region           Number of obs   =        80
Time variable:    year             Number of groups =        8
Panels:           correlated (balanced)   Obs per group:
Autocorrelation:  common AR(1)                        min =        10
                                                      avg =        10
                                                      max =        10
Estimated covariances      =       36   R-squared       =    0.9807
Estimated autocorrelations =        1   Wald chi2(7)    =   1031.38
Estimated coefficients     =       11   Prob > chi2     =    0.0000

                     Panel-corrected
     profit |    Coef.   Std. Err.     z    P>|z|   [95% Conf. Interval]

     income |  .0946812   .0210961    4.49  0.000   .0533336    .1360288
       cost |  .4911251   .1420553    3.46  0.001   .2127019    .7695482
    region2 |  9.617644   4.082823    2.36  0.018   1.615459    17.61983
    region3 |  6.858969   3.900869    1.76  0.079   -.786593    14.50453
    region4 | -4.968334   4.151507   -1.20  0.231  -13.10514     3.16847
    region5 |  2.82e-12          .      .      .          .           .
    region6 |  9.617644   4.082823    2.36  0.018   1.615459    17.61983
    region7 |  8.437322   4.398012    1.92  0.055   -.182623    17.05727
    region8 |  8.437322   4.398012    1.92  0.055   -.182623    17.05727
       year |  1.070653   .2211486    4.84  0.000   .6372098    1.504096
      _cons | -2152.897   453.4799   -4.75  0.000  -3041.701   -1264.093

        rho |  .2656271
```

图 14.22　进行可行广义最小二乘回归分析

estimates store ar1

本命令的含义是存储上一步可行广义最小二乘回归分析的估计结果。

```
xtpcse profit income cost region2-region8 year,corr(psar1)
```

本命令的含义是在仅考虑存在组内自相关，并且各组的自回归系数不相同的情形下，以 profit 为因变量，以 income、cost 以及生成的各个地区虚拟变量为自变量，进行可行广义最小二乘回归分析，分析结果如图 14.23 所示。

```
estimates store psar1
```

本命令的含义是存储上一步可行广义最小二乘回归分析的估计结果。

```
xtpcse profit income cost region2-region8 year,hetonly
```

本命令的含义是在不考虑存在自相关，仅考虑不同个体扰动项存在异方差的情形下，以 profit 为因变量，以 income、cost 以及生成的各个地区虚拟变量为自变量，进行可行广义最小二乘回归分析，分析结果如图 14.24 所示。

```
. xtpcse profit income cost region2-region8 year,corr(psar1)

Prais-Winsten regression, correlated panels corrected standard errors (PCSEs)

Group variable:      region               Number of obs      =        80
Time variable:       year                 Number of groups   =         8
Panels:              correlated (balanced) Obs per group:
Autocorrelation:     panel-specific AR(1)                     min =        10
                                                              avg =        10
                                                              max =        10
Estimated covariances      =       36      R-squared          =    0.9954
Estimated autocorrelations =        8      Wald chi2(8)       =   2660.97
Estimated coefficients     =       11      Prob > chi2        =    0.0000

                      Panel-corrected
   profit     Coef.   Std. Err.     z    P>|z|    [95% Conf. Interval]
   income  .0919981  .0163741    5.62   0.000    .0599055   .1240906
     cost  .4877925  .1100583    4.43   0.000    .2720881   .7034968
  region2  8.983586  2.494026    3.60   0.000    4.095385  13.87179
  region3  5.837367  3.575331    1.63   0.103   -1.170154  12.84489
  region4  -5.41361  4.769586   -1.14   0.256  -14.76183   3.934606
  region5  3.82e-12  7.10e-08    0.00   1.000   -1.39e-07   1.39e-07
  region6  8.983586  2.494026    3.60   0.000    4.095385  13.87179
  region7  7.622904  3.661797    2.08   0.037    .4459139  14.79989
  region8  7.622904  3.661797    2.08   0.037    .4459139  14.79989
     year    1.1783  .2145669    5.49   0.000    .7577564   1.598843
    _cons -2368.545   436.897   -5.42   0.000  -3224.848  -1512.243

rhos = -.1981806 -.1559061  .859371 .7428074 -.1981806 ... -.1559061
```

图 14.23   自回归系数不相同

```
. xtpcse profit income cost region2-region8 year,hetonly

Linear regression, heteroskedastic panels corrected standard errors

Group variable:      region               Number of obs      =        80
Time variable:       year                 Number of groups   =         8
Panels:              heteroskedastic (balanced) Obs per group:
Autocorrelation:     no autocorrelation                       min =        10
                                                              avg =        10
                                                              max =        10
Estimated covariances      =        8      R-squared          =    0.9845
Estimated autocorrelations =        0      Wald chi2(10)      =   3241.67
Estimated coefficients     =       11      Prob > chi2        =    0.0000

                       Het-corrected
   profit     Coef.   Std. Err.     z    P>|z|    [95% Conf. Interval]
   income  .0983272  .0134929    7.29   0.000    .0718815   .1247729
     cost   .446140  .0920388    4.85   0.000    .2657543   .6265397
  region2  8.685213  2.665775    3.26   0.001    3.460391  13.91004
  region3  6.124215  2.676821    2.29   0.022    .8777427  11.37069
  region4 -5.290318  3.089321   -1.71   0.087  -11.34528   .7646398
  region5 -5.12e-14  2.843416   -0.00   1.000   -5.572993   5.572993
  region6  8.685213  2.665775    3.26   0.001    3.460391  13.91004
  region7   7.64589  3.018199    2.53   0.011    1.730328  13.56145
  region8   7.64589  3.018199    2.53   0.011    1.730328  13.56145
     year  .9960163  .2281912    4.36   0.000    .5487698   1.443263
    _cons -1998.609  463.8042   -4.31   0.000  -2907.649   -1089.57
```

图 14.24   仅考虑不同个体扰动项存在异方差

```
estimates store hetonly
```

本命令的含义是存储上一步可行广义最小二乘回归分析的估计结果。

```
estimates table ols ar1 psar1 hetonly,b se
```

本命令的含义是展示将以上各种方法的系数估计值及标准差列表放到一起进行比较的结果，结果如图 14.25 所示。可以看出，hetonly 方法的系数估计值和 ols 方法的系数估计值是完全一样的，但是标准差并不一样。其他各种方法之间都存在着一定的差别。

```
xtgls profit income cost region2-region8 year,panels(cor) cor(ar1)
```

本命令的含义是在假定不同个体的扰动项相互独立且有不同的方差，并且各组的自回归系数相同的情形下，以 profit 为因变量，以 income、cost 以及生成的各个地区虚拟变量为自变量，进行可行广义最小二乘回归分析。分析结果如图 14.26 所示，与前面各种回归分析的结果有一些区别。

```
. estimates table ols ar1 psar1 hetonly,b se
```

Variable	ols	ar1	psar1	hetonly
income	.09832719	.09468118	.09199807	.09832719
	.01775132	.02109611	.01637407	.01349294
cost	.44614702	.49112507	.48779248	.44614702
	.1382486	.14205525	.11005526	.09203878
region2	8.6852134	9.6176444	8.9835858	8.6852134
	2.1176265	4.0828226	2.4940259	2.6657748
region3	6.1242146	6.8589692	5.8373667	6.1242146
	2.060143	3.9008687	3.5753313	2.6768206
region4	-5.2903184	-4.9683345	-5.4136103	-5.2903184
	1.1041247	4.1515071	4.7695857	3.0893212
region5	-5.117e-14	2.817e-12	3.822e-12	-5.117e-14
	4.422e-13	.	7.101e-08	2.8434162
region6	8.6852134	9.6176444	8.9835858	8.6852134
	2.1176265	4.0828226	2.4940259	2.6657748
region7	7.6458896	8.4373218	7.6229043	7.6458896
	2.0554966	4.3980118	3.6617971	3.0181992
region8	7.6458896	8.4373218	7.6229043	7.6458896
	2.0554966	4.3980118	3.6617971	3.0181992
year	.99601626	1.070653	1.1782997	.99601626
	.65552785	.22114855	.21456688	.22819116
_cons	-1998.6093	-2152.8972	-2368.5454	-1998.6093
	1329.1103	453.47986	436.89702	463.80421

legend: b/se

图 14.25 展示比较结果

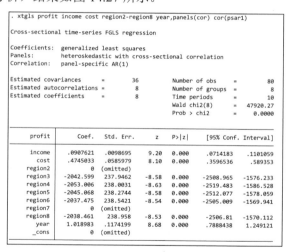

图 14.26 各组的自回归系数相同

xtgls profit income cost region2-region8 year,panels(cor) cor(psar1)

本命令的含义是在假定不同个体的扰动项相互独立且有不同的方差，并且各组的自回归系数不相同的情形下，以 profit 为因变量，以 income、cost 以及生成的各个地区虚拟变量为自变量，进行可行广义最小二乘回归分析，结果如图 14.27 所示。

图 14.27 各组的自回归系数不相同

前面我们讲述的种种面板数据回归分析方法，最多允许每个个体拥有自己的截距项，从来没有允许每个个体拥有自己的回归方程斜率，那么 Stata 能否做到变系数呢？以本节中提到的案例为例，对应的命令就是：

xtrc profit income cost,betas

本命令不仅允许每个个体拥有自己的截距项，还允许每个个体拥有自己的回归方程斜率，旨在进行随机系数模型回归分析。在命令窗口输入命令并确认，分析结果如图 14.28 所示。

```
. xtrc profit income cost,betas

Random-coefficients regression                    Number of obs     =        80
Group variable: region                            Number of groups  =         8

                                                  Obs per group:
                                                               min =        10
                                                               avg =      10.0
                                                               max =        10

                                                  Wald chi2(2)      =     51.09
                                                  Prob > chi2       =    0.0000

      profit |    Coef.   Std. Err.      z    P>|z|     [95% Conf. Interval]

      income |  .3559052   .132339     2.69   0.007     .0965256    .6152849
        cost |  .1220143   .1381643    0.88   0.377    -.1487827    .3928114
       _cons |  7.481434   10.15913    0.74   0.461    -12.43009    27.39296

Test of parameter constancy:   chi2(21) =   891.48        Prob > chi2 = 0.0000

                   Group-specific coefficients

             |    Coef.   Std. Err.      z    P>|z|     [95% Conf. Interval]

     Group 1 |

      income |  .0839433   .0108984    7.70   0.000     .0625829    .1053037
        cost |   .477526   .0988498    4.83   0.000     .2837839     .671268
       _cons |  11.94265   8.303105    1.44   0.150    -4.331135    28.21644

     Group 2 |

      income |   .705285   .1109583    6.36   0.000     .4878108    .9227593
        cost | -.3120282   .1198423   -2.60   0.009    -.5469149   -.0771415
       _cons | -1.096103   6.406673   -0.17   0.864    -13.65295    11.46075
```

```
     Group 3 |

      income |  .0928741   .0273735    3.39   0.001     .039223    .1465252
        cost |  .3985051   .058254     6.84   0.000     .2843293    .5126808
       _cons |  19.02362   9.2609      2.05   0.040     .8725842    37.17465

     Group 4 |

      income | -.1640452   .0114732  -14.30   0.000    -.1865322   -.1415582
        cost |  .3886711   .0543633    7.15   0.000     .282121     .4952211
       _cons |  59.97747   4.947161   12.12   0.000     50.28122    69.67373

     Group 5 |

      income |  .0839433   .0108984    7.70   0.000     .0625829    .1053037
        cost |   .477526   .0988498    4.83   0.000     .2837839     .671268
       _cons |  11.94265   8.303105    1.44   0.150    -4.331135    28.21644

     Group 6 |

      income |   .705285   .1109583    6.36   0.000     .4878108    .9227593
        cost | -.3120282   .1198423   -2.60   0.009    -.5469149   -.0771415
       _cons | -1.096103   6.406673   -0.17   0.864    -13.65295    11.46075

     Group 7 |

      income |  .6699781   .0275948   24.28   0.000     .6158934    .7240629
        cost | -.0710286   .043372    -1.64   0.101    -.1560362     .013979
       _cons | -20.42136   4.821279   -4.24   0.000    -29.87089   -10.97182

     Group 8 |

      income |  .6699781   .0275948   24.28   0.000     .6158934    .7240629
        cost | -.0710286   .043372    -1.64   0.101    -.1560362     .013979
       _cons | -20.42136   4.821279   -4.24   0.000    -29.87089   -10.97182
```

图 14.28　分析结果图

在图 14.28 中，模型中对参数一致性检验的显著性 P 值为 0.0000（Test of parameter constancy: chi2(21) = 891.48 Prob > chi2 = 0.0000），显著地拒绝了每个个体都具有相同系数的原假设，我们的变系数模型设置是非常合理的。

可以根据上面的结果写出模型整体的回归方程和每个个体的回归方程。结果的详细解读方式与普通的最小二乘回归分析类似，限于篇幅不再赘述。

14.4　本章回顾与习题

14.4.1　本章回顾

本章主要介绍了面板数据分析在 Stata 中的操作与应用，包括面板数据的预处理、短面板数据分析、长面板数据分析。

1. 面板数据的预处理

设置面板数据的命令为 xtset，该命令的语法格式为：

```
xtset panelvar timevar [,tsoptions]
```

如果要显示当前已设置的面板数据，则命令为：

```
xtset
```

如果要清除已设置的面板数据，则命令为：

```
xtset, clear
```

面板数据描述性统计分析的命令为 xtsum，该命令的语法格式为：

```
xtsum [varlist] [if]
```

显示面板数据分布频率的命令为 xttab，该命令的语法格式为：

```
xttab varname [if]
```

绘制截面趋势图的命令为 xtline，该命令的语法格式为：

```
xtline varlist [if] [in] [,panel_options]
```

将不同截面的趋势变化绘制到一幅图中，即加入 overlay 选项，对应的命令及其语法格式为：

```
xtline varname [if] [in], overlay [overlaid_options]
```

2. 短面板数据分析

固定效应回归分析的命令是 xtreg，该命令的语法格式为：

```
xtreg depvar [indepvars] [if] [in] [weight] , fe [FE_options]
```

随机效应回归分析的命令也是 xtreg，该命令的语法格式为：

```
xtreg depvar [indepvars] [if] [in] [,re RE_options]
```

Hausman 检验的命令是 hausman，该命令的语法格式为：

```
hausman name-consistent [name-efficient] [,options]
```

3. 长面板数据分析

仅解决组内自相关的可行广义最小二乘估计的命令及其语法格式为：

```
xtpcse depvar [indepvars] [if] [in] [weight] [,options]
```

同时处理组内自相关、异方差和组间同期相关的可行广义最小二乘估计的命令及其语法格式为：

```
xtgls depvar [indepvars] [if] [in] [weight] [,options]
```

14.4.2　本章习题

1. 使用"数据 14B"数据文件为例，其中记录的是 T 公司的一些经营数据。T 公司是一家销售玩具的连锁公司，经营范围遍布全国 20 个省市，各省市连锁店 2016—2020 年的相关销售数据包括销售收入、促销费用以及创造利润等。试用多种短面板数据回归分析方法深入研究销售收入和促销费用对创造利润的影响关系。

1）将 diqu 这一字符串变量转化为数值型变量，生成 region 变量，然后以 region 作为横截面维度变量，以 year 作为时间序列变量，定义面板数据。

2）以 profit 为因变量，以 sale、cost 为自变量，进行最小二乘回归分析。

3）以 profit 为因变量，以 sale、cost 为自变量，并使用以 region 为聚类变量的聚类稳健标准差，进行最小二乘回归分析。

4）以 profit 为因变量，以 sale、cost 为自变量，并使用以 region 为聚类变量的聚类稳健标准差，进行固定效应回归分析。

5）以 profit 为因变量，以 sale、cost 为自变量，进行固定效应回归分析，并存储固定效应回归分析的估计结果。

6）创建年度变量的多个虚拟变量，通过构建双向固定效应模型来检验模型中是否应该包含时间效应，并在回归的基础上测试各虚拟变量的系数联合显著性，检验是否应该在模型中纳入时间效应。

7）以 profit 为因变量，以 sale、cost 为自变量，并使用以 region 为聚类变量的聚类稳健标准差进行随机效应回归分析，在回归的基础上进行假设检验来判断随机效应模型是否优于最小二乘回归模型。

8）以 profit 为因变量，以 sale、cost 为自变量，并使用最大似然估计方法进行随机效应回归分析。

9）以 profit 为因变量，以 sale、cost 为自变量，并使用组间估计量，进行组间估计量回归分析。

10）比较各种估计的结果优劣，进行豪斯曼检验，并据此判断应该选择固定效应模型还是随机效应模型。

2. 使用"数据 14C"数据文件为例，其中记录的是 M 银行的一些经营数据。M 银行是一家商业银行，经营范围遍布全国 10 个省市，各省分行 2011—2020 年的相关经营数据包括利息收入、利息支出以及创造利润等。试用多种长面板数据回归分析方法深入研究利息收入、利息支出对创造利润的影响关系。

1）将 shengshi 这一字符串变量转化为数值型变量，生成 region 变量，然后以 region 作为横截面维度变量，以 year 作为时间序列变量，定义面板数据。

2）创建省市变量的多个虚拟变量，以 profit 为因变量，以 income、cost 以及生成的各个地区虚拟变量为自变量，并使用以 region 为聚类变量的聚类稳健标准差进行最小二乘回归分析，存储最小二乘回归分析的估计结果。

3）在仅考虑存在组内自相关，并且各组的自回归系数相同的情形下，以 profit 为因变量，以 income、cost 以及生成的各个地区虚拟变量为自变量，进行可行广义最小二乘回归分析，存储估计结果。

4）在仅考虑存在组内自相关，并且各组的自回归系数不相同的情形下，以 profit 为因变量，以 income、cost 以及生成的各个地区虚拟变量为自变量，进行可行广义最小二乘回归分析，存储估计结果。

5）在不考虑存在自相关，仅考虑不同个体扰动项存在异方差的情形下，以 profit 为因变量，以 income、cost 以及生成的各个地区虚拟变量为自变量，进行可行广义最小二乘回归分析，存储估计结果。

6）将以上各种方法的系数估计值及标准差列表放到一起进行比较。

7）假定不同个体的扰动项相互独立且有不同的方差，并且各组的自回归系数相同的情形下，以 profit 为因变量，以 income、cost 以及生成的各个地区虚拟变量为自变量，进行可行广义最小二乘回归分析。

8）假定不同个体的扰动项相互独立且有不同的方差，并且各组的自回归系数不相同的情形下，以 profit 为因变量，以 income、cost 以及生成的各个地区虚拟变量为自变量，进行可行广义最小二乘回归分析。

9）以 profit 为因变量，以 income、cost 为自变量，进行随机系数模型回归分析。

第15章

生存分析

本章主要学习 Stata 的生存分析。生存分析的应用非常广泛，主要用于分析不同影响因素对研究对象"生存时间"的分布影响，"生存时间"中的"生存"不局限于字面意义上的"活着"的时间，而是可以将概念扩大到事件发生前的持续等待时间，可以用于一名患者从开始患病到死亡的时间，也可以用于一台计算机从开始使用到报废的时间，等等；其中的"时间"也不局限于以常用的年、月、日为单位，也可以根据实际情况灵活设置，比如将汽车的驾驶里程作为生存时间，而不以出厂时间作为生存时间，等等。

15.1　生存分析的基本概念及数据类型

 下载资源:\video\第 15 章\…

15.1.1　生存分析涉及的基本概念

1. 生存时间

从特定起点开始到所研究事件发生的时间。事件发生的时间就是计时终点，这通常是比较好确定的，比如患者确实发生了死亡，计算机发生了报废，但计时起点很多时候难以确定，比如前面提及的患者患病，如果是慢性疾病，那么具体发病时间可能是难以及时记录或追溯的。生存时间的特点有：分布类型不确定，一般不服从正态分布；影响生存时间的因素较为复杂，而且不易控制。

2. 事件及事件发生

这是界定生存时间的前提，事件的发生意味着生存时间的记录终点，比如患者发生了死亡，那么死亡就是时间，死亡发生就是事件发生。明确事件及事件发生的具体情形是开展生存分析的必要前提，而且必须在数据收集之前完成，不然就会导致收集的数据质量不足以支撑完成分析过程。

3. 删失/失访

删失本质就是研究数据出现了缺失，或者称为研究对象失访的现象，如果出现删失，表明患者虽然被观察了一段时间，事件未出现，但研究对象联系不到了，从而无法得到该对象完整的生存时间。删失分为右删失、左删失和期间删失 3 种，右删失的情况最为常见。右删失是指只知道生存时间大于某一时间点；左删失是指生存时间小于某一时间点；区间删失是指只知道生存时间在某一段时间之内。

4. 截尾值

存在数据删失的研究对象仍然有分析价值，因为在删失发生之前，仍提供了部分生存时间，可以称之为不完全生存时间或者截尾值。截尾值的具体概念为：有的观察对象终止随访不是由于失败事件发生，而是由于中途失访、死于非研究事件所致原因、随访截止导致的。由于不知道这些研究对象发生事件的具体时间，他们的资料不能提供完全的信息，这些研究对象的观察值也就被称为截尾值，常用符号"+"表示。

5. 生存概率

生存概率表示某单位时段开始时，存活的个体到该时段结束时仍存活的可能性。计算公式为：生存概率=活满某时段的人数/该时段期初观察人数=1-死亡概率。

6. 生存时间分布

生存时间分布是一种概率分布，使用概率函数来表示，具体包括生存函数和风险函数。

生存函数又称为累计生存概率，即将时刻 t 尚存活看成是前 t 个时段一直存活的累计结果，若 T 为生存时间变量，生存函数就是 T 越过某个时点 t 时，所有研究对象中没有发生事件的概率。当 $t=0$ 时，生存函数的取值为 1，随着时间的推移（t 值增大），生存函数的取值逐渐变小，生存函数是时间 t 的单调递减函数，生存函数公式为：

$$S(t) = P(X > t) = 1 - P(X \leqslant t) = 1 - F(t) = \int_{t}^{\infty} f(\theta) \mathrm{d}\theta$$

其中，$F(t)$ 为分布函数，$S(t)$ 又称为可靠度函数或可靠度，$f(t)$ 为 X 的分布密度函数。风险函数指 t 时刻存活，在 $t \sim t + \Delta t$ 时刻内死亡的条件概率，用 $\mu(t)$ 表示，计算公式为：

$$\mu(t) = \frac{f(t)}{1 - F(t)} = \frac{f(t)}{S(t)} = -\frac{S'(t)}{S(t)}$$

因此，$S(t) = \mathrm{e}^{-\int \mu(\theta)\mathrm{d}\theta}$。

15.1.2 生存分析的数据类型

生存分析所使用的数据被称为生存数据，用于度量某事件发生前所经历的时间长度。生存数据按照观测数据信息完整性的差异可分为完全数据、删失数据和截尾数据 3 种。

完全数据：即提供了完整信息的数据。如研究汽车的生命状况，若某辆汽车从进入研究视野一直到报废都在研究者的观测之中，就可以知道其准确的报废时间，这个生存数据就是一个完全数据。

删失数据：即前面所述的删失/失访情形下的数据，仅能提供不完整的信息。

截尾数据：截尾数据和删失数据一样，提供的也是不完整信息，但与删失数据稍有不同的是，它提供的是与时间有关的条件信息。

提　示

一般情况下只考虑对完全数据和删失数据进行分析，也就是说生存数据通常仅包括两个信息：生存时间、是否删失（包括是否出现事件）。需要注意的是，是否删失与是否出现事件是合二为一的，也就是说除了事件发生算作一类外，其他情况下只要没有观察到结局，无论其原因是出现了数据删失/失访，还是没有发生事件，都算作一类。

15.2　生存分析操作讲解

| 下载资源:\video\第 15 章\… |
| 下载资源:\sample\第 15 章\数据 15 |

15.2.1　生存分析的功能与意义

生存分析方法最初为参数模型（Parametric Model），它可以估计出影响因素对风险率的影响及各时点的生存率，但对生存时间分布有一定的要求，但该类模型假设生存数据服从某个已知分布，使用参数分布方法进行生存分析，常用的参数模型有指数分布、Weibull 分布、对数正态分布、对数 Logistic 分布、Gamma 分布等。当没有很好的参数模型可以拟合时，则采用非参数方法进行生存分析，寿命表分析和 Kalpan-Meier 方法均为非参数模型。1972 年，英国统计学家 D. R. Cox 提出了一个半参数模型（Cox 回归模型）。相比而言，半参数方法比参数方法灵活，虽不能给出各时点的风险率，但对生存时间分布无要求，可估计出各研究因素对风险率的影响，比非参数方法更易于解释分析结果，于是得到了更为广泛的应用，也是目前比较流行的生存分析方法。

综上所述，按照使用参数与否，生存分析的方法可以分为以下 3 种：

1）非参数方法：当没有很好的参数模型可以拟合时，采用非参数方法进行生存分析。常用的非参数模型包括生命表分析和 Kalpan-Meier 方法。

2）参数方法：假设生存数据服从某个已知分布，使用参数分布方法进行生存分析。参数方法按照是否满足比例风险假定，分为比例风险模型、加速失效时间模型。

其中比例风险模型主要包括指数分布模型、Weibull 分布模型、Gompertz 模型、广义 Weibull 模型，4 种模型均为参数模型，均使用最大似然法估计，比例风险模型需要满足比例风险假定，主要研究解释变量对风险函数的作用，模型中解释变量的系数表示某个解释变量增加一个单位，将导致风险函数平均增加百分之多少，不含解释变量的风险函数通常被称为基准风险。

加速失效时间模型主要包括对数正态回归分布模型、对数逻辑分布模型、Gamma 分布模型。与比例风险模型不同的是，加速失效时间模型主要研究解释变量对平均生存时间（从关注事件未发生到发生平均经历的时间）的影响，模型中解释变量系数的含义是某个解释变量增加一个单位，能使平均生存时间增加百分之多少。所以针对同一数据文件，比例风险模型和加速失效时间模型中解释变量的系数通常相反。

注　意

在一些研究中，指数分布模型、Weibull 分布模型既是比例风险模型又是加速失效时间模型，但在 Stata 中，指数分布模型、Weibull 分布模型默认为比例风险模型，相应命令产生的结果需要按照比例风险模型进行解读。

3）半参数方法：目前比较流行的生存分析方法，前面介绍的参数模型需要对风险函数的具体形式做出假设，再用最大似然法估计，但是截堵数据可能会导致风险函数设置错误，导致出现不一致的 MLE 估计。Cox (1972, 1975) 以比例风险模型为基础提出了半参数模型，相比而言，半参数方法比参数方法灵活，比非参数方法更易于解释分析结果。所以常用的半参数模型主要为 Cox 模型（也称 Cox PH 模型）。

Cox 回归为时间事件数据建立预测模块，该模块生成生存函数，用于预测被观察事件在给定时间 t 内发生预测变量既定值的概率。与回归分析的基本思想一致，可以从既有样本观测值中估计出预测的生存函数与相应的回归系数，然后可以对新样本观测值进行预测。需要注意的是，已检查主体中的信息，即未在观察时间内经历被观察事件的信息，在模型估计中起到了重要的作用。Cox 回归的优点包括：可以估计生存函数，可以比较两组或多组生存分布函数，可以分析危险因素对生存时间的影响，可以建立生存时间与危险因素之间的关系模型，不需要事先知道生存时间的分布等。

在 Cox 回归模型中，假设在时点 t 个体出现观察结局的风险大小可以分解为两个部分。一个是基准风险函数 $h_0(t)$，是与时间有关的任意函数；另一个是影响因素，第 i 个影响因素使得该风险量从 $h_0(t)$ 增至 $e^{\beta_i X_i}$ 倍而成为 $h_0(t)e^{\beta_i X_i}$，在 k 个因素同时影响生存过程的情况下，在时点 t 的风险函数为：

$$h(t)=h_0(t)e^{\beta_1 X_1}e^{\beta_2 X_2}\cdots e^{\beta_k X_k}$$

其中 X,β 分别是观察变量及其回归系数，该函数可以进一步变换为：

$$h(t,X)=h_0(t)e^{\beta_1 X_1+\beta_2 X_2+\cdots+\beta_k X_k}$$

然后进行对数变换，即为：

$$\mathrm{Log}[Rh(t)] = \mathrm{Log}[h(t,X)\,/\,h_0(t)] = \beta_1 X_1 + \beta_2 X_2 + \cdots + \beta_k X_k$$

所以从公式中可以非常明确地看出，在 Cox 回归模型中，回归系数 β 的实际含义是：当变量 X 改变一个单位时，引起的死亡风险改变倍数的自然对数值。

然后利用风险函数和生存函数的关系式：

$$S(t)=\exp[-\int_0^t h(t)\mathrm{d}t]$$

即可推导出生存函数的公式：

$$S(t)=\exp[-\int_0^t h_0(t)\exp(b_1 X_1+b_2 X_2+\cdots+b_p X_p)\mathrm{d}t]$$

需要注意的是，正如回归分析需要满足一定条件一样，Cox 回归模型也需要满足相应的假设条件。第一个假设条件是，观察值应是独立的；第二个假设条件是，风险比应是时间恒定值，也就是说各个样本观测值的风险比例不应随时间变化，也被称为呈比例的风险假设。如果呈比例的风险假设不成立，那么就需要使用含依时协变量的 Cox 过程（本书中限于篇幅不再讲解），如果没有协变量或者只有一个分类协变量，则可以使用寿命表或 Kaplan-Meier 过程检查样本的生存或风险函数，如果样本中没有已审查的数据（即每个样本观测值都出现期间终结），则可以使用线性回归过程对预测变量和时间事件之间的关系进行建模。

一般情况下，生存分析的步骤是：

1) 设置生存分析数据，即告诉 Stata 我们的数据文件为生存分析数据，探索数据文件的基本特征。
2) 通过绘制生存函数、累积风险函数或风险函数进行非参数分析。
3) 可以进行参数回归（含比例风险模型、加速失效时间模型）。
4) 可以进行 Cox 回归。
5) 进行比例风险假定的检验，确定最终模型。

15.2.2　生存分析的 Stata 操作

1. 设置生存分析数据

设置生存分析数据的命令是 stset。在 Stata 中，生存分析数据文件分为每个受试者的生存数据仅有单个记录和每个受试者的生存数据有多个记录两种。针对不同形式的生存数据，命令的语法格式有所区别。

每个受试者的生存数据仅有单个记录的命令及其语法格式为：

```
stset timevar [if] [weight] [,single_options]
```

其中 stset 为命令，timevar 为生存时间变量，[if]为条件表达式，[weight]用于设置权重，[,single_options]为可选项，主要包括表 15.1 所示的几项。

表15.1　stset命令的[,single_options]可选项及其含义

[,single_options]可选项	含　义
failure(failvar[==numlist])	设置关注事件，默认 fail==1 为关注事件发生
origin(time exp)	设置开始时间，即受试者何时开始处于风险中
scale(#)	重新定义时间衡量标准
enter(time exp)	指定受试者首次进入研究的时间
exit(time exp)	指定受试者退出研究的时间
if(exp)	通过 if 表达式选择样本观测值

每个受试者的生存数据有多个记录的命令及其语法格式为：

```
stset timevar [if] [weight] , id(idvar) failure(failvar[==numlist])
[multiple_options]
```

其中 stset 为命令，timevar 为生存时间变量，[if]为条件表达式，[weight]用于设置权重，id(idvar)设置样本中用以标识每个样本观察值的变量，failure(failvar[==numlist])用于设置关注事件，默认fail==1 为关注事件发生，[multiple_options]为可选项，主要包括表 15.2 所示的几项。

表15.2 stset命令的[multiple_options]可选项及其含义

[multiple_options]可选项	含义
origin([varname == numlist] time exp|min)	设置开始时间，即受试者何时开始处于风险中
scale(#)	重新定义时间衡量标准
enter([varname == numlist] time exp)	指定受试者首次进入研究的时间
exit(failure|[varname == numlist] time exp)	指定受试者退出研究的时间
if(exp)	通过 if 表达式选择样本观测值
ever(exp)	选择(exp)一直为真的样本观测值
never(exp)	选择(exp)一直不为真的样本观测值
after(exp)	选择(exp)第 1 次为真之后的样本观测值
before(exp)	选择(exp)第 1 次为真之前的样本观测值

注 意

1）用户使用 Stata 运行 stset 命令后，Stata 将会在数据文件中自动生成 4 个新变量，分别是_t0、_st、_d 与_t。其中_t0 表示起始时间点，默认为 0，但如果数据文件有左删失，则_t0 不为 0；_st 表示数据的状态是否完好可用；_d 表示事件的结果是否发生；_t 表示每个样本观测值事件持续的时间。

2）清除已设置生存分析数据的命令为：

```
stset, clear
```

3）对生存数据文件进行基本描述的命令为：

```
stdescribe
```

2. 生存分析非参数模型

生存分析非参数模型通过绘制生存、风险或累积风险函数图的形式来开展，可以绘制Kaplan-Meier 生存函数图、Kaplan-Meier 事件发生函数图、Nelson-Aalen 累积风险函数图和风险函数图。绘制生存、风险或累积风险函数图的命令为 sts graph，该命令的语法格式为：

```
sts graph [if] [in] [,options]
```

其中 sts graph 为命令，[if]为条件表达式，[in]用于设置样本范围，[,options]为可选项，主要包括表 15.3 所示的几项。

表15.3 sts graph命令的[,options]可选项及其含义

[,options]可选项	含义
survival	绘制 Kaplan-Meier 生存函数图，也是默认选项
failure	绘制 Kaplan-Meier 事件发生函数图，有的地方也称 1-生存函数
cumhaz	绘制 Nelson-Aalen 累积风险函数图
hazard	绘制风险函数图

（续表）

[,options]可选项	含　义
by(varlist)	通过 varlist 设置分类变量选项，按不同类别分别估计并输出
adjustfor(varlist)	将 varlist 的估计值调整为零
strata(varlist)	通过 varlist 设置对不同的群体进行分类
separate	在单独的图形上显示所有曲线；默认情况下，曲线是一个接一个地显示的
ci	在结果中包含置信区间，默认为 95%
risktable	在图表下方显示暴露在风险中的样本观测值数量
risktable(risk_spec)	在图表下方显示自定义的样本观测值数量
level(#)	设置置信度水平，默认为 level(95)
tmax(#)	仅针对 t≤#的样本观测值输出图形
tmin(#)	仅针对 t≥#的样本观测值输出图形
noorigin	设置生存函数或事件发生函数的起始时间，默认为 0

3. 生存分析参数模型

生存分析参数模型的命令为 streg，streg 使用参数模型进行最大似然估计，该命令的语法格式为：

```
streg [indepvars] [if] [in] [,options]
```

其中 streg 为命令，[indepvars]为被解释变量，[if]为条件表达式，[in]用于设置样本范围，[,options] 为可选项，主要包括表 15.4 所示的几项。

表15.4　streg命令的[,options]可选项及其含义

[,options]可选项	含　义
noconstant	模型中不包括常数项
distribution(exponential)	指数模型，假定生存数据服从指数分布
distribution(gompertz)	Gompertz 模型，假定生存数据服从 Gompertz 分布
distribution(loglogistic)	对数逻辑模型，假定生存数据服从对数逻辑分布
distribution(llogistic)	同上面的对数逻辑模型，假定生存数据服从对数逻辑分布
distribution(weibull)	Weibull 模型，假定生存数据服从 Weibull 分布
distribution(lognormal)	对数正态回归模型，假定生存数据服从对数正态分布
distribution(lnormal)	同上面的对数正态模型，假定生存数据服从对数正态分布
distribution(ggamma)	广义 Gamma 模型，假定生存数据服从广义 Gamma 分布
frailty(gamma)	Gamma 脆弱模型，估计结果除了标准参数估计之外，还将包含脆弱性方差的估计，以及该方差为零的原假设的似然比检验。当零假设成立时，模型简化为一般 Gamma 模型
frailty(invgaussian)	逆高斯脆弱模型，估计结果除了标准参数估计之外，还将包含脆弱性方差的估计，以及该方差为零的原假设的似然比检验。当零假设成立时，模型简化为一般逆高斯模型
level(#)	设置置信水平，默认为 95%
nohr	显示回归系数而不显示风险比率
nolrtest	不进行似然比检验
vce(vcetype)	设置估计量的标准差，常用的主要有：oim、robust、cluster（clustvar）、opg、bootstrap、jackknife 等
nolog	不显示迭代过程

4. 估计后绘制生存、风险或累积风险函数图

我们在执行 stcox、streg、stintreg、mestreg、xtstreg 等命令估计后，绘制生存、风险或累积风险函数图的基本命令为 stcurve，命令及其语法格式为：

```
stcurve [,options]
```

其中 stcurve 为命令，[,options] 为可选项，主要包括表 15.5 所示的几项。

表15.5　stcurve命令的[,options]可选项及其含义

[,options]可选项	含　义
survival	绘制生存函数图
hazard	绘制风险函数图
cumhaz	绘制累积风险函数图
cif	绘制累积事件发生函数图

5. Cox 半参数模型

Cox 半参数模型的命令为 stcox，该命令的语法格式为：

```
stcox [indepvars] [if] [in] [,options]
```

其中 stcox 为命令，[indepvars] 为被解释变量，[if] 为条件表达式，[in] 用于设置样本范围，[,options] 为可选项，主要包括表 15.6 所示的几项。

表15.6　stcox命令的[,options]可选项及其含义

[,options]可选项	含　义
estimate	没有协变量的拟合模型
vce(vcetype)	设置估计量的标准差，常用的主要有：oim、robust、cluster（clustvar）、bootstrap、jackknife3 等
noadjust	不使用标准自由度调整
level(#)	设置置信水平，默认为95%
nohr	显示回归系数而不显示风险比率

6. 比例风险假定的检验

（1）绘制对数-对数图

若对数-对数图中的曲线相互平行，则比例风险设置是成立的。对应的命令及其语法格式为：

```
stphplot [if] , {by(varname) | strata(varname)} [stphplot_options]
```

（2）观测-预测图

若观测值和预测值非常接近，则比例风险设置是成立的。对应的命令及其语法格式为：

```
stcoxkm [if] , by(varname) [stcoxkm_options]
```

（3）舍恩尔德残差（UsingSchoenfeldresiduals）检验

通过舍恩尔德残差检验的方式进行比例风险设置检验。舍恩尔德残差检验是检验比例风险假定最有效的方法，如果舍恩尔德残差不随时间呈现规律性变化，则比例风险假设成立。检验的方法是

对每个解释变量都将其舍恩尔德残差对时间回归，并观察其显著性，是否接受满足比例风险假定的原假设。对应的命令及其语法格式为：

```
estat phtest[,phtest_options]
```

常用命令为：

```
estat phtest,detail
```

通过绘图方式展示的常用命令为：

```
estat phtest,plot(varname)
```

15.2.3　生存分析示例

我们在本节使用的分析数据来自于"数据 15"数据文件，其中记录的是 100 位病人的生存数据，其中药物种类包括新研发药物和传统药物，药物剂量包括高剂量和低剂量。这个数据文件中共有 6 个变量，分别是编号、药物剂量、药物种类、生存时间、状态、用药时段。我们针对变量"药物剂量"进行值标签操作，用"0"表示"高剂量"，"1"表示"低剂量"；针对变量"药物种类"进行值标签操作，用"1"表示"新研发药物"，"2"表示"传统药物"；针对变量"状态"进行值标签操作，用"1"表示"死亡"，"0"表示"删失"；针对变量"用药时段"进行值标签操作，用"1"表示"白天用药"，"2"表示"晚上用药"。最终编辑完成后的数据如图 15.1 所示。

图 15.1　"数据 15"中的数据内容

下面使用生存分析的方法研究所使用药物种类、药物剂量与其生存时间之间的关系。

1. 设置生存分析数据

打开"数据 15"数据文件之后，在命令窗口中输入以下命令：

```
describe
```

本命令的含义是对"数据 15"数据文件进行基本描述,观察其中的样本规模、变量等情况,分析结果如图 15.2 所示。这个数据文件中共有 100 个样本观测值,共有 6 个变量。

```
Contains data from C:\Users\Administrator\Desktop\数据15.dta
  obs:            100
  vars:             6                           6 Dec 2021 19:19

                storage   display    value
variable name   type      format     label       variable label

编号            double    %12.0g
药物剂量        double    %12.0g     V2
药物种类        double    %12.0g     V3
生存时间        double    %12.0g
状态            double    %12.0g     V5
用药时段        double    %12.0g     V6
```

图 15.2　对"数据 15"数据文件进行基本描述

stset 生存时间,failure(状态==1)

本命令的含义是将数据设置为适合生存分析的形式,以变量"生存时间"作为时间变量,以变量"状态"取值为 1 作为事件发生,分析结果如图 15.3 所示。数据文件中共有 100 个样本观测值,79 个样本观测值事件发生,全部样本合计生存时间为 3034,样本观测值中最长生存时间为 115。

```
. stset 生存时间,failure(状态==1)

    failure event:  状态 == 1
obs. time interval:  (0, 生存时间]
 exit on or before:  failure


       100   total observations
         0   exclusions

       100   observations remaining, representing
        79   failures in single-record/single-failure data
     3,034   total analysis time at risk and under observation
                                         at risk from t =         0
                              earliest observed entry t =         0
                                  last observed exit t =        115
```

图 15.3　将数据设置为适合生存分析的形式

stdescribe

本命令的含义是在将数据设置为适合生存分析的形式之后,描述生存分析数据的基本特征,分析结果如图 15.4 所示。100 个样本观测值合计生存时间(或者说暴露在风险中的时间)为 3034,平均生存时间为 30.34,生存时间最短的为 5,最长的为 115,中位数为 25,最终有 79 个样本发生了事件(本例中为死亡),发生率为 0.79。

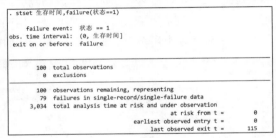

图 15.4　数据设置后描述生存分析数据的基本特征

2. 生存分析非参数模型

`sts graph`

本命令的含义是绘制 Kaplan-Meier 生存函数图。Kaplan-Meier 方法无须对数据的分布做假设，也不需要进行参数估计，属于非参数分析法，基本原理是采用乘积极限法（Product-Limit Estimates）来估计生存率，能对完全数据、删失数据及不必分组的生存数据进行分析，并能对分组变量各水平所对应的生存曲线与风险函数的差异进行显著性检验。Kaplan-Meier 估计量大致等于样本观测值生存（关注事件未发生）时间超过指定时间 t 的样本观测值数目占总体样本观测值的数目比值。分析结果如图 15.5 所示。

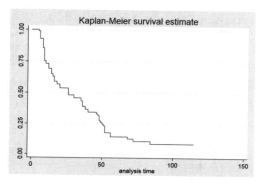

图 15.5　Kaplan-Meier 生存函数图 1

在起始时间（本例中采用默认的 0），所有样本观测值都处于生存状态，对应的 Kaplan-Meier 估计量值为 1，即 100%，随着时间的流逝，不断有样本观测值进入死亡状态，比如当时间为 50 时，样本生存比例已经下降到 0.25 左右；当时间为 90 左右，样本进入稳定状态，生存比例保持恒定，不再有新死亡样本观测值。

`sts graph, by( 药物剂量 ) plot2opts(lp("-"))`

本命令的含义是绘制 Kaplan-Meier 生存函数图，但是按照"药物剂量"分类绘制，选项 plot2opts(lp("-"))表示第二个图用虚线表示，分析结果如图 15.6 所示。从图中可以看出药物剂量对于生存时间有着显著影响，高剂量组的生存时间函数位于低剂量组之上，说明高剂量组样本观测值的生存时间相对更长。

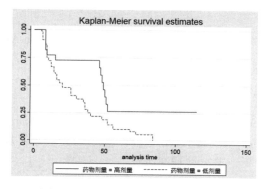

图 15.6　Kaplan-Meier 生存函数图 2

```
sts graph, cumhaz ci
```

本命令的含义是绘制 Nelson-Aalen 累积风险函数图，并且输出 95%的置信区间。Nelson-Aalen 累积风险估计量是对局部风险率加总得出的，局部风险率估计量数学公式为：

$$\text{risk} = \frac{D_j}{R_j}$$

其中，D_j 表示在时刻 T_j 出现关注事件的样本观测值的数量，R_j 表示在时刻 T_{j-1} 未出现关注事件（生存）的样本观测值的数量。

Nelson-Aalen 累积风险估计量的数学公式为：

$$\text{Nelson-Aalen cum risk} = \sum_{j|T_j \leq T} \frac{D_j}{R_j}$$

分析结果如图 15.7 所示。从图中可以看出 Nelson-Aalen 累积风险逐渐上升，在起始时间（本例中采用默认的 0），所有样本观测值都处于生存状态，对应的 Nelson-Aalen 累积风险估计量值为 0，随着时间的流逝，不断有样本观测值进入死亡状态，比如当时间为 50 时，累积风险估计量值达到 1 左右；当时间为 90 左右，样本进入稳定状态，累积风险估计量保持恒定，不再上升，与 Kaplan-Meier 生存函数的走势相反，但结论完全一致。

```
sts graph, cumhaz ci by(药物剂量)
```

本命令的含义是绘制 Nelson-Aalen 累积风险函数图，但是按照"药物剂量"分类绘制，并且输出 95%的置信区间，如图 15.8 所示。从图中同样可以看出药物剂量对于生存时间有着显著影响，低剂量组的累积风险函数位于高剂量组之上，同样说明高剂量组样本观测值的生存时间相对更长。

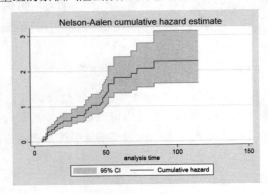

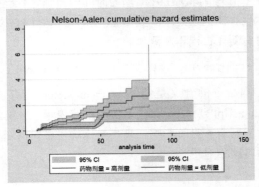

图 15.7　Nelson-Aalen 累积风险函数图 1　　　　图 15.8　Nelson-Aalen 累积风险函数图 2

3. 生存分析参数模型

```
streg 药物剂量 药物种类, nohr nolog dist(weib)
```

本命令的含义是开展 Weibull 分布参数模型生存分析，探索药物剂量、药物种类对事件发生（死亡）的影响。nohr 表示显示回归系数而不显示风险比率，nolog 表示不显示迭代过程，dist(weib) 表示使用 Weibull 分布模型。分析结果如图 15.9 所示。

```
. streg 药物剂量 药物种类, nohr nolog dist(weib)

         failure _d:  状态 == 1
   analysis time _t:  生存时间

Weibull PH regression

No. of subjects =          100          Number of obs    =          100
No. of failures =           79
Time at risk    =         3034
                                         LR chi2(2)       =        17.97
Log likelihood  =   -124.51436           Prob > chi2      =       0.0001
```

_t	Coef.	Std. Err.	z	P>|z|	[95% Conf. Interval]	
药物剂量	1.197861	.3150555	3.80	0.000	.5803636	1.815358
药物种类	.231193	.2401275	0.96	0.336	-.2394482	.7018342
_cons	-5.968565	.7064598	-8.45	0.000	-7.3532	-4.583929
/ln_p	.2611415	.0891813	2.93	0.003	.0863493	.4359336
p	1.298411	.115794			1.090187	1.546406
1/p	.770172	.0686849			.6466606	.9172738

图 15.9　Weibull 分布参数模型生存分析

图中"failure_d:　状态==1"的含义是我们设置"状态"变量取值为"1"时表示事件发生。"analysis time _t:　生存时间"的含义是我们设置"生存时间"变量作为生存分析的时间变量。"No. of subjects = 100"表示有 100 次试验，"Number of obs = 100"表示有 100 个样本，此处因为数据文件是"每个受试者的生存数据仅有单个记录"，所以样本个数和试验次数保持一致，如果数据文件是"每个受试者的生存数据有多个记录"，那么将会出现一个样本观测值有多次试验的结果。"No. of failures =79"表示事件出现了 79 次，本例中的含义为有 79 个样本观测值死亡。"Time at risk =3034"表示所有样本观测值的合计生存时间（暴露在风险中的时间）为 3034。Log likelihood 为对数似然值。LR chi2(2)为 LR 检验，显著性 P 值为 0.0001，说明模型非常显著。

前面我们提到 Weibull 分布参数模型属于比例风险模型（从结果图中可以看出，结果中带有 PH regression 表示比例风险模型，读者可类推到其他类型分布），研究解释变量对风险函数的作用，模型中解释变量的系数表示某个解释变量增加 1 个单位，将导致风险函数平均增加百分之多少。结果中药物剂量的系数值为 1.197861，而且系数的显著性 P 值为 0.0000，非常显著，说明药物剂量为低剂量（本例中我们设置了用"0"表示"高剂量"，用"1"表示"低剂量"）时，会导致样本观测值死亡的风险上升 1.197861%。药物种类的系数值为 0.231193，但显著性 P 值为 0.336，非常不显著，说明药物种类对于样本观测值的死亡风险没有显著影响。

下面/ln_p 的显著性 p 值为 0，显著拒绝指数回归的原假设，认为应该使用 Weibull 分布参数模型。p 值为 1.298411，大于 1，说明风险函数随时间而递增。

```
stcurve, hazard
```

本命令的含义是在执行完 Weibull 分布参数模型生存分析之后，绘制风险函数图，分析结果如图 15.10 所示。可以发现 Weibull 分布参数模型下，风险函数是逐渐上升的，但是上升的斜率逐渐走低，也就是说风险上升，但风险的增速在下降。

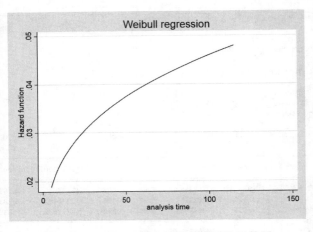

图 15.10　Weibull 分布参数模型风险函数图

```
streg 药物剂量 药物种类, nolog dist(logn)
```

本命令的含义是开展对数正态分布参数模型生存分析，探索药物剂量、药物种类对生存时间的影响。nolog 表示不显示迭代过程，dist(weib) 表示使用 Weibull 分布模型。分析结果如图 15.11 所示。

```
. streg 药物剂量 药物种类, nolog dist(logn)

        failure _d:  状态 == 1
  analysis time _t:  生存时间

Lognormal AFT regression

No. of subjects =          100          Number of obs    =          100
No. of failures =           79
Time at risk    =         3034
                                        LR chi2(2)       =         9.92
Log likelihood  =   -121.35609          Prob > chi2      =       0.0070

        _t |     Coef.   Std. Err.      z    P>|z|     [95% Conf. Interval]
-----------+----------------------------------------------------------------
    药物剂量 | -.7425602   .234302    -3.17   0.002    -1.201784   -.2833368
    药物种类 | -.0780409   .1960565   -0.40   0.691    -.4623046    .3062229
      _cons |  3.914506   .348783    11.22   0.000     3.230904    4.598108
-----------+----------------------------------------------------------------
   /lnsigma | -.0922831   .0816317   -1.13   0.258    -.2522784    .0677122
-----------+----------------------------------------------------------------
      sigma |  .911847    .0744357                      .7770284   1.070057
```

图 15.11　对数正态分布参数模型生存分析

前面我们提到，对数正态分布参数模型属于加速失效时间模型（从结果图中可以看出，结果中带有 AFT regression 表示加速失效时间模型，读者可类推到其他类型分布），主要研究解释变量对平均生存时间（从关注事件未发生到发生平均经历的时间）的影响，模型中解释变量系数的含义是某个解释变量增加一个单位，能使平均生存时间增加百分之多少。所以针对同一数据文件，比例风险模型和加速失效时间模型中解释变量的系数通常相反。药物剂量的系数值显著为负，也就是说为低剂量（本例中我们设置了用"0"表示"高剂量"，"1"表示"低剂量"）时，会导致样本观测值平均生存时间降低-0.7425602%。药物种类的系数仍然非常不显著（P=0.691），同样说明药物种类对于样本观测值的死亡风险没有显著影响。

```
stcurve, hazard
```

本命令的含义是在执行完对数正态分布参数模型生存分析之后，绘制风险函数图，分析结果如图 15.12 所示。可以发现对数正态分布参数模型下，风险函数是先快速上升再缓慢下降的。

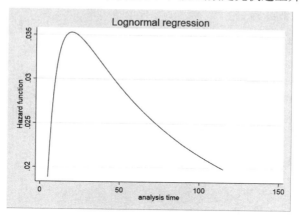

图 15.12　对数正态分布参数模型风险函数图

4. Cox 半参数模型

```
stcox 药物剂量 药物种类,r nohr nolog
```

本命令的含义是使用半参数模型 Cox 回归，探索药物剂量、药物种类对事件发生（死亡）的影响。r 表示使用稳健的标准差，nohr 表示显示回归系数而不显示风险比率，nolog 表示不显示迭代过程，分析结果如图 15.13 所示。前面我们提到半参数模型 Cox 回归是在比例风险模型（PH）的基础上发展起来的，所以对其结果的解读与比例风险模型类似，即模型中解释变量的系数表示某个解释变量增加 1 个单位，将导致风险函数平均增加百分之多少。

```
. stcox 药物剂量 药物种类,r nohr nolog

        failure _d:  状态 == 1
   analysis time _t:  生存时间

Cox regression -- Breslow method for ties

No. of subjects    =        100          Number of obs     =        100
No. of failures    =         79
Time at risk       =       3034
                                          Wald chi2(2)      =       8.84
Log pseudolikelihood =  -299.37864        Prob > chi2       =     0.0120

                          Robust
        _t     Coef.    Std. Err.     z     P>|z|     [95% Conf. Interval]

    药物剂量   .9028644   .3105198    2.91   0.004     .2942567    1.511472
    药物种类   .2005312   .2342511    0.86   0.392    -.2585925     .6596549
```

图 15.13　半参数模型 Cox 回归

结果中药物剂量的系数值为 0.9028644，而且系数的显著性 P 值为 0.004，非常显著，说明药物剂量为低剂量（本例中我们设置了用 "0" 表示 "高剂量"，用 "1" 表示 "低剂量"）时，会导致样本观测值死亡的风险上升 0.9028644%。药物种类的系数值为 0.2005312，但显著性 P 值为 0.336，非常不显著，说明药物种类对于样本观测值的死亡风险没有显著影响。

```
stcurve, hazard
```

本命令的含义是在执行完半参数模型 Cox 回归生存分析之后，绘制风险函数图，分析结果如图 15.14 所示。可以发现半参数模型 Cox 回归模型下，风险函数整体上呈现先上升后下降的状态，但相对于正态分布参数模型更为平缓。

5. 比例风险假定的检验

```
stphplot, by(药物剂量)
```

本命令的含义是通过绘制对数-对数图的方式进行比例风险假设检验，分析结果如图 15.15 所示。若对数-对数图中的曲线相互平行，则比例风险假设是成立的。本例中高剂量和低剂量的两条曲线严格未平行，但也很少相交，需要结合其他检验方法综合判断。

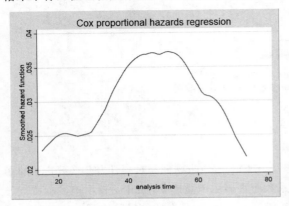

图 15.14　半参数模型 Cox 回归模型风险函数图　　图 15.15　绘制对数-对数图（Log-log plot of survival）

```
stcoxkm,by(药物剂量)
```

本命令的含义是通过绘制观测-预测图的方式进行比例风险假设检验，分析结果如图 15.16 所示。若观测值和预测值非常接近，则比例风险假设是成立的。本例中高剂量和低剂量的两条曲线的观测值和预测值都非常接近，说明可以满足比例风险假设。

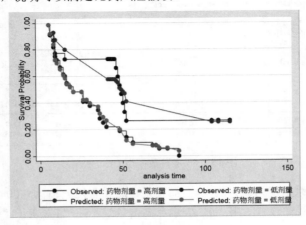

图 15.16　绘制观测-预测图

```
estat phtest, detail
```

本命令的含义是通过舍恩尔德残差检验的方式进行比例风险假设检验，分析结果如图 15.17 所示。舍恩尔德残差检验是检验比例风险假定最有效的方法，如果舍恩尔德残差不随时间呈现规律性变化，则比例风险假设成立。检验的方法是对每个解释变量都将其舍恩尔德残差对时间回归，并观察其显著性是否接受满足比例风险假定的原假设。本例中药物剂量、药物种类两个解释变量对应的显著性 P 值均远大于 0.05，显著接受原假设，说明可以满足比例风险假设。

```
. estat phtest, detail

Test of proportional-hazards assumption

Time:   Time
```

	rho	chi2	df	Prob>chi2
药物剂量	0.04992	0.21	1	0.6459
药物种类	0.02081	0.03	1	0.8595
global test		0.23	2	0.8911

图 15.17 舍恩尔德残差检验

```
estat phtest, plot(药物剂量)
```

本命令的含义是通过舍恩尔德残差检验的方式进行比例风险假设检验，但是以图形的方式进行展示，分析结果如图 15.18 所示。从残差与时间的拟合图来看其斜率大致为 0，满足比例风险假定。

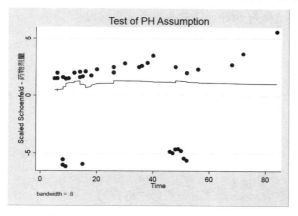

图 15.18 舍恩尔德残差检验图形化展示

综上所述，满足比例风险假定，我们可以选择前述比例风险模型，当然也可以选取其他的模型，在比较模型的优劣方面，主要是比较模型对数似然值，模型对数似然值数值越大，说明模型拟合越好。除此之外，我们也可以通过之前介绍的比较信息准则的方式来对模型进行评判，找出最优模型。

15.3 本章回顾与习题

15.3.1 本章回顾

本章主要介绍了生存分析的基本概念及数据类型，以及生存分析在 Stata 中的操作与应用，主要包括设置生存分析数据、生存分析非参数模型估计、生存分析参数模型估计、Cox 半参数模型估计、比例风险假定检验等。

1. 设置生存分析数据

设置生存分析数据的命令是 stset。在 Stata 中，生存分析数据文件分为每个受试者的生存数据仅有单个记录和每个受试者的生存数据有多个记录两种。每个受试者的生存数据仅有单个记录的命令及其语法格式为：

```
stset timevar [if] [weight] [,single_options]
```

每个受试者的生存数据有多个记录的命令及其语法格式为：

```
stset timevar [if] [weight] , id(idvar) failure(failvar[==numlist])
[multiple_options]
```

2. 生存分析非参数模型

绘制生存、风险或累积风险函数图的命令为 sts graph，该命令的语法格式为：

```
sts graph [if] [in] [,options]
```

3. 生存分析参数模型

生存分析参数模型的命令为 streg，该命令的语法格式为：

```
streg [indepvars] [if] [in] [,options]
```

4. 估计后绘制生存、风险或累积风险函数图

执行 stcox、streg、stintreg、mestreg、xtstreg 等命令估计后，绘制生存、风险或累积风险函数图的命令为 stcurve，该命令的语法格式为：

```
stcurve [,options]
```

5. Cox 半参数模型

Cox 半参数模型的命令为 stcox，该命令的语法格式为：

```
stcox [indepvars] [if] [in] [,options]
```

6. 比例风险假定的检验

（1）绘制对数-对数图
若对数-对数图中的曲线相互平行，则比例风险假设是成立的。对应的命令及其语法格式为：

```
stphplot [if] , {by(varname) | strata(varname)} [stphplot_options]
```

（2）观测-预测图
若观测值和预测值非常接近，则比例风险假设是成立的。对应的命令及其语法格式为：

```
stcoxkm [if] , by(varname) [stcoxkm_options]
```

（3）舍恩尔德残差检验
通过舍恩尔德残差检验的方式进行比例风险假设检验。对应的命令及其语法格式为：

```
estat phtest[,phtest_options]
```

常用命令为：

```
estat phtest,detail
```

通过绘图方式展示的常用命令为：

```
estat phtest,plot(varname)
```

15.3.2　本章习题

继续使用"数据 15"数据文件为例，使用生存分析的方法研究所使用药物剂量、用药时段与其生存时间之间的关系。

1. 设置生存分析数据

1）对"数据 15"数据文件进行基本描述并解释。

2）将数据设置为适合生存分析的形式，以变量"生存时间"作为时间变量，以变量"状态"取值为 1 作为事件发生。

3）将数据设置为适合生存分析的形式之后，描述生存分析数据的基本特征并解释。

2. 生存分析非参数模型

1）绘制 Kaplan-Meier 生存函数图。

2）绘制 Kaplan-Meier 生存函数图，并按照"用药时段"分类绘制。

3）绘制 Nelson-Aalen 累积风险函数图，并且输出 95%的置信区间。

4）绘制 Nelson-Aalen 累积风险函数图，按照"用药时段"分类绘制，并输出 95%的置信区间。

3. 生存分析参数模型

1）开展 Weibull 分布参数模型生存分析，探索药物剂量、用药时段对事件发生（死亡）的影响。

2）在执行完 Weibull 分布参数模型生存分析之后，绘制风险函数图。

3）开展对数正态分布参数模型生存分析，探索药物剂量、用药时段对生存时间的影响。

4）执行完对数正态分布参数模型生存分析之后，绘制风险函数图。

4. Cox 半参数模型

1）使用半参数模型 Cox 回归，探索药物剂量、用药时段对事件发生（死亡）的影响。

2）在执行完半参数模型 Cox 回归生存分析之后，绘制风险函数图。

5. 比例风险假定的检验

1）通过绘制对数-对数图的方式，以用药时段作为分类变量，进行比例风险假设检验。

2）通过绘制观测-预测图的方式，以用药时段作为分类变量，进行比例风险假设检验。

3）通过舍恩尔德残差检验的方式进行比例风险假设检验。

第16章

多方程模型

前面各章中我们介绍了很多模型，这些模型有着一个共同的特点，就是都是单方程模型，或者说，用一个回归方程描述自变量对因变量的影响的关系。但是在很多情况下，因变量与自变量之间相互影响，这时候引入多方程模型更为恰当。多方程模型又分为两大类，其一是联立方程组模型（Simultaneous Equation Model，SEM），特点是一个方程的因变量恰好是另一个或更多其他方程的自变量；其二是似不相关回归（Seemingly Unrelated Regression，SUR），特点是每一个方程都有自己的变量，看起来是不相关的，但扰动项之间存在相关性，如果似不相关回归各方程的自变量相同，则称其为多元回归模型。本章介绍多方程模型在 Stata 中的操作与应用。

16.1 多方程模型概述

 下载资源:\video\第 16 章\⋯

16.1.1 多方程模型的基本概念

多方程模型是描述各种不同经济变量之间相互联系方式的方程系统，由两个或两个以上的方程构成。在多方程模型中，一些方程的因变量可能是另一些方程的自变量，因此方程组中每个方程都有一些变量是内生的。考虑如下多方程模型：

$$\left. \begin{array}{l} 需求方程：Q^d = \alpha_1 + \alpha_2 P_t + \alpha_3 Y_t + \varepsilon_t \\ 供给方程：Q^s = \beta_1 + \beta_2 P_t + \beta_3 P_{t-1} + u_t \\ 平衡方程：Q^d = Q^s \end{array} \right\}$$

在该模型中，Q^d、Q^s 分别表示需求量和供给量，P_t 表示价格，Y_t 表示收入。Q^d、Q^s 和 P_t 是由模型确定的变量，称为内生变量（Endogenous Variables）；不是直接由模型确定的变量称为前定变量（Predetermined Variables），包括滞后的内生变量和外生变量（Exogenous Variables），如 P_{t-1} 是滞后的内生变量，Y_t 是外生变量。在多方程模型中，需求方程和供给方程中的参数 α_i、β_i 为结构式参数，需要估计，平衡方程是恒等式，不包含结构式参数，不需要估计。因为存在内生性，对各个方程分别用 OLS 估计会得不到一致估计量。

为了解决这一问题，该多方程模型可以变换成以下简写形式：

$$\left.\begin{aligned} P_t &= \pi_0 + \pi_1 P_{t-1} + \pi_2 Y_t + v_{1t} \\ Q_t &= \pi_3 + \pi_4 P_{t-1} + \pi_5 Y_t + v_{2t} \end{aligned}\right\}$$

π_i 为简化式参数，由结构式参数转化而来。简写形式中各方程右边的解释变量全部是前定变量，OLS 估计可以得到一致估计。

16.1.2　多方程模型的识别

从前述简化式确定其结构式的系数问题，就是多方程系统的识别问题。如果无法从简化式模型估计出所有的结构式参数，则称该方程是不可识别的。如果方程的结构式参数存在唯一的估计量，则称该结构方程恰好识别；如果结构方程存在多组估计量，则称该结构方程过度识别。我们可以通过秩条件（充分必要条件）和阶条件（必要条件）对多方程模型进行识别。

秩条件是多方程模型识别的充分必要条件，即在一个含 M 个内生变量的 M 个方程的模型中，我们能从其他方程所含而该方程不含的变量系数矩阵中构造出至少一个$(M-1)\times(M-1)$阶的非零行列式。

阶条件是多方程模型识别的必要条件，即在一个含有 M 个方程的模型中，一个方程能被识别，它必须排除至少 M-1 个前定变量。如果恰好排出 M-1 个为恰好识别，排出多于 M-1 个为过度识别。如果多方程模型中的某个方程是可识别的，则它所不包含的前定变量的个数(k)必须大于等于它所包含的内生变量（同时包括方程左边和右边的内生变量）个数(m)减 1，即 $k \geq m$-1。在模型可识别的基础上，若 $k = m$-1，则方程是恰好识别的；若 $k > m$-1，则方程是过度识别的。

16.2　多方程模型的估计

| 下载资源:\video\第 16 章\… |
| 下载资源:\sample\第 16 章\数据 16 |

16.2.1　多方程模型估计常用方法

多方程模型的估计方法分为两种：单一方程估计法和系统估计法，这两种方法都要求多方程模型是可以识别的。两种估计方法的区别在于，单一方程估计法是对多方程组中的每一个方程分别估计，常用方法包括工具变量法、两阶段最小二乘法（2SLS）等；系统估计法是同时确定各方程的参数，主要包括三阶段最小二乘法（Three-Stage Least Squares，3SLS）、似不相关回归等。对于单一方程估计法，我们在前面的章节中已有讲解，本质上还是将各个方程孤立来看待，没有有效利用方程之间联动变化的信息，也会产生内生解释变量的问题，所以不推荐使用。本节主要介绍系统估计法。

1. 三阶段最小二乘法

在多方程模型中很可能存在随机误差项跨方程相关的情况（如 ε_t 和 u_t 之间相关），两阶段最小二乘法估计只能得到参数一致但非有效的估计。三阶段最小二乘法是先用两阶段最小二乘法估计每个方程，再对整个方程组运用广义最小二乘法。所以一共包括三个阶段：第一阶段是估计多方程模型的简化形式，得到内生变量的拟合值；第二阶段是用内生变量的拟合值得到多方程模型中所有方程的 2SLS 估计，从而得到跨方程的方差和协方差矩阵；第三阶段是用广义最小二乘法得到模型的参数估计量。

注　意
使用三阶段最小二乘估计时需要注意两点：一是在估计之前必须删除所有的平衡方程；二是如果多方程模型中随机误差项跨方程的协方差为 0（即误差项不存在跨方程相关），则 3SLS 估计量和 2SLS 估计量是相同的。

2. 似不相关回归

似不相关回归是考虑到方程间的误差项存在异方差和同期相关，估计多方程模型中参数的一种回归方法，适用于每一个方程都有自己的变量，看起来是不相关的，但扰动项之间存在相关性。假设多方程模型中有 n 个回归方程，则似不相关回归模型为：

$$Y \equiv \begin{pmatrix} y_1 \\ y_2 \\ \vdots \\ y_n \end{pmatrix} = \begin{pmatrix} X_1 & & & 0 \\ & X_2 & & \\ & & \ddots & \\ 0 & & & X_n \end{pmatrix} \begin{pmatrix} \beta_1 \\ \beta_2 \\ \vdots \\ \beta_n \end{pmatrix} + \begin{pmatrix} \varepsilon_1 \\ \varepsilon_2 \\ \vdots \\ \varepsilon_n \end{pmatrix} \equiv X\beta + \varepsilon$$

y_i 是第 i 个方程的被解释变量，x_i 是第 i 个方程的解释变量，β_i 是第 i 个方程的回归系数，ε_i 是第 i 个方程的扰动项。y_i 是 $T \times 1$ 向量，X_i 是 $T \times K_i$ 矩阵，β_i 是 $K_i \times 1$ 向量，ε_i 是 $T \times 1$ 向量，T 是每个方程的观测个数，K_i 是第 i 个方程的解释变量个数。

模型假设第 i 个方程自身的误差项不存在异方差或自相关，即 $\mathrm{Var}(\varepsilon_i) = \sigma_{ii} I_T$，同时不同方程间的扰动项存在同期相关性：

$$E(\varepsilon_{it}\varepsilon_{js}) = \begin{cases} \sigma_{ij}, & \text{如果 } t = s \\ 0, & \text{如果 } t \neq s \end{cases}$$

在这种情形下，用 OLS 估计获取参数估计值 $\hat{\beta} = (XX')^{-1}X'Y$ 将不再是最优选择。因为如果扰动项 ε 的方差协方差矩阵 Ω 已知，GLS 比 OLS 更为有效：

$$\hat{\beta}_{\mathrm{GLS}} = (X'\Omega^{-1}X)^{-1}X'\Omega^{-1}y = [X'(\Sigma^{-1} \otimes I_T)X]X'(\Sigma^{-1} \otimes I_T)y$$

但是通常情况下 Ω 是未知的，所以需要先估计 $\hat{\Omega}$，再进行可行的广义最小二乘估计（FGLS）。当各方程的扰动项互不相关或各方程包含的解释变量完全相同时，FGLS 和单一方程 OLS 的结果完全相同。所以在各方程解释变量完全相同的情况下，使用 SUR 的目的更多在于检验跨方程的参数约束。当存在跨方程的参数约束时，即使各方程的解释变量完全相同，SUR 估计与单一方程 OLS 的结果也不再完全相同。

16.2.2　多方程模型的 Stata 操作

多方程模型的基本命令为 reg3，reg3 默认采用三阶段最小二乘（3SLS）来估计多方程模型（一些方程在解释变量中包含内生变量，内生解释变量通常是系统中其他方程的因变量）。reg3 支持选代 GLS 估计和线性约束。reg3 还可以通过似不相关回归估计（SURE）、多元回归（MVREG）和逐方程的普通最小二乘（OLS）或两阶段最小二乘（2SLS）来估计多方程模型。

命令及其语法格式为：

```
reg3 (depvar1 varlist1) (depvar2 varlist2) ...(depvarN varlistN) [if] [in] [weight]
```

完整的命令及其语法格式为：

```
reg3 ([eqname1:]depvar1a [depvar1b ...=]varlist1 [,noconstant])
     ([eqname2:]depvar2a [depvar2b ...=]varlist2 [,noconstant])
     ...
     ([eqnameN:]depvarNa [depvarNb ...=]varlistN [,noconstant])
     [if] [in] [weight] [,options]
```

depvar 为被解释变量，varlist 为解释变量列表，equname 为回归方程名称（为可选项，若不设置，则默认用方程的被解释变量作为方程名），若设置 noconstant 可选项，则方程不包括常数项，[if] 为条件表达式，[in]用于设置样本范围，[weight]用于设置权重，[,options]为可选项，主要包括表16.1 所示的几项。

表16.1　reg3命令的[,options]可选项及其含义

[,options]可选项	含　　义
ireg3	进行迭代估计，直至估计量收敛
constraints(constraints)	进行带线性约束的回归
exog(varlist)	指定系统方程中未包括的额外的外生变量
endog(varlist)	指定系统方程中被解释变量之外的内生变量
inst(varlist)	指定全部的外生变量，未指定的变量即被认为是内生变量。不可与选项 exog(varlist) 或 endog(varlist)同时使用
allexog	设置所有的右端变量都是外生变量，即便有右端变量是某个方程的被解释变量
3sls	用三阶段最小二乘法估计，为默认选项
2sls	用两阶段最小二乘法估计，在整个方程组上逐个方程地执行 2SLS，该选项包括 dfk、small 和 corr(independent)
ols	用普通最小二乘法进行估计，对系统逐个方程地执行 OLS，该选项包括 allexog、dfk、small 和 corr(independent)
sure	用似不相关回归进行估计，与设置选项 allexog 的作用相同
mvreg	进行多元回归，除了干扰协方差矩阵是用 OLS 自由度调整估计的，与用似不相关回归进行估计相同
corr(correlation)	设置扰动项的相关结构，correlation 可以是 unstructured 或 independent，默认为 unstructured
small	报告小样本统计量，即报告 F 和 t 统计量，而不是 x^2 和 z 统计量
dfk	计算残差的协方差矩阵时进行小样本调整
dfk2	进行替代的小样本调整
level(#)	设置置信度，默认为95%
first	报告第一阶段的回归
nocnsreport	结果中不显示约束

除了上述通过使用 reg3 命令加 sure 选项来实现似不相关回归外，似不相关回归还有自己的基本命令 sureg，命令及其语法格式为：

```
sureg (depvar1 varlist1) (depvar2 varlist2) ... (depvarN varlistN) [if] [in]
[weight]
```

完整的命令及其语法格式为：

```
sureg ([eqname1:] depvar1a [depvar1b ... =] varlist1 [,noconstant])
         ([eqname2:] depvar2a [depvar2b ... =] varlist2 [,noconstant])
         ...
         ([eqnameN:] depvarNa [depvarNb ... =] varlistN [,noconstant]) [if]
[in] [weight] [,options]
```

sureg 为命令，depvar 为被解释变量，varlist 为解释变量列表，equname 为回归方程名称（为可选项，如不设置，则默认用方程的被解释变量作为方程名），如设置 noconstant 可选项，则方程不包括常数项，[if] 为条件表达式，[in]用于设置样本范围，[weight]用于设置权重，[,options]为可选项，主要包括表 16.2 所示的几项。

表16.2　sureg命令的[,options]可选项及其含义

[,options]可选项	含　义
isure	进行迭代估计，直至估计量收敛，默认为两步估计
constraints(constraints)	进行带线性约束的回归
small	报告小样本统计量，即报告 F 和 t 统计量，而不是 x^2 和 z 统计量
dfk	计算残差的协方差矩阵时进行小样本调整
dfk2	进行替代的小样本调整
level(#)	设置置信度，默认为95%
corr	进行 Breusch–Pagan 自相关检验，检验各方程扰动项的独立性
nocnsreport	结果中不显示约束

如果多方程模型中，各个方程的自变量均相同，则称其为多元回归模型。前面我们提到，当多方程模型中各方程包含的解释变量完全相同时，SUR 和单一方程 OLS 的结果完全相同。基于此，我们对多元回归模型进行估计的结果和对每个方程分别进行 OLS 估计所得到的系数和标准误是一样的，但执行多元回归模型命令的意义在于，可以计算出各方程扰动项的相关系数，并且可以对多个方差的系数进行联合检验。事实上，多元回归模型与似不相关回归模型在本质上没有区别，但 Stata 中存在专门的命令 mvreg。对应的命令及其语法格式为：

```
mvreg depvars = indepvars [if] [in] [weight] [,options]
```

mvreg 为命令，depvar 为被解释变量，indepvars 为解释变量，等号两边必须都留有空格，否则 Stata 会显示语法错误的提示，[if]为条件表达式，[in]用于设置样本范围，[weight]用于设置权重，[,options]为可选项，主要包括表 16.3 所示的几项。

表16.3　mvreg命令的[,options]可选项及其含义

[,options]可选项	含　义
noconstant	模型不包括常数项
level(#)	设置置信度，默认为95%
corr	报告各方程残差的相关矩阵

多方程模型也可以用来预测，对应的命令及其语法格式为：

```
predict [type] newvar [if] [in] [,multiple_options]
```

predict 为预测的命令，[type]用于设置新变量的类型，newvar 用于设置生成的新变量名称，[if] 为条件表达式，[in]用于设置样本范围，[,multiple_options]为可选项，主要包括表 16.4 所示的几项。

表16.4　predict命令的[,multiple_options]可选项及其含义

[,multiple_options]可选项	含　义
equation(eqno[,eqno])	设置方程名称，比如用 equation(#1)代表第 1 个方程，用 equation(#2)代表第 2 个方程，如果不设置 equation()选项，则默认为 equation(#1)，即对第一个方程进行预测
xb	线性预测（默认选项）
stdp	线性预测的标准差
residuals	残差
difference	两方程线性预测值之差。如果设定 difference 或 stddp 选项，就必须利用 equation()选项指定两个方程，比如设置"equation(#1, #2) difference"选项来计算第 1 个方程预测值减去第 2 个方程的预测值的差
stddp	线性预测值的差的标准差

16.2.3　多方程模型分析示例

我们在本节使用的分析数据来自于"数据 16"数据文件，其中记录的是美国某年各个州和地方政府的费用支出数据（数据来源：《计量经济模型与经济预测》（[美] 平狄克、鲁宾费尔著，钱小军等译，机械工业出版社，1999，第 99~100 页）。其中，EXPD 表示州政府和地方政府的费用支出（单位为百万美元），AID 表示联邦政府补贴（单位为百万美元），INC 表示各州收入（单位为百万美元），POP 为各州人口总数（单位为千人），PS 为小学和公立中学在校人数（单位为千人）。最终编辑完成后的数据如图 16.1 所示。

图 16.1　"数据 16"中的数据内容

下面使用多方程模型的方法研究 EXPD、AID、INC、POP、PS 变量之间的关系。这 5 个变量存在以下两个关系：

1）州政府和地方政府的费用支出与联邦政府补贴、州收入以及各州人口总数有关。

2）各州所获得的联邦政府补贴与州政府和地方政府的费用支出、小学和公立中学在校人数有关。

基于上述关系，建立多方程模型为：

$$EXPD = \alpha_0 + \alpha_1 AID + \alpha_2 INC + \alpha_3 POP + \varepsilon$$

$$AID = \beta_0 + \beta_1 EXPD + \beta_2 PS + \eta$$

1. 三阶段最小二乘法

打开"数据 16"数据文件之后，在命令窗口中输入以下命令：

```
reg3( expd aid inc pop)( aid expd ps)
```

本命令的含义是针对 EXPD、AID、INC、POP、PS 变量执行多方程模型分析。模型中有两个方程，第一个方程以 expd 为因变量，以 aid、inc、pop 为自变量；第二个方程以 aid 为因变量，以 expd、ps 为自变量。使用方法为默认的三阶段最小二乘法，分析结果如图 16.2 所示。

```
. reg3( expd aid inc pop)( aid expd ps)

Three-stage least-squares regression

Equation          Obs    Parms       RMSE    "R-sq"       chi2       P

expd               50        3    690.548    0.9744    4337.52    0.0000
aid                50        2   123.3349    0.9781    2133.24    0.0000


                    Coef.   Std. Err.       z    P>|z|    [95% Conf. Interval]

expd
        aid      5.862911   .6159802     9.52    0.000    4.655612    7.07021
        inc      .0406955   .0231885     1.75    0.079   -.0047532   .0861442
        pop     -.3199482    .090825    -3.52    0.000   -.4979619  -.1419346
      _cons     -185.4187   94.10899    -1.97    0.049   -369.8689  -.9684359

aid
       expd      .1640762   .0137792    11.91    0.000    .1370695   .1910829
         ps      .1220864   .0635804     1.92    0.055   -.0025288   .2467016
      _cons      37.32884   26.38668     1.41    0.157    -14.3881   89.04577

Endogenous variables:    expd aid
Exogenous variables:     inc pop ps
```

图 16.2　三阶段最小二乘（3SLS）估计结果

结果中"Three-stage least-squares regression"表示使用估计方法为三阶段最小二乘法。下面的 Equation 表示回归方程，第一个方程的名称为 expd（如果不特别设置，Stata 会自动以因变量的名称命名），样本观测值数为 50 个，方程中有 3 个解释变量，可决系数为 0.9744，解释能力很强，chi2 值为 4337.52，显著性 P 值为 0.0000，方程非常显著。对第二个方程的解读不再赘述，解释变量同样很强，方程非常显著。

结果中下半部分展示的是每个方程的具体情况，包括因变量、自变量，以及每个自变量的系数值、系数标准误、系数 Z 统计量、系数显著性 P 值、系数置信区间等信息。以第一个方程为例，其中 aid、pop 的系数显著性很强,而 inc 的系数不够显著。aid 对于 expd 为正向显著影响,pop 对于 expd 为负向显著影响。

2. 迭代三阶段最小二乘法

打开"数据 16"数据文件之后,在命令窗口中输入以下命令:

```
reg3( expd aid inc pop)( aid expd ps),ireg3
```

本命令的含义是针对 EXPD、AID、INC、POP、PS 变量执行多方程模型分析。模型中有两个方程,第一个方程以 expd 为因变量,以 aid、inc、pop 为自变量;第二个方程以 aid 为因变量,以 expd、ps 为自变量。使用方法为迭代三阶段最小二乘法,分析结果如图 16.3 所示。

结果中"Three-stage least-squares regression, iterated"表示使用估计方法为迭代三阶段最小二乘法。对该结果的解读与前述类似,两个回归方程的解释能力都很强,而且都非常显著。

基于多元回归估计,第一个方程中,aid、inc 两个解释变量的系数显著性很强,pop 的系数不够显著。aid 对于 expd 为正向显著影响,inc 对于 expd 为负向显著影响。第二个方程中,expd 对于 aid 为正向显著影响,ps 对于 aid 无显著影响。与三阶段最小二乘法的结果存在差异。

3. 似不相关回归

打开"数据 16"数据文件之后,在命令窗口中输入以下命令:

```
reg3( expd aid inc pop)( aid expd ps),sure
```

本命令的含义是针对 EXPD、AID、INC、POP、PS 变量执行多方程模型分析。模型中有两个方程,第一个方程以 expd 为因变量,以 aid、inc、pop 为自变量;第二个方程以 aid 为因变量,以 expd、ps 为自变量。使用方法为似不相关回归,分析结果如图 16.4 所示。

图 16.3 迭代三阶段最小二乘法估计结果

图 16.4 似不相关回归估计结果

结果中"Seemingly unrelated regression"表示使用估计方法为似不相关回归。对该结果的解读与前述类似,两个回归方程的解释能力都很强,而且都非常显著。

基于似不相关回归估计,第一个方程中,aid、inc、pop 三个解释变量的系数显著性都很强。aid、inc 对于 expd 为正向显著影响,pop 对于 expd 为负向显著影响。第二个方程中,expd 对于 aid 为正向显著影响,ps 对于 aid 无显著影响。

上述结果也可以通过 sureg 命令来实现，在命令窗口中输入：

```
sureg( expd aid inc pop)( aid expd ps)
```

可以发现结果与 "reg3(expd aid inc pop)(aid expd ps),sure" 产生的结果完全一致，限于篇幅不再展示。

4. 多元回归

打开"数据 16"数据文件之后，在命令窗口中输入以下命令：

```
reg3( expd aid inc pop)( aid expd ps),mvreg
```

本命令的含义是针对 EXPD、AID、INC、POP、PS 变量执行多方程模型分析。模型中有两个方程，第一个方程以 expd 为因变量，以 aid、inc、pop 为自变量；第二个方程以 aid 为因变量，以 expd、ps 为自变量。使用方法为多元回归，分析结果如图 16.5 所示。

```
. reg3( expd aid inc pop)( aid expd ps),mvreg

Multivariate regression

Equation          Obs    Parms      RMSE     "R-sq"     F-Stat         P

expd               50        3    412.8156   0.9916    2203.50    0.0000
aid                50        2    123.9969   0.9792    1154.48    0.0000


                  Coef.    Std. Err.      t     P>|t|    [95% Conf. Interval]

expd
      aid       3.840953    .209563    18.33   0.000    3.424802    4.257103
      inc       .1245132   .0199446     6.24   0.000    .0849072    .1641192
      pop      -.3743176   .0938974    -3.99   0.000   -.5607792   -.187856
    _cons     -139.3391    81.94155    -1.70   0.092   -302.0588    23.38061

aid
      expd      .1995958   .0114088    17.49   0.000    .1769403    .2222514
      ps       -.0357098   .0534496    -0.67   0.506   -.1418501    .0704305
    _cons      63.50107    25.57904     2.48   0.015    12.70616    114.296
```

图 16.5　多元回归估计结果

结果中"Multivariate regression"表示使用估计方法为多元回归。对该结果的解读与前述类似，两个回归方程的解释能力都很强，而且都非常显著。

基于多元回归估计，第一个方程中，aid、inc、pop 三个解释变量的系数显著性都很强。aid、inc 对于 expd 为正向显著影响，pop 对于 expd 为负向显著影响。第二个方程中，expd 对于 aid 为正向显著影响，ps 对于 aid 无显著影响。与似不相关回归估计结果基本一致。

5. 两阶段最小二乘法

打开"数据 16"数据文件之后，在命令窗口中输入以下命令：

```
reg3( expd aid inc pop)( aid expd ps),2sls
```

本命令的含义是针对 EXPD、AID、INC、POP、PS 变量执行多方程模型分析。模型中有两个方程，第一个方程以 expd 为因变量，以 aid、inc、pop 为自变量；第二个方程以 aid 为因变量，以 expd、ps 为自变量。使用方法为两阶段最小二乘法，分析结果如图 16.6 所示。

```
. reg3( expd aid inc pop)( aid expd ps),2sls

Two-stage least-squares regression

Equation         Obs   Parms      RMSE      "R-sq"     F-Stat        P

expd              50       3    476.7001    0.9888    1325.53    0.0000
aid               50       2    127.2103    0.9781    1002.62    0.0000


                 Coef.    Std. Err.      t     P>|t|     [95% Conf. Interval]

expd
        aid    4.50062    .9920408     4.54    0.000     2.530624     6.470616
        inc    .1292915   .0547955     2.36    0.020     .0204785     .2381045
        pop   -.5181985   .1451704    -3.57    0.001    -.8064781    -.2299188
       _cons  -89.42102   111.6496    -0.80    0.425    -311.1349    132.2929

aid
       expd    .1640762   .0142121    11.54    0.000     .1358537     .1922987
         ps    .1220864   .0655781     1.86    0.066    -.0081388     .2523116
       _cons   37.32884   27.21578     1.37    0.173    -16.7163     91.37398

Endogenous variables:   expd aid
Exogenous variables:    inc pop ps
```

图 16.6　两阶段最小二乘法估计结果

结果中"Two-stage least-squares regression"表示使用估计方法为两阶段最小二乘法。对该结果的解读与前述类似，两个回归方程的解释能力都很强，而且都非常显著。

基于多元回归估计，第一个方程中，aid、inc、pop 三个解释变量的系数显著性都很强。aid、inc 对于 expd 为正向显著影响，pop 对于 expd 为负向显著影响。第二个方程中，expd 对于 aid 为正向显著影响，ps 对于 aid 无显著影响。与似不相关回归估计结果基本一致。

6. 普通最小二乘法

打开"数据 16"数据文件之后，在命令窗口中输入以下命令：

```
reg3( expd aid inc pop)( aid expd ps),ols
```

本命令的含义是针对 EXPD、AID、INC、POP、PS 变量执行多方程模型分析。模型中有两个方程，第一个方程以 expd 为因变量，以 aid、inc、pop 为自变量；第二个方程以 aid 为因变量，以 expd、ps 为自变量。使用方法为普通最小二乘法，分析结果如图 16.7 所示。

```
. reg3( expd aid inc pop)( aid expd ps),ols

Multivariate regression

Equation         Obs   Parms      RMSE      "R-sq"     F-Stat        P

expd              50       3    375.1787    0.9930    2190.87    0.0000
aid               50       2    122.4592    0.9797    1135.76    0.0000


                 Coef.    Std. Err.      t     P>|t|     [95% Conf. Interval]

expd
        aid    3.238291   .2374456    13.64    0.000     2.766771     3.709811
        inc    .1906812   .0234825     8.12    0.000     .1440495     .2373129
        pop   -.5966509   .1044851    -5.71    0.000    -.8041377    -.3891641
       _cons  -46.81448   84.20944    -0.56    0.580    -214.0377    120.4088

aid
       expd    .1867866   .0117784    15.86    0.000     .163397      .2101762
         ps    .0220485   .0551834     0.40    0.690    -.0875348     .1316317
       _cons   53.28441   25.73889     2.07    0.041     2.17208     104.3967
```

图 16.7　普通最小二乘法估计结果

对该结果的解读与前述类似，两个回归方程的解释能力都很强，而且都非常显著。基于普通最小二乘法，第一个方程中，aid、inc、pop 三个解释变量的系数显著性都很强。aid、inc 对于 expd 为正向显著影响，pop 对于 expd 为负向显著影响。第二个方程中，expd 对于 aid 为正向显著影响，ps 对于 aid 无显著影响。与似不相关回归估计结果基本一致。

读者可自行比较每种模型的优劣，根据研究需要选用合适的模型。

16.3　本章回顾与习题

16.3.1　本章回顾

本章主要介绍了多方程模型在 Stata 中的操作与应用，估计方法包括三阶段最小二乘、迭代三阶段最小二乘、似不相关回归、多元回归、两阶段最小二乘、普通最小二乘等。

多方程模型的命令为 reg3，reg3 默认采用三阶段最小二乘来估计多方程模型。reg3 支持迭代 GLS 估计和线性约束。reg3 还可以通过似不相关回归估计、多元回归和逐方程的普通最小二乘或两阶段最小二乘来估计多方程模型。

命令及其语法格式为：

```
reg3 (depvar1 varlist1) (depvar2 varlist2) ...(depvarN varlistN) [if] [in]
[weight]
```

似不相关回归的专用命令及其语法格式为：

```
sureg (depvar1 varlist1) (depvar2 varlist2) ... (depvarN varlistN) [if] [in]
[weight]
```

多元回归模型的专用命令及其语法格式为：

```
mvreg depvars = indepvars [if] [in] [weight] [,options]
```

多方程模型预测的命令及其语法格式为：

```
predict [type] newvar [if] [in] [,multiple_options]
```

16.3.2　本章习题

使用"数据 16A"数据文件为例，其中记录的是美国 1950 年一季度至 1988 年一季度宏观经济时间序列的部分数据（数据来源：《计量经济模型与经济预测》（[美]平狄克、鲁宾费尔著，钱小军等译，机械工业出版社，1999，第 256~259 页）。建立多方程模型：

$$C_t = \alpha_1 + \alpha_2 Y_t + \alpha_3 C_{t-1} + \varepsilon_{1t}$$

$$I_t = \beta_1 + \beta_2 (Y_{t-1} - Y_{t-2}) + \beta_3 Y_t + \varepsilon_{2t}$$

$$Y_t = C_t + I_t + G_t$$

依次进行以下操作：

1）设置数据为时间序列数据，进行时间序列数据预处理。

2）针对 C、Y、G 等变量执行多方程模型分析，使用方法为三阶段最小二乘。

3）针对 C、Y、G 等变量执行多方程模型分析，使用方法为迭代三阶段最小二乘。

4）针对 C、Y、G 等变量执行多方程模型分析，使用方法为似不相关回归。

5）针对 C、Y、G 等变量执行多方程模型分析，使用方法为多元回归。

6）针对 C、Y、G 等变量执行多方程模型分析，使用方法为两阶段最小二乘。

7）针对 C、Y、G 等变量执行多方程模型分析，使用方法为普通最小二乘。

8）对各类模型的结果进行解读，并比较各类模型结果的差异。

第17章

如何使用 Stata 进行高质量的综合性研究

我们学习 Stata 的最终目的是为了进行高质量的综合性研究，可以是在校师生创作学术论文的学术型研究，也可以是职场人士解决实际问题的应用型研究。那么如何使用 Stata 进行高质量的综合性研究呢？首先要设计研究方案，设计出科学、合理、能够满足研究目标的研究方案；然后搜集整理相关的实证数据信息，可以使用标准化的数据文件（包括 Stata 数据、Excel 数据、文本数据等，都可以使用第 1 章介绍的方法打开），还可以通过调查问卷获取数据，在此基础上用户使用合适的统计分析软件（当然 Stata 软件只是其中之一，但能够满足绝大部分的应用需求）对获取的数据信息进行必要的整理，使得粗糙的数据信息转化为标准化的数据信息，并且数据分析软件能够有效识别、存储和运行这些数据；再后要根据我们的研究目的，结合搜集数据的特点，选择使用恰当的统计分析方法，或者说数据挖掘或建模技术去探究这些数据，找出其中存在的规律和特点，提炼出共同性的、系统性的、规律性的信息，这些共同性的、系统性的、规律性的信息往往就构成了我们研究结论的主体或者可以直接作为研究结论。最后，形成研究结论供决策参考，并及时根据最新形势的变化不断更新我们的研究成果。

所以，本章一是讲解如何设计一套优秀的研究方案，二是介绍调查问卷的制作以及如何使用 Stata 软件对问卷数据进行整理，三是介绍 Stata 数据挖掘分析的基础知识；四是介绍 Stata 建模注意事项。

17.1　研究方案设计

 下载资源:\video\第 17 章\17.1

任何调查研究都需要一套明确的方案，社会科学调查研究也不例外。尤其是我们在进行较为复杂的研究的时候更是如此，都需要开展研究方案的设计，比如一家商业银行研究其对公授信客户资产质量与企业财务报表上关键财务指标之间的关系，又比如一家淘宝电商研究其主打产品的销售量与顾客行为特征之间的关系，再比如一家学校的老师研究其授课风格与学生学习成绩之间的内在关系，等等。从开始确定研究目的和制定研究计划到搜集相关资料，以及对资料进行科学的分析直至得出研究结论，都离不开科学的指导方法和工具。可以说，设计清晰而系统的研究方案是进行调查研究工作的首要任务，也是调查研究工作赖以进行的基础，所以研究方案设计在社会科学调查研究中有着极为重要的地位。那么应该如何设计出一套有效而可行的研究方案呢？

笔者根据自己多年以来的学术研究经验和工作实践经验，将研究方案设计的心得体会分享如下，供各位读者参考借鉴。

1. 要有明确的研究目的，在此基础上制定可行的研究计划

明确研究的目的是设计研究方案的根本基础。如本节前面所举的例子，一家商业银行要研究其对公授信客户资产质量与企业财务报表上关键财务指标之间的关系，那么为什么要开展该项研究？肯定要有研究目的。在实务中，该项研究的目的通常是为了通过挖掘对公授信客户资产质量与企业财务报表上关键财务指标之间的关系，进而在营销拓展客户或者对存量客户制定增、持、减、退的授信策略时有所参考，能够服务商业银行的经营实践。只有当这个研究目的明确了，在该商业银行内部达成一致意见，相关的部门、人员都能发自内心地接受、支持与配合，才能更好地保障研究的效果。如果不明确研究目的，大家就不知道应该朝着什么方向去努力，工作也没法进行。如果没有研究计划，大家就不能做到统筹安排，很可能造成一种有的工作没人做，有的工作大家在重复做的局面。根据笔者的研究经验，对明确研究目的来说，一定要坚持全面、彻底、及时的原则，意思就是说研究目的一定要及时、清晰、准确地传达给团队内执行相关任务的所有人。

在明确研究目的之后，就要在此基础上制定出可行的研究计划。如何才算是可行的研究计划？一是要确定项目的执行期限，就是说要在多长时间内完成该项目，还可以根据实际情况明确阶段性子项目的执行期限；二是要建立合适的项目预算，这里所指的项目预算不仅仅是财务预算的概念，而是包括人力、财务、物力的综合概念，例如需要多少人参与，需要花多少钱，需要使用什么物品，怎么去争取这些资源，等等；三是要明确各个阶段的任务，就是说确定了项目之后，要制定出相应的项目执行计划，要明确各个阶段的具体任务及预期效果；四是要确定数据的搜集方法与处理方式，比如前面所提的一家商业银行要研究其对公授信客户资产质量与企业财务报表上关键财务指标之间的关系，对公授信客户资产质量的数据从哪里获取？企业财务报表的数据从哪里获取？五是要确定数据的研究方法与分析方法，使用时间序列分析、最小二乘回归分析、方差分析还是二元或多元 Logistic 分析更为合适。

2. 根据已制定的研究计划，搜集研究所需要的资料

在明确了研究目的，制定好了研究计划之后，就要开始搜集研究所需要的资料了。资料有很多种，包括文字资料、图表资料、影像资料、数据资料等。对于数据挖掘分析而言，最重要、最为方便的就是数据资料，当然文字资料、图表资料、影像资料等其他类型的资料也可以整理成数据资料。数据资料的取得方式主要有两种：一种是利用现成的可用的数据资料，如万德资讯、各级政府统计部门直接发布的资料、一些中介服务机构发布的资料、前人已经搜集好的资料等；另一种是研究者自己通过各种渠道搜集并整理的资料，如通过调查问卷、实地采访搜集的资料等。

在搜集资料的过程中，要注意四点：一是所搜集的资料必须要与我们所研究的课题相关，能够对我们的研究有所帮助，这一点是根本前提；二是要明白一个事实，就是我们不可能搜集到全部的

与研究课题相关的资料，所以在搜集过程中要有所侧重，应首先搜集最有效、最相关的资料；三是注意搜集资料的费用要在项目预算范围之内；四是要注意使用的数据资料要满足法律法规的要求，比如如果要搜集客户信息，那么一定要注意是否得到客户的授权，是否符合消费者权益保护的要求，而且一定不能侵犯个人隐私信息。

3. 运用数据统计分析软件对搜集到的资料进行整理

搜集好数据资料之后，因为不同数据来源各异、格式各异，需要对数据进行适当的整理，以便用相应的统计软件进行分析。

对搜集到的资料进行整理包括以下三个要点：

一是要注意保证数据准确、完整，在数据录入和编辑的过程中要做好备份，不要丢失数据信息，也不要录错关键数据信息。在前面的章节中我们也讲述了变量的缺失值属性，以及缺失值的处理方式，虽然在数据统计分析时，Stata 针对缺失值或者极端异常值给出了相对合理的解决策略，但最好的解决方法其实就是预防，在数据整理阶段就要保证数据的高质量，为后面的数据分析打好基础。

二是要注意数据的量纲和单位，比如收集了客户的总资产数据，那么一定要明确单位是万元还是亿元。如果不明确数据的量纲和单位，对于熟悉客户资料的项目组成员，可能凭从业经验就能较好地推断出来，但是对于其他大部分成员来说，可能就会产生误解。

三是要注意变量名称要与实际情况相统一，比如收集了客户的总资产数据，然后把总资产标记为 profit 显然是不够恰当的，标记为 total asset 显然会更为合适，如果变量名称与实际情况不相统一，那么一方面其他的用户或项目组成员使用起来容易产生误会，另一方面时间久了，数据整理者自己可能也会忘记其真实含义。

4. 使用合适的分析方法和工具对资料进行各种分析

根据研究目的和数据特点的不同，我们可以灵活选择不同的分析方法，比如使用描述性分析、回归分析、聚类分析、因子分析等对数据进行分析。

本书介绍的 Stata 不仅具有强大的数据准备功能，而且也具备强大的数据分析功能。其中囊括了几乎各种已经成熟的统计方法和统计模型，如相关分析、回归分析、方差分析、时间序列分析、主成分分析、因子分析、聚类分析、判别分析等，而且包括自由灵活的表格功能和图形绘制功能。所以使用 Stata 对社会科学调查数据进行分析是可以实现研究目的的。

5. 分析研究结果，得出研究结论

在进行数据分析之后，就可以分析研究的结果了，如果对研究的结果不满意，可以尝试使用别的分析方法，或者采用重新收集样本数据，改变样本容量重新进行分析，直至得出满意的结果为止，最后写出最终的研究结论。一般情况下，最终的研究结论都要经过不断地修正、改进，然后成型。

至此，我们介绍完了研究方案的设计，也就是一般研究的基本思路。下面介绍一下调查问卷的制作。

17.2　调查问卷的制作

　下载资源:\video\第 17 章\17.2

采用调查问卷进行调查是一种很普遍、很有效的搜集资料的方式，所以掌握调查问卷的制作方法是非常重要的。由于我们的研究目的在很多情况下是抽象而宏观的，而要设计的问卷则是通过具体的提问将研究目的进行微观层面上的分解，因此如何通过询问一个个背后有理论支撑与研究目的的问题来获取我们想要的信息，就需要在问题设置上下功夫。

17.2.1　调查问卷的概念

问卷调查是由调查机构根据调查目的设计各类调查问卷，采取抽样的方式（随机抽样或整群抽样）确定调查样本，通过调查员对样本的访问完成事先设计的调查项目，然后由统计分析得出调查结果的一种方式。调查问卷是调查人根据研究目的和要求，参照各个调查项目设计成的调查表。一份调查问卷通常由 4 部分组成：题目、引言部分、主体部分、结束语。

- 题目：主要是说明本次调查的核心内容，一般形式为"关于 XX 的调查"或者"XX 的调查问卷"，比如"大学本科生无人机需求情况调查问卷"。
- 引言部分：主要是告诉参与者本次问卷调查的主要目的与意义、问卷的解答方法以及关于请求参与者认真参与的感谢语。
- 主体部分：是问卷的核心部分，一般分为两部分，一部分是被调查者与研究目的相关的基本情况，如性别、年龄、学历等；另一部分是被调查者对相关问题的基本看法和基本做法。主体部分是以后进行数据定量分析的基础。
- 结束语：一般都是告诉被调查者调查已经结束，以及对于被调查者的参与表示感谢的感谢语、祝福语、时令关心语等。

17.2.2　调查问卷的制作步骤

调查问卷的制作是一项系统的工作，一般来说可以按以下步骤进行。

1. 确定调查的形式，即用何种方法获取资料

具体的方法有很多，比较常用的有现场调查、电话访问、邮件调查等。

- 现场调查，顾名思义就是找到被调查者人群，当面向他们发放调查问卷，请求他们作答，完成后回收问卷的方式。当参与调查的人群比较集中时，可以优先采用这种方法。
- 电话访问，意思是给被调查者打电话，咨询他们的情况和对所研究问题的看法，然后记录下来。当参与调查的人群比较离散时可以优先采用这种方法。
- 邮件调查，就是研究者发邮件给被调查者，然后要求被调查者对邮件中的问题给予作答，作答完成后回复调查者的方式。邮件调查一般不太常用，一方面因为回收率比较低，另一方面因为调查周期相对较长。

对于这三种方法，研究者应该综合考虑各种因素，权衡收益与成本，找出最适合的方式。当然，这些方式也常常被结合起来一起使用。

2. 根据研究目的，设计出合格的调查问卷

既然是问卷，基本都是采用问题的形式展开调研的。调查者根据研究目的设计好问题，被调查者予以作答。问题一般分为三种：

- 开放式的，即问题没有固定的选项，参与者可以自由地以自己的语言予以作答，例如"您对XX问题有哪些建议"。
- 封闭式的，即对于每一个问题，调查者都准备好了既定的选项，被调查者只能从选项中选出自己适合的选项来完成对题目的作答，例如"您的国籍是：A.中国国籍 B.非中国国籍"。
- 半封闭式的，即对于一个问题，调查者给出了选项，同时提出如果所有的选项都不适合或者不够全面，被调查者可以提出自己的看法，例如"您认为中小企业融资难、融资贵的最大原因是：A.自身经营能力欠缺 B.商业银行存在歧视 C.国家推行的很多支持小微企业的政策在落地执行时存在偏差，如果这些都不符合，请说明原因"。

设计一份合格的问卷需要注意很多问题，这一点在下一小节中将详细说明。

3. 在样卷的基础上，准备最后的问卷

如果只采用电话访问的方式，那么把样卷打印出来或者直接用电子版复制给各个调查者，让他们直接电话调查就可以了。如果需要采用现场访问的方式，必须首先确定拟发放问卷的数量，然后根据确定的数量去复制样卷，既要保证最终问卷的数量能够满足本次调查的需要，又要避免出现大幅度的资源浪费。采用邮件调查方式时，如果是发放普通邮件，也就是非电子邮件，可仿照现场访问方式；如果是电子邮件，则可仿照电话访问的方式。

准备好最后的问卷后，调查问卷的制作过程就结束了。下一步需要做的是按计划执行调查。

17.2.3　制作调查问卷时需要注意的问题

一个简单的事实是：在问卷调查中，问卷是调查者与被调查者进行沟通交流的唯一途径，所以调查者在制作调查问卷时要在使用科学的调查方法的基础上，注重问卷设计的技巧、方法与策略。下面我们就问卷设计中应该注意的问题做一下介绍。

1. 问题表述必须规范、详细、意义明确

也就是说不能出现歧义或者含糊不清的情况，以保证每一位被调查者对该问题都有清晰一致的理解，进而保证调查的正确性。例如"您是否经常参加公益活动"这个问题，调查者必须给出具体的判断标准，如"每周参加公益活动的小时数"这个问题，如果调查者不给出判断标准，由于每个人对于"经常"的理解是不一样的，就会出现理解不一致的情况，从而影响调查结果。

2. 不能使用诱导性或带有特定感情色彩的词语

被调查人群往往有"先入为主"的心理效应和"从众心理"。如果调查者在调查中使用诱导性或者带有感情色彩的词语，被调查者往往会被调查者的诱导所吸引，从而不会形成自己独立的评价，

得到的调查结果自然也会有偏差。例如"很多权威的专家人员认为商业银行信贷资金流入房地产是各城市房价提升最为重要的推手，您的看法是"这个问题，一方面商业银行信贷资金流入房地产引起各城市房价提升对被调查者形成"先入为主"的效应，另一方面"很多权威的专家人员认为"使被调查者追随的概率大增，从而大大影响调查结果。

3. 答案不要不全，也不要重复

答案不全指的是出现了对于研究者所提的问题，被调查者无法找到合适选项的情况。例如"您最为喜欢的颜色是"这个问题，如果只有"红色""黄色""绿色""橙色""紫色""白色"这几个选项，而被调查者最喜欢的颜色是蓝色或者黑色，他就无法作答。答案重复指的是各个选项之间互相有交集。例如"您最喜欢的形状是"这个问题，选项是"四边形""平行四边形""圆形""矩形""菱形""正方形"就存在着答案重复，因为正方形既是矩形，又是菱形，还是平行四边形，更是四边形。

4. 尽量一问一答，不要一题多问

一题多问指的是在所设计问题的那句话中包含了多个问题的情况，如"您对我国制造业和批发零售业是否应该转型创新这件事的看法是"这个问题就属于一题多问。如果有人对我国制造业应该转型创新持支持态度，对我国批发零售业应该转型创新持反对态度，那么他就无法作答了。

5. 充分考虑应答者回答问题的能力、意愿

考虑应答者回答问题的能力主要体现在对于普通大众，不要问一些专业性很强的东西，即"隔行如隔山"。即便是强行要求被调查者作答，也不会得到一个比较可信的结果。考虑应答者回答问题的意愿体现在不要问一些敏感问题和社会禁忌问题，包括个人隐私问题、涉及个人利害关系的问题、风俗习惯禁忌以及个人经济收入、年龄等。同样，即使被调查者回答了这些问题，可信度也是比较低的。

6. 陈述问题时做到肯定否定一致

尽量全部采用肯定或者全部采用否定，如果有个别情况，最好突出一下，不然就容易得出被调查者完全违背本意的选择。例如一开始的题目是"你认为下面的说法正确的是"，设计下面的题目时最好也是"您认为下面的说法哪些是您赞同的"等。

7. 问卷每一部分的位置安排要具有一定的逻辑性

不要让被调查的思维跳跃过大，跳跃过大一方面会加重被调查者的脑力工作量，引起被调查者的反感，另一方面激发不了被调查者对相关问题的比较深入的思考。所以对于某一方面的问题，最好是放在一起，从简到繁，从易到难，循序渐进，一步一步地激发被调查的思维，从而使其做出比较符合真实情况的选择。

附　调查问卷样例

大学本科生无人机需求情况调查问卷

本调查仅为市场研究使用，不会侵犯您的隐私，也不会留下您的联系方式，
请您如实根据自身情况填写以下内容，谢谢合作！

1. 您的性别是（　　）？
   A. 男　　　　B. 女

2. 您现在读几年级（　　）？
   A. 大一　　　　B. 大二　　　　C. 大三　　　　D. 大四

3. 您现在是否拥有无人机（　　）？
   A. 是　　　B. 否

4. 如果您现在拥有无人机，是何时得到的（　　）？如果没有，不必选择。
   A. 大一　　B. 大二　　　C. 大三　　　D. 大四

5. 如果您现在没有无人机或者想再买一台，准备何时购买（　　）？如果不想买，不必选择。
   A. 大一　　B. 大二　　　C. 大三　　　D. 大四　　E. 毕业以后　　F. 不确定

6. 您购买无人机的动机是（　　）？（可以多选）
   A. 学习需要　　　　B. 社会工作需要（学生协会，社团）　　　C. 游戏娱乐
   D. 别人有了我也应该有　　　E. 其他

7. 您购买无人机的主要经济来源是（　　）？
   A. 家人或者朋友专款赞助　　B. 自己做兼职挣得　　　　C. 生活费中节省的
   D. 奖学金或者助学金　　E. 意外收入

8. 您购买无人机的时候，什么因素会让你最先考虑（　　）？
   A. 价格　　B. 功能　　C. 外形　　D. 品牌　　E. 其他

9. 您能接受的价格范围是（　　）？
   A. 2000 元以下　　　　　　B. 2000~4000 元　　　　　C. 4000~6000 元
   D. 6000~8000 元　　　　　E. 8000~10000 元　　　　　F. 10000 元以上

10. 您对无人机硬件配置的要求是（　　）？
    A. 越高越好　　　　　　　　　　　　　　　　B. 能满足日常使用即可
    C. 比日常使用稍高一些，以防止跟不上软件升级的要求　　D. 无所谓

11. 如果您打算购买无人机或者推荐同学购买无人机，款式方面你会选择（　　）？
    A. 台式机　　B. 笔记本无人机　　C. 两者无差异

12. 如果您打算购买无人机或者推荐同学购买无人机，品牌方面你会选择（　　）？
    A. 国产品牌　　　B. 国外品牌　　　C. 组装机

13. 如果您采取分期付款购买的方式，您能接受每月多少分期付款费用（　　）？
　　A. 2000 元以下　　B. 2000~3000 元　　C. 3000~4000 元　　D. 4000~5000 元　　E. 5000 元以上

14. 如果您采取分期付款购买的方式，您的分期付款费用由谁支付（　　）？
A. 自己　　　　　　B. 父母或者朋友

15. 您的月平均生活费是（　　）？
　　A. 4000 元以下　　　　B. 4000~5000 元　　C. 5000~6000 元　　D. 6000~7000 元　　E. 7000 元以上

16. 您认为个人无人机需求情况最主要受什么因素的影响？（开放题）

17. 您对无人机的市场营销有什么建议？

调查结束，非常感谢您的参与！
XX股份有限公司

17.2.4　将调查问卷获取的数据导入 Stata

在上一节中我们讲到，调查问卷的题目有封闭式、开放式、半封闭式三种。其中封闭式又分为单选题和多选题两种。下面我们逐一介绍如何将调查问卷获取的数据导入 Stata。

1. 将开放题获取的信息录入 Stata

开放题的录入相对简单，用户首先按照在第 1 章介绍的方法，在"变量视图"窗口中定义好该问题涉及的变量，然后切换到"数据视图"中输入变量的具体取值（也就是问题的具体作答）即可。但特别强调一个细节：由于开放题的答案往往是字符型变量，因此在定义变量时，变量的"宽度"一定要被合理设定，从而确保变量的具体取值能够被完整录入。

【例】上一节所附调查问卷中第 16 题就是开放题：

16. 您认为个人无人机需求情况最主要受什么因素的影响？

假设其中 3 份调查问卷关于这道题目的答案分别是品牌、价格、其他人的需求。请将此结果录入 Stata 中。

【答】首先按照在第 1 章介绍的方法，在"数据编辑器"中新建"需求最主要的影响因素"变量，变量为字符型变量，并且将其"宽度"从默认值调整到 18（或更大一些），然后在"数据编辑器"中输入相应的信息即可。最终结果如图 17.1 所示。

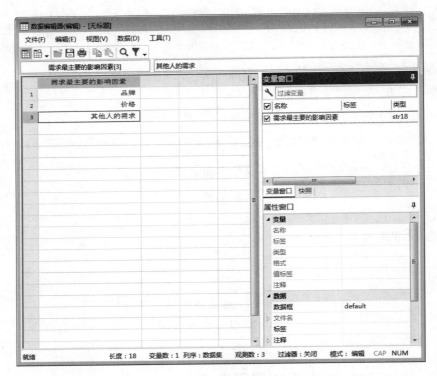

图 17.1　开放题数据录入结果

2．将封闭题获取的信息录入 Stata

（1）单选题

针对单选题，可以采用"字符直接录入""字符代码+值标签""数值代码+值标签"三种方式录入数据。最常用的是最后一种，即"数值代码+值标签"的录入方式。这种方式的本质就是对问题的每一个选项都定义一个数值，然后用输入数值来代替输入特定的选项。

【例】上一节所附调查问卷中第 4 道是单选题：

---

4. 如果您现在拥有无人机，是何时得到的（　　　）？如果没有，不必选择。
　　A．大一　　B．大二　　　　C．大三　　　　D．大四

假设其中 4 份调查问卷关于这两道题目的结果分别是 A、B、C、A。请将此结果录入 Stata 中。

【答】首先按照在第 1 章介绍的方法，定义变量"年级"，并定义值标签。得到的最终结果如图 17.2 所示。

图 17.2　对"年级"变量定义值标签

返回"数据视图"窗口，在"年级"中分别输入"1、2、3、1"，即可完成数据的录入，如图 17.3 所示。

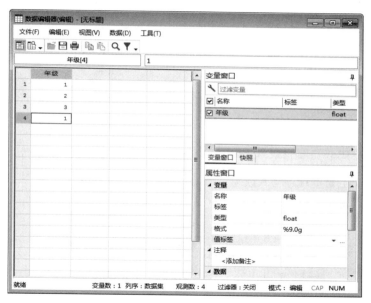

图 17.3　单选题数据录入结果

（2）多选题

对于多选题，可以采用"多重二分法"录入数据。多重二分法，即对每一个选项都要定义一个变量，这些变量只有两个取值，它们各自代表着对一个具体选项的选择结果。

【例】上一节所附调查问卷中第 6 题就是多选题：

6. 您购买无人机的动机是（　　　　）？（可以多选）
　　A. 学习需要　　　　　　B. 社会工作需要（学生协会、社团）　　　C. 游戏娱乐
　　D. 别人有了我也应该有　　E. 其他

假设其中 4 份调查问卷关于这道题目的结果分别是 ABC、BC、AD、AE。请将此结果录入 Stata 中。

【答】首先定义 5 个变量"学习需要""社会工作需要""游戏娱乐""别人有了我也应该有""其他"为合适的变量形式。然后定义值标签，操作与单选题中相同，这里不再赘述。结果如图 17.4 所示。

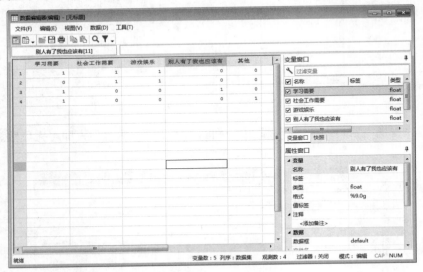

图 17.4　多选题数据录入结果

3．将半封闭题获取的信息录入 Stata

半封闭题目实质上是单选题与开放题，或者多选题与开放题的结合，做法是把开放部分也定义为一个变量，按照前面介绍的方法录入即可，这里不再赘述。

17.3　Stata 数据挖掘介绍

根据百度百科上的介绍，数据挖掘是指从大量的数据中通过算法搜索隐藏于其中信息的过程[1]。数据挖掘的根本目的是用于决策支持，用户通过对所在机构的相关数据信息进行分析，探索其中存在的规律特点，提炼出共同性的、系统性的、规律性的信息，可以在一定程度上帮助企业的管理层或决策层增加收益、防控风险或者提高效率、降低成本。

一个完整而典型的数据挖掘过程如下：

（1）确定研究目的。研究目的即决定到底想做什么，是数据挖掘过程的出发点和落脚点，合理确定研究目的是开展数据挖掘的基础。研究目的不同会导致模型设定不同。比如以"增加用户数量"为目的的研究和以"提升用户体验"为目的的研究是截然不同的。增加用户数量侧重于研究用户的触发行为、推荐行为，提升用户体验侧重于研究用户在使用过程中的痛点和关注点。

（2）搜集数据。为达到研究目的，必须收集相应的数据信息，或者说是有价值的研究结论，

---

[1]　https://baike.baidu.com/item/%E6%95%B0%E6%8D%AE%E6%8C%96%E6%8E%98/216477?fr=aladdin

这些必须建立在真实丰富的数据事实基础之上。有些企业可能已经具备了研究所需要的数据信息，可以直接使用；但是在很多情况下，企业需要通过社会调查或者统计整理等方式去获取所需要的数据信息，这就需要用到我们前面讲述的社会调查研究的基本知识。

（3）整理数据。在我们搜集完数据后，这些数据可能没法直接使用，或者说是相对粗糙的，尤其是当搜集到的数据集包含成百上千的字段，那么浏览分析这些数据将是一件非常耗时的事情。在这时，我们非常有必要选择一个具有好的界面和功能强大的工具软件，使用合适的统计分析软件（如 Stata 软件）对获取的数据信息进行必要的整理，使得粗糙的数据信息转化为标准化的数据信息，进而有效识别、存储和运行这些数据。

（4）设定变量。在数据挖掘过程中，最终研究结论的形成往往是通过设定模型、求解模型、分析预测来实现的，而所有的模型都是通过变量来实现的，或者说模型本身就是变量之间关系的反映。而从数据端出发，由于数据信息是纷繁芜杂的，为了提炼出共同性的、系统性的、规律性的信息，数据信息必须通过变量来进行承载。设定变量的常见操作包括直接选择变量、创建全新变量、对变量进行计算转换等。

（5）建立模型。建立模型几乎算是整个数据挖掘过程中最为关键和最具技术含量的一步，模型选择和设定的优劣程度，轻则会在根本上影响数据信息的利用效率，重则会造成估计结果的严重失真，甚至得到截然相反的研究结论，对决策工作产生误导。需要特别强调和提示的是，在很多时候模型的设定并不是一蹴而就的，建立模型是一个反复的过程，用户需要仔细考察不同的模型以判断哪个模型对面对的商业问题最有用。

（6）评价模型。在很多情况下，我们进行数据挖掘并不仅仅是为了解释问题或者验证问题，更重要的是要预测问题，在一定程度上帮助企业的管理层或决策层增加收益、防控风险或者提高效率、降低成本。所以在模型建立完成之后，我们非常有必要对基于模型得到的结果进行验证，将实际观测值与模型期望值进行比较，观察其偏离度，觉得满意之后再向大范围推广。

（7）实施研究成果。在建立了合适的模型并经过评价认为恰当后，用户就可以将模型应用起来，实施研究成果。

数据挖掘分析流程图如图 17.5 所示。

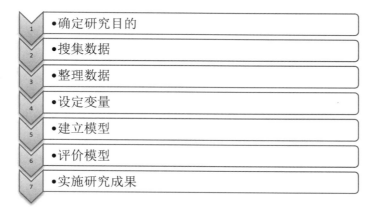

图 17.5　数据挖掘分析流程图

17.4　Stata 建模注意事项

 下载资源:\video\第 17 章\17.4

新手在建模时需要认真学习建模注意事项，避免常见的误区，从而有效提高建模质效。本书作者结合自身学术研究经验和商业运营经验，整理了建模中需要注意的事项，与各位读者分享，供各位读者参考使用。

17.4.1　注意事项一：建模是为了解决具体的问题

建模是为了解决具体的问题。这一问题既可以是理论学术研究，也可以是具体商业应用。大到研究商业银行经营效率与股权集中度之间的关系，小到研究美容行业小型企业对目标客户的选择与营销策略制定，建模开展定量分析的目的都是为了研究并解决企业生产经营过程中遇到的市场营销、产品调研、客户选择与维护策略制度等方方面面的问题，进而据此提高经营的效率和效果。

所以，虽然我们提到的概念是建模技术，但是从解决问题的角度来说，建模并不仅仅是一种技术，而是一种过程，一种面向具体业务目标解决问题的过程，我们在选择并应用建模的过程中也必须坚持这一点，要以解决实际问题为导向选择恰当的建模技术，合适的模型并不一定是复杂的，而是能够解释、预测相关问题，所以一定不能以模型统计分析方法的复杂性，而是要以模型解决问题的能力来评判模型的优劣。比如我们在预测客户违约行为时，我们可以选择神经网络、决策树等更为前沿和流行的分析建模技术，也可以选择 Logistic 回归、聚类分析等传统的分析建模技术，但是不能笼统地说神经网络、决策树等前沿技术就一定比 Logistic 回归、聚类分析等传统好，而是要看它们解决问题的效率和效果，如果我们使用 Logistic 回归建立的模型预测的准确性更高更好，那么显然 Logistic 回归在解决这一具体问题方面更加优秀，要优于其他建模技术。

17.4.2　注意事项二：有效建模的前提是具备问题领域的专业知识

有效建模的前提是具备问题领域的专业知识。建模的本质是用一系列数据挖掘算法来创建模型，同时解释模型和业务目标的特点。我们在建模时有时候考虑的是因果关系，比如研究客户行为特征对其产生购买行为的影响，我们把因变量（又称被解释变量、目标变量）设定为客户的购买行为，把自变量（又称解释变量、预测变量）设定为客户的性别、年龄、学历、年收入水平、可支配收入、边际消费倾向等，之所以这么设置，选取这些自变量，是基于我们在问题领域的专业知识，或者说，我们是基于经济学理论或者商业运营经验，可以相对比较清晰地知道哪些因素可能会影响消费者的购买行为，所以才能够顺利地建立这些模型。我们在建模的时候有时考虑的是相关关系，比如某商业银行发现做完住房按揭贷款的客户在业务办理后半年到一年时间里大概率有办理小额消费贷款的需求，那么做完住房按揭贷款和办理小额消费贷款需求之间有没有因果关系，如果有因果关系，是怎么具体传导的，比如有的银行客户经理解释为客户做完住房按揭贷款之后通常有装修的需求，有的解释为客户有购买家电家具的需求，有的解释为住房按揭贷款的按月还款会在一定程度上使得消费者原来的收入无法支持现有消费，需要借助银行消费贷款来维持，那么究竟哪种解释、哪种传导机制是真实的、正确的？这时候我们通常很难且没有必要去深入分析研究，只需要知道做完住房按揭贷款和办理小额消费贷款需求之间具有强烈的相关关系就可以了，我们可以据此制定针对性的营销策略，开展相应的客户营销，精准地满足客户需求，在这一过程中，我们依据的就是商业运营经验，通过数据的积累和经营的分析找到了这两者之间的关联关系，从而才可以针对性地进行建模。所以，数据和实践之间是有差距的，数据只是实践的一部分反映，关于实践的更多信息则需要我们通过问题领域的专业知识来弥补，只有将数据和专业知识充分融合，才能够更加全面完整地去解释商业历史行为，更加准确有效地预测商业未来表现。

17.4.3　注意事项三：建模之前必须进行数据的准备

建模之前必须进行数据的准备。获得足够的、高质量的数据是模型建立的根本前提。如果没有数据，就不可能完成建模过程；如果数据的质量不高或者样本量明显不足，那么大概率形成不了真正有效，能够解释和指导商业实践行为的模型。数据准备包括搜集数据、整理数据、设定变量。

（1）搜集数据。为达到研究目的，必须收集相应的数据信息，或者说是有价值的研究结论，这些必须建立在真实丰富的数据事实基础之上。有些企业可能已经具备了研究所需要的数据信息，可以直接使用；但是在很多情况下，企业需要通过社会调查或者统计整理等方式去获取所需要的数据信息。

（2）整理数据。在我们搜集完数据后，这些数据可能没法直接使用，或者说是相对粗糙的，尤其是当搜集得到的数据集包含成百上千的字段，那么浏览分析这些数据将是一件非常耗时的事情。在这时，我们非常有必要选择一个具有好的界面和功能强大的工具软件，使用合适的统计分析软件（如 Stata 软件）对获取的数据信息进行必要的整理，使得粗糙的数据信息转化为标准化的数据信息，进而有效识别、存储和运行这些数据。

（3）设定变量。在数据挖掘过程中，最终研究结论的形成往往是通过设定模型、求解模型、分析预测来实现的，而所有的模型都是通过变量来实现的，或者说模型本身就是变量之间关系的反映。而从数据端出发，由于数据信息是纷繁芜杂的，为了提炼出共同性的、系统性的、规律性的信息，数据信息必须通过变量来进行承载。设定变量的常见操作包括直接选择变量、创建全新变量、对变量进行计算转换等。

17.4.4　注意事项四：最终模型的生成在多数情况下并不是一步到位的

最终模型的生成在多数情况下并不是一步到位的。在构建的最终模型中，我们需要确定目标变量、预测变量以及所使用的数据集。但是在实践中，很难在研究的一开始就能够非常精准地确定所有合适的目标变量和预测变量，也无法保证搜集整理的数据都是正确、完整、充分的。事实上，如果我们一开始就很完美地确定好这些内容，那么从另一个角度来讲，也就局限住了思路，放弃了通过模型过程可能获得的新认知。需要说明和强调的是，虽然我们在前面提出数据建模要服务于业务目标，但是此处所提及的业务目标是一个大范围的概念，更加具体和精细的业务目标也有可能是在建模过程中增加或完善的，比如说我们一开始定的业务目标可能是研究客户满意度，研究发现具有部分客户行为特征的客户满意度往往比较低，但是，如果从对企业价值贡献的角度，这些客户的价值贡献是否也相对较低甚至没有贡献？如果是这样，我们的业务目标是不是应该是研究高价值贡献客户的满意度更为合适？也许我们要修改一些业务目标，然后重新建立恰当的模型，重新界定数据收集整理的范围，重新开展分析研究。

在具体建模方法的选择上，我们很多时候也需要进行对比和优化，比如针对同一个商业问题，可能有多种建模解决方案，比如构建神经网络径向基函数模型或者决策树模型可能都能达到目的，但是究竟哪种质量更好、效率更高，我们可能需要进行多种尝试，并且将基于不同建模技术得到的结果进行比较，然后得出最优选择，找到最为合适的解决方案。

针对具体的预测变量，我们在模型中也需要持续完善优化。比如有的预测变量在模型中的显著性水平非常低，说明预测变量与目标变量之间的关联程度可能不高，对于解释和预测目标变量的贡献是比较低的，我们可以考虑去掉这些预测变量。再比如模型整体的拟合优度、可决系数偏低，或者说模型的解释能力不够，那么可能是因为遗漏了对于目标变量有重要影响的关键预测变量，需要我们根据实际情况选择加入完善。

此外，我们在很多时候还要根据数据的变化对模型进行优化，比如我们对某集团公司的客户满意度影响因素进行调研，发现不同区域的客户或者不同类型的客户在评价满意度方面考虑的变量是不一样的，普通客户可能对产品价格考虑更多，VIP 客户可能对增值服务考虑更多，那么我们最好建立独立的模型，针对不同区域、不同类型的客户分别建立模型，进行拟合和预测。

17.4.5　注意事项五：模型要能够用来预测，但预测并不仅含直接预测

模型要能够用来预测，但预测并不等价于直接预测。我们建立的各种模型包括神经网络径向基函数、神经网络多层感知器、决策树、时间序列预测、回归分析预测等，都能在一定程度上对生产经营行为进行预测，比如预测贷款申请客户的违约概率，预测具有什么行为特征的客户群体能够大概率发生购买行为，预测特定市场明年的销售量，等等，这些都是直接预测。但是还有一些建模技术，虽然并不能直接预测，但是其能够帮助用户更加深刻地理解市场需求和客户行为特征，从而可以为下一步的生产经营管理提供重要的智力成果和决策参考，有助于未来商业价值的提升，那么这些模型事实上也具有广义上的预测价值。比如我们通过回归分析研究手机游戏玩家体验的重要关注因素，通过方差分析研究不同学历、不同收入水平的网购消费者对于网购的整体信任度是否不同，通过结合分析进行新产品上市之前的调查研究，通过聚类分析把具有相似行为特征的样本进行归类，通过因子分析归纳绩效考核的关键影响因子，等等，都可以通过数据建模来实现数据挖掘，进而获得有价值的信息用于商业实践。此外，还有一类预测是以打分的方式实现的，比如银行与通信公司进行业务合作为客户提供信用贷款，通信公司基于对客户信息隐私保护的考虑，不可能直接为银行提供客户的具体个人信息，但是可以出具一个对于客户综合信用评价的打分，提供给商业银行进行参考，这个打分其实也是一种广义上的预测，银行可以据此设定相应的准入门槛，比如针对 50 分以下的客户不予准入，针对 60 分以下的客户贷款额度不得超过 10 万元，等等。此外，需要特别提示和强调的是，预测仅仅是一种概率，而且这种概率有可能是基于不完全信息产生的结果，所以预测大概率产生违约的客户最后也有可能不产生违约，预测小概率违约的客户最后也有可能产生违约。在实际商业经营实践中，通常采用"模型+人工"组合的方式进行决策，针对模型通过或者不通过的情形，再增加一道必要的人工复核环节，减少犯两类错误的风险（H0 为真但判别为拒绝，此类错误为"弃真"错误，即将真的当成假的，也称为第一类错误；H0 为假并被接受，此类错误称为"取伪"错误，即将假的当成真的，也称为第二类错误）。

17.4.6　注意事项六：对模型的评价方面要坚持结果导向和价值导向

对模型的评价方面要坚持结果导向和价值导向。传统意义上对于模型质量的评价通常是模型的准确性和稳定性。准确性指的是模型对于历史数据的拟合效果，以及对未来数据的预测情况，如果模型能够尽可能地拟合历史数据信息，拟合优度很高，损失的信息量很小，而且对于未来的预测都很接近真实的实际发生值，那么模型一般被认为质量较高。稳定性指的是模型的敏感度，当创建模型的数据发生改变时，用于同一口径的预测数据，其预测结果与现实的差距有多大，比如一个集团公司基于 A 分公司建立的客户分级营销策略模型是否能够稳定无偏地使用 B 分公司，而不会导致基于 A 分公司建立的模型，对 B 公司应用的预测结果与 B 公司的实际结果之间有较大的差距。但是，上述传统的认知是存在不足的。举一个简单的例子，我们基于客户行为画像建立一个客户流失度模型，该模型的预测准确性比较高，如果我们的业务目标导向是要尽可能留住老客户，那么模型质量还是不错的，通过预测可以做出前瞻性的安排，比如提供优惠政策、提供增值服务等；但是如果我们的业务目标是要获取更多的利润，而这些流失的客户在很大程度上对于公司的利润贡献是很低的，甚至是负值（获取的收入不能弥补维系成本），那么我们构建的模型可能是价值比较低的，更应该构建一个包括客户流失度和客户利润贡献度双目标变量的预测模型。

所以，从商业经营实践的维度去看，我们更应该关注模型的价值增值导向，要紧密围绕业务目标、商业表现去关注模型的准确度和稳定性，或者说，我们要通过建模过程来达成业务目标，进一步优化我们的商业行为，进一步提升经营的效率和效果，而不应该仅停留在对目前经营现状的解释，以及因循守旧、固步自封地制定计划。

具体来说，模型的价值增值方式有两种，一是引用模型的预测结果，针对预测结果前瞻性地做出部署，做出针对性的安排，体现出未雨绸缪的远见卓识；二是通过模型获得新知识，改变传统的认知，比如我们在小额快贷的大数据审批过程中，在模型中引入的预测变量通常包括客户的收入状况、信用状况、学历状况、家庭情况等传统认识中与客户履约情况具有强相关关系的变量，如果我们在预测变量中加入一个用户申请贷款时间的变量，然后可能会发现它与客户的履约情况是一种强相关关系，比如深夜凌晨申请贷款的违约率要显著高于正常白天工作时间申请贷款的违约率，那么我们就要在下一步的审批策略和产品开发时予以高度关注，这一信息就是我们通过模型学到的新知识，这也是我们建模的重要价值。

17.4.7　注意事项七：建立的模型应该是持续动态优化完善的

建立的模型应该是持续动态优化完善的，而非静态一成不变。我们建立的模型都是基于历史数据和对当前商业模式、经营范式的考虑，但是一个令人不容忽视的事实就是，外面的世界一直在发展变化，包括客户消费习惯的变化、市场容量和特征的变化、竞争对手行为的变化以及整个经济形势的变化等，创新层出不穷，技术的进步、商业模式的变革都会对现有商业模式形成冲击，甚至产生颠覆性的改变，如果我们一直基于历史和当前的信息去预测未来的世界，而不是根据形势变化做出应有的改变，那么几乎可以确定的是，我们建立的模型大概率不能够适应新商业模式的要求，所有预测得到的结论可能跟现实之间有着较大的差距。举一个简单的例子，一个住宅小区的订奶量一直保持较为匀速的合理增长，然后牛奶生产销售配送商对小区的订单量进行合理预测并且做出针对性的生产、销售、配送安排，但是在某一年份该小区突然进驻了多家其他牛奶经营商，而且奶的质量更高、价格更便宜、折扣力度更大、配套服务更到位，那么显然会对该牛奶生产销售配送商的经营形成巨大冲击，原先建立的模型、依据模型建立的预测很可能就不再适用了。再比如，商业银行作为一种经营风险较高的行业，通常都会采取措施监控员工的异常行为，监控方式往往是建立相应的模型，观察员工账户的资金流出，比如是否与供应商发生不合理的资金往来、与授信客户发生不恰当的资金往来、参与民间借贷、实施银行卡大额套现等，但是当模型执行一段时间后，银行内部员工往往就会掌握或者推断出模型规则，然后在行为中针对这些规则开展一定的规避，从而导致模型不再如先前一样有效，不再能够有效监控员工的异常行为。所以，只要我们的商业模式是持续的，建立的模型就应该随着商业环境的不断变化而定期进行更新，这样才能保持模型的长期有效性。

17.5　Stata 综合应用案例书目推荐

关于深度应用 Stata 进行数据挖掘与建模的综合性案例，推荐以下书目：

Stata 统计分析商用建模与综合案例精解

作　　　者：杨维忠，张甜
出　版　社：清华大学出版社
出版时间：2021 年 08 月

全书精选 11 个综合案例，将 Stata 建模技术和商业领域应用有机结合，从使用的 Stata 建模技术来看，包括线性回归分析、Logit 回归分析、Probit 回归分析、截取回归分析、断尾回归分析、相关分析、主成分分析、因子分析、聚类分析、描述性分析、方差分析、平稳时间序列分析、非平稳时间序列分析、长面板数据分析、短面板数据分析等多种常见统计建模技术。研究应用领域全部为当下热门的商业运营领域，涉及的行业包括商超连锁、美容连锁、医药制造业、国际贸易、财险公司、酒水饮料、手机游戏、家政行业、健身行业、生产制造、影音企业等，涉及的商业运营环节包括利润分析、市场营销、客户满意度调查、连锁门店分类管理、上市公司估值等。